NZZ **LIBRO**

Joseph Jung

Alfred Escher
1819–1882
Aufstieg, Macht, Tragik

6. Auflage

NZZ Libro

Der Verlag dankt der Alfred Escher-Stiftung für die grosszügige Unterstützung.

Bibliografische Information der Deutschen Nationalbibliothek
Die Deutsche Nationalbibliothek verzeichnet diese Publikation in der Deutschen Nationalbibliografie;
detaillierte bibliografische Daten sind im Internet über http:/dnb.d-nb.de abrufbar.

6. Auflage 2017
© 2007 NZZ Libro, Neue Zürcher Zeitung AG, Zürich

Umschlaggestaltung: Katarina Lang, Zürich
Einband Vorderseite: Collage aus den Abbildungen S. 369 und 405
Projektadministration: Tanja Neukom
Lektorat: Edgar Haberthür
Satzherstellung und Druck: Karl Schwegler AG, Zürich-Oerlikon
Einband: Buchbinderei Burkhardt AG, Mönchaltorf

ISBN 978-3-03810-274-8

www.nzz-libro.ch
NZZ Libro ist ein Imprint der Neuen Zürcher Zeitung

MIX
Papier aus verantwor-
tungsvollen Quellen
FSC® C009040

Inhalt

Das Alfred Escher-Denkmal auf
dem Bahnhofplatz in Zürich.

Beerdigung und Denkmal:
Grossartige Demonstrationen

Kurz nach 3 Uhr setzte sich der Zug vom Landgut Belvoir in Zürich-Enge Richtung Fraumünsterkirche in Bewegung. Auch wenn Staffage und Szenerie, Pferde und Kutschen, Teilnehmer und Formationen vielfach dieselben waren: Es war nicht das buntfröhliche Bild des legendären Sechseläutens, welches Tausende neugieriger Blicke anzuziehen pflegte. Es war kein Frühlingsspektakel, das inszeniert wurde. Es war Winter; Samstag, der 9. Dezember 1882. Die Zuschauer am Bleicherweg, auf dem Paradeplatz und vor der Kirche – Massen, Kopf an Kopf gedrängt – sahen ein ungewöhnliches Trauergeleit. Hinter Kutsche und Sarg in Trauerflor, geschmückt mit grünen Spenden und reich bekränzt, folgten erst Tochter und Familie des Verstorbenen, unmittelbar dahinter drei Bundesweibel mit Nebelspalter im rot-weissen Mantel. Hinter ihnen schritten Bundesräte, der Gesandte des Deutschen Reiches, die offiziellen Vertreter des eidgenössischen Parlaments, eine Hundertschaft ehemaliger und amtierender National- und Ständeräte, die Vertreter sämtlicher kantonal- und stadtzürcherischen Behörden, angeführt von den Präsidenten des Kantons- und des Regierungsrates, sowie der Stadtpräsident; weiter schlossen sich die Vertreter der verschiedenen Kantonsregierungen und -parlamente an, die Spitzen der Verwaltungsräte und der Direktionen der Nordostbahn-Gesellschaft, der Gotthardbahn, der Schweizerischen Kreditanstalt, der Schweizerischen Lebensversicherungs- und Rentenanstalt, der Schweizerischen Rückversicherungs-Gesellschaft und des Schweizerischen Schulrates. Sie alle vertraten Institutionen, deren Gründung und Entwicklung sich mit dem Namen des Verstorbenen verknüpften. Es schritten Gelehrte und Künstler mit, farbentragende Ehemalige des Zofingervereins und aktive Couleurstudenten, Nachbarn des Verstorbenen, Bankangestellte und Verwaltungsangestellte, Knechte, Gärtner und Mägde, *viri magnifici et probati,* Industrielle, Fabrikanten und Kaufleute, alte und junge, vornehme und schlichte Trauergäste, darunter viele Unbekannte – «ungezeichnetes Stammholz aus dem Waldesdickicht der Nation».[1]

   Der Tote, der zu Grabe getragen wurde, war am 6. Dezember 1882 gestorben, aufgebraucht und ausgebrannt im 63. Lebensjahr. Sein Name war Alfred Escher: «der einsichtigste und verdienteste Staatsmann Helvetiens aus der neueren Zeit», «einer der genialsten Söhne», «bekanntesten Männer» und «hervorstehendsten Persönlichkeiten» der Schweiz, «eine Denksäule der Geschichte unseres Vaterlandes»; «eine herrschgewaltige Natur» mit «autoritärem Charakter», «stark im Wollen und Verneinen, im Anziehen und Abstossen», «nicht immer frei von Schroffheit und rücksichtslosem Vorgehen», «in politischen Dingen gegen seine Gegner oft verletzend» und sich damit «viele Feinde» zuziehend; eine Persönlichkeit, die durch «ungewöhnliche Arbeitskraft und Arbeitslust» sowie «unbeugsame Willenskraft» zu «überzeugen wusste»; «eine seltene Erscheinung», die «grosse Ziele» mit «Scharfblick», «furchtlosem Mut», «glühendem Eifer» und «unermüdlichem Schöpfungstrieb» verfolgte; ein Staatsmann, der «durch feurigen Patriotismus sich auszeichnete», der sein Wirken «rückhaltlos in den Dienst des Vaterlandes stellte», der mit «nie ablassender Hingabe und Tatkraft» «stets uneigennützige Dienste leistete» und dem «eine unvergängliche Bürgerkrone» gebührte; «hochgewachsen, von imponierender, vornehmer Haltung», «stolz und bewusst» – «ein ganzer Mann!».[2]

Zu Ehren dieses Mannes setzten die Präsidenten des National- und Ständerats die parlamentarische Session aus, so dass neben den offiziellen Abordnungen auch andere eidgenössische Politiker die Möglichkeit hatten, am Begräbnis teilzunehmen. Dieser Entscheid, der Reverenz bezeugt, liess sich wohl begründen. Denn ein grosser Teil von Eschers Leben hatte sich unter der Bundeskuppel abgespielt, und die Leistungen, die er erbracht hatte, waren unübersehbar: Alfred Escher gehörte dem Nationalrat während 34 Jahren (1848–1882) ununterbrochen an und wurde als einziger Parlamentarier in der Geschichte des schweizerischen Bundesstaates viermal zu dessen Präsidenten gewählt (1849, 1855, 1856 und 1862); 1855 nahm er die Wahl aus gesundheitlichen Gründen nicht an.

Überblickt man die Liste aller Nationalratspräsidenten, so stellt man fest, dass es auch keinen Parlamentarier gibt, der dreimal zum Nationalratspräsidenten gewählt wurde. Zwei Amtszeiten bekleideten immerhin sechs Parlamentarier. Anders als heute, da die Wahl zum Nationalratspräsidenten vorab Anciennitäts- und Proporzüberlegungen folgt, war sie im 19. Jahrhundert ein eigentlicher Popularitätstest. Um Nationalratspräsident zu werden, brauchte man im Parlament eine Hausmacht. Wie stark die Gruppe um Escher war, zeigt sich daran, dass der Zürcher bis in die 1860er Jahre grundsätzlich der Unterstützung durch 60 bis 70 Parlamentarier sicher sein konnte. Zum Vergleich: 1848 zählte der Nationalrat 111 Sitze. Bis 1881 erhöhte sich ihre Zahl auf 145. Mit der Wahl zum Nationalratspräsidenten setzte man zudem ein Zeichen für die politische Haltung in wichtigen Sachfragen. Besondere Bedeutung kam den Wahlen vor innenpolitischen Weichenstellungen oder in Zeiten äusserer Bedrohung zu. Hier gab die Wahl die Richtung vor, die zu beachten der Bundesrat gut beraten war.

Jede Wahl Eschers zum Nationalratspräsidenten stand unter einem besonderen Stern. Bemerkenswert erscheint die erstmalige Wahl 1849 nicht nur, weil sie in das zeitliche Umfeld des ‹Büsinger Handels› fiel, sondern auch weil Escher damals gerade erst 30 Jahre zählte. Beim zweiten Mal, 1856, war die Schweiz in ernsthafte aussenpolitische Konflikte mit Preussen verwickelt, die sogar in kriegerische Auseinandersetzungen auszuarten drohten. Auch Eschers letztmalige Wahl zum Nationalratspräsidenten (1862) war von aussenpolitischen Wirren überschattet. Zwar war die ‹Savoyer Frage› kurz zuvor gelöst worden, doch musste nun der weitere Gebietskonflikt mit Frankreich um das Dappental bereinigt werden, was unter Nationalratspräsident Escher denn auch gelang.

Auch auf kantonalzürcherischer Ebene nahm Escher eine herausragende politische Stellung ein, die sich in Zahlen dokumentiert: Während 38 Jahren, von 1844 bis zu seinem Tod 1882, sass er im Zürcher Kantonsrat (Grossrat), sechsmal war er dessen Präsident (1848, 1852, 1857, 1861, 1864, 1868). Während 7 Jahren (1848–1855) war er Zürcher Regierungsrat, davon während 4 Jahren Regierungspräsident.

Neue Grabstätte Alfred Eschers auf dem Friedhof Manegg in Zürich. Eschers Grab im alten Friedhof in Enge wurde 1925 aufgehoben. Fotografie von Heinz Dieter Finck aus dem Jahr 1982.

Alfred Escher
von Carl Fierz-Landis

Ein Volk das seine Kinder lehrt,
Wie man die grossen Todten ehrt,
Ist grosser Männer werth.
Heil Escher, auf der Arbeit Feld
Hat er geschlagen als ein Held
Mit seines Geistes Schwert.

Geehrt, geliebt, – beschimpft,
verkannt
Der Steuermann am Ruder stand
Mit ehern festem Griff.
Ob Neid und Hass auch tobt und
stürmt
Ob Hemmnis sich auf Hemmnis
thürmt
Er hat gelenkt sein Schiff.

Er hat's geführet fort und fort
Bis er's gebracht zum sichern Port
Vorbei an Klipp' und Riff.
Und als das grosse Werk vollbracht,
Da sank er müd in Grabesnacht;
Sankt Gotthard hiess das Schiff.

An seines frischen Grabes Rand
Steh' ich und ruf': Oh Vaterland,
Hier ruht Dein treuster Sohn!
Es sei ein Denkmal ihm geweiht
Ein Denkmal Deiner Dankbarkeit
Nicht ihm zu Ehr und Lohn.

Der Edle, der mit Riesenkraft
Titanenwerk ersann und schafft,
Bedarf des Denkmals nicht.
Sankt Gotthard ist sein Leichenstein,
Die Grabeslamp der Firnen Schein
Im Abendsonnenlicht.

(Privatbesitz)

▷

Dankesurkunde vom 2. Oktober
1855 für Alfred Escher nach
dessen Rücktritt aus dem Zürcher
Regierungsrat.

Der Jungpolitiker engagierte sich schon früh in öffentlichen Angelegenheiten: 1848 hatte er es als Repräsentant der Tagsatzung im Kanton Tessin mit heiklen aussenpolitischen Fragen zu tun. Die Aussenpolitik war auch in späteren Jahren eines seiner Tätigkeitsfelder, auf dem er mit klugem Rat entscheidend zur Verhinderung drohender militärischer Auseinandersetzungen beitrug. Auf diesem Parkett spielte er die Rolle des unerschrockenen Mahners und Rufers und trat gegen bundesrätliche Hasardeure und parlamentarische Hitzköpfe auf. Viele überschätzten die Stärke des Landes, während man die Bedürfnisse des jungen Bundesstaates, der herausgefordert war, seine Infrastrukturen aufzubauen, aus den Augen verlor. Das Gedeihen der ganzen Schweiz hing vom Bau der Eisenbahnlinien ab, doch in der Staatskasse war kein Geld für alles und jedes. Noch fehlte es dem Finanzplatz Schweiz an den Lokomotiven des Grossbankenkredits. Escher holte die Kastanien aus dem Feuer, wie er sich auch in der Flüchtlingspolitik positionierte und sich schliesslich – das Wohl der Schweiz vor Augen – vom radikalen Heißsporn zum pragmatischen Aussenpolitiker wandelte. Die Maximen der schweizerischen Neutralitätspolitik gehen auf ihn zurück.

Keinem anderen Politiker des 19. und 20. Jahrhunderts gebührt ein ähnlicher Palmarès wie Alfred Escher. Noch aussergewöhnlicher nimmt sich Eschers politische Karriere aus, wenn man seinen kometenhaften Aufstieg und die Tatsache bedenkt, wie viele Ämter er gleichzeitig bekleidete: Mit 26 Jahren war er zürcherischer Grossrat und Tagsatzungsgesandter, mit 29 Zürcher Regierungsrat, erstmals Präsident des Zürcher Grossen Rates und eines der jüngsten Mitglieder des 1848 gewählten ersten Nationalrates, mit 30 erstmals Regierungsratspräsident und Nationalratspräsident. Noch war das neugeschaffene eidgenössische Parlament 1848 nicht zu seiner ersten Sitzung zusammengetreten, als der 29jährige Zürcher schon zum eidgenössischen Kommissär ernannt und in den Kanton Tessin geschickt wurde. Über die ganze Zeit seiner politischen Tätigkeit sass Escher in rund 200 eidgenössischen und zürcherischen Kommissionen, von denen er einen grossen Teil präsidierte. Zwischen 1848 und 1882 gehörte er insgesamt nicht weniger als 103 nationalrätlichen Kommissionen an, von denen er 70 präsidierte. Kein anderer Nationalrat erreichte auch nur annähernd eine solche Zahl.

Dieser Alfred Escher, während vieler Jahre unbestrittener Kopf der liberal-freisinnigen Parteigruppe, der mit seinem System den Kanton Zürich in den Griff nahm, der im Nationalrat über Macht verfügte wie keiner vor und nach ihm, von dem man sagte, von seinem wirtschaftspolitischen Machtzentrum an der Limmat aus beherrsche er selbst den Bundesrat, der zum mächtigsten Wirtschaftspolitiker wurde und sich dabei unbeirrbar für das Wohl Zürichs und der Schweiz einsetzte – für diesen Mann also, den seine eigenen politischen Freunde zu Fall gebracht hatten, war parlamentarische Staatstrauer angeordnet, damit alle mitmarschieren konnten.

Escher's Begräbniss
von Carl Fierz-Landis

Auf Wiedersehn! Die Fackeln sind erloschen,
Der Chor verstummt: Er ruht im frischen Grab;
Ja, Escher ruht, der edle, grosse Denker
Für den's im Leben keine Ruhe gab.

Er ruht, der Starke, der in seinen Händen
So oft der Heimat Wohl und Wehe trug;
Er ruht, der Grosse, dessen Wort im Rathe
So klar und kurz und scharf den Gegner schlug!

Er ruht, der Mann, des eisern festem Willen
Der Alpenriese Gotthard sich gebeugt.
Der Edle ruht, für dessen stilles Wirken
So manches Braven nasses Auge zeugt!

Ich steh' allein auf der geweihten Stätte
Um die Kapelle Schweigen nur und Nacht.
Da naht, von Licht umweht, im Trauerflore
Ein stolzes Weib von wunderbarer Pracht!

Sie schmückt das Grab mit frischen Eichenkränzen,
Dann hebt die Hände segnend sie empor.
«Oh ruhe sanft, es leben Deine Werke
Dein Beispiel schwebe jedem Schweizer vor!»

Und wie die Hehre kam, ist sie verschwunden,
Doch hab' ich, liebe Mutter, Dich erkannt.
Helvetia, Du schmücktest seinen Hügel,
Und weihtest ihn dem ganzen Vaterland!

(Privatbesitz)

Alfred Escher war in der zweiten Hälfte des 19. Jahrhunderts die dominierende wirtschaftspolitische Persönlichkeit der Schweiz. Mit seinen Gründungen und Initiativen hatte er dem jungen Bundesstaat und dessen Volkswirtschaft die entscheidenden, zukunftsweisenden Impulse gegeben. Seine Verdienste um das Wohl des Landes sind immens. Er schuf die Voraussetzungen dafür, dass die Schweiz – noch 1848 ein berüchtigter Hort revolutionärer Umtriebe und ein Zufluchtsort bewaffneter Insurgenten und revolutionärer Zellen – allmählich international respektiert und geachtet wurde. Mit seinem Machtzentrum in Zürich freilich provozierte Escher und rief Gegner auf den Plan.

Wenige Schweizer Politiker bleiben dem Volk in Erinnerung, wenn sie die Bühne des öffentlichen Lebens verlassen haben. Mehr noch als für Bundesräte gilt das für Parlamentarier. Und doch brachte gerade das 19. Jahrhundert Persönlichkeiten hervor, die den Bundesstaat in einem Masse prägten, wie dies in der heutigen Politik nicht mehr vorstellbar ist. Eine solche Figur war Alfred Escher, der nach Leistung und Wirkung längst hätte Aufnahme ins helvetische Pantheon finden müssen. Doch politische Helden sind in der Schweiz verpönt, sei es wegen der republikanischen Abwehrhaltung gegenüber allem allzu Grossen oder wegen des grundsätzlichen föderalistischen Misstrauens gegenüber dominanten Machtfaktoren in der nationalen Politik.

Dass Escher 1880 am Festakt zum 25jährigen Bestehen des Polytechnikums mit keinem Wort erwähnt und im selben Jahr zu den Feierlichkeiten aus Anlass des Gottharddurchstichs nicht eingeladen wurde, obwohl beide Ereignisse unverkennbar seine Handschrift verrieten, ist symbolhaft: Die anwesenden Honoratioren wollten nicht in Eschers Schatten stehen. Dies ist die eine Seite. Die andere: Alfred Escher, bereits zu Lebzeiten zum politischen Denkmal geworden, war Ende der 1870er Jahre auch bei seinen ehemaligen freisinnigen Freunden in Ungnade gefallen. Die finanziellen Krisen des Gotthardprojekts und der Nordostbahn hatten ihn schwer gezeichnet, und nun wollten sich viele Parteigänger nicht mehr zu ihm bekennen. Und beide Seiten – die politische Illumination wie die Abwendung seiner Partei – belegen letztlich nur das eine: Alfred Escher überragte als politische Persönlichkeit das gewohnte Mass in einer Weise, wie man dies in der Schweiz auf Dauer nicht zu dulden pflegt.

Sein Persönlichkeitsprofil voller Ecken und Kanten, seine gnadenlose Härte und seine geistige Spannkraft, die bei der Verwirklichung von Projekten zutage traten, liessen niemand unberührt. Man gehörte zu seinem Lager oder zählte zu seinen Gegnern. Escher wurde als republikanischer Diktator bezeichnet und als «König Alfred I.» apostrophiert. Diese und andere Zuschreibungen spiegeln Facetten seiner vielschichtigen Persönlichkeit. Sie werden ihm teils gerecht, teils überzeichnen und verkennen sie ihn. Etwas bleibt unbestritten: Alfred Escher drängte mit mächtigem Impetus an die Spitzen von Staat und Wirtschaft. Doch er war nicht zum Herrschen geboren; seine Familie stand bei seiner Geburt am Rand der altzürcherischen Gesellschaft. Auch fehlten ihm verschiedene Attribute, die andere Politiker auszeichneten: Er hatte trotz jahrzehntelanger Politikertätigkeit nicht den Nimbus eines Doyens wie zum Beispiel Bundesrat Emil Welti. Er war keine populistische Führerfigur, die in der Menge badete wie der Berner Jakob Stämpfli, sein früherer radikaler Kampfgenosse und späterer Gegenspieler. Er zeichnete sich nicht durch respektvolle Zurückhaltung und versöhnliche Kompromissbereitschaft aus wie sein Zürcher Freund, der erste Bundespräsident Jonas Furrer. Escher war kein Redner, der seine Ratskollegen mit rhetorischer Brillanz überzeugte und die Emotionen des Volkes in Wallung brachte. Escher war auch nicht in erster Linie Visionär, was ihm bis heute immer wieder zugeschrieben wird: Alfred Escher war Realpolitiker und hinterliess entsprechend deutliche Spuren. Sein Liberalismus beseitigte die Widerstände, die sich Mitte des 19. Jahrhunderts der mo-

Die Uraufführung des Stücks «Dr. Alfred Escher oder es lebe die Republik» von Hanspeter Gschwend fand am 7. Oktober 1979 in Winterthur aus Anlass der Eröffnungsfeier des Theaters am Stadtgarten statt.

dernen wirtschaftspolitischen Entwicklung der Schweiz in den Weg gestellt hatten. Seine persönliche politische Entwicklung liess ihn das ursprüngliche Bekenntnis zum radikalen Zentralismus abstreifen und zum Wirtschaftsliberalismus finden. Escher arbeitete sich zum Princeps empor und blieb zugleich ein unermüdlicher Arbeiter für Volk und Land.

Für das Zürcher Tonhalleorchester war es eine Ehrenpflicht, den Eintritt des Leichenzugs in die Fraumünsterkirche musikalisch zu begleiten. Gegen 4 Uhr hob Alexander Schweizer zur Abdankungsrede an. Der 74jährige Professor für Theologie hatte sich schon vor Jahren aus dem gesellschaftlichen Leben zurückgezogen und sich öffentliche Auftritte überhaupt versagt. Doch die Reverenz gegenüber dem Toten, dessen erster Turnlehrer er mehr als fünfzig Jahre zuvor gewesen war und dessen Lebenswerk er über die Jahre nicht unkritisch, doch immer freundschaftlich-väterlich – bald aus der Nähe, bald aus Distanz – verfolgt hatte, machte es für den hochangesehenen Mann zur Selbstverständlichkeit, eine Ausnahme zu machen und seinem ehemaligen Zögling den Nachruf zu widmen. Wie kaum ein anderer war Professor Schweizer berufen, die über ein halbes Jahrhundert zurückreichenden Erinnerungen an den Toten aufleben zu lassen:

Zum 700-Jahr-Jubiläum der Schweizerischen Eidgenossenschaft 1991 schrieb der Schriftsteller Herbert Meier (*1928) das «Mythenspiel». Darin brachte er auch Alfred Escher («Der Präsident») und dessen Tochter Lydia Welti-Escher auf die Schwyzer Landschaftsbühne. In diesem Festspiel «geht es um Angelpunkte der Schweizer Geschichte, aber nicht um die einstmals gefeierten Schlachten, sondern um die verpassten Gelegenheiten» (Rémy Charbon).

«Leidtragende und Mittrauernde, ein Mann im Vollsinn des Wortes, den wir nur als kraftvoll tätig uns denken konnten, ist zusammengebrochen, nicht ohne Vorzeichen und doch so unerwartet und schnell. Dass die tiefe Erschütterung des häuslichen Kreises ihre Wellen treibt über Gemeinde, Kanton, Eidgenossenschaft und ins Ausland; ein Mann, viel gelobt und viel getadelt, oft mit Leidenschaft gerichtet; aber am offenen Grabe legt sich diese Erregtheit, auch der Gegner vermag gerecht, ja milde zu urteilen. [...] Diese rasche Laufbahn verdankt er gewiss nicht seiner Abstammung aus alter städtischer Familie – damals eher ein Hindernis – noch weniger einem Gunstsuchen bei der Menge, sondern der gründlichen Durcharbeitung aller Geschäfte, die zu erledigen waren.»

Nach einem Abriss von Eschers Lebenswerk brachte Schweizer seine Bewunderung für Eschers Charakterstärke angesichts der Schwierigkeiten beim Bau der Gotthardbahn zum Ausdruck:

«Hatt ich seine Arbeitskraft, seine Energie und Beharrlichkeit immer hochgeschätzt, zumal er sie nie für eigenen Vorteil, sondern fürs Gemeinwohl aufwandte; jetzt als ich den bis in die Wurzeln seines Wesens erschütterten Mann sah und hörte, wie er kein Wort des Zornes, der heftigen Anklage, sondern als stärkstes Wort nur die Klage aussprach: ‹Je weniger man von den Menschen erwartet, desto besser fährt man› – da verdoppelte sich meine Hochachtung, denn schwerer als energische Arbeit ist die Aufgabe, bitteres Leid und Verkennung und Verunglimpfung männlich zu tragen.»

Einfühlsam erläuterte Schweizer, wie es zu solcher Verkennung und Verunglimpfung kam und wie Escher sie verarbeitete:

«Fester Charakter wird etwa zur Härte, Beharrlichkeit zur Hartnäckigkeit, Entschiedenheit zur Rücksichtslosigkeit; sinkt dann der Starke von der Macht herab, so werden diejenigen laut, welche von jenen Ecken des festen Charakters zu leiden hatten. Noch Eines, grosse Männer, die nur auf eigene Arbeit sich verlassen, sind nicht leicht fähig, Andere neben sich aufkommen zu lassen oder gar zur gleichen Höhe heranzubilden; treten sie ab, so fehlt es an entsprechendem Ersatz. Eschers Grösse bestand nicht ohne diese Schranken und leuchtete nicht ohne diesen Schatten zu werfen. Ihr fraget: ist dieser Mann glücklich gewesen? Nein, wie man das gewöhnlich versteht, Ja, wie er es verstand. Er hat im Verkanntsein gesprochen: ‹Das Beste am Leben ist ja doch Arbeit, Mühe und Anstrengung.› Ein Arbeiter ist er geblieben und fand darin seine Befriedigung, er, der gleich Andern in Behagen und Nichtstun hätte vegetieren können, ein Arbeiter bis zum Uebermass, so dass seine Augen fast erblindeten, seine Konstitution erschüttert wurde. Und doch hat er das sie vollends erschütternde Leid würdig getragen. […] Er hat mehr Gemüt gehabt als viele ihm zuschrieben. Er hat wie Schmerz so Genuss im Gemüte tief empfunden. Er hat darum auch die über alle Wechselfälle des Glückes erhebende Religion als beste Bewahrerin der Sittlichkeit hoch gehalten und nie gemeint, je mehr Ordnung, Zusammenhang, Folgerichtigkeit man in der Natur erkenne, desto mehr müsse der Gottesglauben zurücktreten. Wir sagen ihm: lebe wohl! Seinen Leib senken wir ins Grab, wo Erde werden soll, was von der Erde genommen ist; seinen Geist befehlen wir dem Vater der Geister, der ausser unserer Erde eine unermessliche Welt hat, mit der wir in Beziehung stehen, der als Liebe mehr gibt, als wir bitten und begreifen.»[3]

Auf der Empore hatten drei Männerchöre Platz genommen. Die «Harmonie», der Männerchor Zürich und der Männerchor Enge, dessen Ehrenmitglied und Mäzen der Verstorbene gewesen war, leiteten mit dem gemeinsam gesungenen Lied «Der Du von dem Himmel bist» über zu den politischen Würdigungen. Zuerst ergriff der damalige Nationalratspräsident und spätere Bundesrat Adolf Deucher das Wort und widmete dem Dahingegangenen «einige Blätter der Erinnerung, der Anerkennung und des Schmerzes» aus eidgenössisch-vaterländischer Sicht. Er schloss:

«Wo Escher stand, wirkte er als ganzer Mann. Mit einem edlen Charakter, mit seltener Geschäftsgewandtheit, mit oratorischem Talent und ausserordentlichen Gaben des Geistes vereinte er eine enorme Arbeitskraft, die er rückhaltlos in den Dienst des Vaterlandes gestellt hat. – So haben wir ihn gekannt und so wird sein Bild uns in Erinnerung bleiben. Geliebt von seinen Freunden, hochgeachtet von den Gegnern, war er ein gewaltiger Geist. Einer der grössten Eidgenossen aller Zeiten steigt mit ihm in die Gruft hinab. Das Vaterland aber wird ihm ein ehrenvolles Andenken bewahren.»

Im Zürcher Fraumünster fand am Samstag, dem 9. Dezember 1882, die Abdankung des drei Tage zuvor verstorbenen Alfred Escher statt (Aufnahme von 1877/78).

Nun erklang Wilhelm Baumgartners Lied «Mein Heimatland». Gottfried Keller, der Autor des Liedtextes, sass im Kirchenschiff. Als Vertreter des Kantons Zürichs bestieg Stadtpräsident und Nationalrat Melchior Römer die Kanzel und fand für den grossen Mitbürger «Worte dankbaren Gedenkens». Dabei schilderte er insbesondere Eschers Arbeitsmoral und Perfektionismus auf eindrückliche Weise:

«In allen Stellungen hat der Dahingegangene Grosses geleistet. […] Aber niemals war es ihm um seine Stellung, sondern immer nur um die Sache zu tun […] Trat er an eine Frage heran, so suchte er sie mit unerschütterlicher Energie bis auf den Grund zu durchdringen und nichts gab er aus der Hand, das nicht inhaltlich und formell gleich vollendet gewesen wäre. In solch endloser Tätigkeit beugte er den Körper allzusehr unter das Joch eines despotischen Willens, bis seine Riesennatur erschüttert, aufgerieben war.»[4]

Der Männerchor Enge beschloss die Trauerfeier mit «Wanderers Nachtgebet» von Carl Maria von Weber. Inzwischen war es draussen dunkel geworden. Ein Lichtmeer empfing die Trauergäste, die – wiederum begleitet von den Klängen des Tonhalleorchesters – aus der Fraumünsterkirche ins Freie traten und sich für den letzten Gang zum Gottesacker formierten. Escher hatte gewünscht, bei seinen Eltern und seiner Frau bestattet zu werden, die auf dem stillgelegten Friedhof in der Enge ruhten. Fünfzehn Kutschen boten dem engsten Kreis der Trauergemeinde Platz; die übrigen Trauergäste mussten zu Fuss gehen. Auf dem Gebiet der Gemeinde Enge, von der Bleicherwegbrücke bis zur Totengruft, standen beidseits der Strasse Schüler Spalier, je im Abstand von zwölf zu zwölf Schritten, mit einer Fackel in der einen Hand, der Mütze in der andern. Passivmitglieder des Männerchors hatten für die Kosten der Fackeln «die weit über das Benötigte hinausgehende Summe von 540 Franken» zusammengelegt.[5] Unter flackerndem Licht erreichte die dunkle Prozession den alten Friedhof. Der Sarg verschwand in der Gruft. So fand Alfred Escher endlich die Ruhe, die er im Leben nicht gefunden und wohl auch nicht gesucht hatte. «Auf Wiedersehen, auf Wiedersehen», klangen die letzten Worte von Carl Attenhofers Lied «Wenn dir der Tod ein Liebes nahm» in die Nacht hinaus. «Sein Geist aber lebt fort und so lange unsere Firnen hinausleuchten in alle Lande, den Völkern ringsumher als Pyramiden der Freiheit unsere kleine Republik verkündend, so lange wird auch leben in Herz und Mund des Schweizervolkes, der mit den Geschicken des Vaterlandes innig verbundene Name Dr. Alfred Escher.»[6]

Der Aufmarsch an Trauergästen war überwältigend und fand entsprechend Echo in den Zeitungen. So ausführlich und achtungsvoll die Schweizer Presse über den Verstorbenen und die Szenen in Kirche und Friedhof berichtete, so einmütig hatten die Journalisten Alfred Escher in der Vergangenheit nicht kommentiert. «Wir standen häufiger in gegnerischer Reihe als an seiner Seite», gab der Winterthurer «Landbote»

Der Schweizer Komponist Wilhelm Baumgartner (1820–1867) vertonte Gottfried Kellers Gedicht «O mein Heimatland», welches als op. 29 unter dem Titel «Mein Heimatland» verlegt wurde. Das Lied wurde bei Alfred Eschers Abdankungsfeier gesungen.

zu, «doch geht uns sein Tod nahe. Die Republik hat an ihm einen ihrer hervorragendsten Bürger verloren, der mit seltener Hingabe und Tatkraft sich durch ein reichbewegtes Leben hindurch den öffentlichen Dingen widmete. Er war stark im Wollen und Verneinen, im Anziehen und Abstossen, aber auch der Gegner trat ihm mit hoher Achtung entgegen, denn er war ein ganzer Mann, von welchem man immer wusste, woran man mit ihm war.»[7] «Vielfach Unrecht» habe man Escher getan, stellte das «Tagblatt der Stadt St. Gallen» fest und kam zum Schluss, was andere auch erfahren und erleben mussten und was sich paradigmatisch durch die Schweizer Kulturgeschichte zieht, dass nämlich Escher «im Auslande sogar weit mehr Anerkennung seiner Verdienste um das Verkehrswesen internationaler Tragweite geerntet, als bei seinen engern und weitern Landsleuten».[8] Die Zürcher «Freitagszeitung» fand deutliche Worte, und ihre Kritik zielte auch auf hohe und höchste Repräsentanten des Staates, die als offizielle Trauergäste hinter dem toten Alfred Escher einherschritten, nachdem sie ihn im Leben fallengelassen hatten: «Er war der grosse Alfred Escher. Aber das Rad des Glücks, sagen wir lieber, der Volksgunst, drehte sich auch für ihn. Es wäre schmerzlich, an seinem Sarge schon zu erzählen, wie Neid und Niedertracht sich an ihm vergriffen haben, weil – ohne seine Schuld – Misserfolge den von ihm gegründeten Schöpfungen drohten. Er wandte sie ab, diese Misserfolge, und jetzt stehen jene Schöpfungen wieder in schönem Glanze, durch sein Verdienst. Aber die Wiederanerkennung erfolgt nur langsam; doch er erlebte sie noch, und sie wird ihm den Abend seines Lebens verschönert haben. Wir zweifeln nicht, dem toten Manne wird bald die volle Anerkennung folgen, welche dem lebenden noch so süss gewesen wäre [...]»[9] Dabei hatte gerade die «Freitagszeitung» Escher, seine Kultur, seine Schöpfungen mehr als genug in den Dreck gezogen.

Trauerfeier und Leichenbestattung waren zu einer grossartigen Demonstration geworden. Es schien, so ein Zürcher Junker in seinen Memoiren, als wolle das Zürchervolk Alfred Escher dafür Abbitte leisten, dass es ihn zu seinen Lebzeiten so sehr verkannt hatte. Und die Ehrbezeugung nahm eine zusätzliche und für das zwinglianische Zürich nachgerade ungeahnte und aussergewöhnliche Form an. Denn kaum war Escher am 9. Dezember 1882 bestattet, wurde der damals in Rom lebende Solothurner Künstler Richard Kissling Anfang 1883 durch «einige hiesige Herren» zum Entwurf einer Escher-Plastik angeregt. Im Februar konstituierte sich ein ‹Initiativcomite› mit dem Ziel, Alfred Escher ein künstlerisches Denkmal zu setzen – ein Gegenstück zu den vielen grossen Schöpfungen, die mit dem Namen des Toten untrennbar verbunden blieben. Das Komitee bestellte aus seiner Mitte eine ‹Centralcommission› für die Ausarbeitung präziser Vorlagen. Diesem Ausschuss gehörten über die Zeit 77 Persönlichkeiten aus Politik, Wirtschaft, Wissenschaft und Kultur an: der Präsident des Verwaltungsrates der Kreditanstalt, der Direktionspräsident der Nordostbahn sowie Nationalräte, Ständeräte, Regierungsräte, Kantonsräte, Erziehungsräte,

Gemeinderäte, Professoren, Pfarrherren und Obersten; es befanden sich darunter auch langjährige Weggefährten und ehemalige Freunde Alfred Eschers wie Friedrich Gustav Ehrhardt, Jakob Escher, Franz Hagenbuch oder Alexander Schweizer und die Herren «Dr. Gottfried Keller, Hottingen» und «Dr. Conr. Ferd. Meyer, Kilchberg».[10]

Schon Anfang April veranlasste die mittlerweile von Richard Kissling entworfene Büste Gottfried Keller zu einer in der NZZ als «Kunstnotiz» überschriebenen Aufforderung, die Weiterentwicklung dieser Büste zu einem Standbild zu unterstützen: «... und da sagt man sich beim Anblick dieses Brustbildes unwillkürlich: Wie schade, wenn die äußere Erscheinung des Mannes, welche für ein imposantes Standbild wie geschaffen war, verloren gehen soll.»[11] Kissling, inzwischen nach Zürich übersiedelt, liess sich von den Eindrücken der im Mai eröffneten Schweizerischen Landesausstellung mitreissen – sie vereinigte für ihn «die bewusste Schaffenskraft des ganzen Landes in schönster Anordnung zu einem ganzen Bilde». So konnte er sich «keine schönere Aufgabe» vorstellen, als ein Denkmal für Escher zu entwerfen, «der selbst ein Inbegriff von Arbeitskraft und Energie war».[12] Die Porträtbüste wurde bis Oktober an der Landesausstellung gezeigt; bereits im Juli war der Entwurf für die Statue und das ganze Denkmal so weit gediehen, dass er von den Mitgliedern der ‹Centralcommission› begutachtet werden konnte. Diese trafen also auf den von Gottfried Keller vorgespurten «glücklichen Umstand», dass sie mit dem Denkmalentwurf «bereits ein Kunstwerk sozusagen fertig vorfanden, welches des zu Feiernden würdig ist und dessen nationale Bedeutung dadurch erhöht wird, dass es der Meisterhand eines Schweizers entstammt». Fast ein Jahr später, am 3. Mai 1884, wandte sich die ‹Centralcommission›, ihrerseits unterstützt durch Lokalkomitees, mit einem Aufruf an die Öffentlichkeit und bat um Subskriptionen und Geldbeiträge. Es gab die Überzeugung kund, dass das Bild Alfred Eschers der Nachwelt durch ein Monument am wirkungsvollsten überliefert werde, wenn sich der Betrachter einer in Stein oder Erz geformten Biographie gegenübersehe, die «vom gewaltigen Ringen und Vollbringen erzählt und ihn mit packender Macht zu rühmlichem Streben begeistert»; es folgt im Aufruf die Aufzählung der Escherschen Taten in höchsten Tönen: der «Mannigfaltigkeit und Fülle des Wirkens», nicht ohne sanften Seitenhieb auf jene, die dem Sohn Zürichs durch «Verkennung und Verunglimpfung» entgegengetreten waren.[13] Wiewohl sich bereits Anfang 1884 das gesamte Initiativkomitee für das Modell von Kissling ausgesprochen hatte, schien es der ‹Centralcommission› dennoch tunlich, dem Künstler den definitiven Auftrag noch nicht zu erteilen, wollte man doch zuerst den Eingang weiterer Mittel für die Projektfinanzierung abwarten. Und so behielt man sich die Modifikation des Monuments je nach Ergebnis der finanziellen Beiträge ausdrücklich vor. Doch Sorge und Angst blieben unbegründet – nicht zuletzt auch wegen der hinter dem Projekt als finanzieller Garantin stehenden Kreditanstalt und dank der Leistungen der Stadt Zürich.

Denkmal für Alfred Escher. Entwurfszeichnung von Richard Kissling.

Richard Kissling (1848–1919). Schweizer Bildhauer und namhafter Denkmalplastiker. Fotografie um 1895.

Am 17. November 1884 schliesslich wurde der Vertrag zwischen Kissling und der Centralcommission unterschrieben, der dem Künstler ein Honorar von 120 000 Franken zusicherte und ihn verpflichtete, die Biographie in Erz zu formen. Am 22. Juni 1889 konnte das von Kissling geschaffene Werk schliesslich eingeweiht werden.

Am selben Tag fand auch eine Gedenkveranstaltung für jenen mittelalterlichen Bürgermeister statt, der – blutrünstig und den Zürchern zu mächtig – enthauptet wurde: Hans Waldmann (1435–1489). Symbolträchtiger hätten die beiden Veranstaltungen nicht sein können. Wiederum griff Gottfried Keller zur Feder: «Zwei Bürgermeister der alten Republik Zürich erregen und bewegen mit ihrem Gedächtniß den heutigen Tag. Die Zunftgesellschaften der Stadt feiern Kriegsruhm und tragischen Untergang Hans Waldmanns, und die dankbaren Mitbürger Eschers aus weiteren Kreisen enthüllen das Denkmal, das sie ihm errichtet haben. [...] Möge am heutigen Abend, wenn Waldmanns blutiger Schatten versöhnt vorübergeht, der letzte Bürgermeister ihm leuchtend zuwinken.» Bis heute sind in der Geschichte Zürichs der 22. (Waldmann) und der letzte Bürgermeister (Escher) die beiden einzigen geblieben, denen man ein ehrendes Denkmal schenkte, postum und in Dankbarkeit. Gottfried Keller formulierte in seiner Berichterstattung zu Ehren von Alfred Escher eine Ergänzung zur Inschrift auf dem Sockel: «Dem Manne, der mit Geistestreue und eigenster Arbeit sich selbst Pflichten auf Pflichten schuf und, sie erfüllend, wirkend und führend seine Tage verbrachte, die Nächte opferte und das Augenlicht!»[14]

Somit war Alfred Escher in den höchsten zürcherischen Olymp aufgestiegen, wo Huldrych Zwingli mit seiner Bronzestatue bereits seit 1885 auf ihn wartete und wohin den beiden 1899 Johann Heinrich Pestalozzi mit seiner Darstellung an der Bahnhofstrasse (vor dem heutigen Globus) folgen sollte. Die postume Reverenz aus Zürich in Form eines grossen Monuments hielt einen Berner Künstler nicht davon ab, die Gewichte etwas anders zu setzen. Karl Stauffer, der zwar Alfred Escher persönlich nicht kannte, aber Ende der 1880er Jahre mit dessen Tochter Lydia eine fatale Beziehung einging, sah sich angesichts des Monuments von Kissling zum Ausspruch veranlasst: «... ich bin der Ansicht, dass das eigentliche Escher-Denkmal das Loch am Gotthard ist. Punktum.»[15]

Einweihungsfeier für das Alfred-Escher-Denkmal vor dem Hauptbahnhof in Zürich am 22. Juni 1889.

Die Familiengeschichte

Der Niedergang eines Zweigs der Familie Escher im 18. Jahrhundert

Alfred Escher beherrschte während Jahrzehnten die zürcherische und die eidgenössische Politik in einem Masse, wie dies heute unvorstellbar wäre. Mit dem Namen Escher sind wirtschafts- und kulturpolitische Gründungen verbunden, welche die aussergewöhnliche Stellung dieses Mannes in der Geschichte der Schweiz nach 1848 illustrieren: Nordostbahn (gegründet 1853), Gotthardbahn (1872), Eidgenössisches Polytechnikum (1854, heute ETH Zürich), Schweizerische Kreditanstalt (1856, heute Credit Suisse), Schweizerische Lebensversicherungs- und Rentenanstalt (1857, heute Swiss Life). Dazu kamen all jene wirtschaftlich-industriellen Initiativen, die von der Escherschen Kreditanstalt finanziell gefördert wurden und aus denen wiederum teils bedeutende Unternehmen hervorgingen: etwa die Versicherer ‹Helvetia› (1861), ‹Schweizerische Rückversicherungs-Gesellschaft› (1863, heute Swiss Re), ‹Schweiz› (1869) und ‹Zürich› (1872) oder unter den Industriebetrieben die Werkzeugmaschinenfabrik Daverio, Siewerdt & Giesker, die 1876 in die Aktiengesellschaft Werkzeug- und Maschinenfabrik Oerlikon umgewandelt wurde. Diese Beispiele dokumentieren das breite Wirken des Zürcher Infrastrukturpolitikers und Wirtschaftspioniers und stehen überhaupt symbolisch für den Wirtschaftsliberalismus, der in der jungen Schweiz der 1850er und 1860er Jahre seine Blütezeit erlebte und als dessen herausragender Repräsentant Escher zu gelten hat.

Mit 5 Bürgermeistern, 88 Ratsmitgliedern, 63 Ober- und Landvögten und 2 Stadtschreibern gehörte Alfred Eschers Familie, ein Zweig der Escher vom Glas, zu den bedeutendsten Geschlechtern des alten Zürich. Ursprünglich aus Kaiserstuhl stammend, wurde sie 1385 in Zürich eingebürgert. Der eindrückliche Palmarès an Amts- und Würdenträgern ist Ausdruck der gesellschaftlichen Achtung, welche die Familie in Zürich genoss. Ihre politische Stellung korrelierte insbesondere mit der wirtschaftlichen Bedeutung des Escherschen Geschlechts. Die Escher vom Glas hatten zwischen dem 16. und 18. Jahrhundert wie nur wenige andere Familien den Aufschwung und die Blüte der zürcherischen Wirtschaft mitgetragen: In der Textilindustrie, der Fabrikation von Wolle, Seide und Baumwolle, aber auch im Handel mit diesen Produkten nahmen sie eine führende Stellung ein. Ob Staatsdiener oder Kaufmann, Fabrikant oder Offizier in fremden Diensten – die Familie war reich geworden und stand Mitte des 18. Jahrhunderts auf dem politischen, gesellschaftlichen und wirtschaftlichen Höhepunkt. Glänzender Ausdruck ihrer aussergewöhnlichen Stellung im alten Zürich ist die Tatsache, dass die Escher vom Glas während rund 80 Jahren (1678–1762) mit nur sechs Jahren Unterbruch einen der beiden Bürgermeister stellten. Die Familie strotzte von politischer Macht und wirtschaftlicher Potenz. Tief verwurzelt im altzürcherischen Patriziat, schien ihre Stellung im Zürich der Reichen und Mächtigen unerschütterlich.

Dann brach über mehrere Generationen eine Folge tragischer Ereignisse herein und führte dazu, dass sich dieser Zweig der Escher vom alten Zürich abwandte. Und auch das alte Zürich wandte sich von der Familie ab. Als Alfred Escher am 20. Februar 1819 geboren wurde, war seine Familie längst wegen ‹haarsträubender Geschichten› ins gesellschaftliche Abseits geraten: Urgrossvater Hans Caspar Escher-Werdmüller (1731–1781) war nach Ehebruch, Scheidung und Enterbung nach Deutschland ausgewandert. Grossvater Hans Caspar Escher-Keller (1755–1831) war Konkurs gegangen und hätte beinahe ganz Zürich mit in den finanziellen Abgrund gerissen. Onkel Friedrich (Fritz) Ludwig Escher (1779–1845) und Onkel Ferdinand Escher (1787–1855) führten in Russland und auf Kuba – teils als Verbannte – ein skandalumwittertes Leben. Vater Heinrich Escher (1776–1853) schliesslich, in Amerika zu neuem Reichtum gekommen, verletzte den Ehrenkodex, indem er die Schulden der vorausgegangenen Generation nicht zurückzahlte.

Auch Alfred Escher bemühte sich nicht, die Gräben zwischen seiner Familie und manchen der noch führenden alten Zürcher Familien zuzuschütten. Im Gegenteil: mit seinen anfänglich radikalen politischen Ideen provozierte er in den 1840er Jahren die konservativen Stadtzürcher. Seine Tochter Lydia schliesslich, die letzte ‹Escherin› dieser Linie, pflegte einen Lebensstil, der mit den grossbürgerlichen Normen und Werten brach. Sie brannte mit dem Künstler Karl Stauffer nach Rom durch und geriet in den Strudel tragischer Ereignisse, bevor sie, allein und verlassen, weitab von der Zürcher Gesellschaft, 1891 ihrem Leben ein Ende setzte. Vor ihrem Tod hatte sie ihre finanziellen Verhältnisse geregelt und Dispositionen getroffen. So ging aus Alfred Eschers Erbe die Gottfried Keller-Stiftung hervor. Doch befolgte man die Anweisungen und Wünsche von Lydia Welti-Escher nicht mit der nötigen Sorgfalt, so dass die Gottfried Keller-Stiftung finanziell zugrunde gerichtet wurde.

Anfang 1765 wurde gerüchteweise herumgeboten, Alfred Eschers Urgrossvater Hans Caspar Escher, Landschreiber von Ebmatingen, habe mit Barbara Wanger aus Egg Ehebruch begangen. Als diese ein uneheliches Kind zur Welt brachte und der Landschreiber der Vaterschaft bezichtigt wurde, floh dieser nach Schaffhausen. Bereits Anfang März 1765 gelangte die betrogene Ehefrau Anna Sabina Escher an das Ehegericht: sie ersuchte um Scheidung und forderte das Sorgerecht für ihren damals zehnjährigen Sohn Hans Caspar. Das Gericht sprach den Vater, der den Ehebruch kurz zuvor schriftlich gestanden hatte, schuldig und regelte die finanzielle Abfindung. Nachdem im Oktober 1765 sein Vater und im November seine ehemalige Gattin verstorben waren,

Buchdeckel der von C. Keller-Escher verfassten Familiengeschichte aus dem Jahr 1885.

erschien der flüchtige Landschreiber vor dem Ehegericht. Obwohl er seiner Reue Ausdruck gab und um Gnade bat, wurde er im Wellenberg gefangengesetzt. Am 23. November 1765 bestätigte der Rat den bereits am 9. März gefassten Beschluss, Hans Caspar Escher zu bestrafen. Schon vier Tage nach der Scheidung war er von seinem Vater enterbt worden. An seiner Stelle wurde sein unmündiger Sohn, ebenfalls mit Namen Hans Caspar – der Grossvater von Alfred Escher –, als Erbe eingesetzt. Lediglich mit dem Ertrag des Vermögens begünstigt, begann für Urgrossvater Hans Caspar auch der wirtschaftliche Niedergang. Wiederholt in finanziellen Nöten, versuchte er das Testament anzufechten. Schliesslich verzichtete er Anfang 1767 schriftlich auf weitere Einsprachen. Doch bereits vier Jahre später stritt er erneut gegen seine Familie, und der Fall kam vor die Obrigkeit. Damit erreichte der Entfremdungsprozess seinen Höhepunkt: Die Familie Escher distanzierte sich öffentlich von ihrem ehrlosen Verwandten, der als unwürdiges Glied der Familie bezeichnet wurde. Im gleichen Jahr 1771 heiratete Hans Caspar Escher die Elsässerin Anna Barbara Reimers, die bei ihm als Magd gearbeitet hatte. Wohl 1772 zogen die beiden nach Berlin, wo sie den Kampf um die Kapitalzinsen aus Zürich aufnahmen. Inzwischen hatte die Familie Escher nämlich die Zahlungen ausgesetzt, wohl um damit Hans Caspar Eschers Schulden zu begleichen. Nun intervenierte selbst der preussische König Friedrich II. mit einem offiziellen Schreiben für seinen «nunmehrigen Untertanen», dem er allerdings untersagte, die angebliche Unterdrückung und die finanzielle Misere publik zu machen. Am 27. August 1774 stellte der Rat in Zürich fest, dass alle Schulden beglichen seien, und erlaubte dem alten Landschreiber, sich wieder in Stadt oder Landschaft Zürich niederzulassen. In seine bürgerlichen Ehren und Rechte jedoch wurde er nicht wieder eingesetzt. Ob Hans Caspar Escher je nach Zürich zurückkehrte, ist nicht bekannt. Er starb am 7. Dezember 1781 in Erlangen.

Hans Caspar Escher im Stadelhofen, Sohn des Landschreibers und Grossvater von Alfred Escher, wuchs mit einer grossen Zahl von Cousins und Cousinen in der Pflege der Familien seines Onkels Hans Jakob Escher und dessen Schwagers Hans Georg Gossweiler auf, umsorgt vor allem von seiner Tante Anna Margaretha Escher-Hirzel. 20jährig heiratete Hans Caspar Escher seine Verlobte Anna Keller vom Steinbock. Ausgestattet mit der namhaften Erbschaft seines Grossvaters, verlegte sich der junge Hans Caspar bereits Ende der 1770er Jahre auf die damals en vogue stehende Tätigkeit eines ‹marchand-banquier›, indem er den angestammten Produktions- und Handelsbetrieb um das Kreditgeschäft erweiterte. Er leitete das Unternehmen zusammen mit seinen Verwandten Heinrich Escher im Berg und Caspar Landolt vom Rech. Hans Caspar Escher beteiligte sich 1786 an der Gründung der Firma Usteri, Ott, Escher & Co., welche von sechs Zürcher Häusern mit einem Kapital von 500 000 Livres tournois ausgestattet wurde. Ziel war die Einrichtung eines Bankhauses – vornehmlich zur Pflege des Geschäfts

Abschied von Heinrich Escher,
dem Vater von Alfred, aus dem
elterlichen Haus 1789. Ölgemälde
auf Holz von Heinrich Freudweiler
(1755–1795).

mit Frankreich – mit einer Niederlassung in Paris. Als diese Firma 1803 liquidiert werden musste, war Grossvater Hans Caspar Escher aufgrund anderer Unternehmungen längst in Konkurs gegangen. Hans Caspar Escher liess sich in den 1780er Jahren zunehmend zu Spekulationsgeschäften hinreissen. Er nahm vor allem in Frankreich gewerbsmässig Depositengelder an, um mit diesen spekulative Wertpapier- und Kreditgeschäfte zu tätigen. Seine Finanzmanöver nahmen eine Dimension an, wie man sie in der Limmatstadt zuvor kaum gekannt hatte. Doch dann wendete sich das Blatt, und 1788 kam es zum grössten Konkurs im alten Zürich, von dem die Eschersche Familiengeschichte nur in kurzen Worten berichtete. Die Schuldensumme betrug 800 000 Gulden, und die Gläubigerliste umfasste 236 Personen. Der ‹marchand-banquier› hatte sein eigenes Vermögen verloren; das Gut seiner Frau jedoch konnte gerettet werden. Die Verluste, die verschiedene angesehene Zürcher Familien – darunter diejenige von Landvogt Salomon Landolt –, aber auch staatliche Fonds und Ämter erlitten, beliefen sich teils auf Zehntausende von Gulden. Den grössten Verlust – einen Betrag von rund 113 000 Gulden – hatte die Escherin im Berg, die Frau seines Compagnons Heinrich Escher im Berg, zu beklagen. Glaubt man der «Wochenzeitung», die über fünfzig Jahre später an diesen Bankrott erinnerte, so waren durch Escher auch ärmere Bevölkerungsschichten zu Schaden gekommen.

Im gleichen Alter wie sein gescheiterter Vater fand sich auch der 34jährige Hans Caspar finanziell ruiniert und von der bürgerlichen Gesellschaft ausgeschlossen. Wie in solchen Fällen üblich, verliess er seine Heimatstadt und wanderte aus. Er zog 1789 nach Russland, trat dort in die Armee ein und nahm als Offizier an den Feldzügen gegen Napoleon teil. In Russland legte sich Hans Caspar eine neue Identität zu, nannte sich Gaspard d'Escher oder Gaspard von Escher und bezeichnete sich als «un homme de confiance, de probité et d'une des premières familles». Er behauptete, den grössten Teil seines Vermögens in der Revolution verloren zu haben. Den verbliebenen Rest von 16 000 Rubeln hätte er in die Erziehung seiner vier Söhne gesteckt, die schliesslich alle in russische Dienste getreten seien. Mit seinen militärischen Dienstgraden nahm er es nicht allzu genau. Belegt ist, dass Escher Major im Moskauer Dragonerregiment war («Moskovskij Dragunskij polk») und offenbar 14 Jahre in russischen Diensten stand, davon 9 in Sibirien. Von russischer Seite als Major tituliert, unterschrieb er in Briefen auch als Oberst («polkovnik») der Kavallerie oder gab bei seiner Adresse den Grad eines Oberstleutnants («podpolkovnik») an.

Nachdem Russland 1783 im Krieg gegen das Osmanische Reich die Krim erobert hatte, startete Alexander I. (1801–1825) grosse Anwerbungsprogramme, um dort westeuropäische Auswanderer, namentlich Deutsche, anzusiedeln. Auch aus der Schweiz, wo die Werbung verboten war, zogen etliche verarmte Familien nach Osten. In diesem Kontext wurde Hans Caspar Escher, der damals in einem Militärquartier in Litauen lag, vom Zürcher Zunftschreiber und Hufschmied Düggeli kontaktiert und gebeten, sich bei der russischen Regierung für die Ansiedlung von Schweizern zu engagieren. Angeblich tat er dies nicht zuletzt auf Drängen seiner Kameraden und Freunde im Regiment und bekam schliesslich die staatlichen Privilegien und Übereinkünfte. Entgegen der späteren Argumentation Eschers, die in der Sekundärliteratur aufgenommen wurde und die das Scheitern des Unterfangens auf ungenügende russische Garantien zurückführte, kommt man bei genauer Analyse der Quellen zum Schluss, dass Escher durchaus befriedigende und dem damaligen Usus entsprechende staatliche Zusicherungen gewährt worden waren.

Im Januar 1803 kam Escher nach St. Petersburg und begann sich mit organisierten Auswanderungsprojekten nach Russland zu befassen. Zu diesem Zweck wurde ihm ein staatliches Papier ausgehändigt, in dem die Privilegien aufgelistet waren, die Schweizer Kolonisten erhalten würden. Escher erhielt die Erlaubnis, diese Privilegien im Namen Seiner Majestät des Zaren in der Schweiz zu veröffentlichen. Ebenso durfte er in Aussicht stellen, dass seine Schweizer Landsleute, die dieses Angebot annehmen wollten, unter dem Schutz des Zaren stehen würden. Jeder Familie, die Escher auf diese Weise anwerben konnte, wurde für die Reise ein gewisses Darlehen versprochen. Darüber hinaus erhielt Escher ein staatliches Empfehlungsschreiben, welches jegliche Unterstützung versprach, sobald die Kolonisten die russische Grenze erreichten. Nach dem erfolgreichen Abschluss des Projekts sollte Escher 600 Tscherwonzen für Organisation, Transport und Reise erhalten. Überdies ergebe sich so die Möglichkeit, die «besondere Gunst des Zaren» zu erlangen. Das Auswanderungsprojekt wurde für die Kolonisten zu einem Fiasko. Von Anfang an stand das Unterfangen unter einem unglücklichen Stern. Escher war seinen Führungsaufgaben in keiner Weise gewachsen. Als er vom Zürcher Rat aufgefordert wurde, über seine Schritte Rechenschaft abzulegen, bekam er es mit der Angst zu tun und floh nach Konstanz. In der Schweiz machte er zudem den kapitalen Fehler, dass er nicht nur unter der Hand Auswanderer warb, sondern die Pläne auch in Zeitungen publizierte. Nun wurde er einerseits von der Zürcher Obrigkeit zur Rechenschaft gezogen und andererseits von Auswanderungswilligen überschwemmt. So entschloss sich Escher, mit den ersten 60 Familien – mehr als 200 Personen – statt wie geplant im Frühjahr 1804 bereits im Oktober 1803 nach der Krim aufzubrechen, obwohl die russischen Zahlungen erst für 1804 zugesichert waren. Seine erfolglosen Bemühungen, bei Freunden in der Schweiz, russischen Gesandten und Geldhäusern in Deutschland finanzielle Mittel für den anstehenden Transport auszuleihen, um seine Vorbereitungskosten von 30 000 Rubel abzudecken, blieben erfolglos. Escher erhielt am 8. September 1803 aus St. Petersburg die Antwort, das Geld könne – wie vereinbart – erst an der russischen Grenze bezogen werden. Im übrigen sei es nicht die Absicht gewesen, mittellose Kolonisten aufzunehmen, von denen der russische Staat keinen Nutzen habe. Bereits in Wien eingetroffen, misslang es Major Escher wiederum, Geld aufzutreiben. Ein Schreiben, das er am 19. Oktober 1803 nach St. Petersburg sandte, illustriert seine verzweifelte Lage. Erst nach mehrmaliger Vorsprache beim russischen Geschäftsträger in Wien, Baron von Anstedt, händigte ihm dieser wenigstens 6000 Gulden aus. Der Mangel an finanziellen Mitteln blieb aber ein Dauerproblem auf der ganzen weiteren Reise. Immer wieder schickte Escher Schreiben an russische Stellen, appellierte an örtliche Behörden in Österreich und Ungarn, sandte Vertrauensleute nach St. Petersburg – und immer ging es darum, das Siedlungsgeld zu beziehen, um damit das tägliche Leben bestreiten zu können. Doch die Ausbeute war gering, und die Nahrungsmittelsituation wurde immer prekärer.

Der eigentliche Wahnwitz des Unternehmens lag darin, dass im Winter gestartet wurde. Allen Warnungen zum Trotz wollte Escher das Projekt durchziehen. Ende Dezember 1803 war er mit seinen Kolonisten bis Rosenberg (damals im ungarischen Teil der Habsburgermonarchie, heute Slowakei) vorgestossen, wo er überwinterte. Erbärmliche hygienische Zustände und ungenügende Nahrung schwächten die Siedler und machten sie anfällig für Krankheiten. Eine schwere Pockenepidemie forderte rund vierzig Tote, darunter zahlreiche Kinder. Für die Kolonisten, denen Escher ihr ganzes Geld abgeknöpft hatte, wurde der Trail zum Albtraum.

Derweil gelangte Escher an den Gesandten Graf Razumovskij in Wien und bat um dessen Hilfe, worauf der Graf nach St. Petersburg meldete, Escher fahre fort, Probleme zu machen. Razumovskij äusserte gegenüber Escher sein Unverständnis, dass er die Jahreszeit für eine solche beschwerliche Reise nicht besser gewählt hatte, und monierte, Eschers Benehmen sei in der Sache allgemein nicht löblich, was er ebenfalls nach St. Petersburg rapportierte. Im März 1804 lagen die Auswanderer noch immer bei Rosenberg, doch ihre Zahl hatte sich inzwischen durch Todesfälle auf die Hälfte reduziert. In dieser verzweifelten Situation schickte Hans Caspar Escher am 8. März 1804 seinen Sohn Fritz in Begleitung eines anderen Aussiedlers auf einen 1500 km langen Gewaltritt nach St. Petersburg, um dort Geld aufzutreiben. Am 26. März 1804 trafen die jungen Leute dort ein und erhielten schliesslich aus der Reichskasse eine direkte Anweisung für Geld nach dem westukrainischen Podolien. Hierauf jagten sie die 1500 km nach Rosenberg zurück. Ende Mai konnten die Auswanderer Rosenberg verlassen; im Juni erreichten sie die russische Grenze und Mitte Juli die Krim. Am vermeintlichen Ziel angekommen, fiel Escher, der seit Monaten krank war, in Ungnade. Nicht nur wurde er als Expeditionsleiter abgesetzt, sondern auch aus der russischen Armee entlassen. Die Siedler hielten mit Vorwürfen an Escher nicht zurück. Statthalter Richelieu fand die Aussagen der verzweifelten Siedler bestätigt, dass Escher ihnen ihr Geld abgenommen habe; sie waren davon ausgegangen, dass sie dieses nach der Ankunft in Russland zurückerhalten würden. Auch der Inspektor der Ausländerkolonien auf der Krim, Samuel Kontenius, nahm diese Vorwürfe der Siedler zu Protokoll – mit dem Zusatz, Escher habe das Geld der Siedler verschwendet. Während der Krankheit des Vaters reiste Fritz Escher zusammen mit Hans Conrad Wyss, einem der Aussiedler, nach Konstanz zurück, um von dort aus einen weiteren Auswanderungszug zu organisieren. Diesmal sollte dieser rund 1000 Siedler umfassen. Doch wiederum mangelte es an Geld, und die russische Regierung verbot Escher und Wyss, das Unternehmen durchzuführen. Die ihrer Hoffnungen und Träume beraubten Auswanderungswilligen schlugen sich bettelnd im Bodenseeraum herum, bis sie von der Thurgauer Regierung in ihre Heimatorte zurückgeführt wurden. Inzwischen kehrte Fritz nach Russland zum Vater zurück.

Die Hilferufe der schweizerischen Siedler und ihre Klagen über das zugeteilte Land drangen bis nach Zürich. Stadtarzt Kaspar Hirzel der Jüngere sprach in dieser Sache beim russischen Hofmarschall Golovin vor, als dieser in Bad Schinznach kurte. Dank dessen Intervention wurde den Siedlern neues Land zugeteilt, auf dem schliesslich der Ort Zürichtal entstand, der bis zum Ersten Weltkrieg existierte. Vergleicht man die Aufwendungen der verschiedenen russischen Stellen, so stellt man fest, dass der Eschersche Transport vom Aufbruch am Bodensee bis zur Ankunft auf russischem Boden die russische Staatskasse rund 6614 Tscherwonzen, 1678 Rubel und 29 Kopeken gekostet hatte. Dies machte pro Familie mehr als 100 Tscherwonzen, anstelle der 30, die ursprünglich zugesagt worden waren.

Stammbaum der Familien Escher und Uebel

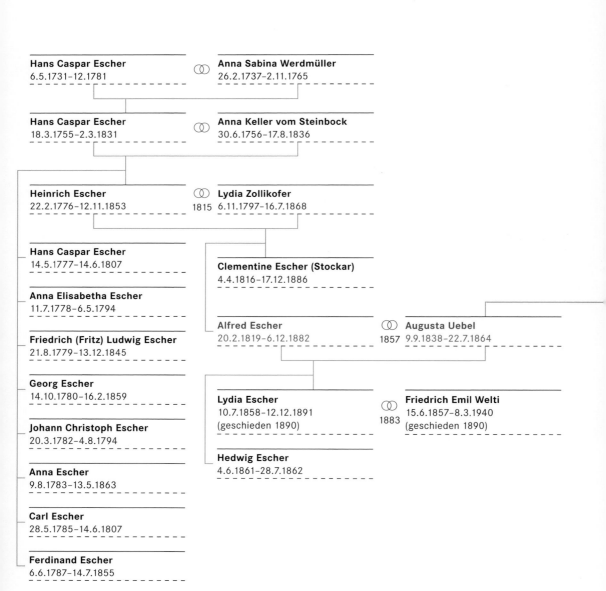

Hans Caspar Escher
6.5.1731–12.1781

⬭ **Anna Sabina Werdmüller**
26.2.1737–2.11.1765

Hans Caspar Escher
18.3.1755–2.3.1831

⬭ **Anna Keller vom Steinbock**
30.6.1756–17.8.1836

Heinrich Escher
22.2.1776–12.11.1853

⬭ **Lydia Zollikofer**
1815 6.11.1797–16.7.1868

Hans Caspar Escher
14.5.1777–14.6.1807

Clementine Escher (Stockar)
4.4.1816–17.12.1886

Anna Elisabetha Escher
11.7.1778–6.5.1794

Friedrich (Fritz) Ludwig Escher
21.8.1779–13.12.1845

Alfred Escher
20.2.1819–6.12.1882

⬭ **Augusta Uebel**
1857 9.9.1838–22.7.1864

Georg Escher
14.10.1780–16.2.1859

Johann Christoph Escher
20.3.1782–4.8.1794

Lydia Escher
10.7.1858–12.12.1891
(geschieden 1890)

⬭ **Friedrich Emil Welti**
1883 15.6.1857–8.3.1940
(geschieden 1890)

Anna Escher
9.8.1783–13.5.1863

Hedwig Escher
4.6.1861–28.7.1862

Carl Escher
28.5.1785–14.6.1807

Ferdinand Escher
6.6.1787–14.7.1855

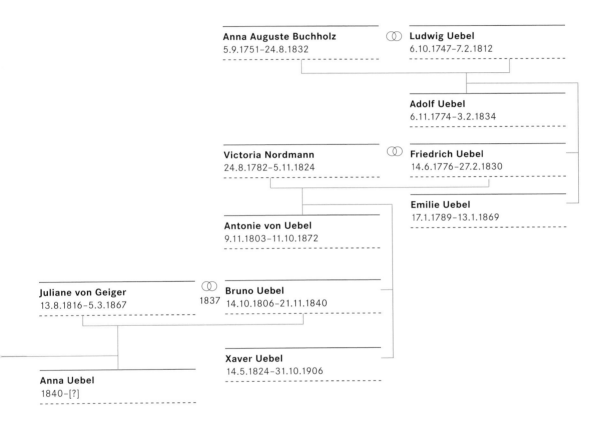

Anna Auguste Buchholz
5.9.1751–24.8.1832

⚭ **Ludwig Uebel**
6.10.1747–7.2.1812

Adolf Uebel
6.11.1774–3.2.1834

Victoria Nordmann
24.8.1782–5.11.1824

⚭ **Friedrich Uebel**
14.6.1776–27.2.1830

Emilie Uebel
17.1.1789–13.1.1869

Antonie von Uebel
9.11.1803–11.10.1872

Juliane von Geiger
13.8.1816–5.3.1867

⚭ 1837 **Bruno Uebel**
14.10.1806–21.11.1840

Xaver Uebel
14.5.1824–31.10.1906

Anna Uebel
1840–[?]

Hans Caspar Escher bezifferte seinen persönlichen finanziellen Aufwand für den Transport mit 5250 Rubel, wovon 3800 Rubel ihm gehört hatten, während der Rest geborgt gewesen war. Escher ersuchte die russischen Behörden, ihm diese Mittel zurückzuerstatten. Darüber hinaus bat er für sich «pour allègement de mes vieux jours ... une sustentation annuelle» sowie Land in St. Petersburg, um sich dort niederlassen zu können. Das russische Innenministerium, das sich des Begehrens anzunehmen hatte, unterstellte Escher keine Vorsätzlichkeit. Gestützt auf diese Beurteilung wurde Hans Caspar Escher Sold für die Zeit des Transports, eine Invalidenrente und Land in Neurussland angeboten. Escher verzichtete jedoch auf die Invalidenrente und das Landstück, «puisqu'elles ne peuvent être d'aucun usage pour moi», bat hingegen um Rückerstattung der von ihm ausgelegten 5250 Rubel. Darauf wurden Escher 1000 Rubel zugesprochen, damit er seine Schulden bezahlen könne. Am 19. August 1807 gelangte Escher mit einer Petition an den Zaren, ein paar Monate später an den Innenminister: Er sei ungerecht behandelt worden, habe weder sein «Dorf» (gemeint ist das Landgut) noch seine Invalidenrente erhalten. Nun wurde die Sache nochmals behördlicherseits überprüft. Es wurde festgestellt, dass Escher seine Kompetenzen im Kolonisierungsunternehmen überschritten habe, weshalb ihm keine Pension, dafür eine Invalidenrente zugesprochen werden müsse. Im Februar 1808 reichte Escher beim Innenministerium ein letztes, quellenmässig dokumentiertes Gesuch um Rehabilitation und Rückerstattung ein. Die Antwort des Innenministers war unmissverständlich und abschliessend: Escher solle sich nicht erdreisten, die Sache noch einmal aufs Tapet zu bringen.[16]

Das Unglück nahm für Escher seinen Lauf. Denn bereits am 12. Juni 1804 hatte der Kleine Rat in Zürich Hans Caspar Escher den Aufenthalt «in hiesigem Canton für ein und alle Mahl untersagt». Man warf ihm ungehorsames Benehmen und namentlich den wiederholten «Unfug der Emigrations-Betreibung» vor.[17] Dieser Landesverweis nahm Hans Caspar Escher die Möglichkeit, von den wirtschaftlichen Erfolgen seines Sohnes Heinrich zu profitieren. Als dieser – Alfred Eschers Vater – 1831 das Belvoir bezog, starb Grossvater Hans Caspar Escher in St. Petersburg.

Heinrich Escher war der älteste Sohn Hans Caspar Eschers. Aufgrund dessen Konkurses und seiner Folgeerscheinungen vom Vater getrennt, wurde der damals 12jährige Heinrich von Ratsherr Keller, seinem Grossvater mütterlicherseits, in Obhut genommen. Seiner Mutter war es gelungen, ihr Frauengut über den Konkurs ihres Mannes hinwegzuretten. Es lag in den Händen eines Vormunds, so dass die Mutter darüber nicht frei verfügen konnte. Im Haushalt der Kellers war sie für nicht weniger als neun Kinder verantwortlich. Vor diesem Hintergrund und angesichts damaliger Sitten und Gebräuche überrascht es nicht, dass der älteste Sohn Heinrich gehalten war, baldmöglichst ins Erwerbsleben einzusteigen. Doch nun bestand kein familiäres Unternehmen mehr, in das Heinrich hätte eintreten können. So war er gezwungen, eine

Anstellung zu suchen. Er fand sie bei Hans Konrad Hottinger, dessen Familie mit den Eschers befreundet war und der in Paris ein Handels- und Bankhaus führte. Zuerst ging der 13jährige Heinrich zu Pfarrer Lecomte nach Genf, um die französische Sprache zu lernen. Erst 15jährig, kam er schliesslich 1791 – mitten in den Stürmen der Revolution – nach Paris, wohnte im Haus der Hottinger und erwarb sich kaufmännische Erfahrung. Das Vertrauen, das der junge Escher bei Hottinger schnell gewann, zeigte sich darin, dass er in einem versiegelten Couvert die Prokura (Vollmacht) erhielt für den Fall, dass Hottinger an der Ausübung der Geschäftsführung verhindert sein sollte. Von der Französischen Revolution fühlte sich Heinrich anfänglich durchaus angezogen. Die «Greueltaten» und «abscheulichsten Exzesse» aber, die er als «Augenzeuge» miterlebte, liessen ihn von der Bewegung bald Abstand nehmen.[18] Auch die politischen Positionen seiner Gastfamilie mögen zu dieser Kurskorrektur nicht unwesentlich beigetragen haben. Bereits im folgenden Jahr wurde der junge Schweizer von Hottinger nach London geschickt, nicht nur um sich mit dem englischen Geschäftsleben vertraut zu machen und die Sprache zu lernen, sondern gleichsam als Vorposten, um spätere Möglichkeiten der Geschäftsverlagerung vorzuspuren. Als der 17jährige Heinrich Escher im Sommer 1793 für kurze Zeit nach Zürich zurückkehrte, war sein Ausbildungsrucksack mit kaufmännischen Erfahrungen und sprachlichen Kenntnissen bereits reichlich gefüllt. Doch damit war der Geschäftshorizont von Heinrich Escher noch nicht annähernd abgesteckt. Die Schrecken der Revolution in Frankreich, die viele Handels- und Bankhäuser in wirtschaftliche Turbulenzen brachten, eröffneten unverhofft einen neuen Wirkungskreis. Hottinger, der sich als Royalist in Frankreich nicht mehr sicher fühlte und bereits 1790 in Zürich die Firma Hottinguer & Cie. gegründet hatte, sah sich vermehrt im amerikanischen Geschäft um. Im Herbst 1793 teilte er seinen Zürcher Teilhabern seine Pläne mit, verreiste im Sommer 1794 über den Atlantik und liess während zwei Jahren nichts mehr von sich hören.

Der Zürcher Hans Konrad Hottinger (1764–1841) war Gründer des Bankhauses Hottinguer in Paris.

Heinrich Escher verbrachte ein Jahr in London bei der Familie Hottingers, bevor er sich im September 1794 nach Amerika einschiffte, wo er fünf Monate später anlangte. Hier hielt er sich – mit Unterbrüchen – bis 1814 auf. Die ersten drei Jahre war er für eine holländische Gesellschaft unterwegs, die in Georgia ein Ansiedlungsunternehmen aufbaute, bevor er ins Handelshaus Harrison & Sterrett eintrat. 1798 schloss sich Heinrich Escher wieder der Geschäftstätigkeit Hottingers an. Zunächst war er während drei Jahren als dessen amerikanischer Agent bei Landerschliessungsarbeiten in Pennsylvania tätig, leitete den Verkauf von Parzellen an die neuen Siedler und erwarb sich so Erfahrungen im Grundstückhandel. Die bei der Konzeption von Städten und Siedlungen entwickelten Kenntnisse weckten seine Liebe für architektonische Planung, was in späteren Jahren beim Bau des Belvoir fruchtbaren Niederschlag fand. Im Jahr 1801 wurde er Teilhaber des Hauses

Hottinguer. Kreuz und quer auf unzähligen Reisen in den USA unterwegs, mit Basisstationen in New York und Philadelphia, besorgte Heinrich Escher den Handel mit Kaffee, Tee, Reis, Tabak, Baumwolle, Farbhölzern und Kolonialwaren aller Art von Amerika nach Europa, namentlich nach Frankreich. Er besuchte die Karibischen Inseln und hielt überall nach neuen und lukrativen Geschäftsmöglichkeiten für das Haus Hottinguer, aber auch für sich und seine Brüder Ausschau. Für Fritz erwarb er später auf Kuba eine Kaffeeplantage.

In Zürich warfen die Erfolge von Hottinger und Escher hohe Wellen. Man bewunderte die geschäftliche Höhenkurve der beiden und war interessiert, deren Position auf dem amerikanischen Markt für die Textilindustrie und andere Geschäfte in Zürich fruchtbar zu machen. Andererseits litten nicht wenige Zürcher noch immer unter den Verlusten, die Heinrich Eschers Vater ihnen verursacht hatte, und blieben daher gegenüber dem Sohn misstrauisch. Eschers wirtschaftliche Erfolge in Amerika nährten aber auch ihre Hoffnung, dass dieser eines Tages den Schaden wiedergutmachen würde. Dass Heinrich Escher bald schon über diese Mittel verfügen würde, schien nicht unrealistisch, denn man vernahm in Zürich wenigstens andeutungsweise, zu welchem Vermögen der junge Heinrich gelangt war. 1805 etwa bestätigte Hottinger, dass Heinrich Escher sich bereits ein Vermögen von gegen 250 000 französischen Francs erworben habe. Und so wartete man in Zürich gespannt auf die Rückkehr dieses Amerika-Escher und auf die Millionen, die er an die Limmat bringen würde, um die durch den Konkurs- oder Russland-Escher erlittenen Verluste abzugelten. Doch Heinrich verbrachte vorerst ab 1806 vier Jahre bei Hottinguer in Paris. 1809 besuchte er während ein paar Wochen seine Familie in Zürich. 1810–1812 kehrte er für zwei Jahre in die Schweiz zurück. 1812 reiste er ein zweites Mal nach Amerika, und erst 1814 liess er sich nach über 20jähriger Tätigkeit im Ausland endgültig wieder in Zürich nieder.

Die Hoffnungen der betroffenen Zürcher Familien blieben unerfüllt: Heinrich Escher, der während all der Jahre seine Mutter und seine Geschwister finanziell unterstützt hatte, war nicht gewillt, die Schulden seines Vaters zu tilgen. Enttäuschung über diese Verletzung des Ehrenkodexes machte sich breit, Eifersucht und Missgunst leisteten das Ihre, und Gerüchte begannen ins Kraut zu schiessen. Dankbar nahmen die Zeitungen diese auf; es wurde fabuliert und prozessiert, und die Skandalgeschichten der Familie Escher setzten sich in den Köpfen der Zürcher fest. Doch nicht nur in den konservativen Zürcher Familien wurde die Causa Escher mündlich überliefert. Selbst das Dienstpersonal im Belvoir reichte das Gehörte und Gelesene weiter. So sind die Ausführungen eines damals 73jährigen Fräuleins erhalten, deren Vater im Belvoir Kutscher war und die 1917 zur Person Heinrich Eschers zu Protokoll gab: «Er habe sein Vermögen überseeisch gemacht, die Insel Cuba sei sein Eigentum gewesen …, er habe mit Sklaven gehandelt, daher sei auch kein Segen auf dem Gelde gewesen.»[19] Man wird jedoch Alfred

Eschers Vater nicht gerecht, wenn man ihn lediglich von dieser Seite sieht. Bereits in jungen Jahren auf eigene Füsse gestellt und in die Welt hinausgeschickt, war er es, der den Haushalt seiner Mutter aus der Fremde finanzierte und damit auch seinen vielen Geschwistern eine ökonomische Lebensgrundlage schuf. Die Verantwortung, die er in Abwesenheit des Vaters als ältestes Kind für seine Familie übernahm, zog sich wie ein roter Faden durch sein Leben und entwickelte sich zu einer lebenslangen, quälenden Sorge. So ermöglichte er es seinem Bruder Georg, sich in Lyon als Geschäftsmann zu etablieren und eine eigene Firma zu gründen. Seinem Bruder Fritz, der in Russland Handelsgeschäfte betrieb, stellte er grosse Summen zur Verfügung. Dasselbe tat er für seinen Bruder Ferdinand, der Fritz in den Osten folgte. «Ich kann nicht sagen, welche Unruhe, Sorgen und Beängstigungen mir meine Brüder verursachen. Zuweilen sind es ihre Geschäfte, die mir Sorgen machen. Immer ist es ihr Befinden, das mich mit grausamen Befürchtungen quält. Immer kam von Russland nur Kummer über mich» – stellte er 1812 fest, als seine beiden Brüder durch Napoleons Russlandfeldzug in wirtschaftliche Schwierigkeiten gerieten.[20]

Damit nicht genug. 1815 brach die Katastrophe so recht über die beiden Brüder herein: Fritz und Ferdinand Escher wurden des verbotenen Handels angeklagt, verhaftet und mit vier Jahren Verbannung belegt. Heinrich Escher und seine Mutter setzten sich von Zürich aus für deren Freilassung ein. Heinrich erwarb für sie die Kaffeeplantage «Buen Retiro» auf Kuba, wohin sich die beiden auf Geheiss ihres ältesten Bruders zu begeben hatten, ohne Zürcher Boden betreten zu haben. Heinrich Escher, der sich leidenschaftlich für seine Brüder einsetzte und von seiner vorbehaltlos idealistischen Überschätzung der beiden erst allmählich abrückte, als die Urteile von seiten zuverlässiger Dritter ungünstig ausfielen, klagte 1823 sein Leid Johannes von Muralt: «Ich fühle es allzusehr der entsetzliche Verdruss den mir meine Familie seit 8 Jahren macht wird mich in ein frühes Grab bringen denn ich kann bezeugen dass ich seit Anno 1815 keinen frohen und kummerlosen Augenblick hatte – und wer ist die Quelle dieses Kummers gewesen? Meine Brüder und mein Vater.»[21] Wie viele finanzielle Mittel Heinrich Escher seinen Brüdern Fritz und Ferdinand zur Verfügung stellte, lassen verschiedene Hinweise in seinen Korrespondenzen erahnen. So etwa, wenn Heinrich Escher feststellt, dass sein Bruder Fritz nie einen Dukaten eigenes Vermögen besessen habe, und wenn man gleichzeitig berücksichtigt, welche Summen vonnöten waren, um das von Fritz und Ferdinand betriebene Handelsgeschäft zu führen. Das finanzielle Engagement, das Heinrich Escher für seine Brüder bis 1823 eingegangen war, bezifferte er auf «über f. 250 000 geschickt an baaren Auslagen und alles wurde verloren – es war ⅓thel meines sauer verdienten Vermögens».[22] Dank erfuhr Heinrich Escher kaum; dafür stellte namentlich Fritz auch nach 1823 immer wieder Wechsel auf Heinrich Escher aus. 1845 starb Fritz Escher auf Kuba, und Heinrich verkaufte «Buen Retiro».

Der Schweizer Theologe Johannes von Muralt (1780–1850) amtete ab 1810 als Pfarrer der deutsch-reformierten Gemeinde der damaligen russischen Hauptstadt St. Petersburg.

Distanzierung: Die Familie Heinrich und Lydia Escher-Zollikofer zieht 1831 ins Belvoir ein

Indem er für Mutter und Geschwister sorgte, profilierte sich Heinrich bereits in Jugendjahren und noch zu Lebzeiten des Vaters als Kopf dieser Escher-Familie. Nachdrücklich und nach aussen unmissverständlich bekräftigte er diese Rolle durch seine Heirat und die Gründung einer Familie, in deren räumlichen Lebenskreis anfänglich auch Mutter und Geschwister einbezogen waren. Nun wurde Heinrich Escher allerdings auch die Frage gestellt, warum er diese familiäre Verantwortung nicht auch für die Fehltritte und Missgriffe seines Vaters und somit gegenüber den durch diesen geschädigten alten Zürcher Familien übernahm. Vor diesem Hintergrund und angesichts der in der Familie Escher nun wieder reichlich vorhandenen finanziellen Mittel, die sich ab den 1830er Jahren durch den neugebauten Wohnsitz prächtig zur Schau stellten, vermag es nicht zu überraschen, dass Erwartungshaltungen genährt, Begehrlichkeiten geweckt und bald auch Vorwürfe formuliert wurden. Doch nicht nur mit der Vergangenheit seines Vaters sah sich Heinrich Escher in Zürich konfrontiert. Auch die finanziellen Probleme seiner Brüder in Russland machten ihm zu schaffen. Im Vordergrund standen Klagen des Glarner Kaufmanns Kaspar Kubli gegen Heinrich Escher wegen angeblicher Schulden, die dessen Bruder Fritz Escher im Rahmen seines Russlandabenteuers bei ihm gemacht habe. Aus diesen Forderungen entwickelte sich eine mehr als zwanzig Jahre dauernde Auseinandersetzung, die im Gerichtssaal wie in der Öffentlichkeit ausgetragen wurde.

Kublis Kritik und Forderungen bezogen sich jedoch nicht nur auf den Konkurs von Alfred Eschers Grossvater und die Russlandgeschichten von Onkel Fritz. Im Raum stand auch das Gerücht, die beiden Brüder Heinrich und Fritz Escher seien durch Sklaven reich geworden: Fritz durch Beschäftigung von Sklaven auf seinem kubanischen Gut, Heinrich durch Sklavenhandel. Damit waren weiteren Mutmassungen Tür und Tor geöffnet. Diese Verbindung von wiedererlangtem Reichtum und Sklavenarbeit in der Familiengeschichte Escher wurde nicht nur in konservativen Häusern mit Häme kolportiert, sondern wurde durch das Interesse der Presse zu einem öffentlichen Dauerthema, das allerorts herumgeboten wurde und nicht wieder totzukriegen war.

Die Vergangenheit von Alfred Eschers Familie, die sich bis über die Mitte des 18. Jahrhunderts so glänzend gestaltet hatte, um dann um so tiefer zu fallen, liess die Generationen von Vater Heinrich Escher und dessen Sohn Alfred nicht los. Vater Heinrich, den die beständige Wühlarbeit in der Vergangenheit der Familie und die wiederkehrende Aufwärmung von Vater- und Brudergeschichten mehr und mehr belasteten und gar traumatisierten, zog seine Konsequenzen und schottete sich von der Gesellschaft ab. Nicht so der Politiker und Wirtschaftsführer Alfred Escher, der sich um jeden Preis im öffentlichen Rampenlicht bewähren wollte.

Mädchenbildnis der Mutter von Alfred Escher, Lydia Zollikofer von Altenklingen (1797–1868). 1845 von ihrer Tochter Clementine Stockar-Escher (1816–1886) gemalt.

So gesehen lag ein wichtiger Grund für die Aussenseiterrolle, welche Alfred Eschers Familie seit dem letzten Viertel des 18. Jahrhunderts in Zürich spielte, weniger im Bankrott von Alfred Eschers Grossvater als darin, dass Heinrich Escher die Schulden nicht zurückzahlte, als er zu bedeutendem Vermögen gekommen war. Heinrich Escher verletzte einen Ehrenkodex, was den gesellschaftlichen Bruch erklärt, der mit Alfred Escher und dessen Tochter Lydia auch die beiden nachfolgenden Generationen erfasste. Allerdings genügt diese Argumentationslinie allein nicht, um den Widerstand konservativer Zürcher Familien gegen den späteren Politiker Alfred Escher zu erklären. Zur belasteten Vergangenheit kamen unterschiedlichste Aspekte der Gegenwart: die radikal-liberalen Positionen des Politikers, die Ecken und Kanten seiner Persönlichkeit, Erfolg und Macht, Missgunst und Neid.

Als Heinrich Escher 1814 nach Zürich zurückkehrte und im «Wolkenstein» an der Kirchgasse Wohnsitz nahm, wo seine Mutter schon seit Jahren gewohnt hatte, war er 38 Jahre alt und noch immer nicht verheiratet. Bei seinem Aufenthalt in der Heimat 1810 lernte er die 13jährige Lydia Zollikofer kennen, die Tochter des Junkers Zollikofer von Schloss Hard am Untersee, und im April 1812 verlobten sich die beiden. Die Hochzeit fand am 6. Mai 1815 in Ermatingen statt. Noch im «Wolkenstein» kam im April 1816 ihr erstes Kind Clementine zur Welt. Im folgenden Monat zog die Familie auf Schloss Hard und blieb dort bis November 1818. In dieser Zeit erwarb die Familie Escher-Zollikofer am Hirschengraben ein Landstück, den «Neuberg», und nahm schliesslich Wohnsitz im umgebauten und neu eingerichteten «Kleinen Neuberg». Hier wurde am 20. Februar 1819 Alfred Escher geboren. Dieser Wohnsitz wurde nicht nur für die Familie Escher-Zollikofer und ihre beiden Kinder Clementine und Alfred zum Zuhause, sondern auch für Heinrich Eschers Mutter, Anna Escher-Keller, die bis zu ihrem Tod 1836 im «Grossen Neuberg» wohnte, sowie für Heinrichs Geschwister Anna, Georg und Ferdinand, die alle keine eigene Familie hatten und ebenfalls hier ihren Lebensabend verbrachten.

Belastet durch den Lebenswandel Hans Caspar Escher-Werdmüllers (1731–1781) und das durch Hans Caspar Escher-Keller (1755–1831) ausgelöste finanzielle Debakel, war die Familie von Alfred Escher im letzten Viertel des 18. Jahrhunderts aus dem wirtschaftlichen Leben Zürichs ausgeschieden und vom Regiment ausgeschlossen. Der familiären und bürgerlichen Ehrenhaftigkeit verlustig bewegte sie sich am Rand des Zürcher Grossbürgertums. Nun kam Alfred Eschers Vater Heinrich Escher, der in jugendlichem Alter Zürich und die Schweiz verlassen hatte, als 38jähriger Mann in eine Vaterstadt zurück, die ihm fremd war. Weder war er vor seinem Aufbruch in die Fremde in der Zürcher Gesellschaft integriert gewesen, noch suchte er nach seiner Rückkehr den Anschluss. Sein wirtschaftlicher Aufstieg in Amerika, seine abenteuerliche Geschichte und sein legendenumwobenes Vermögen verhalfen ihm nicht zum gesellschaftlichen Wiedereinstieg. Und dann folgte die Heirat

Der «Neuberg» am Hirschengraben um 1770/1780. Zeichnung (Ausschnitt) von Jakob Kuhn (1740–1816).

mit einer St. Gallerin, womit er den Zürchern wiederum demonstrierte, dass er ihre Gesellschaft nicht brauchte: Er wollte mit Zürich nichts mehr zu tun haben. Heinrich Escher sah seine Aufgabe vorerst darin, sich so einzurichten, dass die Lebensschicksale seines Vaters und seiner Brüder, in die er freiwillig und unfreiwillig immer wieder hineingezogen wurde, sein Leben und dasjenige seiner eben erst gegründeten Familie nicht zerstörten. Die Gespenster der Vergangenheit schienen bei Heinrich Escher allgegenwärtig. Er war innerhalb der Zürcher Gesellschaft ein Nonvaleur, doch etwas anderes wollte er nicht sein. Dies zeigt sich auch darin, dass die in Zürich lebenden Geschwister Heinrichs – Anna, Georg und Ferdinand – im «Neuberg» von der Gesellschaft weitgehend unbemerkt vor sich hinlebten, sich auch nicht durch Heirat die Brücke in die Gesellschaft bauten, sondern ledig blieben. Auch die Zürcher Gesellschaft wollte von den Nachfahren des Konkursiten nichts wissen.

1825 erwarb Heinrich Escher ein Gut, das ausserhalb der Stadt an der heutigen Seestrasse 125 in der Gemeinde Enge lag und unter dem Namen «Schwertergut» bekannt war. Es bestand – nebst dem dazugehörenden Land – aus einem Haus, einer Grotte und einer Scheune und hatte Conrad Landolt gehört. Escher, der das Landgut in den folgenden Jahren arrondierte und baulich grundlegend veränderte, gab dem Anwesen den Namen «Belvoir». 1826/27 liess er den südlich des Gutes gelegenen Hügel planieren. Hier wurden bis 1830 das neue Wohnhaus (heutiges Belvoir) gebaut und ein Nebengebäude erstellt. Das von Landolt übernommene Haus mitsamt der Grotte wurde zum «Lehenhaus» umgebaut. 1842 liess Heinrich Escher verschiedene Nebengebäude erstellen: zwei Ställe, zwei Gewächshäuser, ein Hühnerhaus und einen Holzschopf.

Die Distanzierung zwischen dem alten Zürich und der Familie Escher wurde durch die Wohnsitznahme im prächtig am See gelegenen, von einem weitläufigen Park umgebenen herrschaftlichen Landhaus Belvoir symbolhaft markiert. Damit stellte Heinrich Escher nicht nur seine finanziellen Verhältnisse öffentlich zur Schau, was die Stadtzürcher Familien provozieren musste, sondern trennte sich mit dem Bezug des Belvoir 1831 auch räumlich demonstrativ von der Innenstadt. Als Ausdruck des gesellschaftlichen Bruchs war eine materielle Mauer gewachsen. Die Mutter von Alfred Escher, Lydia Escher-Zollikofer, trug dem auf ihre Weise Rechnung. Während mehr als zwanzig Jahren verliess sie das Belvoir nicht mehr. Auch das gesellschaftliche Leben der Familie Escher spielte sich hauptsächlich im Belvoir und ausserhalb der etablierten Zürcher Kreise ab. Dieser Aussage tut keinen Abbruch, dass Heinrich Escher – wie später auch Sohn Alfred – der Gesellschaft zur Constaffel angehörte, in der er sich jedoch kaum zeigte. Im Belvoir der Jugendjahre Alfred Eschers verkehrten die alten Zürcher Familien nicht. Das Verhältnis zu den zahlreichen verschwägerten Adelsfamilien Zollikofer in der Ostschweiz blieb ebenfalls distanziert. Es waren zugewanderte neue Gäste und Durchreisende, die das Belvoir aufsuchten, namentlich Botaniker und Insektenliebhaber, die Heinrich Eschers Lei-

Das Belvoirgut in Zürich um 1840. Aquarell von Rudolf Weymann (1810–1878).

denschaft für die Entomologie teilten. Noch in den 1870er Jahren gab ein Zeitzeuge zu Protokoll, es habe gegenüber den Eschers eine grosse Reserve bestanden; man sei sich nur selten an gemeinsamen gesellschaftlichen Einladungen begegnet. Der Gegensatz zwischen den Eschers im Belvoir und dem alten Zürich wirkte im Bewusstsein der Stadtzürcher Familien bis weit ins 20. Jahrhundert nach.

Und doch hätte sich für die Eltern von Alfred Escher Gelegenheit geboten, durch eine geschickte Verheiratung ihres Sohnes das zerrüttete Verhältnis zu den grossen Stadtzürcher Familien auf elegante Art zu verbessern und dadurch den Anschluss wiederherzustellen. Doch dazu kam es nicht. Alfred Escher stürzte sich als junger Mann in die Politik und distanzierte sich durch seine anfänglich radikalen Positionen zusätzlich noch politisch von der Zürcher Gesellschaft, die mehrheitlich dem konservativen Lager zugehörte. Mit der Politik war somit eine weitere Flanke aufgetan. Als Alfred Escher erst 1857, im reifen Mannesalter von 38 Jahren, Augusta Uebel heiratete, die Tochter einer aus Deutschland zugewanderten Offiziersfamilie, hatten sich die gesellschaftspolitischen Zeichen bereits grundlegend verändert. Nun herrschte Alfred Escher nicht nur über Zürich, sondern auch über die Schweiz. Für die gesellschaftlichen Attitüden des alten Zürich hatte er weder Sympathie noch Zeit. Sein Freundes- und Bekanntenkreis wurzelte in der Zürcher Landschaft und in anderen Kantonen, vorab im Glarnerland und im Thurgau. So blieb die gesellschaftliche Distanz zwischen dem Belvoir und dem alten Stadtgebiet bestehen, und die Ereignisse nahmen ihren Lauf. Eine weitere und letzte Möglichkeit, den Zwist durch Heirat beizulegen, blieb rund vierzig Jahre später ebenfalls ungenutzt: Auch Lydia, die Tochter Alfred Eschers, schaute sich nicht in vornehmen Zürcher Familien um, sondern lernte einen Bundesratssohn kennen. Die mahnenden Worte des Vaters wollte sie nicht hören. Selbst als Alfred Escher schon auf dem Sterbebett lag, bedrängte ihn Lydia, ihrer angestrebten

Verbindung mit Friedrich Emil Welti seinen Segen zu geben. Doch dann schlug das Schicksal zu, und das Landhaus der Eschers verwaiste.

Lange war sich die Architekturgeschichtsforschung nicht sicher, wer der Architekt des Belvoir war. Vieles deutete darauf hin, dass Hans Caspar Escher, der Mitbegründer des Textil- und Maschinenunternehmens Escher Wyss, entscheidenden Anteil daran hatte. Heute ist nicht mehr daran zu zweifeln, dass es Heinrich Escher war, der seine in Amerika erworbenen architektonischen Kompetenzen ausschöpfte und selbst die Pläne für das Belvoir erstellte. Heinrich Escher war es auch, der die Landschaftsarchitektur kunstvoll entwarf, die Lage der Gewächshäuser bestimmte, Park, Baumanlagen und Blumenbeete gestaltete. Er wählte die einzelnen Pflanzengattungen aus: die Geranien und Alpenprimeln, die Nelken und Calceolarien, die Cinerarien und Stiefmütterchen. Er kultivierte sie und pflegte ihren Reichtum an Farben und Formen. Er gestaltete den grossen Park zu einem einzigen Garten und profilierte sich als Pionier der Blumenkultur in Zürich. Mit diesem herrschaftlichen Landsitz inmitten der weitausladenden reichen Gartenanlage schuf sich der 55jährige am linken Ufer des Zürichsees seine eigene – neuartige – Welt aus Pflanzen, Blumen, Bäumen und Insekten. Bereits als Knabe hatte Heinrich Escher Schmetterlinge gesammelt. Dieses Interesse hatte er in Amerika wiederentdeckt, wo er auch Kontakte zu dortigen Insektenforschern knüpfte. Das Belvoir war sein Refugium, das ihm Schutz bot gegen die alte Welt, die er in der Stadt zurückgelassen hatte.

Der Umzug vom «Neuberg» ins «Belvoir» erfolgte Anfang September 1831. Davon berichtete der damals 12jährige Alfred Escher seinem «theuersten, besten Lehrer» Heinrich Schweizer:

Clementine Stockar–Escher (1816–1886). Schwester von Alfred Escher. Selbstporträt, Aquarell, frühe 1840er Jahre.

«Gestern trugen vom Morgen um 6 Uhr bis Nachmittag um ½4 Uhr 6 Gesellen Meublen ins Schiff. z. B. Mamma's Bett, Chiffonier, das Silber-Buffet im großen Speisezimmer, Ihr Bett und Waschtisch, Papa's Bett und sein Insecten-Kasten im Ofenzimmer, Clementinens Commode, 2 kleine Bettchen, Commode und Schreibtisch im kleinen Cabinete, viele Stühle, den Tisch auf der Laube, das Clavier, das gestickte Canape und die dazu gehörenden Stühle, die ehemahls im Zimmerchen, neben Ihrem standen und mehrere Nachttischchen, Papa's Waschtisch in der Kastenkammer, Papa's Schreibtisch, früher im grünen Cabinete im großen Hause, 2 Spieltischchen, et. c. e. t. c. Mamma trug Papa an, vor dem Abfahren zu Mittag zu essen und das Schiff abwechselnd zu bewachen. Ein an dem Himmel stehendes Gewitter befahl, abzufahren. Man fuhr ab. Bis das Schiff abgeladen und die Meublen an Ort und Stelle getragen worden waren, bis Papa, dem man die Kutsche nach Belvoir geschickt hatte, da war, wurde es ½7 Uhr!»[23]

Und einige Tage später:

«Wie viel Gewirre von Arbeitsleuten noch im Hause ist, können sie sich nicht denken. 5 Schreinergesellen, welche die Meubeln polieren und Böden verputzen, 3 Maurer, welche die Lauben abreiben, denn durch die Öhlfarben und durch den Leim sind sie ganz befleckt worden; 2 Abreiberinnen haben noch ein gutes Stück Arbeit. – Das Küchengeschirr kann noch nicht auf die Gestelle geräumt werden, und muß indessen *auf den Boden gelegt werden.* Kurz, wir leben in einem Chaos! Sie können wohl begreifen, wie dieses Alles Mamma's Gesundheit angreift; *sie* ist im eigentlichen Sinne nur campirt; denn sie konnte in Ihr Zimmer *auch nicht Ein Stück* einräumen, und muß alle ihre nothwendigen Sachen *noch im Reiskorbe* aufbewahren! – *Ich* bin eben am Auspacken meiner Bücher! – Noch ist *keine Magd* gefunden! – [...] Papa u. Mamma wollen durchaus nicht, daß Sie zu Fuß je nach Belvoir kommen; unser Charabant

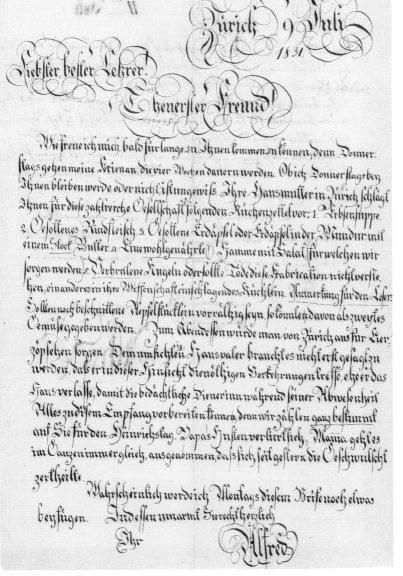

Brief des 12jährigen Alfred Escher an seinen Lehrer Heinrich Schweizer vom 9. Juli 1831:

«Liebster, bester Lehrer! Theuerster Freund!

Wie freue ich mich, bald für lange zu Ihnen kommen zu können; denn Donnerstags gehen meine Ferien an, die vier Wochen dauern werden. Ob ich Donnerstags bey Ihnen bleiben werde, oder nicht, ist ungewiss. Ihre Hausmutter in Zürich schlägt Ihnen für diese zahlreiche Gesellschaft folgenden Küchenzettel vor: 1. Erbsensuppe. 2. Gesottenes Rindfleisch. 3. Gesottene Erdäpfel oder Erdäpfel ... mit einem Stock Butter. 4. Eine wohlgenährte (!) Hamme mit Salat, (für welchen wir sorgen werden). 5. Verbratene Kugeln oder sollte Tode diese Fabrication nicht verstehen, ein anderes in ihre Wissenschaft einschlagendes Küchlein. Anmerkung für den Leser: Sollten noch beschnittene Aepfelstücklein vorräthig seyn, so könnte davon als zweytes Gemüse gegeben werden. Zum Abendessen würde man von Zürich aus für Eierzöpfchen sorgen. Dem umsichtigen Hausvater braucht es nicht erst gesagt zu werden, dass er in dieser Hinsicht die nöthigen Vorkehrungen treffe, ehe er das Haus verlasse, damit die bedächtliche Dienerinn während seiner Abwesenheit Alles zu diesem Empfang vorbereiten könne, denn wir zählen ganz bestimmt auf Sie für den Heinrichstag. Papa's Husten verliert sich; Mamma geht es im Ganzen immer gleich, ausgenommen, dass sich seit gestern die Geschwulscht zertheilte.
Wahrscheinlich werde ich Montags diesem Brife noch etwas beyfügen. Indessen umarmt Sie recht herzlich Ihr Alfred»

wird also Montag Morgens nach Bubikon kommen und den Sie freundlichst grüßenden Lieben in Belvoir und Ihrem Ihre Ankunft mit Begirde erwartenden Alfred einen treuen Freund bringen.»[24]

Nach seiner endgültigen Rückkehr aus Amerika (1814) nahm Heinrich Escher in Zürich keine eigentliche Geschäftstätigkeit auf. Zuerst war er mit dem Bau und Umbau des «Neubergs» beschäftigt (1818), dann mit dem Bau des Belvoir (1826–1831) und dem Erwerb eines Gutes am Zeltweg, wo er zur Verschönerung der Stadt ein neues Quartier errichten wollte. Als dieser Plan von der Schanzenkommis-

Alfred Escher im Alter von
12 Jahren. Ölgemälde von J. Grund.

sion abgelehnt wurde, liess Heinrich Escher nach Plänen des Architekten Leonhard Zeugheer sechs dreigeschossige Reiheneinfamilienhäuser errichten. Mit diesen sogenannten ‹Escher-Häusern›, erbaut zwischen 1836 und 1840, beschritt Heinrich Escher städtebauliches Neuland, handelte es sich doch um die ersten speziell zum Vermieten gebauten Häuser der Stadt. Nach Abschluss der Bauarbeiten hatte Escher mit dem Unterhalt der verschiedenen Liegenschaften zu tun und stand deshalb in beständigem Kontakt mit den Mietern im «Neuberg» und in den Escher-Häusern. Daneben verwaltete Heinrich Escher sein Millionenvermögen und gab da und dort Darlehen. So wurde Heinrich Escher, der mit der französischen und englischen Hochfinanz Beziehungen gepflegt und in den USA mit bedeutenden Persönlichkeiten wie George Washington und Thomas Jefferson in «freundschaftlicher Berührung» gestanden hatte, mit 38 Jahren bereits Privatier.[25] Es ist nicht auszuschliessen, dass er mit ausgewählten Vertretern dieses illustren Kreises auch nach seiner Rückkehr nach Zürich noch Kontakt pflegte. Doch hier beschäftigten ihn vorab Probleme. Die Leidenschaft für Entomologie, die sich schon in Eschers Kindheit geregt hatte, wurde nun zu seinem wichtigsten Lebensinhalt. Das Interesse am Ausbau und an der Klassifikation seiner Sammlung brachte ihn neu mit internationalen Experten zusammen. Dabei war ihm auch daran gelegen, seine Kollektion öffentlich zugänglich zu machen. Ausländische Naturwissenschaftler kamen forschungshalber ins Belvoir. Ohne die Sammlung Heinrich Eschers wären grundlegende Forschungsarbeiten, die bereits ab den 1830er Jahren in der Schweiz über Insekten geschrieben wurden, nicht möglich gewesen. Seine Liebe zu Ästhetik und Wissenschaft, die in der Gartenanlage des Belvoir und in der Insektensammlung ihren Ausdruck gefunden hatte, motivierte ihn auch zur Tätigkeit als Mäzen. Er unterstützte wissenschaftliche Anstalten und Institutionen mit teilweise grossen Beträgen oder Schenkungen aus seiner Sammlung, so die Zürcher Naturforschende Gesellschaft, das Zoologische Museum und den Botanischen Garten, für welchen er nicht nur Geld spendete, sondern eigentliche ‹Fundraising-Kampagnen› durchführte und auch als Mitglied der Aufsichtskommission aktiv war. Er nahm regen Anteil an der Entwicklung der Zürcher Hochschule, deren naturwissenschaftliche Institute auf sein besonderes Interesse stiessen. Überhaupt fanden gemeinnützige Anliegen bei Heinrich Escher ein offenes Ohr. «Er war bei jedem Anlasse bereit, mit offenen Händen zu spenden», berichtete die NZZ nach seinem Tod und brachte diese Eigenschaft in Beziehung mit «seinem Wesen, das voll Herzensgüte und Freundlichkeit war, wie alle bezeugen werden, welche ihn näher zu kennen das Glück hatten».[26]

Im Belvoir fand Heinrich Escher seine Erholung. Sein Biograph Oswald Heer führte dazu aus: «Wie oft saß er draußen auf der Bank am Südrand des Hügels, die Hände zusammengefaltet, hinausschauend über den blauen Spiegel des Sees nach dem silberweißen Kranze der

Thomas Jefferson (1743–1826).

Alpen, und konnte sich nicht satt sehen an dem in immer neuer Schönheit sich verklärenden Bilde ... Eine zweite Stelle, wo er mit besonderer Vorliebe weilte, war der Kastanienplatz. Wie oft saß ich da neben ihm im kühlen Schatten der Bäume, wo das Plätschern der Wellen sich in unsere Gespräche mischte oder die milde Sommerluft vom fernen Kahn melodischen Gesang über die Wellen uns zutrug, hinausschauend zwischen dem zitternden Laubwerk nach der hellbeleuchteten Stadt oder den grünen gegenüberliegenden Gestaden! O wie selig ließ sich da träumen in dieser stillen, friedlichen Natur!»[27]

Heinrich Escher widmete sich seiner Familie und der Natur. Dazu gehörten regelmässige Alpenwanderungen, die Gelegenheit boten, die Insektenvielfalt der Gebirgswelt für seine Sammlung fruchtbar zu machen.

Schon in den 1830er Jahren verliess Heinrich Escher das Belvoir höchstens noch, wenn er zu Exkursionen in die Natur aufbrach oder wenn ihn seine zweite grosse Leidenschaft dazu verleitete – das Musiktheater. Regelmässig besuchte er das 1834 eröffnete neue Zürcher Aktientheater, das unter Direktorin Charlotte Birch-Pfeiffer (1837–1843) zu einer ersten Blüte kam. Birch-Pfeiffer, die selbst auf der Bühne stand, präsentierte dem Zürcher Publikum zudem mit Antoinette Vial einen Star, der von Februar 1838 bis April 1839 grosse Solopartien sang. Die Zürcher waren vernarrt in sie. Auch Heinrich Escher und sein knapp 20jähriger Sohn sollen keinen Auftritt der Vial versäumt haben. «Das Theater besuche ich jedesmal, wenn Dem. Vial singt», bestätigte der junge Alfred Escher. «Ihre Leistungen übertreffen alles, was ich, seit ich Zürich, wo ich sie noch einige Male gehört hatte, verlassen, gehört. Sie wird in 12 Tagen abreisen und übt zum Abschiede noch ihre Hauptstellen in der Norma, Sonnambula, Romeo und Julia, Oberon usw.»[28] In den 1840er Jahren soll Vater Escher das Belvoir überhaupt fast nur noch verlassen haben, wenn Charlotte Birch-Pfeiffer auf der Bühne auftrat.

Der Einzug der Familie Escher im Belvoir fiel zeitlich zusammen mit dem Sturz des konservativen Zürcher Patriziats durch neue politische Kräfte. Der radikal-liberale Umschwung brachte eine neue Verfassung, welche das Volk am 20. März 1831 annahm. Obwohl sich Heinrich Escher politisch nicht engagierte, liessen ihn die revolutionären Ereignisse in Zürich nicht unberührt. Wiederholt nahm er in den 1830er Jahren Stellung gegen den aufkommenden Radikalismus, positionierte sich «juste-milieu», wie er sagte, und nahm dabei Bezug auf das französische Prinzip des Bürgerkönigtums. Bemerkenswert ist, dass Alfred Escher diesen Begriff schon in seinen Studienjahren übernahm. Je mehr sich jedoch der Sohn in den 1840er Jahren radikalisierte, desto mehr versiegten die politischen Ausführungen des Vaters. Oswald Heer wies darauf hin, dass die Ruhe Heinrichs eigentliche Lebensmaxime gewesen sei. Es war sein höchstes Glück, in seinem prachtvollen Haus zu wohnen und seine herrlichen Anlagen zu pflegen. Alles, was ihn in dieser Ruhe

Charlotte Birch-Pfeiffer (1800–1868). Die aus Stuttgart stammende dramatische Dichterin und Schauspielerin war von 1837 bis 1843 Direktorin des Zürcher Aktientheaters.

störte, war ihm ein Greuel. Da er nun stets befürchtete, dass durch die Politik die allgemeine Ruhe gefährdet und dadurch seine Anlagen und alles, was ihm so unendlich Freude bereitete, verwüstet würden, habe Heinrich Escher die Ereignisse der frühen 1830er Jahre mit gar trüben Augen betrachtet.

Als die Familie Escher-Zollikofer 1831 das Belvoir bezog, war Alfred 12, seine Schwester Clementine 15 Jahre alt. Der Vater war beschäftigt mit seiner Insektensammlung und mit der Gestaltung des Parks. Die Herrin des Belvoir war die Mutter. Das zeitgenössische Bild, das von Lydia Escher-Zollikofer übermittelt wurde, ist uneinheitlich. Lydia Escher-Zollikofer stammte aus einst bedeutendem St. Galler Kaufmannsgeschlecht. Auf der grosszügigen Residenz des Belvoir fühlte sie sich im Element. Stets schwarz gekleidet, die Haare hochgesteckt und die feingliedrigen Finger von Handschuhen geschützt, spielte sie die Rolle der ‹Grande Dame›. Nach aristokratischem Vorbild gestaltete sie das Belvoir aus und wurde selbst zu Recht als Schlossherrin bezeichnet. Bis ins hohe Alter hatte sie kein weisses Haar, und noch auf dem Totenbett soll sie den Eindruck einer Fürstin gemacht haben. Darin zeigt sich die eiserne Selbstdisziplin, die sie schon in jungen Jahren steif und distanziert erscheinen liess. Zum letzten Mal verliess Lydia Escher-Zollikofer das Belvoir bei der Geburt ihres Enkels Armin Stockar, den sie besonders ins Herz schloss. Sie lebte in einer geschlossenen Welt nach Traditionen, von denen ringsherum kaum noch jemand wusste, und erschien daher unnahbar, stolz und autoritär. Allerdings schillert das Bild, das zeitgenössische Dokumente von Lydia Escher-Zollikofer entwerfen. Darin wird sie als «eine ausgezeichnete Frau von tiefem Gefühl» beschrieben, hochgebildet und von inspirierender Ausstrahlung. War es ihre Abneigung gegenüber dem Klatsch der Zürcher City, der ihr den Ruf der Distanziertheit eintrug? Wurde sie als stolz bezeichnet, «da sie ... hoch über allen gewöhnlichen Stadtfräulein erhaben ist, welche nur von allerley Stadtneuigkeiten zu sprechen wissen, und an etwas Höherem gar keine Freude finden»?[29] Einer von Alfred Eschers Studienfreunden schrieb 1838:

Alfred Eschers Neffen Armin und Egbert, von ihrer Mutter, Clementine Stockar-Escher, im Oktober 1851 aquarelliert.

«Ich gestehe dir wenn mir d. Abschied v. Zürich Mühe macht, so ist es d. Abschied von deinen Eltern die mir von Tag zu Tag lieber wurden. Besonders freue ich mich in deiner Mamma gegenüber v. steifen Zürcherinnen ein ächtes treuherziges St. Gallergemüth gefunden zu haben.»[30]

Zweifellos wurde Lydia Escher-Zollikofer von der alten Zürcher Gesellschaft anders wahrgenommen als von den wenigen Auserwählten, die Zugang zum Belvoir hatten und sie persönlich kannten. 1917 bezeichnete die damals 73jährige Tochter eines Kutschers, der im Belvoir über zwei Generationen gearbeitet hatte, Lydia Escher-Zollikofer als «eine schwerreiche aber ebenso knickerige geizige Frau. Sie sei 20 Jahre lang im Belvoirgut gewesen und habe nie einen Schritt zum Gartenportale hinausgemacht, trotz wiederholter Einladung ihres Sohnes, ihn doch hin und wieder auf einer Wagenfahrt zu begleiten».[31] Und mit ähnlicher Strenge wachte Lydia darüber, wer durch das Gartentor hereinkam. So ist es kein Wunder, dass in der Stadt allerhand Gerüchte zu ihrer Person herumgeboten wurden.

Lydia Escher-Zollikofer, eine «in ihrer Jugend außergewöhnlich schöne Frau», war schon auf dem «Neuberg» kränklich und wurde von häufigen Kopfschmerzen geplagt.[32] Die Ärzte diagnostizierten ein schwaches Nervensystem. Mit älteren Jahren halluzinierte sie bisweilen und deutete das Symptom als Gabe des zweiten Gesichts. So soll sie den Zeitpunkt ihres Todes vorausgesagt haben. Zur morbiden psychischen Konstitution kamen bald auch körperliche Leiden. Nachweislich litt Lydia Escher-Zollikofer spätestens seit Anfang der 1830er Jahre an Gicht. Dies stellte auch Oswald Heer fest, als er 1832 im Belvoir einzog: «Die Tage und Wochen, da sie von Schmerz befreit war, waren nur inselartig in dem Meere von schweren Tagen zerstreut.»[33] Natürlich ist es heute

Clementine Stockar-Escher bei der Arbeit. Auf der Staffelei das Porträt des 17jährigen Egbert Stockar. Fotografie von 1859.

angesichts der lückenhaften Quellenlage schwierig, ein Krankheitsbild zu rekonstruieren, das rund 150 Jahren zurückliegt. Beispielsweise trug Lydia Escher-Zollikofer – jedenfalls wenn sie Gegenstände anfassen musste – weisse Handschuhe. Zugleich hatte sie ausserordentlich schöne Hände. Weshalb die Handschuhe? Stand dahinter ihre familiäre Tradition? Welche Rolle spielte der Hygienewahn des 19. Jahrhunderts? Suchte Lydia Escher-Zollikofer ihre Hände zu schonen oder die Gichtknoten an den Fingern zu verbergen?

Im Belvoir, von Lydia Escher-Zollikofer mit vornehmem Geschmack und stilvoll eingerichtet, mit der Aura eines Palastes versehen, wurde in der Jugendzeit Alfred Eschers bevorzugt französisch gesprochen. Für Aussenstehende mochte scheinen, dass dort ein steifer Ton geherrscht habe: «kolossale Achtung und Schätzung der Tradition».[34] Dem widersprechen Freunde des Hauses, die – gestützt auf ihre häufigen Besuche – ein ganz anderes Bild vermittelten. Über die Kindheit von Alfred und Clementine ist wenig bekannt. Für die frühe Jugendzeit verbessert sich die Quellenlage etwas. Höchst bedauerlich ist es, dass die Jugendbriefe Alfred Eschers nach heutigem Wissensstand bis auf wenige Ausnahmen vernichtet wurden. Im Urteil der Zeitgenossen wurde der junge Alfred als sehr gutmütig beschrieben, als «munterer und fröhlicher Compan», der er offenbar früher schon gewesen war.[35] Der Schwester wurde sehr viel Verstand, aber auch ein herrischer Ton und wenig Gemütlichkeit attestiert. Clementine habe ihren Bruder geliebt und verwöhnt; er sei ihr Abgott gewesen. Auch Alfred sei an seiner Schwester gehangen, wenngleich weniger herzlich. Clementine habe Alfred oft herumkommandiert: «Ich hätte der Bub sein sollen», soll sie geäussert haben.[36] Im Herbst 1837 verheiratete sich die 21jährige Clementine mit Kaspar Stockar, dem Besitzer des Kupferhammers am Hegibach. Die Eheleute bezogen eines der neugebauten ‹Escher-Häuser›.

Trotz aller weitläufigen Kontakte, die Vater Heinrich im Zusammenhang mit seiner Sammlung pflegte: die Eltern Alfred Eschers lebten im Belvoir gesellschaftlich isoliert, was auch das Verhältnis zwischen Eltern und Sohn prägte. «Es ziemt uns nicht, das innige Verhältniß, in welchem die einzelnen Familienglieder lebten, mit profanem Finger zu berühren. Allein in unserer Zeit, wo das Familienleben in hohen und niedern Kreisen oftmals so tief zerklüftet gefunden wird, war ein Blick auf diese Familie wirklich wohlthuend.» Vater Heinrich Escher ging das «Familienglück über Alles»; dieses wusste er «auch mit größter Zartheit zu pflegen».[37] So wurde er zum emotionalen Mittelpunkt der Familie. Die überaus enge emotionale Bindung Alfred Eschers an seine Mutter wie andererseits die übersteigerte Fürsorge der Mutter für ihren längst erwachsenen Sohn fanden ihren Niederschlag auf verschiedenen Ebenen und in unterschiedlicher Weise. Längere zeitliche Abwesenheiten Alfred Eschers vom Belvoir wurden für Mutter und Sohn zum Problem. Jakob Escher schrieb diesbezüglich in seiner Autobiographie:

Belvoir. Kolorierte Lithografie von Kaspar Studer um 1833 (Ausschnitt).

«In den Sommerferien des Jahres 1835 war es, daß ich zum ersten Male ein Schweizerreischen ohne einen beaufsichtigenden Begleiter unternahm. Ich hatte mich dazu mit meinem Schulkameraden Alfred Escher verbunden. [...] Die Mutter meines Reisegefährten, eine zarte, häufig an Kopfschmerzen leidende Dame, war sehr besorgt um ihren Sohn und nahm mit Thränen von ihm Abschied; auch mußte er ihr heilig versprechen, sobald wir über den damals als gefährlich angesehenen Walenstattersee nach Walenstatt gelangt sein würden, ihr brieflich davon Kunde zu geben.»[38]

Auch Heinrich Schweizer schilderte, wie schwer es Lydia Escher-Zollikofer fiel, ihren Alfred ziehen zu lassen:

«Aber Eines ist, was der guten Mutter Deine Abwesenheit erschwert u. schon wiederhohlt einen kleinen Seufzer u. einen Herzenswunsch entlockt hat. ‹Ach, er sieht mi ja nid a!› sagt sie betrübt, wenn sie Dein Porträt beschaut od. davon spricht. Deinen ‹freundlichen Blick› mißt sie sehr, u. auch schon einmal sagte sie: ‹Wenn er mir nur in Berlin sein Bild von einem guten Miniaturmahler verfertigen ließe, in welchem er mich ‹so fründlich u. heimelig› anschauen würde, ich glaube, ich hätte meinen Alfred wieder u. es wäre mir Alles geschenkt!› Ich glaubte, Dir diese Äußerung nicht vorenthalten zu dürfen, u. bin überzeugt, daß Du eine unbeschreibliche Freude u. Überraschung bereiten könntest, wenn Du, etwa zum Neujahrsgruße, Dein die Mutter ‹fründlich anschauendes› Bild von einem tüchtigen Künstler verfertigen und Deinen Lieben senden würdest.»[39]

Es lässt sich auch dokumentieren, dass der jugendliche Alfred Escher häufig krank wurde, wenn er grössere Reisen unternahm und vom Elternhaus und seiner heimatlichen Umgebung getrennt war. Diese Krankheiten heilten am besten zu Hause im Belvoir. Das wohl aussagekräftigste Dokument hierfür ist der Brief an Jakob Escher, den Alfred kurz nach seiner krankheitsbedingten Heimkehr von Berlin im Frühling 1839 schrieb. Über den Moment, in dem «die Heimath und die theuren Eltern ihr wieder gewonnenes Kind in die Arme schlossen», schrieb er:

«Es war der schönste Augenblick in meinem Leben. Du kennst ihre Liebe, du kennst meine Liebe und ich schweige wohl wo ich mit voller Beruhigung dein Gemüth reden lassen kann. Nur das muß ich dir noch sagen, daß ich mich auch darum immer so sehr zu dir hingezogen fühlte, weil du es vor andern aus verstanden zu haben schienst, wie innig mein ganzes Wesen an das meiner Eltern gekettet und mit ihm verwachsen ist und wie sehr ich berechtigt bin, mich dafür glücklich zu schätzen! – Seit ich zu Hause bin, hat sich mein Auge wesentlich gebessert; mein Zustand im ganzen genommen aber ist ganz befriedigend. Die herrliche reine Luft hat wohl wesentlich zu meiner Wiedergenesung beigetragen.»[40]

Die Jugendjahre

Privatunterricht: Von Heinrich und Alexander Schweizer zu Oswald Heer

Vater Heinrich Escher misstraute den städtischen Schulen. Dabei fusste seine ablehnend-kritische Haltung weder auf deren vielfach angezweifeltem Renommee noch auf Vorbehalten gegenüber dem Stoffplan oder einzelnen Lehrern. Der Hauptgrund seiner Reserve bestand vielmehr darin, dass Heinrich Escher nicht bereit war, seine Kinder aus dem Haus zu geben und dadurch unkontrollierbaren Einflüssen auszusetzen. So engagierte er für seine beiden Kinder Clementine und Alfred schon zur Zeit auf dem «Neuberg» am Hirschengraben Privatlehrer. Diese Praxis setzte sich ab 1831 im Belvoir fort. Damit folgte Heinrich Escher einer in der ersten Hälfte des 19. Jahrhunderts vornehmlich im städtischen Patriziat verbreiteten Praxis. Privatlehrer und Privatdozenten entwickelten sich zu einer attraktiven Berufsgruppe, waren sie doch vielfach bessergestellt als die an öffentlichen Schulen angestellten sogenannten Volksschullehrer. Doch scheinen die materiellen Vorzüge nicht die einzige Motivation für Erteilung von Privatunterricht gewesen zu sein, wie man in den biographischen Aufzeichnungen Alexander Schweizers nachlesen kann:

Heinrich Schweizer (1801–1882). Privatlehrer von Alfred Escher.

«Der damit verbundene Erwerb ist aber nicht der Hauptgewinn, auch die Übung im Unterrichten und im Umgang mit Schülern nicht. Viel nützlicher war die Gelegenheit, an Umgang mit gebildeten Familien sich zu gewöhnen und in Gesellschaft sich frei zu bewegen. Wer nur in Schule oder Kneipe seine Kameraden zur Gesellschaft hat, daneben bei vielleicht rohen Philistern logirt, dem fehlt für's Pfarramt die gesellige Bildung. Mir haben als Hauslehrer recht edle Familien ihren Kreis geöffnet und durch Einladung zu ihren trauten häuslichen Festen eine schöne Ergänzung zum Studentenleben dargeboten.»[41]

Überblickt man die Namen der Lehrer, die Alfred Escher zwischen 1826 und 1834 unterrichteten, so begegnet man originären und eigenwilligen Köpfen, die bereits damals in ihrem Fachgebiet Kompetenz auswiesen, um in späteren Jahren zu herausragenden Persönlichkeiten aufzusteigen.

Zu den ersten Lehrern des siebenjährigen Alfred zählte der aus Opfikon stammende Heinrich Schweizer, damals Theologiestudent, später Vikar und 1830 bis 1834 Pfarrer in Bubikon. Dokumentiert ist, dass Alfred im Alter von 11 bis 13 Jahren wiederholt freie Tage und Ferien im

Bubikoner Pfarrhaus zubrachte, von wo aus er zusammen mit seinem Lehrer auch auf Schweizer Reisen ging. Eine grössere Reise unternahmen sie während der Sommerferien 1832. Sie führte über Einsiedeln und Schwyz auf den Rigi, weiter nach Engelberg, über den Surenenpass nach Altdorf und zurück nach Zürich. Die freundschaftliche Beziehung, die sich zwischen Alfred und seinem Lehrer entwickelte, schloss bald auch die Familie Escher ein. Als Schweizer die Pfarrstelle in Bubikon aus gesundheitlichen Gründen aufgeben musste, verbrachte er zwischen 1834 und 1837 einige Zeit im Belvoir, bevor er 1837 die Pfarrei Schwerzenbach übernahm. Auch während seiner späteren Amtszeit als Pfarrer in Rüti (1841–1871) stand er mit dem Belvoir in Verbindung.[42]

Heinrich Escher passte den Stoffplan Alfreds Alter an. So stellte er nach und nach zusätzliche Fachlehrer an. Für Latein- und Griechischunterricht war dies A. Salomon Vögelin, damals Griechischlehrer am Carolinum, Prediger und Privatlehrer, später Professor für Griechisch und Hebräisch am 1833 neugegründeten kantonalen Gymnasium, Privatdozent und Professor an der Universität und Bibliothekar der Stadtbibliothek; für Mathematik und Geographie Johann Kaspar Horner, damals Mathematikprofessor am Carolinum. Da Alfred für seine 11 Jahre schmächtig war und oft kränkelte, drängte sich auch Turnunterricht auf. Damals stellten sich Studenten aller Fakultäten als Turnlehrer zur Verfügung, und so engagierte Vater Escher für seinen Sohn Alexander Schweizer, den späteren berühmten Theologen, Schüler und Herausgeber Friedrich Schleiermachers, Ordinarius für praktische Theologie, ausserordentlicher Professor für das Neue Testament, christ-

Belvoir. Gouache von M. Vollenweider.

liche Moral und Pastoraltheologie an der neugegründeten Zürcher Hochschule, grossen Homiletiker, Vikar am Grossmünster und langjährigen Kirchenrat. In einem Nebenhause des «Neubergs» richtete Vater Escher 1830/31 unter Alexander Schweizers Leitung für seinen Sohn eine Turngesellschaft ein. Nicht zuletzt dank regelmässigen Turnübungen, zu denen auch Schwimmen gehörte, wurde Alfred zusehends kräftiger. Nachdem Alexander Schweizer nach Berlin übersiedelt war, übernahm Hans Heinrich Vögeli, der bei der Turngesellschaft von Anfang an aktiv mitgewirkt hatte, dessen Stelle. Auch Vögeli hatte Theologie studiert, bevor er sich in Deutschland als Schüler Rankes der Geschichte zuwandte. Später habilitierte er sich an der Universität Zürich und wurde Professor an der Industrieschule, Privatdozent an der Universität und am Polytechnikum und schliesslich ausserordentlicher Professor. In den 1830er Jahren galt Vögeli als «ein schöner kräftiger Mann» und «Meister in leiblichen Übungen».[43]

Interessante Einblicke in seinen Privatunterricht und sein Urteil über die Lehrer eröffnete der 13jährige Alfred Escher, als er 1832 seinem ehemaligen Turnlehrer, nunmehr «Sr. Wohlerwürden HHerrn Alexander Schweizer Cand. d. Theol.», einen ausführlichen Brief nach Deutschland schrieb:

Alexander Schweizer (1808–1888). Turnlehrer und Freund Alfred Eschers. Der Theologe hielt an Alfred Eschers Abdankungsfeier den Nachruf. Fotografie um 1865.

«Monathe, Wochen und Tage sind vorüber gegangen, seit wir uns schriftlich mit einander unterhielten; ich sage schriftlich, denn im Geiste war ich oft, sehr oft, um Sie, ich dachte mir Sie in ihrem neuen wißenschaftlichen Leben und freute mich mit Ihnen der geistigen Genüsse, die Ihnen theils schon bereitet worden sind, theils Ihrer noch warten! Theils von Hrn. Vögelin, theils von Martin vernahm ich mit großem Bedauern, daß Sie in den ersten Tagen Ihrer Ankunft in Berlin unwohl gewesen seÿen; möge letzteres nie mehr der Fall gewesen seÿn! Meine Gesundheit hat sich sehr verbessert, vielleicht auch durch das Baden, das ich stets häufig vornehme; der gute Hr. Vögelin lernt mich schwimmen. – Wir gehen immer noch, wie früher am Freÿtag, entweder zum Baden oder Turnen; einige unter uns haben einen großen Eifer für das letztere und sehen mit großen Erwartungen einem kleinen Turnfeste entgegen, das nur unsre Riege Morgens wahrscheinlich feÿern wird; wir haben dreÿ Preise für die Besten ausgesetzt, und Hr. Vögeli wird sie nach Gutbefinden austheilen; wie würde es mich freuen, wenn auch Sie an diesem Festchen Theil nehmen und es sehen könnten, ob und wie weit Ihre ehemahligen Turnschüler vorgerückt seÿen. – Hr. Vögeli, der mir durch sein freundliches und gefälliges Benehmen sehr lieb geworden ist, hat Ihnen wahrscheinlich schon über meine wissenschaftlichen Leistungen in seinem Fache geschrieben; beÿ Herrn Horner, der Sie freundlich grüßt, habe ich einen zweÿten Curs der Geometrie angefangen; ich bin jetzt eben beÿm Flächeninhalt der Figuren. In der Arithmetik habe ich die Decimal-Brüche beendigt; mit meinem Curse in der Phÿsischen Geographie bin ich bald fertig. Beÿ Hrn. Sal. Vögeli, der sie ebenfalls grüßt, werde ich im Griechischen beÿ Kurzem mit den Verbis auf μ beschäftigt seÿn; ich habe in dem ersten Bande von Jacobs zu übersetzen angefangen. Im Lateinischen übersetze ich Stücke aus Cicero. Mit der Geschichte beschäftige ich mich immer einen Tag in jeder Woche. Während meinen Ferien habe ich mit Hrn. Schweizer in Bubikon, der mir seine freundlichsten Grüße an Sie aufgetragen hat u. nun mit dem Bau einer neuen Kirche beschäftigt ist, eine kleine Reise gemacht […].»[44]

Grundsätzlich folgte der private Schulunterricht einem klar definierten Stoffplan, doch führten situative Einflüsse wie Krankheitsfälle und besondere Anlässe immer wieder dazu, dass Stunden und Pensen verschoben werden mussten. Dies ist namentlich in Briefen dokumentiert, die Alfred Escher seinem Lehrer Johann Kaspar Horner schrieb. Sie belegen ebenso, dass trotz strengem und forderndem Unterricht das Verhältnis zwischen Lehrer und Schüler herzlich war:

«Mein lieber Herr Horner! Da Sie gestern nicht zu mir gekommen sind und da ich überhaupt meines Hustens und meiner Heiserkeit wegen weniger Stunden als gewöhnlich nehmen kann und folglich mehr freÿe Zeit habe, wünschte ich sehr einen Theil von dieser der Mathematik zu wiedmen; ich weiß nicht recht, wie ich die Dreÿecke nach jener Formel berechnen soll und bitte Sie daher mir dieses *so bald als möglich* schriftlich zu zeigen. Gestern wollte ich es versuchen, konnte es aber nicht machen. Ob ich am Freÿtage zu Ihnen kommen kann, weiß ich noch nicht, in dieser Ungewißheit wäre es mir also um so wünschbarer, etwas in der Geometrie treiben zu können. – Wenn Sie mir etwa noch einiges Anderes angeben könnten, um mich zu üben, so wäre es mir sehr erwünscht. In der angenehmen Hoffnung Sie, mein lieber Herr Horner! bald wieder sehen zu können, bin ich Ihr treuer Schüler Alfred Escher.»[45]

▷
Alfred Escher mit 19 Jahren.
Ölgemälde von Andreas Hirnschrot
(1799–1845).

Den grössten Einfluss auf Alfred Eschers Bildungsweg und insbesondere auf die Entwicklung seiner naturwissenschaftlichen Kompetenz übte unbestrittenermassen der Glarner Oswald Heer aus. Bereits Ende der 1820er Jahre hatte der angehende Theologiestudent, der sich seit frühester Jugend mit Käfern und Insekten beschäftigte und an allen Fragen der Natur Interesse zeigte, Heinrich Escher kennengelernt. Heer tauschte sich mit Vater Escher über entomologische Fragen aus. Mehrere Male wurden Heinrich Escher seltene Schmetterlinge zugestellt, die Heer in den Glarner Alpen gesammelt hatte. Kaum hatte er das Theologiestudium abgeschlossen, wurde Heer von Heinrich Escher eingeladen, nach Zürich zu übersiedeln, um ihn beim weiteren Auf- und Ausbau und der wissenschaftlichen Aufarbeitung seiner entomologischen Sammlung zu unterstützen. Mit anfänglich gemischten Gefühlen zog der 23jährige Theologe im Frühjahr 1832 im Belvoir ein. Im Lehenhaus bezog er Logis. Doch hier entdeckte er bald seine Liebe zur Naturwissenschaft und fand namentlich in der Insektenforschung seine berufliche Bestimmung. Denn bereits neun Monate nach der Übersiedlung ans linke Zürichseeufer schlug er den Ruf aus, im glarnerischen Schwanden

die Pfarrstelle zu übernehmen. Als Mitarbeiter Heinrich Eschers erwarb er entomologische Kenntnisse von einer Differenziertheit, wie er sie damals an keiner schweizerischen Universität hätte erlangen können. 1834 wurde Heer zum Leiter des Botanischen Gartens und zum Privatdozenten für Naturwissenschaften an der Zürcher Universität ernannt, 1835 wurde er ausserordentlicher Professor für Botanik und Entomologie, ein Jahr später ordentlicher Professor, 1855 schliesslich Professor am Eidgenössischen Polytechnikum. Aus dem Theologen war der berühmte Schweizer Naturforscher und Entomologe geworden, dessen Wirksamkeit weit über die Schweizer Grenzen hinausreichte.

Im Belvoir fand Oswald Heer ein zweites Zuhause. Hier lebte und arbeitete er während Jahren und wurde von den Eschers wie ein Familienmitglied aufgenommen. Selbst nach seiner Verheiratung 1838 rissen diese engen Bande nicht ab. Wenn Alfred Escher seinen Freund und Lehrer anlässlich dessen Heirat mit Vorwürfen überzieht, er habe für Margareth Trümpy die Liebe zu seinen Freunden geopfert, so spricht daraus Eifersucht und Unsicherheit. Escher war damals zum Auslandsemester nach Bonn aufgebrochen. Und der Abschied von zuhause lastete auf seinem Herzen.

Mit der Familie Escher im Belvoir teilte Oswald Heer deren Freuden und Leiden, und namentlich für Alfred blieb er zeitlebens der väterliche Freund. Wie kein Aussenstehender hat er Alfreds Adoleszenz aus der Nähe verfolgt, seinen Aufstieg in Politik und Wirtschaft mit fürsorglicher und stolzer Anteilnahme begleitet. Es gab auch keine andere Bezugsperson, die zu allen Familienmitgliedern im Belvoir in ähnlich enger Beziehung gestanden hätte. Bezeichnenderweise war es denn auch Oswald Heer, dem es vorbehalten blieb, die Biographie von Vater Heinrich Escher zu schreiben und 1857 dieses Werk seinem Freund Alfred als Hochzeitsgeschenk zu widmen. Mit Oswald Heer lässt sich ein zeitlicher Bogen spannen, der rund fünfzig Jahre von Alfred Eschers Leben und Wirken einschliesst, von den Jugendjahren und dem Familienleben im Belvoir bis zum Lebensherbst des gealterten Wirtschaftspolitikers. Davon zeugen drei eindrückliche Briefe, die aufgrund ihrer kulturgeschichtlichen Prägnanz und emotionalen Ausdruckskraft als Schlüsseldokumente anzusprechen sind. Mit den beiden ersten wandte sich Heer 1832 an seine Eltern und beschrieb die ersten Eindrücke, die er von der Familie Escher und vom Belvoir hatte. Der dritte Brief richtete sich an Alfred Escher. Er stammt aus dem Jahr 1882.

Im ersten Brief hob Oswald Heer seinen Eltern gegenüber hervor, wie «ungemein freundschaftlich» er von der Familie Escher empfangen worden sei. Das Anwesen der Eschers, welches er als «wahrer Pallast» beschrieb, umgeben von den «herrlichsten Anlagen und «geschmückt von seltenen Pflanzen», beeindruckte ihn sehr. Angenehm überrascht war Heer vor allem von der Tatsache, dass – obwohl es bei den Eschers «sehr hoch hergeht» – «gar kein steifer Ton» herrschte.[46] Der zweite Brief bestätigte diesen positiven Eindruck Heers vom Belvoir und seinen Bewohnern:

«Unsre Sachen stehen also so, ich widme von meiner Zeit Herrn Escher 7 Stunden des Tages, davon alle zum Ordnen der Insekten, außer zweyn Stunden die Woche in welchen ich seiner Jgf. Tochter Unterricht in der Botanik ertheile. Di[e]se Zeit des Ordnens ist für mich ungemein bildend. Denn er hat wirklich eine prachtvolle, ausgezeichnete Sammlung und eine herrliche Bibliothek. An einem solchen Orte kann man sich wirklich trefflich in die Entomologie hineinarbeiten – nur dafür muß ich sorgen, daß die unendliche Zahl von Käfern, welche neben, über und unter mir sind, nicht mich selbst noch zum Käfer machen. Für diese 7 Stunden nun erhalte ich 200 fl. Honorar, Logis, Tisch, Heitzung, auch Papier, Dinte & Federn &&. Was mich zur Annahme d[ie]ser Proposition bestimmt hat, war besonders auch die lehrreiche Unterhaltung, die ich alle Tage am Tisch genieße, wo ich geistige und leibliche Speise zugleich zu mir nehmen kann. Früher war ich entschloßen am wohlfeilsten Orte mir einen Tisch zu verschaffen und des Tages 2 mahl nur soviel Speise zu mir zu nehmen als ich nöthig hatte, damit meine körperl. Maschine in ordentlichem Gang bliebe. Allein hätte ich dieß ausgeführt, wäre ich von allem geselligen Leben entfremdet worden & wäre auch gar zu sehr nur ein Bücher oder Insekten & Pflanzen-Wurm geworden. Jetzt dagegen genieße ich in der Gesellschaft dieser lieben Leute meine schönsten Stunden. Herr Escher ist gar weit in der Welt umhergekommen (hat 11 Jahre in America gelebt) hat gar viel erfahren & gesehen (er war während der 1sten französischen Revolution in Paris) und so könnt Ihr euch denken, daß seine Unterhaltung sehr belehrend ist. Frau Escher ist eine ausgezeichnete Frau von tiefem Gefühl (nur von zu schwachem Nervensystem) & herrlicher Bildung. Ihre Unterhaltung wirkt sehr wohlthätig auf meinen Geist ein, da sie aber hoch über alle gewöhnlichen Stadtfräulein erhaben ist, welche nur von allerley Stadtneuigkeiten zu sprechen wißen, und an etwas Höherem gar keine Freude finden, da sie ferner Ihrer körperlichen Leiden wegen selten unter die Menschen kommt, gilt sie für stolz. Wenn man aber je jemand [...?] Unrecht gethan hat, so ist es Escher. Der Sohn (ein Knabe von 13 Jahren) ist gar ein gutmüthiger, lieber und schon auch geistig sehr weit vorgerückter Knabe. Die Tochter hat sehr viel Verstand aber zu wenig Gemüthliches. Dieß ist nun so das Ergebniß meiner Beobachtungen und Erfahrungen und unendlich freut es mich daß daßelbe ein so Schönes ist. Ja ich gestehe Euch aufrichtig, daß ich hier ungemein wohl und glücklich mich fühle – in einer der schönsten Lagen unsers Vaterlandes, umgeben von herlichen Gärten und Pflanzungen, in der Nähe so lieber Leute, ungenirt in einem frohmuthigen Zimmer das von Insekten wimmelt & bald auch voll Pflanzen steken soll, in welche hinein zu versenken mein langes heißes Sehnen war.»

Der studierte Theologe Oswald Heer (1809–1883) war Konservator der entomologischen Sammlung Heinrich Eschers. Der Glarner spielte als Lehrer und Freund eine prägende Rolle in Alfred Eschers Leben.

Neben seiner interessanten Arbeit ist es vor allem das gesellschaftliche Leben im Belvoir, welches Heer begeistert:

«Von 1 bis 2 eßen wir zu Mittag – öfters habe ich hier Gelegenheit intressante Bekantschaften zu machen, indem nicht selten Fremde hier essen. [...] von ½6 bis 6 trinken wir den Thee. Doch ist es oft schon 7 Uhr geworden weil hier die Unterhaltung besonders lebhaft ist. Auch hiezu werden zu weilen Fremde eingeladen. Vor einigen Tagen lernte ich da einen Engländer den Mann der ehemal[igen] Frau von [Clairville?] (welche auch anwesend war – sie ist eine gute Freundin von Frau Escher) kennen. Die Unterhaltung war gar bunt – er sprach zu mir französisch, ich antwortete ihm deutsch (das er ungefähr verstehen mag wie ich das französische), Hr. Escher warf englische Brocken dazwischen. [...] Vorgestern Abend fuhr ich mit Hrn. Escher u. seinem Sohne ins Concert (ich war von ihm eingeladen worden, die ganze Geschichte kostete mich also nichts).»[47]

Im Jahr 1882 dachte Heer an seine Ankunft im Belvoir zurück, wo ihm fünfzig Jahre zuvor ein «freundlicher Knabe» entgegengesprungen war und das Reisebarometer abgenommen hatte. In Erinnerungen schwelgend, schrieb er an Alfred Escher:

«Vor meinem geistigen Auge erscheinen Deine lieben Eltern, welche den Fremdling so liebevoll aufnahmen u. ihm während 6½ Jahren ein stilles, liebes Heim bereiteten, in welchem er sich für seinen neuen Lebensberuf vorbereiten konnte. Ihr liebes Andenken hat mich auf meinem ganzen Lebensweg begleitet u. auch nachdem sie längst nicht mehr unter uns waren, habe ich immer noch geistig mich ihnen nahe gefühlt u. wachend u. träumend sind oft meinem geistigen Auge die freundlichsten Bilder aus jener im Belvoir verlebten Zeit vorübergezogen u. haben mich in der Ueberzeugung bestärkt, dass das Band, das mich mit Deinen Eltern verbindet, von ewiger Dauer sei. Vor mir erscheint aber auch Alles was Du mein lieber Freund mir gewesen bist. Deine Freundschaft u. Deine Liebe wurde während des ganzen Lebens durch keine Wolke getrübt; sie haben sich mit jedem Jahre erneuert u. gehören zu den theuersten Gütern, welche ein gütiges Geschick mir zu Theil werden liess. Ich bin glücklich, dass ich Zeuge sein konnte, wie aus dem Knaben, der mir heute vor 50 Jahren zum ersten Mal die Hand schüttelte, ein Mann geworden, der an der Neugestaltung unseres Vaterlandes den wesentlichsten Antheil genommen hat u. dessen Namen mit allem was in demselben seit einem Menschenalter Grosses u. wichtiges in öffentlichen Werken auf geistigem u. materiellen Gebiete geschah, für alle Zeiten verknüpft ist.»[48]

Schmetterlinge aus der entomologischen Sammlung von Heinrich Escher (1776–1853).

Oswald Heer wurde für den heranwachsenden Alfred zur Schlüsselperson. Obwohl nicht als Privatlehrer engagiert, stand Heer durch seine naturwissenschaftliche Arbeit im Belvoir mit Alfred während Jahren in fast täglichem Kontakt und erteilte dem interessierten Knaben fallweise Unterricht in Botanik und Entomologie. Entscheidender als dieser Unterricht war, dass Alfred an der wissenschaftlichen Arbeit Heers Anteil nahm. Heer verstand es, das durch Vater Heinrich bei Alfred bereits geweckte Interesse an der Natur und namentlich an Pflanzen und Insekten zu vertiefen, so dass Alfreds berufliche Ausrichtung auf die Naturwissenschaften vorbestimmt schien. Selbst wenn er sich schliesslich einem anderen Studium zuwenden sollte: Dank Heers Anregungen und Impulsen erarbeitete sich Alfred in seinen Jugendjahren beeindruckende naturkundliche Kenntnisse. Er assistierte Heer bei der Erstellung von wissenschaftlichen Publikationen, wie er auch half, die Früchte entomologischer Exkursionen zu katalogisieren und zu bearbeiten. Dank Heers Tätigkeit war die Naturkunde im Belvoir allgegenwärtiges Thema. Alfred nahm Heers Wissen begierig auf. Und der junge Glarner Forscher, dessen Name in der Welt der Entomologie schnell an Klang und Bedeutung gewann, erschloss dem zehn Jahre jüngeren Schüler in freundschaftlichem Ton seinen weiten Horizont.

Obergymnasium: Erste Freundschaften mit Schulkameraden

Das Bemühen Heinrich Eschers, seine beiden Kinder unter Ausschluss schädlicher Einflüsse der Öffentlichkeit zu erziehen und jeden Umgang mit «unpassenden Schul- und Spielkameraden» zu verhindern, stiess an Grenzen.[49] Der Privatunterricht förderte die Sozialkompetenz in keiner Weise. Namentlich war es A. Salomon Vögelin, der schliesslich Heinrich Eschers Bedenken gegenüber den staatlichen Schulen zu zerstreuen vermochte und das neugegründete kantonale Obergymnasium als Mittelschule empfahl.

1834 bestand Alfred Escher die Aufnahmeprüfungen und schloss den dreijährigen Bildungsgang im Frühjahr 1837 mit der Maturität ab. In seiner Klasse am Obergymnasium stand der 15- bis 18jährige erstmals in seinem Leben in Kontakt mit einem grösseren Kreis Gleichaltriger. Hier bildeten sich Jugendfreundschaften – hier zeichneten sich aber auch erste Konkurrenzsituationen ab. Dies nicht zuletzt, weil der Schulbetrieb darauf angelegt war. So waren beispielsweise die Schülerverzeichnisse der einzelnen Klassen nicht alphabetisch, sondern nach Leistung geordnet. Folgt man den Rangierungen Eschers über die Jahre, so stellt man fest, dass er in der ersten Klasse nicht unter den Besten figurierte, wurde er doch erst an 18. Stelle aufgeführt. Doch bereits in der zweiten Klasse war er an die 4. Stelle aufgerückt, und das Maturajahr beendete er an 3. Stelle. Am Ende der zweiten und dritten Klasse nahm sein Verwandter Jakob Escher die Spitzenposition ein. Nebst ihm war auch Friedrich von Wyss in beiden Jahren vor Alfred Escher klassiert. Und diese drei Klassenbesten entschlossen sich gleichermassen zum Studium der Staatswissenschaften.

Der Aufbruch in die öffentliche Schule führte Alfred Escher aus dem Elfenbeinturm des Belvoir heraus und brachte ihn in Verbindung mit gleichaltrigen Kameraden, die ihn teils auch während der folgenden Studienjahre begleiteten. Am Obergymnasium traten nun aber bei Alfred Escher auch Züge hervor, die sich vielleicht ein Stück weit Heers Schule der Genauigkeit verdankten. Ebenso reiften im neuen sozialen Umfeld jene Grundmuster einer Persönlichkeit heran, die zur Leadership drängten und die Zustimmung wie Ablehnung provozierten: Escher

Friedrich von Wyss (1818–1907). Vertreter des konservativen Zürich und Schulkamerad von Alfred Escher am Gymnasium. Mit fortschreitender Politisierung tat sich ein Graben zwischen den beiden auf, der zunehmend auch persönliche Differenzen zutage treten liess.

war getrieben von einem unermüdlichen Aktivismus, immer bereit, Verantwortung zu übernehmen, pflichtbewusst, aber auch impulsiv und egozentrisch: «Ich habe gezeigt, daß ich *selbst denken* und *selbst wollen* kann, ich werde es ferner auch zeigen», meinte der damals 16jährige gegenüber Oswald Heer.[50] Hatte sich bereits der 11jährige bei der privaten, von Alexander Schweizer geleiteten Turngesellschaft in Szene gesetzt, so initiierte nun der Obergymnasiast einen ‹Literarischen Verein› und unter dem Namen ‹Okenia› einen naturwissenschaftlichen Zirkel. Im zeitgenössischen Urteil hielt Friedrich von Wyss fest, dass sich Eschers «Gabe, zu herrschen und zu organisieren, schon damals bewährte». Escher habe auch versucht, die anderen Klassen für den ‹Literarischen Zirkel› zu motivieren und darüber hinaus «einen einheitlichen, allgemeinen Gymnasialverein zu gründen». Diese Projekte scheiterten nicht zuletzt daran, dass «es unter A. Eschers gewichtiger Leitung zu hochfahrend, gebunden und trocken» zuging.[51]

Bereits in der Zeit des Obergymnasiums war Eschers Verhältnis zu den Brüdern Friedrich und Georg von Wyss brüchig. Zeiten des kameradschaftlich-freundlichen Verkehrs wechselten mit anderen, die das Fundament der Beziehung unterspülten. Doch war Mitte der 1830er Jahre jene abgrundtiefe Verachtung noch nicht erkennbar, die das Verhältnis bald schon zunehmend belasten und schliesslich in Feindschaft umschlagen lassen sollte.

Über die Gründung des ‹Literarischen Vereins› berichtete Friedrich von Wyss Ende November 1835: «Alfr. Escher, mit dem ich jetzt wieder beßer als je stehe …, ist Präses und sehr eifrig in seinem Amte.»[52] Einen Monat später kam er zur Erkenntnis, dass Escher und er in allen Verhandlungen und Unterredungen meist Antagonisten seien. Daher schlage sich die Gesellschaft jeweils auf die eine oder andere Seite. Escher sei sehr tätig; der Verein leide jedoch an der Passivität der meisten Mitglieder. Im Frühsommer 1836 berichtete von Wyss, Escher habe einen ‹Lesezirkel› gegründet: «Es ist eigentlich im Grunde eine ziemlich überflüssige Sache; aber da der hohe Kopf Alfr. Eschers sie gebar, ist sie durchgegangen.»[53] Ausserdem diagnostizierte von Wyss eine mentale Trennung unter den Gymnasiasten, nämlich zwischen jenen, die an der Hochschule studieren wollten, und jenen, die sich zur Wirtschaft hingezogen fühlten. Und wörtlich: «Alfr. Escher besonders, der gewaltig den wissenschaftlichen spielt, macht einen Gegensatz.» Auch Ende 1837 – Friedrich von Wyss und Alfred Escher hatten ihr Hochschulstudium bereits aufgenommen – zeichnete von Wyss das alte Bild: «Mit den Wölfen muß man eben heulen; sonst wird man gefressen. Daß Alfr. Escher der Hauptmann der Wölfe ist, versteht sich von selbst.» Am 9. April 1840 schrieb Friedrich von Wyss: «Ich sehe immer mehr, daß wir nach unserer Anlage uns gegenseitig wenn auch nicht hassen, doch durchaus entgegenstehen müssen.»[54]

Die Auseinandersetzungen zwischen Konservativen und Radikal-Liberalen in den 1830er Jahren färbte sich zwangsläufig auf Schüler und Studenten ab. Fragen um Werthaltung, Formen der Demokratie und gesellschaftliche Öffnung waren Themen, die nicht nur in Ratsstuben und Zunfthäusern diskutiert wurden, sondern auch in Schulen und im Familienkreis. Allerdings war Alfred Escher als Obergymnasiast noch keineswegs radikal-liberal gesinnt – im Gegenteil. Wie Jakob Escher und Friedrich von Wyss gehörte auch er aus familiärer Tradition politisch dem konservativen Lager an. Die Spannungen zwischen Escher und von Wyss zu Zeiten des Obergymnasiums gingen nicht auf politische Parteizugehörigkeiten zurück. Eschers politischer Radikalismus setzte namentlich unter dem Einfluss Friedrich Ludwig Kellers erst Ende der 1830er Jahre ein. Dies erklärt auch, warum die Beziehung zwischen Alfred und Jakob Escher zu Gymnasiums- und Universitätszeiten eng und freundschaftlich war, während die Beziehung Alfred Eschers zu Friedrich von Wyss schon damals – und zwar aus Gründen unverträglicher Persönlichkeitsstrukturen – Belastungen ausgesetzt war.

Die herzliche Freundschaft zwischen Alfred und Jakob Escher wird im Briefwechsel durch überschwengliche Gruss- und Abschiedsformeln illustriert. 1838/39, bereits Universitätsstudenten geworden, redete Alfred seinen Vetter Jakob etwa mit «Mein treuer Schaaggeli», «Mein theurer Jacob!», oder «Zarter Schaggeli» an. Und er schloss diese Briefe mit: «Ich umarme dich. Dein treuer Alfred Escher.» Noch 1843 war Jakob für Alfred «Mein Lieber!», und er verabschiedete sich mit einem «herzlichen Händedruck» und der Hoffnung, dass Jakob bald wieder etwas von sich hören lasse. «Dein sich oft mit dir beschäftigender AE.»[55]

Jakob Escher (1818–1910). Vetter, Schul- und Studienfreund von Alfred Escher. Vertreter des konservativen Zürich. Zeichnung von Leopold Bürkli (1818–1895), um 1843.

«Zarter Schaggeli! Verzeihe mir diese Anrede! Ich konnte nicht anders. Denn ich hatte mich eben in meine Gefangenschaft nach Berlin versetzt. Es war halb fünf Uhr Abends und du tratest zu mir ins Zimmer hinein, um mir die freundlichsten Stunden, die mir mein trauriges Leben noch zuließ, zu bereiten und da erinnerst du dich denn gewiß, daß ich dir immer mit diesen Worten entgegen kam. Ich glaube, keiner von uns beiden sehne sich nach Berlin zurück und ich werde mich daher hüten, auch nur ein Wort mehr von der Vergangenheit zu reden, ist uns die Gegenwart doch jetzt freundlich genug. [...] Grüße mir, wer sich meiner erinnert u. schreibe mir bald. Dein treuer Alfred Escher.»[56]

Auch Jakob Escher, dessen im Vergleich zu Alfred Escher zurückhaltende Persönlichkeit nicht dessen übertrieben anmutenden Stil pflegte, machte kein Hehl aus seiner Freundschaft. «Mein lieber Alfred!» oder «Mein lieber Freund!» schrieb er ihn 1838 bis 1843 verschiedentlich an.[57] Doch dann brach die Beziehung zwischen Alfred und Jakob Escher ab. Die Parteipolitik forderte ihre Opfer.

Während ihrer Auslandsemester 1838 machen romantischer Patriotismus und Begeisterung für Naturschönheiten einen grossen Teil der

Briefe der beiden Freunde aus, je nach Temperament mit mehr Leidenschaft vorgetragen von Alfred oder, mit etwas weniger, von Jakob. Nachfolgend zuerst die Schilderungen Alfreds:

«Mein treuer Schaaggeli! So ‹heimli› wird es mir ums Herz, da ich diesen Namen wieder ausspreche und mein Geist dich umschwebt, wie du treu dem Vaterlande und denen, die dir theuer sind, einsam sitzest in deinem Kämmerlein im fremden Lande. Wohl ward es mir um's Herz, als ich wieder etwas mit Händen faßen konnte, das du mit Händen gefaßt und als ich die Gefühle mitfühlte, die du in deinem I. Briefe v. 6ten Juni ebenso innig als einfach aussprichst. Ach, wie unendlich freut es mich wahrzunehmen, daß ich mich auch in dieser Beziehung nicht in dir getäuscht habe; und wie hätte ich es können, war ich ja so oft auf unsern gemeinschaftlichen Reisen, die zu den schönsten Erinnerungen meines bisherigen Lebens gehören, Zeuge deiner Bewunderung und Begeisterung für unser herrliches Vaterland. Oft laße ich vor meinem Geiste vorbeiziehen die unauslöschlichen Eindrücke der Anmuth und des Zauberreizes wie auch der Majestät und ehrwürdigen Erhabenheit, die ich unsern Bergen und Seen zu verdanken habe. In der Heimath thaten sie mir oft Noth, jetzt lebe ich von ihnen. […] Die Sehnsucht nach dem Vaterlande, die all' mein Sinnen und Trachten erfüllt und durchdringt, wäre dann kein Heimweh, denn diese wird mir gewiß bleiben, so lange ich immer vom Vaterlande getrennt sein mag. Und diese Sehnsucht läßt mich denn ganz einstimmen in deinen Ausruf, daß du den Tag den schönsten deines Lebens nennen werdest, da du zum ersten Male wieder unsere Berge in ihrer ganzen Herrlichkeit schauen kannst.»

Ganz im Zeichen dieser Euphorie für die schweizerische Landschaft stand auch Alfred Eschers nachfolgende Beschreibung seiner Reise von Zürich nach Karlsruhe. Er schilderte die Fahrt im Postwagen, Tag und Nacht, beinahe ohne Unterbruch, vorbei an Eglisau, und weiter auf der neuen Straße über den Hüntwangerberg direkt nach Stühlingen, nicht wie früher über Schaffhausen. In der Gegend von Stühlingen konnte Alfred dann zum letzten Mal noch einen Blick auf seine geliebten Schweizer Berge erhaschen:

«Wie herrlich, zurükgewandt erblickt man die ganze Alpenkette von den fernen Tyrolerbergen an bis zu den Berneroberländern. Den Rigi sah ich noch, den Albis und die Hohe Rhone mit ihrer Roßweid und den lieben Huetliberg. In Einem Sprunge war ich aus dem Postwagen. Ich wußte nicht, ob ich mich freuen oder weinen sollte.»

Dann war es für Alfred mit der Herrlichkeit der Natur vorbei. Die Landschaft, welche er nachfolgend zu Gesicht bekam, beschrieb er als «einförmig», so dass sie «einem Schweizer, der ganz erfüllt ist von den Wundern der Natur in seinem Vaterlande, kaum gefallen, niemals ihn befriedigen kann». Als er beim Anblick eines idyllischen Seeleins dann doch etwas ins Schwärmen geriet, relativierte er seine Ausführungen sogleich mit den Worten: «Denke aber ja nicht ans Klönthal!» Vergleichen mit der Schweiz konnte die deutsche Umgebung nicht standhalten; die Berge hatten höchstens eine gewisse Ähnlichkeit mit der Albiskette, und Alfred bemerkte relativ trocken, dass er nachmittags um 3 Uhr schliesslich das «starre Karlsruhe» erreicht hätte. Er schloss seinen ausführlichen Brief mit den Worten:

«Meine Gesundheit, nach der du dich so eifrig erkundigst, ist so gut, daß ich beinahe vergaß, dir etwas davon zu schreiben. Ich umarme Dich. Dein treuer Alfred Escher.»[58]

Auch Jakob fiel der Abschied von zu Hause schwer, wie er nach seiner Ankunft in Berlin berichtete:

«Wie mir selbst zu Muthe war, als ich von allen Lieben zu Hause und dann noch von meinen liebsten Freunden bei der Post Abschied nahm, kann ich nicht beschreiben. Ich suchte meine Gefühle so viel möglich zu verbergen, um nicht vor fremden Leuten, die mich nicht verstehen konnten, kindisch zu scheinen oder vornehm bemitleidet zu werden. Auch vor mir selbst wollte ich gewisser Maßen heiter erscheinen, indem ich alles Schöne in Wissenschaft und Kunst, was ich in Berlin sehen und genießen sollte, mir vor die Seele rief, was ich zurück ließ dagegen, zurück drängte.»

Johann Jakob Tschudi (1818–1889). Glarner Naturforscher, Arzt und Diplomat. Der Jugendfreund Alfred Eschers war als Gesandter der Schweiz in Brasilien und als schweizerischer Geschäftsträger in Wien tätig. Aquarell von Ludwig Carl Schnorr von Carolsfeld (1788–1853).

Dies sollte ihm jedoch nicht immer gelingen, denn sobald er die «langweilige» Gegend am Fenster vorbeiziehen sah, so ward es ihm «trüb» vor den Augen:

«Noch Ein Mal, auf einer Höhe zwischen Stockach und Tuttlingen, sah ich die lange Alpenkette im Glanz der Abendsonne; so fern, daß die untern Massen im Horizont verschwanden, nur die Schneefelder und Gletscher wie in der Luft schwebten. Es war das Letzte, was ich vom Vaterlande sah, und was ich immer auch in den nächsten Jahren in Natur und Kunst schauen mag, so weiß ich doch, daß ich *den* Tag den schönsten meines Leben nennen werde, an dem ich zum ersten Male wieder unsre Berge in ihrer ganzen Herrlichkeit sehen kann.»[59]

Der Freund, der dem Gymnasiasten Alfred Escher am nächsten stand, war der Glarner Johann Jakob Tschudi, der spätere Arzt und Naturforscher, Südamerikareisende, Sammler präkolumbianischer Kunst und Diplomat. Tschudi, der schon früh seinen Vater verloren hatte, erhielt von verschiedenen Lehrern Privatunterricht – unter anderem vom Dichter und Journalisten J. J. Reithard. 1834, mit 15 Jahren, wurde er von seiner Mutter zum Politiker und Pädagogen Johann Jakob Hottinger-Escher nach Zürich geschickt, wo er auch bei dessen Familie wohnte. An Ostern 1834 trat Tschudi in die erste Klasse des Obergymnasiums ein, gleichzeitig mit Alfred Escher und weiteren 23 Schülern. Wohl kam der junge Tschudi mit besten Schulreferenzen nach Zürich, doch zeigte sich, dass er Mühe hatte, das Leistungsniveau seiner Klasse zu halten. So wurde er am Ende der ersten Klasse als Schlechtester qualifiziert. Auch in der zweiten Klasse rangierte er bei seinem Austritt am Schluss der Rangliste. Tschudi scheint Mühe gehabt zu haben, sich in die Klasse zu integrieren, und es macht den Anschein, dass er Aussenseiter geblieben ist. Davon zeugte bereits die Äusserung von Friedrich von Wyss über den «dummen Tschudi»; mehr noch ist es das Geständnis Tschudis selbst, dass Alfred Escher sein einziger Freund sei. Dass ihr Sohn eher Einzelgänger war, entging auch Mutter Tschudi nicht. Mehrfach ermahnte sie Johann in ihren Briefen, in der «guten Gesellschaft» zu verkehren und sich «liebenswürdigere Manieren» anzueignen. Zwar war sie überzeugt, dass Johann Jakob ein gutes Herz habe, doch fürchtete sie, diese Eigenschaft könne unter seiner rauhen Schale und durch eine «grosse jugendliche Eitelkeit» zuwenig zur Geltung kommen.[60] Sie hatte nicht ganz unrecht mit ihrer Einschätzung. Bereits in der zweiten Klasse, im Februar 1836, verliess Tschudi Zürich und schloss sich in Neuenburg einer von Louis Agassiz geleiteten Gruppe von Naturforschern an, um sich damit einer Leidenschaft hinzugeben, die ihn schon als Kind geprägt hatte.

Escher und Tschudi, verbunden durch ihre naturkundlichen Interessen, schlossen am Obergymnasium schnell Freundschaft. Von seinem Freund und Klassenkameraden häufig zu sich nach Haus eingeladen, fand Tschudi im Umfeld des Belvoir und im dortigen Wirkungskreis Oswald Heers vielfältige Anregung. Die Bedeutung, welche Tschudi der Freundschaft mit Escher und dessen Urteil zusprach, zeigt sich beispielhaft im Brief vom 20. April 1837. Vorausgegangen war der Verdacht Eschers, Tschudi habe Geheimnisse verraten. Darauf repliziert Tschudi und führt aus, wie «sehr leid» es ihm täte, «den einzigen Freund» zu verlieren, «denn daß da, wo gegenseitiges inniges Vertrauen aufhört, keine Freundschaft mehr bestehen kann, weißt du nur zu wohl». Und an anderer Stelle: «Die Leute um mich her, sogar die Meinigen, mögen mich betrachten, als was sie wollen, darum habe ich nicht viel gegeben, daß aber *du* mich als *Verräther deiner Geheimnisse*, als *treulos gegen dich* betrachtet, daß schmerzt mich tief und innig.»[61]

Die Bande der Freundschaft lockerten sich, als Tschudi 1838 bis 1842 – im Auftrag des Naturhistorischen Museums Neuenburg – erstmals Südamerika bereiste. Zwar blieben Escher und Tschudi vorerst in brieflichem Kontakt, doch lebten sie sich über die Jahre auseinander. Nach der Rückkehr Tschudis nach Europa kam es nicht nur in Forscherkreisen, sondern auch unter den ehemaligen Schulkameraden und Studenten zu Rivalitäten und Intrigen. Tschudi schloss in der Folge sein Medizinstudium ab und liess sich als Arzt und Gutsherr in Österreich nieder. 1857 bis 1859 finden wir ihn wieder in Südamerika auf Forschungsreisen; Anfang der 1860er Jahre vermittelte er als ausserordentlicher Gesandter zwischen den Schweizer Kolonisten und dem brasilianischen Kaiser, bevor er dann 1866 den Gesandtschaftsposten in Wien übernahm.

Die Briefe Tschudis an Escher aus den Jahren 1836 bis 1842 dokumentieren eine sehr herzliche Freundschaft, die den damaligen Gepflogenheiten entsprechenden verbalen Ausdruck fand. Wenn Tschudi von seiner Beziehung zu Escher sprach, so schwärmte er von der «innigen Uebereinstimmung zweier Seelen», betonte, dass «eine innere unnennbare Gewalt» ihn an Escher fesseln würde, und liess es sich nicht nehmen, seinem Freund zu beteuern: «Keine Macht der Welt wird mich an dir zweifeln machen können.»

Ein stets wiederkehrendes Thema in Tschudis Briefen war die räumliche Distanz zwischen den beiden Freunden. Voller Wehmut schrieb er: «Wir sind von einander gerißen.» Immerhin blieb ihnen die geistige Verbundenheit: «Geistig, da bin ich täglich bei dir und ich möchte sagen, es giebt Zeiten, daß ich fühle, daß auch du, dich mit mir beschäftigst, an mich denkst, dann bin auch ich bei dir & so ist es ja fast wie damals als wir Arm in Arm zu dir hinaus gingen.»[62] Tschudi hatte Escher wirklich fest in sein Herz geschlossen:

«Jene Gefühle, die ich, kaum aus dem väterlichen Hause getretten, und allein in die Welt gestellt, zu dir hegte, sind in meinem Herzen nicht erloschen. Mit dem nämlichen Feuer, der nämlichen Innigkeit liebe ich dich wie damals, wo unser lezter Händedruk uns ein langes, langes Lebewohl ankündigte, deine mir so theuren Briefe, bereiten mir noch jezt meine köstlichsten Stunden.»

Im tiefsten Urwald verzehrt sich Tschudi in Sehnsucht nach einem Porträt Alfred Eschers, um es als stete Erinnerung an den Freund an die Wand hängen zu können. Im Juli 1839 schrieb er an Alfred Escher:

«Ich habe lange gezögert, mein inniggeliebter Freund, ehe ich dir Nachricht von mir gebe, jezt aber, will ich es auch nicht mehr länger hinausschieben, denn theils haben zu manigfache Schiksale u. Veränderungen mich betroffen als daß ich nicht sehr gerne mein Herz vor dir ausschütten möchte u. theils fordern die Pflichten der Freundschaft diesen Tribut von mir, den ich auch sehr gerne erledigen will. […] O mein Alfred, du glaubst nicht wie theuer, wie lieb du mir bist, es ist mir als wenn die Entfernung statt der Freundschaft Gluth zu dämpfen, dieselbe vermehre u. zur lichten Flamme emporschlagen laße. Stunden lange stehe ich oft an einen Baum gelehnt u. sehe in den dunkel schweigenden Wald hinein u. denke an dich, mit dem ich so manche trauliche Stunde verlebte u. segne oft die gütige Vorsehung, die mich mit dir so innig zusammenführte. Ich wurde so oft mißkannt u. werde auch jezt noch oft als fühllos, hart, finster u. einsilbig betrachtet, du kennst mich aber beßer, gegen dich bin ich so frei, als ich es gegen mich selbst bin u. du wirst meinem wahren Ich immer Recht wiederfahren laßen, gegen die Welt werde ich immer jene Schattenlarve beibehalten. Seit dem Tage, daß ich deinen mir so theuren Ring erhielt, hat er meinen Finger nie verlaßen u. als nach mehr als Jahresfrist die Haare anfingen zu bleichen u. ein wenig zu leiden, löste ich sie sorgfältig heraus u. hob sie auf, der Reif aber mit deinem Namenszug ziert meinen Finger u. wird von ihm nicht laßen so lange noch ein Tropfen Blut in meinen Adern fließt, od. so lange als das edle Metall hält. Ach, mein Alfred, ich bin oft schwermüthig, ich weiß dich so ferne von mir, mitten unter einer Anzahl deiner Bekannten u. Freunde, ich sehe dich immerfort noch neue Bande knüpfen u. dann ist es mir als vergäßest du meiner, als wenn deine Freundschaft zu mir erkaltete u. als ob ich bei meiner einstigen Zurükkunft unbeachtet als Fremder zurükstehen müße, während andere den Plaz in deinem Herzen einnehmen, den ich früher behauptete u. dieser Gedanke peinigt mich dann aber nur für Augenblike, denn bald werfe ich mir meine Ungerechtigkeit vor, u. bin über mich selbst unzufrieden. Schmähe mir deshalb nicht, wir kennen uns u. ich bin versichert, daß ich bei meinem ersten Zutreffen mit dir an eine ebenso treue Brust gedrükt werde, wie jene die ich unter der Acazie in der Enge zum letztmal in meine Arme schloß. Sollte mir aber etwas menschliches begegnen u. sollte ich mein Vaterland und meine Theuren nicht mehr sehen, nun, dann schenke mir wenigstens hin und wieder einen Erinnerungsmoment u. wenn du einst auf der Altane deines väterlichen Hauses stehst u. hinabsiehst in den ruhigen Spiegel des Sees, der des Mondes blaßen Schein zurükwirft u. du denkst an die Vergangenheit u. erinnerst dich meiner, so werde auch ich zu dir hintreten u. das letzte Lebewohl sagen.»

Die leidenschaftliche Sprache Tschudis verrät aber darüber hinaus jene schwärmerische Leidenschaft der Jugend, die auch im Tausch von Objekten wie Ringen und Porträts symbolischen Ausdruck fand. Als der Freundschaftsring, den Escher Tschudi geschenkt hatte, ohne ersichtlichen Grund zerbrach, schrieb er aus Lima dem Freund nach Zürich: «... ein leises Vorgefühl sagte mir, daß dir etwas begegnet sey.» Betrübt fügte er an: «Ich nahm ihn traurig von der Erde auf u. dachte recht innig an dich. Gott möge dich vor allem Unglüke beschüzt haben. Wie gerne wäre ich dir beigestanden u. hätte dich in deinen Leiden zu trösten gesucht, ach, es war mir nicht vergönnt, vielleicht nicht einmal dich je wieder an meine Brust zu drüken.»[63]

Der gefühlsbetonte Umgang, den der engste Freundeskreis um Alfred Escher pflegte und der aus dem Schreiben Tschudis beispielhaft spricht, zeigte sich nicht nur in der Beziehung zwischen Gleichaltrigen, sondern ebenso in der Beziehung Eschers zu seinen engsten Lehrern. Neben den Briefen zwischen Escher und Oswald Heer kommt er auch im Schriftverkehr Eschers mit Heinrich Schweizer zum Ausdruck. Dies belegen die Ausführungen des damaligen Pfarrers in Schwerzenbach, die dessen schmerzliches Empfinden bei Eschers Abreise zum Studium nach Deutschland formulieren:

«Dein Abschied von Zürich … ist mir sehr nahe gegangen, u. ich fühlte so ganz lebendig u. tief, was Du mir warst, als der Wagen Dich auch mir davon führte und ich, einsam u. in Gedanken nur bei Dir weilend, in mein Schw[er]z[en]b[a]ch zurück kehrte. Ich hätte weinen mögen, daß mir die Freude nicht zu lieb ward, Dich noch ein Paar Stündchen weit begleiten zu können. Worauf ich indessen einen großen Werth setzte u. jetzt noch stolz bin, ist der Umstand, den Du vielleicht nicht beachtetest: daß Du den lezten Abschiedskuß in Zürich u. den letzten Händedruck Deinem Lehrer u. Freunde gabst u. von ihm empfingst. – Wie oft habe ich seit Deiner Abreise den Wunsch gehegt, auch nur auf ein Paar Stünd-chen Dich wieder sehen u. mich von Deinem Wohlergehen von Angesicht zu An-gesicht überzeugen zu können; u. noch nie war ich in Belvoir, ohne daß ich vor Deinem Bilde mich verweilt u. herzliche Segenswünsche Dir zugesandt hätte.»

Weiter gab Schweizer seiner Hoffnung Ausdruck, dass dieses enge Band zwischen ihnen bestehen bleiben möge, egal welchen Weg sie in Zukunft auch einschlügen:

«Und selbst wenn ich Erzbischof von Canterburi würde, möchte ich von Dir, mein Lieber, nie eine andere Anrede hören, als die, womit Du mich in Deinem l. Schreiben begrüßest, sowie auch ich, magst Du in der Welt noch werden, was Du willst, Bürgermeister in Zürich, Landammann der unirten Helvetika od. gar Gemeindschreiber in Enge, mir, wenigstens in unsern Privatverhält-nissen, das Vorrecht ausbitten möchte, Dich meinen lieben, theuern Alfred nennen zu dürfen. Das warst u. bist Du meinem Herzen, seitdem ich Dich kennen lernte, u. das sollst u. wirst Du mir Zeit Lebens bleiben, selbst dann, wenn ich mit meinen Äußerungen dessen, was mein Herz für Dich fühlt, zurückzuhalten durch äußere Verhältnisse genöthigt wäre.»

Die tagebuchähnlichen Notizen vom August und September 1838 bezeugen ebenso, wie verbunden Schweizer mit den Eschers im Belvoir war, und sie geben interessante mentalitätsgeschichtliche Einblicke in die Kultur der Familie.

Die 1804 in Bamberg geborene Mezzosopranistin Antoinette Vial war unter anderem an der Münch-ner Hofoper und am Kärntnertor-Theater in Wien engagiert. Zwischen 1836 und 1839 gastierte «die aus-gezeichnete Opern-Sängerinn» auch in Zürich. «Papa-Escher» war von «Demoiselle Vial» jeweils «ganz entzückt».

«Mein lieber Alfred! [...] Das Erste, was ich berühre ist natürlich das, was Dir am meisten Freude macht und was Du wohl auch zunächst von mir erwartest: Belvoir. Daß ich oft u. viel dorthin pilgere, versteht sich von selbst; es treibt u. drängt mich, so oft als möglich, Deine Lieben dort zu sehen u. jedes Mahl wieder neue Nachrichten von Dir zu hohlen. Eine innige Freude macht es mir, Dir melden zu können, daß Papa fortdauernd einer herrlichen Gesundheit ge-nießt u. gerade auch in dieser Jahreszeit bei seinen Blumen selig ist. Außer Belvoir verschafft ihm Dem. Vial, die ausgezeichnete Opern-Sängerinn, herr-liche Genüsse, welche zu hören Papa nie unterläßt, so oft sie auftritt. Du hättest gerade auch jüngsthin bei der Aufführg. des 2.n Concertes der schwei-zerischen Musikgesellschft sehen sollen, wie der gute Vater, ganz entzückt über die Kunstleistungen der Sängerin, der Erste war, der dieselbe bei ihrem Auftreten in der *Fraumünster-Kirche* mit *Klatschen* begrüßte. Anfangs allein brach er durch seine Beharrlichkeit Bahn, u. die Gunstbezeugungen der Zu-hörer auch für die nachher auftretenden Künstler hatten nun, zum ersten Mahle in dieser Kirche, ihren Weg gefunden. Eine unerhörte Revolution für gewisse fromme Seelen! – Du hattest mir in Deinem Briefchen (dem einzigen von Belvoir aus nach Schwerzenbach) geschrieben, Du wollest mir mündlich noch erzählen, wie Deines Vaters Name groß geworden unter dem Volke; allein natürlich im Augenblicke des Abschiedes konnte davon nicht mehr die Rede sein. Ich könnte Dir hiefür nun auch ein Beispiel anführen u. melden, wie Papa von der Gemeinde Enge in e. Commission gewählt wurde zur Berathung der von Richtersweil angeregten Verfassungsänderungen, wie er mitten unter dem Volke der lieben Mitbürger bis Nachts 11 Uhr im Sternen saß u. mit andächtiger Aufmerksamkeit u. großem Beifall angehört wurde; wie dann die sorgsame Mutter Jakoben nach dem Sternen sandte, um sich nach Papa zu

Alfred Escher auf einer Lithografie um 1840.

erkundigen; wie dieser von jenem am Ärmel gezupft u. angegangen wurde, ‹die Frauen Escher laße ihm sagen, er solle heim kommen›, Jakob aber leer heim geschickt wurde, cet.cet. Ein köstlicher Spaß, der uns schon manche Freude gemacht u. den Du Dir von Herrn Heer mußt erzählen lassen.

Die gute Mutter ist immer dasselbe treu sorgende u. freundlich waltende Wesen. Ihrer selbst fast ganz vergessend, lebt sie nur für die Ihrigen u. ihr Hauswesen. [...] Natürlich daß wir vorzugsweise gerne u. oft uns von Dir unterhalten. O welche Freude hat noch jeder deiner Briefe nach B. gebracht! u. mit welcher Gewißheit wird jeden Dienstag ein solcher von Dir erwartet! Papa lebt steif u. fest der Überzeugung, ein braverer u. wackerer Mensch als sein Alfred habe noch nie auf einer Universität gelebt, u. wir sprechen dann, was sich von selbst versteht, unser Amen dazu, u. sind stolz darauf, daß dieser Alfred auch uns ein wenig angehört. [...]»[64]

Die Studienjahre

Bis wenige Wochen vor der Matura standen für Alfred Escher die Naturwissenschaften im Vordergrund. Aus dem Jahr 1836 sind zwei Briefe Oswald Heers mit der Anschrift «Herrn Alfred Escher. Stud. Phys.» erhalten.[65] Der Weg schien vorgezeichnet, nachdem Alfred durch seinen Vater und Oswald Heer jahrelang für naturwissenschaftliche Fragen sensibilisiert worden war. Im Umgang mit der aussergewöhnlichen entomologischen Sammlung im Belvoir hatte er sich erstaunliche Fachkenntnisse angeeignet. Trotzdem schrieb sich Alfred Escher im April 1837 an der Universität zur Überraschung der Freunde und Familienmitglieder in Rechtswissenschaften ein. Aufgrund der vorhandenen Quellen erweist es sich als schwierig, den Entscheidungsprozess, der von der Natur- zur Staatswissenschaft führte, schlüssig nachzuzeichnen. Von Bedeutung dürfte der Einfluss gewesen sein, den der international angesehene Rechtshistoriker und Verwandte Alfred Eschers, Friedrich Ludwig Keller, auf den Maturanden ausübte. Keller war bis 1839 der führende Kopf der Zürcher Liberalen. Sein politischer Einfluss auf seinen jungen Vetter lässt sich nachweisen. Später war er es, der über das Studium Alfred Eschers bis zur Dissertation wachte. Gut dokumentiert ist, dass in den späten 1830er Jahren Alfred Eschers Interesse an politischen Grundsatz- und Tagesfragen erwachte. Hatte Escher 1833 zusammen mit Friedrich von Wyss der feierlichen Tagsatzungseröffnung im Zürcher Grossmünster noch ohne erklärte Äusserung zu politischen Zeitfragen beigewohnt, so kam er 1836 in Schreiben an Heer auf die «Begebenheiten im Vaterland» zu reden und sprach von einer «geknechteten und verführten Schweiz» und von Bürgern «der nicht geknechteten und freien Schweiz».[66]

In seiner Autobiographie weist Jakob Escher darauf hin, dass ihm sein damaliger Freund Alfred mit dem plötzlichen Entschluss, das Studium der Rechtswissenschaften aufzunehmen, vorangegangen sei. Mit Jakob Escher und Friedrich von Wyss nahmen die drei Klassenersten des Obergymnasiums gemeinsam das Rechtsstudium an der Zürcher

Friedrich Ludwig Keller (1799–1860). Jurist und radikal-liberaler Zürcher Politiker. Von seinem Vetter und Hochschulprofessor wurde Alfred Escher politisch sensibilisiert. Lithografie von Ludwig Wegner (1816–1864).

Universität auf. Trotz offensichtlicher persönlicher Divergenzen namentlich zwischen Friedrich von Wyss und Alfred Escher scheint es, dass die drei Studenten nach dem ersten Studienjahr in Zürich zunächst beabsichtigten, auch die Auslandsemester gemeinsam in Angriff zu nehmen. Doch dazu sollte es nicht kommen. Während Jakob Escher sich mit Friedrich von Wyss nach Berlin begab, entschied sich Alfred Escher für Bonn. Die unterschiedlichen Studienorte verweisen auf die verschiedenen politischen Lager, denen die drei Studenten angehörten oder zusteuerten: hier Jakob Escher und Friedrich von Wyss bei den Konservativen, dort Alfred Escher bei den Liberal-Radikalen. Und gewiss spielte auch die wachsende persönliche Spannung zwischen Alfred Escher und Friedrich von Wyss eine Rolle.

Die Gebrüder von Wyss waren sich in ihrem Urteil über die «widrige Figur» Alfred Escher einig. Georg schrieb Friedrich 1840 über seine Eindrücke und Erfahrungen im Zusammenhang mit dem Konzertleben in Zürich: «Alfred mit Bart, Stok und Rok ermangelt nie zu erscheinen. Vergebung, daß ich Dir diese widrige Figur aufführe. Auch ich drehe ihm jederzeit den Rüken.»[67]

Alfred Escher hatte mit dem Eintritt ins Obergymnasium den Anschluss an ein soziales Netz von Gleichaltrigen gefunden. Auf dieser Schulplattform wuchsen Beziehungen, von denen sich jedoch keine zur lebenslangen Freundschaft entwickeln konnte. Auf der persönlichen Ebene war das Potential dazu in der Beziehung zwischen Alfred und Jakob Escher gegeben. Doch da sich Alfred zu Beginn der 1840er Jahre zunehmend radikalisierte, brach der Kontakt zwischen den beiden einstigen Freunden ab. Die Persönlichkeitsentwicklung und die politische Meinungsbildung von Alfred Escher, Jakob Escher und Friedrich von Wyss illustrieren die Dynamik der Zürcher Gesellschaft, die in den 1830er Jahren in den Strudel gehässiger Auseinandersetzungen zwischen konservativen und radikal-liberalen Kräften geriet. Das Aufeinanderprallen dieser beiden Blöcke prägte die politische Kultur Zürichs bis in die frühen 1860er Jahre, als mit der demokratischen Bewegung eine neue Gruppierung auftrat und den Kampf gegen die damals herrschenden Liberalen und ihren Princeps Alfred Escher aufnahm.

An der Zürcher Universität begann die lebenslange Freundschaft zwischen Alfred Escher und dem Glarner Johann Jakob Blumer. Blumer, am 29. August 1819 in Glarus geboren, besuchte in Glarus Privatschulen und schloss in Schaffhausen das Gymnasium mit der Matura ab. In Lausanne nahm er 1836 das Studium der französischen Literatur auf, bevor er ein Jahr später an die Universität Zürich wechselte und sich dem Studium der Rechte zuwandte. Blumer und Escher belegten nicht nur in Zürich dieselben Fächer, sondern verbrachten auch gemeinsam das Sommersemester 1838 in Bonn und wollten das Wintersemester 1838/39 wiederum gemeinsam in Berlin absolvieren. Wie Alfred Escher machte Johann Jakob Blumer nach Abschluss des Studiums in seinem Heimatkanton wie auf eidgenössischer Ebene schnell politische Karriere. 1842 wurde er Landrat, später Ratsherr (1864–1870), Ständerat (1848–1872) und dreimal Präsident der kleinen Kammer (1853/54, 1860/61, 1867/68). 1860 bis 1874 amtete Blumer als Gemeinderat von Glarus. 1866 bis 1874 präsidierte er die Behörde. 1872 gab Blumer seinen Rücktritt aus dem eidgenössischen Parlament bekannt, doch wurde er im Frühjahr 1873 wiederum zum Glarner Ständerat gewählt. Bereits in den 1840er Jahren übte Blumer, der 1840 Glarner Landesarchivar geworden war, verschiedene richterliche Funktionen an Glarner Gerichten aus, und zwischen 1848 und 1874 war er zudem nichtständiger Bundesrichter. Als er 1874 zum ersten Präsidenten des ständigen Bundesgerichts in Lausanne gewählt wurde, musste er sein politisches Mandat in Bern aufgeben. Zum zweiten Mal trat er aus dem Ständerat zurück. Wenige Monate später starb Blumer am 12. November 1875. Zwischen Escher und Blumer entwickelte sich eine Studentenbeziehung, der eine lebenslange Männerfreundschaft entwuchs.

Neben Blumer lernte Alfred Escher an der Universität und im Zofingerverein weitere Kollegen kennen, mit denen er Freundschaften pflegte und mit denen er lange Jahre oder gar lebenslang verbunden blieb: Kaspar Lebrecht Zwicky (1820–1906), langjähriger Pfarrer in Obstalden (GL) und Pate von Lydia Escher, Arnold Otto Aepli (1816–1897), Daniel Ecklin (1814–1881) und Carl Rudolf Sinz (1818–1896).

Als sich Alfred Escher 1837 in Zürich für das Studium der Rechte immatrikulierte, war die Universität Zürich erst vier Jahre alt. Den rund 30 Studierenden der Rechte standen in jener Zeit 10 Dozenten zur Auswahl. Die beiden überragenden Juristen an der Universität Zürich waren die auch international renommierten Professoren Friedrich Ludwig Keller (1799–1860) und Johann Caspar Bluntschli (1808–1881), zugleich die führenden Köpfe der beiden sich bekämpfenden politischen Lager Zürichs: Keller auf radikal-liberaler, Bluntschli auf konservativer Seite. Die damaligen Rechtsstudenten liessen sich bei der Wahl ihrer Professoren nicht wesentlich durch deren politisches Profil beeinflussen. So war beispielsweise der radikal-liberale Blumer ein Anhänger von Bluntschlis wissenschaftlichem Werk, während die konservativen Studenten von Wyss und Jakob Escher die wissenschaftliche Kompetenz Kellers durchaus hervorhoben. Für Alfred Escher traf dies jedoch nicht zu. Wohl besuchte auch er die Veranstaltungen Bluntschlis, doch seine Vorliebe galt unbestrittenermassen seinem Vetter Keller, durch den er auch politisch sensibilisiert wurde.

Während vier Semestern seines Studiums in Zürich belegte Alfred Escher vierzehn staatswissenschaftliche Vorlesungen. Acht davon besuchte er gemeinsam mit seinen Kommilitonen Jakob Escher, Friedrich von Wyss und Johann Jakob Blumer. Im ersten Semester hörte Escher auch allgemeinbildende Vorlesungen zu verschiedenen Themen, beispielsweise bei Salomon Vögelin über Aischylos' «Prometheus», bei Winckelmann über Aristophanes' «Frösche» oder bei Hans Heinrich Vögeli über die neueste Geschichte seit dem Tod Friedrichs des Grossen.

Johann Jakob Blumer (1819–1875). Studienfreund Alfred Eschers an der Universität Zürich. Blumer und Escher verbrachten zusammen die Auslandsemester in Bonn und Berlin. Zwischen ihnen entstand eine lebenslange Freundschaft. Lithografie.

Das Sommersemester 1838 bestritt Alfred Escher gemeinsam mit Johann Jakob Blumer in Bonn und plante anschliessend zwei Semester in Berlin. Am 23. Mai 1838 immatrikulierte sich Escher an der Rheinischen Friedrich-Wilhelms-Universität in Bonn und belegte – wie Blumer – vier Vorlesungen: Zivilprozess bei von Bethmann Hollweg, Kirchenrecht und deutsche Rechtsgeschichte bei Ferdinand Walter, Anthropologie und Psychologie bei Immanuel Hermann Fichte, dem Sohn des grossen Philosophen. Von Moritz August von Bethmann Hollweg war er begeistert und empfand dessen Vorlesung als ideale Fortsetzung der Veranstaltung bei Professor Keller an der Universität Zürich. Am 19. August 1838 schrieb er an Jakob Escher:

«Die Art, wie der Civilprozeß von Hollweg vorgetragen wird, ist wirklich ausgezeichnet. [...] Seine Behandlungsart ist rein historisch und so gründlich, als es nur der kann, der seiner Sache vollkommen sicher ist. Sein Vortrag ist, sobald man sich ein wenig an ihn gewöhnt hat, ungemein verständlich und klar. Die Würde und eine gewisse Gemüthlichkeit, die er in demselben auf eine merkwürdige Weise zu verbinden weiß, fallen anfangs auf, nehmen aber bald ungemein ein.»[68]

Alfred Escher mit 20 Jahren. Aquarell von seiner Schwester Clementine Stockar-Escher (1816–1886).

Blumer urteilte ähnlich. Über die bei anderen Bonner Professoren besuchten Vorlesungen hielt sich die Begeisterung der beiden Freunde allerdings in Grenzen, und bezüglich des Kollegs über Anthropologie und Psychologie bei Immanuel Hermann Fichte äusserten sie sich skeptisch. Mit Ausnahme der Vorlesungen des sowohl fachlich als offenbar auch rhetorisch überzeugenden Moritz August von Bethmann Hollweg war der wissenschaftliche Ertrag des Studienaufenthalts in Bonn für Escher gering. Dieses Verdikt hielt die Professoren der Bonner Universität jedoch nicht davon ab, Escher anlässlich seiner Exmatrikulation «ausgezeichneten Fleiss und Aufmerksamkeit» zu attestieren.[69]

Nachdem sie die Semesterferien für eine Reise nach Holland und Belgien genutzt hatten, verlegten Escher und Blumer ihr Studiendomizil nach Berlin. Während über Eschers Studienplan keine gesicherten Informationen vorliegen, ist bekannt, dass er zusammen mit Johann Jakob Blumer und Jakob Escher die Pandekten Friedrich Carl von Savignys hörte. Zu seiner grossen Enttäuschung fand er jedoch keinen persönlichen Zugang zum Mitbegründer und prominenten Vertreter der sogenannten historischen Rechtsschule. Eschers Berliner Aufenthalt wurde zudem überschattet durch eine schwere Krankheit, die ihn von Anfang Dezember 1838 bis Ende März 1839 am Besuch von Lehrveranstaltungen hinderte. Dies war auch der Grund, warum Escher schon im April 1839 nach Zürich zurückkehrte.

Nach seiner Genesung besuchte er wiederum die Universität Zürich und schloss nach sechs Semestern ab. Dabei konzentrierte er sich auf Kellers Veranstaltungen zum römischen Recht und belegte darüber hinaus nur ein Minimum an Vorlesungen.

«Keller's Collegien sind ausgezeichnet und was Klarheit, nach meiner Meinung die Hauptsache des juristischen Vortrages, anbetrifft, die vorzüglichsten, die ich noch gehört. Sehr lieb ist es mir, noch einige systematische Collegien bei Keller zu hören, in denen sich besonders sein logisches Talent und hauptsächlich sein practischer Geist auf eine herrliche Weise zeigen. Der Zürcherische Zivilprozeß ist besonders in letzterer Beziehung ausgezeichnet, und es ist um so interessanter, ihn durch Keller vorgetragen zu hören, weil er der Schöpfer von Hauptpartieen desselben ist oder sein wird und seine langjährige Gerichtspraxis die Darstellung mit den anschaulichsten und bemerkenswerthesten Beispielen würzt.»[70]

1842 schloss Alfred Escher seine Studien mit einer Dissertation bei Keller ab. Das Thema seiner Doktorarbeit entnahm er dem römischen Recht: «De testium ratione, quae Romae Ciceronis aetate obtinuit» («Über die zu Ciceros Zeiten geltende Lehre von den Zeugen»). Die feierliche Promotion Eschers zum Doktor beider Rechte mit ‹summa cum laude› erfolgte am 17. September 1842. Die Universität Zürich war eben neun Jahre alt und Alfred Escher der erste Rechtsstudent, der den Doktorhut erhielt.

Vergleicht man die wissenschaftliche Ausbildung Alfred Eschers mit den damaligen Möglichkeiten und insbesondere mit dem Werdegang seiner Kommilitonen, so fallen bemerkenswerte Unterschiede auf: Escher absolvierte sein Studium innert kürzester Zeit, ohne Berücksichtigung des missglückten Berlin-Aufenthalts waren es neun Semester; sein akademischer Rucksack war nur leicht beladen, als er den Doktorhut erhielt; entgegen ursprünglichen Absichten fokussierte Escher bald auf das römische Recht und verzichtete darauf, sich in allgemeinbildenden Fächern zu schulen. Entgegen dem damaligen Usus war auch Eschers Auslanderfahrung gering. Von dieser Warte aus betrachtet ist seine wissenschaftliche Schulung und Bildung enttäuschend. Die vielfältigen Möglichkeiten, welche damals führende Wissenschafter in Bonn und Berlin eröffneten, liess Escher ungenutzt. Andererseits fand er immerhin an der Zürcher Universität in Friedrich Ludwig Keller einen überragenden Kopf, der seine wissenschaftliche Entwicklung massgeblich prägte.

Zofingia

An der Universität eröffnete sich mit der Studentenverbindung ‹Zofingia› für Alfred Escher ein weiterer Kreis neuer Bekanntschaften und Freunde. Escher wies in späteren Jahren – aus der Rückschau betrachtet – wiederholt darauf hin, wie sehr seine Persönlichkeit durch die aktive Tätigkeit im Zofingerverein geformt worden sei. Durch Teilnahme am gesellschaftlich-fröhlichen Leben wie an den Debatten zu wissenschaftlichen und staatspolitischen Themen, namentlich aber durch die Führungsfunktionen, die er ausübte, überwand er seine ursprüngliche Unbeholfenheit im öffentlichen Auftritt.

Diese Schulung der Persönlichkeit und das wachsende Beziehungsnetz mit Gleichaltrigen, von denen viele nach dem Abschluss des Studiums in die Politik einstiegen und wichtige Ämter auf lokaler, kantonaler und eidgenössischer Ebene bekleideten, erschlossen Bindungen und Möglichkeiten, deren Bedeutung für den späteren Wirtschaftspolitiker nicht unterschätzt werden darf. Beim Aufbau der modernen Schweiz von 1848 spielten die überkantonal und gesamtschweizerisch ausgerichteten Vereine eine wichtige Rolle. Zu ihnen zählten Schützen- und Turnvereine wie auch Gesangs- und Studentenvereine. Nach verschiedenen Vorläufern, welche darauf ausgerichtet waren, die studentische Jugend auf lokaler Ebene organisatorisch zusammenzuschliessen, wurde 1818 eine Bewegung ausgelöst, die – geistesgeschichtlich verwandt mit der Deutschen Burschenschaft – am 22. Juli 1819 zur Gründung des ‹Schweizerischen Zofingervereins› (Zofingia) führte. Ausgangspunkt war die Zusammenkunft von 80 Studenten der Zürcher Akademie, die am 23. Oktober 1818 in den Sihlwald zogen. Dort gedachten sie des Reformators Huldrych Zwingli, der 300 Jahre zuvor erstmals in Zürich seine Bibelübersetzung vorgestellt hatte. Hauptziel der Zofingia, die reformierten und katholischen Schweizer Studierenden ab dem 17. Lebensjahr offenstand, war die Förderung des vaterländischen Gedankens. Bereits wenige Jahre nach ihrer Gründung wurde die Zofingia von der Debatte erfasst, die sich schweizweit an der Frage entzündet hatte, wie die gesellschafts- und staatspolitischen Formen und Strukturen des Landes ausgestaltet werden sollten. Die Gegensätze zwischen Liberalen und Radikalen, die sich immer unversöhnlicher artikulierten, führten zur Spaltung der Zofingia und 1832 zur Gründung der Studentenverbindung ‹Helvetia›. Nun trafen sich – allgemein gesprochen – in der ‹Zofingia› die liberalen, in der ‹Helvetia› die radikalen Studenten. Als Reaktion auf die ‹Regeneration› der 1830er Jahre wurde 1841 als dritter grosser gesamtschweizerischer Studentenverbund der Schweizerische Studentenverein (StV) gegründet, der ursprünglich bezweckte, alle konservativen Studenten katholischer und protestantischer Konfession zu versammeln. Die religiösen Auseinandersetzungen um die Klosteraufhebungen und die Jesuitenfrage führten jedoch in den 1840er Jahren dazu, dass diesem interkonfessionellen Ansatz die tragfähige Grundlage entzogen wurde. Vor diesem Hintergrund wurde der StV zu einem Sammelbecken katholisch-konservativer Studenten und Altherren.

Diese Studentenvereine unterschieden sich äusserlich durch Formen und Zeichen, Mützen und Farben. Allen gemeinsam war das Bestreben, ein schweizerisches Nationalbewusstsein zu entwickeln und zu fördern. Dazu trug einerseits ihre gesamtschweizerische Organisation bei, wenngleich sie in einzelnen Landesgegenden entsprechend der jeweiligen Sozial- und Bildungsstruktur der Bevölkerung unterschiedlich präsent waren. Die schweizerische Identitätsbildung wurde andererseits durch Veranstaltungen und Treffen gefördert, etwa durch die jährlichen Zentralfeste und deren patriotischen Szenerien. Schliesslich gewannen die drei Studentenverbände für den jungen Bundesstaat auch dadurch an Bedeutung, dass sie ihre Mitglieder gesellschaftspolitisch sensibilisierten. So wurden Zofingia, Helvetia und StV – jede in ihrem Lager – zu eigentlichen Kaderschmieden.

Verfolgt man die zahlenmässige Präsenz der drei Studentenverbindungen im eidgenössischen Parlament während Eschers parlamentarischer Zeit (1848–1882), zeichnen sich charakteristische Entwicklungslinien ab:

Grundsätzlich gilt, dass der Anteil der Parlamentarier, die einer der drei Studentenverbände angehörten, von 1848 (25%) bis 1881 (42%) – von unbedeutenden Schwankungen abgesehen – kontinuierlich zunahm.

Festkarte zum 50. Jahrestag des Schweizerischen Zofingervereins 1868.

Die bereits 1848 feststellbare Dominanz der Zofingia verstärkte sich bis 1857. In diesem Jahr waren 41 Zofinger im eidgenössischen Parlament vertreten und repräsentierten rund 25% aller Parlamentarier. Diesen Wert erreichte die Zofingia im Verlaufe ihrer Geschichte nie wieder. Die Helvetia, 1848 mit rund 6% zweitstärkste Gruppierung im Parlament, vergrösserte, mit Ausnahme der Jahre 1869 und 1878, bei jeder Erneuerungswahl ihren prozentualen Anteil. Erstmals sassen 1875 (17%) mehr Helveter (31) als Zofinger (29) im Parlament. Der StV, während vieler Jahre eine marginale Erscheinung in Ständerat und Nationalrat, überschritt erstmals 1863 mit 10 eidgenössischen Parlamentariern die 5%-Marke, und erst in den 1870er Jahren baute sich ihr Rückstand auf Zofingia und Helvetia substantiell ab.

Die zahlenmässige Präsenz des Zofingervereins im eidgenössischen Parlament korrelierte mit der Stärke dieser Studentenverbände in der Landesregierung. Im ersten Bundesrat sassen 1848 mit Jonas Furrer und Ulrich Ochsenbein zwei Zofinger. 1851, nach der Gesamterneuerungswahl des Bundesrats, waren weiterhin zwei Zofinger in der Landesregierung vertreten. Symbolhaft für die politische Präsenz der Zofingia in diesen Anfangsjahren des Bundesstaates war die Tatsache, dass mit Jonas Furrer ein Vereinsmitglied erster Bundespräsident wurde. Erstmals wurde 1854 mit Jakob Stämpfli ein Helveter in die Landesregierung gewählt. Das zahlenmässige Gewicht der Zofinger und Helveter im Bundesrat gewann 1857 eine neue Dimension, indem das siebenköpfige Gremium je 2 Mitglieder von Zofingia und Helvetia zählte. Diese Dominanz überdauerte mehrere Gesamterneuerungswahlen. Sie erfuhr 1866 eine weitere Steigerung, als 2 Zofinger und 3 Helveter im Bundesrat sassen. Dieses Bild erfuhr bis zur letztmaligen Gesamterneuerungswahl (1881) zu Lebzeiten Eschers nur leichte Retuschen: 1881 zum Beispiel stellten Zofingia und Helvetia je 2 Bundesräte.

Zieht man das Fazit, so stellt man schnell fest, dass die Präsenz von Zofingia und Helvetia in Regierung und Parlament bedeutend war. Der junge Bundesstaat von 1848, eine liberal-radikale Schöpfung, fand seine politischen Köpfe in ihren jeweiligen studentischen Sammelbecken. Zwangsläufig schwach war die zahlenmässige Präsenz des StV im Parlament, entsprechend der damals inferioren politischen Bedeutung des politischen Katholizismus. Dass ein Mitglied des StV überhaupt in die Lage kommen konnte, in die Landesregierung gewählt zu werden, war erst möglich, nachdem der Freisinn von seinem ausschliesslichen Regierungsanspruch abrückte, so dass in der Folge 1891 mit Josef Zemp der erste Vertreter der katholisch-konservativen Schweiz in die Landesregierung gewählt werden konnte. Diese Ausführungen lassen erkennen, dass die Zugehörigkeit zu den liberalen oder radikalen Studentenverbindungen oftmals der Grundstein für die spätere politische Karriere wurde. Die Bedeutung dieser studentischen Netzwerke für die politische Kultur des jungen Bundesstaates lag jedoch nicht allein in der zahlenmässigen Präsenz ihrer Mitglieder in Regierung und Parlament. Fast

Jonas Furrer (1805–1861). Mitglied des Schweizerischen Zofingervereins und erster Bundespräsident der Schweiz. Förderer und politischer Freund Alfred Eschers.

wichtiger waren die verbindende Sozialisierung und die informellen Kontaktmöglichkeiten, die in der gemeinsamen Vereinstätigkeit fruchtbaren Boden fanden. Ein entscheidender Erfolgsfaktor für Alfred Eschers rasanten Aufstieg in der eidgenössischen Politik waren seine Netzwerke, die er bereits in jungen Jahren zu knüpfen begonnen hatte. Dazu zählten gerade auch seine Kontakte und Erfahrungen in der Zofingia. Es kann nicht überraschen, dass Eschers grösste politische Erfolge und die Zeit seines bedeutendsten Einflusses auf Regierung und Parlament in die ersten Jahre des Bundesstaates – die goldenen 1850er Jahre – fielen, als auch die Zofingia eine dominante Rolle spielte.

Alfred Eschers Aufnahme in die Zürcher Sektion der Zofingia am 19. Mai 1837 war von Nebengeräuschen begleitet. Während die anderen Kandidaten die Wahl ohne Widerstände und grössere Diskussionen schafften, darunter interessanterweise Friedrich von Wyss und Jakob Escher, entzündete sich im Vorfeld von Alfred Eschers Aufnahme eine kritische Diskussion.

Gemäss Statuten musste Escher wie alle Kandidaten von drei Mitgliedern des Vereins beurteilt und zur Aufnahme vorgeschlagen werden. Dieses Kollegium beschrieb ihn «als ein fester Mensch in wissenschaftlicher und politischer Beziehung», «als e. Jüngling von Character und Freundschaft», der allerdings früher von der Zofingia falsche Vorstellungen gehabt habe. Als einer der Beurteilenden jedoch bemängelte, dass Escher «eine etwas zu hohe Meinung v. s. selbst habe», dadurch bei anderen anecke und sich so isoliere, war dies der Auslöser einer heftigen Diskussion über den Charakter des Kandidaten. Diese Auseinandersetzung bewegte die Gemüter der Zürcher Zofinger intensiv und anhaltend. Unbestritten war, dass Alfred Escher die geistigen Voraussetzungen zur Aufnahme erfüllte. Die Kontroverse entzündete sich an der Frage, ob er auch hinsichtlich der verlangten höheren Sittlichkeit den Anforderungen genügen würde. Diesbezüglich hegten einige Zofinger erhebliche Zweifel, zumal angebliche Verstösse Eschers zur Sprache gebracht wurden. Da jedoch die Vorwürfe auf fragwürdigen Quellen beruhten und kaum jemand etwas Konkretes wusste, kam die Aufnahme schliesslich zustande mit der Begründung, «dass Escher im Vereine mit manchen edeln Jünglingen erstreben werde, das sittliche Ziel zu erreichen, das einzig des Studirenden würdig ist: und sind die Beschuldigungen niemals gegründet gewesen, so wird seine Reinheit über die Meinung siegen».[71]

Wie bereits bei der Unterstützung Oswald Heers bei der Aufbereitung entomologischer Arbeit, wie im Obergymnasium bei der Gründung und Organisation von Zirkeln und Interessengruppen, so zeigte sich Escher auch im Zofingerverein als rühriges Mitglied, das sich jedoch durch Aktivismus und durch herrisches Gehabe nicht nur Freunde schuf. Kaum im Verein aufgenommen, nahm er an allen Bestrebungen Anteil, bemächtigte sich grosser und kleiner Anliegen, entwickelte neue Ideen, brachte Vorschläge ein, engagierte sich überall, nahm Stellung zu

Kolorierte Zeichnung aus dem Liederbuch der deutschen Sektionen des Schweizerischen Zofingervereins von 1891.

Freundschaftsbande in der Studentenverbindung ‹Zofingia›: Alfred Escher seinem lieben Friedrich Horner zur freundlichen Erinnerung. Zürich, September 1849. Schattenriss.

allen Fragen, die den Zürcher Verein betrafen, und äusserte sich auch zu Belangen des Gesamtvereins. Kaum ein Protokoll der Zürcher Verbindung, in dem der Name des aktiven Zofingers Alfred Escher nicht aufgeführt ist. Escher wirkte mit unermüdlicher Arbeitslust an der Gestaltung des Vereins mit. Dabei brachte er seine Überzeugung energisch und unmissverständlich zum Ausdruck, ob diese anderen gefiel oder nicht.

Wie rasch und intensiv Escher sich mit der Zofingia identifizierte und wie bedeutsam der Einfluss dieses Vereins auf seine Persönlichkeitsentwicklung und staatspolitische Meinungsfindung war, dokumentiert ein Ausschnitt eines Briefes von Johann Jakob Tschudi vom 22. Oktober 1837. Die reserviert-ablehnende Haltung, die Tschudi gegenüber der Zofingia einnahm, entsprach ursprünglich auch Eschers Position. Doch bis zum Zofingerfest 1837 wandelte er sich zum überzeugten und begeisterten Mitglied.

«Glaube mir das Zoffingerfest hat eine weit größere Veränderung in dir hervorgebracht, als du selber glaubst; u. halte jene Gesinnungen fest, die dir mit feurigen Buchstaben in die Seele gegraben zu sein scheinen, gewiß wirst du mit ihnen glüklich, vielleicht glücklicher als ich mit den Meinigen; meine frühere Abneigung gegen jenen Verein als gesellschaftliches Ganzes nicht als Vereinigung der *Individuen,* hat meine volle Achtung gewonnen, seit ich deine Urtheile über denselben kenne; durch deine Aufnahme ist er, ich meine es in ernstem u. hohem Sinne, nur geadelt worden. [...]»[72]

Obwohl Escher innerhalb des Vereins polarisierte, wurde sein totales Engagement allgemein gewürdigt. Schon kurz nach der Aufnahme gehörte er Kommissionen an, und bereits im November 1837 wurde er Korrespondent zwischen der Zürcher Sektion und derjenigen von Lausanne. Zusammen mit Freund Blumer lancierte er das schubladisierte Projekt von Bildungs- und Fakultätsgemeinschaften neu, um mit solchen Plattformen das wissenschaftliche Leben zu befruchten. Aber bereits in der eigenen Zürcher Sektion fiel der Vorstoss nicht auf ungeteilte Gegenliebe. Auch die Stellungnahmen anderer Sektionen wiesen auf die drohenden Gefahren von Zersplitterung und Sektierertum hin. Mit dem Aufbruch Eschers und Blumers nach Deutschland versandete das Projekt wieder. Waren die Wellen, die Alfred Eschers Aufnahme geworfen hatten, im Verlaufe des Jahres auch etwas abgeebbt, so bleibt seine Persönlichkeit im Jahresbericht 1837/38 doch kantiger als diejenigen von Blumer und Jakob Escher: «Alfr. Escher, jugendlich begeistert und kräftig im Auftreten; Blumer mit Besonnenheit wählend und für diese zu stehen entschlossen; Jak. Escher mit bescheidenem Zurückhalten seiner Talente und geradem, freundlichem Sinn.»[73]

Die Studienpläne, die Alfred Escher nach Bonn führten, brachten es mit sich, dass er am 17. März 1838, nach nur einem Jahr Vereinszugehörigkeit, aus der Zürcher Zofingia ausschied. Im Sommer 1839, nach der Rückkehr an die Universität Zürich, trat er wieder ein und wurde – «seiner Umsicht, Gewandtheit und Energie wegen» – im November zum Präsidenten gewählt.[74] Allerdings zeigen die Wahlen fürs Präsidium, dass die Persönlichkeit Eschers im Verein weiterhin nicht auf ungeteilte Zustimmung stiess. Aus dem Protokoll gehen die Details der Präsidentenwahl nicht hervor. Dokumentiert ist, dass Escher im zweiten Wahlgang mit 14 gegen 13 Stimmen gewählt wurde. Zum Problem gestaltete sich unter dem Präsidium Escher die politische Ausrichtung der Zürcher Sektion. Dies illustriert das Verhalten von Escher und Friedrich von Wyss. Die politische Entfremdung zwischen Escher und von Wyss hatte sich bereits mit der Aufnahme des Hochschulstudiums abgezeichnet. An der Universität Zürich, wo die meisten Professoren und Studenten auf der radikalen Seite standen, fühlte sich von Wyss gesellschaftlich nicht wohl. Als sich die radikale Richtung unter Eschers Präsidium auch im Zofingerverein durchsetzte, fühlte er sich «vereinsamt, abgestossen und in die Stille zurückgetrieben».[75] Und als Escher die immer häufigere Absenz von Wyss' im Zofingerverein kritisierte, reifte dessen Entschluss zum Austritt.

«Amicitia, Patria, Litterae.» Festkarte des Schweizerischen Zofingervereins, ohne Jahresangabe.

Waren Fragen der vaterländischen Gesinnung und der gesamtschweizerischen Nationalität, der politischen Tätigkeit und des Hochschulwesens, die Unterschiede und Entsprechungen zwischen Sprachen und Kulturen bereits Grundpfeiler von Eschers erster Zofingerzeit gewesen, so widmete er diesen Problemkreisen als Präsident der Zürcher Sektion zusätzliche Aufmerksamkeit. Doch auch Herausforderungen der sektionsinternen Organisation fanden Eingang in Traktandenlisten und Diskussionen.

Als Präsident des Zürcher Zofingervereins war Escher stets bedacht, das Wohl des Gesamtvereins im Auge zu behalten. Unverblümt und mit kritischem Duktus griff er ein, wo es ihm nötig schien, und schreckte auch nicht davor zurück, den Centralausschuss zu kritisieren und für Versäumnisse und Unzulänglichkeiten zu tadeln. Dabei wusste er seine Kritik und seine Forderungen durch präzise Hinweise auf Paragraphen der Statuten zu untermauern.

Obwohl der von Escher entfaltete Aktivismus, sein herrischer Ton und sein Führungsgehabe da und dort auf Missbilligung stiessen, überwog in der Zürcher Sektion die Meinung, dass Escher dank seiner Energie und seinem scharfen Verstand für das Amt des Centralpräsidenten prädestiniert sei. Und so wurde er von seinen Zürchern im August 1840 auf den Schild gehoben. Die Mitteilung der Zürcher Nominationen an den Centralausschuss oblag Escher selbst, der es sich bei dieser Gelegenheit nicht nehmen liess, wiederum auf Mängel in Struktur und Abläufen beim Gesamtverein wie bei einzelnen Sektionen hinzuweisen und im Kontrast zu betonen, dass die Zürcher Sektion unter seiner Führung «wieder schönern Zeiten» entgegengehe. Selbstredend hatten die Zürcher die vom Centralausschuss vorgegebenen Lieder, welche am Vereinsfest in Zofingen intoniert werden sollten, bereits eingeübt. «Überhaupt blüht unser Gesangverein sehr.» Aus dem Brief, den Alfred Escher am 15. August 1840 an den Centralausschuss der Zofingia richtete, geht weiter hervor, dass Escher und der Centralausschuss sich gegenseitig vorwarfen, Briefe einfach unbeantwortet zu lassen.[76]

Auch um scheinbar nebensächliche Fragen kümmerte sich Escher persönlich und mit grosser Akribie. So etwa, als es darum ging, das Datum des jährlichen Festes in Zofingen festzulegen.

Wo immer Escher auftrat, schien sein Aufstieg in die Spitzenposition unvermeidlich. An der Jahresversammlung in Zofingen wurde Alfred Escher zum Centralpräsidenten (CP) für 1840/41 gewählt. Auch diese Stellung habe Alfred Escher «voll und ganz ausgefüllt, und mit Zufriedenheit und dem Bewusstsein, das Beste nach Kräften gesucht und gefördert zu haben».[77] In der Eröffnungsrede zum Zofingerfest von 1841 konnte CP Escher jedenfalls auf ein erfolgreiches Vereinsjahr zurückblicken. Nach diesem Präsidialjahr aber wurden Eschers Spuren in der Zofingia dünner, und schliesslich trat er nach abgeschlossenem Studium an der Universität Zürich 1842 von der Activitas aus.

Eines der wichtigsten Dokumente zu Eschers früher gesellschaftspolitischer Tätigkeit ist seine lange Rede zur Eröffnung des Zofingerfestes 1841. Durchsetzt von höchst poetischen Exkursen, rollte er bei dieser Gelegenheit sein ganzes Programm noch einmal auf. Zum Einstieg hob er zu einer Ode auf die Männergesellschaft an:

«Der Festtag des Zofingervereines ist wieder angebrochen. Aus allen Gauen des Vaterlandes beinahe sind seine Glieder in die Bundesstadt eingezogen zur Feier der jährlichen Wiedergeburt des Bundes. Der unerschöpfliche Lebensborn des Zofingervereines hat sich wieder aufgeschlossen, damit er durch Euch ausströme und das dürstende Land der Alltäglichkeit bewässere. Die Sonne des Zofingerbundes ist wieder aufgegangen [...].»

Nach diesen schwärmerischen Worten fiel es Escher nicht leicht, auf den Boden vereinspolitischer Realitäten zurückzufinden und zum Jahresrückblick überzuleiten. Dabei machte er deutlich, dass es beim Zofingerverein nicht auf «äußerlich sich darstellende Resultate» ankomme, sondern vielmehr auf die Ausbildung von Persönlichkeit und Talenten der einzelnen Mitglieder, mit dem Ziel, möglichst gute Voraussetzungen dafür zu schaffen, dass diese einst Grosses vollbringen könnten. Der Erfolg werde sich demnach erst in der Zukunft zeigen, während man sich gegenwärtig damit begnügen müsse festzustellen, «ob und *welche* Mittel zur Beförderung dieser Befähigung angewandt wurden».

Als eines dieser Mittel machte Escher «die enge Verbrüderung» der Mitglieder namhaft. Auch dazu fiel ihm allerdings im Sinn des Jahresrückblicks nur der knappe Hinweis ein, dass «die Zusammenkünfte der Sectionen Zürich mit Chur und Luzern, Genf mit Waadt» geholfen

«Le Livre des Pèlerins à Zofing[u]e» des Schweizerischen Zofingervereins (Buch mit dem Eintrag der Teilnehmer am jeweiligen Centralfest).

hätten, die Bande der Freundschaft enger zu schliessen. Doch waren ihm diese «immer noch *zu locker*». Und da ihm nebst der Jahresversammlung insbesondere die regelmässige Korrespondenz ein probates Mittel zu sein schien, die Mitglieder einander näherzubringen, kam er auf seine Kritik an der Qualität bisheriger Briefwechsel zurück. Er bemängelte insbesondere, dass private Themen in die Korrespondenz eingeflossen seien, dass Briefe häufig nicht an den offiziellen Korrespondenten einer Sektion gerichtet seien und dass Verfasser von Frage- und Antwortschreiben oft völlig aneinander vorbei schreiben würden.

Die Bedeutung des freundschaftlichen Zusammenlebens und der Entschlossenheit exemplifizierte Escher an einem Thema, das im Berichtsjahr ein heisses Eisen war. Es ging dabei um die Errichtung eines Zofingerfreicorps mit dem Ziel, «die phÿsische Kraft seiner Glieder [der Zofingia] dem Vaterlande, das bedroht den Arm seiner Bürger bedarf, zum Schutze zu bieten». Und wiederum sparte Escher nicht mit Kritik:

«Die Gefahr für das Vaterland ging damals glücklich vorüber. Der Centralausschuß erschrak aber im Gedanken an die babÿlonische Verwirrung, die unausbleiblich im Zofingervereine entstanden wäre, wenn die Gefahr fortgedauert und in Folge dessen noch Glieder des Vereines die Errichtung eines Freicorps gefordert hätten. Der Zofingerverein hätte ein eher trauriges als lächerliches Bild von Uneinigkeit, Unentschlossenheit, Schwäche dargebothen!»

Nach einer kurzen Verschnaufpause – CP Escher verwies auf den Zofingerbeitrag zur Errichtung eines Denkmals in Schaffhausen – hob er zum Rückblick auf das Leben in den Sektionen an, wobei mehrheitlich kritische Urteile anstanden. In Zürich waren die bisher so lebhaft geführten politischen Diskussionen fast gänzlich verstummt. Nicht dass es an Anregung gefehlt hätte, aber die grosse Masse bezog lieber eine beobachtende Stellung – «fröhlich bei der dampfenden Pfeife und dem wohlgefüllten Bierglase» –, als sich auf anstrengende Wortgefechte einzulassen. Nicht besser sah es in Bern aus, wo sich die Mitglieder in – auf persönlichen Aversionen gründende – Streitigkeiten verwickelten und auf diese Weise von «wohlthätigem Wirken für die Vereinszwecke» abgelenkt wurden. In Genf pflegte man zwar eine intellektuelle Gesprächskultur, aber wichtige Themenbereiche wurden ausgespart, da unter den Mitgliedern die Erwartungshaltung bestand, dass aus jeder Diskussion eine konkrete Erkenntnis oder Entdeckung resultieren müsse. Die Genfer hätten somit laut Escher den Zweck des Zofingervereins insofern missverstanden, als dieser «nur die Individualitäten seiner Glieder bilden und nicht unmittelbar Resultate in der Wissenschaft, der Moral u.s.w. als solche hervorrufen» will. In günstigem Licht erschien lediglich das Vereinsleben der Zofinger in Basel, Chur, Luzern und der Waadt, deren Mitglieder sich mit Mut und Eifer in den jeweiligen Sektionen engagierten und die Freundschaft untereinander pflegten. Die Waadtländer Sektion hatte Escher im Berichtsjahr die Freude gemacht zu erwägen, ob die Vereinsblätter zwecks Intensivierung der Korrespondenz aufgehoben werden sollten.

Nun wählte Escher eine wellenförmige Dramaturgie. Nachdem – was die Realität in den Sektionen betraf – die Zofingia als reichlich bröckelnde Vereinigung dastand, richtete der Centralpräsident den Blick in die Zukunft und rief die Zuhörer dazu auf, sich vorzustellen, was «in einigen Dezennien» von ihrer Freundschaft noch übrig sein könnte. Escher skizzierte in der Folge seine persönliche Zukunftsvorstellung von der Zofingergemeinschaft: Obwohl die Zofinger als «Angehörige des Staates oder einer Kirche, als Forscher in dem unendlichen Gebiethe des Wissens einander gegenüberstehen, einander mit Ernst und Eifer bekämpfen werden», seien sie deshalb keineswegs «Verräther an dem Bunde», denn trotz unterschiedlicher Lebensansichten blieben doch «gewisse Vorschriften *jedem* Zofinger ins Herz geschrieben», «gewissermaßen die unveränderlichen Statuten», «deren Einhalten die Thätigkeit eines *unsichtbaren Männerzofingervereines* sein soll».

Mit der Vision vom «unsichtbaren Männerzofingerverein» nahm CP Escher die Gründung der ‹Altzofinger› vorweg, die drei Jahrzehnte später folgte. Escher stellte bereits klar, dass – wer die Sache richtig verstand – nie zum *ehemaligen* Zofinger werden könnte. Und dieses enge Nebeneinander der Voraussage, dass die Freunde von heute sich dereinst bekämpfen werden und dass ihre Freundschaft doch eine solche fürs Leben sein musste, dürfte die Zuhörer in Bann geschlagen haben. Escher nutzte die Spannung, um gleich zu ergänzen, was es denn sei, was die Zofinger von 1840 noch Jahrzehnte später zusammenhalten würde. Und damit zeichnete Escher sein Bild einer idealen Schweiz:

«Wir sind ein Verein von Schweizern. Wir haben also als das erste gemeinschaftliche Interesse das Vaterland. Unser Vaterland besteht aber nicht bloß in der Erdscholle, auf der wir leben und am Ende als Knechte oder Freie gleich sehr leben könnten. Unser Vaterland besteht vielmehr auch in der Geschichte unsers Volkes und in dem Erbtheile, den uns unsere Väter dadurch, daß sie die Schweizer zu einem freien und selbstständigen Volke gemacht, hinterlassen. Unser Vaterland ist die Schweiz. Aber wenn uns ein fremdes Volk bezwingen würde, so dürften wir zwar vielleicht noch auf dem Boden wohnen, der früher Sitz der freien Schweizer gewesen; aber der Name der bezwungenen Schweizer müßte verschwinden und aufgehen in dem Namen der mächtigen Bezwinger, gleich wie das Volk der freien und selbstständigen Römer von seinen Unterdrückern verschlungen wurde. Wir haben also, wenn wir unser Vaterland behaupten wollen, nicht bloß an die Erdscholle uns anzuklammern, auf der wir wohnen, sondern vor allem auch die Unabhängigkeit und Selbstständigkeit unsers Volkes zu wahren und zu vertheidigen. Wollen wir aber dieses, so müssen wir mit angestrengtem Eifer die republikanische Verfassung aufrecht zu halten suchen; denn ohne sie läßt sich die Unabhän-

gigkeit und Freiheit der Schweiz nicht denken. […] Die unverletzliche, höchste Majestät in der Republik ist das Gesetz, ein *Gedanke* also und zwar ein Gedanke, den die *Bürger* der Republik gehabt, den *sie* zur höchsten, unverletzlichen Majestät dieser gemacht. Wie nahe liegt da aber nicht, auch wenn man von der Erfahrung ganz absieht, der Zweifel, ob auch alle Glieder der Republik es zu verstehen vermögen, daß sie alle vor einem Gedanken als einer unverletzlichen Majestät sich zu biegen haben, ob sie auch nur diesen Gedanken selbst gehörig zu erfassen im Stande seien, ob sie endlich, wenn sie das alles vermögen, Selbstverläugnung genug haben, sich durch ihren *eigenen* früher ausgesprochenen Willen *allein* und auch *dann* binden zu lassen, wenn diese früher von ihnen gewollte Beschränkung ihres Willens ihrem *gegenwärtigen* Willen schnurstracks zuwiderläuft, ja vielleicht unerträglich scheint.»

Und was vom persönlichen Standpunkt gilt, gilt ebenso von Parteimeinungen und Parteiprogrammen. Escher warf oppositionellen Kräften vor, die Schwachstellen der Regierung zu suchen und «frohlockend den Augen aller Welt» darzustellen – obwohl dabei oft «das Ansehen der verfassungsmäßigen Behörden» leide.

In diesem Sinne rief er die Parteien dazu auf, der republikanischen Verfassung zuwiderlaufende parteipolitische Ziele zugunsten des Gemeinwohls zurückzustellen. Im folgenden definierte Escher es als erste Aufgabe des ‹unsichtbaren Männerzofingervereins›, den Bürgern mit gutem Beispiel voranzugehen, indem sie, «so entgegengesetzt auch ihre politischen Ansichten sein mögen und müssen, doch in Einem Bestreben Hand in Hand gehen sollen, in dem Bestreben, alles zur Verbreitung der Überzeugung, *es sei das Gesetz die unverletzliche Majestät des Freistaates,* beizutragen».

Nach dieser gewaltigen Exposition, die von der Vision zukünftiger Beziehungen unter den anwesenden Zofingern zum Ideal einer grundlegenden Übereinstimmung im freien Staatswesen führte, kam CP Escher unter bildungspolitischem Vorzeichen auf die studierenden Mitglieder zurück. Dabei knüpfte er an die staatsphilosophische Tradition an, die auf Platons Modell des Gelehrtenstaates zurückgeht. So tritt die Struktur von Eschers Gesamtprogramm hervor: Zwischen dem freien Spiel der politischen Kräfte im «Freistaat», das letztlich – was die Beziehung zum Gesetz betrifft – einem egalitären Prinzip untersteht, und der staatlichen Hierarchie, die wenn möglich nach elitären Kriterien besetzt werden soll, vermittelt die Zofingia. Nach aussen kennzeichnen sie die strengen Aufnahmebedingungen als elitär, im Innern ist sie eine egalitäre Verbindung gleichgestellter Freunde.

Escher wies den Zofingern die Aufgabe zu, ungeachtet politischer oder religiöser Divergenzen den «Schild der Wissenschaft» aufrechtzuerhalten und damit nicht nur der Wissenschaft, sondern auch dem Vaterland zu dienen. Die Zofinger seien es, die das Ideal der bürgerlichen Eintracht, welche gerade in einer Republik von besonderer

«Patrie – Amitié – Science», «Tous pour un, un pour tous».» Festkarte des Schweizerischen Zofingervereins, ohne Jahresangabe.

Bedeutung sei, verkörperten und sich bei Unstimmigkeiten nicht vom Gefühl, sondern vom Verstand leiten lassen sollten. Ihr Verhalten solle einen Kontrapunkt zur gegenwärtigen Zerrissenheit des Volkes setzen.

Zum Schluss kam CP Escher auf das theologische Motiv aus dem Prolog zurück. Aus der Göttin Zofingia, deren Beschwörung eingangs die Herzen hatte höher schlagen lassen, war inzwischen der ernste Gott der Väter geworden:

«Seid Ihr aber fest entschlossen, von dem ehrwürdigen Panner des Zofingerbundes nie zu laßen, blickt Ihr furchtlosen Auges den heißen Tagen entgegen, da Ihr in seinem Dienste über Eure eigne Leidenschaft und die unreine Wuth seiner Gegner, den Sieg erringen müßt, dann wird der Gott der Väter, der des Schweizerbundes Hort war, auch des Zofingerbundes Hort sein und das Vaterland wird sich der Zofinger als seiner würdigsten Söhne freuen!»[78]

Im Protokoll wurde der Verlauf dieser denkwürdigen Versammlung folgendermassen zusammengefasst:

«Brüder, reicht die Hand zum Bunde.» Festkarte des Schweizerischen Zofingervereins aus dem Jahr 1855.

«Festversammlung des Zofinger Vereins den 22ten & 23ten Septbr 1841. [...] Nach dem Liede ‹Freiheit, die ich meine› etc eröffnet der Präses die Sitzung mit der Begrüßungsrede. [...] Nach dem Essen zerstreute man sich in einzelnen Abtheilungen. Abends gaben die Sänger der Zürcher Section nach vorheriger Probe ein kleines Concert, bestehend aus einigen Chören, Quartetten & Soli die sie jüngst im zürcher Studentengesangvereine hatten aufführen helfen. Die Zofinger & ein ausgewähltes Publicum aus dem Städtchen sammelten sich dazu im Rathhause. [...] Die gestrigen Beschlüsse werden vom Actuar verlesen, hierauf zur Einleitung das Lied: ‹Brüder reicht die Hand zum Bunde› etc. gesungen. [...] Escher begrüßt den neuen C.A., der alte übergebe ihm die Nachfolge mit dem Bewußtsein, das Gute gewollt zu haben, ... er wünscht dem neuen das Vertrauen des Vereins, ohne welches ein gedeihliches Wirken des C.A. unmöglich sei, & bittet ihn, an der Aufgabe, wissenschaftliche Gesammtthätigkeit des Vereines zu wecken & zu beleben, festzuhalten. [...] Obgleich heute schon einmal gesungen, wurde das Lied ‹Brüder reicht die Hand zum Bunde› etc. für das passendste erachtet um die Stimmung des Vereines auszudrüken. – [...] Am Nachmittag gings zu Fuss & zu Wagen nach dem Sälischlößli, Aarburg & Olten. Abends sammelte man sich im Rößli, wo Cordey in feuriger Rede die deutschen Sectionen von Seiten der wälschen hoch leben liess. In reger Fröhlichkeit wurde die Nacht durchzecht, unter mannigfaltigen Gesängen & übrigen Ergötzlichkeiten. – Die üblichen Ständchen waren, wie gewohnt, nicht mehr von größtem Kunstwerth ...»[79]

Turnen

Nachdem Alexander Schweizer Alfred Eschers Freude am Turnen schon im Knabenalter geweckt hatte, stiess dieser als Obergymnasiast auf die Turnbewegung, die in den 1830er Jahren weite Teile der studierenden Jugend erfasste. Escher trat der Turngesellschaft Zürich bei. Wiederholt nahm er an Zusammenkünften lokaler Turnvereine und an gesamtschweizerischen Turnfesten teil. Im Sommer 1836 beispielsweise fand auf dem Irchel ein Treffen der Schaffhauser und Zürcher Turner statt. Bei dieser Gelegenheit lernte Escher seinen späteren Freund Johann Jakob Blumer aus Glarus kennen, der damals in Schaffhausen das Obergymnasium besuchte. Escher soll Blumer «durch seine schöne Gestalt u. die gefälligen Formen» imponiert haben.[80] Im März 1837 besuchte der Maturand Escher das Turnfest in Schaffhausen. Später, als junger Student, nahm er beispielsweise 1838 am Turnfest in Chur teil.

Die Quellen dokumentieren, dass an den Turnfesten der 1830er Jahre vieles improvisiert war, so dass sich Anforderungen, Disziplinen und Auszeichnungen von Mal zu Mal ändern konnten. Darauf kam Daniel Ecklin gegenüber Alfred Escher am 13. Oktober 1837 zu sprechen:

«Worüber ich mich aber wundere, ist das, daß m[an] sich bis dahin weder im allgemeinen Turnverein noch in irgend einem Spezialverein darüber verständigt hat, welche Anforderungen an einen Turner zu stellen seien, u. nach welchem Maaßstabe Lob u. Preis an den Turnfesten u. auf dem Turnplatze überhaupt vertheilt werden sollten. Ich bin einmal der festen Überzeugung, daß dem der Preis gehöre, der aus seinem Körper das gebildet hat, was zu bilden war, u. nicht ausschließ[lich] dem, der von Haus aus durch Natur u. Verhältnisse begünstigt eine größere Anzahl künstlicher Übungsstücke machen kann, u. demnach könnte Jeder gutdenkende, mit kräftigem Willen ausgerüstete Turner, sobald er gesund u. ohne Gebrechen wäre, er brauchte weder groß noch von Natur stark od. sehr begünstigt zu sein, Hoffnung auf Anerkenn[un]g haben, u. *allen Turnern* ohne Ausnahme wäre die Möglichkeit gegeben, den ersten Preis zu erhalten.»[81]

Die Treffen der jugendlichen Turner dienten nicht ausschliesslich sportlichen Zwecken. Bedeutend – manchmal gar wichtiger – waren gesellige Aspekte, insbesondere bei den jungen Studenten, die – wie Blumer 1839 bestätigt – ritten, turnten, Billard spielten, kneipten, poussierten und anderes mehr.

Nach dem Turnfest in Chur vom Sommer 1838 berichtete Alfred Escher seinem Vetter Jakob ausführlich über die sportlichen Leistungen und über das «fidele» Rahmenprogramm.[82] Neben dem mit Fahnen und Tanne festlich geschmückten Platz und dem Wett-Turnen war vor allem vom anschliessenden Ball und den zahlreichen dort anwesenden Mädchen die Rede. Man bereitete sich mit Tanzlektionen auf das Abendprogramm vor, und manch einer hatte beim Tanz den grösseren Auftritt als beim Turnen. Das heitere Fest soll bis um 4 Uhr in der Früh gedauert haben. Allerdings stützte Escher sich dabei auf Informationen aus zweiter Hand, war er doch – kaum von schwerer Krankheit genesen und noch rekonvaleszent – selber nicht am Fest.

18½jährig, am 14. September 1837, referierte Alfred Escher vor seinen Zürcher Kameraden über «Das Turnen wie es sein sollte, Mittel und Zweck zugleich». In einem sportgeschichtlichen Aufriss zeigte er zunächst auf, wie im frühen 19. Jahrhundert die Gymnastik der älteren Generation allmählich durch das Turnen an den Geräten verdrängt wurde. Als treibende Kraft wirkten deutsche Flüchtlinge und vertriebene Burschenschafter. Diese hatten, Turnvater Jahn folgend, die neue Mode in die Schweiz gebracht. Die jugendlichen Nachahmer in der Schweiz lernten immer neue Turnübungen, und die Zuschauer staunten ob Seiltänzerei, Akrobatik und vielerlei Kunststücken. Doch gerade gegen diese Entwicklung trat nun Alfred Escher auf und erhob seine warnende Stimme. Indem er Übertreibungen anprangerte, liess er sich auf die grundsatzpolitische Diskussion über den Zweck des Sports ein. Und damit riss Escher epochenübergreifende Problemstellungen an, die bis heute um Spitzensport und Breitensport, Gesundheit und Leistung im Gespräch sind.

Escher befürchtete, dass das Turnen allmählich auf die Spitze der Vollendung gebracht werde, «die zwar freilich noch weiter hinausgerückt werden kann, aber damit nur von dem Seiltänzer, nicht mehr von dem Turner angestrebt werden soll». Die Frage, ob dies das richtige Ziel des Turnens sei, hänge ab von der Frage, «ob geturnt werde, um den körperlichen Mensch kräftiger und geschmeidiger und demnach den geistigen Menschen fester, selbständiger und entschiedener zu machen, ob also das Turnen einzig von diesem Gesichtspunkte aus betrachtet werden sollte, oder ob geturnt wird, zunächst um eine Anzahl schwieriger und schöner Turnkünste sich anzueignen». Letzteres angenommen, wäre «ein Seiltänzer nicht viel anders als ein Turner und ein Turner nicht viel anders als ein Seiltänzer». Doch dies war nicht im Sinne Eschers: «Den Körper wollen wir üben, ihn kräftig, ihn gelenkig, geschmeidig, Mühsal ertragend, in Strapazen ausharrend machen, den Geist und vorzüglich die Willenskraft wollen wir stärken durch die Stärke des Körpers, ihn waffnend mit Entschlossenheit und Selbständigkeit.» Diesem Zweck dienten gemäss Escher die einfachen Übungen weit besser als die komplizierten. Sollte jedoch Turnen zum Selbstzweck werden, so habe es einen absoluten Höhepunkt, und dieser sei erreicht, wenn das begrenzte Feld der zu diesem Zwecke dienenden Turnübungen durchlaufen sei. Escher führte weiter aus, dass dies schon der Fall sei, da viele Turner zu den komplizierteren Übungen übergegangen seien, um nicht das ewige Einerlei treiben oder auf dem Turnplatze untätig sein zu müssen. Escher wollte jedoch, «daß allen Turnern die Möglichkeit eröffnet werde, ohne Zwang und Beschränkung ihrem einzigen Zwecke nachzustreben, der da ist: allmählige Ausbildung des Körpers in möglichst vielseitiger Richtung». Er schlug vor, den Kreis der Übungen zu erweitern, statt diese auf die Spitze zu treiben. «Es wäre nun freilich wünschbar, wenn sich eine Art des Turnens denken liesse, welche beides, Mittel und Zweck zugleich wäre.» Und solche Übungen fand Escher bereits bei Rousseau detailliert vorgedacht und bestens erprobt: «... das Schwimmen, militärische Übungen, Laufen, Springen, Steinwerfen, Reiten, Ringen, Fechten, Schießen mit dem Bogen, der Armbrust, Büchse und Pistole». Basierend auf einem solchen Programm «wird der Turner von dem Turnplatze scheiden mit erstarktem Körper und zugleich mit Fertigkeiten ausgerüstet, die ihm beständig von Nutzen sein werden, ja durch deren zum Teil notwendig fortgesetzte Übung im Leben er bis in sein Alter Turner bleiben *kann*.» «Würde das Feld des Turnens mehr in die Breite als in die Länge ausgedehnt, würden, mit anderen Worten, mehr Wege zum Turnen eröffnet, und diese dagegen weniger weit verfolgt, dann müßten auch die Besorgnisse mancher Eltern schwinden, die für das körperliche Wohl ihrer Söhne fürchtend, sich immer noch nicht dazu verstehen können, sie an ihrem körperlichen Wohle arbeiten zu lassen. Wozu derlei halsbrechende Übungen und gefährliche Künste? Hörte man immer noch fragen. Nicht daß unsere Söhne solches erlernen, wünschen wir sie turnen zu sehen, sondern daß ihr Körper erstarke und sich ausbilde zur Kraft und Gelenkigkeit, und auf dieses Ziel läuft jener Weg nicht hinaus. Einen andern, außer dem Kreise dessen, was man jetzt Turnen nennt, liegenden Weg müssen wir sie also einschlagen lassen, wenn die Turner auf jenem, der uns in einen Abgrund zu führen scheint, durchaus fortwandeln wollen. Ich frage: Sind dies Stimmen, die keiner Berücksichtigung würdig sind?» Schliesslich schlug Turnkamerad Escher auch patriotisch-politische Töne an.

Geräteturnen im Jahre 1845.

«Eines muß ich noch herausheben, meine Freunde, es ist die vaterländische Seite, von der wir alles, so auch das Turnen, ansehen müssen. Wie? habt Ihr noch nie daran gedacht, daß uns Gott ein Vaterland gegeben, dessen Gletscher und Felsen, um die uns alle Nationen beneiden, *alle* Schweizer hätten zu Turnern machen sollen, und doch haben Euch, die Ihr Schweizer seid, *Nichtschweizer* turnen lehren müssen? Doch frei ist die Schweiz von dieser Schmach. Schon viele hundert Jahre, bevor wir von Fremden, die durch Kunst ersetzen mußten, was ihnen die Natur versagte, die *Kunst* borgten, und was uns die Natur darbot, zurückstiessen, haben unsere Vorfahren in jenen lichten Höhen, die über Firnen und Abgründen schweben, ihre Tage verlebt, haben unsere Voreltern von den Bergen und aus den Tälern mit ihren Leibern den heiligen Boden des Vaterlandes, den Altar der Freiheit geschützt. […] Und *unsere* Tage? Zur Stunde noch, freuen wir uns, lebt auf unsern Alpen, jener kräftige Stamm […] – Da muß Kraft wohnen, ruft ihr – und *Stärke* und *Ausdauer*, setze ich hinzu, dem Gemsjäger nachschauend und dem Wildheuer, die, ihre Beute verfolgend, auf Gletschern wie auf Fluren, und über Abgründe wie auf Landstraßen wandeln, denen unser mühevolle Tag eine Stunde, und unsre mühevolle Stunde ein Augenblick ist. Freunde, werden wir *noch* sagen, *Fremde* lehren diese turnen? Nein, *uns* bloß haben Fremde turnen gelehrt, *wir* nur klagen, es finde sich in der Schweiz keine Nationalität, und beklagen damit bloß unsere eigene Schwäche. Warum sollen wir Schweizer keine Nationalität haben *können,* wenn wir eine *wollten?* [...] Auf dem Wegweiser des uns nächsten Weges heisst es: ‹*Schweizer, turnt schweizerisch!*›»[83]

Schliesslich wurden dem 20jährigen Alfred Escher die «gefährlichen» Turnübungen aus gesundheitlichen Gründen untersagt. Dies teilte Alfred Escher – nicht ohne Bedauern – 1839 Jakob Escher mit: «Das Turnen blüht auf erfreuliche Weise auf. Leider verbiethet mir der Arzt Theil zu nehmen. Dagegen ist mir d. Reiten sehr empfohlen. Papa hat mir einen herrlichen Mecklenburger geschenkt. Ich bedaure nur, daß ich allein reiten muß.»[84]

Neben dem Turnen spielten vor allem Exkursionen eine wichtige Rolle, boten sie doch eine willkommene Abwechslung. Escher schrieb Oswald Heer von seinen Erlebnissen im Bünderland:

«Von meinen Excursionen will ich Ihnen dann mündlich recht viel erzählen, nur so viel schriftlich, daß meine Excursion auf den Bernina in entomologischer Hinsicht mißglückt ist, indem wir erst spät nach wirklich bedeutenden Strapatzen den Berninagletscher erreichten. Einige Nebrien, die ich von dort habe, freuen mich.»[85]

Entsprechend gross war Alfred Eschers Enttäuschung, wenn ihm das Wetter einen Strich durch die Rechnung machte:

«Excursionen kann ich des schmählichen Wetters wegen leider! nicht machen. Und hatte ich mich doch so sehr auf sie gefreut! Nächsten Dienstag gehe ich, wenn eben der Himmel es erlaubt, auf die Lägern mit J. Escher, der mir den bestimmten Auftrag ertheilt hat, Sie bestens zu grüßen.»[86]

Gemeinde Enge mit Zürichsee und Glarner Alpen. Projektzeichnung von J. Weber.

Das Leben im Belvoir:
Freud und Leid

1852 bis 1857 erlebte Alfred Escher politisch und privat entscheidende Weichenstellungen. In diesen Jahren fällten die eidgenössischen Räte Entscheide, die auf seine Initiativen zurückgingen und die für die weitere volkswirtschaftliche Entwicklung der Schweiz wegweisend waren: 1852 beschlossen sie, Bau und Betrieb der Eisenbahnen privaten Unternehmen zu überlassen, und 1854 gaben sie grünes Licht für die Errichtung des Eidgenössischen Polytechnikums in Zürich. In dieser Zeitspanne profilierte sich Escher als besonnener neutralitätspolitischer Kopf, der die Möglichkeiten und Grenzen schweizerischer Politik klug einschätzte. So war es nicht zuletzt ihm zu verdanken, dass die Schweiz wegen der Neuenburger Frage (1856/57) nicht in ein militärisches Abenteuer mit Preussen verwickelt wurde. 1855 trat Alfred Escher als Zürcher Regierungsrat zurück. Der freiwillige Verzicht auf diese Exekutivfunktion eröffnete ihm – nachdem er 1852/53 ins Eisenbahngeschäft eingestiegen war – neue wirtschaftspolitische Betätigungsfelder. Mit der Gründung der Schweizerischen Kreditanstalt im Sommer 1856 und der Schweizerischen Rentenanstalt 1857 liess Escher am Schweizer Wirtschaftshimmel zwei neue Leitsterne aufgehen. Zwischen dem epochalen Eisenbahnentscheid von 1852 und der Gründung der zukunftsweisenden Versicherungsgesellschaft 1857 traten auch in Eschers familiärem Leben einschneidende Veränderungen ein.

Der Tod des Vaters und die Einsamkeit der Mutter

1852 begann sich Heinrich Eschers Gesundheitszustand zu verschlechtern. Alfred Escher war auf den Tod seines Vaters vorbereitet. Wiederholt rief man ihn auch aus politischen Geschäften heraus an dessen Krankenbett, so unter anderem im Januar 1853. Jakob Dubs nahm in einem Brief an Alfred Escher darauf Bezug:

«Das plötzliche Erkranken Deines Herrn Vaters hat die lebhafteste Theilnahme in mir hervorgerufen sowohl für den Leidenden selbst, dem ich von Herzen baldige gute Besserung wünsche, als für Dich, da ich weiß, wie sehr Dich der Unglücksfall mitgetroffen hat.»[87]

Im Frühjahr 1853 gab die Krankheit des Vaters zunehmend Anlass zu Sorge. Zur Gicht, die ihm schon seit Jahren Schmerzen bereitete, und zum Herzleiden, das ihn oft stundenlang belastete, kamen noch Schlaganfälle. Eben in dieser Zeit erkrankte auch die Mutter. Alfred Escher entschuldigte sich bei Freunden und Bekannten für aufgetretene Verzögerungen im Briefverkehr. «Um schmerzlicher häuslicher Verhältnisse willen» sei es ihm nicht möglich gewesen, früher zu antworten, schrieb er Johann Jakob Speiser am 20. April 1853.[88]

Heinrich Escher, der trotz aller körperlicher Leiden geistig vital geblieben war, spürte, dass sich sein Leben dem Ende zuneigte. «Meine Zeit», so meinte er gegenüber dem Familienfreund Oswald Heer, «ist gekommen. Gott hat über mein Schicksal gütig gewaltet, und wie er im Leben für mich gesorgt hat, so wird er auch im Tode sich meiner annehmen. Ich gehe ihm ruhig und im vollen Vertrauen auf Gottes gütige Vorsehung entgegen.»[89] Am 12. November 1853, im 78. Lebensjahr, starb Heinrich Escher an den Folgen eines Schlaganfalls.

Der Verlust des Vaters ging Escher nahe, was etwa aus seinem Brief an Kaspar Lebrecht Zwicky vom 14. November 1853 spricht:

«Die Feder versagt mir beinahe den Dienst & doch muß ich dir die Trauerbotschaft mittheilen, daß uns unser unvergeßlicher, theurer Vater in der Mitternachtsstunde vom 12ten auf den 13ten durch den Tod entrissen worden ist. Du hast den Verewigten gekannt: Dein Herz hing an ihm & das seinige an Dir. Du kannst also den Verlust in seiner ganzen Unersetzlichkeit ermessen, der meine Familie & mich, der auch seinen Freundeskreis, zu dem du vor allem gehörtest, betroffen. Ich bin außer Stand mehr zu schreiben. Gott möge dich vor ähnlichem Jammer so lange als möglich gnädig bewahren.»[90]

Kaspar Lebrecht Zwicky (1820–1906). Alfred Eschers Freund aus Studienzeiten war Pfarrer im Glarnerland und Pate von Eschers Tochter Lydia.

Nach dem Tod seines Vaters war Alfred Escher allein für seine Mutter verantwortlich. Durch seine beruflichen und politischen Verpflichtungen von früh bis spät ausgefüllt, häufig tage- und wochenweise von Zürich abwesend, war es Escher kaum möglich, die alternde Frau aus ihrer Isolation im Belvoir zu befreien. Dazu kam, dass er – obwohl mit einem «herkulischen Körper» ausgestattet – im Sommer 1855 nach jahrelangem Raubbau unter der Last der Aufgaben zusammenbrach. Erschöpfung und ein anhaltendes Nervenfieber brachten ihn an den Rand des Grabes. Die Nachrichten und Bulletins über den Gesundheitszustand Eschers lösten in Teilen der zürcherischen und schweizerischen Bevölkerung eine Anteilnahme aus, «die in Monarchien kaum die gefährlichste Erkrankung eines beliebten Monarchen zu erzeugen vermag».[91]

Niedergedrückt durch den Verlust des Gatten und besorgt um den Sohn, der in Lebensgefahr schwebte, brachen bei der Mutter neurotische Schübe aus. Zudem war sie mehr und mehr von der Gicht gezeichnet. Lydia Escher-Zollikofer reagierte auch später auf Belastungen: «Wäre sie zu bewegen, Alles ruhiger aufzufassen u. sich Ruhe zu gönnen», schrieb Friedrich Gustav Ehrhardt seinem Freund Alfred Escher am 23. Mai 1857, «so würde sie jedenfalls sich auch wohler fühlen; doch glaube ich trotz dem sagen zu dürfen – aber freilich ganz unter uns –, daß es ihr im Ganzen recht erträglich geht u. daß du sie weit wohler

finden wirst, als bei deinem Weggange.»[92] Diesem Befund folgte eine Woche später ein ähnlicher:

«Schon die beiden vorhergehenden Tage war sie unwohler u. angegriffener, befolgte aber den Rath, sich Ruhe zu gönnen nicht, wollte aller Orten sein … u. so ist es erklärlich, daß sie endlich zusammenbrechen, das Bett aufsuchen u. den Arzt beschicken mußte, der aber die Hoffnung gemacht hat, daß der Anfall sich nicht wiederhole u. die Folgen des überstandenen nicht zu anhaltend sein werden. Das Unangenehmste ist aber wieder, daß selbst im Bette sie weder Ruhe noch Befreiung von Sorgen u. Aerger findet … Dr. Rahn erklärt das Leiden für nervös mit Einwirkungen von Gicht. So sehr wie deine Frau Gemahlin u. dich diese Nachricht schmerzen muß, so glaube ich doch den Trost hinzufügen zu dürfen, daß gefährlicher, wie in frühern Fällen, auch dies mal die arme Kranke nicht darnieder liege.»[93]

Der ehemalige deutsche Burschenschafter Friedrich Gustav Ehrhardt spielte im Belvoir eine wichtige Rolle.

Als sich im Zuge der durch die französische Julirevolution 1830 ausgelösten heftigen Unruhen radikal und liberal gesinnte Personen in den deutschen Staaten vehementer politischer Verfolgung ausgesetzt sahen,

Familie Escher im September 1846. Von links: Lydia Escher-Zollikofer, Caspar Stockar, der Schwager von Alfred Escher, Heinrich Escher, Alfred Escher (stehend) und seine Schwester Clementine mit ihren zwei Söhnen Armin und Egbert.

kam es zu einer Flüchtlingswelle in die Schweiz, namentlich in die regenerierten Kantone. Viele der Flüchtlinge, oft Angehörige der verbotenen deutschen Burschenschaften, welche meist aus bürgerlichen Verhältnissen stammten, immatrikulierten sich an den neugegründeten Hochschulen in Zürich und Bern. Hier taten sie sich zu Vereinen wie etwa der 1834 in Bern gegründeten Geheimorganisation ‹Das Junge Deutschland› zusammen. Gemeinsam verfolgten sie das Ziel, in der Schweiz die logistische Basis zur politischen Infiltration der Bevölkerung in ihren monarchischen Heimatstaaten zu schaffen. Dies sollte vor allem mittels in der Schweiz gedruckter politischer Broschüren erfolgen, die auf geheimen Wegen in die deutschen Staaten geschleust wurden. So sollte das radikale Gedankengut die feudalen Strukturen untergraben. Hier kam Friedrich Gustav Ehrhardt ins Spiel, der nach bewegten Studien- und Wanderjahren 1834 als politischer Flüchtling in die Schweiz gekommen war. Zusammen mit Carl Cratz gründete er in Zürich das radikal-sozialrevolutionäre Blatt «Das Nordlicht». Von den 2000 gedruckten Exemplaren sollen Anfang 1835 rund 1400 illegal nach Deutschland exportiert worden sein.

Nachdem der Zürcher Regierungsrat aufgrund politischer Unruhen unter den deutschen Handwerkern im Februar 1835 ein Gesetz erlassen hatte, das es Ausländern verbot, politischen Vereinen beizutreten und solche neu zu gründen, profilierte sich Friedrich Gustav Ehrhardt aufs neue. Wiederum mit Carl Cratz nahm er eine führende Stellung in den nunmehr illegal und informell weiterexistierenden Gruppierungen ein. Die Mitglieder des Führungsgremiums der Zürcher Vereinigung, allen voran Ehrhardt, förderten die internationale Vernetzung der deutschen Flüchtlinge und unterhielten insbesondere mit entsprechenden Organisationen in Paris enge Kontakte. Während die politischen Aktivitäten der Exilanten in der Schweiz von den deutschen Regierungen mit Besorgnis und Ärger beobachtet wurden, genossen die deutschen Flüchtlinge bei der Schweizer Bevölkerung und den liberalen Behörden der regenerierten Kantone mehrheitlich Ansehen und Sympathie. Da die restaurativen europäischen Regime bis 1836 die eidgenössischen Stände und die Tagsatzung nicht nachhaltig von ihrer Asylgewährungspraxis für politische Flüchtlinge abzuhalten vermocht hatten, mussten ihre Gesandtschaften die Flüchtlinge besonders genau überwachen, wobei sie auch Informanten und Lockspitzel einsetzten.

In diesem Zusammenhang kam es im November 1835 zum gewaltsamen Tod des der Spionage verdächtigten deutschen Flüchtlings Ludwig Lessing. Lessing, der seit dem Wintersemester 1834/35 an der neugegründeten Zürcher Hochschule Rechtswissenschaft studierte, wurde am Morgen des 4. November tot aufgefunden – brutal niedergeschlagen und erstochen. Aufgrund seines politischen Engagements war Lessing bereits in Deutschland in Haft gewesen und hatte auch in der Schweiz eine polizeiliche Untersuchung provoziert. Lessings politische Absichten blieben undurchsichtig, da er einerseits die deut-

‹Klösterli› auf dem Zürichberg um 1830. Hier trafen sich die Mitglieder des ‹Jungen Deutschland› zu geheimen Zusammenkünften. In der Nähe fand zwischen Ludwig Lessing und Friedrich Gustav Ehrhardt ein Pistolenduell statt.

schen Handwerker durch politische Reden zu Demonstrationen anstachelte, andererseits aber die besagten Handwerksgesellen in seinen Schilderungen zuhanden der Berliner Behörden als Bedrohung der deutschen Regierungen darstellte, da sie revolutionäres Gedankengut verbreiteten. Ausserdem diskreditierte er in seinen Korrespondenzen mit den preussischen Amtsstellen auch das Verhalten der schweizerischen Beamten bezüglich deren Flüchtlingspolitik. In seinen Briefen an die preussischen Behörden war zu lesen, dass verschiedene Zürcher Regierungsräte das Treiben der deutschen Flüchtlinge nicht nur dulden, sondern sogar fördern und finanziell unterstützten würden. Lessing war durch sein Verhalten unweigerlich zwischen die Fronten geraten, weshalb bald der Verdacht eines politisch motivierten Mordes aufkam. Der Fall sollte hohe Wellen schlagen. Öffentlich als Ergebnis einer Abrechnung unter Flüchtlingen interpretiert, schürte er auch in den liberalen Kantonen das Misstrauen gegenüber politisch engagierten Flüchtlingen. Ein Tagsatzungsbeschluss über die Ausweisung von 29 Ausländern war die Folge.

Friedrich Gustav Ehrhardt (1812–1896). Foto von Louis Zipfel, Zürich.

Hauptverdächtiger im Tötungsdelikt Lessing war Friedrich Gustav Ehrhardt, der nicht lange zuvor ein Duell mit Lessing ausgetragen hatte. Der Anlass zum Zweikampf war laut Ehrhardt ein Ereignis gewesen, das sich an einem Freitagabend vor etwa zwei Monaten zugetragen habe. Man sei sich an einer Gesellschaft im Seefeld begegnet. Dort habe ein gewisser Doktor Kämmerer Lessing mit Ehrhardt verwechselt, worauf Lessing sich sogleich enerviert und entgegnet habe, «er verbiete sich solche Beleidigungen». Dann sei Lessing plötzlich hinter ihm gestanden und habe in ziemlich grobem Ton gefragt: «Hat dieser Mensch etwas über mich gesagt?» Als Ehrhardt sich erklären wollte, habe Lessing in noch gröberem Ton erwidert: «Wird nicht räsoniert hier, sondern das Maul gehalten.» Ehrhardt fuhr fort:

«Nun drehte ich mich um und sagte ihm, er solle sich doch in dieser Gesellschaft etwas geniren, sich in seinem Ausdruck etwas zusammennehmen und während ich mich umdrehte, so schlug er mich an den Kopf. – Als das geschehen war, nahm ihn jemand und führte ihn vor die Thüre… – Darauf hörte ich die Worte von ihm: ‹Ich gebe auf jede Pistolenforderung Satisfaction›.»

Am folgenden Morgen traf man sich zum Duell, welches Ehrhardt wie folgt beschrieb:

«Man lud die Pistolen und verabredete auf 15 Schritte Distanz; auch konnte nach Belieben ohne Kommando geschossen werden: Ich schoss zuerst, traf aber nicht; dann that er den Schuss in meinen Arm. Dann gingen wir nach Hause.»[94]

Ehrhardt sagte weiter aus, Lessing nach dem Duell nicht mehr gesehen zu haben. Er habe sein Zimmer seit besagtem Vorfall nicht mehr verlassen, da er noch in ärztlicher Behandlung sei und den Arm in einer

Binde tragen müsse. Der Verhörrichter kam zum Schluss, dass Ehrhardt demnach nicht unmittelbar am Verbrechen beteiligt war, sondern höchstens indirekt in das Mordkomplott verwickelt gewesen sein konnte. Das Verfahren gegen Ehrhardt wurde daraufhin eingestellt.

Die Zürcher Behörden hatten ein Interesse daran, das Bekanntwerden der politischen Aktivitäten der Flüchtlinge und die damit verbundene Kompromittierung ihrer liberalen Flüchtlingspolitik zu verhindern. Sowohl die radikal dominierte Zürcher Justiz unter Friedrich Ludwig Keller und David Ulrich als auch die liberale Regierung, die mit den Flüchtlingen und deren Gedankengut grundsätzlich sympathisierten, sahen in Lessing einen Spion, der die liberal-radikale Politik Zürichs verraten hatte. Sie fürchteten, dass eine Aufklärung des Falles Lessing die Verbreitung von Informationen zur Folge hätte, die der internationalen Glaubwürdigkeit und dem Ansehen des Kantons Zürich in hohem Masse abträglich sein könnten. Dagegen wurden auch Stimmen laut, die monierten, dass Ehrhardts Verletzung sowie sein recht allgemein formuliertes Alibi nicht ausreichend seien, um ihn von jeglichem Verdacht freizusprechen. Es wurde kritisiert, dass Ehrhardts mögliche Tatbeteiligung in Anbetracht seiner Schlüsselstellung in der militanten Bewegung der deutschen Flüchtlinge und seiner Rolle als überaus engagierter politischer Agitator mit Beziehungen nach Frankreich und Deutschland zu wenig sorgfältig und nicht im erforderlichen Detaillierungsgrad abgeklärt worden sei.

Obwohl Ehrhardts mögliche Beteiligung am Fall Lessing und die Teilnahme an einem Duell ohne weiteres ausgereicht hätten, um seine Einbürgerung zu verhindern und ihn des Kantons Zürich oder sogar des Landes zu verweisen, blieb Ehrhardt, der sich weiterhin politisch militant engagierte, von all dem verschont. Statt dessen folgten die Einbürgerung und die Karriere als Anwalt, Kantonsprokurator und Oberst der Schweizer Armee. Daraus lässt sich folgern, dass Ehrhardt, der in enger Verbindung zu den zürcherischen Justizorganen stand, während der für ihn heiklen Zeit zwischen 1835 und 1836 von einflussreicher Seite massiv protegiert worden sein muss. Schon 1834 hatte Ehrhardt als Auditor am Zürcher Bezirksgericht gearbeitet, wo er unter anderem Friedrich Ludwig Keller kennenlernte. Im Jahr 1836, kurz nach der Duellaffäre, wurde Ehrhardt Substitut in der Anwaltskanzlei des späteren Bundesrats Jonas Furrer in Winterthur. Ungeachtet seiner undurchsichtigen Machenschaften und seiner zweifelhaften Rolle im Mordfall Lessing fand Ehrhardt innert kürzester Zeit Aufnahme ins Netzwerk der führenden Radikal-Liberalen. Nachdem Furrer 1848 nach Bern umgezogen war, schloss sich Ehrhardt Zürichs neuem Polit-Star Alfred Escher an. Während Eschers häufigen Abwesenheiten von Zürich stellte er die Kommunikation zwischen ihm und seinen politischen Freunden sicher und avancierte allmählich zur entscheidenden Informationsdrehscheibe von Eschers System. Kein Wunder, dass er als Briefkasten und Statthalter Eschers apostrophiert wurde.

Friedrich Ludwig Keller (1799–1860). Führender Kopf des radikalliberalen Lagers, Professor und Oberrichter. Keller protegierte in den 1830er Jahren die deutschen Flüchtlinge in Zürich.

Bereits in den 1840er Jahren war Ehrhardt auf persönliche Einladung Alfred Eschers oder als Mitglied der Donnerstagsgesellschaft wiederholt im Belvoir zu Gast und fand damals zu Heinrich und Lydia Escher-Zollikofer wohl auch den emotionalen Zugang. Durch vielfältige Verpflichtungen absorbiert, war Alfred Escher froh und dankbar, auf einen Freund wie Ehrhardt zählen zu können, der sich der Mutter und des Belvoir annahm. Nach dem Tod Heinrich Eschers wurde Ehrhardt für Alfred Escher zur wichtigsten Stütze bei der täglichen Betreuung der Mutter. Er ging im Belvoir ein und aus, besprach mit der Herrin des Hauses die anstehenden Vorkehrungen und half Lösungen zu finden, wenn das Dienstpersonal im Streit lag. Ehrhardt schenkte der Mutter Escher-Zollikofer sein Ohr. «Ich war gestern zu Mittag im Belvoir; besuche übrigens deine Mutter häufig allein, damit sie mit mir sprechen u. Wünsche, die sie hat, aussprechen kann.» Ehrhardt wusste bald über alles und jedes Bescheid. «Ueber domestica & familiaria», so die bezeichnende Formulierung, «werde ich dir wahrscheinlich am nächsten Montag schreiben, da deine gute Mutter Sonntags eine bereits gestern begonnene Unterredung mit mir fortzusetzen beabsichtigt…»[95]

Zu den «domestica & familiaria» zählten mithin recht delikate Aufgaben:

«Escher habe nach dem Tod seiner Frau beständig Weibergeschichten gehabt. Frauenepisoden niedrigen Niveaus: Kellnerinnen. Wenn ihm eine verleidet sei, habe Ehrhardt Ordnung schaffen müssen. Eine Strassburgerin musste mit viel Geld abgefunden werden.»[96]

Ehrhardts besondere Stellung und seine schillernde Persönlichkeit brachten es mit sich, dass er nicht bei allen Familienmitgliedern gleichermassen auf Gegenliebe stiess. Dies stellte Ehrhardt selbst fest, als er gegenüber seinem Mentor Anfang 1854 auf seine Beziehung zu Stockar zu sprechen kam:

«Dein Schwager war auch da u. sehr liebenswürdig. Mich freut es sehr, daß er mir seit einiger Zeit freundlicher gestimmt wird u. ich wünsche von Herzen, daß er von dieser günstigen Disposition für mich nicht zurücktrete. Es ist für mich immer sehr störend gewesen, gerade in denjenigem Kreise, wo ich mich so wohl fühlte, ein Mitglied desselben zu finden, welches von Vorurtheilen u. Antipathien gegen mich befangen war. An mir soll es sicherlich nicht fehlen, die günstige Gesinnung zu fördern!»[97]

Der Student und die Frauen

Die Besuche des Junggesellen Ehrhardt im Belvoir mochten Mutter Escher Abwechslung und Hilfe bieten; sie konnten jedoch nicht darüber hinwegtäuschen, dass das Leben im herrschaftlichen Haus in der Enge verödete. Nach dem Tod Heinrich Eschers stellte sich überhaupt die Frage, wie es im Belvoir weitergehen sollte. Würde sich der Sohn bald verheiraten – und mit wem? Immerhin stand Alfred Escher, damals schon ungekrönter König von Zürich und dominante Figur auf eidgenössischem Parkett, bereits in den reiferen Dreissigerjahren und war – wie Friedrich Engels 1848 feststellte – von stattlichem Aussehen. In diesem Kontext betrachtet, schien ein Entscheid überfällig. Zudem liesse sich – trotz aller zeitlicher Hingabe und persönlicher Aufopferung für Politik und Wirtschaft – nicht behaupten, Damenbekanntschaften seien für Alfred Escher kein Thema gewesen. Verfolgt man nämlich seinen Lebensweg, so stösst man in der Studentenzeit auf erste Spuren. Offene Anspielungen und verdeckte Hinweise auf Frauengeschichten und Liebesabenteuer bezogen sich sowohl auf Studienfreunde als auch auf ihn selbst.

Die Briefe, die dies bezeugen, datieren teils aus der Studienzeit um 1839, teils aus der Zeit danach, als sich Alfred Escher während des Sommerhalbjahrs 1843 in Paris aufhielt, wo er offenbar mehr das Leben genoss und allerlei «Allotria» trieb, als dass er Bibliotheken besuchte. Die Briefe gingen zwischen Paris und London, wo Jakob Escher weilte, und zwischen Paris und Neuenburg, dem Praktikumsort von Carl Sinz, hin und her. Die nachstehend ausgewählten Briefschaften aus dieser studentischen ‹Sturm-und-Drang-Zeit› geben interessante kultur- und mentalitätsgeschichtliche Einblicke in den Zugang der damals gut 20jährigen Studiosi zum andern Geschlecht. Diese Briefe aus den Jahren 1839 bis 1843 behandeln allerlei Facetten von «Frauenzimmern», die «mit den feurigsten Farben» gemalt wurden, streifen moralisch-philosophische Fragen ebenso wie «Naivetäten», berichten von «Wasserpartien» und «Einladungen, denen «auf's freundlichste» stattgegeben wurde».[98]

Es war klar, dass von den jeweiligen Neuigkeiten «stets die Damen besonders interessiren», und man erkundigte sich begierig nach den «Feuer- und Wasserproben», welche die Freunde zu bestehen hatten.[99] Sinz schrieb Escher am 8. Oktober 1839 aus Berlin, dass die deutschen Damen grosses Interesse an der Schweiz zeigten und auch seine Fragen «mit einer solchen Herzlichkeit & Offenheit» erwiderten, dass es ihm «im Innersten des Herzens wohl that». Sinz war von seinen Bekanntschaften dermassen angetan, dass er anfügte: «Kurz ich durfte froh sein, von ihnen no[c]h so leichten Sinnes fortzukommen, ein paar Tage später dürfte es mich mehr Mühe gekostet haben.» Weiter erfährt man auch, dass Sinz wegen seiner «Weibergeschichten» von den Freunden geneckt wurde:

«Vorerst bin u. war ich gewiß immer mit dir einverstanden, d[a]ß es besser u. meiner würdiger sei, wenn ich mehr darnach strebe mich wißenschaftlich immer mehr zu vervollkommnen als ein angenehmer Gesellschafter in Damenzirkeln zu werden. Ich habe diesen Grundsatz immer vor Augen gehabt selbst zur Zeit wo ich am meisten wie ihr meintet, den Weibern nachlief. D[a]ß ich ein Weiberfeind u. Misanthrop (nach Molière) war, wie wenige, wird keiner leugnen. Wie u. bei welcher Gelegenheit ich den Vorsatz faßte, mich zu ändern, weißt du u. ich segne die Stunden, die mir ihn eingegeben. Die neue Welt in die ich eintrat konnte nicht anders als mich mehr beschäftigen: wie den der von Kindesbeinen auf darin erzogen war u. ich läugne nicht, d[a]ß meinen ernstern wissenschaftlichen Studien manche Stunde entzogen wurde. Mein Zwek aber war niemals ein anderer als mich aus der Unbeholfenheit im Umgange mit der Welt u. zumal mit der zweiten Hälfte unseres Geschlechtes herauszuarbeiten. Daß die Frauen vor allem die Sitten bilden, ist ein alter Satz; nur muß man sich nicht an die excentrischen halten u. diejenigen aufsuchen deren einfach edles Wesen die Sprache reiner Wahrheit zu würdigen weiß. Zu einem Schwätzer im Damencirkel, zu einem Gaffer im Salon fühlte ich niemals weder Lust u. noch weniger die Fähigkeiten. Gieng ich mit unter in meinen Äußerungen etwas weiter, so geschah es nur als Erwiederung auf die beständigen Nekereÿen, denen ich ausgesezt war. Jezt, da ich ein so stilles Leben führe wie je u. mich glüklicher fühle wie bei meinem früher schroffen Charakter, darf ich sagen, d[a]ß meine Bemühung nicht umsonst gewesen u. d[a]ß zu diesem Resultate mein Aufenthalt in Neuschatel noch sehr viel beÿgetragen. […]»[100]

Unter den Freunden wurde ausserdem rege diskutiert, aus welchen Gründen «der rasche, moralische Mann» Blumer wohl gezwungen war, so schnell «Hochzeit [zu] machen».[101] Abermals kam in Alfred Eschers Brief aber auch Sinz' fröhlicher Lebenswandel in Neuenburg zur Sprache.

«Mit besonderer Freude redet er [Tschudi] von seinem Zusammentreffen mit Blumer und fügt dann hinzu: ‹Er wird in ein Paar Monaten Hochzeit halten; es ist Aussicht vorhanden, daß er 8 fl. bezahlen müsse als Buße für zu frühen Beischlaf. 8 fl. nämlich, wenn die Jugend ein Männchen & 4, wenn es ein Weibchen ist.› Ich zweifle, daß er einer Injurienklage unsers so moralischen (testi Rosina Tugiensi) Freundes die exceptio veritatis entgegenstellen könnte! – Sinz ist in dulci jubilo über Neuenburg. Sogar der Stÿl seines Briefes verräth die Gemüthsbewegung, in der er sich durch das neue Eden, in das er sich versetzt sieht, befindet. Kein Ort in der Welt wäre nach ihm mehr dazu geeignet, seinem Geiste & Gemüthe wieder die nöthige Elastizität zu geben: nirgends in der Welt könnte er besser seine Studien fortsetzen: er ist entzückt über seinen Hausphilister: er rast über das Haus, wo er den Tisch oder wie er sagt, das Diner hat: auch die Künste werden in Neuenburg beschützt und daher auch der Musik die ihr gebührenden Rechte eingeräumt: ein Frauenzimmer nach dem andern malt er in seinem Briefe mit den feurigsten Farben; von Castella's vielbesprochener Tochter sagt er unter anderm: ‹Schöne dunkelbraune Haare, gesunder blühender Teint, sehr schöne Zähne & Hände & eine große nur etwas zu wenig schlanke Gestalt möchten locken.› Der Brief ist voll solcher Naivetäten.»[102]

Bildstock mit Menschengruppe; Ischia, Italien. Aquarell (Ausschnitt) auf Papier von Carl Sinz (1818–1896). Alfred Eschers Jugendfreund Sinz weilte als Militärarzt längere Zeit in Bologna und Palermo, wo er auch seine künstlerische Begabung entdeckte.

In den nachfolgenden Briefen blieb vor allem der ‹Fall Blumer› ein beliebtes Gesprächsthema. So meinte Jakob Escher: «Was dann Blumers verdächtigte Enthaltsamkeit betrifft, so glaube ich nicht daran, 1) wegen der ganzen Persönlichkeit Blumers, obschon ich mich des von dir angeführten Zeugnisses nicht erinnere 2) weil es wenig glaublich ist, daß unter solchen drohenden Umständen die Hochzeit erst in einigen Monaten celebrirt würde. [...]»[103] Alfred Escher schrieb zurück, dass Blumer ihm vor einigen Tagen den 20. Juni als Datum seiner Hochzeit angegeben hatte, und fügte hinzu:

«Schade, dass ich dir dieß früher nicht schon mitgetheilt. Es hätte dieß trefflich in den bewundernswerthen Indizienbeweis gepaßt, den du für Blumers Unschuld den Tschudi'schen Verläumdungen entgegen stelltest!»[104]

Aus den Quellen geht unzweifelhaft hervor, dass Alfred Escher in seiner Studentenzeit von Bällen und Tanzveranstaltungen begeistert war. Medizinstudent Heinrich Zwicky etwa meinte gegenüber Escher Anfang März 1843: «Wärest du heute hier, so würdest du dich wahrscheinlich im Ballwichs in der Krone befinden, u. vielleicht den Herzstosser eines beliebigen Besens, oder sonst etwas dergleichen betrachten.»[105]

Ebenso lässt sich nachweisen, dass die damaligen Studenten der Universität Zürich um Escher – selbstredend solche radikal-liberaler Couleur – gerne zur Belustigung und Abwechslung die Innerschweiz aufsuchten. Dabei soll etwa die Serviertochter Rosina, die im Wirtshaus «Zum Ochsen» in Zug arbeitete, Anlass zu Gerüchten gegeben haben, die sich namentlich um Eschers Glarner Freund und späteren Ständerat Johann Jakob Blumer woben. Einen Pfingstausflug der besonderen Art hielt Friedrich von Wyss in seiner Selbstbiographie fest: Er hatte sich über Emil Hegetschweiler geärgert, aber auch über Alfred Escher:

«Überhaupt, wenn ich Briefe jener Zeit wieder lese, muß ich finden, daß sie sehr formlos, nachläßig & öfter in etwas burschikosem Ton geschrieben sind, der den Eltern kaum sehr gefallen konnte, und es erscheint mir jetzt rührend, wie der alte Vater, der so viel durchlebt hatte, so freundlich, milde & wohlwollend dieses ein wenig an die Flegeljahre mahnende Wesen hinnahm. Unter meinen Schulgenoßen und Kameraden war freilich damals Niemand, von dem ich Beßeres hätte lernen & annehmen können, im Gegentheil gehörte ich jedenfalls noch zu den gesetztesten & zahmsten. Ein Ausflug nach Pfingsten mit einigen Mitschülern, vorab Alfr. Escher & Emil Hegetschweiler könnte als Beleg hierfür dienen. Wir machten den für solche Pfingstausflüge gewöhnlichen Weg nach Ägeri, Zug. Im Ochsen in Zug wurde mit den hübschen Wirthstöchtern Abends getanzt und ich machte dabei gerne mit, aber hatte mich vorher doch sehr geärgert, als Hegetschweiler einer Schaar von nach Einsiedeln ziehenden Pilgern Steine nachwarf mit Beifall von A. Escher.»[106]

Weitere Damenbekanntschaften und Hochzeit

Auf anderer Ebene sind die «Damenbekanntschaften» angesiedelt, welche Mitte der 1850er Jahre höchste Repräsentanten des eidgenössischen Parlaments involvierten und selbst private Türen eines Bundesrats offen fanden. Die Hauptdarsteller auf den verschiedenen Bühnen waren Bundesrat Jakob Stämpfli und seine Frau Elise, Ständerat Jakob Dubs und Nationalrat Alfred Escher. Escher schrieb an Dubs:

«Die Nachrichten von Stämpfli haben nicht sehr interessirt. Dagegen befremdete es mich, daß du kein Wort von *Frau* St. geschrieben hast. Es hätte für mich besondern Reiz gehabt, wenn du mir mitgetheilt hättest, welchen Eindruck deine Erzählung von deiner Ravensburgerfahrt, die du ihr hoffentlich in allem Detail zum besten gegeben, auf sie gemacht habe. Jetzt möchte ich deine kleinen Äuglein sehen!»[107]

Worauf dieser antwortete:

«Du möchtest gerne hören, was ich Dir nicht schreibe. Du irrst dich ganz in den Voraussetzungen. Mit meinen alten Freundinnen habe ich mich auf einen absolut *freundschaftlichen* Fuß gesetzt, wobei ich mich allerdings ganz außerordentlich angenehm befinde &. sogar die Ravensburger Erlebnisse nicht zu verheimlichen brauche &. neuere Freundschaften gehe ich in Bern nicht mit früherer Leichtigkeit ein. Ein Mitglied des Ständerathes ist als solches nothwendig etwas gesetzter &. kleine Ausnahmen machen natürlich keine Regel.»[108]

Als die junge Sängerin Emilie Heim-Müller 1855 in Bern gastierte, griff die Begeisterung, die sie in der musikalischen Welt auslöste, auch auf das Bundeshaus über. Alfred Escher konnte die Vorgänge wegen seines Kuraufenthaltes in Baden lediglich aus Distanz beobachten. Er kannte die damals 25jährige blonde Frau mit der schönen Stimme aus Zürich und stand mit ihr nicht nur über seine künstlerisch tätige Schwester in Beziehung. Aufgrund der Anwesenheit der Sängerin in Bern würde sich die Session der Bundesversammlung in die Länge ziehen, meinte Escher, wollten doch die Herren National- und Ständeräte längstmöglich in der Hauptstadt verweilen.

«Armes Vaterland & noch ärmere Ehemänner!» war sein ironischer Kommentar.[109] So ist in Briefform überliefert, dass Escher und Dubs gleichermassen ein Auge auf die Frau mit den feinen Gesichtszügen und den tiefblauen Augen geworfen hatten, was um so pikanter ist, als auch Richard Wagner in die schöne Emilie verliebt war: Richard Wagner und seine erste Frau Minna waren mit dem Ehepaar Heim befreundet und wohnten mit ihnen zeitweise Tür an Tür in den Escher-Häusern. Emilie trat als Solistin in Wagners Konzerten auf, interpretierte als erste die Partie der «Sieglinde» – fortan Wagners Kosenamen für Emilie – und brillierte an den Nibelungenabenden im Hotel Baur au Lac. Emilie Heim und Richard Wagner fanden einiges Gefallen aneinander und gaben so Minna Wagner Grund zur Eifersucht.

In die Zeit von Eschers mehrwöchigem Kuraufenthalt in Baden fällt ein Schriftwechsel zwischen ihm und Jakob Dubs, in dem die beiden Politiker – der eine mit seinen «Ballaugen», der andere mit seinen «kleinen Äuglein» – Betrachtungen nicht nur über Frau Emilie Heim-Müller, sondern auch über andere Bekanntschaften anstellten. Dafür stehen die folgenden drei Briefe vom Juli 1855. Escher schrieb an Dubs:

Jakob Dubs (1822–1879). Zürcher National- und Ständerat, ab 1861 Bundesrat. Dubs und Escher verband bis Mitte der 1860er Jahre eine persönliche und politische Freundschaft.

«Der hübschen Tochter erinnere ich mich gar wohl, vergesse aber auch nicht, daß ich diese Erinnerung, wie Salis sein Logis, einzig dir zu verdanken habe. Als wir einst aus dem Schwellenmätteli zu der Bundesstadt emporstiegen, machtest du mich aufmerksam auf sie. Deine ‹kleinen Äuglein› hatten sie bald erspäht. Ich mit meinen ‹Ballaugen› würde sie nicht entdeckt haben! – Du thust in dieser Richtung viel für deine Freunde. Du siehst für sie & ... Ich muß dir nun doch einen Gegendienst erweisen. Ein wahres Wunder, daß ich es kann! Künftigen Sontag Abend wird mit dem Eilwagen von Zürich Frau H..m in Bern eintreffen. Wahrscheinlich ist sie allein & wird erst in Bern mit ihrer Mutter zusammentreffen. Ich hoffe, du werdest ihr die ‹Äuglein› als Leitsterne in dem Labyrinthe der Bundesstadt zu lieb werden lassen! – Ich habe Veranlassung anzunehmen, die Bundesversammlung werde sich noch in die nächste Woche hinein erstrecken!»[110]

Darauf antwortete Dubs:

«Fr. H. [Heim] ist gestern glücklich hier angekommen; ich habe ihr mein Logis (an der Junkerngasse) abgetreten u. mich in ein kleines Stübchen im vordern Theile des Hauses zurückgezogen. Wir speisten gestern vergnügt mit einander zu Nacht u. sprachen so zu sagen einzig u. allein – von *Dir*. An der Post erzählte sie mir schon, wie es sie so sehr gefreut, daß Du sie an der Post gegrüßt. Zwar sei sie doch etwas in Zweifel, ob Du nicht bloß zufällig da gewesen seiest; denn Du seiest dann gleich in den Wagen nach Zürich. Ich bewies ihr auf diese Zweifel aus Deinem Briefe das Gegentheil, was ihr sehr wohl that. Sie gestand mir im Verfolge, daß sie etwas für Dich ‹schwärme› – sage ‹schwärme›! u. in der That erging sie sich nachher über Deine Liebenswürdigkeit in solcher Extase, daß es aller Freundschaft für Dich meinerseits bedurfte, um den blassen Neid, der sich in mir regen wollte, zu unterdrücken. Ich sagte ihr zum Schlusse, ich werde Dir einiges von dieser Unterredung mittheilen, worauf sie mir mit zartestem Erröthen Diskretion empfahl, indeß doch gestattete, etwas zu erwähnen. Die Gränzen wurden genau festgestellt; aber daß ich sie jetzt so absolut inne gehalten, beschwöre ich nicht. Ich werde Fr. H. um Verzeihung bitten.

Neben der Notiz, die ich von Dir über die Ankunft der Fr. H. erhielt, bekam ich noch eine andere über denselben Gegenstand. Rathe von wem? – Von Niemand Anderm, als von Herrn H. selbst! u. zwar in einem rosafarbnen Billet, in welchem er mich ersuchte, da er nicht selbst nach Bern kommen könne, Fr. H. unter meinen Schutz zu nehmen. – Die Menschen sind von seltsamer Natur; das Billet des H. H. hat mich total *entwaffnet*. […] Apropos: Du sollest Fr. H. vor meinen kl. Äuglein gewarnt haben!! Ich werde Dir einst einen Gegendienst erweisen.»

Im nächsten Brief von Dubs an Escher heisst es:

«Ich hoffte, Dich zwar noch in Baden zu treffen; allein wahrscheinlich komme ich erst Sonntags dahin, indem ich Fr. H. nicht wohl allein hier lassen kann. […] Und nun zum Schluß noch einige Dir sicher interessante Notizzen über meinen Schützling. Du stehst da sehr gut angeschrieben; ich erfahre immer mehr Detail von der Scene in Baden, wie Du sie über N° 1. bekomplimentirt, ihr dann den Platz verschafft habest u. s. f. – von der Empfehlung an einen H. Pfarrer gar nicht zu sprechen. Fr. H. ist mir wirklich eine liebenswürdige Erscheinung; ich bin ihr gegenwärtig in reinster *Freundschaft* ergeben. Gestern Abend ist ihre Mutter hier angekommen; – eine höchst respektable Matrone. Diesen Abend kommt auch noch ihr junger Bruder. In der Probe sang sie gestern prächtig; der alte Latour sogar war entzückt u. drückte sich aus: ‹Sie haben uns da eine *Blüthe* gebracht, das andere ist daneben welk.›»[111]

Bruno Uebel (1806–1840). Schwiegervater von Alfred Escher.

Für die Öffentlichkeit wie für seine Freunde überraschend verlobte sich der damals 37jährige Escher am 20. Dezember 1856 in München mit der 19jährigen Augusta Uebel, «liebenswürdige und geistreiche» Tochter des in Algerien gefallenen Oberstleutnants Bruno Uebel.[112]

Bruno Uebel, 1806 im Herzogtum Anhalt-Dessau geboren, machte sich bereits in jungen Jahren durch seinen ausserordentlichen Fleiss und sein Erfolgsstreben an der Militärschule in Berlin einen Namen und schickte sich an, in die Fußstapfen seines prominenten Onkels, des preussischen Generalstabsoffiziers Karl von Loebell, zu treten. Vor allem sein berühmter Lehrmeister Carl von Clausewitz, preussischer General und bedeutender Militärtheoretiker, hinterliess einen tiefen Eindruck bei ihm. Bruno Uebel wurde schon nach kurzer Zeit zum Offizier befördert und hatte eine erfolgversprechende Karriere vor sich, als er Deutschland mit 26 Jahren den Rücken kehren musste, nachdem er durch seine freisinnige Lebensauffassung mit seinen adeligen Dienstkollegen in Konflikt geraten war. Im Sommer 1832 begab er sich nach Strassburg, wo er in einem Umfeld von extrem demokratisch gesinnten deutschen und polnischen Auswanderern wegen seiner vergleichsweise gemässigten Haltung auffiel und aneckte. Der Aufstandsversuch gegen den deutschen Bundestag im April des Jahres 1833 gab den Ausschlag, dass Uebel Strassburg Richtung Schweiz verliess, die er von einer Jugendreise her in guter Erinnerung hatte. Uebel wohnte vorübergehend in Küsnacht am Zürichsee; später übersiedelte er ins nahe Herrliberg, wo er sich während der folgenden drei Jahre geschichtlichen, philosophischen und vor allem militärischen Studien widmete. Der talentierte Reiter und ausgezeichnete Schwimmer – er überquerte mehrmals den Zürichsee – genoss in der Schweiz als Kenner in Militärfragen bereits nach kurzer Zeit hohes Ansehen. Gleich nach seiner Einbürgerung – 1836 hatte er das Bürgerrecht von Herrliberg erhalten – stellte ihn der Zürcher Kriegsrat als Kavallerie-Instruktor ein. 1838 wurde er aufgrund der überraschenden Fortschritte des Reiterkorps zum Major befördert.

Im selben Jahr geriet die Schweiz mit Frankreich in unangenehme Verwicklungen. Kaiser Napoleon III., der in Arenenberg im Kanton Thurgau aufgewachsen war, kehrte, als seine Mutter 1837 im Sterben lag, von seinem Exil in den USA nach Arenenberg zurück. Frankreich verlangte daraufhin von der Schweiz seine sofortige Ausweisung. Da Napoleon jedoch als Offizier der Schweizer Armee gedient hatte und Ehrenbürger des Kantons Thurgau war, weigerte sich die Eidgenossenschaft, auf diese Forderung einzutreten. Daraufhin mobilisierte Frankreich das Heer. Napoleon kam jedoch einer kriegerischen Auseinandersetzung zuvor, indem er nach England abreiste. 1838, als sich in diesem Kontext das Verhältnis zwischen der Schweiz und Frankreich verschlechterte, hielt Uebel zuerst in Winterthur, dann auch in Zürich Vorlesungen über militärische Taktik und Strategie und verfasste in diesem Zusammenhang ein Buch mit dem Titel «Kurs der Taktik und Strategie und Plan zur Vertheidigung der Schweiz gegen Frankreich». Doch damit nicht genug; er wollte in den Kampf, «sein Berufsfach auch in der Anwendung kennen lernen und sich selbst vor dem Feuer erproben».[113] Deshalb bat Bruno Uebel die französische Regierung um die Erlaubnis, nach Nordafrika reisen zu dürfen, und verliess die Schweiz im Januar 1839 Richtung Algier. Dort machte er Bekanntschaft mit der französischen Kolonialarmee und bemühte sich, soviel wie möglich von der Organisation des Heeres, der arabischen Mentalität und Sprache zu lernen. Noch im selben Jahr kehrte er nach Zürich zurück, nicht ohne den Wunsch, abermals an den Ort des Kriegsgeschehens zu reisen. Doch vorerst konnte er am ‹Züriputsch›, wo er die etwa zwanzig beim Regierungsgebäude aufgestellten Dragoner befahl, seine Kampftüchtigkeit unter Beweis stellen. Die Tapferkeit, mit der er sich am denkwürdigen 6. September 1839 den Aufständischen entgegenstellte, brachte ihm von liberaler Seite grosse Anerkennung ein. So schrieb etwa Leutnant Adrian von Arx:

Kaiser Napoleon III. (1808–1873).

«Habt ihr damals ihn gesehen, wie in seiner kleiner Schaar,
Bruno Uebel heldenmüthig bot die Stirne der Gefahr?»[114]

Die neue Regierung war Bruno Uebel jedoch nicht wohlgesinnt, und «jeder Tote, der auf dem Paradeplatz, in der Poststrasse oder auf dem Münsterhofe lag, wurde ihm alsbald als sündhafte Verfehlung angekreidet. Mit Fingern wies man noch in der Kirche, als die Opfer bereits aufgebahrt lagen, auf deren Wunden hin und erzählte dem schaulustigen Volk, «dem hat Uebel den Kopf zerhackt, wie ein Wüterich hat er auf diesen eingehauen».[115] So musste Uebel nach der Machtergreifung der Konservativen aus Zürich fliehen. Leutnant Adrian von Arx schilderte die Situation:

«Sieger auf des Kampfes Stätte – musste Uebel gleichwohl fliehn,
Vor dem Grimm fanat'schen Pöbels aus der neuen Heimat zieh'n.»[116]

Nach einer kleinen Odyssee über Bern und Frauenfeld setzte sich Bruno Uebel Ende 1939 nach Solothurn ab. Dass sein Weg ihn gerade in diese Stadt führte, war kein Zufall. Das katholische, seit 1831 liberal regierte Solothurn hielt auch nach dem ‹Züriputsch› an seiner Gesinnung fest. Unter seinem liberalen Führer Josef Munzinger brach Solothurn nach dem Umsturz die diplomatischen Beziehungen zu Zürich für längere Zeit ab und verweigerte zusammen mit dem Aargau der neuen Regierung am längsten die Anerkennung. Für Munzinger stand unter dem Eindruck der Zürcher Ereignisse fest: Solothurn durfte kein zweites Zürich werden! Um den guten Willen gegenüber den arg gebeutelten Zürcher Gesinnungsfreunden zu demonstrieren, besetzte der Solothurner Regierungsrat am 23. Dezember 1839 die offene Stelle des Militärinspektors trotz sieben weiterer Kandidaten mit dem bisherigen Zürcher Major der Kavallerie Bruno Uebel, welcher im zweiten Wahlgang mit 17 gegen 9 Stimmen gewählt wurde.

In Solothurn wohnte Uebel mit seiner Familie – er hatte sich im Mai 1837 mit der Deutschen Julie von Geiger vermählt – im Haus des Apothekers Heimdorf. Obwohl man ihm im Kanton Solothurn grosse Anerkennung zollte, hielt er es auch hier nicht lange aus. Stets auf der Suche nach neuen Herausforderungen, zog es Bruno Uebel erneut in den Kampf; im Sommer 1840 äusserte er den Wunsch, an der «Herbst-Campagne» in Algerien teilnehmen zu dürfen. Am 25. Juni 1840 ersuchte er die solothurnischen Behörden, «von seiten des französischen Gouvernements die nöthige Autorisation auswirken zu wollen, um an den Operationen der africanischen Armee theil nehmen zu können».[117] Die Behörden unterstützten sein Ansinnen und schrieben der französischen Gesandtschaft in der Schweiz, dass sie «les avantages qui résulteront de l'excellente école militaire que pourra faire un de ses officiers, recours à la bienveillance du gouvernement français», sehr schätzten, und baten darum, «de vouloir bien accorder à M. Uebel l'autorisation d'aller en Algérie et d'y suivre les expéditions militaires, qui pourront avoir lieu».[118] Am 11. August schrieb der französische Botschafter nach Solothurn, dass «le Gouvernement du Roi» angesichts der speziellen Empfehlung gerne bereit sei, dem Wunsch des Herrn Uebel stattzugeben. So trat Bruno Uebel im Herbst 1840 seine zweite Reise nach Algier an, wo sich auch der frühere Milizinspektor des Kantons Solothurn, Oberstleutnant Meyer, als Offizier der Fremdenlegion befand. Diesmal kam er, anders als ein Jahr zuvor, mehrfach an den Feind. Am 10. November abends wurde er auf der Rückkehr von einer Expedition nach Miliana in den Engpässen von Katoubet-el-Oarsi in einem Olivenwäldchen von einer Kugel in den linken Schenkel getroffen. 36 Stunden dauerte der Transport ins Lazarett nach Belidah. Zu spät entschloss man sich dort zu einer Amputation des Beines; dem starken Wundbrand konnte nicht mehr Einhalt geboten werden. Bruno Uebel starb am 21. November 1840.

Bruno Uebels Tod weckte grosse Anteilnahme. Marschall Valée hatte noch vor seinem Tod in Paris beantragt, Bruno Uebel zuoberst auf die Liste der Ausländer zu setzen, die sich in den letzten Gefechten besonders ausgezeichnet hatten, und ihn für die Verleihung des Kreuzes der Ehrenlegion vorzuschlagen. Doch der tapfere Kämpfer sollte diese Ehrung nicht mehr erleben. Postum wurde ihm in seiner Heimatgemeinde Herrliberg ein Denkmal gesetzt, wie von Arx pathetisch beschreibt:

«Ferne deckt der Sand Arabiens, Bruno Uebel, dein Gebein,
Doch in Herrliberg auch weih're Dank dir einen Leichenstein,
Und in manchen stillen Stübchen fand dein Bildnis einen Ort,
Und in allen Schweizerherzen lebt dein lieber Name fort.»[119]

Anna Uebel, die Schwester von Augusta Escher-Uebel, im Belvoir gemalt am 22.–24. Oktober 1857 von Clementine Stockar–Escher (1816-1886).

Testamentarisch hatte Bruno Uebel seiner Frau Julie – ausser den ihr durch den Ehevertrag zustehenden Rechten – noch «tausend Gulden Zürich-Valuta in baar, und das Inventar an Möbeln, Wäsche, Hausgeräth sowie meiner Sachen und Bücher» überlassen. Als «Executor Testamenti» und Vormund seiner Kinder hatte Bruno Uebel Hans Heinrich Vögeli bestimmt, den ehemaligen Turnlehrer und Freund Alfred Eschers. Dabei sollte gemäss Bruno Uebels Letztem Willen die Erziehung der Töchter der Mutter überlassen bleiben und der Vormund nur im Fall des Todes oder bei «bedeutender Krankheit derselben» diese Aufgabe wahrnehmen.[120] Auch die Wahl des Wohnortes sollte seiner Frau überlassen bleiben. Julie Uebel zog nach dem Hinschied ihres Mannes mit ihren beiden Töchtern, der zweijährigen Augusta und der wenige Wochen alten Anna, nach München.

Die Familie Escher stand der Familie Uebel – nicht zuletzt über die Vermittlung durch Vögeli – nahe. Vater und Sohn Escher pflegten mit der Frau des verstorbenen Bruno Uebel und mit deren Töchtern immer wieder Kontakte, etwa im Frühjahr 1850, als Heinrich Escher den in München weilenden K. Ulrich beauftragte, den Damen Uebel «freundschaftliche Aufträge» zu überbringen. In der Rückäusserung erfuhr Escher, dass Frau Uebel beabsichtigte, 1851 nach Zürich zurückzukehren, wobei allerdings ihre älteste Tochter, die damals 13jährige Augusta, die spätere Escher-Uebel, in einem «adeligen Erziehungsinstitut» in München verbleiben sollte.[121]

Wie sehr Escher mit der Wahl Augusta Uebels selbst engste Freunde überraschte, zeigt der Briefwechsel mit Zwicky. Der Verlobungsanzeige Eschers folgten die herzlichsten Glückwünsche des Pfarrers in Obstalden mit dem Zusatz, dass er sich auf den Tag freue, an dem Augusta ihm vorgeführt werde. Escher schrieb:

«Der Anzeige meiner Verlobung füge ich nur bei, daß auch das neue Familienglied, welches das Kleeblatt von Belvoir nun vollständig machen wird, von früherer Begegnung in unserm Hause her dem harmlosen, treuen & frommen Pfarrer auf den Höhen des Wallenstadtersee's seine Freundschaft schenkt & daß es wünscht, er möchte uns einst recht oft die schöne Varietät des vierblättrigen Kleeblattes auf Belvoir schauen & genießen lassen.»[122]

Zwicky antwortete:

«Es ist gar freundlich von dir, daß du mich Euerem häuslichen Kleeblatte einfügen willst. So Gott will gedenke ich hie u da Zeuge Eueres Glückes zu sein. Sage deiner lieben Braut, daß ich sie von der ersten Stunde an in Affektion genommen habe u. mich auf den Tag freue, da du sie mir vorführen wirst.»[123]

Auch Bundesrat Jonas Furrer, dessen Bekanntschaft mit den Eltern der Braut schon seit beinahe zwanzig Jahren bestand und in die Zeiten des Zürichputsches zurückreichte, sandte Escher seine «besten Glückwünsche zu deinem Entschluß, in den stillen Hafen des Ehestandes einzulaufen, so wie zu der Wahl, die du getroffen hast».[124]

Alfred Eschers Verlobung mit Augusta Uebel gab Anlass zu Kurzmitteilungen in verschiedenen schweizerischen Zeitungen, und selbst der «Schwäbische Merkur» berichtete davon.

Die Verlobung fiel in eine Zeit, da Escher zusätzlich zu seinen vielen politischen Tätigkeiten und Verpflichtungen durch drohende kriegerische Auseinandersetzungen im Zusammenhang mit der Neuenburger Frage und namentlich auch durch den Aufbau der Schweizerischen Kreditanstalt stark beansprucht war. Die namentlich mit der aussenpolitischen Gefahr verbundenen Imponderabilien erklären auch, dass es ihm nicht leichtfiel, einen Hochzeitstermin zu finden. Doch schliesslich wurde dieser kurzfristig auf den 23. April 1857 festgelegt. Alfred Escher und Augusta Uebel mussten in Kauf nehmen, dass nicht alle Geladenen am Fest teilnehmen konnten. So sah sich Johann Conrad Kern, der ausserordentliche Schweizer Gesandte in Paris, zu folgender Entschuldigung gezwungen:

«Ich begreife, daß du dich nicht abhalten laßen konntest deine Hochzeit weiter hinauszuschieben. Ich werde auf den 20sten schwerlich schon in Zürich seyn. – Meine besten Wünsche begleiten dich, auch wenn ich sie dir nicht mehr persönlich ausdrüken kann.»[125]

Die zeitlichen Engpässe, in denen Escher steckte, zeigten sich beispielsweise daran, dass sein alter väterlicher Freund und Lehrer Oswald Heer erst eine knappe Woche vor dem Ereignis eingeladen wurde:

«Ich bitte dich, mir die Herzensfreude zu machen, meiner künftigen Donnerstag in Herrliberg Statt findenden Hochzeit beizuwohnen. Von meinen Freunden bitte ich zu derselben dich, Rüttimann & Ehrhardt. Ich könnte dich in dieser so wichtigen Stunde meines Lebens nicht ferne von mir wissen.»[126]

Ausgestattet mit einer pfarramtlichen Bescheinigung namens der Kirchgemeinde St. Peter, die Hans Jakob Brunner irrtümlicherweise auf den 21. April 1857 datiert hatte, fand die Hochzeit am Donnerstag, dem 23. April 1857, im kleinen Rahmen in der Kirche Herrliberg statt. Escher verzichtete darauf, seinen weitausgreifenden partei- und wirtschaftspolitischen Freundeskreis einzuladen. Von seinen engsten persönlichen Freunden waren lediglich Oswald Heer, Johann Jakob Rüttimann und Friedrich Gustav Ehrhardt anwesend.

Das Glück der Jungvermählten sollte jedoch nicht lange währen, und Augustas trauriges Schicksal zeichnete sich bereits kurze Zeit nach der Hochzeit ab.

Die kurze Ehe

Begleitet von Hinweisen und Empfehlungen seitens der Freunde betreffend kulturelle und naturgeschichtliche Sehenswürdigkeiten ging das Ehepaar Augusta und Alfred Escher auf die mehrwöchige Hochzeitsreise, die erst nach Hamburg, dann nach Wien und weiter über Salzburg, Berchtesgaden und München zurück in die Schweiz führte. Alfred Escher war für die «vortrefflichen» Ratschläge dankbar, die er von Oswald Heer erhalten hatte, wie sein Brief vom 2. Juni 1857 aus München dokumentiert:

«Den vortrefflichen Räthen, die du uns für unsere Reise gegeben, verdanken wir einige sehr genußvolle Tage. Der Ausflug von Hamburg nach Blankenese, auf welchem wir auch die wunderschönen Treibhäuser von Booth in Flotbek nicht vergaßen, der Besuch von Schönbrunn gehören zu unsern angenehmsten Erinnerungen. Den Weg von Linz über Gmunden, Traunsee, Ischl, St. Wolfgangsee, St. Gilgen, Salzburg nach München hatten wir bereits zurückgelegt, als wir deinen Rath empfingen, ihn zu machen. Du siehst, wir haben deine Räthe auch errathen! Die Gegenden, durch die dieser Weg führt, haben auch uns sehr gefallen. Ich reihe ihnen Berchtesgaden & den Königsee an. Unsere Reise hat dem lieblichen Bild, das du in deinem Briefe von ihr entworfen, vollkommen entsprochen. Sie war eine ganz ungetrübte, abgesehen von den mitunter bemühenden Nachrichten, die ich über den Zustand der l. Mutter oder Clementine's erhielt.»[127]

Die Heirat war nicht nur für den fast 40jährigen Alfred Escher ein Einschnitt im persönlichen Leben. Auch seine engsten und langjährigen Freunde mussten sich erst in der neuen und emotional veränderten

Situation zurechtfinden. Dies kommt im Brief von Ehrhardt zum Ausdruck, den dieser drei Tage nach der Hochzeit an Escher schrieb:

«Erlaube mir, daß ich dir u. deiner jungen Gattin nochmals meine wärmsten Herzens- u. Segenswünsche nachrufe; ich thue es um so eher, da an deinem Hochzeitstage ich in einer so befangenen Stimmung mich befand, daß es mir nicht möglich war, dir zu sagen, was ich empfand; doch darf ich – ich zweifle nicht dran – beruhigt sein, denn eine lange, genaue gegenseitige Berührung, hat dir die Ueberzeugung gegeben, daß, wenn mir auch das rechte Wort fehlen sollte, doch nie das rechte Gefühl für dich fehlt. Ich will vom Himmel nichts Anderes fordern als daß die Zukunft dir gerecht werde u. wenn dies dir beschieden ist, muß sie für dich eine reiche u. schöne werden. Deine Freundschaft wird mir auch in den neuen Verhältnissen wohl nicht fehlen u. vielleicht wird auch deine Gattin mir ihre Theilnahme nicht versagen. Von mir darfst du überzeugt sein, daß ich es an nichts werde fehlen lassen, um die innigen Beziehungen, in welchen ich bis jetzt zum Belvoir stand, stets zu fördern u. aufrecht zu halten!»

Augusta Escher-Uebel (1838–1864). Ehefrau von Alfred Escher.

Rund eine Woche später nahm Ehrhardt das Thema wieder auf:

«Ich zweifle nicht daran, daß wir uns stets so nahe bleiben werden, wie wir es bis anhin gewesen sind u. wenn Frau Escher so freundlich ist, deinen Empfindungen für mich ihre Theilnahme nicht zu versagen, so liegt darin ein wesentliches neues Motiv, den Bestand meiner Beziehungen zu dir zu conserviren u. zu festigen. Freilich wird sie mit mir oft die gleiche Nachsicht haben müssen, welcher ich mich seit zehn Jahren im Belvoir stets zu erfreuen hatte u. deren ich nur zu oft bedürftig bin. Frau Uebel war bei meinem Abschiede von ihr sehr gütig u. freundschaftlich gegen mich u. ich hoffe, daß sie, diese Gesinnung stets gegen mich bewahren zu können, in meinem Handeln Veranlassung finden wird. Wir haben offen über Vieles gesprochen u. ich zweifle nicht, daß sie beruhigt u. im besten Vertrauen auf die Zukunft, Zürich verlassen hat.»[128]

Bereits bei der Ankündigung seiner Verlobung hatte Alfred Escher gegenüber Oswald Heer «das alte Verhältniß unverbrüchlicher, brüderlicher Freundschaft» betont, das fortbestehen werde, «was auch neues in Belvoir geschehen mag». Und weiter: «Die zukünftige Frau deines Freundes wird eben auch deine Freundinn sein!»[129] Die wiederholten und ausführlichen Bezeugungen der Freundschaft, die sich Escher und seine engsten Freunde gegenseitig zukommen liessen, erscheinen angesichts der jahrealten Fundaments ihrer Beziehungen zwar als schönes Zeichen der Verbundenheit, muten jedoch in ihrer Intensität auch etwas merkwürdig an. Man ahnt, dass es Augusta in ihrer Jugendlichkeit und mit ihrer bescheidenen, zurückhaltenden Wesensart schwerfallen musste, den Anschluss an die bestehenden Beziehungssysteme zwischen Escher, seiner Mutter und seinen Freunden zu finden.

Auch während der Hochzeitsreise des Ehepaars Escher-Uebel umsorgte Ehrhardt wie ehedem Mutter Lydia Escher-Zollikofer und erledigte, was täglich im Belvoir anstand. Neben ihm trat namentlich Oswald Heer auf den Plan. Als ältester Vertrauter der Familie Escher und der Verhältnisse im Belvoir war er von Alfred Escher mit Vollmachten ausgestattet worden, die es ihm erlaubten, selbst personelle Probleme wie zum Beispiel die Anstellung eines Gärtnergehilfen selbständig zu lösen.

Auf der Hochzeitsreise wurde Escher durch Ehrhardt über Alltäglichkeiten und Besonderheiten im Belvoir, aber auch über das politische Leben in Zürich und in der Eidgenossenschaft auf dem laufenden gehalten. «Von Herrn Stäheli ist als Geschenk ein silberner Korb mit dem beiliegenden Gedichte am Tage deiner Abreise angelangt; von Graf eine große Schachtel, welche aber – wie es scheint – noch uneröffnet geblieben ist.» Escher wurde davon in Kenntnis gesetzt, dass im Belvoir die baulichen Arbeiten aufgenommen wurden, um den Bedürfnissen und Wünschen des frischvermählten Ehepaars gerecht zu werden: «Derangements für zukünftige Arrangements» – um die Worte Ehrhardts zu gebrauchen. Auch erfuhr er, dass seine Mutter «Verdruß wegen der Saumseligkeit der Arbeiter» hatte und sich darüber hinaus mit zusätzlichem Ärger belastete:[130]

«Deine gute Mutter, die ich wiederholt gesehen habe u. die mir gestern die wärmsten Begrüßungen für dich u. Frau Escher aufgetragen hat, befindet sich für ihre Zustände erträglich. Leider ist sie durch die häuslichen Bauten u. Veränderungen sehr geplagt. Die Arbeiten rücken ziemlich langsam vorwärts, trotz dem daß sie hin u. wieder 10 – 12 Arbeiter im Hause hat. Namentlich nehmen die Arbeiten des Tapezierens viel mehr Zeit u. Mühe in Anspruch, als man früher erwartet hat. Auch ist es sehr zweifelhaft, ob die Meubeln für Ende dieses Monates fertig sein werden. Du kennst ja die leidige Uebung hiesiger Arbeiter, Versprechungen nicht zu halten. Dazu sind neuer Verdruß u. Aerger mit den Dienstboten gekommen: Hut, der zu einer Reise 3 Tage Erlaubniß bekommen hatte, blieb gerade die doppelte Zeit fort u. eine Intrige gegen die Köchin macht es zweifelhaft, ob diese im Dienste wird bleiben wollen. Alles dies hält natürlich deine arme Mutter in einer immerwährenden Aufregung u. hindert es, daß sie sich die so erforderliche Ruhe gönnen mag. Bitten u. Rathen fruchtet nicht viel; aber, selbst bei dem besten Willen, wäre deine Mutter nicht im Stande, sich hinsichtlich ihrer Thätigkeit engere Grenzen zu ziehen.»[131]

Augusta Escher-Uebel um 1860.

Über die Bauarbeiten und den Gesundheitszustand der Mutter berichtete auch Oswald Heer ausführlich:

«Als ich gestern Abend in Belvoir war, traf ich die gute Frau Escher in einem wahren Fieber von Geschäften. In allen Zimmern wird gearbeitet; alle Arbeiten werden von Frau Escher überwacht und wie Dir wohl bekannt ist, weiß sie mit einem seltenen Geschick die Arbeiten der verschiedenen Handwerker so einzurichten, daß sie sich nicht gegenseitig stören und hindern. Da werden aber ihre wohl überdachten Pläne auf allen Seiten durchkreutzt, indem bald der Vergolder sein Versprechen nicht hält, bald der Tapezirer ausbleibt und dadurch die Arbeiten ungemein verzögert werden. Der letztere ist nun vollends nach Bern verreist und hat alles im Stich gelassen und ebenso der Vergolder. Unter Thränen hat sie mir gestern geklagt, wie sie mit dem besten Willen und trotz der größten Anstrengungen (sie hatte gestern nicht einmal Zeit das Frühstück zu nehmen und konnte während diesen herrlichen Tagen nie auch nur ¼ Stunde lang sich ins Freie begeben) nicht im Stande sei Alles bis zu der bestimmten Zeit in Ordnung zu bringen.»[132]

Aus den Briefen Ehrhardts geht hervor, dass das Verhältnis zwischen Mutter Escher-Zollikofer und Augusta Uebel bereits im Vorfeld der Heirat getrübt war:

«Deine Mutter hat gestern sich so ruhig u. verständig, so liebevoll über deine junge Gattin gegen mich ausgesprochen, daß ich glaube annehmen zu dürfen, daß viele der jüngsten Zerwürfnisse auf gegenseitiger Verkennung von Absichten u. Individualitäten beruht haben. Hier wird die Zeit, u. ich hoffe die kürzeste Frist, heilend u. berichtigend einwirken *müssen,* da ja alle Betheiligten den gleichen Wunsch haben: ein glückliches Zusammenleben Aller zu begründen u. zu festigen.»[133]

Von der Hochzeitsreise zurück, sah sich Augusta Escher-Uebel mit schwierigen Situationen und grossen Herausforderungen konfrontiert: Als erst 19jährige Frau traf sie im Belvoir auf eine an körperlichen und psychischen Krankheiten leidende Schwiegermutter mit unberechenbaren Gemütszuständen, die seit mehr als vierzig Jahren im Hause Escher regierte und seit mehr als fünfundzwanzig Jahren dem Haushalt des Belvoir ihren Stempel aufdrückte. Dieser Dominanz musste sich auch die junge Frau Escher unterziehen. Überdies musste sie feststellen, dass ihr Gatte Alfred auch über die Hochzeit hinaus unter dem Einfluss seiner Mutter stand, was sich in allem und jedem, in täglichen Abläufen wie in prinzipiellen Belangen manifestierte. So verbot Grossmutter Escher ihrer Schwiegertochter beispielsweise eine Reise nach Italien, die diese zusammen mit der kleinen Lydia unternehmen wollte, und Alfred Escher beugte sich dem Verdikt.

Auf ihrer mehrwöchigen Hochzeitsreise hatte Augusta ihren Gatten von einer Seite kennengelernt, die dieser seit dem Einstieg ins wirtschaftspolitische Leben nie gezeigt hatte: Abgesehen von krankheitsbedingten Kuraufenthalten, während deren er jedoch das Arbeiten nie ganz lassen konnte, hatte sich Escher zum ersten Mal aus seinen überbordenden geschäftlichen und politischen Verpflichtungen herausgelöst. Doch kaum zurück in Zürich, konnte von Ausspannen und Erholung keine Rede mehr sein. Unter dem Einfluss der beruflichen Anspannung und der immer neuen Verantwortlichkeiten für eine Unzahl von Geschäften ergab es sich zwangsläufig, dass Escher nur selten bei seiner Gattin im Belvoir sein konnte. Verschiedentlich beklagte Augusta sich darüber: «Da mein lieber Mann so häufig abwesend ist, so fühlte ich mich oft recht einsam», konstatierte sie Ende 1862 gegenüber ihrer Freundin Susanna Blumer-Heer. «Mein Mann ist in letzter Zeit beständig auf Reisen, die zwar nicht von langer Dauer sind aber doch viel Unruhe mit sich bringen», hielt Augusta im Sommer 1863 fest. Und weiter: «So kehrte er zum Beispiele vorigen Sonnabend erst Nachts 12 Uhr mit einem Extrazuge von dem Eisenbahnfeste nach Zürich zurück, nachdem er Donnerstags von einer mehrtägigen Abwesenheit in Bern nach Hause gekommen war.» Der Schluss eines Briefes von Augusta Escher an Susanna Blumer aus dem Jahr 1864 bringt es auf den Punkt: «... Ihre getreue Freundinn Augusta Escher. (dato in einem goldenen Käfig).» Kam Escher schliesslich nach Hause, so musste ihn die Gattin mit der Mutter teilen. Gefangen in seinem weitgespannten Netz von Arbeit und Verpflichtung, erkannte Alfred Escher die unheilvolle Situation, in der sich seine junge Frau befand. Dies erklärt auch, dass er sich bemühte, Augusta durch gemeinsame Aktivitäten Abwechslung von der monotonen, isolierten und fremden Welt im Belvoir zu verschaffen. So besuchten Alfred und Augusta Escher gemeinsam mit dem Ehepaar Blumer im Juli 1857 das Eidgenössische Schützenfest in Bern und machten anschliessend – wiederum zusammen mit ihren Glarner Freunden – einen Wagenausflug nach Interlaken. Anhand der Quellen lassen sich nur wenige Beispiele weiterer Ereignisse dieser Art dokumentieren, etwa der Besuch der Landsgemeinde in Glarus 1860. Hin und wieder begleitete Augusta ihren Gatten auf eine Geschäftsreise, so im Oktober 1862, als Escher nach Affoltern am Albis fahren musste, um Fragen im Zusammenhang der Linienführung der Eisenbahn von Zürich nach Zug zu klären. «Alfred war in der letzten Zeit öfters, aber immer bloss für einen Tag abwesend, bald in Zug, bald in Luzern oder Olten. Ein Mal begleitete ich ihn auf einer solchen Exkursion in den ultramontanen Bezirk Affoltern, und während er mit dem Ingenieur die Linie betrachtete, ging ich in Gesellschaft von Frl. Tobler ebenfalls auf Recognoscirung aus.» Anfang 1863 durfte Augusta ihren Mann nach Bern begleiten und während der ersten Woche der Bundesversammlung dort bleiben. «Alfred wollte mir diese kleine Abwechslung in unserm einförmigen Winterleben verschaffen und ich nahm sein Anerbieten um so lieber an, als ich während seiner letzten Abwesenheit wirklich einen grossen Mangel empfand und hoffe, mich in der vermehrten Berührung mit der Aussenwelt zu erfrischen und zu stärken.»

Als frischvermählter Ehegatte, der kurze Zeit vor der Hochzeit noch schwerkrank danniedergelegen hatte, äusserte Alfred Escher wiederholt die Absicht, künftig vermehrt Ferien zu machen. Überblickt man die Ehejahre von Alfred und Augusta Escher-Uebel, stellt man jedoch fest, dass diese Absicht selten in die Realität umgesetzt wurde. Belegt sind Kurzaufenthalte etwa im Bad Stachelberg oder in München und wenige Ferientage in Luzern, Baden und Mailand. Im August 1863 verbrachte das Ehepaar Escher mehrere Tage «Erholungsaufenthalt» in Luzern:

«Ist das Wetter uns günstig, so gehen wir über den Brünig ins Oberland & von dort noch für eine Woche an den Genfersee, welcher mir noch vollkommen fremd ist. [...] Heute machten wir Vormittags eine ziemliche Fusstour längs der neuen Bahn, nicht ohne vorher dem ‹majestätischen Löwen› unsern Besuch abgestattet zu haben. Auf Morgen haben wir eine Seefahrt nach Beggenried vor. Wir sind im Schweizerhof sehr gut logirt, so dass mit Lektüre & Arbeit auch ein Paar Regentage gut zu ertragen wären.»

Die grösseren Reisen, auf die Augusta sich gefreut hatte, fanden schliesslich in ihrer Phantasie statt: «Ich werde suchen, irgend ein Buch über Italien zu bekommen und dasselbe jeweilen im Schatten der Myrthen und Pomeranzenbäume lesen, um mich der Täuschung hinzugeben, ich befinde mich in dem gelobten Lande», schrieb sie im Oktober 1862. Drei Monate später: «Nach meiner Rückkehr aus der Bundesstadt will ich italiänisch lernen und mir so ein geistiges, mit Arbeit verbundenes Interesse schaffen.» Oder im Frühjahr 1863: «Die italienischen Stunden, welche ich nehme, interessiren mich ebenfalls; obgleich ich noch mitten in den Schwierigkeiten der Grammatik stecke & noch noch [sic] nicht ein Mal die regelmässigen Zeitwörter los habe, geschweige denn die unregelmässigen. Natürlich befriedigt mich gegenwärtig die Lektüre am meisten, während ich nur schüchterne Versuche im Sprechen wage. Wie freue ich mich darauf, die Ess- und Begrüssungsdialoge einst an Ort & Stelle zu verwerthen & zu üben! – Am hübschesten wäre es, wenn wir ein Mal eine solche italienische Reise mit 8 Augen unternehmen könnten.»[134]

Die als überaus zart und schüchtern beschriebene Augusta Escher-Uebel, die im Belvoir nichts zu sagen hatte, sich mit der Schwiegermutter nicht verstand und ihren Gatten kaum zu Gesicht bekam, hatte die Unbeschwertheit ihrer Jugend gegen ein familiäres Umfeld eingetauscht, das sie belastete und zusehends erdrückte. Das Belvoir wurde von der Schwiegermutter beherrscht, die an ihrem Sohn Alfred hing und ihr Schicksal beklagte, das ihr auferlegte, nach dem Tod ihres Gatten Heinrich noch jahrelang weiterleben zu müssen. Diese bereits seit Jahrzehnten nervlich kranke und wegen ihrer Gicht auch körperlich leidende, immer schwarz gekleidete Frau befahl auch nach dem Einzug der Schwiegertochter ins Belvoir weiterhin über den Haushalt, wie sie es seit eh und je getan hatte. Mochte die Öffentlichkeit Augusta Uebel ob ihrer Heirat mit dem mächtigen und berühmten Alfred Escher beneiden, mochte man sie in Glück und Reichtum wähnen – die Wirklichkeit in der Enge des Belvoir sah anders aus. Der feinen, schlanken jungen Frau fehlten die robuste Natur und die Persönlichkeitsmerkmale, um sich aufzulehnen und durchzusetzen. Sie ertrug und duldete, kam von Kräften und litt bald schon an Schwindsucht.

Das erstgeborene Mädchen von Alfred und Augusta Escher-Uebel erhielt den Namen der Grossmutter: Lydia. Auch als seine Patin wurde die Mutter von Alfred Escher bestimmt. Dieser Entscheid war nicht bloss Ausdruck von Kultur und Tradition. Er brachte symbolhaft Stellung und Stellenwert, Position und Ansprüche der beiden Frauen im Belvoir zum Ausdruck. Als Pate wurde Pfarrer Kaspar Lebrecht Zwicky ausgewählt. Dies entnimmt man dem Brief, den Escher seinem alten Freund Anfang August 1858 schrieb.

Lydia Escher (1858–1891). Die Tochter von Alfred Escher als vierjähriges Mädchen.

«Der gefühlvolle, von einem idyllischen Zauber durchwehte Brief, den du mir als Glückwunsch zu der Geburt unsers Kindchens geschrieben, hätte mir, wenn es dessen noch bedurft hätte, den überzeugendsten Beweis geliefert, wie ganz & vollständig du zu uns gehörst. Es hat uns auch noch vollends in dem Entschlusse bestärkt, dich zu bitten, du wollest dem Kindchen – Pathe sein! Ich weiß es, daß gewöhnlich an Verwandte dieses Ansuchen gerichtet wird. Ich habe aber das Gefühl, daß du uns so nahe stehst als irgend ein Verwandter & näher als die meisten. Von jeher schien es mir, daß einem niemand näher stehen könne, als ein treuer Freund im vollen Sinne des Wortes. Ich danke Gott, daß ich diese Erfahrung aus den Stürmen des Lebens als ein unschätzbares Kleinod habe retten können & ich hoffe zu Gott, daß ich sie bis zum Ende meines Lebens unverkümmert bewahren werde. Es sei also dieses neue Band um uns geschlungen & noch mehr als bisher, wenn du nach Belvoir kommst, möge es dir vorkommen, wie wenn du bei den Deinigen, an einem Heimatlichen Herde einkehren würdest! – Pathinn der Kleinen soll meine liebe Mutter sein & das Kindchen ihr zu Ehren Lydia heißen. Ich hoffe, ja ich wage die Überzeugung auszusprechen, der Pathe in spe habe gegen beides nichts einzuwenden! – [...] Und jetzt soll ich Dir doch wohl noch Nachrichten von unser Aller Thun & Lassen geben. Auguste hat bis anhin ihre Wochen in der normalsten Weise durchgemacht. War die Geburt selbst eine durchaus regelrechte, so hat sie sich auch seither so wohl befunden, als es nur irgend gehofft werden konnte. Diesen Nachmittag bin ich zwei Male mit ihr um den Hügel herum gegangen. Das Kindchen befindet sich auch ganz wohl. Erwacht sich auch an ihm nicht minder als an andern seines Alters, daß der Mensch nicht gerade in den ersten Wochen seines Daseins den Gipfel der Schön- heit erreicht, so ist es doch ganz wohlgebildet & sieht gesund & freundlich

Lydia Escher-Zollikofer (1797–1868).
Mutter von Alfred Escher. Öl auf
Leinwand. Gemalt von Johann
Conrad Zeller (1807–1856).

aus. Es ist ein eigen Gefühl, wenn man bisher in dem Stammbaume nur auf-
wärts geschaut hat, in demselben auf einmal nun auch abwärts blicken zu
können. Gott sei Dank ist aber mein Gemüth erfüllt genug, um dem ganzen,
wenn auch bereicherten Kreise meiner Lieben aus voller Brust zugethan
sein zu können!»[135]

Lydia entwickelte sich prächtig und bereitete den Eltern grosse
Freude. Und Alfred Escher war stolz auf sein Kind. Lydia fiel es leicht,
ihren Vater zu umgarnen. Der gegenüber seinen Gegnern gnadenlose
Alfred Escher, der seine politischen Ziele unerbittlich verfolgte, offen-
barte im Umgang mit Frau und Kindern eine andere Seite. Er zeigte gern
ein weiches Herz. Leicht trieb es ihm die Tränen in die Augen, was er in
späteren Jahren auch gegenüber den engsten Freunden nicht verbarg.
So war es auch, als die dreieinhalbjährige Lydia ihrem Vater zum 43. Geburtstag mit einem festlichen Kranz geschmückt gratulierte und ihm
ein «Gedichtlein» rezitierte. Das Kind gewann auch durch sein fröh-
liches Wesen: «Lydie ist meine wahre Herzenswonne; so lange das Kind
mir gesund erhalten bleibt und mein lieber Mann nicht unter der Last
seiner Geschäfte leidet, sollte ich mich nicht beklagen», stellte Augusta
Escher fest. Obschon das Kind die Mutter bisweilen auch nervte, sei
Lydia eine erheiternde Gesellschaft, meinte sie an anderer Stelle. Von
feinen Charakterzügen und löblichen Eigenschaften Lydias spricht die
Mutter in einem Brief von Anfang 1863 an Susanna Blumer:

«Es freute mich als einen neuen Beweis von Lydie's gutem Herzen, dass sie
mich heute Morgen als ich ihr von den schönen Geschenken und Ihrem Briefe
erzälte, sogleich fragte: wie es Herrn Blumer mit dem Ohrenweh gehe, noch
bevor sie sich nach ihrem eigenen Geschenke erkundigt hatte. Sie theilte von
dem süssen und glänzenden Früchten, welche ihr Weihnachtsbaum trug, be-
reitwilligst andern Kindern mit, und bewahrte dem alten, halbzerbrochenen
Spielzeug die nemliche Anhänglichkeit trotz dem schönern Neuen, welches
sie erhielt. Es ist ein beglückendes Gefühl für das Mutterherz, solche Züge im
Gemüthe des Kindes wahrzunehmen! […] Sie haben wohl recht, wenn Sie
sagen, dass ich in der Beschäftigung mit dem, Gott sei Dank, so glücklich
begabten Kinde meinen ernstesten Lebenszweck und zugleich die liebste Erholung finden solle und könne!»

Zu Weihnachten wurde Lydia jeweils reich beschenkt, wie verschiedene Quellen belegen. Stets waren auch Geschenke der Familie Blumer
aus Glarus dabei. Augusta schrieb an Susanna Blumer:

«Lydie, welcher wir am Christfeste bescheert hatten, war schon zu Bette, als
wir das Wehnthaler Anneli en miniature auspackten. Dasselbe überreichte
dem Kinde heute sein Empfehlungsschreiben, hatte sich indessen schon beim
ersten Anblick selbst empfohlen. Das Kind will Ihnen selbst für das schöne
Angebinde danken.»

Diesem Schreiben angefügt ist ein Brieflein von Lydia, in welchem das Kind sich für die Puppe in Wehntalertracht bedankt: «Liebe Frau Blumer, ich danke Dir vielmals für das Wehnthalermeiteli. Ich will ihm recht Sorg haben, damit es Dir Gutes von mir sage wenn Du uns wieder besuchest. Hoffentlich kommst Du recht bald nach Belvoir und erzählst mir die Geschichte vom Anton, & vom Kätzli und Spätzli und [spielst?] mit dem kranken Emma. Es grüsst Dich & d. guten Herrn Blumer. Lydie.»[136]

Drei Jahre nach Lydias Geburt entspross der Ehe zwischen Alfred und Augusta Escher-Uebel ein weiteres Mädchen: Hedwig. Alfred Escher hätte sich 1861 anstelle von Hedwig einen Sohn gewünscht, wie aus seiner Korrespondenz mit Dubs vom Herbst 1861 hervorgeht. In diesem Fall wäre ein anderer langjähriger Freund, Ständerat Johann Jakob Blumer, als Pate vorgesehen gewesen. Escher tröstete sich jedoch über die Geburt des zweiten Mädchens auch damit, dass ihm «viel Kummer & Herzeleid» erspart werden würden angesichts der «vielen ungerathenen Jungen aller Art». Escher schrieb an Bundesrat Jakob Dubs, dessen dritte Tochter etwa zur selben Zeit wie Hedwig Escher geboren wurde:

«Du hättest dir wohl auch, wie dieß bei mir letzthin der Fall war, eher einen Knaben gewünscht. Ich hoffe, es werde dir ebenso leicht werden, wie mir, dich über die Nichterfüllung dieses Wunsches zu trösten. Ich habe mir die vielen ungerathenen Jungen aller Art, denen man heutzutage auf der Straße begegnet, vergegenwärtigt & dann gedacht, es sei mir vielleicht durch die Geburt eines Mädchens statt eines Knaben viel Kummer & Herzeleid erspart!»

Doch Dubs, damals 39jährig, wollte sich Abraham als Vorbild nehmen, und so hoffte er auf ein weiteres – männliches – Kind:

«Da wir zur Zeit selbst noch nicht dessen Alter erreicht haben u. unsere Frauen auch noch keine Saren sind, so meine ich, es könnten uns wohl noch etwa zwei von den Schlingeln bescheert werden, die unsere Namen der Nachwelt zu überliefern berufen sind. Also wir wollen uns in Hoffnung gedulden u. inzwischen freundlich aufnehmen, was uns geschickt wird!»

Auch im Pfarrhaus von Obstalden wusste man, dass Escher sich einen Sohn gewünscht hatte. Trotzdem brachte Zwicky seine Freude zum Ausdruck:

«Ist mirs immer eine Freude, wenn ich einen Brief von dir empfange, so öffnete ich den gestrigen doch mit ganz besonders freudiger Bewegung, sicher, daß er mir die fröhliche Kunde bringen werde, auf die ich seit Anfang dieses Monats täglich gehofft hatte. Empfanget Ihr Theuern beide, meine herzlichsten Glückwünsche zu Euerm lieben Kinde. Es ist von seinem ersten Tage an auch mir ins Herz geschrieben. Gott gebe, daß es Euch eine Quelle eben so reicher Freude werde, wie die l. Lydia es bisher gewesen ist.»[137]

Die Koinzidenz fällt auf. Zunächst hofften Escher und Dubs gleichermassen auf einen Sohn. Dann verstarb beiden eine Tochter. Jakob Dubs schrieb seinem Freund Anfang April 1862 von einer grossen «Herzensbetrübniß»:

«Ich schreibe Dir in großer Herzensbetrübniß. Mein ältestes Töchterchen, Anna, liegt seit 12. Tagen an einer Gehirnentzündung darnieder &. die Aerzte machen keine Hoffnung mehr. Das arme Kind, das wegen seines hellen Kopfes unser Stolz u. wegen seines guten Charakters unsere Freude war, leidet entsetzlich u. meine Frau ist so deprimirt, daß ich auch für ihre Gesundheit ernstlich fürchte. Bern scheint mir kein Glück zu bringen! Indem ich Dir wünsche, daß Du vor ähnlichen Schicksalsschlägen verschont bleiben mögest, grüßt Dich in steter Freundschaft Dein Jb. Dubs.»

Neun Tage darauf musste er ihm den Tod seines Kindes mitteilen:

«Empfange vorerst meinen herzlichen Dank für Deine u. der Deinigen Theilnahme an unserm Verluste; solche Theilnahme lindert wenigstens einigermaßen die Herbheit des Schmerzes. Der Tod des I. Kindes hat eine Lücke in unserm kleinen Haushalt verursacht, die nachträglich noch immer fühlbarer wird; es war schon jetzt der Mutter eine echte Stütze u. bot uns Hoffnungen, wie sie eben die beiden jüngern Kinder weit nicht in gleichem Maße bieten. Das Haus ist seit dem Hinschiede des Kindes wie leer u. öde geworden. Doch es wird wills Gott wieder besser, wenn wir von der schweren Zeit etwas entfernter sind! [...] Mit freundschaftlicher Begrüßung verbleibe ich Dein ergebenster Dr. Jb. Dubs.»[138]

Radierung von Alfred Escher um 1860.

Dubs' Wunsch, dass Escher vor ähnlichen Schicksalsschlägen verschont bleiben möge, sollte sich nicht erfüllen. Ende Juli 1862 starb auch Hedwig – und weitere Schicksalsschläge blieben nicht aus. Escher schrieb an Kaspar Lebrecht Zwicky:

«Meine Rückkehr aus der Bundesversammlung nach Belvoir sollte mir einen herben Schmerz bringen! Die kleine Hedwig war, als ich gestern Abend hier eintraf, durch einen cholerinenartigen Anfall heimgesucht, der aber dem Arzte, als er sie noch Nachts 10 Uhr besuchte, keine erhebliche Besorgniß einflößte. Heute früh wurde Hedwig plötzlich noch von einer Lungenentzündung befallen, die einen so heftigen Charakter annahm, daß ihr das blühende Kind schon um 11½ Uhr Vormittags zum Opfer fiel. Du kannst dir denken, wie groß unser Aller Schmerz ist! Ich weiß, daß du ihn in treuer Freundschaft mitfühlst!»

Folgendes Schreiben richtete Augusta Escher Ende August 1862 an Susanna Blumer:

«Es hätte Ihrer theilnehmenden Zeilen nicht ein Mal bedurft, um mich zu überzeugen, dass Sie während der letzten Leidenszeiten in Gedanken bei uns waren, und unsern herben Schmerz um das theure Kind mitfühlten, wie Sie unsere Freude an demselben mit uns getheilt hatten! – Ihr verehrter Gatte, dessen Erscheinen beim Leichenbegängnisse uns wahrhaft rührte, wird Ihnen mittlerweile die Einzelnheiten des Trauerfalles mitgetheilt haben & Ihnen erzählt haben, dass wir Hedwig nach unserer Rückkehr von dem Rigi in vollem Wohlsein und der ihr innewohnenden Freundlichkeit und Heiterkeit angetroffen hatten, dass ihr erstes Erkranken an einer Art Cholerine uns Anfangs gar nicht erschrekte, als mit dem Zahnen und der grossen Hitze zusammenhängend und dass, als wir selbst ängstlich wurden und den Arzt auf die Veränderung des holden Gesichtchens aufmerksam machte [sic], dieser unsere Sorgen vollständig zu beschwichtigen suchte. So traf uns der Tod der lieben Kleinen, welcher schliesslich durch eine Lungenentzündung die sich mit rasender Schnelligkeit entwickelte, herbeigeführt wurde, trotz der vorhergegangenen Krankheit eigentlich doch unvorbereitet! Ich will Ihnen nicht von meinem Schmerze und den Zweifeln sprechen, welche sich zeitweise meiner bemächtigten; sondern Ihnen nur sagen, dass nebst der Ergebung in den göttlichen Willen, die Anwesenheit von Mutter und Schwester, namentlich aber die Gegenwart meines lieben Mannes, mir Trost gewährten und dass ich den günstigen Einfluss empfand, welchen der vorhergegange [sic] Erholungsaufenthalt auf meinen Körperzustand ausgeübt hatte. Nachdem ich mich in den ersten Tagen und Nächten nach dem Hinscheiden unseres theuren Kindes so recht von Herzen ausgeweint hatte, wurde ich allmälig ruhiger, und fand eine Art von Trost darin, mich mit der Ausschmückung der Leiche, des Gräbleins und der hinterlassenen Spielsachen und Kleidungsstücken zu beschäftigen, mit Lydie von dem verstorbenen Schwesterlein zu reden und die vielfachen Beileidsbezeugungen unserer Freunde von nah und fern entgegen- und in mich aufzunehmen. Das Heimweh nach dem entschlafenen Kindlein wurde leider bald durch die Sorge um die Gesundheit seines Vaters zurückgedrängt, welcher, schon unwohl von Bern heimkehrend, den herben Schicksalsschlag um so tiefer empfand und davon recht eigentlich erschüttert wurde.»[139]

Johann Jakob Blumer (1819–1875). Glarner Ständerat, erster Bundesgerichtspräsident und lebenslanger Freund Alfred Eschers.

Mit diesem Ereignis verschlechterte sich Augustas Gesundheitszustand. Während eines Ferienaufenthaltes in Luzern im Sommer 1863 zog sich Augusta Escher-Uebel eine schwere Erkältung zu, die angeblich bereits den Keim einer tödlichen Krankheit in sich barg. Ärztliche Pflege und wochenlange Bett- und Zimmerruhe vermochten ihren Zustand nicht zu verbessern. Neben Dubs nahm auch Eschers Jugendfreund Johann Jakob Blumer an dessen Schicksal Anteil:

«Sehr leid thut es uns zu vernehmen, daß deine I. Frau sich während längerer Zeit leidend befunden u. daß auch deine verehrte Mutter wieder verschiedne Krankheitsphasen durchzumachen gehabt habe. Wir wünschen recht sehr, daß beide Frauen gegenwärtig völlig wiederhergestellt seyn mögen!»[140]

Am 22. Juli 1864 traf Johann Jakob Blumer seinen alten Freund Escher im Bahnhof Zürich. In seinen «Erinnerungen» hielt er diese Begegnung fest und beschrieb rückblickend, wie er damals aus Eschers «tiefbekümmerter Miene den harten Schlag vorausahnen» konnte, der diesen «treffen sollte». Und weiter: «Noch am Abende des nämlichen Tages verstarb seine junge Frau infolge einer rasch entwickelten Phthysis, gegen welche die ärztliche Kunst nichts auszurichten vermochte.»[141] Augusta Escher-Uebel war nur 25 Jahre alt geworden.

Aus seinem breiten wirtschaftspolitischen Bekanntenkreis wurde Alfred Escher herzliches Beileid zum Tod seiner Ehefrau ausgesprochen. Die tiefempfundenen Worte seiner engsten Freunde zeigen auch, dass sich Escher auf tragende emotionale Beziehungen abstützen konnte. Ewähnenswert ist insbesondere das «erfreuliche Ereignis» im Pfarrhaus von Obstalden. Die Familie Zwicky taufte ihr neugeborenes Mädchen zu Ehren der verstorbenen Gattin ihres Freundes auf den Namen Augusta. Escher, der nach den Beerdigungsfeierlichkeiten bald wieder im Meer von Geschäften und Verpflichtungen versank, wurde von «Wehmuth» ergriffen.

«Herzliche Gückwünsche von uns allen & nicht am wenigsten von Lydia zu dem erfreulichen Ereignisse, von welchem du mir so rasch Mittheilung gemacht hast! Es spricht mich im Innersten meiner Seele an, die vielen & engen Bande, welche uns beide bereits verknüpfen, durch ein weiteres vermehrt zu sehen. Der ‹liebe Pfarrer› will sein Kindchen Auguste heißen! Du kannst dir denken, daß ich durch diesen Namen der Neugeborenen um so näher gebracht werde! Laß mich hierüber nicht weiter sprechen: ich sitze in der Verfassungsrevisionscommission des Großen Rathes & muß der Wehmuth, die mich ergreift, Meister zu werden suchen.»[142]

Mit über zwei Jahren Verspätung kam die Nachricht vom Tod Augustas beim alten Schulfreund aus Obergymnasiumszeiten, Johann Jakob Tschudi, an:

«Der Eingang deines werthen Briefes vom 23. October hat mich mit wahrer Wehmuth erfüllt. Ich hatte keine Ahnung von dem harten Schlage, der dich getroffen hat. Hätte ich die Trauernachricht früher erhalten, so würde ich auch allsogleich das gethan haben, was ich jezt nur noch verspätet thuen kann, dir die tiefinnigste Theilnahme eines alten, aber wahrlich treuen u. aufrichtigen Freundes auszudrüken. Deine verewigte Gattin hat während der wenigen Stunden, die ich sie kennen gelernt habe, meine herzlichsten Sympathien gewonnen. Ich wußte, daß du mit ihr sehr, sehr glüklich warst u. kann also auch den ganzen Umfang des Schmerzens ermeßen, den dir die rauhe Hand des unerforschlichen Schiksals verursacht hat. Gott tröste dich, mein theurer Freund.»[143]

Drei Jahre nach seiner Ehefrau starb Alfred Eschers Mutter Lydia Escher-Zollikofer. 1861 hatte die Familie Escher im Belvoir neben Alfred Escher aus vier Frauen bestanden; sieben Jahre später hatte Escher eine seiner Töchter, seine Ehefrau und seine Mutter verloren. Es blieb ihm einzig seine erstgeborene Tochter Lydia, die 1868 zehnjährig war.

Der Einstieg in die Politik

1839: ‹Straussenhandel› und Putsch in Zürich

Als Alfred Escher – geschwächt durch die Nachwirkungen seiner Krankheit, die ihn während vier Monaten ans Bett gefesselt und an den Rand des Todes gebracht hatte, zudem enttäuscht über das missglückte Auslandsemester in der ungeliebten Großstadt Berlin – im April 1839 wieder heimatlichen Boden betrat, fand er einen Kanton Zürich vor, der auf eine «der sonderbarsten Grotesken» in der Schweizer Geschichte des 19. Jahrhunderts zusteuerte».[144] Was lag in der Luft?

Die radikal-liberale Herrschaft in Zürich war 1839 am Ende. Am 6. September kam es zu einem Putsch der Konservativen, der rund 30 Tote und Verwundete forderte. Auch Major Bruno Uebel, der Vater der späteren Ehefrau Alfred Eschers, fand an diesem Tag dank seiner Kavallerieattacke Aufnahme in die Geschichtsbücher. Neun Jahre zuvor hatte sich ein ganz anderes Bild präsentiert: Nach dem Sturz des konservativen Regimes war die radikal-liberale Partei 1830/31 mit dem Anspruch aufgetreten, das wirtschafts- und gesellschaftspolitische Leben durch umfassende Strukturbereinigungen zu modernisieren. In der Folge hatten die radikal-liberalen Führer denn auch umfassende und grossangelegte Reformprojekte durchgeführt. Unter diesem Gesichtspunkt erscheinen die Ereignisse von 1839 schwer verständlich. Wohl in keinem anderen Ort der Eidgenossenschaft wurde während dieser sogenannten Regenerationszeit (1830–1839) das Staatswesen so tiefgreifend umgestaltet wie in Zürich, wurde «in wenigen Jahren mehr geleistet und gearbeitet als früher in ganzen Jahrhunderten».[145] Wie also konnte es dazu kommen, dass dieser feurige Geist des Fortschritts über Nacht nicht mehr gefragt war? Wie ist zu erklären, dass das Volk der Herrschaft der Radikal-Liberalen trotz ihrer Leistungen überdrüssig wurde?

Der Umsturz von 1839 ging keineswegs einfach aus den Spannungen hervor, die zwischen den regierenden Radikal-Liberalen und den Konservativen der Stadt herrschten. Die Kluft zwischen den beiden Lagern reicht nicht aus, um die Vorgänge zu erklären, welche 1839 zum Putsch führten. Das Kernproblem war die Entfremdung zwischen der Landbevölkerung, die in ihrer Mehrheit einem traditionellen Lebensgefühl anhing, das auf dem religiösen Fundament der protestantischen Volksgläubigkeit beruhte, und einer radikal-elitären Führungsschicht, die dem aufklärerischen Liberalismus huldigte. Dieses Kernproblem verlieh den verschiedenen Spannungen und Gegensätzen, die teils offen zutage traten, teils verdeckt schwelten, Breitenwirkung und Stosskraft. Die

Züriputsch am 6. September 1839: militärische Auseinandersetzung auf dem Paradeplatz vor dem heutigen Hotel Savoy Baur en Ville. Grafik von Caspar Bachmann (1800–1871).

Landbevölkerung wollte von der liberalisierten Weltanschauung nichts wissen. Sie stiess sich überhaupt am Modernismus und an den Begleiterscheinungen der neuen Zeit, denen die radikalen Führer nachlebten. In den Fokus der Kritik geriet namentlich jener Mann, der sich zu Beginn der Regeneration durch seine intellektuelle Brillanz und seine Arbeitskraft zum strategisch-politischen Führer des radikal-liberalen Lagers aufgeschwungen hatte: Friedrich Ludwig Keller – Grossrat, Obergerichtspräsident und Rechtsprofessor an der Universität, Vetter und auch akademischer Lehrer Alfred Eschers. Sein ungetrübtes Selbstbewusstsein im Umgang mit städtischen Konservativen war im Verlaufe der 1830er Jahre zunehmend in Überheblichkeit und Arroganz umgeschlagen und provozierte die politischen Gegner. Sein bissiger Spott bei der richterlichen Arbeit wiederum brachte andere gegen ihn auf. Und als er sich dann auch höhnisch über Religion, Kirche und Geistliche ausliess und sich wegen seiner «erotischen Reizbarkeit» im Privatleben «sittliche Blössen gab», verletzte er die Gefühle vieler Gläubiger und brachte die Frommen in Rage.[146]

Mit ihren fortgesetzten Reformprojekten, die innert kürzester Zeit eine neue Staats- und Gesellschaftsordnung schufen, überforderte die Führungselite das Volk. Als 1832 der obligatorische Schulunterricht eingeführt wurde, erhoben sich bezeichnenderweise auch untere Einkommensschichten, die diese Reform ablehnten, weil ihre Kinder dadurch nicht weiter einer regelmässigen Arbeit nachgehen konnten; gegen die Kinderschutzgesetzgebung (1837), welche die Arbeitszeiten für Kinder regelte, traten einerseits wiederum Familien an, da sie bis dahin ihre Kinder zur Arbeit geschickt hatten. Unzufrieden waren andererseits auch jene Unternehmer und Fabrikanten, die bislang von längeren Arbeitszeiten profitiert hatten. Dazu kam, dass gerade Entscheide im Bereich von Infrastrukturen kostenintensiv waren und dazu führten, dass Steuerreformen durchgeführt werden mussten. Dies wiederum hatte zur Folge, dass die Modernisierung im Mittelstand zunehmend auf Skepsis und Ablehnung stiess. Angesichts immer grösserer Staatsaufgaben hatte man bald genug vom Ausbau der Infrastrukturen, etwa von Strassenbauten oder der Förderung von Volksschule und Universität. Andere wiederum nahmen Anstoss an der zentralistischen Gesetzgebung; so Bauern und Mitglieder von Genossamen, als der Grosse Rat 1837 die Korporationswälder der staatlichen Aufsicht unterstellte. So löste das radikal-liberale Regime eine mentale Gegenbewegung aus, die des ganzen Fortschrittsdenkens müde war.

In dieser Situation, in der die Unzufriedenheit der Bevölkerung aus unterschiedlichen Gründen wuchs und die Regierung mit der Frage der Volksschule und den verschiedenen Reformpaketen, die Seminardirektor und Erziehungsrat Thomas Scherr geschnürt hatte, bereits mächtig Opposition provoziert hatte, machte sie religiös-kirchliche Reformprojekte zum politischen Programm und griff damit in ein Wespennest. Mit der angestrebten Kirchenreform brachten die Radikal-Liberalen das Fass der

Unzufriedenheit und des Protests zum Überlaufen. Der Protest entzündete sich zunächst an der Person des bibelkritischen, rationalistischen Tübinger Theologen David Friedrich Strauss, der vom Regierungsrat auf Antrag des Erziehungsrates gegen den Widerstand der theologischen Fakultät auf den Lehrstuhl für Neues Testament an die Universität berufen wurde und dessen Werk «Das Leben Jesu» in Deutschland Stürme der Entrüstung ausgelöst hatte. Strauss interpretierte die evangelischen Überlieferungen als Mythen und stellte dem historischen Jesus einen mystischen Christus an die Seite, den es durch Exegese zu entdecken gelte. Das evangelische Jesusbild, so Strauss, zeige einige Züge der christlichen Ideale deutlich, während andere fehlten. Diese würden sich in Vorgängern und Nachfolgern von Jesus ausgestalten. Durch diese Lehre stiess Strauss erst in Tübingen und später in Zürich auf erbitterten Widerstand. Das gläubige evangelische Volk fühlte sich in seinen religiösen Gefühlen tief verletzt und war schockiert über die als pietätlose Ungeheuerlichkeit empfundene Art und Weise, wie Strauss die Evangelien las. Strauss galt vielen als Verkörperung des Unglaubens und wurde von keiner Universität mehr berufen. Trotzdem übte er grossen Einfluss auf die weitere Entwicklung der Theologie aus.

David Friedrich Strauss (1808–1874). Liberaler Theologe, Professor für Dogmatik und Kirchengeschichte.

Die Berufung von Strauss, die «grösste politische Dummheit, die je im Kanton Zürich begangen worden ist», entfesselte einen Proteststurm. Das Volk spaltete sich in «Straussen» und «Antistraussen». Die Pfarrer läuteten Sturm, ein Glaubenskomitee wurde errichtet, und es bildete sich eine mächtige Glaubensbewegung. «Strauss darf und soll nicht kommen!» – das war die Forderung der durch Kirchgemeinden aufgestellten Petition. Ebenso wurden Garantien «zum Schutz der christlich-evangelischen Religion» verlangt.[147] Die Wogen der Leidenschaften schlugen immer höher; es ging drunter und drüber, die Lage wurde kritisch. Es regnete Flugblätter, man beschuldigte und behauptete, Gerüchte, Verdächtigungen und Verleumdungen wurden gestreut. Weil die Radikalen die Berufung von Strauss unterstützten, mussten die Konservativen dagegen sein. Zum religiösen Motiv war das politische gekommen. Der Ausbruch einer Revolution schien nicht ausgeschlossen.

Am 18. März 1839 fand eine der wohl denkwürdigsten Grossratssitzungen in der Geschichte des Zürcher Parlaments statt. Strauss stand auf der Traktandenliste, und es wurde von morgens 8 Uhr bis abends 10 Uhr hitzig und heftig diskutiert. Das Ergebnis war ein Beschluss, der zur Pensionierung des Berufenen führte, bevor dieser seine Stelle überhaupt angetreten hatte. War die Straussenfrage mit dem ‹Straussenhandel› – so die Bezeichnung in den Geschichtsbüchern – gelöst worden, so zeigte sich, dass damit die Probleme nicht vom Tisch waren. Kaum hatte sich mit der Beseitigung des provozierenden Professors die Lage vorübergehend etwas beruhigt, wurde die Volksbewegung wieder angeschoben, und schliesslich kam es am 6. September 1839 durch einen Putsch zum Sturz der radikal-liberalen Herrschaft, in dessen Folge die Konservativen die Macht übernahmen.

Die Ereignisse in Zürich liessen die Schweizer Studenten, die in Berlin ihre Auslandsemester verbrachten, nicht unberührt. Die Kunde von Berufung und Pensionierung des deutschen Theologen und namentlich die tödlichen Auseinandersetzungen im Zusammenhang mit dem Putsch verschärften bereits bestehende politische Divergenzen unter ihnen, da sie teils dem radikal-liberalen, teils dem konservativen Standpunkt verpflichtet waren. Spätestens mit der Strauss-Frage war unschlüssiges oder taktisches Lavieren zwischen den Positionen nicht mehr möglich. Nun galt es, persönlich Stellung zu beziehen.

In diesen Tagen und Wochen war Alfred Escher in Berlin krankheitshalber ans Bett gefesselt und konnte am akademischen Betrieb nicht mehr teilnehmen. Wiewohl er auch den Zusammenkünften der Schweizer Studenten meistens fernbleiben musste, war seine grundsätzliche politische Position, die er seit Ende der 1830er Jahre einnahm, bekannt. Denn mit der Aufnahme des Hochschulstudiums, im Gedankenaustausch mit anderen ähnlich denkenden Studienkameraden und hauptsächlich durch den Kontakt mit seinem rund zwanzig Jahre älteren Vetter Friedrich Ludwig Keller, dem geistigen Kopf der Radikal-Liberalen, wurde Alfred Escher politisch sozialisiert und neigte immer deutlicher der herrschenden Reformpartei zu. Gerade bei der Strauss-Frage hielt er sich nicht zurück, wodurch er in scharfen Gegensatz zu anderen Zürcher Studenten trat, die sich ebenso vehement gegen Strauss stellten.

Mit der Aufnahme des Hochschulstudiums und dem Eintritt in die Studentenverbindung Zofingia im Mai 1837 bekannte sich Alfred Escher mit aller Deutlichkeit zu den Radikalen, und damit entfremdete er sich auch politisch vom konservativen Lager, dem der Grossteil der altzürcherischen Familien zugehörte. Allerdings kann dieser Schritt kaum überraschen, wenn man sich an das belastete Verhältnis Heinrich Eschers zur alten Zürcher Gesellschaft erinnert.

Aufgrund der Familiengeschichte scheint es ausgeschlossen, dass ein Escher vom Belvoir von den Mitgliedern der konservativen Partei überhaupt akzeptiert worden wäre, geschweige denn, dass es ihm möglich gewesen wäre, in dieser Partei aktiv zu politisieren. Selbst wenn es bereits einzelne Mitglieder alter Stadtzürcher Familien gab, die schon zuvor ins radikal-liberale Lager gewechselt hatten – neben Friedrich Ludwig Keller beispielsweise David Ulrich –, provozierte Alfred Escher das alte Zürich mit seinem politischen Auftritt. Wie man sich gemäss den kulturellen Normen der alten Gesellschaft zu positionieren hatte, zeigt das Beispiel von Friedrich von Wyss: «Durch den Geist und die Tradition unserer Familie war für sie die Stellung in religiös und politisch konservativem Sinn, in Opposition zu den Radikalen, gegeben.»[148]

Doch waren es nicht allein diese Mentalitätsunterschiede, die Alfred Escher davon abhielten, aus konservativer Position heraus zu politisieren. Analysiert man nämlich seine Persönlichkeitsentwicklung vom

Eintritt ins Obergymnasium über die Aufnahme in die Zofingia zum Leben als Student der Rechtswissenschaften, so vermag man sich nicht vorzustellen, wie er mit seinem Aktivismus und seiner Tonalität im persönlichen Umgang im konservativen Lager überhaupt hätte Aufnahme finden können. Auch instinktiv schloss sich Escher jener Gruppierung an, welche erkannt hatte, dass die Schweiz nur als von Grund auf modernisiertes Staatswesen eine Zukunft haben würde.

Die mentalitätsmässige Schere zwischen Alfred Escher und seinen aus konservativen Häusern stammenden Schulkameraden vom Obergymnasium tat sich mit dem Beginn des Universitätsstudiums immer mehr auf. Aufschlussreich ist dazu die Einschätzung von Friedrich von Wyss, dass er sich 1839 beim Auslandsemester in Bonn wohler gefühlt habe als in Berlin. Befreit von den radikal-liberal denkenden Kommilitonen um Escher, fand von Wyss in Bonn eine grössere Zahl Schweizer Studenten konservativer Provenienz vor, mit denen er freundschaftlichen Kontakt pflegte. Einer von ihnen war der spätere katholisch-konservative Luzerner Politiker Philipp Anton von Segesser.

Philipp Anton von Segesser (1817–1888). Luzerner Nationalrat und katholisch-konservativer Gegenspieler Alfred Eschers. Illustration «Nebelspalter».

Kontakte ins katholisch-konservative Lager, wie von Wyss sie pflegte, kann man sich beim damals sich radikalisierenden jungen Escher unmöglich vorstellen. Allerdings fand auch der reifere und gemässigtere Escher den emotionalen Zugang zu den Vertretern des politischen Katholizismus nicht. Zwar konnte er beispielsweise mit dem liberalen katholischen Geistlichen und St. Galler Politiker Joseph Anton Sebastian Federer durchaus respektvolle und freundliche Beziehungen pflegen, aber sein Verhältnis zu den Führern des katholisch-konservativen Lagers war auch auf persönlicher Ebene zutiefst getrübt. Den gleichen Philipp Anton von Segesser, mit dem Friedrich von Wyss lebenslang freundschaftlich verbunden blieb, würdigte Alfred Escher auf der politischen Bühne in Bern keines Blicks und sprach ihn auch nie mit Namen an. Diese unerbittliche Konsequenz, die Escher zwischen 1848 und 1882 – während 34 Jahren – bis zu seinem Tod verfolgte, war allerdings nicht einseitig. Von Segesser dachte und handelte gegenüber Escher auf dieselbe Weise.

Als Alfred Escher im Frühjahr 1839 von Berlin nach Zürich zurückkehrte, war der ‹Straussenhandel› abgeschlossen. Im Brennpunkt der Auseinandersetzungen stand nun das Volksschulwesen. Gegen die von der Regierung durchgeführten und geplanten Reformen opponierte der grosse Teil der Geistlichkeit und der Landbevölkerung. Um ihr Reformprojekt zu retten, griffen radikal-liberale Strategen zu einem absurden ‹Kunstgriff›, den schon im damaligen Zeitumfeld kaum jemand verstand. Regierungsrat David Bürgi – «ein Mann von untergeordneter Begabung, nur das Werkzeug von Dr. Keller und seiner Freunde» – reichte im Grossen Rat eine Motion ein, mit der die Hochschule abgeschafft werden sollte.[149] Auf diese Weise sollte das Schicksal der Volksschule mit demjenigen der Hochschule verknüpft werden, was – so das politische Kalkül – den Bestand beider liberaler Errungenschaften sichern würde. Alexander Schweizer bemerkte hierzu, Herr Bürgi wolle, um einen Nagel herauszureissen, das ganze Zimmer abbrechen.

Im Zusammenhang mit dieser unsäglichen Verbindung wurde Alfred Escher aktiv. Zusammen mit Benjamin Brändli erarbeitete er eine Broschüre, mit der die beiden Studenten der Rechtswissenschaft bezweckten, «die Verhältnisse und Leistungen der Hochschule zu beleuchten und die Gründe für die Nothwendigkeit ihrer Existenz von allen Gesichtspuncten aus anzugeben».[150] Diese Arbeit wurde dem Grossen Rat als Eingabe aller Zürcher Studenten der Universität eingereicht, während eine Abschrift der Hochschulkommission übergeben wurde. Welchen direkten Einfluss diese Eingabe auf den Entscheid des Grossen Rates ausübte, kann nicht beurteilt werden. Fest steht, dass sich der Grosse Rat am 27. Juni 1839 für das Fortbestehen der Universität aussprach.

Mit diesem hochschulpolitischen Engagement war der 20jährige Alfred Escher in die zürcherische Politik eingetreten. 1839 stand er allerdings noch an der Peripherie der radikal-liberalen Partei. Das Manöver, die Hochschule mit der politischen Angelegenheit der Volksschule zu verbinden, stiess bei ihm auf Ablehnung. «Es war ein politischer Kunstgriff der Radicalen», antwortete er auf eine entsprechende Frage von Jakob Escher. Überhaupt war 1839 für Alfred Escher ein unerfreuliches Jahr, nicht nur weil er krankheitsbedingt sein Studium in Berlin abbrechen musste. Negativ berührten ihn vor allem auch die Ereignisse in Zürich, die politische Niederlage der Radikalen und das moralische Versagen der radikalen Führer, die diese Niederlage weitgehend selbst verschuldet hatten.

Über die Ereignisse in Zürich berichtete Alfred Escher seinem Vetter wiederum rund einen Monat später. Jakob Escher hatte sich «nach unsern politischen Angelegenheiten» erkundigt, «nach der Hochschule u.s.f.» und «warum diese in jene hereingezogen» wurde. Alfred Escher antwortete ihm:

«Es war ein politischer Kunstgriff der Radicalen, die, für das Fortbestehen des verbesserten Schulwesens besorgt, nur dadurch einen Damm gegen die ihm drohende Reaction fanden, daß sie die Hochschule in Frage setzten und die Existenz des bisherigen Volksschulwesens und der Hochschule eng an einander knüpften. Wenn eine Verbindung zwischen beiden nicht zu läugnen ist, so ist diese doch jedenfalls nicht derartig, daß um des Unterganges des einen willen, das andere auch zerstört werden müßte.»

Zur Stellung des Kirchenrates meinte Escher:

«Die Mitwirkung des Kirchenrathes zur Wahl der theologischen Professoren wäre erstens gegen unsere Verfassung, die die Angelegenheiten der Kirche und der Schule vor allen Ländern aus getrennt erhält. [...] Doch, wie gesagt, nicht bloß den Grundsätzen der Verfassung widerspräche eine solche Einrichtung, sondern das Wesen der Hochschule und besonders unserer Hochschule wäre durch einen solchen Schritt verletzt. [...] Die Wahlordnung aller Professoren an unserer Hochschule und so auch der theologischen alle und jede Garantie darbiethend, so kömmt mir die Mitwirkung des Kirchenrathes bloß als eine fesselnde Vormundschaft und lästige Beschränkung des freien wissenschaftlichen Geistes vor.»[151]

Die Frage nach dem Verhältnis zwischen Kirche und Staat kam auch im Schriftwechsel zwischen Johann Jakob Blumer und Alfred Escher auf. Im Sommer 1839 äusserte sich Blumer gegenüber seinem Freund. Dabei fällt auf, wie der Glarner durchaus Verständnis dafür aufbrachte, dass die Kirche bei der Wahl ihrer «Beamteten» «wohl etwas mitreden» wolle. Darüber hinaus illustriert dieses Schreiben, in welch unangenehmer Situation sich jene Studenten befanden, die von der drohenden Schliessung der Universität Zürich betroffen waren. Blumer bemerkte, dass er in Anbetracht einer Schliessung der Hochschule «im höchsten Grade verlegen wäre, was ich thun sollte». Doch auch bei einem Fortbestand bliebe seine Zukunft unsicher, da er in Betracht ziehen musste, «daß die Hochschule, wenn auch nicht aufgehoben, doch auf solche Weise geschmälert würde, daß Niemand mehr Freude fände daran zu dozieren noch zu studieren».[152]

Der Sturz des radikal-liberalen Regimes 1839 war auch für viele Studenten ein Schock. Man kann die Enttäuschung des 20jährigen Alfred Escher nachvollziehen, der mit Idealismus dem Fortschrittsglauben der Radikal-Liberalen nachhing. Aus der Rückschau zeigt sich jedoch, dass diese Niederlage – wie paradox dies auch klingen mag – eine erfolgsentscheidende Voraussetzung für die ab Mitte der 1840er Jahre einsetzende politische Höhenwanderung Eschers war: Der parteiinterne Flurbereinigungsprozess, den die Radikal-Liberalen nach 1839 durchmachten, wäre ohne den Putsch von 1839 nicht eingeleitet worden. Dabei war unabdingbar, dass die alte radikal-liberale Politikergeneration, die 1830 an die Macht gelangt und 1839 mit Schimpf und Schande aus Amt und Würden gejagt worden war, in der neuen, ausgefeilten Parteistruktur keine Spitzenplätze mehr einnehmen konnte. Und damit war der Weg frei für die junge, nach Aufbruch und Erneuerung rufende Politikergeneration, zu der auch Alfred Escher gehörte. Bevor diese an die Macht gelangen konnte, galt es ein letztes Hindernis zu beseitigen: die Herrschaft der Konservativen. Doch deren Gebälk ächzte bereits Anfang der 1840er Jahre, und 1845 brach es ein.

Im Fadenkreuz der Konservativen: Alfred Eschers Einstieg in die Politik

Mitte der 1840er Jahre spitzte sich die Jesuitenfrage dramatisch zu. An verschiedenen Orten der Schweiz bildeten sich radikal-liberale Vereinigungen, welche darauf hinarbeiteten, die Jesuiten aus der Schweiz zu vertreiben. Wie vom Kanton Aargau, der 1841 trotz heftiger Empörung

Freischarenzug 1845. Aquarellierte
Bleistiftzeichnung von Johannes
Ruff (1813–1886); Ausschnitt.
Im Vordergrund Gottfried Keller.

die Klöster aufgehoben hatte, bereits 1843 verlangt, stand im Raum, dass die eidgenössische Tagsatzung die Ausweisung der Jesuiten beschliessen sollte. Vor allem die Berufung der Jesuiten nach Luzern im Herbst 1844 erhitzte die Gemüter und verschärfte die Spannungen zwischen Befürwortern und Gegnern dieses Entscheids. In unversöhnlichem Gegensatz gefangen, gingen die Exponenten der beiden Lager dazu über, sich neu zu formieren. Eine Antwort rief nach der andern, ein erster Schritt führte zum zweiten, die Spirale von Massnahmen und Gegenmassnahmen drehte sich unabänderlich, und bald schon wurde der Boden der Legalität verlassen. Im Dezember 1844 folgte der erste Freischarenzug, der zweite Ende März 1845. Auch wenn sie beide kläglich scheiterten und ein jämmerliches Bild vermittelten – mit dem bewaffneten Ausmarsch der politischen Hitzköpfe, zu denen auch bedeutende Repräsentanten der späteren Elite des Landes gehörten, wurde die Rechtsstaatlichkeit mit Füssen getreten und der weitere Weg zum ‹freundeidgenössischen› Blutvergiessen im Sonderbundskrieg von 1847 geebnet. Die Spaltung der Mentalitäten und Auffassungen verlief jedoch nicht entlang geographischer und konfessioneller Grenzen, sondern mitten durch Familien, Gemeinden und Kantone, was auch belegt, dass die Auseinandersetzung nicht ausschliesslich konfessionell begründet war. Der Kern des Problems lag im Gegensatz zwischen Konservativen und Radikal-Liberalen und drehte sich letztlich um die Frage, auf welche Art die Eidgenossenschaft politisch-infrastrukturell auszugestalten sei: föderalistisch oder zentralistisch. In beiden Lagern fanden sich Reformierte wie Katholiken. Im Lager der Jesuitengegner hatten sich verschiedene Positionen versammelt. Man traf auf gemässigte Politiker, welche die Meinung vertraten, dass die Ausweisung der Gesellschaft Jesu jedenfalls nur mit legalen Mitteln erfolgen dürfe. Andere, radikale Heißsporne, wollten das Problem gewaltsam lösen und nahmen das Risiko eines Bürgerkriegs bewusst in Kauf. Diese fanden denn auch Gefallen an den illegalen Freischarenzügen und an allerhand Provokationen. Dazwischen befanden sich jene, die trotz gestandener Abneigung gegen die Jesuiten in der Frage der einzusetzenden Mittel lavierten.

Unbestritten bleibt, dass der religiös-konfessionelle Hintergrund sich dazu eignete, bestehende sachliche Herausforderungen emotional aufzuladen. Auch im Kanton Zürich nahmen die Radikal-Liberalen Mitte der 1840er Jahre den Streit um die dämonisierten Jesuiten zum Anlass, gegen die konservative Seite zu mobilisieren und die Ausweisung der Gesellschaft Jesu zu erwirken. Neben Furrer und Rüttimann engagierte sich namentlich Alfred Escher in dieser politischen Aktion persönlich stark. Er war es auch, der schweizweite Netzwerke mit Gleichgesinnten knüpfte. Im Briefwechsel, den Escher mit seinen politischen Freunden im Laufe dieser stürmischen 1840er Jahre pflegte, wurden Szenarien entwickelt. Diese umfassten Überlegungen zu politischen Verhältnissen in einzelnen Kantonen, zielten etwa darauf, wie konservative Regierungen zu Fall gebracht werden könnten, und setzten sich mit der Jesuitenfrage auseinander. Es fällt auf, dass demgegenüber kaum Äusserungen Eschers über den Sonderbund und die kriegerischen Auseinandersetzungen von 1847 dokumentiert sind. Solche politischen Übergänge waren gerade in der Jesuitenfrage entscheidend. Die Mehrheitsverhältnisse in der eidgenössischen Tagsatzung, in der ein allfälliger Ausweisungsbeschluss hätte gefasst werden müssen, gestalteten sich labil und hingen an ganz wenigen Kantonen, die das Zünglein an der Waage spielten.

Die nachfolgenden Beispiele reflektieren Stimmungsbilder und Einschätzungen; sie dokumentieren persönliche Aversionen gegen die Jesuiten, berühren Fragen des politischen Umsturzes und des Einsatzes von Gewalt. Sie illustrieren die Spannungen zwischen staats- und rechtspolitischen Grundsätzen und persönlich-politischem Impetus. Im Juni 1844, kurz vor seinem Einstieg in die aktive Politik, bezeichnete Alfred Escher gegenüber Arnold Otto Aepli die bis dahin getroffenen Massnahmen gegen die Jesuiten als heuchlerisch. Wenige Monate später, wiederum an Aepli gerichtet, rechtfertigte Escher ein allfälliges gewaltsames Vorgehen, da es sich um Notwehr handeln würde:

«Sollten übrigens von den liberalen Luzernern alle gesetzmäßigen Schritte versucht worden sein, & dann, nachdem diese fruchtlos erschöpft worden, zur Gewalt gegriffen werden, so könnte diese Gewalt unserm Septemberaufruhr nie verglichen werden: sie wäre ja nur die Nothwehr gegen einen Verfassungsbruch.»[153]

Ausführlich korrespondierte Alfred Escher in dieser Sache mit seinem Studienfreund aus dem Kanton Glarus, Johann Jakob Blumer. Aus dem Schriftwechsel von 1844/45 geht unzweideutig hervor, dass Blumer strikt für legale Mittel war. Weiter scheint es, als ob der besonnenere liberale Blumer seinen damals radikalen Freund ermahnen wollte:

«Ich finde im Allgemeinen, daß die liberale Parthei an ihren Grundsätzen, welche sie zur Gegnerin alles Putschwesens machen müssen, konsequent festhalten sollte, u. im besondern Falle fürchte ich, daß sie bei einem Gewaltstreiche den Kürzern ziehen würde, wodurch ihre völlige Unterdrückung entschieden wäre. [...] Bleiben die Liberalen ruhig, so bin ich überzeugt, daß gerade in Folge der extremen Maßregel, welche die herrschende Parthei ergriffen, u. der gemeinen Mittel, welche sie zu deren Durchsetzung angewendet hat, ein immer größerer Abscheu vor ihr im Volke sich verbreiten u. endlich ihren Sturz herbeiführen wird.»[154]

Wie Blumer empfahl auch Johannes Honegger, sich an den legalen Weg zu halten. Gemäss seiner Auffassung war die «Generalaustreibung der Jesuiten aus der Schweiz» rechtlich fragwürdig. Honegger bemerkte, dass die Liberalen sich hüten sollten, sich ausserhalb der Verfassungsmässigkeit zu bewegen: «Wenn die Zürcher Liberalen die noble Bahn der Legalität, die sie vor aller Welt feierlich als geheiligtes Panner aufgesteckt haben, wieder verlaßen, so haben sie keine Zukunft ...»[155] Die damalige politische Lage in der Schweiz schien ihm für die Ausweisung der Jesuiten ohnehin ungünstig zu sein, beurteilte er doch den Einfluss der konservativen Katholiken als «kräftiger als je». Honegger kritisierte, dass das Engagement in der Jesuitenfrage wie auch die Unterstützung des politischen Flüchtlings Jakob Robert Steiger, des Führers der Luzerner Liberalen, blosse Parteipropaganda sei. Die Bewegung gegen die Jesuiten in Graubünden bezeichnete er als verfehlt. In seinen beiden Schreiben von Februar und Juli 1845 an Alfred Escher zeigte sich ein kritischer Zeitgenosse, der unter Rückgriff auf Vorfälle in einzelnen Kantonen die radikal-liberalen Heißsporne vor überspannten und überstürzten Handlungen warnte:

«Nach meiner Ansicht wird das schweizerische Staatsleben so lange die Beute gewaltsamer innerer Zuckungen bleiben, bis einmal die eidgenössische Garantie der Cantonalverfassungen eine Wahrheit werden wird. Eine Wahrheit wird sie dann, wenn sie die Regierungen vor gewaltsamen Uebergriffen des Volkes, das Volk vor gewaltsamen Uebergriffen der Regierung schützt.»

«Deine Diatribe gegen die Jesuiten liest sich ganz gut, nur beweist sie, wenigstens mir gegenüber, nicht, was sie beweisen sollte. Ueber die Gefährlichkeit der Jesuiten, über das maaßlose Umsichgreifen des Ultramontanismus, über die dadurch erzeugte Schmälerung der Rechte des Staates, über die Nothwendigkeit entschiedener u. kräftiger Maaßregeln gegen diesen immer mehr erstarkenden Feind sind wir vollkommen einverstanden. Aber du hättest mir in den von Euch ergriffenen Mitteln irgend eine Möglichkeit eines Erfolges nachweisen sollen.»[156]

Als sich Alfred Escher im Sommer 1844 als frischernannter Privatdozent der Universität Zürich mit der Vorbereitung seiner Vorlesungen beschäftigte, wurde eine Entscheidung an ihn herangetragen, die seinen Weg als Politiker anbahnte: Radikalliberale Freunde um Grossrat Jonas Furrer, den späteren ersten Bundespräsidenten der Schweiz, der Wohnsitz und Anwaltskanzlei Ende der 1830er Jahre von Winterthur nach Zürich verlegt hatte, stellten Escher als Grossratskandidaten für die bevorstehende Ersatzwahl im Wahlkreis Elgg auf. Der bisherige Amtsträger Heinrich Kübler hatte seinen Rücktritt als Grossrat damit begründet, dass er das aktive Bürgerrecht im Kanton Thurgau ausüben wolle und demgemäss auf das Kantons- und Gemeindebürgerrecht im Kanton Zürich verzichte.

Es scheint, dass Escher von dieser Nomination überrascht wurde. Nur so ist zu erklären, dass die Initianten grosse Mühe hatten, den Kandidaten bei der Stange zu halten. Escher zögerte und zweifelte; er trug, wie er selbst sagte, einen «inneren Kampf» aus. Er verwies auf wissenschaftliche Interessen, die ihm zum damaligen Zeitpunkt nahelegten, das politische Parkett noch nicht zu betreten. Seine Bedenken gegen das öffentliche politische Amt wurzelten namentlich auch in

Gründen, die in seiner Familiengeschichte angelegt waren. Bevor er seinen Entscheid gefällt hatte, fand sich «Dr. Alfred Escher, Privatdozent» am 21. Juli 1844 mit 276 von 353 Stimmen im ersten Wahlgang bereits gewählt.[157] Eschers Stimmenanteil von rund 78% überrascht angesichts der Wahlumstände: Escher war in einem Wahlkreis gewählt worden, in dem ihn kaum jemand persönlich kannte. Für die Ersatzwahl hatte sich rund ein Dutzend Kandidaten beworben, darunter ein aus Elgg selbst gebürtiger Arzt und ein Zunftrichter. Und warum sollte man jemand die Stimme geben, dessen politische Vorstellungen man nicht einmal der Spur nach kannte und von dem man zu gewärtigen hatte, dass er eine Wahl ablehnen könnte?

Jonas Furrer und seinen politischen Mitstreitern war der junge Escher aufgrund seiner Führungsqualitäten in Zofingia und Mittwochs-gesellschaft, deren Altherrenclub, aufgefallen. Es war ihnen auch nicht entgangen, wie leicht es Escher bereits in jugendlichen Jahren gelungen war, Netzwerke aufzubauen. Was jedoch hauptsächlich für ihn sprach, war seine politische Gesinnung. Diese wies ihn als denjenigen Schüler Friedrich Ludwig Kellers aus, der mit seinem Lehrer «in der innigsten Verbindung stand». Dass die radikal-liberale Führung 1844 Alfred Escher nicht als Alibikandidaten verheizen wollte, sondern mit dem jungen Hoffnungsträger weitergesteckte Pläne hegte, zeigt die Tatsache, dass sie ihn in einem Wahlkreis aufstellte, der – auch nach dem Umsturz von 1839 – fest in ihrer Hand war. Alfred Escher war auf einen ‹sicheren› Sitz gehoben worden.[158]

Jonas Furrer (1805–1861). Politischer Verbündeter, wichtigster Ansprechpartner im Bundesrat und Freund Alfred Eschers. Porträt von David Sulzer (1784–1864) im Jahr 1846.

Kaum hatte sich Alfred Escher nach Gesprächen mit seinem wissen-schaftlichen und politischen Mentor Friedrich Ludwig Keller und namentlich nach Erörterungen im Familienkreis dazu durchgerungen, die Wahl anzunehmen, war von Unsicherheit und Zögern keine Spur mehr. In einer an den Wahlkreis Elgg gerichteten mehrseitigen Zuschrift erklärte Escher Annahme der Wahl, was Wahlpräsident Rudolf Zwingli wiederum seiner Zunft mitteilte. Überdies liess Zwingli die Ausfüh-rungen Eschers im Druck erscheinen. Damit wurden sie unter den Bürgern Elggs bekannt gemacht und fanden auch schnell den Weg in die Zeitungen, wo sie teils wörtlich abgedruckt, teils grosszügig paraphra-siert wurden. Alfred Eschers breit ausgeführte Annahmeerklärung der Wahl war seine erste Stellungnahme zu politischen Zeitfragen in Bund und Kanton Zürich – gleichsam sein damaliges politisches «Glaubens-bekenntnis», wie er sich selbst ausdrückte.

Nach Ausführungen über sein wenig vorgerücktes Alter, über die Gefahr, dass sich seine wissenschaftliche Lehrtätigkeit und sein nun-mehr eingegangenes politisches Engagement behindern könnten, und über die merkwürdig anmutende Tatsache, dass die Stimmberechtigten jemand gewählt hatten, dessen politische Einstellung sie nicht kannten, streifte Escher die Frage der Repräsentation der einzelnen Kantone in der Bundesbehörde. Damit schlug er eines seiner zentralen Themen an, das ihn während seiner ganzen politischen Tätigkeit nicht losliess: das

Verhältnis zwischen zentralistischer und föderalistischer Ausgestaltung der Schweiz. Für ihn war unbestritten, dass die «Machtvollkommenheit der vielen Kantone» zugunsten «einer größeren Einheit» des Landes abgebaut werden müsste, auch dass die Bevölkerungszahl bei der Vertretung der Kantone in der Landesbehörde stärker zu gewichten sei. Vor diesem Hintergrund und angesichts der Tatsache, dass die damals gültige Verfassung, der Bundesvertrag von 1815, es verunmöglichte, «einen Beschluß als Nation zu fassen», war die Lösung dieser Verfassungsfrage für Escher das erste politische Ziel, das es auf eidgenössischer Ebene zu erreichen galt. Auch auf kantonalzürcherischer Ebene war es die Verfassung, welcher Escher in seinen Grundsätzen breiten Raum gab und die es seiner Ansicht nach zusammen mit der Repräsentativdemokratie gegen direktdemokratische Tendenzen zu verteidigen galt. Darauf äusserte sich Escher zum Volksschul- und höheren Unterrichtswesen und nannte damit zwei Bereiche, denen er später sowohl als Zürcher Regierungsrat als auch als eidgenössischer Parlamentarier Vorliebe und besondere Aufmerksamkeit schenkte. Zu Eschers ‹Glaubensbekenntnis› gehörte auch eine klare Positionierung in kirchlich-religiösen Grundbereichen. In rein religiöse Fragen sollte sich der Staat nicht einmischen, da das Reich der Religion nicht von dieser Welt sei. Dagegen gelte es, mit «um so viel mehr Entschiedenheit» überall dort Bestrebungen entgegenzutreten, wo die Kirche in Bereiche des Staates «übergreifen» wolle. Schliesslich kam Escher auf «die vielen materiellen Fragen» der Zeit zu sprechen, auf die «nicht zu läugnenden Uebelstände». Trotz aller Gegensätze müssten sich die Parteien «willig und freudig die Hand reichen» und alle Bestrebungen daransetzen, das Wohl des Kantons Zürich zu heben. «Diesen Grundsätzen werde ich treu bleiben.»[159]

Wie mit seinen Promotoren vor der Annahmeerklärung der Wahl in Elgg ausgemacht, ging Escher Mitte 1844 davon aus, dass er vorerst nicht an vorderster politischer Front agieren werde. Zudem war der radikal-liberale Frontalangriff auf die konservative Partei erst für 1846 geplant. Trotzdem zeigte sich bereits Mitte der 1840er Jahre jenes Muster im gesellschaftspolitischen Engagement Eschers, das zum eigentlichen Schicksal seiner gesellschaftspolitischen Persönlichkeit werden sollte: Wo immer Fragen von staatstragender Bedeutung aufgeworfen wurden, war Escher prominent mit ihnen befasst.

Kaum war Escher in den Grossen Rat gewählt, setzte der Machtwechsel in Zürich ein: Johann Caspar Bluntschli, der politische Kopf der Konservativen, unterlag im Dezember 1844 bei der Bürgermeisterwahl (Regierungsratspräsident) Ulrich Zehnder, dem Vertreter der radikalliberalen Richtung. Erfolge auf kantonaler Ebene bestärkten die Radikal-Liberalen in ihren Anstrengungen, ihre Agitation über die Grenzen des Kantons hinauszutragen. Alfred Escher unterzeichnete zusammen mit Jonas Furrer und weiteren Protagonisten eine Proklamation, und auf den 26. Januar 1845 wurde eine Volksversammlung nach Zürich-Unterstrass einberufen. Für den damals 26jährigen Escher, der kurz

Johann Caspar Bluntschli (1808–1881). Der führende Kopf der konservativen Partei war wie sein liberaler Gegenspieler Friedrich Ludwig Keller ein höchst angesehener Repräsentant der Rechtswissenschaft an der Zürcher Universität.

zuvor in den Grossen Rat gewählt worden war, wurde diese folgenschwere Versammlung zu einem Kristallisationspunkt seines weiteren
politischen Lebens. Sie legte aber auch Szenerien und Abläufe, Mittel
und Instrumente offen, mit denen Eschers Gegner den aufstrebenden
Jungpolitiker und späteren politischen Dominator bekämpften. Der
schnelle Zusammenbruch der konservativen Bastionen in Zürich beschleunigte den Siegeszug der Radikal-Liberalen und führte auch zum
kometenhaften Aufstieg Alfred Eschers.

Seinem Standpunkt in der Jesuitenfrage hatte Escher am 5. Februar
1845 in der Debatte des Grossen Rates auch öffentlich unmissverständlich Ausdruck gegeben: Es war die offene Kalkulation mit dem Bürgerkrieg. Eschers Ausführungen waren eine einzige Philippika gegen die
Jesuiten. Escher sprach von «Intoleranz», von «Proselytenmacherei»; er
geisselte die «verderbliche Wirksamkeit des Ordens», den unheilvollen
Einfluss der Gesellschaft Jesu auf Schulen und Gesellschaft sowie ihre
Schmähungen gegenüber Andersgläubigen. Und alle diese «Uebel»
spürte er nicht nur in den Annalen der Geschichte auf, sondern auch in
der Gegenwart der 1840er Jahre – mit Beispielen aus den Kantonen
Schwyz, Freiburg und Wallis. Kann man diese Einschätzung als persönliche Meinung Eschers abtun, so erscheinen jene Ausführungen staats-
und rechtspolitisch bedenklich, in denen er den Landfriedensbruch der
Freischarenzüge lediglich als Folge der Jesuitenberufung darstellte und
mithin in der faktischen Konsequenz rechtfertigte. Der Bund habe die
Pflicht, weitere Vorfälle dieser Art zu verhindern, die Tagsatzung das
Recht, gegen die Jesuiten vorzugehen, selbst wenn keine Ruhestörungen
vorlägen, da die Gesellschaft Jesu von ihrem Charakter und Wesen her
zwangsläufig zu Störungen von Ruhe und Ordnung führen müsse.
Würde der Bund nicht eingreifen, so würde die ultramontane Partei ihr
Haupt «immer übermütiger» erheben.

Nach dieser Analyse kam Escher zu seiner Problemlösung: Die
Mittel des Bittens und Redens und somit die «geistigen Waffen» seien
ausgeschöpft; damit wären die Ultramontanisten überhaupt nicht zu
bewegen, wie die Geschichte zeige. Es bleibe nichts anderes als die
Ausweisung, der er keine Verletzung konfessioneller Rechte beimass,
habe doch der Papst selbst die Gesellschaft Jesu eine Zeitlang verboten
und sei gleichwohl «katholisch geblieben». «Nicht die katholische Religion, die protestantische ist die angegriffene», feuerte Escher in den
Ratsaal. Die Protestanten müssten sich zur Wehr setzen. Der Gefahr des
Bürgerkrieges gelte es ins Auge zu schauen. Allerdings ergäben sich
zwischen dem Verbannungsbeschluss und dessen Ausführung Möglichkeiten, Blutvergiessen zu verhindern. Mit den Ausführungen über den
Bürgerkrieg kam Escher an den Schluss seiner Rede. Vehement plädierte
er dafür, die Lösung des Problems nicht länger hinauszuschieben, und
prognostizierte, dass der Ausgang einer militärischen Auseinandersetzung zu einem späteren Zeitpunkt viel zweifelhafter erscheine als ein
unmittelbares Aufeinandertreffen der Kräfte, da die ultramontane Seite

Jesuitenzug (1843)
von Gottfried Keller

Hussah! Hussah! Die Hatz geht los!
Es kommt geritten klein und gross,
Das springt und purzelt gar behend,
Das kreischt und zetert ohne End':
    Sie kommen, die Jesuiten!

Da reiten sie auf Schlängelein
Und hinterdrein auf Drach' und Schwein;
Was das für muntre Bursche sind!
Wohl graut im Mutterleib dem Kind:
    Sie kommen, die Jesuiten!

Hu, wie das krabbelt, kneipt und kriecht,
Pfui, wie's so infernalisch riecht!
Jetzt fahre hin, du gute Ruh'!
Geh', Grete, mach das Fenster zu:
    Sie kommen, die Jesuiten!

«Gewissen, Ehr' und Treue nehmt
Dem Mann und mach't ihn ausverschämt,
Und seines Weibes Unterrock
Hängt ihm als Fahne an den Stock:
    Wir kommen, die Jesuiten!»

Von Kreuz und Fahne angeführt,
Den Giftsack hinten aufgeschnürt,
Der Fanatismus ist Profoss,
Die Dummheit folgt als Betteltross:
    Sie kommen, die Jesuiten!

«Wir nisten uns im Niederleib
Wie Maden ein bei Mann und Weib,
Und was ein Schw...n erfinden kann,
Das bringen wir an Weib und Mann:
    Wir kommen, die Jesuiten!»

O gutes Land, du schöne Braut,
Du wirst dem Teufel angetraut!
Ja, weine nur, du armes Kind!
Vom Gotthard weht ein schlimmer Wind:
    Sie kommen, die Jesuiten!

ihr Heerlager noch nicht entsprechend aufgerüstet habe. Bei einem weiteren Aufschub des Ergreifens sei «das aufgeregte Nationalgefühl kaum zurückzuhalten». Dadurch wurden die Zuhörer auf den Tribüne elektrisiert und spendeten unter tumultartigem Lärm tosenden Applaus. Der Ratsvorsitzende sah sich gezwungen, mit der Räumung zu drohen. Dann nahm die Sitzung einen gesitteteren Verlauf, und die Abstimmung ergab, dass man – gegen den Antrag der konservativen Regierung, welche die Ausweisung der Jesuiten lediglich in einer Bittadresse an die Luzerner Regierung vorsah – von der Tagsatzung einen verbindlichen Verbannungsbeschluss verlangte.[160]

Alfred Eschers Rede gegen die Jesuiten im Grossen Rat von Anfang Februar 1845 emotionalisierte Gegner wie Befürworter und blieb anhaltendes Thema auch ausserhalb des Ratsaals. Die scharfe Sprache und die ungestümen Tiraden, mit denen die politischen Exponenten der katholischen Kantone von Escher aufs Korn genommen wurden, machten selbst vor der konservativen Zürcher Regierung nicht halt. Namentlich Regierungsrat Bluntschli wurde beschimpft und beschuldigt, gegenüber den katholischen Kantonen schwächliche und zu rücksichtsvolle Positionen einzunehmen und somit letztlich mit der jesuitischen Seite unter einer Decke zu stecken. Mit seiner grossrätlichen Rede, mit seinen verschiedenen Auftritten in gleicher Sache an Volksversammlungen und mit seinen kantonsübergreifenden Propaganda- und Koordinationskampagnen hatte Alfred Escher 1845 seine politische Fahne unübersehbar gehisst.

Fast über Nacht war der 26jährige Grossrat und Privatdozent an der Universität Zürich mitten im Strudel eidgenössischer Auseinandersetzungen gelandet. Die Besetzung von vier Regierungsratssitzen durch Liberal-Radikale und der damit zusammenhängende Rücktritt Bluntschlis als Regierungsrat ermöglichten Jonas Furrers Wahl zum Amtsbürgermeister. Damit war im Frühjahr 1845 der politische Wechsel in Zürich vollzogen. Die Partei, der sich Escher angeschlossen hatte, war an den Schalthebeln der politischen Macht. Und innerhalb dieser Partei war Escher in den engsten Führungskreis aufgerückt. Als Stadtbürger, dessen Familie einst zu den bedeutendsten des Zürcher Patriziats gehört hatte, gerüstet mit Bildung, ausgestattet mit grossen finanziellen Mitteln und wohnhaft in einem prächtigen Landhaus am See, fiel Alfred Escher damals soziologisch allerdings aus dem Rahmen seiner vorwiegend ländlichen Parteifreunde. Dies bemerkte auch Theodor Mügge, als er 1846 die Schweiz bereiste. Die herrschenden Radikal-Liberalen machten ihm «keinen besondern persönlichen Eindruck». Und sein weiteres Urteil: «Viele sind aus dem Volke hervorgegangen unter harter Mühe und Arbeit; ihre plebejische Abkunft klebt ihnen an. Es sind einfache, nüchterne oder kalte, ruhige Gesichter, stille, kleine, blasse Männer oder breitgeschultert und von martialischem Ansehn. Ein stattlicher junger Mann ist allein der Regierungsrath Dr. Escher, der körperlich und geistig sich vortheilhaft auszeichnet.»[161]

Alfred Eschers politischer Aufstieg gestaltete sich kometenhaft: Am 3. April 1845 wurde er vom Grossen Rat zum Dritten Tagsatzungsgesandten gewählt, am 24. April durch den Regierungsrat in den Rat des Innern und am 17. Dezember in den Erziehungsrat. 1846 bestätigte ihn der Grosse Rat als Dritten Tagsatzungsgesandten. Am 22. Dezember wurde Escher Vizepräsident des Grossen Rates. Am 29. Juni 1847 wurde er vom Regierungsrat zum Ersten Staatsschreiber ernannt. Diese Wahl ging nicht ohne Nebengeräusche vor sich, war es doch dem Einfluss Eschers zuzuschreiben, dass der bisherige Zweite Staatsschreiber Georg von Wyss nicht nur übergangen, sondern aus seinem Amt gedrängt wurde. Eschers ehemaliger wissenschaftlicher und politischer Mentor Friedrich Ludwig Keller entbot dem neuen Staatsschreiber seine Glückwünsche: «Ich sehe vollkommen ein, daß Du an dieser Stelle recht viel gutes stiften kannst, und mit Furrer und Rüttimann muß es angenehm sein zu arbeiten.»[162] Gerold Meyer von Knonau prophezeite Escher, dass dieser es nicht bereuen werde, «auch diese Schule durchgemacht zu haben».[163] Die Funktion des Staatsschreibers zwang Alfred Escher, seine Tätigkeit als Privatdozent an der Universität Zürich aufzugeben. Ohnehin hatte sich gezeigt, dass die Privatdozentur Escher nicht «ausschließlich» befriedigte, wie in einem Brief von Johann Jakob Blumer vom Sommer 1844 nachzulesen ist. Bereits damals hatte der 25jährige Escher offenbar den Drang in sich gefühlt, sich neben «fachwissenschaftlichen Studien auch mit religiösen u. sozialistischen Fragen zu beschäftigen». Blumer unterstützte diese Interessen, zumal es ihm schien, «daß eine gründliche u. lebendige Durchdringung dieser Fragen nothwendige Bedingung sey zu einem erfolgreichen politischen Auftreten».[164]

Die Tätigkeit als Staatsschreiber konnte Escher auf Dauer nicht fesseln. Trotzdem dürfen die Monate, die er auf der Staatskanzlei zubrachte, in ihrer Bedeutung für die weiteren politischen Schritte nicht unterschätzt werden. Als Staatsschreiber konnte Escher das Regierungsgeschäft aus nächster Nähe verfolgen und in die verschiedensten Dossiers Einblick nehmen. Es überrascht nicht, dass Escher die Dossiers bald besser kannte als der Regierungsrat selbst, so dass die Meinung aufkam, der Staatsschreiber führe den Regierungsrat. Am 5. Januar 1848 folgte Eschers Wahl zum Vorsitzenden des Gremiums für das höhere Unterrichtswesen im Erziehungsrat bei gleichzeitiger Übernahme des Vizepräsidiums des Erziehungsrates, dann die Wahl zum Stellvertreter des Zweiten Tagsatzungsgesandten und wenig später diejenige zum Zweiten Tagsatzungsgesandten. Schliesslich gab Escher die Funktion des Staatsschreibers auf, da er zum Regierungsrat und als jüngstes Mitglied aller Zeiten zum Präsidenten des Grossen Rates gewählt worden war. 29jährig hatte Alfred Escher die höchsten politischen Ämter im Kanton Zürich inne und war zugleich erstmals als Nationalrat zum Vertreter des Kantons im neugeschaffenen eidgenössischen Parlament gewählt worden.

Georg von Wyss (1816–1893). Vertreter des konservativen Zürich und politischer Gegenspieler Alfred Eschers. Escher verhinderte 1852, dass von Wyss – damals Nordbahndirektor – ins Direktorium der fusionierten Nordostbahn gewählt wurde.

Mittwochs- und Donnerstagsgesellschaft

Die Basis für seinen politischen Aufstieg legte Escher bereits 1842 mit der Gründung einer akademischen Vereinigung, der Mittwochswochsgesellschaft. Diese war als Zusammenschluss ehemaliger Zofinger gedacht und ganz im Geist jenes unsichtbaren Zofingervereins angelegt, den Escher schon 1840 beschworen hatte. Allerdings wurde nun dieses Sammelbecken in Zürich von Escher zusehends politisiert. Hinzu kam 1845 der Donnerstagsclub, mit dem Escher einen kantonsübergreifenden Zusammenschluss radikal-liberaler Köpfe schuf. Damit hatte er zwei Plattformen aufgebaut, auf denen er seine politische Persönlichkeit auch ausserhalb des Ratssaals entfalten konnte. Erfolgsentscheidend war die dadurch geschaffene Möglichkeit, mit wichtigen Vertretern der radikal-liberalen Richtung Zürichs und anderer Kantone bekannt zu werden, ein Netzwerk aufzubauen und sich zu profilieren. In diesen organisatorisch-strukturellen Rahmen wurden die drängenden Themen der Zeit gestellt. Verfolgt man die Entwicklung der persönlichen Beziehungen zwischen Escher und anderen Radikal-Liberalen, stellt man fest, dass sich bereits Mitte der 1840er Jahre in Zürich eine kleine Gruppe von Politikern gebildet hatte, welche die Fäden des konzeptionell-strategischen und operativen Geschehens in der Partei in ihren Händen zusammenzogen. Im Zentrum stand Jonas Furrer, der mit seinen 40 Jahren als Mitglied des Grossen Rats (1834–1839, ab 1842) und als dessen mehrfacher Präsident (1837, 1839, 1842) bereits bestandener Politiker war, 1845 in den Zürcher Regierungsrat gewählt wurde und im gleichen Jahr seinen Kanton als Tagsatzungsgesandter auch auf eidgenössischer Ebene vertrat. Neben ihm, dem damals einflussreichsten Radikal-Liberalen der neuen Generation, rückten 1844 die beiden Keller-Protégés Johann Jakob Rüttimann, 31jährig, und als jüngster Alfred Escher, 25jährig, in diese Führungsriege auf. Rüttimann wie Escher wurden 1844 zu Grossräten gewählt.

Die bis heute sagenumwobene Akademische Mittwochsgesellschaft sollte zu einem wichtigen Ausgangspunkt für Alfred Eschers politische Karriere werden. Als eigentliche Inkarnation des Systems Escher, als eine Art geheime Oberregierung, bot die Mittwochsgesellschaft den Rahmen, in dem politische Geschäfte, personelle Fragen und wichtige Staatsangelegenheiten besprochen und entschieden wurden. Um Escher scharte sich eine wachsende Zahl von ‹Adepten›, und es fand sich männiglich ein, wer Karriere machen wollte.

Die Quellen machen deutlich, dass die Akademische Mittwochsgesellschaft Anfang der 1840er Jahre als Altherrenclub ehemaliger Mitglieder der Zürcher Zofingersektion gegründet wurde. Von da her erklärt sich auch ihre ursprüngliche Zielsetzung, die in wissenschaftlichen Bestrebungen und im geselligen Kontakt bestand. Diese Gesellschaft trug anfänglich keinen politischen Charakter, was erklärt, dass ihr neben Alfred Escher auch ehemalige Kommilitonen und Zofingerkameraden aus dem konservativen Lager angehörten, darunter Jakob Escher und Friedrich von Wyss. Man traf sich im Sommer jeweils mittwochs im ‹Drahtschmidli›, im Winter in einem Wirtshaus der Stadt. Bereits in der zweiten Hälfte des Jahres 1843 gewannen diese Zusammenkünfte jedoch einen anderen Charakter, indem zunehmend die Parteipolitik in den Fokus gerückt wurde. Diese neue Ausrichtung war kein allmähliches Abgleiten, sondern wurde von Escher gezielt herbeigeführt. Im Sommer 1843 kam er von einem sechsmonatigen Aufenthalt in Frankreich nach Zürich zurück. In Paris hatten es sich Alfred Escher und Johannes Honegger zur hochfliegenden Aufgabe gemacht, die Eidgenossenschaft politisch-strukturell umzugestalten. Aus dem ihrer Ansicht nach verkrusteten und morschen Gebilde sollte eine moderne, radikale Schweiz werden. Entschlossen ging Alfred Escher nach seiner Rückkehr nach Zürich daran, diese Pläne in die Tat umzusetzen und zu diesem Zweck die Akademische Mittwochsgesellschaft in ein politisches Forum zu verwandeln. Ebenso waren in Paris Szenarien entwickelt worden, wie die radikal-liberale Partei im Kanton Zürich modernisiert und wie insbesondere neue und unverbrauchte junge Kräfte ihr frisches Gedankengut einbringen könnten. Honegger und Escher hatten erkannt, dass der Einsatz der Presse wie die Propaganda überhaupt zu Erfolgsfaktoren der politischen Aufklärung und der radikalliberalen Sache werden würden. Insbesondere Honegger fand es «jammerschade, daß das junge Zürich vom Mittwoch nicht recht oft einige kräftige Griffe in die Journalistik thut. Die liberale Preße von Zürich ist so unendlich schmal! […] Wenn nicht kräftigere u. befähigtere Hände in die liberale Journalistik eingreifen, so geht am Ende alle Einigung, der ganze Mittelpunkt unsrer politischen Bestrebungen zu Grunde.»[165]

Das ‹Drahtschmidli› an der heutigen Wasserwerkstrasse 17 in der ehemaligen Zürcher Ausgemeinde Unterstrass. Hier traf sich im Sommer gewöhnlich jeweils mittwochs die Akademische Mittwochsgesellschaft. Fotografie von 1912.

Honegger führte diesen Sachverhalt in einem Brief, den er im Sommer 1844 an Escher schrieb, näher aus:

«Als wir an jenem Maisonntage auf der Impériale einer Diligence von Paris nach Versailles fuhren, war die zukünftige Gestaltung unserer politischen Thätigkeit das Thema unsrer Besprechung. Du geruhtest damals, den Spröden zu spielen, wie es mir schien, nicht ohne Absicht. Du wolltest aus meinem Munde die Beweisführung hören, daß du aus verschiedenen Gründen dazu berufen seist, eine politische Rolle zu spielen. [...] Du *mußt* dem Rufe des Vaterlandes folgen; du schuldest es ihm schon als Bürger, u., irre ich mich nicht sehr, so wiederhallt dir aus deinem ganzen Wesen u. aus deiner bürgerlichen Stellung derselbe unabweisbare Zuruf. [...] Ich habe dir u. Braendli, den zu großartigen Verschwörungen geeignetesten Gliedern der Mittwochgesellschaft, schon oft im Stillen, u. auch laut, den Vorwurf gemacht, daß Ihr Euch der darniederliegenden freien Preße nicht erbarmt. Es kam mir immer vor, als sei dieses das geeignetste Feld, um Euch auf Eure künftige politische Laufbahn würdig vorzubereiten.»

Honegger war von der Art, wie Escher seine politischen Ansichten schriftlich darlegen konnte, überaus entzückt. Er schwärmte: «Du gabst meinen verworrenen, vagen Ideen einen Leib, du ordnetest sie in ein ungetrübtes, organisches Ganzes; es fiel mir wie Schuppen von den Augen; das manche Alte, früher schon Gedachte wurde durch die unumstössliche Systematisierung zu einem völlig Neuen.» Derart beeindruckt von Eschers treffender Ausdrucksweise, verwarf Honegger seine eigenen publizistischen Pläne und veröffentlichte statt dessen Auszüge aus Eschers Schreiben im «Freien Rhätier», jedoch unter seinem eigenen Namen.

Darüber informierte er Escher mit den Worten:

«In den n. 54 u. 55 des ‹Freien Rhätier› findest du den ersten, destructiven Theil deines Briefes. Hier habe ich für einmal Halt gemacht, um vorerst von dir die Genehmigung zum Drucke des zweiten, constructiven Theiles einzuholen. Für den Druck des ersten Theiles finde ich keine Entschuldigung nöthig. Es sind Ansichten, zu denen ich in ihrem ganzen Umfange stehe, die ich selbst vorzutragen beabsichtigte aber so gründlich u. eingreifend abzufassen kaum im Stande gewesen wäre.»[166]

In seinen Ausführungen liess Escher seinem Unmut über den damaligen Zustand der Schweizer Politik freien Lauf:

«Dem, der von ferne den Gang des politischen Lebens im schweizerischen Athen beobachtet, wird oft ganz wunderlich zu Muthe. Sonst waren die politischen Führer anderer Kantone gewohnt, mit der gespanntesten Aufmerksamkeit den geistigen Kampf zu verfolgen, der dort mit den Waffen einer durchgebildeten Ueberzeugung und festbegründeter Prinzipien durchgekämpft wurde. Die Waffen dieses geistigen Prinzipienkampfes sind abgestumpft. An seine Stelle treten kraft- und saftlose Plänklergefechte, unwürdige Balgereien auf dem Gebiete niedriger Persönlichkeiten.»

«Die politischen Verhältnisse der Schweiz … sind gegenwärtig trostloser als je. […] Wie viel Rednerei und wie wenig Muth zum Handeln! Vor allem aber welche Desorganisation! […] Sie ist eine schweizerische, nicht blos eine kantonal-zürcherische.»[167]

Weiter bekundete Honegger die Absicht, auch den zweiten Teil von Eschers Schrift zu veröffentlichen, falls er dies nicht selbst zu tun gedenke oder triftige Gründe gegen die Publikation aufführen könne. Eschers Ansichten schienen Honegger «so schlagend, so einleuchtend», dass er «nur mit innerem Schmerz auf die Freude Verzicht leisten würde, sie einem grösseren Publikum vorzulegen». Manch einem Gedanken Eschers mass er, einer breiten Öffentlichkeit unterbreitet, grosses Wirkungspotential bei; oder wie Honegger selbst es ausdrückte: «Es müßte irgendwie in Zürich zünden.»[168]

Angesichts dieser politischen Vereinnahmung der Mittwochsgesellschaft überrascht nicht, dass die konservativen Mitglieder sich distanzierten. Davon berichtet Jakob Escher in seiner Autobiographie. Dort nennt er auch den Grund, weshalb die Freundschaft mit seinem Vetter

Alfred Escher zerbrach: «Es wurde viel und in leidenschaftlicher Weise politisiert ... Alfred Escher und Bollier, nachher Regierungsrath, damals noch Untersuchungsrichter, führten dabei namentlich das große Wort und hörten nicht auf, über die conservativen Mitglieder der Regierung, ganz besonders Dr. Bluntschli, zu schmähen und zu spotten. Es war mir dieses so unangenehm, daß ich mich ganz von der erwähnten Mittwochgesellschaft zurückzog und auch den Verkehr mit Alfred Escher abbrach, wie auch er aufhörte, mich zu besuchen.»[169]

Neben der Mittwochsgesellschaft bildete Alfred Escher im August 1843 mit der Donnerstagsgesellschaft einen weiteren Zirkel, dem anfänglich wiederum Studienkollegen der Zürcher Universität angehörten, der aber gesamtschweizerisch angedacht war. Diese Neugründung teilte Escher seinem Freund Arnold Otto Aepli Mitte August 1843 mit:

«Gewiß wunderst du dich, mein lieber Freund! einen Brief von mir zu erhalten [...] Wir haben eine Donnerstaggesellschaft, in der du dich gewiß auch recht wohl fühlen würdest. Sie besteht aus unserm Unversitätsfluge, Brändli, J. Escher, Hagenbuch, Fries, *Hirzel,* Zollinger, Wegmann, C. Pfenninger, H. Schweizer, Kölliker, L. Meier, Nägeli u. s. f. Überrasche uns doch einmal in derselben! Alles weitere verschiebe ich auf mündliche Unterredung. Empfange die herzlichen Grüße Deines A Escher Belvoir b[ei] Zürich. d[en] 16ten August. 1843.»[170]

Nach dem Ausscheiden der konservativen Parteigänger entwickelte sich die Donnerstagsgesellschaft zu einem Forum für radikal-liberale Politiker aus der ganzen Schweiz. Von Escher persönlich eingeladen, trafen sich die Auserwählten jeweils im Belvoir. Hier wurden Modelle einer künftigen modernen Schweiz entwickelt. An Wilhelm Baumgartner schrieb Escher 1846: «Wir haben auch dieses Jahr einen bestimmten Abend der Woche festgesetzt, an dem wir die liberalen Gesandtschaften bei uns empfangen. Wir haben den Donnerstag Abend hiezu bezeichnet.»[171]

Mit der zunehmenden Macht kam auch die Kritik

Bereits Mitte der 1840er Jahre wurde die konservative Presse auf den jugendlichen Agitator aufmerksam. Allerdings war Escher lediglich eine unter mehreren Zielpersonen, welche das konservative Lager ins Visier nahm. Man wusste nicht und konnte nur undeutlich voraussehen, wie sich die radikal-liberale Führungsriege personell auffächern und hierarchisch positionieren würde. Mit der Volksversammlung wurde vieles klarer: Escher war an der vordersten Front aufgetaucht und zeigte Qualitäten, welche die verbale Treffsicherheit und den fulminanten Auftritt des späteren Vollblutpolitikers ahnen liessen. Auch andere Weichen wurden gestellt: Die konservative Seite erkannte in Escher nämlich nicht nur den ernstzunehmenden politischen Gegner, sondern ermass auch das Angriffspotential, das dieser nun aufbauen konnte. Mochten sich auch einzelne Ausprägungen im Laufe der Zeit abschwächen und unter veränderten Vorzeichen anders präsentieren – unbestritten bleibt, dass das, was nun folgte, paradigmatisch wurde für die Art und Weise, wie Alfred Escher zeitlebens von seinen Gegnern attackiert wurde. Wohl kaum ein anderer eidgenössischer Politiker des 19. Jahrhunderts sah sich mit vergleichbaren Angriffen konfrontiert. Besonders sticht dabei der Fall Kubli hervor.

Der Fall Kaspar Kubli

1845 rollte der Glarner Kaufmann Kaspar Kubli, unterstützt vom konservativen Stadtschreiber Heinrich Gysi, in der Presse einen Fall neu auf, der mehr als dreissig Jahre zurücklag. Im Kern ging es darum, dass Kubli gegen Fritz Escher, den Bruder Heinrich Eschers und Onkel Alfred Eschers, den Vorwurf erhob, er habe ihn bei Geschäften in Russland um mehr als 30 000 Rubel geprellt. Es war kein Zufall, dass die Angriffe auf die Familie Escher 1845 erfolgten. Kubli, dem es in der Auseinandersetzung um seine persönlichen finanziellen Forderungen gegenüber Fritz Escher ging, erblickte in dessen Tod eine günstige Gelegenheit, seiner alten Sache neuen Schwung zu verleihen. Er ging davon aus, dass der Besitz von Fritz Escher auf Kuba an dessen Bruder Heinrich zurück- fallen würde. Doch nun wurde der Fall Kaspar Kubli versus Fritz Escher politisch instrumentalisiert. Die entsprechende Kulisse bot der damals im Kanton Zürich stattfindende Machtwechsel von den Konservativen zu den Liberalen. Alfred Escher, einer der aufstrebenden jungen Haupt- protagonisten der neuen Regierungspartei, den die Konservativen als Buhmann identifizierten, gab mit seiner familiären Vergangenheit eine ideale Zielscheibe ab. Er bot den Konservativen die Möglichkeit, ihre politischen Angriffe an einer emotionsgeladenen Story aufzuhängen.

Die 1845 von den konservativen Parteimännern orchestrierte Aktion wies symptomatisch voraus auf ein Leitmotiv in Alfred Eschers Leben: die Angriffe auf seine Person und seine familiäre Vergangen- heit. Unabhängig davon, ob Kublis Forderungen berechtigt waren oder nicht – Kublis Kampf gegen die Familie Escher war sachlich begründet. Anders verhielt es sich mit den konservativen Drahtziehern. Sie trach- teten allein danach, Alfred Escher durch Aufdeckung der Skandale um seine Vorfahren zu kompromittieren und ihm dadurch politischen Schaden zuzufügen. Dabei spielte es für sie keine Rolle, ob Kublis An- schuldigungen der Wahrheit entsprachen oder nicht. Der Glarner hatte die Munition geliefert, und damit wurde geschossen.

Kaspar Kubli ergriff 1836, nach dem Tod von Anna Escher-Keller, die Gelegenheit, seinen Forderungen gegenüber Fritz Escher Nachdruck zu verleihen, indem er auf dessen Erbanteil Anspruch erhob. Dagegen wehrte sich Heinrich Escher. Gemäss Aussagen von Kubli ging es Hein- rich Escher darum, einen Teil seiner eigenen Forderungen gegenüber seinem Bruder Fritz zu sichern. Kaspar Kubli wurde gerichtlich angewiesen, seine Forderungen in Kuba geltend zu machen. Kubli schickte einen Bevollmächtigten auf Fritz Eschers Plantage. Nachdem sich Fritz Escher zuerst hatte verleugnen lassen, indem er ausrichten liess, er sei verreist, konnte er schliesslich dem Bevollmächtigten Kublis nicht mehr ausweichen. In einem Brief an diesen vom Januar 1843 behauptete Fritz Escher dann allerdings «auf die gewissenloseste Weise», mit Kaspar Kubli nie «in Handlungsgeschäften gestanden zu haben». Die verbale Reaktion von Kubli liess an Deutlichkeit nichts zu wünschen übrig: «Dieser Brief geht über alle menschlichen Begriffe! Kein Jesuiten-Streich ist so verschmitzt.»[172]

Verfolgt man die Auseinandersetzungen zwischen Kaspar Kubli und Fritz beziehungsweise Heinrich Escher im Verlauf der 1830er Jahre,

Heinrich Escher (1776–1853). Vater von Alfred Escher. Öl auf Leinwand. Gemalt von Johann Conrad Zeller (1807–1856), um 1840.

besteht kein Zweifel, dass es sich um einen materiellen Streit handelte, in dem politische Aspekte keine Rolle spielten. Ebensowenig lässt sich in Zweifel ziehen, dass die von Kubli vorgebrachten Argumente wie überhaupt seine Schilderung des Falls durchaus tatsächlichen Begebenheiten hätten entsprechen können. Erst 1845 nahm der Fall eine Wendung ins Politische. Alfred Escher gehörte Anfang 1845 zu jenen radikalen ‹Jungtürken›, die nichts unversucht liessen, um im privaten Kreis oder an Volksversammlungen über die konservative Regierung und namentlich über Johann Caspar Bluntschli herzufallen. Solcherart mit Spott und Schmach eingedeckt, ging das konservative Lager seinerseits dazu über, gegen die Radikal-Liberalen schärferes Geschütz aufzufahren. Dabei stützten sich die Gegenangriffe auf den frischgebackenen Jungpolitiker Alfred Escher nicht zuletzt auf Ungereimtheiten und Skandale in dessen familiärer Vergangenheit.

Zu bevorzugten Schauplätzen, auf denen die radikal-liberalen Parteiführer ihre Gefolgschaft aufmarschieren liessen, um sie gegen die Konservativen einzuschwören, gehörten öffentliche Versammlungen. Von einer solchen Versammlung der «radikalen Volksbeglücker» vom 12. Januar 1845 in Fluntern berichtete die «Staatszeitung» in einer kleinen, unscheinbaren Notiz – allerdings mit einem folgenschweren Schlußsatz über Alfred Escher: «Hr. Regierungsrath Rüttimann, sowie Dr. Furrer und Escher, der Sohn eines ehemaligen Sklavenbesitzers auf Cuba – natürlich ganz radikal – waren auch da.»[173] Dies war der Auftakt zu den nun folgenden Auseinandersetzungen. Die Verbindung zwischen ‹Sklaverei› und der Familie Escher war hergestellt und in die breitere Öffentlichkeit getragen. Tür und Tor waren geöffnet für Kolportagen und Bezichtigungen, denen es nicht um historische Faktentreue und Wahrheit ging. Hinzu kamen schwerwiegende Beschuldigungen betreffend die grossväterlichen Schulden – alte Geschichten, die von konservativer Seite genüsslich breitgeschlagen wurden.

Am 26. Januar 1845 wurde in Unterstrass durch die Radikalen eine weitere Volksversammlung durchgeführt. Darauf hatte die konservative «Wochenzeitung» im Vorfeld Bezug genommen, doch war der Artikel nichts anderes als eine offene Kriegserklärung an Alfred Escher. Die Zeitung verwies auf den vorausgegangenen Artikel in der «Staatszeitung» und zitierte die Stelle, an der Eschers Vater als «ehemaliger Sklavenbesitzer auf Cuba» bezeichnet wurde. Darüber hinaus berichtete die «Wochenzeitung» von einem «Gerücht», das über den Vorwurf der Sklavenhalterei weit hinaus ging, indem es unterstellte, Eschers Vater habe «sein bedeutendes Vermögen im Sklavenhandel erworben». Schliesslich liess es sich die «Wochenzeitung» nicht nehmen, in diesem Kontext auf «ein palastähnliches Gebäude in der Gemeinde Enge» hinzuweisen, «dem der getäuschte Volkssinn den Namen ‹Schuldenblick› beilegte» – das Belvoir der Familie Escher.[174]

Eine neue Runde von Vorwürfen und Anschuldigungen läutete die «Wochenzeitung» in ihrer Ausgabe vom 14. Oktober 1845 ein. In einem

Leitartikel unter dem Titel «Vaterländisches» erinnerte sie ihre Leser zunächst an den Beitrag vom Januar des Jahres und stellte die Aussage in den Raum, dass «seither Leute Verbindung mit dem Verfasser angeknüpft [hätten], um sich über ihre Behandlung durch die Familie Escher theils zu beklagen, theils zu berathen, die der Verfasser jenes Artikels bis dahin nicht einmal dem Namen nach» gekannt habe.[175] Die Absicht, die damit verbunden war, war klar: Die «Wochenzeitung» hatte es darauf abgesehen, den gegen Escher lancierten Anschuldigungen und Gerüchten politischen Schwung zu geben. In derselben Ausgabe war ein Inserat Kaspar Kublis eingerückt, in welchem dieser seine Schuldenforderungen an die Eschers publik machte. Nur drei Tage später reagierte der «Schweizerische Republikaner» und holte zu einer Generalabrechnung mit der «Wochenzeitung» aus: «Der neue Angriff der Wochenztg. beweist wieder, nach welchem Ziele sie hinsteuert: sie will den Hrn. Dr. A. Escher in der Volksmeinung heruntersetzen und ihn dadurch seines Einflusses berauben! Und um dieses zu bewirken, ist sie gemein genug, auf die perfideste Weise – durch Entstellungen und Lügengewebe – nicht nur über Hrn. A. Escher, sondern sogar über die Familie Escher herzufallen.» Damit wurde der Angriff der «Wochenzeitung» entlarvt und sein politisches Motiv herausgestellt. Und weiter: «Statt ihrem Korrespondenten – dem Kubli – zu raten, ... er solle seine Forderung auf dem Wege des Rechtes geltend machen, verschlingt sie mit der Rachelust eines Tigers diesen Leckerbissen und sucht mit jesuitischer Treulosigkeit eine angesehene und achtbare Familie zu prostituiren. Ja, man sieht es dem Verfasser jenes Artikels an, mit welcher zynischen Wollust er sich in dem Gedanken gefällt, das harmlose Leben eines mehr als 70jährigen Greises nur darum zu stören, weil – sein Sohn liberal ist.»[176]

Die «Wochenzeitung» vom 28. Oktober 1845 schilderte Kublis Version der Geschichte ausführlich:

«Der Ludwig [Fritz!] Escher auf Cuba kam zufolge eigenen Verschuldens in Moskau auf fast volle 3 Jahre in polizeilichen Arrest, wurde dann auf ewige Zeiten aus dem russischen Reiche verwiesen und verlor so sein ganzes Vermögen, wodurch er natürlich auch den Verbindlichkeiten gegen seine Kreditoren nicht nachkommen konnte. Auch ich mußte mit meinem Guthaben warten; bin aber keineswegs gesonnen, deßhalb ganz darauf zu verzichten. Jetzt ist er auf einer Plantage und versteckt sich gegen meine Forderung hinter die Gesetze Spaniens, welche den Plantagenbesitzer in Schutz nehmen. Meine schriftlichen Aufforderungen an ihn blieben unbeantwortet; gegen einen Bevollmächtigten, der persönlich erschien, ließ er sich verläugnen.»

Weiter beschwerte sich Kubli, dass Ludwig Escher auch seine an ihn gestellte Rechnung nicht anerkenne und überdies seine sämtlichen Verbindlichkeiten ihm gegenüber leugne. Deshalb musste Kubli einen anderen Weg zu suchen, um seine Forderungen geltend zu machen:

«Ich wandte mich also an [...] Hrn. Dr. Alfred Escher, der mich mündlich damit abspeiste: ‹er habe die moralische Ueberzeugung, daß sein Onkel mir nichts schulde› (Herr Alfred Escher, sind Sie wirklich der komischen Ansicht, daß man bewiesene Schulden durch moralische Ueberzeugung bezahlen könne?!!) Nun bat ich ihn schriftlich, unter Beilage getreuer Kopien meiner Forderung, er möge doch im Interesse der Familienehre seinen Onkel zu Anerkennung meines Rechtes und Guthabens zu bewegen suchen; auch dies blieb frucht-los, und einen Brief an ihn, worin seine Person ganz höflich behandelt und nur Ludwig Escher als Betrüger dargestellt war, schickte er mir zerrissen zurück, statt mich zu belangen.»[177]

Kubli sah sich angesichts der Umstände gezwungen vor Gericht zu gehen, wobei er eine gewisse Freude, die mächtigen Herren öffentlich an den Pranger zu stellen, nicht verbergen konnte.

Durch diesen Bericht in der «Wochenzeitung», in dem Kaspar Kubli seine Sicht der Dinge offenlegte und die «Handlungsweise» der «Herren» Escher «an's Licht» stellte, angegriffen, sah sich Heinrich Escher ver-anlasst, seinerseits eine Anzeige zu veröffentlichen. In der NZZ vom 29. Oktober 1845 stellte er klar, wie er auf die Beschuldigungen rea-gieren werde – nämlich wiederum gerichtlich. Die Politisierung seiner Forderungen gegenüber der Familie Escher durch die konservative Partei und durch die Berichterstattung in den Medien bewog Kubli zur Bemerkung, dass er «keineswegs die Absicht habe, Geldforderungen durch Angriffe auf die politische Meinung mir sehr gleichgültiger Leute einzukassieren».[178]

Dies änderte jedoch nichts daran, dass auch Alfred Escher im Fall Kubli – bestätigt durch den angeblichen Schulterschluss zwischen Kubli und der «Wochenzeitung» – nichts anderes als ein hasserfülltes poli-tisches Manöver der Konservativen sah, die er als «die Hefe der Schwei-zerischen retrograden Partei» bezeichnete. Dieses Urteil spricht aus seinem Brief von Ende Oktober 1845 an Arnold Otto Aepli. Escher bat seinen Freund und ehemaligen Studienkollegen, über Kublis «Lebens-verhältnisse» und «Persönlichkeit» zu recherchieren:

Arnold Otto Aepli (1816–1897). Ju-rist, St. Galler National- und Stän-derat, Bundesrichter und Verwal-tungsrat der Vereinigten Schweizer-bahnen. Aepli war mit Alfred Escher befreundet.

«Vor allen muß ich dir mein Bedauern darüber aussprechen, daß du, als ich diesen Herbst für ein Paar Stunden in St. Gallen war, nicht zu Hause warst ... Seither ist unendlich viel über mich ergangen, das in hohem Maaße dazu ge-eignet war, die Stärke meines Characters auf die stärkste Probe zu setzen. Nachdem die hiesige conservative Partei, die sich immer mehr als das quali-fizirt, wofür ich sie einmal in der NZZ. ausgab, nämlich als die Hefe der Schweizerischen retrograden Partei, mir in ihrem unauslöschlichen Hasse auf keine andere Weise hat beikommen können, hat sie nun meine Familie anzu-greifen & so einen Mackel auf mich zu werfen gesucht. Sie hat einen gewissen Kubli von Glarus, der eine Civilforderung an meinen Oheim in Cuba, den ich in meinem Leben nie gesehen, zu haben vorgibt, aufgespürt: die Wochenzeitung hat ihn zu ihrem ‹Correspondenten› gestempelt & nun mußte er zu der ersehnten

Waffe gegen meine Familie & dadurch indirecte gegen mich dienen. Ich will dir das des nähern nicht erzählen. Du weißt es wahrscheinlich schon oder kannst es aus der Wochenzeitung entnehmen. An der ganzen Sache kann mich so viel freuen, daß *ich* der Gegenstand des leidenschaftlichen Hasses unserer conservativen Coterie bin & daß sie bei dem augenfällig brennenden Bestreben, mich anzugreifen, es nur auf diese Weise thun konnte. Es kann mich freuen, daß der Angriff gerade den entgegengesetzten Erfolg hat, den der Angreifende beabsichtigt, nämlich den, daß die entrüstete liberale Partei meines Cantons um dieser Angriffe willen mir nur desto treuer & fester anhangen zu wollen erklärt. [...] Es versteht sich von selbst, daß wir die Wochenzeitung gerichtlich belangt haben. Es wäre mir nun aber von großem Werthe, wenn du die Güte haben würdest, mir so beförderlich als möglich alles, was du von den Lebens-verhältnissen des Caspar Kubli, der sich einige Zeit auch in St. Gallen, ich glaube als Cafewirth aufgehalten haben soll, in Erfahrung bringen kannst, mit-zutheilen. Die Persönlichkeit dieses Menschen wird für die politische & ge-richtliche Beurtheilung dieser Sache entscheidende Momente darbieten.»[179]

Aeplis Antwort folgte eine Woche später:

«Die Gemeinheit jenes auf das Kublische Inserat hin weisenden Textartikels übersteigt wirklich alle Vorstellungen [...] Den zudringlichen, unverschämten Kubli würde ich mit einer kurzen öffentlichen Erklärung abspeisen, die Redak-tion der Wochenzeitung dagegen, welche mir eigentlich die Injurie begangen zu haben scheint, mit allem Nachdruck verfolgen. – Über den Kubli habe ich, nach deinem Wunsche, Nachforschungen gepflogen. Was mir über denselben auf der hiesigen Polizei mitgetheilt werden konnte reduzirt sich freilich auf sehr Weniges: Ein Caspar Kubli *von Quinten* (so ist er eingeschrieben, von einem C. K. *von Glarus* weiß man hier nichts) hat sich als *Fabrikant* (nicht als Cafewirth) von 1839 bis 1844 hier aufgehalten: Der amtlich bekannte Grund seines Wegziehens besteht einfach in der Zurückstellung der Niederlaßungs-bewilligung von seiner Seite. Sonst weiß das Polizeiamt nichts von ihm. [...] Ich begreife, wenn du sagst, derartige Erfahrungen seyen geeignet die Stärke des Charakters auf starke Probe zu setzen. So unsäglich viel Unangenehmes sie übrigens mit sich führen, so liegt darin nichts desto weniger wieder viel Aufmunterndes, indem solche Erfahrungen, wie mir scheint, der sicherste Beleg für die Bedeutsamkeit der eigenen Stellung u. Wirksamkeit sind. Auch scheint es in unsern erbaulichen Zeiten Regel geworden zu sein, daß jeder auch nur einigermaßen im politischen Leben hervortretende Charakter die Feuertaufe u. Wiedertaufe gemeiner Verfolgungen durchzumachen habe; wie sollte man sie einem jungen Manne erlaßen der seine Laufbahn erst beginnt, zumal wenn er, wie du, glücklich ist? Wenn die Sache aus diesem Gesichts-punkt einer wohl unvermeidlichen Nothwendigkeit betrachtet wird, werden die Kränkungen sicherlich weniger tief empfunden, u. mit Recht.»[180]

Heinrich und Alfred Escher taxierten die gegen sie geführten öffent-lichen Angriffe als ehrverletzend und klagten Kaspar Kubli und Gysi vor

Bezirksgericht ein. Am 5. September 1846 fällte das Gericht sein Urteil, das der Klägerseite Recht gab: Kubli wurde der Beschimpfung, Gysi der Verleumdung und der Beschimpfung für schuldig befunden. Kubli wurde zu einer Busse von 64 Franken, Gysi von 160 Franken verurteilt. Die Prozesskosten mussten zu einem Drittel von Kubli und zu zwei Dritteln von Gysi übernommen werden. Letzterer hatte überdies die Zeugengebühren zu bezahlen. Kubli und Gysi zogen den Fall weiter ans Obergericht. Dieses bestätigte am 16. März 1847 das vorinstanzliche Urteil und sprach sowohl Kubli als auch Gysi der Beschimpfung schuldig, reduzierte indes die Bussen für Kubli auf 48 Franken und für Gysi auf 120 Franken.

Kubli rechtfertigte sich:

«Mein Gott! was ging mich denn die politische Meinung des Herrn Dr. Alfred Escher an? Wie gern gönne ich ihm seine hohe Stellung, lasse er nur mir mein Recht wiederfahren. Mit seinen politischen Gegnern als solchen stand ich nicht mehr als mit seinen Freunden in Verbindung.»[181]

Nachdem sich Heinrich Escher im Mai 1848 endlich zum Erben seines schon im Dezember 1845 verstorbenen Bruders Fritz bekannt hatte, reichte er in dieser Eigenschaft Injurienklage gegen Kubli ein, und zwar aufgrund von dessen Inserat vom Herbst 1845, in welchem er sich als «rechtmässigen Kreditor» bezeichnet hatte, der «vor Verjährung verwahrt sein wolle». Die Verhandlung fand am 6. September 1848 vor dem Bezirksgericht statt.[182]

Gegen das Urteil – Busse von 40 Franken und Kostenübernahme – appellierte Kubli beim Obergericht, wo er sich am 2. November 1848 selbst verteidigte. Dabei beleidigte er nicht nur seine Gegenpartei, sondern auch deren Vertreter, den Advokaten Brändli: Brändli, sagte er, habe das Mandat für die Eschers nur übernommen, «um einige Silberlinge zu gewinnen und dafür den Rechthabenden zu verfolgen». Nachdem Kubli auch dieses Gerichtsverfahren verloren hatte, publizierte er seine Sicht der Dinge in einem Pamphlet unter dem Titel «Der Amerikaner-Escher in Rahmen und Glas gefasst». Diese schmale Broschüre von lediglich acht Seiten erschien wohl Anfang 1849. Darin beschrieb Kubli die Auseinandersetzung mit den Eschers bis und mit dem Prozess von 1848. Eingehend schilderte er die geschäftlichen Beziehungen, die er – gemeinsam mit seinem Bruder – mit Friedrich (Fritz) Ludwig Escher 1810 bis 1814 in St. Petersburg gepflegt hatte. Ebenso erwähnte Kubli «ein Separatgeschäft», das er 1811 mit Heinrich Escher abgeschlossen habe. Nach seinen Ausführungen handelte es sich dabei um ein Spekulationsgeschäft mit Waren, deren Einfuhr und Verkauf in Russland verboten waren.[183]

Da sich Kubli vor Gericht erneut zu Beschimpfungen hatte hinreissen lassen, kam es 1849 zu einem weiteren Prozess. Nachdem ihn bereits das Bezirksgericht verurteilt hatte, sprach ihn am 13. November

1849 auch das Obergericht schuldig. Kubli wurde wegen Verleumdung Heinrich Eschers und Beschimpfung Brändlis zu einer Busse von 240 Franken verurteilt, die in eine Gefängnisstrafe von 8 Wochen umgewandelt wurde, wovon 7 Wochen als erstanden betrachtet wurden. Im Hause Escher wurde das Urteil des Zürcher Obergerichts als Ende der Causa Kubli gefeiert. «Am Dienstage war ich im Belvoir, um deinem Vater die Beendigung der Kublischen Affaire mitzuteilen», berichtete Friedrich Gustav Ehrhardt Alfred Escher nach Bern. «Wir waren beide zufrieden, daß ihm gegenüber Verleumdung angenommen war. Dein Vater befand sich damals wieder recht wohl u. auch deine Mutter fand dies.»[184]

Doch Ehrhardt hatte sich über die Zähigkeit und Hartnäckigkeit des Glarners Kaspar Kubli getäuscht. Denn sechs Jahre später gelangte dieser wiederum mit einer Publikation an die Öffentlichkeit. Die elfseitige Schrift entsprach inhaltlich im wesentlichen der älteren Broschüre. Allerdings wurde nun Alfred Escher in den Fokus gerückt, was sich bereits im Titel zeigte. Heinrich Escher war seit zwei Jahren tot. Kubli machte sich einige Hoffnung, dass seine Forderungen gegenüber Fritz Escher aus der Erbschaft Heinrich Eschers gedeckt werden könnten, zumal er davon ausging, dass es Alfred Escher angesichts seiner wirtschaftspolitischen Positionen und im Scheinwerferlicht der Öffentlichkeit an der Bereinigung der jahrzehntealten Auseinandersetzung gelegen sein musste. Kublis zweite Schrift erschien 1855 unter dem Titel: «Mein Unglück und Herrn Bürgermeister Dr. Alfred Escher in Zürich, Mitglied und gewesener Präsident des schweizerischen Nationalrathes».[185] Dass Kubli erneut an die Öffentlichkeit gelangen wollte, wussten Alfred Escher und sein Kreis bereits im voraus. Dies zeigt der Brief von Johann Jakob Rüttimann vom 13. Dezember 1854, in welchem er Escher seine Meinung zum weiteren Vorgehen mitteilte:

«Im Übrigen ist es wohl das Sicherste u. Gerathenste, diese Kröten ihr Gift verspritzen zu lassen, wie sie können. Ihre Stärke besteht darin, daß man sie unmöglich anfassen kann, ohne sich zu beschmutzen: Dagegen kann man sich damit beruhigen, daß das Geschmeiß zwar Jedermann unsäglichen Ekel einflößt, sonst aber gewiß Niemandem schaden kann. Man kann unzweifelhaft gegen Kubli (vielleicht auch gegen Ammann?) ein gerichtliches Verfahren einleiten; aber nach meinem Dafürhalten thut man damit dem Gesindel den größten Gefallen. Ruhe oder Genugthuung ist damit gewiß nie u. nimmermehr zu erlangen.»[186]

Angesichts der Hartnäckigkeit, mit welcher Kaspar Kubli während Jahren um sein Recht und seine Ansprüche gegenüber der Familie Escher kämpfte, fällt es schwer, seine Vorwürfe und Forderungen als nichtig abzutun. Auch aufgrund der vorliegenden Quellen kann man Plausibilitäten in dem von Kubli präsentierten Sachverhalt durchaus nicht einfach auf die Seite schieben. Ebenso lassen die bewegten

Russlandjahre von Fritz Escher und die durch die dortigen Behörden geahndeten Delikte die von Kubli erhobenen Vorwürfe keineswegs unglaubwürdig erscheinen. Obwohl Kubli in Sachen historischer Faktentreue da und dort Fehler unterliefen und die heutige Quellenlage letztlich keine stichhaltige Differenzierung zwischen Wahrheit und Behauptung erlaubt, müssen seine Argumente ernst genommen werden. Vor diesem Hintergrund kann man durchaus Verständnis für den «siebenundsiebenzigjährigen Greis» aufbringen, der es 1855 «noch einmal wagt[e], vor die schweizerische Nation hinzutreten und klagend vor dem Richterstuhl des Volkes Recht zu suchen gegen das mächtige Haus eines Mannes, den die Nation zu den höchsten Ehrenstellen emporgehoben und dem das Geschick so reiche Glücksgüter zugetheilt».[187]

Kubli selbst meinte dazu:

«... der zitternde, dem Grabe entgegen wankende, durch unerhörtes Unglück und die Härte der Menschen gebeugte Greis sucht keine Rache, nur Gerechtigkeit, die ihm von dem mächtigen Herrn Bürgermeister des Kantons Zürich und von den Gerichten dieses Kantons nach seiner innigen Ueberzeugung nicht zu Theil geworden ist.»[188]

Tatsächlich erstaunt die eiskalte Vehemenz, mit der Heinrich und Alfred Escher Kublis Forderungen abschmetterten. Es befremdet die subtile und gnadenlose Härte, mit der sie gegen ihn vorgingen. Wie sehr auch Alfred Eschers engste Freunde im Fall Kubli emotionale und verbale Grenzen überschritten, dokumentieren die Worte Rüttimanns. Sonst nüchtern abwägender Jurist und ausgeglichene Persönlichkeit, die es durch ruhiges und besonnenes Verhalten verstand, Alfred Eschers Ecken und Kanten, Härte und Rücksichtslosigkeit abzuschwächen, verlor in diesem Fall auch Rüttimann jedes Mass. Gegen den Machtapparat der Eschers stand der Glarner Kaspar Kubli auf verlorenem Posten, wo er mehr als zwanzig Jahre unbeirrt verharrte. So waren Kritik und Polemik gegen Escher ihrerseits übertrieben, jedoch nicht ganz grundlos.

«Staatsspeichelleckerei»: Pressepolemiken um Alfred Escher aus dem Jahr 1849

Alfred Escher polarisierte und provozierte. Seine unermüdliche Aktivität, seine Motivation, sich in alles und jedes einzumischen, fand feurige Bewunderer wie erbitterte Gegner. Dies dokumentiert eine Pressefehde aus dem Jahr 1849. Sie illustriert ebenso, mit welchen Bandagen Mitte des 19. Jahrhunderts publikumswirksam gekämpft wurde. Man schreckte nicht davor zurück, Giftpfeile übelster Sorte gegen den Regierungspräsidenten und Amtsbürgermeister zu verschiessen, der erst ein paar Monate im Amt war. Der «Schweizerische Republikaner» sah sich durch die öffentlichen Anschuldigungen an die Adresse Eschers herausgefordert und fühlte sich verpflichtet, diesen zu verteidigen und «der wahrhaft bewundernswerthen Thätigkeit des gegenwärtigen Präsidenten des Regierungsrathes, Hrn. Amtsbürgermeister Dr. Escher, lobend zu gedenken».[189]

«Ekelhaftes Zeug», replizierten darauf die «Freien Stimmen» und meinten damit die Lobhudeleien des «Republikaners». Sie fuhren fort: «Zwischen der N.Z.Z., dem Landboten und Republikaner ist keiner mehr, sie überbieten einander in der Staatsspeichelleckerei so, dass man nicht mehr sagen kann, welcher der tollere, und welcher der tollste sei. Wenn Hr. Escher seine Pflicht erfüllt, was ist denn das? Thun die ‹Uebrigen› es nicht auch? Man müßte bei solchem Geschwätz wahrhaftig glauben, Herr Escher erst hätte das ‹Schaffen› erfunden, die bisherigen und ‹übrigen› Beamteten hätten sich einem völligen Müßiggange (‹Schlaf›) hingegeben, ohne Escher würde es gar nicht gehen u.s.f. Dem ist freilich nicht so. Die Welt, Europa, die Schweiz, der Kanton Zürich und die Gemeinde Enge haben bestanden, ehe Escher da war; sie werden bestehen, wenn er nicht mehr sein wird; ja sie würden auch jetzt bestehen, wenn er überhaupt nicht da wäre. […] Daß Escher fleißig sei, bestreiten wir nicht; nur fügen wir hinzu: er hat es nöthig. Durch Fleiß ist er allein geworden, was er ist; denn große Geistesgaben sind ihm nicht verliehen. Er wollte im Gymnasium den Friedrich Weiß (Sohn des alt Bürgermeisters) überschnellen, und eiferte dafür stets aus allen Leibes- und Geisteskräften; allein es gelang ihm nicht; Weiß überflügelte ihn fortwährend mit Leichtigkeit. Auch jetzt kann Escher nur mit Fleiß Etwas leisten. Kenner beider Personen behaupten, daß Escher bei allen Anstrengungen in 24 Stunden nicht so viel arbeite, als Furrer in Einer Stunde. (Eine kleine Differenz von täglich 23 Stunden!)»[190]

Auch die «Freien Stimmen» konnten sich eines höhnischen Kommentars nicht enthalten:

«Wie Oktavian auf dem Todbette, so fragte Herr Regierungsrath Dr. Alfred Escher bei seiner Nachhausekunft von der letzten Grossrathssitzung seinen Herrn Papa: ‹Habe ich meine Rolle gut gespielt?› – ‹Vortrefflich, Du Edelster der Edeln!›, antwortete Herr Papa und fiel dem Sohne unter Thränen in die Arme, also schluchzend: ‹Nun lass mich hinfahren, ich habe Dein Heil gesehen! Du warst, bist und wirst sein eine Leuchte den Christen, Muselmännern, Juden und Heiden!›»[191]

Kritische Stimmen und Neider sollten Escher zeitlebens begleiten, doch hinderten sie ihn nicht an seinem Aufstieg.

Die Bundesverfassung von 1848

Zwar wurde der kometenhafte Aufstieg Alfred Eschers im Kanton Zürich von politischen Umständen und personellen Konstellationen begünstigt. Doch getragen wurde er von Begeisterungsfähigkeit, leidenschaftlichem

Idealismus und entschiedenem politischem Willen. Mit diesen Attributen versehen, mit intellektueller Geistesschärfe und einem beherrschenden Auftritt, stürzte sich Escher auf die drängenden Fragen der Zeit. Die unbestritten grösste Herausforderung, der er sich in der zweiten Hälfte der 1840er Jahre stellte, betraf die Ausgestaltung des schweizerischen Staatswesens und damit die Frage nach dessen verfassungsmässiger Grundlage. Von machtpolitischer Warte aus betrachtet zeigt sich, dass Escher bei der Verfassungsdiskussion, die massgeblich Anfang 1848 einsetzte und im Sommer beendet war, noch nicht über jenen dominanten Einfluss verfügte, den er auf kantonaler wie eidgenössischer Ebene schon kurz danach ausüben konnte. Diesmal musste er noch Jonas Furrer und Johann Jakob Rüttimann den Vortritt lassen. Diese beiden Politiker waren es denn auch, welche hauptsächlich die Position des Kantons Zürich in die eidgenössischen Diskussionen einbrachten. Vom Grossen Rat im Sommer 1848 zum Tagsatzungsgesandten gewählt, nahm Escher – seit Ende 1847 erstmals Präsident des Grossen Rats – selbst an den abschliessenden Beratungen teil. Die Präsenz am Ort des Geschehens änderte jedoch nichts daran, dass sich Escher mit seinen Vorstellungen zur Verfassungsfrage gesamtschweizerisch nicht durchsetzen konnte. Relativierend ist beizufügen, dass die gleiche Feststellung auch für Furrer und andere Radikal-Liberale gilt.

Anfang 1848 erkundigte sich Jonas Furrer, damals Zürcher Tagsatzungsgesandter, bei Escher, was die «Öffentlichkeit» punkto Verfassungsrevision wolle. Er forderte seinen Rat, weil Escher aufgrund seiner «staatsrechtlichen Studien u Vorarbeiten» am «besten befähigt» sei, ihn in dieser Angelegenheit zu unterstützen».[192]

Drei Monate später profilierte sich Furrer als Gegner des Zweikammersystems:

> «Ich halte diese Zweykammersysteme im Allgemeinen für unpraktisch, allein, wenn man ändern will in der Repräsentation, so wird kaum irgend ein andres System durchgehen.»[193]

Am 25. März 1848 blieb Furrer nichts anderes übrig, als Escher mitzuteilen, dass «alle mögl. Systeme u. Projekte der Bundesorganisation unter Eis gegangen» seien und dass das Zweikammersystem beschlossen worden sei, «dasjenige, welches mir immer das widerwärtigste war». Doch Furrer konnte sich angesichts der insgesamt erzielten Umgestaltung der alten Tagsatzung «ziemlich dabey beruhigen». Als gegen Ende Juni 1848 der Verfassungsentwurf vorlag und lediglich noch der «letzten Revision» bedurfte, gab sich Furrer gestützt auf bereits gesammelte Erfahrungen keinen Illusionen hin, dass dieser Schritt schnell gemacht werden könnte: «Unter vernünftigen Leuten wäre dieses in 2 Sitzungen abgethan; allein es gibt Leute, welche nie genug schwatzen können u ich habe schon gemerkt, daß man Lust hat, viele durchgefallene Anträge in irgend welcher Form wieder anzubringen.»[194]

Im Frühjahr 1848 äusserte sich Escher an verschiedenen ordentlichen und ausserordentlichen Sitzungen des Grossen Rats zur Verfassungsfrage. Von den «beredten Worten» Grossrat Eschers bezüglich einer einheitlichen Schweiz tief beeindruckt, machte Peyer im Hof Escher am 2. April 1848 den Vorschlag, Männer aus der ganzen Schweiz zu versammeln, mit dem Ziel, ihnen die Idee eines schweizerischen Einheitsstaates näherzubringen. Peyer erachtete dies als äusserst wichtig, denn er meinte, «wenn auch im Volke der Trieb nach nationaler Einheit sich bemerklich macht, so sind doch die Bedingungen, unter denen sich dieser realisiren läßt, noch nicht allseitig gründlich genug besprochen worden». Er führte aus:

«Die Westschweiz will einen Einheitsstaat, den Urkantonen ist Alles Neue von vornherein zuwider, St. Gallen scheint nach dem Erzähler wenigstens auch nicht befriedigt, und Zürich? – Und dürfte ich im Namen der übrigen kleinen Kantone sprechen, so würde ich sagen: Wenn ich auf meine Souveränität, oder einen Theil derselben, was gleichviel ist, verzichten soll, so thue ich es nicht, um dann von den Großen Kantonen ins Schleppthau genommen, bei jeder wichtigen Gelegenheit durch das stärkere Stimmrecht derselben erdrückt zu werden; ich will nicht, daß das Kleine den gleichen Einfluß habe, wie das Große, aber ebenso wenig, daß das Große allein regiere, was beim Fortbestand der Kantone mit stärkerm Stimmrecht der größern thatsächlich der Fall wäre; – ich will aufhören ein Schaffhauser zu sein, aber nicht um ein Nachzügler Bern's oder Zürich's, – sondern um ein Schweizer zu sein, kein Zug, kein Schaffhausen, aber auch kein Bern, kein Zürich – *nur Eine Schweiz!*»[195]

Alfred Escher als Mitglied des ersten Nationalrats von 1848. Detail aus der Darstellung des gesamten ersten Nationalrates, Lithografie von Heinrich Fischer (1820–1886).

Peyer kam zum Schluss, dass es deshalb nötig sei, das Volk besser zu informieren und auf den richtigen Weg, hin zum Einheitsstaat, zu führen.

Entsprechend seinen damals radikalen Positionen setzte sich Alfred Escher anfänglich für einen strikten Zentralstaat ein. Damit provozierte er jedoch nicht nur die katholisch-konservativen Verlierer des Sonderbundskriegs, sondern auch reformierte Konservative und selbst liberale Kräfte im Kanton Zürich, denen die Idee des Escherschen Einheitsstaates zu weit abgesteckt war. Im Verlaufe der verschiedenen Diskussionen um die Verfassungsreform weichte Escher seine doktrinären Positionen allmählich auf, obwohl er weiterhin kein Hehl daraus machte, dass der letztlich vorgeschlagene Verfassungstext nicht in allen Punkten seiner Überzeugung entsprach. Seine Auffassung, die der Grenze zwischen Befürwortung und Ablehnung folgte, vertrat er beispielhaft in zwei Reden, die er als Grossratspräsident in Zürich am 11. Mai und 21. Juli 1848 hielt. Escher plädierte einerseits dafür, nicht gleich die ganze Vorlage zu verwerfen, nur weil sie nicht vollständig den eigenen Vorstellungen entspräche, andrerseits aber auch nicht jede Lösung zu befürworten, mit dem Ziel, um jeden Preis eine Veränderung zu erreichen und dabei wichtige Forderungen über Bord zu werfen.

Sofern etwa die Beziehungen zum Ausland, die «innern Verhältnisse der Schweiz» und das Militär-, Zoll-, Post-, Münz- sowie das
Mass- und Gerichtswesen von den Bundesbehörden geregelt, weiter
auch öffentliche Werke wie Strassen, Brücken und Unterrichtsanstal-
ten in den Kompetenzbereich des Bundes überführt, ferner Religions-
und Pressefreiheit, das Vereins- sowie das Petitionsrecht auf dem ganzen Gebiet der Eidgenossenschaft gewährleistet würden, wäre Escher
bereit, einen dahingehenden Entwurf vorübergehend zur Grundlage
der schweizerischen Verfassung zu machen. Dementsprechend fügte
er an:

«... habe ich doch von jeher nur gewünscht, daß bei Umgestaltung der
schweizerischen Verfassungsverhältnisse auf möglichste Zentralität hinge-
arbeitet, dagegen nie verlangt, daß diese sofort in ihrem ganzen Umfange
eingeführt werde.»[196]

Die Flüchtlingspolitik

Verschiedentlich wurde die schweizerische Neutralitätspolitik durch
Flüchtlingsströme aus umliegenden Ländern auf die Probe gestellt. In
der Zeit um die Gründung des Bundesstaates suchten vor allem radikal-
demokratische Revolutionäre aus Baden und der Lombardei Schutz in
der Schweiz. Zum Problem wurden sie, als das schweizerische Asyl zum
Zentrum des Widerstandes wurde und Gegenangriffe von schweizerischem Territorium aus erfolgten. Die Flüchtlinge versuchten zudem
den Schweizern einzureden, dass diese um der europäischen Demokratie willen ihre Neutralität aufgeben und den Kampf gegen die
Despoten unterstützen sollten.

Aufgrund der Probleme, die durch die verschiedenen Flüchtlingsströme aufgeworfen wurden, musste die Schweiz für das ganze Staats-
gebiet einheitliche Regelungen treffen. Da dem Bundesrat durch Art. 90
Ziff. 8 der Bundesverfassung von 1848 die Zuständigkeit für die äusseren
Angelegenheiten übertragen worden war, musste er sich den Flüchtlings-
angelegenheiten widmen. Das Protokoll des Zürcher Regierungsrates
vom 7. Juli 1849 informiert über ein Kreisschreiben des Bundesrates.
Die Landsgemeinde habe angeordnet,

«daß die Flüchtlinge auf mindestens 8 Stunden interniert werden und zwar
auf ganz verschiedene Richtungen, so daß sie auf angemessene Weise
durch die Kantone vertheilt werden. Er spreche daher die Erwartung aus,
daß jeder Kanton eine Anzahl von Flüchtlingen aufnehmen und daß keiner
gegen den andern die Grenzen verschließe, mit einziger Ausnahme von Graubünden und Tessin, welche sowohl aus politischen Gründen als aus Rücksichten der Billigkeit mit der Aufnahme von Flüchtlingen verschont werden
müssen.»[197]

Allerdings gab es Schwierigkeiten, als der Kanton Zürich seinen Nachbarkantonen Flüchtlingskontingente weiterleiten wollte. Im Fall von St. Gallen sah sich die Zürcher Regierung etwa genötigt, «bis von Seite des Bundesraths die gewünschte Vertheilung werde angeordnet sein, ungefähr 500 Mann nach dem Kanton zu instradiren». Angeschrieben wurden beispielsweise die Kantone Aargau, Glarus, Schwyz und Zug. Noch am selben Nachmittag lag das Antwortschreiben aus Schwyz vor: Die Regierung konstatierte, dass «ihr Kanton wegen der allseitig erschöpften Kräfte hiezu nicht vermögend sei, [und] sie gegen zu weit gehende Zumuthungen beim h. Bundesrathe Verwahrung einlegen werde ...». Am 13. Juli 1849 informierte der Kanton Zürich den Bundesrat unter «Hinweisung auf die Weigerung verschiedener Kantone Flüchtlinge aufzunehmen». Darauf erhielt die Zürcher Regierung aus Bern folgenden Bescheid: «Der Eidgen. Commissär sei beauftragt, eine vorläufige Vertheilung der Flüchtlinge auf die Kantone nach dem Verhältnisse der Bevölkerung, jedoch unter Berücksichtigung auch anderweitiger Verhältnisse vorzunehmen u.s.f.»[198]

Die verschiedenen Probleme, welche der Schweiz aus der Anwesenheit von politischen Flüchtlingen erwuchsen, wurden in den Briefen dokumentiert, die Furrer zwischen dem 22. Oktober 1849 und dem 15. Februar 1852 an Escher schrieb:

«Wir beschäftigen uns stark mit den Flüchtlingen u. haben das Departement beauftragt, sich über die Stellung derselben im Aufstand, über ihre Lage u. Zukunft Aufschluß zu verschaffen sowie dafür zu sorgen, daß sie Ausweisschriften zur Rükkehr erhalten, denn wir gedenken Anträge zu bringen auf Reduction der Eidg. Unterstützung auf gewisse Personen oder Klassen u. die übrigen, die sich nicht selbst erhalten können, heim zu schicken. Denn unmöglich kann man das Asyl so weit ausdehnen, daß man hunderte oder tausende auf die Dauer *erhalte u ernähre,* worunter eine Masse, die entweder nichts zu fürchten haben oder etwa einen kurzen Verhaft.»[199]

Es stellte sich dabei die Frage, ob die Zuständigkeit für die Flüchtlinge beim Bund oder bei den Kantonen liegen sollte. Dazu schrieb Furrer: «Schon seit längerer Zeit gingen wir mit der Frage um, ob es nicht nothwendig sey, die Verhältnisse des Asyls u der Flüchtlinge auf die regelmässige bundesrechtliche Grundlage zurückzuführen, d.h. den Kantonen ganz die Flüchtlinge zu freier Verfügung, zum Behalten oder Fortschicken zu überlassen.» Ein weiterer zentraler Punkt war, wer die Kosten für die Ausweisung der Flüchtlinge übernehmen sollte, wozu Furrer meinte: «Wir haben stets bei den andern Staaten darauf gedrungen, daß, wenn man uns wegen der vielen Flüchtlinge stets malträtire, man uns nicht nur keine Hinderniße in der Entfernung derselben entgegensetzen, sondern uns positiv helfen solle, derselben auf eine ehrenwerthe Weise los zu werden.» Frankreich erklärte sich schliesslich dazu bereit, alle nichtfranzösischen Flüchtlinge auf seine

Kosten von der Schweizer Grenze nach England oder Amerika zu bringen. Schon damals gab es eine eindeutige Kategorisierung der Flüchtlinge. So kommentierte Furrer das Anerbieten Frankreichs: «Es ist uns nun natürlich außerordentlich viel daran gelegen, daß die Kantone von dieser Möglichkeit der Flüchtlinge los zu werden, einen *sehr umfaßenden* Gebrauch machen; u namentlich nicht etwa die einfältigen Schneider u Schuhmacher entfernen, sondern vor allem aus die quasi Heimathlosen, wie Polen, Oestreicher, Preußen u sodann diejenigen, welche sehr schwer compromittirt sind u nicht nur nachher wieder Stoff zur Reclamation gäben, sondern wahrscheinlich zeitlebens den Kantonen zur Last fielen.»

Mit der ausländischen Hilfe stieg auch der internationale Druck auf die Schweiz, vor allem weil die Ausweisungsbeschlüsse des Bundesrats von den Kantonalbehörden nicht konsequent durchgeführt wurden. Furrer erklärte die Forderungen Frankreichs und Österreichs auf sofortige Ausweisung der entsprechenden Personen insofern als gerechtfertigt, als er eingestehen musste: «Wenn auch die Flüchtlinge jetzt scheinbar ruhig sind, wenn man ihnen wenigstens erhebliche Umtriebe nicht förmlich beweisen kann, so zeigt die Erfahrung aller Zeiten, daß sie sogleich bei der Hand sind, sobald irgendwo Unruhen ausbrechen u nie hat die Schweiz sie dann an Einfällen verhindert.» Furrer kritisierte somit das Verhalten der Kantonalbehörden, welche die Flüchtlinge kontrollieren sollten, und warf ihnen vor, «keinen Ernst» bei der Sache zu entwickeln.

Auch für Furrer waren die Eingriffe des Auslandes in die schweizerische Flüchtlingspolitik nicht akzeptabel. Bezüglich des französischen Postulats meinte er: «Wenn die Schweiz dieses annimmt, so ist sie wenig anderes, als eine Praefectur Frankreichs.» Der französische Präsident stellte die Sache aber klar, indem er verlauten liess, «er wolle nichts gegen die Unabhängigkeit der Schweiz, er wolle sie nicht erniedrigen (humilier), sondern verlange nur die Entfernung der gefährlichen Flüchtlinge». Schliesslich lenkte Furrer ein und appellierte an den guten Willen der lokalen Behörden und der Bevölkerung, denn «unsere Nachbarn wollen *Handlungen* sehn, sie glauben durchaus nicht mehr an die Zusicherungen unsers guten Willens u laßen sichs nicht ausreden, daß man die verstekten Flüchtlinge wohl auffinden könnte, wenn man ernstlich wollte».

Furrer resümierte: «Es ist ein Unglück, dass die Kantone so viele Flüchtlinge […] in infinitum behielten. […] Man hätte ihnen v. Anfang od. wenigstens im Febr 1851, als sie den Kantonen überlaßen wurden, begreiflich machen sollen, daß man sie nicht für immer behalten könne, ohne sich großen Verwicklungen auszusetzen, daß man ihnen aber gern noch eine Frist (½ J. od. 1 Jahr) geben wolle, um entweder Amnestie auszuwirken od. sich in einem andern Lande eine Zukunft zu gründen. Ich glaube nicht, daß dieses inhuman gewesen wäre.» Und schliesst: «Diese Flüchtlingssache ist die einzige wirklich gefähr[liche] Sache für die Schweiz, weil sie allen andern Staaten gemeinsamen Vorwand leiht.

Jeder mag freilich seine besondern Motive haben, aber in diesem Central Punkte finden sie sich.»[200]

Die Protokolle des Zürcher Regierungsrates der Jahre 1849–1851 enthalten zahlreiche interessante Aspekte rund um die Flüchtlings-problematik. Was den grenznahen Aufenthalt betraf, forderte der eidgenössische Kommissär die Kantone auf, die Flüchtlinge «auf angemessene Entfernung von der Grenze» zu internieren, denn es dürfe nicht geduldet werden, dass «sich politische Flüchtlinge in der Nähe der deutschen Grenze aufhalten und im Verkehr mit jen-seitigen Angehörigen stehen». Die «von Subsistenzmitteln entblößten Flüchtlinge» sollten in Kasernen untergebracht werden. Als Klagen eingingen, dass zu viele Flüchtlinge die Nacht ganz oder teilweise aus-serhalb der Kaserne verbrächten, wurde «im Interesse einer guten Ordnung in der Caserne und mit Rücksicht auf die gleichzeitig da-selbst untergebrachten Truppen» ein Verbot von Beurlaubungen über Nacht erlassen: «Es seien künftig an Flüchtlinge durchaus keine Be-urlaubungen, über Nacht aus der Caserne wegzubleiben, zu erthei-len, und alle welche erst nach der für die Truppen festgesetzten Poli-zeistunde in der Caserne eintreffen, sofort anzuhalten und in das für sie bestimmte Arrestlokal zu bringen.» Der Nachzug von Kindern und Frauen war nur dann erlaubt, wenn die bereits in der Schweiz sich befindenden Flüchtlinge «gehörige Ausweisschriften» vorweisen konnten.

Der zürcherische Regierungsrat ersuchte den Bundesrat, die Kosten für Transport und Verpflegung der Flüchtlinge zu übernehmen. Die Transportkosten waren laut Kanton angefallen, weil «die Benutzung der Eisenbahn u der Dampfbote unumgänglich nothwendig gewesen sei, um die Flüchtlinge so schnell als möglich an den Ort ihrer Bestimmung zu bringen, und dadurch einzelne Gemeinden von der übermäßigen Einquartierungslast zu befreien». Bezüglich der Verköstigung verpflich-tete sich der Zürcher Regierungsrat, dafür zu sorgen, dass die Ver-pflegung «von staatswegen mit thunlichster Schonung der Gemeinden und in möglichster haushälterischer Weise» erfolge. Der Bund vergütete dem Kanton für Verköstigung, Beherbergung, Bekleidung und ärztliche Behandlung pro Flüchtling täglich 35 Rappen.

Darüber hinaus war der Kanton darauf bedacht, die Flüchtlinge «vorübergehend angemessen zu beschäftigen, wozu dem von einer An-zahl Lehrer und Offiziere bei dem Flüchtlingskommissariate gestellten Anerbieten, für dieselben eine Schule einzurichten», stattgegeben wurde, unter der Bedingung, «daß das Flüchtlingskommissariat fortwährend ein wachsames Auge auf die Art der Ertheilung des Unterrichtes halte, daß ferner der Unterricht für alle in der Kaserne befindlichen Flücht-linge obligatorisch sei». Es wurde vorläufig davon abgesehen, «die Flüchtlinge zu öffentlichen Arbeiten zu verwenden».[201]

Unter den Flüchtlingen befanden sich auch internationale Expo-nenten der Revolution wie etwa der italienische Patriot Giuseppe Mazzini, der in ganz Italien freiheitliche Verfassungen erkämpfen und die Fremdherrschaft Österreichs abschütteln wollte. 1833 kam Mazzini erstmals in die Schweiz, wo er viele Freunde und Helfer fand. Nachdem der äussere Druck auf die Schweiz immer grösser wurde und die eidgenössische Tagsatzung die Ausweisung Mazzinis verlangte, verliess dieser Anfang 1837 das Land Richtung London.

Escher als eidgenössischer Repräsentant im Tessin

In den Provinzen Lombardei und Venetien kam es im März des Jahres 1848 zu Aufständen gegen die österreichische Besatzung. Die nationalistisch gesinnten italienischen Revolutionäre, die eine «Guerra Santa» ausgerufen hatten, standen unter der Führung von Mazzini und Garibaldi.

Als am 9. Februar 1849 Rom zur Republik erklärt wurde, ernannte man Mazzini zum obersten Triumvir in einem Dreierrat. Nach der schweren Niederlage von Novara, wo die österreichische Armee die lombardischen Aufständischen am 23. März 1849 besiegt hatte, flüchteten Tausende italienischer Soldaten und Zivilisten ins Tessin und nach Graubünden. Rom wurde indes Ende Juni 1849 von französischen Truppen erobert, Mazzini musste fliehen und suchte unter anderem wieder in der Schweiz Zuflucht. Während seiner Zeit in der Schweiz polemisierte er gegen die servile Haltung der Behörden gegenüber Österreich. 1849 kam der Fall Mazzini wiederholt in Bundesratssitzungen zur Sprache. Diesbezüglich wurde dem Departement der Justiz und Polizei aufgetragen, «das Möglichste zu thun, um den Aufenthalt desselben ausfindig zu machen».[202]

Giuseppe Mazzini (1805–1872).

Die radikale Tessiner Regierung stand gesinnungsmässig auf der Seite der Insurgenten und duldete Übergriffe der lombardischen Flüchtlinge von schweizerischem Gebiet aus. Dies brachte die neutrale Schweiz in eine heikle Lage gegenüber Österreich, weshalb die Tagsatzung am 22. September 1848 mit Alfred Escher und Josef Munzinger zwei Repräsentanten ernannte und ein Kontingent eidgenössischer Truppen aufstellte. Die Repräsentanten sollten darüber wachen, dass die Tessiner Regierung hinfort die neutrale Politik der Eidgenossenschaft respektieren und die italienischen Flüchtlinge nicht weiter von der Schweiz aus in die Kriegswirren eingreifen würden. An Beschwerden seitens Österreichs und Frankreichs an die Adresse der Schweiz fehlte es nicht: «Die Anwesenheit von politischen Flüchtlingen, Dienstverweigerern und Deserteuren auf Tessiner Boden sowie die als subversiv beurteilten Publikationen, die in den kantonalen Druckereien herauskamen, gaben wiederholt zu Beschwerden Anlass.»[203] Dieser Konflikt zeigt, dass die Neutralität damals noch keineswegs selbstverständlich war und vor allem von den Radikalen immer wieder unterlaufen wurde. Zudem wird deutlich, dass die Schweiz – um die Neutralität effektiv durchsetzen zu können – eine einheitliche Aussenpolitik formulieren musste, wofür die Bundesverfassung von 1848 die Grundlage bot.

König Albert von Sardinien, der die Revolution gegen die österreichischen Besatzer anführte, bot der Schweiz ein Bündnis an. Er versuchte die Eidgenossen von ihrer Neutralität abzubringen, welche erst 1815 in den Wiener Verträgen international anerkannt worden war. In der Tagsatzung entbrannten Diskussionen, in welchen sich Teile der Radikalen und Vertreter der Westschweiz und des Tessins für ein Abrücken von der dauernden Neutralität aussprachen. Die Mehrheit der Tagsatzung hielt allerdings dagegen, und so wurde das Angebot König Alberts von Sardinien mit 15 zu 6 (Genf, Wallis, Waadt, Tessin, Graubünden, Freiburg) Stimmen abgelehnt. Die Mehrheit war demnach der Ansicht, dass die Neutralität «nicht so sehr durch Zusicherungen fremder Mächte als namentlich durch eigene Kraft erhalten» werden müsse.[204] Trotz dem von der Eidgenossenschaft bekräftigten Bekenntnis zur Neutralität konnte diese jedoch im Tessin nicht durchgesetzt werden. Die Tessiner Regierung verbot zwar die Bildung von Schweizer Freischarenzügen, doch wurde viel zu wenig unternommen, um diese auch wirksam zu unterbinden. Die Situation im südlichen Kanton drohte zu eskalieren, da die Tessiner Regierung weiterhin Übergriffe lombardischer Flüchtlinge von schweizerischem Gebiet aus duldete oder selbst aktiv unterstützte und zudem zuliess, dass die Rädelsführer – insbesondere Garibaldi und Mazzini – den Widerstand vom Tessin aus neu organisierten. Da die Bevölkerung mit den Flüchtlingen sympathisierte, waren diese für die Behörden oft schwierig ausfindig zu machen. In diesem Zusammenhang schrieb Furrer Anfang 1854 an Escher: «Auf der andern Seite tritt immer mehr zu Tage, daß die Teßiner eben Luder sind. Wir erhielten letzthin eine sehr detaillirte deposition, woraus eben hervorgeht, daß Mazzini doch mehrere Wochen vor u während u nach dem Mailänder Attentat in Lugano war.» Er beklagte sich, dass die Schweizer «wegen dieser illoyalen Teßiner-Spitzbuben vor aller Welt als Lügner zum Vorschein kommen».[205]

Giuseppe Garibaldi (1807–1882).

Friedrich Engels schildert die dramatische Lage:

«Die Sache ist bekannt; die sogenannten Umtriebe der italienischen Flüchtlinge in Tessin boten den Vorwand zu unangenehmen Maßregeln von seiten Radetzkys; [...] der Aufstand im Veltlin und in der Valle Intelvi veranlaßte eine Anzahl der Flüchtlinge, in die Lombardei zurückzukehren, was ihnen, trotz der Wachsamkeit der schweizerischen Grenzposten, gelang; sie überschritten, jedoch unbewaffnet, die Grenzen, nahmen an dem Aufstand teil, kamen nach der Niederlage der Insurgenten von Valle Intelvi, ebenfalls unbewaffnet, wieder auf Tessiner Gebiet und wurden von der Tessiner Regierung ausgewiesen. Inzwischen verschärfte Radetzky seine Repressalien an der Grenze und verdoppelte seine Reklamationen bei den eidg[enössischen] Repräsentanten. Diese verlangten Ausweisung aller Flüchtlinge ohne Unterschied; die Tessiner Regierung weigerte sich.»[206]

Die Wahl zum eidgenössischen Repräsentanten für den Kanton Tessin war der Auftakt zu Eschers aussenpolitischem Wirken. Nachdem das

Ansehen der Schweiz bei den benachbarten ausländischen Fürstenhöfen angesichts der eidgenössischen Wirren der 1840er Jahre bereits auf einen Tiefststand gesunken war – die Schweiz galt als revolutionärer Hort und somit als Gefahr für die monarchischen Systeme –, drohte die Gefahr militärischer Verwicklungen mit Österreich. Der Kommandant der österreichischen Armee in Norditalien, Feldmarschall Radetzky, hatte bereits auf die verschiedenen Provokationen aus der Schweiz reagiert und gegenüber dem Kanton Tessin eine totale Grenzsperre sowie die Ausweisung aller Tessiner aus der Lombardei verfügt. Die Entrüstung in der Schweiz schlug hohe Wellen, war doch durch diese Massnahme der Gotthard als wichtigste Nord-Süd-Verbindung gesperrt.

Die Aufgabe der beiden Tagsatzungsgesandten war angesichts der offenkundigen Sympathie der Tessiner Bevölkerung für die aufständischen Lombarden nicht einfach. Die faktische Unterstellung des Kantons unter eidgenössische Oberaufsicht und die Entsendung deutsch-schweizerischer Truppen in den Süden heizten das gespannte Klima zusätzlich an. Furrer riet Escher, auf der Hut zu sein:

«Meine herzlichen Grüße an dich und Hrn. Munzinger. Macht gute Ordnung in Tessin u. verlaßt Euch ja nicht auf Berichte selbst der dortigen Regierung.»[207]

Josef Wenzel Graf Radetzky von Radetz (1766–1858).

Die eidgenössische Bevormundung des Kantons Tessin sorgte in gewissen Teilen der Schweiz für Aufruhr. Zum ersten Mal hatten die deutsche und die romanische Schweiz in einer eidgenössischen Interessensfrage eine Meinungsverschiedenheit. Als «Croati, Tedeschi, Briganti» wurden die unter eidgenössischem Kommando stehenden Soldaten beschimpft, mit Hohn und Spott in ihrer Auftragserfüllung behindert. Die Tessiner Presse hängte den beiden eidgenössischen Kommissären üble Schimpfnamen an. So galt Munzinger wegen seiner angeblichen Gier, mit Waffengewalt vorzugehen, bald als «bombardiere» (‹Bombenleger›); Escher wiederum wurde als «scopatore» (‹Ausfeger›) betitelt, da ihm unterstellt wurde, er wolle die ausländischen Flüchtlinge aus der Schweiz ‹fegen›.[208] Dass die emotional aufgeputschte Lage – verschiedentlich wurden die eidgenössischen Soldaten von der Tessiner Bevölkerung bedroht – selbst die Gefahr eines eidgenössischen Blutvergiessens mit sich brachte, zeigen Eschers Notizen: Die eidgenössischen Truppen hatten die Zeughäuser zu bewachen und dafür zu sorgen, dass die lombardischen Flüchtlinge auf Schweizer Boden keine Waffen trugen. Als die Bewachungsmannschaft einmal ausgebrochene Internierte in Bellinzona erneut in Gewahrsam nehmen wollte, tobte und schrie die Menge, und man musste die Flüchtlinge wieder freilassen, um nicht gezwungen zu sein, auf die Tessiner Bevölkerung zu schiessen. Wohl verurteilte Escher die Grenzverletzungen der österreichischen Truppen. Im gleichen Atemzug wies er jedoch die radikalen Tessiner Heißsporne in die Schranken und erteilte dem übersteigerten Aktivismus und der nationalistischen Abenteuerpolitik eine Absage. Deutlich brachte Escher seine Position am

30. Juni 1849 zum Ausdruck, als er eine längere Passage seiner Rede zum Abschluss der Nationalratssession der Aussenpolitik widmete:

«Die Schweiz hat vor dem Auslande nicht gezittert, als die Fürsten ihre Throne noch ganz sicher glaubten und als die Schweiz in ihrem Innern zerrissen, ja sogar im Kriege begriffen war. Sie wird noch weniger vor dem Auslande erbeben, nachdem die Fürsten ihre Throne wanken gesehen haben und da die Schweiz nunmehr einig dasteht. Ja, Tit., ich glaube es sagen zu dürfen, daß die Schweiz dem Auslande gegenüber nunmehr einig dastehe. [...] [Der] Wille geht dahin, daß die Schweiz sich nicht ohne dringende Not in auswärtige Händel einmische, daß sie aber, wenn ihr vom Auslande in irgend welcher Weise zu nahe getreten werden wollte, dieß mit aller Entschiedenheit und unter Anwendung aller der Schweiz zu Gebote stehenden Kräfte zurückweisen solle.»[209]

Die Tessiner Angelegenheit liess deutlich zutage treten, dass der damalige eidgenössische Staatenbund, der seinem Ende zusteuerte, ein Problem mit der Aussenpolitik hatte: Die Kantone hatten bislang ihre Aussenbeziehungen selbständig gepflegt, was in diesem Fall dazu führte, dass es Widersprüche gab zwischen der Ansicht der offiziellen Eidgenossenschaft und der Position des Kantons Tessin. Dieser tat sich ungemein schwer mit dem Diktat der Tagsatzung, das Königreich Sardinien in dessen Aufstand gegen Österreich nicht zu unterstützen. Erst die kurz danach in Kraft tretende Bundesverfassung vom 12. September 1848 sah endlich eine Zentralisierung der schweizerischen Aussenpolitik vor. Artikel 8 der Bundesverfassung hatte folgenden Wortlaut: «Dem Bund allein steht das Recht zu, Krieg zu erklären und Frieden zu schließen, Bündnisse und Staatsverträge, namentlich Zoll- und Handelsverträge mit dem Auslande einzugehen.»[210] Der Kanton Tessin hat sich allerdings auch nach der Bundesstaatsgründung und trotz Bundesreform immer wieder in die italienischen Revolutionswirren eingemischt und der Eidgenossenschaft dadurch Probleme bereitet.

Am 9. Oktober 1848 schrieb Johann Jakob Rüttimann an Escher, er unterstütze dessen Ansichten in bezug auf die Problematik im Tessin. In seinem Schreiben an Escher vom 14. Oktober 1848 bezweifelt Rüttimann denn auch, dass die diplomatischen Beziehungen zwischen der Schweiz und Österreich in dieser Sache etwas bringen könnten. Er wies Escher zudem darauf hin, dass sich an der Grenze zu Deutschland ähnliche Vorkommnisse abspielten:

«Die Schwierigkeit besteht darin, daß wir es mit einer Regierung [der deutschen] zu thun haben, die ebenso patzig u. jung ist, wie unsere eigene Diplomatie.»[211]

Die Probleme, welche die lombardisch-sardinischen Flüchtlinge während der Tessiner Angelegenheiten der Schweiz bereiteten, zwangen den Staat, einheitliche Regelungen zu treffen. Mit dem neuen Artikel 57 der Bundesverfassung von 1848 hätte man zwar eine Möglichkeit gehabt, die aufständischen Flüchtlinge des Landes zu verweisen; doch stiessen diese bei der Tessiner Bevölkerung auf Unterstützung, weshalb eine solche Abschiebung vorerst nicht durchführbar war. Österreich beklagte sich nun darüber, dass die Schweiz zu wenig strikt gegen die lombardisch-sardischen Flüchtlinge vorgehe, und umgekehrt beschwerte sich Sardinien über die inhumane Behandlung seiner Landsleute. Der Bundesrat replizierte in einer Note vom 31. Januar 1849 folgendermassen: «Die Schweiz will sich nicht zum Werkzeug absoluter Staatsgewalten, aber ebensowenig zum Werkzeug fremder Revolutionen hergeben.»[212]

Damit sich die Situation gegenüber Österreich etwas entspannte, verfügte man die Verlegung der in Lugano befindlichen sogenannten «Militärflüchtlinge» nach Bellinzona und Locarno. Später wurden sie vom Tessin ins Innere der Schweiz gebracht, was die Lage weiter entschärfte. Aus dem Bericht der Kommission zur Angelegenheit der italienischen Flüchtlinge geht hervor, dass man nicht beabsichtigte, die aus dem Kanton Tessin ausgewiesenen Flüchtlinge in die Arme des Gegners zu schicken, denn es gehe nur darum, dass sie den Kanton verlassen müssten. Des weiteren kam schon damals ein wirtschaftliches Argument hinzu, wie aus dem Kommissionsbericht hervorgeht: «Die Schweiz soll gastfreundlich ihre Thore den politisch Verfolgten, wie sie von jeher gethan hat, öffnen, aber man kann ihr nicht zumuthen, daß sie, um der Gastfreundschaft willen, Armeen aufstellen und unterhalten und dadurch die Söhne des Landes belästigen und ihre Nothpfenninge ausgeben soll.»[213]

Im Protokoll des Zürcher Regierungsrats heisst es dazu:

«Im Uebrigen sei zu beachten, dass die Anführer, welche die Schweiz verlassen müssten, nicht gehalten sein sollen sich anderswohin zu begeben, als nach England oder Amerika oder nach irgend einem anderen Lande, wo sie eine gesicherte Zukunft finden können, desgleichen verstehe sich, dass bei der Vollziehung die von der Menschlichkeit oder bei bieterischen Umständen geforderten Rücksichten walten zu lassen seien.»[214]

Die Aufstände in Baden und der ‹Büsinger Handel›

1848/49 brachen an verschiedenen Orten im Deutschen Bund, so auch in Baden, Aufstände aus. Den Rebellen ging es darum, die Reichsverfassung durchzusetzen und eine demokratische Republik mit einer Volksregierung zu errichten. Die preussischen Truppen konnten die Revolution relativ schnell niederschlagen, was eine Flüchtlingswelle Richtung Schweiz auslöste. Da auch in diesem Fall die liberal-radikalen Schweizer mit den deutschen Dissidenten sympathisierten und einige von ihnen als Freischärler aktiv im Kampf mitwirkten, war eine Intervention der preussischen Armee in der Schweiz nicht ausgeschlossen. Der Bundesrat liess deshalb vorsorglich eidgenössische Truppenverbände aufbieten. Alfred Escher, der 1849 den Nationalrat präsidierte, erkannte wiederum klar, dass die Schweiz als Einheit auftreten musste, um sich wirksam gegen die bedrohlichen Verhältnisse im Ausland zu schützen. Er verwies in diesem Zusammenhang auf die Tatsache, dass die zentrale Regierung der ‹neuen› Schweiz in der Lage war, schnell und effektiv auf die gefahrvolle Situation zu reagieren. Sollte dies nicht gelingen, drohe der Schweiz eine militärische Auseinandersetzung mit ihrem nördlichen Nachbarn und insbesondere mit Preussen.

Mehrere tausend Dissidenten wurden im Verlauf dieser Kämpfe in die Schweiz abgedrängt. Zudem standen in unmittelbarer Nähe der Schweizer Grenze fremde Truppenkontingente. Hessische Truppen verletzten eidgenössisches Territorium, indem sie unter Missachtung der eidgenössischen Neutralität in die badische Exklave Büsingen bei Schaffhausen einmarschierten, um dort die aufständische Bevölkerung zu entwaffnen. Dies geschah ohne Information der schweizerischen Behörden. Die Schweiz liess, nachdem sie davon erfahren hatte, diese Truppen vorerst nicht wieder nach Baden abziehen. Ein Bevollmächtigter des Kommandos der deutschen Reichstruppen gab eine Erklärung ab, wonach die Besetzung von Büsingen ohne Wissen und Willen des Generalkommandos geschehen sei und dass man nicht die Absicht gehabt habe, das neutrale schweizerische Gebiet zu verletzen. Nach Abgabe dieser Erklärung und in Absprache mit den Schweizer Behörden zog die hessische Kompanie ab.

Diese Grenzverletzung und die Gefahr einer preussischen Militäraktion liessen nun den nervösen Bundesrat 25 000 Mann unter die Waffen rufen. Eine Intervention der preussischen Truppen auf Schweizer Boden schien aus verschiedenen Gründen möglich: Erstens war unbestritten, dass in den badischen Aufständen unter anderem eidgenössische Freischärler mitgekämpft hatten, weshalb der Bundesrat in der Folge die Anwerbung von Schweizern erneut verbot. Zweitens hätte König Friedrich Wilhelm IV. die grosse Truppenkonzentration im Süden nutzen können, um das durch eine Revolution an die Liberalen verlorene Neuenburg gewaltsam zurückzuerobern.

In seiner Rede zur Eröffnung der ausserordentlichen Bundesversammlung griff Escher am 1. August 1849 wiederum staatspolitische Aspekte auf, wobei er seinen Standpunkt durch Vereidigung und symbolhafte Stilisierung von General Dufour stützte. Seine bis dahin eingenommene Haltung gegenüber der bewaffneten Neutralität gewann durch den Gedanken der inneren Einheit eine neue Dimension. Escher erkannte die kulturpolitische Sprengwirkung, die den Bestand des Bundesstaates angesichts des europäischen Umfeldes gefährdete: «Endlich vergessen wir nicht, daß, je drohender sich die Verhältnisse im Auslande gestalten, die Schweiz desto mehr der Einheit im Innern bedarf. Lassen wir nicht aus dem Auge, daß es Augenblicke geben kann, wo vor dem höhern Interesse der Kräftigung des Vaterlandes durch Einigung Verschiedenheiten der Ansichten, die an und für sich wichtig, aber, mit

Der Kanton Schaffhausen (Ausschnitt) und die deutsche Exklave Büsingen.

jenem Interesse verglichen von geringerm Belange sind, zurücktreten, wenn auch desswegen nicht aufgegeben werden müssen.»[215] In derselben Rede wies Escher auch auf die Vorteile der neuen nationalen Regierung in Bern hin, welche in dieser Sache rasch handeln könne, da sie mit weitgehenden Befugnissen ausgerüstet sei. Die Vorgehensweise des Bundesrates in dieser Angelegenheit wurde vom Nationalrat und der Kommission zur Prüfung des bundesrätlichen Berichts im wesentlichen genehmigt. Unter anderem stellte sich die Frage, wer die finanziellen Auswirkungen des Truppenaufgebots tragen solle. Die Kommission erinnerte daran, dass der Nationalrat bereits am 30. Juni 1849 den Bundesrat ermächtigt habe, «für außerordentliche Ausgaben, welche die äußere Sicherheit und innere Ordnung der Schweiz erfordern könnten, die nöthigen Geldmittel, sei es durch Darleihen oder Einforderung von Kontingenten, anzuschaffen».[216]

Zum Schluss der ausserordentlichen Session lobte Escher die Kompromissbereitschaft der Ratsherren: «Es ist aber auch nicht der Inhalt des Beschlusses, der zu einer auszeichnenden Hervorhebung geeignet wäre, es ist vielmehr die Art und Weise, wie er zu Stande kam, es ist die Thatsache, daß durch Zustimmung zu demselben von allen Seiten zum Theile sehr große Konzessionen gemacht wurden, um nicht dem Auslande in diesem Augenblicke das Bild innerer Spaltung darzubieten.» Und weiter: Es «muß die Bahn gegenseitiger Zugeständnisse betreten werden: denn eben nur auf dieser gelangt man zur Einigung». Die Einheit des Bundes beflügle zudem die eidgenössische Armee, was ebenfalls zum Erfolg des Unterfangens beigetragen habe.[217]

Regierungsrat Johann Jakob Rüttimann beschrieb seinem Kollegen Alfred Escher in einem Brief vom 14. Oktober 1848 die Situation an der zürcherisch-schaffhausischen Grenze zu Baden mit den Worten: «An der teutschen Grenze wimmelt es gegenwärtig von Truppen. Die Dörfer Lottstetten & Jestetten sind von ein Paar Compagnien Badensern besetzt.»[218]

Aus mehreren Briefen Jonas Furrers an Alfred Escher von Juli und September 1849 geht hervor, dass der damalige Bundespräsident Furrer aus Gründen der «Humanität» die Aufnahme von Flüchtlingen befürwortet. Im Interesse von «Ordnung und Sicherheit» des Landes möchte er allerdings deren politische Führer in einen Drittstaat abschieben.[219] Eine Rückführung der Flüchtlinge nach Baden komme nur in Frage, wenn die dortige Regierung Amnestie gewähren würde. Die Durchführung dieses Vorhabens wurde aber sowohl vom Ausland her als auch innerhalb der Schweiz vielfach behindert:

«Die Badenser legten enorme Schwierigkeiten in den Weg für die Rükkehr derer, welche heimgehen wollen, so daß wir der größern Masse ewig nie abkämen. Das leiden wir nicht [...] Was die Ausweisung der Chefs betrifft, so thun wir das mögliche. Kein Kanton ist förmlich Renitent, allein mehrere, wie Bern, Genf u. Lucern chikaniren u. zögern u. quälen uns, so viel sie können.

Vorgestern hatten wir eine lebhafte Debatte; ich beantragte energische Maaßregeln u. blieb in der Minderheit.»[220]

Angesichts der vielen politischen Flüchtlinge und ihrer revolutionären Führer, die sich 1848/49 in die Schweiz zurückgezogen hatten, sah sich die schweizerische Landesregierung in eine schwierige Situation versetzt. Die preussische Regierung hatte nämlich Bedenken, dass die Flüchtlinge von schweizerischem Gebiet aus ihre Konspirationen weiterführen könnten. Als der zweite badische Aufstand tatsächlich teilweise von der Schweiz aus geführt wurde, musste der Bundesrat handeln. Er verfügte jedoch nicht die Internierung der Aufständischen, sondern lediglich deren Verlegung ins Landesinnere. Am 25. April 1849 äusserte sich der Bundesrat über seine Flüchtlingspolitik folgendermassen: «Wir dulden an fremden Flüchtlingen nicht, daß sie vom schweizerischen Gebiet aus gegen andere Staaten Feindseligkeiten ausüben oder vorbereiten; wir dulden nicht, daß sie durch Aufreizung zu Meuchelmord und Aufruhr die schweizerische Presse schänden und andern

Alfred Escher um 1849. Lithografie von Johann Conrad Werdmüller (1819–1892) nach einem Aquarell von Clementine Stockar-Escher.

Staaten den Krieg erklären ...»[221] Im Zusammenhang mit dem Übertritt von Tausenden von deutschen Flüchtlingen stellte sich die Bundesversammlung die Frage, ob nun die Kantone oder der Bund für deren Unterstützung aufkommen solle. Wie der Bundesrat sei auch die nationalrätliche Kommission in dieser Angelegenheit der Ansicht, dass die anfallenden Kosten für Verpflegung und Unterbringung der Flüchtlinge nicht etwa nur denjenigen Kantonen auferlegt werden könnten, denen die Flüchtlinge zugewiesen würden. Da auch der Bundesrat diese Sache als eidgenössische Angelegenheit sehe, müsse man schon jetzt den finanziellen Beitrag des Bundes an die Kantone genau festlegen. Im Bundesbeschluss vom 7. August 1849 wurde dieser Betrag sodann auf 35 Rappen pro Flüchtling und Tag festgesetzt. Ausgenommen wurden diejenigen Flüchtlinge, die durch öffentliche oder andere Arbeiten ihren Unterhalt selber finanzierten. Dies rechtfertige sich dadurch, dass «es auf die schweizerische Bevölkerung einen ungünstigen Eindruck machen müßte, längere Zeit eine große Zahl von Männern ohne Arbeit und nur durch öffentliche Unterstützung unterhalten zu sehen».[222] Schon damals versuchte man einen Mittelweg zwischen sozialer Verantwortung und eigenen wirtschaftlichen Interessen zu finden. Der Bundesrat wurde weiter angehalten, eine periodische Neuverteilung der Flüchtlinge vorzunehmen, damit jeder Kanton einen verhältnismässigen Anteil an den Kosten trage.

In seiner Eröffnungsrede zur ausserordentlichen Session des Nationalrates am 1. August 1849 sagte Escher: Es verdient doch «zur Ehre unsers Vaterlandes mit Nachdruck hervorgehoben zu werden, daß von keiner erheblichen Seite her die Ansicht geltend zu machen versucht wurde, als hätte die Schweiz diese Masse von Unglücklichen, die aber um ihrer großen Zahl willen ja nicht weniger unglücklich sind, nicht aufnehmen, sondern vor die Feuerschlünde ihrer Besieger zurückweisen sollen».[223]

Das Erfolgsjahrzehnt
des letzten Grossbürgers

Im Gründungsjahr des Bundesstaates befand sich die schweizerische Wirtschaft in einer schwierigen Lage. Als Folge einer europaweiten Wirtschaftskrise hatten verschiedene europäische Länder protektionistische Massnahmen ergriffen. Die Schweiz war davon in besonderem Masse betroffen, war doch ihr Heimmarkt begrenzt und ihre Exportabhängigkeit entsprechend gross. Dazu kamen die Missernten der Jahre 1845 bis 1847, die zu einer Versorgungskrise führten und breite Bevölkerungsschichten empfindlich trafen. Wohl hatte in der Schweiz mit Baumwollspinnereien die Industrialisierung schon zu Beginn des 19. Jahrhunderts ihren Anfang genommen und wurde in der Folge durch die Maschinenindustrie mächtig verstärkt, doch waren 1850 noch mehr als die Hälfte der Erwerbstätigen in der Landwirtschaft beschäftigt. Allerdings war die Produktivität der Bauernbetriebe gering, nicht zuletzt wegen des damaligen Erbteilungssystems. Als Folge davon musste die Schweiz rund die Hälfte ihres Getreidebedarfs importieren. Trotz des vergleichsweise hohen Industrialisierungsgrades, den die Schweiz bereits damals aufwies, bestanden vor der Errichtung des Bundesstaates schwerwiegende infrastrukturelle Mängel, die es im Interesse der wirtschaftlichen Entwicklung raschmöglichst zu beseitigen galt. Dazu gehörten insbesondere ein ungenügend ausgebautes Verkehrsnetz mit einer Vielzahl von Weggeldern und Zollgebühren, ein heilloser kantonaler Münzwirrwarr, eine hinderliche Vielfalt von Mass- und Gewichtseinheiten und ein für die Finanzierung von Grossprojekten im Industrie- und Eisenbahnbereich untaugliches Bankensystem. In den 1840er Jahren lief die Schweiz Gefahr, durch den rudimentären Entwicklungsstand ihres Eisenbahnwesens regelrecht isoliert zu werden. Während 1850 die Schienennetze in Grossbritannien mit rund 10 000 km, in Deutschland mit annähernd 6000 km und in Frankreich mit rund 3000 km bereits stattliche Reichweiten aufwiesen, war in der Schweiz infolge fehlender staatspolitischer und staatsrechtlicher Grundlagen, aber auch infolge unversöhnlicher Standpunkte einzelner Landesteile und Städte einzig die rund 25 km lange Verbindung zwischen Zürich und Baden in Betrieb. Das Beispiel der rückständigen Entwicklung des Eisenbahnprojekts in der Schweiz steht für die Zeit vor 1848 symbolhaft: Die schweizerische Wirtschaft krankte an schwerwiegenden wachstumshemmenden Defiziten und lief namentlich an strukturpolitischen Problemen auf.

Die eigentlichen Motoren der wirtschaftlichen Entwicklung waren Mitte des 19. Jahrhunderts der von privaten Unternehmen getragene

Bau und Betrieb der Eisenbahnen und die aggressive Wachstumsstrategie der um Streckenführung und Marktanteile kämpfenden Bahngesellschaften. Der Vormarsch des Dampfrosses stiess eine ganze Reihe weiterer wirtschaftlicher Entwicklungen an. Doch die Erkenntnis allein, dass Infrastrukturen geschaffen werden mussten, um zukunftsweisende volkswirtschaftliche und gesellschaftliche Perspektiven abzustecken, reichte nicht aus, um im Wettbewerb der Städte, Regionen und Kantone zu bestehen. Hier brauchte es Politiker und Wirtschaftsvertreter, die dank einer starken Hausmacht in Regierung und Parlament in der Lage waren, ihre Konzeptionen durchzusetzen und auch unpopuläre Entscheide zu erwirken. Politik und Wirtschaft mussten zusammengehen, um den sich stellenden Herausforderungen gewachsen zu sein. So ergaben sich Konstellationen und Szenarien, die heute unmöglich wären – etwa wenn Politiker der kantonalen Exekutive gleichzeitig Führungspositionen in Wirtschaftsunternehmen bekleideten. Erfolgsentscheidend für den wirtschaftspolitischen Aufbruch der einzelnen Kantone war somit nicht allein die Tatsache, dass die neue Bundesverfassung von 1848 der Wirtschaft gegenüber der staatenbundlichen Lösung neue Entwicklungsmöglichkeiten eröffnete. Wohl waren mit der Niederlassungsfreiheit, dem Fall der Zollschranken, der Schaffung eines vereinheitlichten Post-, Mass- und Münzwesens unter Bundeshoheit wichtige Voraussetzungen für eine überkantonale Wirtschaft geschaffen. Das aber erklärt nicht, warum Stadt und Kanton Zürich eine dynamischere und expansivere Entwicklung durchmachten als andere Orte. Der Grund dafür, dass Stadt und Kanton Zürich zum wirtschaftlichen Zentrum der Schweiz aufrückten, war ebensowenig die Verflechtung von Poltik und Wirtschaft, denn diese fand sich auch andernorts. Der entscheidende Unterschied lag in der Tatsache, dass Zürich mit Alfred Escher eine wirtschaftspolitische Führungspersönlichkeit besass, die andere nicht hatten, und dass dieser nicht davor zurückschreckte, sein ‹System›, seine Macht und seine Einflussmöglichkeiten gezielt und rücksichtslos einzusetzen – für die Schweiz in erster Linie, dann aber auch für Stadt und Kanton Zürich.

Die Schweiz stand um 1850 am Scheideweg: Ohne Anschluss ans internationale Eisenbahnnetz drohte ihr die Isolation. Ein verkehrstechnisches Malaise hätte für Wirtschaft und Wissenschaft schwerwiegende Folgen gehabt. Hinzu kam, dass die Geschäftsleute und die frischgebackenen Bankiers der Schweiz es nicht gewohnt waren, in nationalen Grössenordnungen zu denken und zu handeln. Ihr Horizont war bis dahin der Kanton gewesen oder aber – wenn sie Handel trieben – die ganze Welt.

Eschers grosse wirtschaftspolitische Zeit war das ‹Erfolgsjahrzehnt›, das von 1848/49 bis in die frühen 1860er Jahre dauerte. In diese Zeit fielen die aussenpolitischen Erfolge bei der Lösung der Krisen um Neuenburg, Savoyen und Dappental, innen- und vor allem wirtschaftspolitische Weichenstellungen wie der Eisenbahnentscheid von 1852 und der Entschluss zum Bau des Polytechnikums 1854. In diesen Jahren realisierte Escher auch seine grossen wirtschaftlichen Schöpfungen: die Nordostbahn (1852/53), die Kreditanstalt (1856) und die Rentenanstalt (1857). Die Fähigkeit Eschers, bereits vorliegende Ideen aufzunehmen und umzusetzen, illustrieren zahlreiche Beispiele. Wie im Falle des Eisenbahnprojekts Zürich-Bodensee-Bahn bemächtigte er sich auch im Finanzbereich mit der Kreditanstalt und der Rentenanstalt bereits bestehender Vorhaben und verstand es, diese durch beispiellosen Spürsinn, Geschicklichkeit und Tatkraft in sein Eigentum zu überführen und mit seiner Person zu verknüpfen. Der wohl grösste Erfolg folgte in den 1870er Jahren. Mit dem Gotthardprojekt setzte Escher in eindrücklicher Weise den Schlusspunkt unter sein Lebenswerk. Doch da war auf der politischen Bühne der Schweiz für einen Mann seines Formats bereits kein Platz mehr. Alfred Eschers wirtschaftspolitischer Einfluss stiess im zeitgenössischen Urteil auf teils scharfen Widerstand und bot Anlass zu grundsätzlicher Kritik. Dabei wurde auch Eschers Person in einer Weise attackiert, die heute nicht mehr vorstellbar ist. Und doch: Gerade auch dieser wirtschaftspolitische Rahmen, den Escher mit seinem System absteckte, war eine wichtige Voraussetzung für seinen Erfolg. Die volksdemokratischen Rechte und die demokratischen Spielregeln späterer Jahre hätten nicht nur Eschers politischen Aufstieg behindert und sein Machtzentrum aufgebrochen, sie hätten wohl auch den fulminanten Aufbruch der Schweiz Mitte des 19. Jahrhunderts vereitelt. Für die Lösung der grossen Infrastrukturvorhaben brauchte es die grundsätzlichen Mehrheiten, die Escher im Nationalrat hatte; es bedurfte seines Systems, das wichtige und wichtigste Ämter und Funktionen zusammenschloss, einer Kommunikationsschiene, die Escher mit seinen Leuten im Bundesrat verband, mit Jonas Furrer an erster Stelle, später auch mit Jakob Dubs. Doch da hatte das System seine Blütezeit schon hinter sich. Netzwerk und Machtapparat Eschers waren imposant. Es stellt sich die Frage, warum sich Alfred Escher angesichts seines politischen Einflusses nicht selbst in die Landesregierung wählen liess. Zweimal hat er sich ein solches Szenario überlegt, wenn auch nicht ernsthaft: 1848 bei der erstmaligen Zusammensetzung des Bundesrates und 1861, als Jonas Furrer im Amt verstarb und Jakob Dubs sein Nachfolger wurde. Jonas Furrer selbst war es, der 1848 mehrere Male seinen Freund Escher bat, den Kanton Zürich in der Landesregierung zu vertreten, um sich selbst zu entlasten. Die Gründe, die Furrer vorbrachte, galten auch für Escher: Man kann sich nicht vorstellen, wie der damals 29jährige Escher sein familiäres Umfeld im Belvoir hätte verlassen können. Rund zehn Jahre später, nach dem Tod seines Freundes, hatte sich Escher bereits ein so gewaltiges wirtschaftspolitisches Imperium geschaffen, dass für ihn ein Wechsel in den Bundesrat keine valable Alternative mehr war. Ohnehin kann man sich angesichts der Persönlichkeitsstruktur des Wirtschaftsführers einen ‹Bundesrat Escher› nur schwer vorstellen.

Der Zürcher Jakob Dubs (1822–1879) war Nachfolger von Jonas Furrer im Bundesrat und zunächst Eschers Kontaktperson in der Landesregierung, bis sich die beiden politisch entzweiten.

Freilich war auch Kairos im Spiel. Eschers beispielloser Aufstieg in Politik und Wirtschaft, die Kumulation und Verflechtung seiner wirtschaftlichen Machtpositionen und politischen Ämter, vor allem aber sein patronaler Auftritt, der jeder Diskussion den Weg vorzeichnete, charakterisieren ihn als Grossbürger. Dabei trat er just in jenen Jahren auf die Bühne schweizerischer Öffentlichkeit, als die letzte und vielleicht grösste Stunde des Schweizer Grossbürgertums geschlagen hatte. Damals herrschten im Parlament klare Verhältnisse; die Regierung war nicht auf Konkordanz ausgerichtet, demokratische Volksrechte wie Referendum und Initiative waren noch in weiter Ferne. Im Zuge seiner Ausdifferenzierung setzte das demokratische System entschieden auf das schnell aufstrebende Kleinbürgertum. In diesem Klima war für einen wirtschaftlichen und politischen Machtpol, wie Escher ihn verkörpert hatte, kein Platz mehr.

BAU UND BETRIEB DER EISENBAHNEN

Private sollen Bahnen bauen

Wie in anderen Industriezweigen spielte England auch im Eisenbahnbau eine Pionierrolle. Schon 1825 wurde auf der Strecke Stockton–Darlington der erste Bahnbetrieb für Personentransporte eröffnet. Auch andere Länder begannen in den 1830er Jahren mit dem Bau von Eisenbahnlinien. 1830 nahm die erste Eisenbahngesellschaft der USA, die ‹Baltimore & Ohio Railroad›, den Betrieb auf. Als erste Bahnstrecke zum Personen- und Warentransport in Frankreich gilt die 1832 eröffnete Strecke St-Etienne–Lyon. Im Grossherzogtum Baden wurde 1833 bereits das Projekt einer alpenüberquerenden Nord-Süd-Verbindung von Mainz und Frankfurt über Basel und Chur nach Oberitalien diskutiert, während 1835 in Bayern die Strecke Nürnberg–Fürth eingeweiht wurde. Das Eisenbahnfieber griff damals schnell um sich. Die Schweiz jedoch roch erst 1844 sanft den Dampf der Lokomotiven, als nämlich ein Zug die 1800 Meter lange Teilstrecke vom elsässischen St-Louis nach Basel zurücklegte. Damit erhielt Basel Anschluss an die 1840 eröffnete französische Linie, die von Strassburg über St-Louis an die Schweizer Grenze führte. Doch dies stiess das Eisenbahnprojekt in der Schweiz noch nicht an.

Verglichen mit dem benachbarten Ausland kam die schweizerische Eisenbahnentwicklung immer mehr ins Hintertreffen. Die Schweiz wurde zum weissen Fleck im sich verdichtenden europäischen Streckennetz. Dieser Befund überrascht insofern, als eisenbahnpolitische Fragen schon ab Mitte der 1830er Jahre in verschiedenen Landesgegenden der Schweiz diskutiert wurden.

Nachdem 1841 der erste Versuch zur Errichtung einer Bahnlinie zwischen Basel und Zürich kläglich gescheitert war, blieben die interessierten Zürcher Kreise nicht untätig. 1842, als anlässlich der Liquidation der Basel-Zürcher Eisenbahngesellschaft deren Planungsunterlagen zur Versteigerung gelangten, erwarb eine Zürcher Gruppe unter Leitung von Martin Escher-Hess diese Dokumente, um das Projekt unter neuen Vorzeichen doch realisieren zu können. Allerdings dauerte es noch mehrere Jahre, bis es im März 1846 endlich zur Konstituierung der ‹Schweizerischen Nordbahn› kam. Als Reaktion auf die wenig kooperative Haltung der beiden Basel und um von Zürich aus direkt in den süddeutschen Raum vorstossen zu können, plante die Nordbahn, den Anschluss Zürichs an die französischen und deutschen Bahnen mit einer Strecke zu realisieren, die bei Koblenz den Rhein überqueren und auf dem deutschen Ufer nach Basel führen sollte. Von diesem Projekt wurde infolge verschiedenster Widerstände nur die Teilstrecke Zürich–Baden ausgeführt, die am 7. August 1847 eingeweiht wurde. Damit war die erste Bahnlinie auf ausschliesslich schweizerischem Gebiet erbaut. Nach verheissungsvollen Anfängen geriet die ‹Spanischbrötlibahn› jedoch bald schon in finanzielle Schwierigkeiten, so dass auf den geplanten weiteren Ausbau verzichtet werden musste.

Analysiert man die Umstände, die 1852 zum unvermittelt gewaltigen Aufbruch der schweizerischen Eisenbahnentwicklung führten, wird deutlich, weshalb die Schweiz der 1830er und 1840er Jahre den Take-off nicht schaffte: Es fehlte damals an den staats- und wirtschaftspolitischen Voraussetzungen, welche die zwingend erforderlichen günstigen Rahmenbedingungen geschaffen hätten. Namentlich die strukturelle Beschaffenheit des eidgenössischen Staatenbundes mit seinen unterschiedlichen Masseinheiten, Währungen und Münzen und erst recht mit seinen kantonalen Zollhoheiten stand der Eisenbahnentwicklung im Wege. Der politische Zustand der damaligen Schweiz bremste und behinderte das Aufkommen und die Umsetzung landesweiter Eisenbahnpläne. Scharfe Gegensätze und sogar blutige Auseinandersetzungen zwischen konservativem und fortschrittlichem Lager in den 1830er und 1840er Jahren, die mit den Freischarenzügen und den Diskussionen um die Jesuitenfrage einen konfessionellen Anstrich bekamen und 1847 im Sonderbundskrieg gipfelten, machten deutlich, dass der Zeitpunkt für einen Aufschwung des Schweizer Eisenbahnwesens noch nicht gekommen war. Unter den herrschenden Verhältnissen war es bis 1848 unmöglich, einen gemeinsamen Nenner der unterschiedlichen kantonalen Positionen zu finden, der die Errichtung überregionaler Eisenbahnverbindungen ermöglicht hätte. Erst mit dem Bundesstaat von 1848 wurden staatliche Strukturen und ein Rechtssystem geschaffen, welche die Voraussetzungen auch für den Eisenbahnbau in der Schweiz entscheidend verbesserten. Die letzten noch zu klärenden Fragen wurden schliesslich durch das Eisenbahngesetz vom 28. Juli 1852 beantwortet.

Ganz neue Voraussetzungen und eine grundsätzlich veränderte Ausgangslage für die Entwicklung des Eisenbahnwesens in der Schweiz wurden mit dem Bundesstaat von 1848 geschaffen. Allerdings über-

‹Spanischbrötlibahn› – eine Arbeit des Malers und Bühnenbildners Toni Businger (*1934) aus dem Jahr 1991. Buchillustration (Umschlag) für die gleichnamige Publikation von Paul Fischer. ‹Spanischbrötchen› hiess in Baden ein Gebäck aus Blätterteig und Butter, das sich vornehme Zürcher Familien dank der neueröffneten Eisenbahnlinie ofenwarm auf den Frühstückstisch servieren liessen. Die genauen Umstände, die den Zürcher Volksmund zur erstmals 1874 belegten Bezeichnung ‹Spanischbrötlibahn› bewegten, sind indes nicht bekannt.

rascht, dass die Bundesverfassung, mit welcher die Architektur einer neuen und modernen Schweiz entworfen wurde, zum Bau und zum Betrieb von Eisenbahnen kein einziges Wort verlor. Von Eisenbahnen ist nur einmal – in Artikel 28 der Verfassung – die Rede, wo es um Verträge über Transitgebühren und Zölle geht.

«Art. 28. Den in bereits abgeschlossenen Eisenbahnverträgen über Transitgebühren enthaltenen Verfügungen soll durch gegenwärtige Bestimmungen kein Abbruch geschehen. Dagegen tritt der Bund in die durch solche Verträge den Kantonen in Beziehung auf die Transitgebühren vorbehaltenen Rechte.»

Demgegenüber fällt auf, dass Bestimmungen über Streitigkeiten und Krieg die ganzen Artikel 11 bis 20 der Bundesverfassung beanspruchen, Bestimmungen über Zölle die Artikel 23 bis 32. Erwähnt werden weiter unter anderem das Postwesen (Art. 33), die Münzregale (Art. 36), Masse und Gewichte (Art. 37), die Oberaufsicht des Bundes über Strassen und Brücken (Art. 35), die Pressefreiheit (Art. 45), das Verbot der Todesstrafe bei politischen Vergehen (Art. 54) und das Verbot der ‹Gesellschaft Jesu› (Jesuiten) (Art. 58). Hinzu kommen heute kurios anmutende Regulative. So wenn beispielsweise Artikel 38 festlegte, dass «Fabrikation und Verkauf des Schiesspulvers im Umfange der Eidgenossenschaft ausschliesslich dem Bunde» zustehen. Das soll freilich nicht darüber hinwegtäuschen, dass die Verfassungsväter von 1848 der jungen Schweiz den Weg in die Zukunft wiesen. Da sich kein einziger Verfassungsartikel explizit mit der Eisenbahnfrage beschäftigte, blieb nur die Hintertür, allfällige Eisenbahnprojekte unter die allgemein gehaltenen Bestimmungen von Artikel 21 betreffend «öffentliche Werke» zu subsumieren:

«Dem Bund steht das Recht zu, im Interesse der Eidgenossenschaft oder eines großen Theiles derselben, auf Kosten der Eidgenossenschaft öffentliche Werke zu errichten oder die Errichtung derselben zu unterstützen. Zu diesem Zwecke ist er auch befugt, gegen volle Entschädigung das Recht der Expropriation geltend zu machen. Die näheren Bestimmungen hierüber bleiben der Bundesgesetzgebung vorbehalten. Die Bundesversammlung kann die Errichtung öffentlicher Werke untersagen, welche die militärischen Interessen der Eidgenossenschaft verletzen.»[224]

Dass sich die Verfassung von 1848 hinsichtlich Bau und Betrieb von Eisenbahnen ausschwieg, hatte verschiedene Gründe. Zunächst fehlten offensichtlich die konzeptionellen, wissenschaftlichen und technischen Voraussetzungen, um die Frage landesweit anzugehen. Vor 1848 fehlten auf staatlicher Ebene die Voraussetzungen für eine systematische Analyse und für die Konzeptualisierung einer umfassenden Lösung. Die konfessionellen Auseinandersetzungen der 1840er Jahre hatten die Perspektiven der Schweiz vernebelt und die Prioritäten der wirtschaftspolitischen Agenda durcheinandergebracht. Die wirtschafts- und gesellschaftspolitische Bedeutung des Dampfrosses blieb allzulange unerkannt. Man verstand die Schienenwege nicht als existentielles Thema der jungen Schweiz. Spätestens machten dies die politischen Diskussionen deutlich, die durch die Expertenberichte von 1850 ausgelöst wurden.

Wie anders wäre zu erklären, dass in Nordamerika mit einem unglaublichen Pioniergeist schon in den 1840er Jahren Tausende von Kilometern Eisenbahnlinien gelegt wurden? Der jährliche Zuwachs an Streckenkilometern betrug dort zwischen 1841 und 1848 rund 500 km, während in der Schweiz zur gleichen Zeit über Jesuiten und um Konfessionsfragen gestritten wurde. Als in der Schweiz 1847 die erste Eisenbahnstrecke von Zürich nach Baden mit bescheidenen 23,3 km Länge gebaut wurde, mass das US-amerikanische Streckennetz bereits rund 8500 km. In den folgenden Jahren vergrösserte sich die Differenz kontinuierlich weiter. Während 1852 im schweizerischen Parlament der historische Grundsatzentscheid zugunsten des Eisenbahnbaus auf privatwirtschaftlicher Basis fiel, wurde eben die fast 600 km lange Pennsylvania Railroad von Philadelphia nach Pittsburgh fertiggestellt. Und als sich die schweizerischen Politiker zu Beginn der 1850er Jahre wegen der Eisenbahnfrage in die Haare gerieten, wurden in den USA jährlich rund 2700 km Schienen verlegt.

Während die Schöpfer der Bundesverfassung die Eisenbahnfrage noch hatten links liegen lassen können, musste sich dies zwangsläufig ändern, als sich Bundesrat und Parlament mit den grossen Infrastrukturfragen des neuen Bundesstaates zu beschäftigen begannen. An den vielschichtigen Problemen des Baus und Betriebs von Eisenbahnen kam nun kein Politiker mehr vorbei, der um Wohl und Gedeihen des Landes bemüht war. Die Eisenbahnfrage entwickelte sich für Jahrzehnte zu einem der meistdiskutierten Sachthemen und sollte sich dabei in ganz prominenter Weise mit dem Namen Alfred Escher verbinden. Das Eisenbahnprojekt schien in Escher bald schon geradezu personifiziert.

Finanzierung und Bau des Schweizer Schienennetzes markierten zunächst den Anfang von Eschers wirtschaftspolitischem Aufstieg, später aber auch die grösste Niederlage und die wohl schmerzlichste Enttäuschung seines Lebens. Auf vielfältige und durchaus schicksalshafte Weise war Eschers Karriere mit der frühen Schweizer Eisenbahngeschichte verflochten.

Eine wichtige Voraussetzung für Eschers eisenbahn- und wirtschaftspolitische Karriere, die in der Schweizer Geschichte ihresgleichen sucht, war der gravierende Mangel an einschlägigem Know-how im jungen Bundesstaat: Tatsächlich wusste niemand genau, wie das Eisenbahnprojekt erfolgreich realisiert werden könnte. Es fehlte damals – vor der Errichtung des Polytechnikums – an wissenschaftlich-technisch ausgebildeten Fachpersonen.

1849 reichten Schweizer Industrielle und Bankiers beim Bundesrat eine Petition ein, worin sie diesen aufforderten, die Vorarbeiten zum Bau von Eisenbahnen in der Schweiz an die Hand zu nehmen. Diesen Vorstoss nahm Escher als damaliger Präsident des Nationalrates auf und legte am 11. Dezember 1849 zusammen mit 13 weiteren unterzeichnenden Nationalräten eine Motion vor. Darin wurde der Bundesrat ersucht,

«a) den Plan zu einem allgemeinen schweizerischen Eisenbahnnetze unter Zuziehung unbetheiligter Experten zur Vornahme der technischen Vorarbeiten; b) den Entwurf zu einem Bundesgesetze betreffend Expropriation für schweizerische Eisenbahnbauten; c) Gutachten und Anträge betreffend die Betheiligung des Bundes bei der Ausführung des schweizerischen Eisenbahngesetzes, betreffend die Konzessionsbedingungen für den Fall der Erstellung der Eisenbahnen durch Privatgesellschaften u.s.w., vorzulegen.»[225]

Um keine Zeit zu verlieren und sowohl die Dringlichkeit als auch die Bedeutung der Motion zu unterstreichen, bestellte der Nationalrat bereits am 19. Dezember 1849 eine elfköpfige Eisenbahnkommission, welche den Bericht des Bundesrates unmittelbar nach dessen Vollendung prüfen und darauf dem Nationalrat entsprechende Anträge stellen sollte. Mit der höchsten Stimmenzahl wurde Escher in die Kommission gewählt und übernahm deren Vorsitz.

Durch seine Kommissionstätigkeit als eidgenössischer Parlamentarier prägte Escher über die Jahre und Jahrzehnte die Debatten zu einer Vielzahl zukunftsweisender Sachfragen. Die für die Entwicklung der jungen Schweiz wohl wichtigste Kommission aber befasste sich einmal mehr mit der Eisenbahnfrage. Eschers Wahl in die Eisenbahnkommission wurde auch für seine späteren wirtschaftspolitischen Schöpfungen zum eigentlichen Schlüsselereignis. Nachdem er bis 1848 weder besondere politische Interessen am Eisenbahnwesen bekundet noch über eisenbahntechnische Kompetenzen verfügt hatte, begann sich dies im neuen Bundesstaat zu ändern. Sowohl als Nationalrat wie auch als Zürcher Gross- und Regierungsrat wurde Escher mit der Eisenbahnfrage konfrontiert. In der Detailarbeit der Eisenbahnkommission konkretisierte sich für ihn der Bedarf an spezifischem Know-how, und als Nationalratspräsident oblag es ihm 1849/50, das nunmehr aktuell gewordene Thema politisch zu kanalisieren und ihm in der Session das nötige Gewicht zu geben.

Am 12. November 1849 eröffnete Nationalratspräsident Escher die ordentliche Sitzung der grossen Kammer, welche die gesetzgeberische Debatte im Rahmen der Verfassung weiterführte. In seiner staatspolitischen Eröffnungsrede kam er – nebst dem Plan, eine schweizerische Hochschule zu errichten – auch auf das Eisenbahnwesen zu sprechen, welches für ihn eine «Lebensfrage der Schweiz» war:

«Die neue Bundesverfassung enthält Bestimmungen, gemäß denen den Bundesbehörden das Recht zusteht, der Entstehung von Eisenbahnen den wirksamsten Vorschub zu leisten. Wohlan, mögen die Bundesbehörden von diesem hochwichtigen Rechte, das ihnen eingeräumt worden ist, nun auch Gebrauch machen! Mögen sie auch in dieser Richtung den schönen, aber bis zur Stunde noch todt gebliebenen Buchstaben der Bundesverfassung dadurch, daß sie ihn anwenden, zum Leben erwecken! Mögen sie aber auch nicht vergessen, daß hier rasches Handeln Noth thut! Von allen Seiten nähern sich die Schienenwege immer mehr der Schweiz. Bereits wird die Frage, wie sie mit einander in Verbindung gebracht werden sollen, eifrig verhandelt. Es tauchen Pläne auf, gemäß denen die Bahnen um die Schweiz herumgeführt werden sollen. Der Schweiz droht somit die Gefahr, gänzlich umgangen zu werden und in Folge dessen in der Zukunft das traurige Bild einer europäischen Einsiedelei darbieten zu müssen.»[226]

Vierzig Tage später, am 22. Dezember, war der letzte Sitzungstag im Jahr 1849. Escher holte zur Schlussrede aus, um Rückschau zu halten auf die in dieser Session behandelten Geschäfte. Dabei stellte er fest, dass wenige Traktanden zum Abschluss gebracht worden seien. Allerdings dürfe niemand den Parlamentariern vorwerfen, dass sie «unthätig gefeiert» hätten. Was die Eisenbahnangelegenheit betraf, so hatte der Nationalrat die Motion an den Bundesrat überwiesen, so dass nun «Untersuchungen und Begutachtungen nach allen Richtungen hin» angestellt werden könnten. Doch damit war, wie Escher lapidar festhielt, in der Eidgenossenschaft «noch keine einzige Schiene» verlegt.[227] Bemerkenswert sind seine politischen Ausführungen zur Frage, wer in der Eisenbahnsache die Hoheit haben sollte – die Kantone wie bisher, oder aber der Bund. In der Beantwortung dieser entscheidenden Frage, welche die politischen Gemüter noch Jahre und Jahrzehnte bewegen sollte, hielt sich Escher zurück. Allerdings schien für ihn damals klar, dass die Eisenbahnproblematik nicht allein durch die einzelnen Kantone gelöst werden konnte, sondern dass nun der Bund aktiver auf den Plan treten musste.

Die nun vertieft einsetzende politische Debatte um Fragen zu Bau und Betrieb schweizerischer Eisenbahnen führte zunächst im Kern die früheren Diskussionen um die Bundesverfassung fort. Vereinfacht gesagt ging es zuerst darum, ob das Eisenbahnprojekt auf zentralistischer oder föderalistischer Grundlage angegangen werden solle. Angesichts der zentralistischen Grundarchitektur des neuen Bundesstaates und des radikalen Zeitgeistes, der anfänglich in Parlament und Bundesrat weitgehend den Ton angab, musste man davon ausgehen, dass auch das Eisenbahnwesen unter staatliche Fittiche kommen würde. Eine privatwirtschaftliche Lösung schien a priori keine valable Alternative zu sein, zumal die ausländischen privatrechtlichen Modelle für die Schweiz alles andere als Vorbildcharakter hatten und entsprechend kritisch diskutiert wurden. Überdies waren Persönlichkeiten, die 1848/49 den Privatbau mittels Werbung und Lobbying politisch hätten durchsetzen können, dünn gesät und agierten vornehmlich aus der zweiten Reihe. So schien die Sache entschieden, bevor man sie diskutiert hatte.

Alfred Eschers ursprüngliche Position in der Eisenbahndebatte entsprach seiner staatspolitischen Auffassung. Diese gründete darin, dass ihn die Bundesverfassung als radikalen Jungpolitiker nicht befriedigte. Die Organisation des Bundesstaates war in seinen Augen zu sehr mit föderalistischen Rücksichtnahmen und konfessionell begründeten Kompromissen durchsetzt. Weil aber keine Aussicht auf eine bessere Alternative bestand, stellte er sich dennoch hinter sie.

Man hätte erwarten können, dass Escher ab 1849 seinen Standpunkt in der Eisenbahndiskussion ebenso kompromisslos vertreten hätte wie in anderen Sachfragen. Vor dem Hintergrund seiner damaligen Gesinnung, die mit radikalen Elementen bestückt war, hätte er dabei zweifellos dem staatlichen Eisenbahnbau den Vorzug gegeben. Doch merkwürdigerweise hielt sich Escher gerade in dieser Frage vorerst zurück. Seine eisenbahnpolitische Rede vom 12. November 1849 blieb denn auch ganz der allgemeinen infrastrukturellen Ebene verpflichtet. Immerhin ist anzumerken, dass er in der Motion an den Bundesrat die Variante des Privatbaus ernsthaft in Erwägung zog. Noch war der Zeitpunkt nicht gekommen, noch waren die politischen und technischen Voraussetzungen nicht gegeben, dass Escher seine Position hätte auf den Punkt bringen können. Als Erklärung mag mithin gelten, dass es ihm 1849 in der Eisenbahnangelegenheit noch am praktischen Fachwissen fehlte. Ohne die nötige Kompetenz wollte er sich offenbar nicht exponieren. Vielleicht aber war sich Escher auch bewusst, dass damals das eisenbahnpolitische Machtzentrum nicht an der Limmat, sondern am Rheinknie in Basel lag, von wo überhaupt in vielen Infrastrukturvorhaben des jungen Bundesstaates entscheidende Impulse kamen. Angesichts der Stellung Basels äusserte sich Rudolf Friedrich Wäffler-Egli gegenüber Escher folgendermassen:

«Gut ist es wenn endlich dahingestrebt wird uns von Basel einigermasen zu emanzipieren da sie immer glaubten den Schlüssel für die ganze Schweitz in den Händen behalten zu müssen.»[228]

Der Bundesrat nahm den Ball auf, den ihm der Nationalrat Ende 1849 zugespielt hatte, und machte sich an die Arbeit. Beim Post- und Baudepartement wurde ein Eidgenössisches Eisenbahnbüro eingerichtet, das Ingenieur Gottlieb Koller unterstellt und beauftragt wurde, Basisdokumentationen und publizistische Grundlagen zum Eisenbahnwesen zusammenzustellen sowie Detailstudien zu erarbeiten. Der Bundesrat bereitete ein Expropriationsgesetz vor, das von der Bundesversammlung am 1. Mai 1850 beschlossen wurde. Darüber hinaus zog die Landesregierung auch von allen Seiten eisenbahntechnische Erkundigungen ein. Dabei stellte sie fest, dass viele Kantone noch in den alten

Querelen steckten, die schon die unglücklichen 1830er und 1840er Jahre gekennzeichnet hatten. Mit dieser wenig verheissungsvollen Erkenntnis ging der Bundesrat daran, die Experten zu bestellen, welche den Plan eines schweizerischen Eisenbahnnetzes ausarbeiten sollten. Dabei wollte er zwei verschiedene Fachgremien bilden, nämlich eine Gruppe von Sachverständigen für technische Fragen und eine andere, die sich der volkswirtschaftlich-finanziellen Aspekte annehmen sollte.

Das Gutachten von Stephenson und Swinburne 1850
Als bevorzugten technischen Experten bezeichnete der Bundesrat den englischen Ingenieur Robert Stephenson, den Sohn George Stephensons, der offiziell als Erfinder der Lokomotive gilt. Man lud ihn ein, die Schweiz zu bereisen und ein Gutachten über die zweckmässigste Linienführung zu erstellen. Auf Empfehlung von Stephenson, der bis Ende August verhindert war, wurde der englische Ingenieur Thomas Longridge Gooch eingeladen, der jedoch den Auftrag aufgrund gesundheitlicher Probleme nicht annehmen konnte. In dieser Notlage sprang der 29jährige englische Ingenieur Henry Swinburne ein und brach von Genf aus zu einer Erkundigungsreise durch die Schweiz auf. Wie in Aussicht gestellt traf dann im August auch Stephenson in der Schweiz ein, wählte jedoch Basel als Ausgangspunkt seiner Recherchen. Begleitet wurden die beiden Engländer von mehreren schweizerischen Fachleuten. Sie fanden in Gottlieb Koller ihren Hauptansprechpartner und ihre Kontaktperson zum Bundesrat. Der Ingenieur und Leiter des Eisenbahnbüros in Bern war es, der ihnen die gewünschten Unterlagen zur Verfügung stellte.

Am 7. Juni 1850 legte der Bundesrat der Bundesversammlung einen Bericht vor, in welchem er seine Instruktionen an Stephenson und Swinburne präzisierte. Die beiden Experten sollten vorerst das vom Post- und Baudepartement gesammelte Material über alle zur Diskussion stehenden Bahnlinien, «für deren Aufnahme in das allgemeine [Bahn]netz einige Wahrscheinlichkeit vorliegt», gründlich beurteilen (Art. 1). Zu dieser Dokumentation gehörten Übersichtskarten, Situationspläne, Längenprofile, Kostenberechnungen, aber auch Angaben über die «Bevölkerung der zur Rechten und zur Linken der Bahn liegenden Landestheile» und über die «Frequenz an Personen und Waaren in den verschiedenen Richtungen der projektirten Bahn» (Art. 2). Die «Herren Experten» sollten weiter die zur Diskussion stehenden Strecken bereisen und speziell dort, wo sich Konkurrenzprojekte gegenüberstanden oder wo besondere Hindernisse zu überwinden waren, die Pläne vor Ort kritisch prüfen. «Zu diesem Zwecke wird den Herren Ingenieurs wenigstens ein schweizerischer Ingenieur als Begleiter mitgegeben» (Art. 3). Als hauptsächliches und erwartetes Ziel ihrer Gutachtertätigkeit sollten die beiden Engländer jene Hauptstrecken bezeichnen, auf denen für die Schweiz in «vortheilhaftester Weise» Eisenbahnlinien zu bauen seien, wobei nicht zuletzt auf die Landesverteidigung Rücksicht genommen werden

Der Brite Robert Stephenson (1803–1859) war einer der Experten, bei denen der Bundesrat 1850 ein Gutachten über den Bau von Eisenbahnen in der Schweiz in Auftrag gab.

musste (Art. 4). Ebenso sollte das Gutachten Antwort darauf geben, nach welchen Prioritäten die einzelnen Strecken zu erstellen seien (Art. 5). «Besondere Sorgfalt und gründlichen Untersuch» erbat sich der Bundesrat bei fünf namentlich genannten Konkurrenzbahnprojekten (Art. 6), um schliesslich die «Herren Experten» zu ersuchen, auch die Möglichkeit eines Alpenübergangs auf dem Schienenweg zu begutachten. Dieser Teilauftrag sollte insbesondere klären, ob das Kosten-/Ertragverhältnis eine solche Eisenbahnstrecke überhaupt als sinnvoll erscheinen liesse und mit welchen Konstruktionen und Betriebsmitteln ein solches Vorhaben ausgeführt werden könnte. Namentlich sollte das Lukmanierprojekt genau untersucht und zugleich die Frage geprüft werden, ob allenfalls eine andere Linienführung vorteilhafter wäre (Art. 7).

Das Gutachten von Stephenson und Swinburne lag am 12. Oktober 1850 vor. Es empfahl, das Eisenbahnnetz grundsätzlich entlang den Wasserläufen und unter Einbezug der natürlichen Wasserstrassen anzulegen und mit den bestehenden Alpenstrassen zu verbinden. Damit liessen sich Bahn, Schiff und Strasse zu einem einzigen Verkehrsnetz kombinieren. Die Gutachter vertraten dabei allerdings die Ansicht, dass der Dampfbootbetrieb grössere Vorteile biete, als dies die Eisenbahn je vermöge. Das vorgeschlagene Netz umfasste rund 650 km und wurde mit Kosten von rund 100 Millionen französischen Francs veranschlagt.

Die beiden Experten hatten den Auftrag, das Lukmanierprojekt einer näheren Prüfung zu unterziehen. Ein Vergleich mit anderen möglichen Alpentransversalen sollte jedoch lediglich auf Basis der «vorhandenen Materialien» durchgeführt werden. Stephenson und Swinburne prüften das Lukmanierprojekt auftragsgemäss, enthielten sich aber einer definitiven Beurteilung, da die technischen Grundlagen und die vorhandenen «Aufschlüsse» über die Schwierigkeiten beim Bau einer Lukmanierbahn nicht ausreichten. Immerhin äusserten sich die beiden dahingehend, dass sie den Bau für technisch realisierbar hielten, wenn sie auch die Meinung vertraten, die «Handelsverhältnisse» rechtfertigten den Bau dieser Strecke nicht.[229]

Staatsbahnen oder Privatbahnen: Escher bezieht seine eisenbahnpolitische Position

Fächert man die vielschichtige und komplexe eisenbahnpolitische Problemstellung auf, erkennt man, dass die alles übergreifende Frage war, ob die Eisenbahnen durch den Staat oder durch Private gebaut werden sollten. Damit eng zusammenhängend galt es, die Linienführung festzulegen und die Prioritäten im Ablauf der Bauarbeiten zu setzen. Hatte sich Alfred Escher bezüglich der Verantwortung für Bau und Betrieb der Eisenbahnlinien Ende 1849 noch offen gezeigt und keine persönlichen Präferenzen erkennen lassen, so kam er angesichts des hohen Wellengangs in den eisenbahnpolitischen Auseinandersetzungen und insbesondere aufgrund der beiden Expertenberichte nicht mehr umhin, seinen Grundsatzentscheid zu fällen.

Dass Escher erkannt hatte, welche Gefahren und Chancen die in Bern anstehenden politischen Entscheide für den Kanton Zürich bargen, wurde Ende 1850 deutlich, als er im Nationalrat beantragte, die elfköpfige Eisenbahnkommission teilweise neu zu bestellen. Es zeigte sich, dass innerhalb der Kommission die Positionen bezogen wurden. Hier die sogenannte ‹Ostschweizer Gruppe›, die den Lukmanier anpeilte, dort die knapp mehrheitsfähigen nationalrätlichen Vertreter der übrigen Mittellandkantone einschliesslich Zentral- und Westschweiz, die den Gotthard anvisierten.

Aus den Quellen geht hervor, dass Escher seine eisenbahnpolitische Haltung in der kapitalen Frage der Trägerschaft um den Jahreswechsel 1850/51 gefunden hatte. Eine wichtige Rolle spielte in diesem Meinungsbildungsprozess Eschers Freund und damaliger Regierungsratskollege Johann Jakob Rüttimann. Es gab wohl kaum eine wichtige politische Frage, welche die beiden nicht miteinander diskutiert hätten. Vor diesem Hintergrund erhellen die Ausführungen, die Rüttimann in seinem Brief vom März 1851 darlegte, auch die nunmehr gefestigte eisenbahnpolitische Grundposition Eschers. Rüttimann kam zu folgendem Schluss: «Die Eidsgenoßenschaft kann weder selbst bauen noch Zinsen garantiren, weil man, um alle Theile der Schweiz zufrieden zu stellen, viel zu viel unternehmen & neben einigen Linien, die vielleicht im Durchschnitte 3% ertragen könnten, auch solche herstellen müßte, die viel kosten & nichts abwerfen.» Als Alternative blieb für ihn, «daß einzelne Kantone sich verbinden, Linien, für welche sie sich intereßiren, selbst zu bauen».[230]

Ein wichtiger Berater Eschers in sämtlichen Eisenbahnfragen war der in Leipzig ansässige Zürcher Caspar Hirzel-Lampe. Dieser zählte zu den Pionieren des Eisenbahnbaus in Deutschland. Obwohl Escher in der grundsätzlichen Frage der Trägerschaft mit Hirzel-Lampe nicht einigging, zeigen die Quellen, dass Escher diesen immer wieder um dessen Meinung zu eisenbahnpolitischen Fragen bat, so im zeitlichen Umfeld des Bundesbeschlusses von 1852, aber auch später im Zusammenhang mit der Nordostbahn, wo es um technische und organisatorische Aspekte von Bau und Betrieb der Eisenbahn ging. Obwohl der Brief von Hirzel-Lampe an Escher vom 10. Februar 1852 der damaligen eisenbahnpolitischen Position des Empfängers widersprach und quer zur sich abzeichnenden politischen Realität der Schweiz lag, ist er ein interessantes wirtschafts- und sozialgeschichtliches Dokument, das nicht nur eisenbahnhistorisch, sondern auch mentalitätsgeschichtlich vieles zu erzählen hat.

Hirzel-Lampe war der Meinung, dass in der schweizerischen Eisenbahnangelegenheit «durch die vielen, viel zu großartigen Pläne die Sache beim Volke unpopulär» gemacht worden sei, und warnte davor, dieselben Fehler wie in Deutschland zu begehen, wo «quasi jeder Narr eine Bahn vor seiner Thür haben wollte». Als Lösung schlug er vor «im Kleinen einen Anfang zu machen» und vorerst «die Frage des ganzen

Netzes bey Seite» zu lassen. Nach ein bis zwei Jahren Eisenbahnbetrieb im kleinen Rahmen würden den lieben Landsleuten «die Augen aufgehen, die Sache populair werden u die andern Linien u alles übrige sich von selbst machen». Hirzel-Lampe beurteilte den derzeitigen Rückhalt des Eisenbahnprojekts beim Volk als unzureichend, denn «die Wichtigkeit der Eisenbahnen für das Staatswohl wird noch nicht genug anerkannt, privat u Kantonal Interessen sind in dieser Frage noch zu sehr vorherrschend [...], der Bundesrath überhaupt mit der Sache zu wenig vertraut».

Zur Frage, ob der Staat oder Private Eisenbahnen bauen sollen, meinte er: «Unbedingt muß die Erstellung von Staatswegen statt finden, die Eisenbahnen üben einen solchen gewaltigen Einfluß auf Handel u. Verkehr kurz auf alle Verhältnisse aus, daß sie gleichsam einen Staat im Staate bilden u das kann in einem wohl organisirten Staate nicht geduldet werden ...» Sehr vehement sprach er sich gegen eine Kompromisslösung aus: «Hüten Sie sich ferner daß nicht etwa die Idee einer gemeinschaftlichen Erstellung (Staat u privaten) auftauche, das ist das aller schlimmste. Die Interessen der actionaire u jene des Staates sind zu verschieden, um in den Eisenbahnen Hand in Hand zu gehen.»[231]

Escher äusserte sich folgendermassen zur Eisenbahnfrage:

«Ich war im Gebiete des Eisenbahnwesens für den Privatbau und gegen den Bundesbau. Es bestimmte mich hiezu namentlich auch die Befürchtung, daß, wenn das schweizerische Eisenbahnnetz durch die Bundesgewalt festgesetzt werde, die östliche Schweiz als Stiefkind könnte behandelt werden, während sie doch gemäß ihrer Industrie und ihrem Verkehr die größten Ansprüche zu erheben berechtigt sei.»[232]

Die Eisenbahnkommission: Verwirrung und allgemeine Verunsicherung

Gestützt auf die Gutachten der Experten legte der Bundesrat am 7. April 1851 der Bundesversammlung einen Bericht vor, der eine Kombination von Staats- und Privatbau beantragte. Die Hoheit über Bau und Betrieb der Eisenbahnlinien wäre dem Bund zugefallen, wie überhaupt die öffentliche Hand in der Eisenbahnentwicklung die dominierende Stellung eingenommen hätte.

Schon Ende 1850 hatten aufgrund der Empfehlungen der Experten die politischen Wogen hochgeschlagen. Das Eisenbahnthema geriet in den Strudel lokalpolitischer Interessen. Die bundesrätliche Botschaft goss zusätzlich Öl ins Feuer. Seit konkrete Vorschläge über das zu erstellende Eisenbahnnetz auf dem Tisch lagen und seit sich die Landesregierung über die Hoheitsfrage grundsätzlich ausgesprochen hatte, ging es plötzlich nicht mehr um eine staatspolitische Annäherung an das Thema, sondern um die konkrete und alles entscheidende Linienführung. Das Schicksal von Kantonen und Regionen, Städten und Dörfern schien vom in Bern anstehenden Entscheid abzuhängen. Und so betrieb man Standortmarketing, lobbyierte und schmiedete politische Ränke. Der eigentliche Zweck der Eisenbahn als Verkehrsmittel, das Städte, Kantone und Länder verbinden sollte, glitt vielerorts aus dem Horizont des lokalpolitischen Tunnelblicks.

Die Mitglieder der nationalrätlichen Eisenbahnkommission unter Escher, die sich mit der bundesrätlichen Vorlage zu befassen hatte, fanden zum beantragten Modell keinen Konsens. Immerhin bestimmte die Kommission einen Ausschuss bestehend aus Escher, Kern und Peyer im Hof, der sich der Finanzierungsfragen annehmen sollte. Diese Delegation stellte in der Folge die Qualität der Gutachten in Frage und kam zum Schluss, dass die ganze Angelegenheit noch zu wenig geklärt sei. In der Zwischenzeit hatten in der Eisenbahnkommission jene Stimmen Aufwind erhalten, welche die Angelegenheit verschieben wollten. Damit setzten sie sich schliesslich auch durch.

Erst im März 1852 befasste sich die eisenbahnpolitische Kommission des Nationalrates erneut mit dem Problem der Trägerschaft. Inzwischen hatten Mitteilungen und Gerüchte über effektive und angebliche Riesenverluste ausländischer Eisenbahnunternehmen die Angst vor einer eidgenössischen Staatsverschuldung geschürt. Daher drehte sich auch das Karussell der lokalpatriotischen Intentionen immer schneller. Nicht nur auf bundes-, sondern auch auf kantonspolitischer Ebene verschoben sich die Kräfte Richtung Privatbau.

Innerhalb der elfköpfigen Eisenbahnkommission jedoch votierte mit 6 Stimmen die Mehrheit der Mitglieder für den Staatsbau, ohne dass man freilich einen definitiven Kommissionsbeschluss mit Antrag an das Parlament gefasst hätte. Zu diesen ‹Staatsbähnlern› zählte unter anderem Jakob Stämpfli.

Verwirrung herrschte über den durch Kommission und Parlament einzuschlagenden Weg zur Entscheidungsfindung. Die Meinungsverschiedenheiten zwischen Kommissionsmehrheit und -minderheit eskalierten zum Konflikt; Unmut über die vorgeschlagene Reihenfolge der zu bauenden Linien wurde laut, so dass etliche Stimmen sich dafür aussprachen, die Lösung der Eisenbahnfrage auf Jahre hinauszuschieben. Darauf traten einzelne Kantone auf, eisenbahninteressierte Kreise gelangten an die Öffentlichkeit, und jede Fraktion setzte alle Hebel in Bewegung, um ihre Anliegen durchzusetzen. In diesem Klima allgemeiner Verunsicherung und Irritation gewann der Privatbau immer breitere Zustimmung.

Eisenbahnfrage und Hochschulfrage: Koinzidenzen und Sprengpotentiale

Die Würfel schienen gefallen, obwohl das Parlament noch immer nicht entschieden hatte. Escher muss sich dessen sicher gewesen sein, als er in einem Brief an seinen Freund Rüttimann vom 14. April 1852 von der Hochschulkommission berichtete und ausführte, dass die Mehrheit dieser Kommission dem Nationalrat die Vorschläge für die Errichtung

Johann Conrad Kern (1808–1888). Thurgauer Nationalrat, Mitglied der nationalrätlichen Eisenbahnkommission und Direktionsmitglied der Nordostbahn. Kern war ein politischer und persönlicher Freund Alfred Eschers. Fotografie 1857.

einer eidgenössischen Hochschule erst nach Erledigung der Eisenbahnfrage vorlegen wolle. Und wörtlich: «Da die letztere so viel als sicher
im Sinne des Privatbaues entschieden werden dürfte, so habe ich selbst
diesen Antrag gestellt.»[233]

Dieser Entscheid war politisch klug und taktisch geschickt. Die beiden für die Entwicklung der jungen Schweiz so hochbedeutenden infrastrukturellen Vorhaben brachten Escher, der auch der im Mai 1851 vom
Bundesrat berufenen Expertenkommission zur Hochschulfrage angehörte, in eine schwierig zu balancierende politische Lage. So wurde
damals in breiten Kreisen nicht verstanden, warum der ursprüngliche
Erzzentralist in der Eisenbahnfrage vehement und kompromisslos hinter einer föderalistisch-privatwirtschaftlichen Lösung stand, während
er gleichzeitig in der Hochschulfrage als Bannerträger zentralistischer
Bundesinteressen voranmarschierte. Die Koinzidenz der beiden Vorlagen war für Escher und das politische System insgesamt eine gewaltige
Herausforderung. Besonderes Sprengpotential bargen die auf konservativem Fundament basierenden föderalistischen Reflexe namentlich
aus der katholischen Zentralschweiz und der reformierten Westschweiz,
die im Zusammenspiel der beiden Vorlagen betreffend Eisenbahn und
Polytechnikum schwierig zu kontrollieren waren.

Zum Kristallisationspunkt der beiden politischen Diskussionen
entwickelte sich 1851/52 die Frage der Finanzierbarkeit des einen wie
des anderen Projektes. Geradezu beängstigend erschien die Vorstellung,
beide Grossprojekte gleichzeitig finanzieren zu müssen. Und vor diesem
Hintergrund spielte sich die abstimmungstaktische Szenerie ab.

Eisenbahnkommission: Veröffentlichung des Mehrheits- und
des Minderheitsberichtes

Der letzte Akt in der Behandlung der Eisenbahnfrage begann schliesslich im Mai 1852 mit der Veröffentlichung der Berichte der nationalrätlichen Kommission. Die Abstimmung vom 8. Juli 1852 im Nationalrat
erbrachte ein klares Resultat: Der Antrag der Kommissionsmehrheit,
welcher den Staatsbau favorisierte, erhielt lediglich 22, derjenige der
Kommissionsminderheit 68 Stimmen. Kein einziger Nationalrat ergriff
vor der Abstimmung das Wort. Der Ständerat schloss sich am 21. Juli
diesem Entscheid mit 30 Ja-Stimmen an. Das Eisenbahngesetz wurde
von den Räten am 28. Juli 1852 verabschiedet.

Das Abstimmungsverhalten der einzelnen Nationalräte verweist
auf Motivationslagen, die interessante Schlaglichter auf die politische Kohärenz des jungen Bundesstaates werfen. Sie illustrieren den
Zustand des damals herrschenden radikal-liberalen Lagers, dessen
Entwicklung von der ursprünglichen Konsistenz zur Brüchigkeit und
von doktrinären zu pragmatischen Identifikationsvorlagen. Der Ent-
scheidungshorizont war nicht mehr konfessionell-religiös bestimmt.
Konkret ging es nun um die entscheidende Frage, wie zentralistisch
oder föderalistisch die Schweiz ausgestaltet werden sollte. Vor diesem

Hintergrund begannen sich die seit 1847 bestehenden Lager der Radikal-Liberalen und der Katholisch-Konservativen aufzulösen, worauf sich aus beiden Reihen in bunter Durchmischung die neuen Fraktionen der Föderalisten und Zentralisten bildeten. Hinzu trat ein zweites kultursoziologisches Phänomen: Bislang kantonspolitisch orientierte Interessengruppen schlossen sich zu kantonsübergreifenden Formationen zusammen, die sich für die Anliegen ganzer Regionen stark machten.

Überblickt man die Entwicklung, welche das Eisenbahnprojekt von der erstmaligen Diskussion im Nationalrat 1849 bis zum Entscheid der Räte im Juli 1852 durchlief, tritt die Handschrift Alfred Eschers deutlich hervor. Escher, der anfänglich noch nicht Position für oder gegen den Staatsbau bezogen und sich aufgrund seiner Ausbildung als Jurist und seiner damaligen politischen Tätigkeit noch nie mit Eisenbahnfragen befasst hatte, wäre 1849 nicht in der Lage gewesen, sachlich begründete Präferenzen zu formulieren. Immerhin kann man annehmen, dass der Staatsbaugedanke dem ehemaligen Unitarier und Zentralisten ursprünglich wohl nähergelegen hatte. Die Konstellation der Ereignisse in der Schweiz und das Einwirken des weiterausgreifenden eisenbahnpolitischen Umfeldes auf die helvetischen Eisenbahnquerelen führten jedoch dazu, dass Escher auf das Privatbahnmodell setzen musste. Und sobald er diese Position gefunden hatte, krallte er sich in sie hinein und verfocht sie mit diplomatischem Geschick und unerbittlicher Härte. Dies zeigte sich anschaulich in der Debatte um das Eisenbahngesetz vom 28. Juli 1852, die im grossen und ganzen dem Vorschlag der Minderheit der nationalrätlichen Kommission folgte. Vehement wehrte sich Escher in der politischen Auseinandersetzung gegen alle Versuche von seiten der ‹Staatsbähnler›, das nunmehr beschlossene Privatbahnmodell mit Elementen aus dem Staatsbahnmodell zu versetzen, um das Eisenbahngesetz auf diese Weise aufzuweichen. Die Folge war, dass der Bund im Eisenbahngesetz faktisch ausgeschlossen blieb und über keine rechtliche Handhabe verfügte. Er hatte nicht einmal ein Aufsichtsrecht über die Eisenbahngesellschaften und konnte lediglich aufgrund militärpolitischer Überlegungen in Sachen Linienführung mitreden. Das Eisenbahnprojekt war ganz den Kräften des Marktes überlassen. Der Bund sollte sich darum nicht kümmern und die Entscheide den privatwirtschaftlichen Führungsgremien, also letztlich den Aktionären überlassen. Martin Escher-Hess meinte:

Martin Escher-Hess (1788–1870). Schweizer Eisenbahnpionier, Direktionspräsident der Nordbahn (1846–1853) und Verwaltungsratspräsident der Nordostbahn (1853–1858). Nach einem 1845 in Wien gezeichneten Porträt.

«… daß sich beim Privatbau die für die Industrie erforderlichen Bahnen allmälig erstellen werden, während bei dem Projekt der Majorität die Schwierigkeit der Verständigung unter den Kantonen, der Herbeischaffung der Gelder, u. s. w., so ausserordentlich gross gewesen wäre, daß wohl erst spätere Generationen den Nutzen hätten geniessen können, wenn überhaupt, was wir bezweifeln, jemals hätte gebaut werden können.»

Er fuhr fort:

«Wenigstens in unserm Kanton & dem ganzen Osten der Schweiz will alles, daß Eisenbahnen gebaut werden, & sieht wohl ein, daß wir keine erhalten würden, wenn der Bund & die Kantone dieselben erstellen sollten.»[234]

Man kann darüber spekulieren, ob es zum Wohl der Sache gewesen wäre, wenn die 1852 festgeschriebene faktische Omnipotenz der privaten Eisenbahngesellschaften, die durch die Konzessionskompetenz der Kantone nur unwesentlich tangiert wurde, auf Gesetzesebene wenigstens etwas eingedämmt und der Betrieb zum Nutzen der Reisenden und des Gütertransports vereinheitlicht worden wäre. Fest steht jedoch, dass der Eisenbahnbau in der Schweiz durch die Entscheide vom Sommer 1852 richtiggehend entfesselt wurde. Das ungeheure Tempo, mit dem nun Eisenbahnlinien errichtet wurden, die unglaubliche Dynamik, mit der der Eisenbahnbau die industrielle Entwicklung beschleunigte und die Volkswirtschaft belebte, bestätigen rückblickend die Richtigkeit der von Alfred Escher Mitte des 19. Jahrhunderts bezogenen Positionen. An dieser grundsätzlichen Einschätzung ändern alle finanziellen Turbulenzen, in welche die Eisenbahngesellschaften in der Folge gerieten, ebensowenig wie die zahlreichen Übernahmekämpfe oder die Tatsache, dass die meisten Gesellschaften später in ausländische Abhängigkeit gerieten und schliesslich – zu Beginn des 20. Jahrhunderts – verstaatlicht wurden. Die Schweiz hatte ihren Rückstand gegenüber dem benachbarten Ausland dank privaten Gesellschaften in kürzester Zeit aufgeholt. Der private Schienenverkehr war von einem Jahr aufs andere in der Lage, die für den Binnenmarkt notwendigen Transportkapazitäten bereitzustellen und den Anschluss an den internationalen Wirtschaftsraum zu sichern. Das Ziel, um das es letztlich in der ganzen Eisenbahndiskussion ging, war auf der Basis des privaten Modells erreicht worden.

Bau und Betrieb von Eisenbahnlinien wurden den Privaten überlassen, die Erteilung von Konzessionen den Kantonen. Trotz dieser Eisenbahnhoheit der Kantone unterlagen die kantonalen Konzessionen der Genehmigung durch den Bund. Faktisch hatte der Bund jedoch lediglich die Möglichkeit, seine Zustimmung aus militärischen Gründen zu verweigern. Immerhin konnte er die Erteilung von Konzessionen an Bedingungen knüpfen, etwa dass eine Eisenbahngesellschaft der anderen den technischen Anschluss an ihre Linie gestatten musste oder dass die Tarifsätze nicht zuungunsten einer in ein anderes Streckennetz einmündenden Linie geändert werden durften. Auch konnte der Bund eine Zwangskonzession erteilen und sich damit über einen abschlägigen kantonalen Entscheid hinwegsetzen. Schliesslich stand ihm auch das Recht auf «Rückkauf» zu. Insgesamt wird aber evident, dass der Bund im Schweizer Eisenbahnprojekt eine passive Rolle spielte. Die Hoheit über den Eisenbahnbau lag aufgrund der Konzessionierungskompetenz bei den Kantonen, während Bau und Betrieb der Bahnen – und somit die unternehmerische Verantwortung – den privaten Gesellschaften übertragen wurden.

In der Gesetzgebung von 1852 wurden denn auch vor allem militärische Aspekte ausführlich behandelt. So legte zum Beispiel Artikel 10 fest, dass jede Eisenbahngesellschaft dazu verpflichtet ist «Militär, welches im eidgenössischen Dienste steht, so wie Kriegsmaterial der Eidgenossenschaft, auf Anordnung der zuständigen Militärstelle, um die Hälfte der niedrigsten bestehenden Taxe durch die ordentlichen Bahnzüge zu befördern. Größere Truppenkorps im eidgenössischen Militärdienste, so wie das Materielle derselben sind, unter den gleichen Bedingungen, nöthigenfalls durch außerordentliche Bahnzüge zu befördern. Jedoch hat die Eidgenossenschaft die Kosten, welche durch außerordentliche Sicherheitsmaßregeln für den Transport von Pulver und Kriegsfeuerwerk veranlaßt werden, zu tragen und für Schaden zu haften, der durch Beförderung der letzterwähnten Gegenstände ohne Verschulden der Eisenbahnverwaltung oder ihrer Angestellten verursacht werden sollte.»

Ausserdem fanden auch Posttransporte und Telegraphenlinien spezielle Erwähnung. Gemäss Artikel 8 waren die Eisenbahnverwaltungen «dem Bunde gegenüber zur unentgeldlichen Beförderung der Gegenstände der Brief- und Fahrpost, in so weit der Transport derselben nach dem Bundesgesetze über das Postregal vom 2. Brachmonat 1849 ausschliesslich der Post vorbehalten ist, verpflichtet». Ebenso war «der dazu gehörige Konducteur unentgeldlich zu befördern». Artikel 9 bestimmte, dass die Eisenbahnverwaltungen «unentgeldlich a) Die Erstellung von Telegraphenlinien längs der Eisenbahn zu gestatten; b) bei Erstellung der Telegraphenlinien und bei größeren Reparaturen an denselben die dießfälligen Arbeiten durch ihre Ingenieurs beaufsichtigen und leiten, so wie c) kleine Reparaturen und die Ueberwachung der Telegraphenlinien durch das Bahnpersonale besorgen zu lassen» haben.[235]

Der 1847 errichtete Bahnhof von Baden.

Die Revision des Eisenbahngesetzes

Dieses Gesetz hatte für rund zwanzig Jahre Gültigkeit. Ende der 1860er Jahre präsentierte sich eisenbahnpolitisch eine gegenüber 1852 veränderte Situation. Der Bau des Gotthardtunnels stand bevor. Dabei hatte sich herausgestellt, dass die Alpentransversale ohne finanzielle Unterstützung durch Preussen und Italien nicht zu realisieren sein würde. Für den Bund bestand die besondere Schwierigkeit darin, dass er gemäss Eisenbahngesetz von 1852 über keine Hoheitsrechte in Eisenbahnangelegenheiten verfügte. Andererseits wurde für die Landesregierung schnell klar, dass der Bund eine Form finden musste, um mit den ausländischen Mächten auf diplomatischer und politischer Ebene verhandeln zu können. Dieser auch staatsrechtlich heikle Weg, den der Bundesrat zu gehen gewillt war, eröffnete den Anhängern der Verstaatlichung unvermittelt die Möglichkeit, ihre Anliegen durch die Hintertüre des Gotthardprojekts realisieren zu können. Für Alfred Escher und seine liberalen Parteigänger entwickelte sich die Sache somit zum zweischneidigen Schwert. Sie mussten versuchen, die radikale Gruppe um Stämpfli für das Gotthardunternehmen zu gewinnen; doch gleichzeitig mussten sie darauf achten, dass dessen privatwirtschaftliche Form erhalten blieb.

Selbst Befürworter des Privatbaues orteten Handlungsbedarf, da die bestehende Rechtsbasis nicht ausreichte, um das komplexe und gigantische Gotthardprojekt auf die Schiene zu bringen. Auch Bundesrat Emil Welti unterstützte 1869 im Zusammenhang mit dem Bau der Gotthardbahn die Änderung des Eisenbahngesetzes, das neu die Konzessionserteilung dem Bunde übertrug, um durch die Schaffung «grösserer Competenzen» den bernischen Befürwortern einer staatlichen Bauherrschaft der Gotthardbahn den Wind aus den Segeln zu nehmen.[236]

Escher beobachtete die Gespräche zwischen Emil Welti und Jakob Stämpfli kritisch und in Sorge um das Fortbestehen der privatwirtschaftlichen Organisation des Eisenbahnwesens. Er erinnerte sich daran, dass der Aargauer Bundesrat Welti vor seiner Wahl in die Landesregierung als Anhänger der Staatsbahnen aufgetreten war. Und er kannte den ehemaligen Berner Bundesrat Stämpfli, der mit allen Wassern des radikalen Staatsmonopolismus hinreichend gewaschen war, gut genug. Escher hakte diesbezüglich bei Welti nach:

«Es wird mir oft eingewandt, daß Hr. Stämpfli & andere Parteigänger einer ‹Einmischung› des Bundes in die Alpenbahnfrage diese Einmischung lediglich oder wesentlich als Mittel benutzen wollen, um zur Centralisation des Eisenbahnwesens in den Händen des Bundes zu gelangen. Ich will dieß zwar nicht glauben […] Gleichwohl wäre ich Ihnen sehr verbunden, wenn Sie mich hierüber zu beruhigen die Güte hätten: denn, wie sehr mir auch die Verwirklichung des Gotthardprojectes am Herzen liegt, so würde ich sie gleichwohl durch die Centralisation der Eisenbahnen in den Händen des Bundes für zu theuer erkauft erachten! Gewiß richte ich keine Fehlbitte an Sie, wenn ich Sie ersuche, mir betreffend diesen Punct einige aufklärende Zeichen zukommen lassen zu wollen.»[237]

Die von Escher aus dem Bundeshaus gewünschten «aufklärenden Zeichen» trafen postwendend ein.[238] Stämpflis Absichten jedoch galt es weiterhin kritisch zu beobachten.

Eine für die weitere Entwicklung des Gotthardprojekts wichtige Sitzung der Landesregierung fand am 30. April 1869 statt. Der Bundesrat war mit überwiegender Mehrheit einverstanden, dass der Bund gegenüber dem Ausland nicht als Intermediär, sondern in eigenem Namen verhandeln solle. Davon berichtete Bundesrat Welti Escher mit Schreiben vom 1. Mai 1869. Ausdrücklich wies er jedoch darauf hin, dass keine Beschlüsse gefasst worden seien. Obwohl es schwierig sei, aufgrund der verschiedenen Meinungsäusserungen den gemeinsamen Nenner zu ermitteln, glaube er, das Resultat richtig zu kommunizieren: «Einstimmigkeit in Bezug auf die Verwerfung des Staatsbaues.» Allerdings sah sich Welti gegenüber Escher veranlasst, darauf hinzuweisen, dass das Gesetz von 1852 für das Grossprojekt Gotthard und für die Verhandlungen mit Drittstaaten nicht genüge und daher entsprechend ergänzt werden müsse. Namentlich müsse es der Bund sein (nicht die Kantone), der die Konzession erteile. Darüber hinaus machte er weitere Ansprüche des Bundes geltend. So zum Beispiel, «dass dem Bunde als dem Repräsentanten der fremden und cantonalen Subsidien eine Stellung in der Gesellschaft selbst bei der Organisation derselben gewahrt werde».[239]

Noch als Ständerat hatte sich Welti zu seiner Vorliebe für Staatsbahnen bekannt. Nun suchte er als Bundesrat den grösstmöglichen gemeinsamen Nenner auch mit doktrinären Staatsbahnvertretern. Mit der nun einsetzenden schrittweisen Erweiterung der Bundeskompetenzen wich Weltis Position immer deutlicher von derjenigen Eschers ab:

«Was das Verhältniss des Bundes zu der Unternehmung anbelangt, so thut es mir leid nach wiederholter Prüfung nicht im Stande zu sein mit Ihnen übereinzustimmen. Wenn irgend ein Gebiet des öffentlichen Lebens seiner Natur nach grössere Competenzen der Bundesbehörden wünschenswerth und nothwendig macht so sind es die Eisenbahnen.»[240]

Der Bund pochte auf seine Gesetzgebungskompetenz, und Alfred Escher blieb nichts anderes übrig, als in diesem Punkt nachzugeben. Die ihm auf bundesrätliches Ersuchen hin zugefallene Stellung als Präsident der Gotthardbahn-Direktion wie auch die unvergleichliche Grösse des einzigartigen Bauvorhabens liessen es nicht als geraten erscheinen, in dieser Sache mit allen Mitteln gegen die Landesregierung anzutreten. So kam es zum neuen Eisenbahngesetz vom 23. Dezember 1872. Seine verfassungsmässige Grundlage fand dieses in der revidierten Bundesverfassung von 1874, die dem Bund nachträglich das Gesetzgebungsrecht in Eisenbahnsachen einräumte.

Die Unterschiede zwischen den Eisenbahngesetzen von 1852 und 1872 springen ins Auge und sind einschneidender, als man zunächst meinen könnte. Wohl hielt man grundsätzlich am Bekenntnis zur privaten Trägerschaft fest. Die verschiedenen Bestimmungen über Bau und Betrieb des Bahnnetzes in der Schweiz – vom Fahrplan- und Tarifwesen über Betriebsmaterialien bis zur Beschaffenheit des Bahnkörpers – gaben die Richtung vor: Vereinheitlichungen drängten sich auf. Damit wurde der Bahnverkehr erleichtert, so dass es nicht an Stimmen fehlte, welche das neue Gesetz als Wohltat begrüssten.

Der entscheidende Unterschied zwischen dem Gesetz von 1852 und demjenigen von 1872 bestand jedoch darin, dass nach neuem Recht die Erteilung von Konzessionen nicht mehr Sache der Kantone war. Die

Eisenbahnhoheit war an den Bund übergegangen. Mit den nun vorgegebenen Möglichkeiten zu massgeblichen Eingriffen ins Eisenbahnwesen blieb dem Bund auch der Erlass weiterer Gesetze vorbehalten.

Lancierung der Verstaatlichungsfrage

Nicht alle Gegner des Privatbaus gaben sich mit dem Entscheid vom Sommer 1852 geschlagen. Zum unbestrittenen Wortführer der ‹Staatsbähnler› wurde der damalige Berner Nationalrat und spätere Bundesrat Jakob Stämpfli. Unerbittlich liess er als Parlamentarier wie als Bundesrat keine Chance ungenutzt, um den Privatbau zu Fall zu bringen. Die Rückkaufsfrage wurde für ihn zum Dauerbrenner.

Als Stämpfli 1862 vermutete, dass zwischen einzelnen Eisenbahngesellschaften Übernahmekämpfe im Gange waren, schien ihm der Zeitpunkt günstig, die Verstaatlichungsdiskussion neu zu lancieren. Die Art und Weise jedoch, wie Stämpfli sein Anliegen 1862 vorbrachte, stellte in der Schweizer Politik ein Novum dar. Stämpfli, der damals Bundespräsident war, trug sein eisenbahnpolitisches Programm nicht zur Behandlung in die Landesregierung oder ins Parlament, sondern publizierte es als Denkschrift. Mit diesem Schritt löste der streitbare Berner landesweit eine heftige Polemik aus. Politiker und Medien kritisierten diese neue, effekthascherische politische Kultur und geisselten die Verletzung der politischen Spielregeln. Die Auseinandersetzung warf in der Schweizer Zeitungslandschaft hohe Wellen, und auch unter Bundesräten war Stämpflis Broschüre schon vor der Publikation ein Thema. Insbesondere Dubs zeigte sich in einem Brief an Escher beunruhigt. Die Publikation entfaltete dann aber bei weitem nicht die erwartete Stosskraft und Wirksamkeit. Escher antwortete Dubs diesbezüglich: «Die Broschüre Stämpflis ist nun viel schwächer, als ich sie erwartet habe. Die ganze finanzielle Grundlage derselben ist bodenlos. Ich hätte nicht geglaubt, daß er sich solche Blößen geben würde.»[241]

Doch Stämpfli sorgte weiterhin für Unruhe, denn bereits am 14. Dezember 1862 wurde in Bern «ganz confidentiell» ein Brief nach Zürich adressiert. Im «größten Vertrauen» rapportierte Dubs aus der Bundesratssitzung an Escher:

«Stämpfli hat in letzter Sitzung angezeigt, daß er sich für ca. 4. Tage absentiren werde. Heute sagt mir Fornerod (im größten Vertrauen), St. gehe heute Mittag nach Paris, um sich dem Kaiser vorstellen zu lassen. Ich vermuthe, er wolle sich zugleich um das benöthigte Geld für den Eisenbahnrückkauf umsehen.»

Stämpflis «Gänge in Paris» sollten Dubs und Escher bis auf weiteres in Atem halten.[242]

Escher korrespondierte betreffend die Verstaatlichung der Eisenbahnen mehrmals mit Jakob Stämpfli. Besorgt durch Gerüchte, dass die Nordostbahn die Union Suisse zu erwerben beabsichtige, erkundigte sich der Berner Bundesrat bei Escher über die Lage und differenzierte unter dem Begriff der sich abzeichnenden «Eisenbahn-Monarchie» zwischen «Staats-Eisenbahn-Monarchie» und «Privat-Eisenbahn-Monarchie».[243] Escher dementierte jegliche Kaufabsichten der Nordostbahn, und auf Stämpflis «Eisenbahn-Monarchieen» Bezug nehmend konterte er, dass diese wichtige Frage durch Schlagworte allein nicht beantwortet werden könne.[244]

Die Gruppe um Stämpfli arbeitete denn auch an immer neuen Erlassen zur Änderung des Eisenbahngesetzes, was wiederum durch die politische Mehrheit aufs schärfste und mit lautestem Protest bekämpft wurde. Unter Hinweis auf die Verfassung bestritten die Bahngesellschaften sogar das Recht des Bundes, sich in Eisenbahnfragen überhaupt einzumischen.

1862 schrieb Stämpfli in seiner Denkschrift:

«Die schweizerischen Eisenbahnzustände sind krankhaft. Von dem über 1000 Kilometer zählenden Netze ist kaum ein Fünftheil in gesunden Verhältnissen; bei vier Fünftheilen des Netzes befinden sich die Gesellschaften in schlimmer Lage; sie haben grosse Mühe, die bereits verbauten Kapitalien in definitive Anleihen zu konsolidieren oder die zur Bauvollendung weiter benöthigten unter erträglichen Bedingungen aufzunehmen; bei einem grossen Theile des Netzes reicht der Ertrag nicht aus, um die Obligationen zu verzinsen; von Dividenden an Aktionäre nicht zu reden. [...] Ein ... Mittel [um aus dem krankhaften Zustand herauszukommen], wir nennen es sogleich und ohne Umschweife, ist der Rückkauf der sämmtlichen Bahnen durch die Eidgenossenschaft. [...]

Wenn an die Stelle der jetzt bestehenden neun Generalverwaltungen mit allen ihren Generalchefs nur eine einzige Verwaltung tritt; wenn die Lokomotiven und das Zugpersonale das ganze Netz durchfahren, statt auf die bestehenden kleinen Bahngebiete beschränkt zu sein; wenn in der Feststellung der Fahrtenplane nicht mehr jede Gesellschaft zuvorderst sich im Auge hat, sondern nur die Interessen des ganzen schweizerischen Netzes gelten; wenn die kleinlichen innern Chicanen verschwinden und gegenüber dem Auslande, statt der jetzigen zersplitterten, eine einheitliche Stellung eingenommen wird: so wird gewiß ein viel günstigeres Verhältniß zwischen Einnahmen und Betriebskosten erzielt.»[245]

Alfred Escher und die Nordostbahn im Konkurrenzkampf der Bahngesellschaften

Die Gründung der Nordostbahn (1852/53)

Noch bevor die eidgenössischen Räte im Juli 1852 den wegweisenden Entscheid zur Eisenbahnfrage getroffen und sich für den Privatbau entschieden hatten, befasste sich am 29. Mai 1852 die Generalversammlung der Kaufmännischen Gesellschaft in Winterthur mit der Frage, «ob nicht auch Winterthur in dieser Angelegenheit Schritte thun

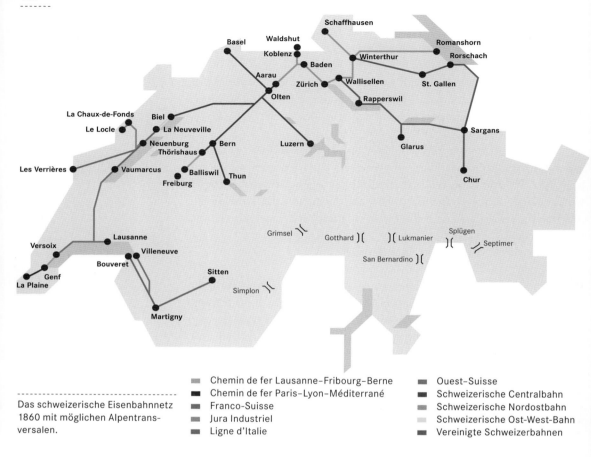

Das schweizerische Eisenbahnnetz 1860 mit möglichen Alpentransversalen.

■ Chemin de fer Lausanne–Fribourg–Berne
■ Chemin de fer Paris–Lyon–Méditerrané
■ Franco-Suisse
■ Jura Industriel
■ Ligne d'Italie

■ Ouest-Suisse
■ Schweizerische Centralbahn
■ Schweizerische Nordostbahn
■ Schweizerische Ost-West-Bahn
■ Vereinigte Schweizerbahnen

solle». Sie beschloss, ein Komitee bestehend aus fünf Mitgliedern zu gründen, «welches in neutraler Stellung den Eisenbahnunternehmungen seine Aufmerksamkeit zu schenken hat».[246] Zur Versammlung des Komitees vom 18. September 1852 im Winterthurer Rathaus, an welcher der Bau einer Eisenbahnlinie von Zürich über Winterthur an den Bodensee besprochen werden sollte, wurde auch Regierungspräsident Alfred Escher eingeladen. Zu diesem Anlass jedoch, an welchem neben Escher auch sein regierungsrätlicher Kollege Müller und etliche Einwohner von Winterthur teilnahmen, erklärte das Komitee, dass es sich seit seiner Errichtung darauf beschränkt habe, eine beobachtende Rolle einzunehmen, und somit nicht in der Lage sei, der Versammlung definitive Anträge zu unterbreiten. Darauf ergriff Regierungspräsident Escher das Wort und beantragte Folgendes:

«1. Es sei eine Kantonalversammlung zur Besprechung dieser Angelegenheit zu veranstalten.

2. Es sei das Commité beauftragt, der Versammlung einen Entwurf zu einem Gründungsprogramm für Erstellung einer Eisenbahnverbindung von Zürich über Winterthur mit dem Bodensee vorzulegen, wobei jedoch die Frage, ob

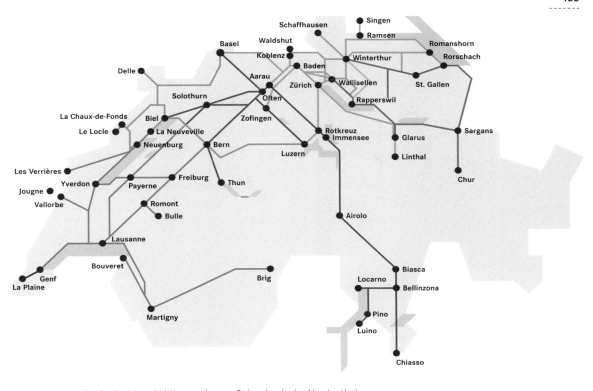

- ■ Chemin de fer Paris–Lyon–Méditerrané
- ■ Gotthardbahn
- ■ Jura-Bern-Luzern-Bahn
- ■ Schweizerische Centralbahn
- ■ Schweizerische Nordostbahn
- ■ Suisse Occidentale Simplon
- ■ Tösstalbahn
- ■ Vereinigte Schweizerbahnen

Das schweizerische Eisenbahnnetz nach der Eröffnung des Gotthard-tunnels 1882.

eine oder mehrere Unternehmungen gebildet, ferner ob Romanshorn oder Rorschach als Zielpunkt gewählt werden solle, einstweilen unbestimmt zu lassen sei.»[247]

Diesen Anträgen wurde zugestimmt. Ebenfalls beschloss die Generalversammlung, das Komitee um zwei Mitglieder zu erweitern. Gewählt wurden Escher und der Präsident der Kaufmännischen Gesellschaft in Winterthur, Heinrich Biedermann zur Geduld.

Eschers Auftritt in Winterthur markiert einen Wendepunkt in seiner Entwicklung. Mit dieser Rede trat er in die eisenbahnpolitische Praxis ein. Inhaltlich steckte sie den Weg ab, den er fortan beschreiten wollte. Innert kürzester Zeit sollte er zum unbestrittenen Mittelpunkt und zentralen Machtfaktor der ostschweizerischen Eisenbahnpolitik werden.

Mit dem Entscheid der Räte vom Juli 1852 lag der private Eisenbahnbau als weites Feld vor Escher. Der wirtschaftlichen und gesellschaftlichen Entwicklung taten sich durch den Eisenbahnbau ungeahnte Möglichkeiten auf, doch drohten zugleich auch neue Gefahren. Durch seinen Auftritt in Winterthur profilierte sich Escher als instinktsicherer Machtpolitiker. Richtigerweise hatte er erkannt, dass höchste

Eile geboten war, nicht nur, weil sich ausländische Finanzkreise mithin für Linien durch den Kanton Zürich zu interessieren begannen, sondern auch, weil die Nordostschweiz gegenüber anderen Landesteilen in Rückstand zu geraten drohte. Konkurrenz formierte sich namentlich in Basel, wo mit dem Ausbau der Basel-Waldshut-Bahn bis Konstanz die Verbindung an den Bodensee projektiert wurde, während sich gleichzeitig zwei weitere Eisenbahnstrecken ebenfalls dem Bodensee näherten. Doch waren es nicht der Zeitfaktor und die nichtzürcherische Konkurrenz allein, die Escher bewogen, die Initiative zu ergreifen. Ebenso wichtig war, dass die Stadt Zürich zu Beginn der 1850er Jahre die Zügel in Sachen Eisenbahnbau an Winterthur abgegeben hatte. Escher aber war entschlossen, das eisenbahnpolitische Machtzentrum an der Limmat zu errichten.

Zu eben dem Zeitpunkt, da Escher sich dem ostschweizerischen Eisenbahnbau als neuem und strategischem Interessenfeld zuwandte, zeichnete sich eine Entwicklung ab, die in späteren Jahren zu einer erbitterten Fehde zwischen Zürich und Winterthur führen sollte.

Regierungspräsident Escher war 1852 noch kein Eisenbahnbaron, wenngleich sein politischer Auftritt schon damals polarisierte. Gerade mit seinem Engagement im Eisenbahnbereich und seiner Profilierung als Direktionspräsident einer privaten Eisenbahngesellschaft schuf er sich neue Gegner.

Beispielhaft stehen dafür der Winterthurer Stadtpräsident Karl Eduard Steiner und der Winterthurer Jakob Melchior Ziegler zum Palmgarten, die anlässlich jener Generalversammlung der Kaufmännischen Gesellschaft, an der Escher sich dem Eisenbahnthema näherte, um Entlassung aus dem Komitee nachsuchten. Zwar führten beide Arbeitsüberlastung als Grund an. Doch betrachtet man die vielfältigen politischen Tätigkeiten, die Escher bereits zu Beginn der 1850er Jahre gleichzeitig ausübte, und die riesige Arbeitsfülle, die er bewältigte, so mutet gerade diese Begründung für den Rücktritt der beiden Winterthurer merkwürdig an. Auf allgemeinen Wunsch hin hatten Steiner wie Ziegler denn auch schliesslich «die Güte bei ihren Stellen zu verbleiben».[248]

Wie sehr sich die Kräfteverhältnisse am 18. September 1852 zu verschieben begannen, dokumentieren die an der Versammlung erteilten Aufträge. Nationalrat Wäffler und Präsident Biedermann wurden von der Kaufmännischen Gesellschaft beauftragt, eine Namensliste von Personen aufzustellen, welche an die geplante Kantonalversammlung eingeladen werden sollten. Wäffler sollte überdies ein entsprechendes Einladungsschreiben entwerfen. Alfred Escher hatte ein Gründungsprogramm zu erarbeiten und die Aufgaben und Pflichten eines provisorischen Ausschusses zu formulieren. Wäffler, Biedermann und Escher legten ihre entsprechenden Entwürfe bereits am 24. September 1852 anlässlich der folgenden Sitzung des Komitees in Winterthur vor. Diese Papiere wurden mit wenigen Anpassungen angenommen.

Weiter wurde beschlossen, die Leitung der Kantonalversammlung, die am 5. Oktober 1852 in Baltenswil stattfinden sollte, Jakob Melchior

Ziegler zum Palmgarten zu übertragen, während Escher «das Referat über die Eisenbahnangelegenheit im Allgemeinen und über das Gründungsprogramm im Speziellen» halten sollte.[249]

Eschers grosser Auftritt vor dem Grossen Rat im September 1852
Bereits in seiner Präsidialrede, mit der er am 28. September 1852 die Herbstsession des Grossen Rats in Zürich eröffnete, nahm Escher sein Baltenswiler Referat über staats-, wirtschafts- und gesellschaftspolitische Dimensionen der anstehenden Eisenbahnentwicklung vorweg. Er wolle, so Escher, die Aufmerksamkeit des Grossen Rates auf die Eisenbahnfrage lenken, gerade weil der hochwichtige Gegenstand nicht unter den Sitzungstraktanden figuriere. Dabei zeigt sich rückblickend, dass Escher den eisenbahnpolitischen Auftritt vor dem Grossen Rat im September 1852 minuziös geplant hatte. Wie seine späteren Aktivitäten deutlich machen, hatte Escher, nachdem er das ostschweizerische Eisenbahnprojekt als absolut erfolgsentscheidend für die zukünftige wirtschafts- und gesellschaftspolitische Entwicklung des Kantons Zürich erkannt hatte, angefangen, sein politisches Netz über die Eisenbahndebatte zu werfen. Systematisch bearbeitete er die verschiedenen politischen Interessengruppen, darunter nicht zuletzt den Grossen Rat, der die Eisenbahnkonzessionen erteilte und über finanzielle Beteiligungen des Kantons an Bahnprojekten befand.

Den Bau von Eisenbahnen bezeichnete Escher am 28. September 1852 in seiner fulminanten Rede vor dem Grossen Rat als eine wahre Lebensbedingung besonders der industriellen Staaten, ein Gebot der Selbsterhaltung für die Schweiz und besonders den Kanton Zürich. Durch erhebliche Beschleunigung des Personen- und Warentransports, durch Steigerung der Produktivität aller Bevölkerungsschichten und Verbesserung der Absatzmöglichkeiten trage die Eisenbahn zum Wohl der schweizerischen Binnenwirtschaft ebenso bei, wie sie den Verkehr zwischen der Schweiz und dem Ausland erleichtere. Ausdrücklich wies Escher auf die genuinen Nachteile hin, mit welchen sich die schweizerische Industrie im Vergleich zur ausländischen Konkurrenz konfrontiert sehe und welche dank dem Ausbau des Eisenbahnnetzes wettgemacht werden könnten. Die schweizerische Industrie müsse – bedingt durch ihre geographische Lage – spezifische Hindernisse überwinden, die sich der ausländischen Konkurrenz nicht in den Weg stellten. Sie müsse Rohstoffe aus grosser Entfernung beziehen und sei auf entlegene Absatzmärkte angewiesen. Entschieden verteidigte Escher den Beschluss der Bundesversammlung vom Sommer 1852, das eidgenössische Bahnprojekt auf privater Basis zu realisieren. Die Kritik jener Stimmen, die der Bundesversammlung vorwarfen, mit diesem Entscheid ihre Insolvenz erklärt zu haben, wies er als ebenso übelwollend wie unbegründet zurück. In seiner Begründung ging er davon aus, dass einzelne Kantone aufgrund ihrer geographischen Lage und ihrer wirtschaftlichen Struktur ein wesentlich dichteres Streckennetz benötigten als andere, während eine dritte Gruppe aufgrund ihrer Topographie durch die Eisenbahn überhaupt nicht erschlossen werden könne. So hätte der Bund aus seinen Geldmitteln, an die doch alle Teile der Eidgenossenschaft gleich viel beitrügen, den einen Kantonen viele, den andern wenige und den dritten gar keine Eisenbahnen bauen lassen müssen, was eine arge Ungerechtigkeit gewesen wäre. Oder aber er hätte alle Kantone zu gleichen Teilen mit Mitteln zum Bahnbau versorgt, was scheinbar gerechter, aber zugleich unsinnig gewesen wäre. Wortgewaltig rief Escher alle Menschen guten Willens, die über die nötigen Mittel verfügten, dazu auf, den Eisenbahnbau zu fördern, zumal die äusseren Umstände zur raschen Ausführung geradezu ermunterten. «Oder herrscht nicht gegenwärtig überall auf dem großen Welttheater Friede? Zeigt sich nicht allerwärts ein staunenerregender Ueberfluß an Geld? Ist nicht in allen Ländern der Muth, sich bei Eisenbahnunternehmungen zu betheiligen, wie sehr er auch geraume Zeit gesunken war, neu erwacht?» Und dann kam Escher auf das eigentliche politische Ziel seiner Rede zu sprechen: Der Grosse Rat solle sich bereit erklären, den privaten Eisenbahnbau mit öffentlichen Mitteln zu unterstützen. Wenn die Eisenbahnen dem Land alle genannten Vorteile brächten, sollte es dann nicht gerechtfertigt sein, dass der Kanton und die meistbegünstigten Gemeinden sich zu Gegenleistungen verpflichteten?[250] Johann Conrad Kern schrieb Escher am 29. September 1852, dass der Grosse Rat des Kantons Thurgau dem Bau einer Eisenbahnlinie durch den Thurgau seine finanzielle Unterstützung zugesagt habe. Auch der Eisenbahnkenner Hirzel-Lampe sehe in der geplanten Linie grosses Potential, gebe aber zu bedenken «daß alle Unter-[ne]hmungen, die auf bloße Parzellenlinien gerichtet seÿen, keinen Anklang finden», und habe daher vorgeschlagen, «es sollte sich um Zürich, Winterthur u. Frauenfeld eine Gesellschaft bilden für Erstellung der ganzen Linie von Zürich bis Romanshorn». Kern fragte Escher diesbezüglich, ob es nicht möglich wäre, «daß auch in Zürich und Winterthur […] ein Comite sich für diese Linie bilden, daß dann gemeinschaftlich an die Behörden von Zürich Ansuchen gerichtet würden um von diesen Betheiligung für ein solches Unternehmen auszuwirken? […]»[251]

Schliesslich folgte am 5. Oktober 1852 die angekündigte Kantonalversammlung, zu welcher sich 78 Personen in Baltenswil einfanden. Der von Escher präsentierte Statutenentwurf wurde mit wenigen Änderungen angenommen. Wie gemäss Artikel 4 bestimmt, wurde ein provisorischer Ausschuss gebildet, der vorerst aus elf Mitgliedern bestand und in den Escher an erster Stelle gewählt wurde.

Alfred Escher als Deus ex machina

Überblickt man die verschiedenen Etappen von der Generalversammlung der Kaufmännischen Gesellschaft in Winterthur vom 29. Mai 1852 bis zur Kantonalversammlung vom 5. Oktober 1852 in Baltenswil, so wird deutlich, dass sich innert dieser fünf Monate ein eigentlicher Paradigmenwechsel vollzog. Nichts war mehr zu spüren von der «beobachtenden» Rolle, in der sich die Kaufmännische Gesellschaft Winterthur der

Eisenbahnfrage hatte widmen wollen. Seit Alfred Eschers Auftritt war es mit der ursprünglich gepflegten «neutralen Stellung» vorbei. Bei der Diskussion um den Bau einer Eisenbahnlinie von Zürich an den Bodensee sollte es fortan nicht mehr um Beobachtungsübungen gehen, sondern um ein entschlossenes, wirtschaftspolitisch-strategisches Engagement. Regierungsratspräsident Alfred Escher war im September 1852 wie ein Deus ex machina aufgetaucht, um sich sukzessive und systematisch des Eisenbahnthemas zu bemächtigen. Er, der bis zu diesem Zeitpunkt über keinerlei praktische Kompetenzen im Eisenbahnwesen verfügt hatte, war überzeugt, dass das Eisenbahnprojekt für die Schweiz zur Schicksalsfrage werden würde. Er sah voraus, dass der Bahnbau die Hierarchie der Schweizer Städte von Grund auf verändern würde. Escher konnte und wollte sich daher der Eisenbahnaufgabe nicht entziehen, wie er überhaupt nicht geneigt war, «irgend einer von den Zeitverhältnissen geforderten Verpflichtung auszuweichen».[252]

Ein Brief seines Jugendfreundes und damaligen Ständerats Blumer vom 5. Oktober 1852 bündelte Motive und Gründe, die Escher dazu bewogen, sich der Eisenbahnfrage zu widmen:

«Wenn Du die Eisenbahnfrage gegenwärtig als die wichtigste auf dem Gebiete des öffentlichen Lebens betrachtest, so kann ich Dir hierin nur vollkommen beistimmen. […] Ich betrachte nun gleich Dir den gegenwärtigen Augenblick als eine Probezeit für den Privatbau […] Von Zürich wird es abhängen, ob die deutschen Bahnen, welche an den Bodensee ausmünden, ins Innere der Schweiz und nach Westen hin fortgesetzt werden, und Zürich allein ist im Stande, im Westen die Basler zu thatkräftigem Einschreiten zu veranlaßen und ihren großen Einfluß einigermaßen zu paralysieren. Unter diesen Umständen, da es sich zunächst um die wichtigsten Intereßen Deines Kantons, dann aber auch um eine Ehrenfrage für die ganze Schweiz handelt, welche beim Nichtgelingen des Privatbaus dann allerdings eine Art von ‹Insolvenzerklärung› abgeben müßte, könnte ich die in Dir aufgestiegene Idee, Deine ganze Zeit und Deine ganze Kraft dem Eisenbahnwesen zu widmen, nur unterstützen, indem ich mit Dir davon überzeugt bin, daß ohne Deine thätigste Mitwirkung dasselbe in Zürich nicht recht vom Fleck kommen, Basel aber inzwischen die vollständigsten Siege erringen dürfte.»[253]

Johann Jakob Blumer (1819–1875). Zusammen mit seinem Freund Alfred Escher setzte sich der Glarner für den Bau des Schweizer Eisenbahnnetzes durch Private ein. Fotografie von 1862.

Überblickt man die nun folgenden Aktivitäten, die Escher teils alleine, teils zusammen mit Vorstandskollegen entfaltete, so fällt auf, wie entschlossen und zielstrebig er daran ging, die Planung der Eisenbahnlinie von Zürich an den Bodensee nach seinen Vorstellungen voranzutreiben. Rückblickend bestätigt sich, dass Escher in diesem Projekt ganz ähnlich vorging wie später etwa bei der Gründung der Schweizerischen Kreditanstalt oder beim Bau des Gotthardtunnels: Er warf sein ganzes politisches Gewicht, seine Beziehungen und seinen wirtschaftlichen Einfluss in die Waagschale, um die bestmöglichen Rahmenbedingungen zu schaffen.

Nachdem sich das zürcherische Eisenbahnkomitee gebildet und der wohlwollenden Unterstützung des zürcherischen Regierungsrats versichert hatte, galt es für Escher, mit der thurgauischen Eisenbahngründungsgesellschaft Fühlung aufzunehmen. Auch in der nun folgenden Phase war der 33jährige Zürcher Politiker der unbestrittene Kopf und die entscheidende Triebkraft. Er wurde beauftragt, zusammen mit dem thurgauischen Komitee einen Vertrag auszuarbeiten, auf dessen Grundlage die zürcherische und die thurgauische Gründungsgesellschaft fusioniert werden könnten. Dabei sprach er persönlich in Bern bei Bundesrat Näff vor und ging mit dem Vorsteher des Eidgenössischen Postdepartements den Entwurf der Konzessionsurkunde «genau» durch, «damit der Bundesrath die Konzession der Bundesversammlung zur Genehmigung empfehle». Ausserdem bemühte sich Escher erfolgreich, für die technischen Schlüsselstellen der geplanten Gesellschaft ausgewiesene Spezialisten zu gewinnen.[254]

Mit Schreiben vom 10. Dezember 1852 teilte das Kantonalkomitee der thurgauischen Eisenbahngründungsgesellschaft der zürcherischen Gesellschaft mit, dass es der vorgeschlagenen Verschmelzung der beiden Komitees die volle Zustimmung gebe. Bereits am 6. Dezember 1852 hatte der Grosse Rat des Kantons Thurgau dem ihm vorgelegten Konzessionsbegehren für eine Linienführung von Islikon nach Romanshorn entsprochen. Mit Schreiben vom gleichen Tag war die Regierung des Kantons Thurgau betreffend den bevorstehenden Bau der Eisenbahnlinie von Zürich über Winterthur und Frauenfeld nach Romanshorn an den schweizerischen Bundesrat gelangt, um in Erfahrung zu bringen, ob die Landesregierung Einwände oder Bemerkungen anzubringen habe. Dies war nicht der Fall, wie der Bundesrat am 8. Dezember 1852 mitteilte. Vielmehr werde er der Bundesversammlung die Konzession in empfehlender Weise zur Ratifikation vorlegen.

Die Suche nach Investoren

Zur grössten Herausforderung, der sich Escher in dieser Gründungsphase stellen musste, entwickelte sich die Finanzierungsfrage der Gesellschaft. Dazu gehörte einmal die Frage, in welchem Verhältnis schweizerisches und ausländisches Kapital zueinander stehen sollten. Darüber hinaus galt es in langwierigen Diskussionen zu entscheiden, wo und bei welchem Bankhaus die Gesellschaft allenfalls weitere Investitionsmittel für Bau und Betrieb finden würde. Doch diese Frage führte in ein Terrain voller Fallstricke, in die sich etliche Eisenbahngesellschaften hineinmanövrierten und aus dem sie nicht mehr herausfanden.

Bei der Diskussion dieser Fragen wurden unterschiedliche Meinungen laut. Es zeigte sich, dass insbesondere Escher und Ott-Trümpler sich nicht einig waren. In diesem Zusammenhang fällt auf, dass Ott-Trümpler durch den damaligen Nationalrat Johann Conrad Kern ersetzt wurde.

Da sich eine thurgauische Vertretung im bislang ausschliesslich zürcherisch zusammengesetzten Gremium aufdrängte und da Kern als namhafte Persönlichkeit mit etwelchen Kompetenzen aufwarten konnte, liess sich die Ablösung Ott-Trümplers problemlos begründen. Hinter der Rochade stand aber vor allem Eschers Absicht, sich ausschliesslich mit Leuten zu umgeben, die in zentralen Fragen mit ihm einiggingen.

Welches waren die konkreten Divergenzen zwischen Escher und Ott-Trümpler? Vor allem schieden sich die Geister an der Frage, wie sich das Aktionariat zusammensetzen sollte. Ott-Trümpler war bereit, ausländischen Investoren eine namhafte Beteiligung zuzuhalten, während Escher dies aus staatspolitisch-strategischen Gründen ablehnte. Vielmehr strebte dieser ein Engagement der öffentlichen Hand an, das ihm kraft seiner politischen Stellung auch leicht zu realisieren schien. Escher betrieb entsprechend über den Regierungsrat hinaus in den zürcherischen Gemeinden kräftig Propaganda für die bevorstehende Aktienemission.

Es war Ende 1852 nicht einfach, ausländisches Kapital zur Finanzierung schweizerischer Eisenbahnprojekte zu gewinnen. Der Entscheid über die grundsätzliche Ausrichtung des Eisenbahnbaus in der Schweiz war im Sommer 1852 eben erst gefallen, als ausländische Beobachter bereits konstatierten, dass viele Initiativen zum Bau von Eisenbahnen an allen Ecken und Enden unkoordiniert gestartet würden. Potentielle ausländische Kapitalgeber befürchteten, dass der somit unvermeidliche Wirrwarr der Linien – erst recht im stark kupierten Gelände der Schweiz – letztlich zum Fiasko führen müsste. Sie wollten daher aus verständlichen Gründen erst noch zuwarten und die weitere eisenbahnpolitische Entwicklung verfolgen, bevor sie bereit waren, in der Schweiz in grossem Stil zu investieren.

Unter allerlei skeptischen Blicken gingen Escher und seine Kollegen vom engeren Ausschuss auf die Suche nach privaten und öffentlichen Investoren, namentlich aber auch nach einem Bankhaus. Verhandlungen mit englischen Investoren wurden von der Zürich-Bodensee-Bahn nach langem Hin und Her am 3. Januar 1853 abgebrochen, nachdem als Bedingung für die Bereitstellung von Kapital von den Engländern Mitsprache beim Eisenbahnbau gefordert worden war. Escher und seine Kollegen wollten das Heft nicht aus der Hand geben und sich nicht als Subkontrahenten in die Abhängigkeit von ausländischen Investoren begeben.

Bruno Hildebrand (1812–1878). Professor für Ökonomie und allgemeines Staatsrecht an der Universität Zürich sowie Direktionsmitglied der Nordostbahn.

Erfolgreiche Aktienzeichnung

Um für die Aktien der geplanten Bahngesellschaft zu werben, schickte Escher Ende 1852 seine Ausschusskollegen Fierz, Kern und Hildebrand sowie namentlich seinen Regierungsratskollegen und langjährigen Freund Rüttimann auf eigentliche Roadshows. Rüttimann liess seine Beziehungen zu finanzkräftigen Kreisen in Deutschland spielen und bemühte sich, speziell seine Berliner Kontakte für die Aktien der Nordostschweizer Eisenbahngesellschaft zu gewinnen. Ebenso nahm er mit verschiedenen deutschen Bankhäusern Verbindung auf, namentlich mit

Bleichröder und mit Oppenheim in Köln. Kern machte sich in Frankreich an die Arbeit, während Fierz, der mit seinen eigenen industriellen Unternehmen in Oberitalien verwurzelt war, in Mailand auf die Suche ging. Diese vereinten Marketing- und Verkaufsanstrengungen schienen nötig zu sein, war doch das Interesse gerade in Zürcher Kreisen bis dahin enttäuschend gering gewesen.

Anfang 1853 aber zog das öffentliche Interesse an den Eisenbahnaktien an, was nicht zuletzt auf die Anstrengungen von Professor Hildebrand zurückzuführen war. Seine Rapporte an den «verehrtesten Herrn Präsidenten» Alfred Escher dokumentieren dies. Sie weisen Hildebrand an der Verkaufsfront als grossen Routinier aus, dessen Dynamik offenbar nicht alle folgen konnten, wie seine «Collegenschaft mit Herrn Schultheß-Meiß» illustriert. Hildebrand sprach von ihm als dem «ewigen Zweifler» und ärgerte sich wegen der «Redereien über seinen Zeitverlust, während er doch nicht das mindeste thut». Er meinte: «Wenn man solche Erfahrungen bei einem jungen Züricher Kaufmann macht, dann bewahre einen Gott vor den alten Züricher Zöpfen.» Hildebrand erkannte die Bedeutung einer zielgerichteten Öffentlichkeitsarbeit für erfolgreiche Verkaufsbestrebungen. Sein Optimismus, der durch «Hiobsposten» nicht geschmälert wurde, drohte allerdings die Grenzen des lauteren Wettbewerbs zu überschreiten, als er Escher von einer vorbereiteten publikumswirksamen Einsendung an die NZZ berichtete, in der er die Berichterstattung über den erfolgverheissenden Beginn der Aktienemission vorwegnahm: «In der ersten Viertel-Stunde nach der Eröffnu[n]g der Zeichnu[n]g wurde bereits für mehr als 1 Mill. Actien gezeichnet. Der Andrang zur Zeichnung war so groß, daß ein 2tes Zeichnungsbüreau errichtet werden mußte.» Glücklicherweise schob Hildebrand gegenüber Escher nach, dass diese Nachricht nur dann in die Zeitungsspalten eingerückt würde, wenn der Inhalt mit der Realität übereinstimme. «Aber alle Verrichtungen, sie wahr zu machen, sind getroffen.»[255]

Neben Hildebrand waren auch Rüttimann, Kern und Fierz auf ihren zugewiesenen Posten. Die Informationen, die Escher auf diese Weise über die jeweiligen Verkaufsanstrengungen an den Börsen in Berlin und Paris und über verschiedene Kapitalmärkte erhielt, rundeten sein Bild der breit angelegten Marketingkampagne ab.

Der Aufwand zahlte sich aus, denn es gelang Escher und seinen Eisenbahnpromotoren in der Tat, das Aktionariat zu strukturieren und bedeutende Zusagen zu erhalten. Für das auf 15 Millionen Franken festgesetzte Gesellschaftskapital hatten die Kantone Zürich und Thurgau sowie die Städte Zürich und Winterthur zusammen eine Beteiligung von 4 Millionen Franken beschlossen. Von den weiteren 6 Millionen Franken, die für schweizerische Aktionäre bestimmt waren, und von den 5 Millionen Franken, die für ausländische Interessenten zur Verfügung gestellt wurden, waren bis Anfang 1853 rund 75% gezeichnet und teilweise auch bereits einbezahlt.

Die Zürich-Bodensee-Bahn

So konnte Alfred Escher am 20. Dezember 1852 in seiner Rede zur Eröffnung der ordentlichen Wintersitzung des Grossen Rates in Zürich
stolz auf die erfolgreich abgeschlossenen Gründungsarbeiten hinweisen
und feststellen, dass das geplante Eisenbahnunternehmen zu seiner
Verwirklichung lediglich noch der Genehmigung und Unterstützung
des Grossen Rates bedürfe. Escher unterstrich, dass das Bahnprojekt
inzwischen in allen Landesteilen zur wichtigsten Angelegenheit aktuel-
ler Innenpolitik avanciert sei.

Voller Zuversicht malte Escher das Bild eines Kantons Zürich, der
das Zentrum eines dichten Eisenbahnnetzes bilden würde – eine Vision,
die den Magistraten noch wenige Wochen zuvor utopisch erschienen
wäre. In dieser Sitzung des zürcherischen Grossen Rates wurde Escher
zum Mitglied einer 13köpfigen Kommission gewählt, welche über die
Bodenseelinie und speziell über die gewünschte Staatsbeteiligung Bericht erstatten sollte. Bereits am folgenden Tag genehmigte der Grosse
Rat den Vertragsentwurf mit dem Kanton Thurgau und sprach sich
dafür aus, die Konzession für eine Linienführung von Zürich über
Winterthur nach Romanshorn zu erteilen. Einen weiteren Erfolg ver-
zeichnete Escher, als der Grosse Rat beschloss, dass sich der Kanton
Zürich mit 1,5 Millionen Franken am Aktienkapital beteiligen solle.
Eine andere, für das Gesamtkonzept der Bodenseebahn wichtige Konzession – diejenige für die Verbindung von Winterthur nach Schaffhausen – sprach der Grosse Rat in der geheimen Sitzung vom 7. Januar
1853, in der er auch den Staatsvertrag genehmigte.

Nachdem Ende 1852 die organisatorischen und strukturellen Vorarbeiten für die Gründung der geplanten Eisenbahngesellschaft erfolgreich abgeschlossen waren, das Aktionariat bestellt war und schliesslich
auch die Parlamente der Kantone Zürich und Thurgau dem Vorhaben
zugestimmt hatten, stand nun einzig noch die Ratifikation durch die
eidgenössischen Räte aus. Hierbei zeigte sich ein weiteres Mal, wie
erfolgsentscheidend es war, dass mit Alfred Escher einer der bereits
damals einflussreichsten Parlamentarier die zürcherisch-thurgauischen
Eisenbahnprojekte leitete. Kraft seiner Spitzenstellung in Bern hatte
er bereits im Vorfeld bei seinen politischen Freunden lobbyiert und
den Boden für die Konzessionserteilung vorbereitet. Wie unverkrampft
Escher seinen politischen Einfluss ausspielte, zeigte sich auch darin,
dass er selbst – ohne Skrupel wegen allfälliger persönlicher Befangen-
heit und ohne Furcht vor Vorwürfen von seiten anderer Eisenbahngesellschaften – das Kommissionsreferat über die beantragten Eisen-
bahnkommissionen hielt.

Am 28. Februar 1853 schliesslich konnte im Casino in Zürich die
erste Generalversammlung der Aktionäre der Zürich-Bodensee-Bahn-
Gesellschaft stattfinden. Es erschienen Repräsentanten mit 2046 Stimmen mit insgesamt 19 347 Aktien. Die Versammlung wurde von Alfred
Escher geleitet, der in einem grundsatzpolitischen Referat nach der

Casino in Zürich. Hier fand im
Februar 1853 die erste Generalversammlung der Aktionäre der
Zürich-Bodensee-Bahn-Gesell-
schaft statt. An der Stelle des
Casinos steht heute das Gebäude
des Obergerichts.

Berichterstattung über die Finanzlage insbesondere über die technischen Vorarbeiten und die Bauten sprach.

Was die Finanzierung anbelangte, erfuhr man, dass etwa zwei Drittel der erforderlichen Gelder von schweizerischer Seite aufgebracht worden waren, so dass den inländischen Interessen stets Rechnung getragen werden konnte und man nie genötigt sein werde, die massgebenden Weisungen über die Leitung eines für die Zukunft des schweizerischen Vaterlandes hochwichtigen Unternehmens auf ausländischen Eisenbahnkongressen zu holen. Die beiden Haupttraktanden der Generalversammlung bildeten die Bestellung der Direktion und des Verwaltungsrates. Mit der höchsten Stimmenzahl (2002 Stimmen) wurde Alfred Escher in die Direktion gewählt. Es folgten Nationalrat Johann Conrad Kern aus Frauenfeld (2001), Johann Heinrich Fierz aus Zürich (1793), Professor Bruno Hildebrand aus Zürich (1647) und Heinrich Schulthess-Meiss aus Zürich (1323). In der ersten Sitzung der Direktion, welche anschliessend an die Generalversammlung stattfand, wurden Escher zum Präsidenten und Kern zum Vizepräsidenten gewählt.

Überblickt man die weitere Entwicklung der Bodenseebahn von Ende Februar bis Ende Juni 1853, so erstaunt das selbst für heutige Begriffe atemberaubende Tempo. Innert nur vier Monaten ging aus der Bodenseebahn durch Fusion mit der Nordbahn die Nordostbahn hervor.

Die Fusion zur Nordostbahn

Bereits im Vorfeld der am 2. April 1853 im Obmannamt in Zürich angesetzten ersten Sitzung des Verwaltungsrates der Zürich-Bodensee-Bahn sprach Direktionspräsident Escher mit Repräsentanten der Nordbahn über Fusionsmöglichkeiten. Dieser Anschluss der sogenannten ‹Spanischbrötlibahn› an die Bodenseebahn war für Escher strategisch wichtig, da er der Verbindung von Zürich nach Romanshorn durch diesen Zusammenschluss zusätzliches Gewicht geben wollte. Es ging ihm nicht nur darum, der Grossregion Zürich die Verbindung an den Bodensee und per Schiff weiter nach Süddeutschland zu eröffnen, sondern er wollte zugleich den östlichen Teil des Kantons Aargau mit Baden als Zentrum an Zürich anbinden, um damit die spätere Expansion Richtung Bundesstadt Bern und Westschweiz vorzubereiten.

Schon am 7. Mai 1853 stimmten die Verwaltungsräte der Bodenseebahn und der Nordbahn der Fusion unter Vorbehalt ihrer Genehmigung durch die beiden Generalversammlungen der Aktionäre zu. Am 27. Juni 1853 genehmigte der Grosse Rat des Kantons Aargau den von der aargauischen Regierung ausgearbeiteten Vertrag in vollem Umfang. Am 12. September 1853 wurde dann die endgültige Fusion der beiden Gesellschaften formell besiegelt.

Escher wurde im ersten Wahlgang zum Direktionspräsidenten der vereinigten Nordostbahn-Gesellschaft erkoren. In der Folge mussten noch einzelne Differenzen betreffend die Linienführung ausgeräumt werden, wobei es im zürcherischen Grossen Rat zu einer hitzigen Debatte kam, nachdem sich der Regierungsrat dafür ausgesprochen hatte, das Trassee über Kloten statt über Wallisellen zu führen.

Doch dann hatte Escher sein Ziel erreicht: Die zusammenhängende Eisenbahnlinie von Romanshorn nach Aarau mit Zürich als Zentrumsstation und Verkehrsdrehscheibe war sichergestellt. Wohl niemand hätte im September 1852 – bei Eschers erstem Auftritt in der Kaufmännischen Gesellschaft in Winterthur – gedacht, dass innert weniger als einem Jahr ein solches Ergebnis würde erzielt werden können.

Die Entwicklungsgeschichte der Nordostbahn

Wenn der Name Alfred Eschers mit der Entwicklung des Eisenbahnwesens in der Schweiz dauerhaft verbunden bleiben wird, so gründet dies nicht allein in der epochalen Schöpfung des Gotthardtunnels im letzten Viertel des 19. Jahrhunderts. Vielmehr ist es das schweizerische Eisenbahnprojekt insgesamt, das Escher zu einem grossen Teil seine Realisierung verdankt. Das entscheidende Jahr, in welchem das eisenbahnpolitische Engagement Eschers greifen und sich in der Folge schnell entfalten konnte, war das Jahr 1852. Damals übernahm Escher gleich mehrere Hauptrollen:

- auf eidgenössischer Ebene als Nationalrat, der nicht nur erkannte, dass das Eisenbahnwesen eine der drängendsten Aufgaben der Zeit war, sondern der mit seinem politischen Gewicht auch entscheidend dazu beitrug, dass der Privatinitiative gegenüber einer staatlichen Bauherrschaft der Vorzug gegeben wurde;
- auf kantonalzürcherischer Ebene als Regierungsrat und Grossrat, der es verstand, dieses politische Mandat mit der unternehmerischen Rolle eines ‹Eisenbahnmanagers› zu verbinden.

In dieser Doppelrolle baute Escher an der Limmat ein eisenbahnpolitisches Machtzentrum auf, das von Anfang an grossräumig über die zürcherischen Kantonsgrenzen hinaus konzipiert war. Im Gleichschritt mit seinen politischen Freunden aus dem Kanton Thurgau griffen seine Pläne Richtung Bodensee aus, dann folgte die Verbindung nach Schaffhausen an den Rhein. Und beide Stossrichtungen hatten letztlich das Ziel, die Grossregion Zürich mit dem süddeutschen Raum zu verbinden. Aus ähnlichen Gründen schweifte Eschers planerischer Blick auch über die bestehende Zugsverbindung von Zürich nach Baden hinaus weiter nach Westen. Was den Anschluss Richtung Süden betraf, war die Aussicht anfänglich etwas getrübt, da über lange Zeit unklar blieb, welche Route die Haupttransversale nehmen sollte. Immerhin: Auch hier dachte Escher strategisch-politisch und immer unter Berücksichtigung kantonaler zürcherischer Interessen. In seiner Funktion als Regierungsrat plädierte er im Grossen Rat für eine Beteiligung an der

Schweizerischen Südostbahn-Gesellschaft (Rorschach–Chur / Sargans–Rapperswil). Die Sitzung vom 4. Oktober 1853 ging in die Geschichte ein, dauerte sie doch lediglich 20 Minuten. Nach der eindrückliche Rede Eschers stimmten die Grossräte der Vorlage einstimmig und diskussionslos zu!

Als Direktionspräsident der Bodenseebahn beziehungsweise der Nordostbahn war Escher 1853 an die Spitze einer Eisenbahngesellschaft getreten und hatte die operativen Zügel in die Hand genommen. Grosse Fragen standen an und mussten beantwortet werden: Organisation, Planung, Finanzierung, Linienführung, Konzessionierung und schliesslich Bau und Betrieb der Bahn stellten das Management vor Probleme, die meist ohne die Möglichkeit, auf Erfahrungen oder Präzedenzfälle zurückzugreifen, zu lösen waren.

Eschers Mehrfachrolle als exekutiver und legislativer Politiker sowie als Unternehmer war trotz aller Vorbehalte aus staatsrechtlicher Sicht, trotz aller Missfallenskundgebungen seitens politischer Gegner und ungeachtet aller Vorwürfe wegen angeblicher oder offensichtlicher Begünstigung der Nordostbahn recht eigentlich erfolgsentscheidend. Escher sorgte durch die Schaffung ausgezeichneter politischer Rahmenbedingungen dafür, dass sich die Nordostbahn erfreulich entwickeln und schnell zu einer Grösse heranwachsen konnte, die es ihr erlaubte, auf eidgenössischer Ebene im Konkurrenzkampf gegen die anderen grossen Eisenbahngesellschaften zu bestehen. Dieser Erfolg ging unbestrittenermassen in erster Linie auf die Verdienste ihres Direktionspräsidenten zurück. Dies heisst nicht zwingend, dass Escher seine politische Macht zur Förderung seines Eisenbahnunternehmens missbrauchte, denn letztlich war es auch ein Erfolg für den Kanton Zürich.

In einem auch für heutige Begriffe unglaublichen Tempo war es ihm gelungen, den eisenbahnpolitischen Rahmen abzustecken, der es der neuen zürcherisch-thurgauischen Eisenbahngesellschaft ermöglichte, unverzüglich den Betrieb aufzunehmen. Damit sich Zürich im schweizerischen Eisenbahnnetz eine führende Position sichern konnte, tat rasches Handeln not. Denn bis Ende 1853 wurden landesweit nicht weniger als elf Eisenbahngesellschaften gegründet. Zur Hauptkonkurrentin der Nordostbahn entwickelte sich die Schweizerische Centralbahn-Gesellschaft, die 1858 ihre Stammlinie Basel–Olten–Bern fertigstellte. Damit schrieb sich eine Auseinandersetzung fort, die in die 1830er Jahre zurückreichte und die während rund zwanzig Jahren den Bau einer Eisenbahnverbindung zwischen Zürich und Basel blockiert hatte. Auch unter den nun veränderten Vorzeichen ging diese Gegnerschaft weit über Meinungsverschiedenheiten betreffend Linienführungen hinaus. Die harten Bandagen nämlich, mit denen um das Streckennetz gekämpft wurde, weisen darauf hin, dass der Eisenbahnbau nicht zuletzt zur Projektionsfläche einer viel allgemeineren Problematik wurde: Es ging um die wirtschaftspolitische Vormachtstellung unter

Der Basler Johann Jakob Speiser (1813–1856) war Direktionspräsident der Schweizerischen Centralbahn (1853–1856).

den Kantonen und Städten der Schweiz. Bereits ab 1852 entstanden auch Eisenbahngesellschaften im Gebiet der östlichen Schweiz – im sanktgallisch-appenzellischen Raum, am oberen Zürichsee und im Glattal –, die 1857 zu den ‹Vereinigten Schweizerbahnen› (VSB) fusionierten.

Am 2. September schrieb Wäffler-Egli an Alfred Escher:

«... ich hoffe Sie werden die Sache des Ostens, die ja auch im Interesse des ganzen Kantons liegt u. sicherlich Zürich wie Winterthur zum Nutzen gereichen wird, kräftig im Auge behalten. –»[256]

Auch in der Westschweiz bot sich ein ähnliches Bild mit dem Auftreten verschiedener Eisenbahngesellschaften, die sich um Linienführungen und Marktanteile teilweise erbitterte Konkurrenzkämpfe lieferten. Sie hiessen Ouest-Suisse (Westbahn), Ligne d'Italie, Franco-Suisse, Jura Industriel und Oronbahn.

Der Schlüssel zum Erfolg

Nur wenige Schweizer konnten sich 1852 ein Bild davon machen, wie sich das Eisenbahnwesen entwickeln würde. Es hätte einer ungeheuren Vorstellungskraft bedurft, Mitte des 19. Jahrhunderts die Linien zu erahnen, welche in wenigen Jahren erbaut werden sollten, und erst recht, welche gesellschaftspolitischen und wirtschaftlichen Veränderungen mit dem Eisenbahnbau einhergehen würden. Wohl gänzlich fremd erschien 1852 die Vorstellung, dass sich die Eisenbahngesellschaften zum Staat im Staat entwickeln könnten. Der Begriff des ‹Eisenbahnbarons› war noch nicht geprägt, und unter der Gleichung ‹Eisenbahnbaron gleich Bundesbaron› hätte sich niemand etwas vorstellen können.

Hervorzuheben ist zunächst die volkswirtschaftliche Bedeutung des Eisenbahnbaus. Auf den Baustellen und in den Betriebszentralen der Eisenbahngesellschaften wurden neue Arbeitsplätze geschaffen, während althergebrachte Erwerbszweige wie etwa die Fuhrhalterei entlang den neuen Eisenbahnlinien der Entwicklung zum Opfer fielen. Ortschaften, die am Trassee lagen und einen Bahnhof gebaut bekamen, wie Olten oder Uster, konnten einen ungeahnten Aufschwung erleben, während andere, wie Zofingen und Zurzach, zuvor nicht unbedeutend, neu zum Hinterland geschlagen wurden. Die Schiene definierte neu, was zukünftig Zentrum und was Peripherie sein würde. Über die Volkswirtschaft hinaus wurde durch den Eisenbahnbau die Gesellschaft insgesamt umgestaltet, das Lebensgefühl grosser Bevölkerungsteile verändert. Eisenbahnlinen und Bahnhöfe gaben Impulse für die Ansiedelung neuer Unternehmen: beispielsweise für die Schweizerische Industriegesellschaft (SIG) in Neuhausen, die Maschinenfabrik Oerlikon (MFO) oder die Schweizerische Lokomotiv- und Maschinenfabrik (SLM) in Winterthur.

Aktienkurse und Dividenden gewannen innert kurzer Zeit einen neuen Stellenwert. Kaum gegründet, fand sich eine Gesellschaft bereits vor grosse finanzielle Schwierigkeiten gestellt; eine andere konnte den wirtschaftlichen Kollaps lediglich dadurch verhindern, dass sie sich mit einer dritten zusammenschloss, um stracks auch das fusionierte Unternehmen an den Rand des Abgrunds zu bringen. Hinzu kamen Ängste und Befürchtungen hinsichtlich des dominierenden Einflusses ausländischer Finanzkreise auf die Eisenbahngesellschaften in der Schweiz. Es war der Öffentlichkeit nicht entgangen, dass die Eisenbahngesellschaften ihr ausländisches Kapital dadurch bezahlten, dass sie Vertretern ihrer hauptsächlich französischen Banken Sitze in ihren Verwaltungsräten einräumten. Und manch ein gestern noch begeisterter Aktionär verfolgte nun mit Sorge, wie schnell der Einfluss ausländischer Banken auf die Schweizer Eisenbahngesellschaften wuchs.

Durch die ausländische Einflussnahme auf den Eisenbahnbau in der Schweiz wurden vor allem patriotische Gefühle verletzt. Doch dann nahm man den beunruhigenden Sachverhalt bald auch ins staatspolitische Visier. Man fürchtete um die Wehrbereitschaft der Schweiz und die Einsatzkraft der Schweizer Soldaten, wenn ausländische Spekulanten über Transportwege und Transportmittel in der Schweiz bestimmten.

Die Vielfalt der lokalen Initiativen verlor sich in einem undurchschaubaren Wirrwarr. Der Kampf unter den Gesellschaften um Linienführung und Streckennetz entwickelte sich zu einer Rivalität zwischen Landesteilen. Die Auseinandersetzungen unter den Gesellschaften warfen bald schon Schatten auch auf die politische Bühne. Exponenten von hüben und drüben wuchsen zu Personifikationen ihrer Gesellschaften heran und somit zum Feindbild für andere. Die Eisenbahnfrage mischte die politischen Lager, die sich 1847/48 im Sonderbundskrieg und bei der Gründung der modernen Schweiz gebildet hatten, gehörig auf und führte zu neuen, bislang undenkbaren Koalitionen und Absprachen. Das damals staatstragende radikal-liberale Lager war Ende der 1850er Jahre in eine Krise geraten und drohte nun an der Eisenbahnfrage zu zerbersten.

Trotz Missgriffen und peinlichen Entwicklungen, Fehlentscheiden und üblen Machenschaften, Konkursen von Eisenbahngesellschaften und persönlichen Fallissements: Der Entscheid der eidgenössischen Räte von 1852 zugunsten des Eisenbahnbaus auf privater Basis erwies sich als der Schlüssel zum Erfolg. Und dieser Erfolg bestand grundsätzlich darin, dass die Schweiz entlang den Hauptachsen innert kürzester Zeit ein Streckennetz hatte und durch dieses auch an den internationalen Verkehr Anschluss fand. Auch viele Pressestimmen äusserten sich dahingehend, so etwa die NZZ, die auf das «Solothurnerblatt» vom 17. März 1852 Bezug nahm: «Aus den eidgenössischen Protokollen wachsen keine Eisenbahnen und wenn die Schweizer keine andern Schienen bekommen, als diejenigen, welche die Eidgenossenschaft aus Staatsgeldern baut, so braucht deßhalb kein Wirth sein Gasthaus zu schließen oder nur um eine Linie von Ort und Stelle zu bewegen. Unsere Bahnen werden nur als Privatunternehmen gedeihen ...»²⁵⁷

Vor diesem Hintergrund greift der Vorwurf, persönliches Macht-streben habe Alfred Escher dazu verleitet, die Kontrolle über die Zürich-Bodensee-Bahn und schliesslich über das ganze nordostschweizerische Eisenbahnwesen an sich zu reissen, zu kurz. Betrachtet man nämlich Eschers eisenbahnpolitisches Engagement in seiner ganzen Breite, sei-nen unermüdlichen Einsatz im Interesse des Landes und des Kantons Zürich, so kann man nicht umhin, auch die staatspolitischen und volkswirtschaftlichen Motive Eschers zu gewichten: sein Engagement zum Gedeihen der jungen Schweiz und namentlich seines Kantons. Escher selbst bezeichnete die Nordostbahn als «Quelle reichen Segens für die volkswirthschaftliche Entwicklung des Kantons Zürich und der Ostschweiz überhaupt».²⁵⁸

Die operative Führungsrolle bei der Nordostbahn zwang Alfred Escher, in ganz neue Wissens- und Wirkungsgebiete vorzustossen. Da er bis dahin weder im Eisenbahnwesen noch in der Führung eines privat-wirtschaftlichen Unternehmens Erfahrungen gesammelt hatte, musste er sich nun das erforderliche Know-how in kürzester Zeit aneignen. Wie in anderen Bereichen zeigte sich auch hier, dass er es verstand, aus-gezeichnete Fachleute um sich zu scharen. Sein Lernwille und seine Fähigkeit, ausgewiesene Experten für sich zu gewinnen, zählten gewiss zu seinen herausragendsten Führungsmerkmalen.

Der 1867 von der Nordostbahn gebaute Bahnhof in Dietikon bei Zürich. Das alte Bahnhofgebäude ist am rechten Bildrand teilweise sichtbar.

Die Nordostbahn war den Kraftfeldern des Marktes ausgesetzt. Escher erkannte, dass es nur einen Weg gab, erfolgreich zu sein und sich gegenüber der Konkurrenz zu behaupten: Er musste das Tempo, mit dem die Linien seiner Gesellschaft gebaut wurden, zum entscheidenden Kriterium erheben. So begann der Wettlauf um Eisenbahnkilometer, um topographische Vorteile, um Konzessionen, um Übernahmen und Fusionen. Damit wurde auch die schwierige und mühsame Suche nach Kapital zum Dauerthema. Escher erkannte die Gefahren und Fallstricke, welche die Verhandlungen mit möglichen Geldgebern zum Hindernis-lauf machten, doch er sah auch, dass ohne Investitionskapital weder Trassees noch Bahnhöfe gebaut werden konnten. Mit einem grandiosen Schachzug führte er schliesslich die Nordostbahn aus dieser Gefahren-zone heraus, indem er eine ‹eigene› Bank gründete. Damit hatte er das Problem elegant und dauerhaft gelöst: Die Schweizerische Kreditanstalt wurde zum tragfähigen Finanzvehikel der Nordostbahn.

Übernahmeversuche und Fusionen

Für manche Gesellschaft, die 1852 mit Pauken und Trompeten ge-gründet worden war, präsentierten sich bereits 1855 Gegenwart und Zukunft in düsteren Farben. Da und dort stellte man fest, dass die ursprünglichen Erwartungen überzeichnet gewesen waren, dass man sich auf wackeligem betriebswirtschaftlichem Grund bewegte, dass man in der Euphorie der Gründung zu wachstumsorientiert, zu sehr politisch-strategisch und zu wenig betriebswirtschaftlich gedacht hatte. Nun stellte sich die Frage, ob sich die Probleme durch geeignete Zusammenschlüsse lösen liessen.

Im Umfeld des Showdown: Die eisenbahnpolitischen Ausmarchungen 1855–1858

Escher war es 1856 gelungen, die Nordostbahn vom Bankhaus Rothschild zu lösen und statt dessen eine eigene Bank aufzubauen. Dank dem feinmaschigen Netz aus politischen Absicherungen und fachlichen Kompetenzen, das Escher um die Nordostbahn gewoben hatte, nicht zuletzt aber auch dank ihrer zürcherischen Hausbank war sie wie keine andere Bahngesellschaft in der Schweiz gerüstet für die Fusionsbestrebungen der Jahre 1855–1858. In diesem Zeitraum wurden die eisenbahnpolitischen Karten ausgegeben, neu gemischt und wieder verteilt. Wer damals nicht am Tisch sass oder zu spät kam, den bestrafte die Geschichte. Deutlich zeigte sich dies am Beispiel der Nationalbahn, die in den 1870er Jahren mit ihren schlechten Karten das Spiel gegen die bereits etablierten Gesellschaften verlieren musste.

Die Ausmarchung der Jahre 1855–1858 gibt interessante Einblicke. Wohl besass jede Eisenbahngesellschaft ihren geographischen Heimmarkt; doch die Natur der Sache brachte es zwangsläufig mit sich, dass die räumlich getrennten Gesellschaften früher oder später miteinander in Berührung kamen. Sei es, dass die Linien der einen auf diejenigen einer anderen stiessen – sei es, dass eine Gesellschaft die andere übernahm. Somit bildeten sich in der zweiten Hälfte der 1850er Jahre auf dem schweizerischen Eisenbahnmarkt jene Gesellschaften heraus, welche die Geschichte des privaten Eisenbahnwesens bis zur Schaffung der Schweizerischen Bundesbahnen im Jahr 1902 bestimmten.

Überblickt man die in den Jahren 1855–1858 diskutierten Fusionsmodelle, so erkennt man, dass damals die Gelegenheit bestand, die eisenbahnpolitische Landkarte der Schweiz neu zu zeichnen. Aus der Rückschau betrachtet zeigt sich nicht nur, dass damals eine umfassend neue Binnenmarktlösung angepeilt wurde, sondern dass es bei der gründlichen Strukturbereinigung auch um die internationalen Anschlüsse des Schweizer Schienennetzes ging. Da standen auf der einen Seite die französischen Interessen, welche die West-Ost-Verbindung durch die Schweiz, das heisst den Schienenweg von Frankreich nach Bayern und Österreich, aus politischen und wirtschaftlichen Gründen wünschten. Auf der anderen Seite gewann vor allem aus preussischer und sardischer Sicht die Nord-Süd-Verbindung durch die Schweiz an Bedeutung – das grosse Problem der Alpentransversale, das erst 25 Jahre später gelöst werden konnte. Aus dem jeweiligen Entwicklungsstand der einzelnen Fusionen kann heute geschlossen werden, dass im Zuge der Strukturbereinigung das Lukmanierprojekt gegenüber dem Gotthardprojekt an Boden verlor. Fächert man die zwischen 1855 und 1858 im Raum stehenden Fusionen auf, schälen sich folgende Charakteristika heraus: In unausgesetztem Stakkato jagten sich die verschiedenen Pläne und Dispositionen. Laufend änderten sich Frontverläufe und Allianzen im Hinblick auf mögliche Fusionen. In verwirrender Weise überlagerten sich offizielle Verhandlungen und Geheimgespräche. Und ausländische Geldgeber taten ihr Bestes, die Situation in der Schweiz immer weiter zu polarisieren. Im Vergleich zu den französischen Geldmächten spielten andere ausländische Institute und Finanzkreise – etwa englische und deutsche – lediglich Nebenrollen.

Alfred Escher war die Schlüsselfigur des Geschehens, und die Nordostbahn nahm aufgrund der Unterstützung durch die Schweizerische Kreditanstalt eine Sonderstellung ein. Angesichts der multinationalen Interessen, die sich bisweilen gebieterisch zu Wort meldeten, gewann die Frage, ob der Staat regulierend in den Wettbewerb zwischen den Eisenbahngesellschaften eingreifen sollte, neue Aktualität.

Der Westbahnkonflikt

Das Ganze begann 1855 mit Meinungsverschiedenheiten zur Frage, wie die Westschweiz eisenbahnmässig erschlossen werden sollte und wie die Westschweizer Bahnen den Anschluss an die Linien im schweizerischen Mittelland und in Frankreich finden könnten. Der Konflikt zwischen den Kantonen Freiburg und Waadt um den Streckenverlauf der Verbindung von Bern nach Genf zog dabei immer weitere Kreise. Er entzündete sich an der Frage, ob die Eisenbahnlinie von Genf nach Bern über Yverdon und Murten führen sollte – entsprechend den Wünschen des Kantons Waadt, oder über Lausanne und Freiburg – gemäss den Interessen der Kantone Freiburg und Genf. Es gab nur wenige strittige Themen und Sachfragen in der Schweiz der 1850er Jahre, welche Politik und Öffentlichkeit so ungemein berührten und die politischen Lager so sehr aufwirbelten wie die Frage der westschweizerischen Linienführungen, die aufgrund von Verästelungen und Vernetzungen bald einmal fast alle schweizerischen Eisenbahngesellschaften involvierte. Im Westbahnkonflikt eskalierten die Spannungen, die sich seit 1848 sukzessive zwischen Radikalen und Liberalen aufgebaut hatten, zur offenen Konfrontation. Es handelte sich aber bei näherem Hinsehen um einen vielschichtigen Konflikt, der sich aus ganz verschiedenen Spannungsfeldern nährte:

- Er widerspiegelte das Ringen zwischen den Städten Basel, Zürich, Bern, St. Gallen, Lausanne, Genf und Freiburg um wirtschaftliche und politische Bedeutung.
- Er brachte die Vorbehalte und Abneigungen weiter Landesteile gegenüber der sich abzeichnenden wirtschaftspolitischen Vormachtstellung Zürichs zum Ausdruck.
- Er nährte sich vom Bruch zwischen den Westschweizer Kantonen, zwischen der Phalanx von Genf und Freiburg und dem Kanton Waadt.

- Er dokumentierte den Kampf Murtens gegen die Stadt Freiburg.
- Er nährte sich aus den Spannungen zwischen der waadtländischen Landschaft und der Kantonshauptstadt Lausanne.
- Er zeigte aber auch auf, dass es den ‹fossé de rösti› nicht gab.
- Er war im Kern nicht ein Kampf der Kantone und der Regionen, sondern der Eisenbahngesellschaften, die um die Herrschaft über die Linie von der Aare nach Genf rangen.
- Er ging vom Seilziehen zwischen Pereire und Rothschild um den Schweizer Eisenbahnmarkt aus.

Die wichtigsten Protagonisten des Westbahnkonflikts waren der Berner Bundesrat Jakob Stämpfli als Kopf des radikalen Lagers und der Zürcher Nationalrat Alfred Escher, führender Exponent der liberalen Gruppe. Ihre Auseinandersetzung war es, die bald die ganze Schweiz in ihren Bann schlug. Die Frage war, ob es gelingen würde, hinsichtlich des ausländischen Kapitals eine Lösung zu finden, welche den staatspolitischen und wirtschaftlichen Interessen der Schweiz gerecht werden würde.

Die «Nationalzeitung» berichtete diesbezüglich am 25. Juli 1856:

«‹Es wird eine fremde Schlacht auf schweizerischem Territorium geschlagen›, dieses Bonmot eines unabhängigen Deputirten kann als Motto für den sogenannten Westbahn-Konflikt gelten. Keine der beiden Parteien dürfte jetzt mehr auf rein-schweizerischem Standpunkt stehen; die großen Geldcompagnien des Auslandes bekämpfen sich, und die Kantone Freiburg und Waadt stellen nur ihre Kapitulationstruppen. Bedauernswerthe Armee, die zu schieben glaubt und geschoben wird!»[259]

Der Entscheid fiel im Herbst 1856 zugunsten der sogenannten Oronbahn, die über die Stadt Freiburg führte. Dies hatte zur Folge, dass die bereits im Juli 1855 von der Westbahn eröffnete Linie Morges–Yverdon gegenüber der nun konzipierten Strecke Bern–Freiburg–Lausanne–Genf an Bedeutung verlor.

Die grosse Fusion
Während die Wellen der Auseinandersetzungen um die Linienführung in der Westschweiz hochschlugen, bahnten sich im Frühjahr 1856 Konstellationen an, welche die schweizerische Eisenbahnkarte von Grund auf neu gezeichnet hätten. Dabei spielten zwei französische Grossbanken eine massgebende Rolle. Es war die Grossoffensive der Réunion Financière gegen die Machtpositionen des Crédit Mobilier. Das Fernziel der Réunion Financière war es, eine radikale Strukturbereinigung des Schweizer Eisenbahnmarktes durch Fusion aller Eisenbahngesellschaften herbeizuführen. Über die in Paris ausgeheckten Gedankenspiele und die dort geplanten Manöver wurde Alfred Escher durch Johann Conrad Kern auf dem laufenden gehalten. Kern entwickelte sich zu einem für Escher wichtigen Horchposten. Er vermittelte seinem Freund, der 1856 daran war, mit der

Kreditanstalt ein wichtiges Finanzierungsinstrument für die Nordostbahn aufzubauen, Informationen, über welche die Führungsverantwortlichen anderer Eisenbahngesellschaften nicht verfügten. Diese Achse
Kern / Escher wurde durch Johann Jakob Rüttimann verstärkt. Nachfolgende Briefausschnitte, gerichtet an Alfred Escher, geben Einblicke in
die Ereignisse und Diskussionen vom Februar 1857.

Kern berichtete Escher im Februar 1857 aus Paris: «Gestern besuchten mich die Herrn Bartholony Rivet u. ein Dritter deßen Name mir
entfallen der aber ebenfalls zu den Sommitäten in den schweizerischen
Eisenbahnangeleg[en]h[ei]ten gehört. Sie hatten bei ihrem Besuch offenbar den Zweck mich zu bestimmen dir zu schreiben du möchtest zum
Zweck von Fusionsunterhandl[un]gen beförderlichst nach Paris kommen. Es handle sich dabei um Fusion für alle schweizerisch. Eisenbahnen.» Sowohl der Bundesrat als auch die Centralbahn schienen laut
Kern einer solchen Idee geneigt zu sein, und die allgemeine Meinung
gehe dahin, dass «eine solche Generalfusion» das einzige Mittel sei, «um
den sonst unvermeidlichen Concurrenzbahnen entgegen zu wirken».

Doch schon einen Tag später musste Kern seine Aussagen teilweise
revidieren, da «die Aeußerungen v. Bartholony & Rivet als sei auch der
Chemin central zu einer Generalfusion geneigt auf Irrthum beruhen».
Die Centralbahn habe «keine Lust sich mit so schlechten Unternehmungen zu fusionieren wie die Oronbahn (ligne abominable) u. die
St. Galler Bahn». Kern fuhr fort: «Dadurch erhält die Sache freilich ein
ganz anderes Aussehen als sie mir gestern von jenen Herrn dargestellt
worden ist u. darum begreife ich denn auch wenn Ihr Bedenken trägt
auf so vage Propositionen einzugehen.» Er fügte an, dass die Meinung
dennoch dahin gehe, «man sollte doch nicht länger zögern, eine Fusion
der Nordostbahn mit der Centralbahn sei das Beste u. dann sei man
maitre de la situation› u.s.w.»[260]

Rüttimann teilte diese Ansicht: «Es scheint mir, es sei im höchsten
Intereße der Nordostbahn & der Centralbahn sich ohne allen Verzug zu
einigen. Dann können sie ganz gewiß der Westbahn & den Ostbahnen
das Gesetz machen. Deßhalb sucht man sie zu trennen; deßhalb biethet
man der Nordostbahn 600 & behauptet, der Centralbahn bloß 525 geben zu wollen. Es ist dieß eine plumpe Falle.» Er fügte jedoch noch
hinzu: «Ich glaube aber, dass die Nordostbahn sich von der Centralbahn
nicht lange darf hinhalten laßen.»[261]

Die zunächst angestrebte Fusion der Nordostbahn mit der St. Gallisch-Appenzellischen Eisenbahn und der Südostbahn kam nicht zustande. Alfred Escher hatte eine Kehrtwendung gemacht und im Juni
1856 in Direktion und Verwaltungsrat der Nordostbahn die Ablehnung
durchgesetzt. Nach diesem Rückschlag ging die Réunion Financière
daran, die Südostbahn, die St. Gallisch-Appenzellische Eisenbahn und
die Glattalbahn zusammenzuführen, was ihr auch gelang. Die drei Bahnen beschlossen am 4. September 1856 die Fusion; die Gesellschaft konstituierte sich am 20. April 1857 zu den Vereinigten Schweizerbahnen

(VSB) mit Sitz in St. Gallen. Gleichzeitig mit dieser ersten Struktur-bereinigung wurden sowohl vom Crédit Mobilier als auch von der Réunion Financière neue Initiativen ergriffen, die nicht den geringsten Zweifel daran liessen, worum es den beiden französischen Grossbanken letztlich ging: nämlich mittels weiterer Fusionen die Herrschaft über das ganze schweizerische Eisenbahnsystem zu erlangen.

Zwischen diesen beiden unversöhnlichen Lagern hatte sich Alfred Escher mit seiner Nordostbahn zu positionieren oder aber einen Weg zu finden, um an ihnen vorbeizukommen. Mit der im Sommer 1856 von Escher betriebenen Absage an die Adresse ostschweizerischer Zusammenschlüsse waren die Fusionsabsichten für die Nordostbahn keineswegs vom Tisch. Vielmehr erhielten diese im Frühjahr 1857 ungeahnten Auftrieb, als in der Öffentlichkeit bekannt wurde, dass eine Fusion zwischen der Nordostbahn, der Centralbahn, der Westbahn, der Verrières-bahn (Franco-Suisse) sowie der Lausanne-Freiburg-Bahn unmittelbar bevorstehe. Diese überraschende Wende im Fusionsgeschehen machte deutlich, dass die Frage der Linienführung in der Westschweiz nicht losgelöst von der Situation in der übrigen Schweiz angegangen werden konnte. So blieben weiterhin auch nord- und ostschweizerische Interessen im Spiel, ja selbst die verschiedenen Vorstellungen zur Alpentransversale gewannen ein strategisches Moment. Ebenso wurde publik, dass an der Spitze der neuen, umfassenden Gesellschaft Alfred Escher stehen würde. Und mit dieser personellen Perspektive war der Konflikt vollends programmiert.

Am 21. März 1857 unterzeichneten die Verantwortlichen der Bahnen in Paris einen Fusionsvertrag, den im Hintergrund Emile Pereire, Gründer des Crédit Mobilier, vorbereitet hatte. Der Protest namentlich jener Kreise, die von der geplanten Fusion ausgeschlossen wurden oder linienmässige Nachteile orteten, liess nicht auf sich warten. Dazu gehörten beispielsweise die Politiker Julien de Schaller aus Freiburg und Jules Eytel aus der Waadt, beide Schweizer Verwaltungsräte der französisch beherrschten Lausanne-Freiburg-Bahn.

Die Stimmung an den Generalversammlungen wurde durch Fusionsgegner aufgeheizt, die sich aufgrund des formaljuristischen Vorgehens zur Ohnmacht verurteilt fühlten. Während die Aktionäre der Westbahngesellschaft und der Lausanne-Freiburg-Bahn der Fusion zustimmten, lehnte die Generalversammlung der Centralbahn den Fusionsvertrag am 29. April 1857 ab. Damit war das Fusionsprojekt gescheitert, was dazu führte, dass die beiden französischen Finanzgruppen Crédit Mobilier und Rothschild beziehungsweise Réunion Financière ihr Interesse am schweizerischen Eisenbahnmarkt verloren und sich vorübergehend aus der schweizerischen Eisenbahnpolitik zurückzogen.

Die hier nur in grossen Linien gezeichneten Fusionsbestrebungen lassen interessante Aspekte im Zusammenhang mit dem damaligen Zustand der Eisenbahngesellschaften und ihren strategischen Positionen erkennen. Aber auch auf strukturpolitischer und persönlich-emotionaler Ebene erlauben die Dokumente dieser bewegten Jahre aufschlussreiche Einblicke.

Fusionspläne waren in den Führungsgremien der Nordostbahn ab Mitte 1856 zum Dauerthema geworden. Am 29. August 1856 beispielsweise berichtete Alfred Escher seinen Direktionskollegen über den Gang verschiedener Fusionsverhandlungen, die er in Baden-Baden mit dem Genfer Bankier Kohler und Vertretern der Freiburger Gesellschaft geführt hatte und mit denen er einen Vertragsentwurf «betreffend Fusion der ostschweizerischen Eisenbahnen unter Rücksichtnahme auf eine weiter greifende Fusion der schweizerischen Bahnen» ausgearbeitet hatte. Für die Nordostbahn stellte sich insofern ein Problem, als es abzuklären galt, inwieweit sich ein solcher Fusionsvertrag mit der am 27. November 1855 mit den Gebrüdern Rothschild abgeschlossenen Übereinkunft vereinbaren liesse.[262]

In der Folge fanden verschiedene vertrauliche Gespräche zwischen Vertretern der Nordostbahn und der Centralbahn statt. Dabei schälten sich bald jene beiden Problemkreise heraus, die später zum eigentlichen Zankapfel werden sollten: die Fragen nach dem Sitz der Gesellschaft und nach ihrem Direktionspräsidenten.

Die teilweise voneinander abweichenden Positionen der Nordostbahn und der Centralbahn, aber auch die Schwierigkeit, die Interessen aller Schweizer Gesellschaften und deren ausländischer Financiers unter einen Hut zu bringen, führten dazu, dass einzelne Gesellschaften bilaterale Separatlösungen anstrebten, um ihre Scherflein ins Trockene zu bringen. Am 3. März 1857 berichtete Escher, er habe von Kern ein Telegramm aus Paris erhalten. Kern teilte mit, «daß daselbst zwei Mitglieder der Direction der Westbahn-Gesellschaft angekommen seien, um mit Abgeordneten des Directoriums der Centralbahn-Gesellschaft, welche diesen Abend ebenfalls dort eintreffen sollen, in Unterhandlungen über eine Partialfusion zu treten». Vor dem Hintergrund der für die Nordostbahn ungünstigen Entwicklungen beschloss das Direktorium, Alfred Escher zu ersuchen, bei Kern ebenfalls auf telegraphischem Weg Folgendes zu erwirken:

«Faites des démarches pour empêcher une fusion partielle du Central et de l'Ouest. Peyer et moi arriveront lundi soir à Paris, si vous le juge[z] nécessaire, si non il nous conviendrait beaucoup mieux d'arriver le 19 mars. Mettez vous aussi en rapport avec Abegg. Réponse par télégraphe.»[263]

Bereits am folgenden Tag traf eine weitere telegraphische Depesche von Kern ein, welche die für die Nordostbahn bedrohliche Lage verschärfte: «Venir ici le plus vite possible avant lundi. Télégraphier le jour de ton arrivée. On presse.» Doch Escher, der angesichts seiner Verpflichtungen im Zusammenhang mit dem Polytechnikum nicht sofort nach Paris reisen konnte, telegraphierte Kern wie folgt: «Impossible d'arriver avant lundi soir; le conseil de l'école polytechnique se réunissant aujourd'hui pour au moins 4 jours. Nous serons donc lundi soir à Paris.» Doch Alfred Escher und Peyer im Hof konnten trotz verspäteter Reise nach Paris die Partialfusion ihrer Konkurrenten verhindern. Und so kam es am 21. März 1857 zur Unterzeichnung eines Fusionsvertrags zwischen den einzelnen Delegierten der Gesellschaften. Am 10. April 1857 konnte Alfred Escher seinen Direktionskollegen mitteilen, «daß das Directorium der Centralbahn & die Directionen & die Verwaltungsräthe der Westbahn & der Freiburger-Gesellschaft dem unterm 21. v. Mts. abgeschlossenen Fusionsvertrage ihre Ratificationen ertheilt haben».[264] Trotzdem schrieb Friedrich Gustav Ehrhardt am 5. Mai an Alfred Escher:

«Ueber die Eisenbahnangelegenheiten hat dir Herr Peyer geschrieben, deshalb füge ich nur bei, daß die Direction fest überzeugt ist, daß die Fusion an der Unredlichkeit der Basler scheitern werde, die nie ernstlich gewollt haben. Die Pariser, welche für gestern ihren Besuch in Zürich angekündigt hatten, sind nicht gekommen, wahrscheinlich von Basel anders disponirt.»[265]

Und tatsächlich: nachdem alle Zeichen auf den Abschluss des Fusionswerks hingedeutet hatten, verwarf der Verwaltungsrat der Centralbahn-Gesellschaft den Fusionsvertrag im letzten Moment. Dem Vorschlag der Centralbahndirektion, eine Konferenz zur Ansicht des von der Centralbahn abgeänderten Vertrages einzuberufen, erteilte Escher eine klare Absage. Da von erneuten Verhandlungen kein «erspießliches Ergebniß» zu erwarten sei, betrachte man die Beziehungen nun wieder als «vollkommen gelöst».[266]

Die Fusion war definitiv gescheitert, doch schon zauberte Emile Pereire eine neue Lösung aus dem Hut, von der Alfred Escher seinen Direktionskollegen am 27. Oktober berichtete. Pereire schlug vor, die Fusion ohne die Centralbahn-Gesellschaft durchzuführen, mit dieser jedoch einen Gesellschaftsvertrag einzugehen. Von diesem Vorschlag nahm die Direktion der Nordostbahn Kenntnis. Der Vorstoss Pereires wurde in der Folge weiter diskutiert, doch zeigte sich bald, dass Ende 1857 der Boden für die Wiederaufnahme von Fusionsverhandlungen nicht mehr gegeben war. Das grosse Fusionsprojekt war gescheitert. Und die bedeutende Chance, den seit 1852 wuchernden privaten Eisenbahnbau in der Schweiz strukturell zu konsolidieren, war vertan. Man verpasste es, die negativen Folgen des Gesetzes von 1852 zu korrigieren. Die privaten Gesellschaften gaben die Möglichkeit aus der Hand, den eisenbahnpolitischen Wildwuchs von unkoordinierten Bahnstrecken, die Vielfalt in Tarifierung, Personenverkehr, Güter- und Warentransport durch Selbstregulierung, Kooperation und Standardisierung unter Kontrolle zu bringen. Die vorgesehene Grossfusion hätte den zusammengeschlossenen Bahngesellschaften auch die Möglichkeit geboten, sich vermehrt nach volkswirtschaftlichen Maßstäben auszurichten. Die Sonderinteressen einzelner Landesteile, das Ringen um Standortvorteile einzelner Bahngesellschaften und der geradezu zwanghafte Machterhaltungstrieb etlicher Eisenbahnbarone verhinderten die landesweite Lösung. In den Wind geschlagen wurden auch die betriebswirtschaftlichen Argumente, die für die Grossfusion gesprochen hätten, wären diese doch durch die zu erwartenden Skalenvorteile ausgezeichnet positioniert gewesen. Man verspielte die Chance einer umfassenden Lösung auf privatwirtschaftlicher Basis, welche dieses neue Gebilde geboten hätte. Statt dessen werkten und wirkten die privaten Eisenbahngesellschaften noch mehr als vierzig Jahre vor sich hin, um sich endlich doch einer Grossfusion beugen zu müssen, die dann aber im Unterschied zum vorteilhafteren Plan der 1850er Jahre auf staatlicher Ebene zustande kommen sollte. Kirchturmsgeist und föderalistische Sonderinteressen siegten über eine Lösung, welche der Schweiz insgesamt Vorteile geboten hätte. Es ist denn auch bezeichnend, dass die Fusion nicht zuletzt an der Person Alfred Eschers scheiterte. Seinen politischen Gegnern war es nämlich gelungen, in breiten Kreisen der Öffentlichkeit Angst vor der grossen Konzentration wirtschaftlicher Macht in einer Hand zu schüren. Alfred Escher, auf dem Schild eines Generaldirektors des schweizerischen Privatbahnnetzes, wurde zum Schreckgespenst aufgebaut. In grellen Farben malte man aus, welch übermässigen Einfluss die wirtschaftliche Macht des ohnehin schon omnipräsenten Zürchers und seiner Entourage auf die Politik haben würde. Man sprach von einer eisernen Zwangsjacke, in welche die Schweizer Demokratie gesteckt würde. Man zeichnete die Eisenbahnbarone als neue Landvögte, welchen Bundesrat und Parlament hörig werden würden; man kreierte den Begriff eines «Sonderbundes von Wirtschaftsführern», welche die Schweiz ans Gängelband unternehmerischer Interessen nehmen würden, und forderte, die Eisenbahnbarone aus den Parlamenten zu entfernen. Dabei vergass man, dass es gerade diese Eisenbahnbarone und Wirtschaftsführer gewesen waren, die innert kürzester Zeit mittels privatwirtschaftlicher Lösungen den Rückstand des schweizerischen Eisenbahnwesens gegenüber der ausländischen Entwicklung aufzuholen verstanden und dem Land zu einem weitverzweigten Eisenbahnnetz verholfen hatten – ein Resultat, das die Staatsbähnler im jungen Bundesstaat angesichts der damaligen Möglichkeiten des Bundes unmöglich hätten erzielen können.

Schaffhausen um 1860; im Vordergrund ist ein NOB-Personenzug der ‹Rheinfallbahn› unterwegs nach Winterthur.

Die Nordostbahn übernimmt die Rheinfallbahn

Nach dem Scheitern des Zusammenschlusses aller grossen Eisenbahngesellschaften blieben Ideen und Pläne für Teilfusionen im Umlauf. Auf diesbezügliche Gespräche liess sich auch die Nordostbahn wiederholt ein. Aufgrund der Marktsituation musste sie namentlich die nordostschweizerische Situation im Auge behalten, da sie aufgrund ihrer geographischen Lage zwischen der Centralbahn und den Vereinigten Schweizerbahnen Gefahr lief, isoliert zu werden. Dabei hatte sich die Situation für die Nordostbahn und ihren Direktionspräsidenten im Sommer 1856 grundlegend geändert. Alfred Escher war nun mit der von ihm beherrschten Schweizerischen Kreditanstalt in der Lage, weitgehend unabhängig von ausländischen Finanzinstituten zu agieren und das Heft in der Hand zu behalten. Zwar zielte Escher in der zweiten Hälfte der 1850er Jahre darauf hin, das Streckennetz der Nordostbahn durch inneres oder äusseres Wachstum zu vergrössern, doch sah er Wachstum nie als Selbstzweck. Wie schwierig es im Einzelfall sein konnte, die richtige Position zu finden, zeigte sich etwa, wenn es darum ging, Marktwachstum aus strategisch-politischen Überlegungen anzustreben, um beispielsweise gegenüber der Konkurrenz nicht ins Hintertreffen zu geraten. So konnte es durchaus Sinn machen, eine Gesellschaft zu übernehmen, obwohl deren Betriebsergebnis rote Zahlen auswies, wenn dadurch wichtige strategische Ziele erreicht werden konnten.

Die Direktion zog zum Beispiel eine Übernahme der Rheinfallbahn in Erwägung, weil dadurch die Stammlinie von Zürich an den Bodensee durch den wichtigen Seitenast nach Schaffhausen hätte ergänzt werden können. Auf diese Weise wäre die Nordostbahn an den Rhein vorgestossen und hätte eine weitere Brücke in den süddeutschen Raum geschlagen. Wie sehr es gerade in diesem Fall um strategische Überlegungen ging, zeigte sich spätestens am 31. Mai 1856, als die Nordostbahn erfuhr, dass sich eine Delegation aus St. Gallen für den 7. Juni in Schaffhausen angemeldet habe, um Fragen des Zusammenschlusses zwischen der Rheinfallbahn und der St. Gallisch-Appenzellischen Bahn zu prüfen. Vizepräsident Stokar von Neuforn empfahl daher den Zürchern, die bisher erst unverbindlich geführten Verhandlungen zu intensivieren. Insbesondere sollte möglichst schnell eine Konferenz auf Direktionsstufe stattfinden, um eine schriftliche Übereinkunft auszuarbeiten, wozu die Nordostbahn bereit war. Sie delegierte Escher und Hüni-Stettler. Das Treffen fand am 3. Juni statt, und schon am folgenden Tag wurde die ausgearbeitete Übereinkunft in der Direktion der Nordostbahn behandelt. Diese genehmigte den Text und teilte der Direktion der Rheinfallbahn-Gesellschaft mit, dass die Übereinkunft somit durch die Direktion der Nordostbahn ratifiziert sei, so dass man sie nun lediglich noch dem Verwaltungsrat unterbreiten müsse. Der Verwaltungsrat der Nordostbahn ratifizierte den Fusionsvertrag am 12. November 1856. Der Zusammenschluss der beiden Gesellschaften trat am 1. April 1857 in Kraft.

Fusionspläne und -verhandlungen bestimmten weiterhin das Geschehen in der schweizerischen Eisenbahnlandschaft. So wurde die Frage einer möglichen Übernahme der Vereinigten Schweizerbahnen durch die Nordostbahn aufgeworfen. Die Diskussionen führten letztlich nicht zur Fusion der Ostschweizer Bahnen. Die Nordostbahn vertrat weiterhin den Standpunkt, dass diese für sie aus betriebswirtschaftlichen Gründen keinen Sinn mache. Ende der 1850er und zu Beginn der 1860er Jahre kamen neue strategische Überlegungen hinzu, welche Eschers Blick mehr und mehr von St. Gallen weg und Richtung Innerschweiz schweifen liessen. Das Interesse des Direktionspräsidenten der Nordostbahn an St. Gallen schwand, je deutlicher sich abzeichnete, dass nicht der Lukmanier, sondern der Gotthard zur grossen Alpentransversale werden würde.

Die Linie Zürich–Zug–Luzern

1860 präsentierte sich das Stammnetz der Nordostbahn wie folgt: Vom Knotenpunkt Zürich führten Linien Richtung Nordosten über Winterthur nach Romanshorn, nach Schaffhausen und westwärts nach Aarau. Noch war der Entscheid über die Linienführung der Alpenbahntransversale nicht gefällt. Die Nordostbahn redete zwar 1860 nach wie vor der Lukmaniervariante das Wort, war jedoch auch gegenüber einer Gotthardlösung offen. Dass sich die Nordostbahn ursprünglich strikt gegen die Alpenbahntransversale durch die Zentralschweiz ausgesprochen hatte, erklärt sich daraus, dass die Centralbahn, ihre in Basel domizilierte Hauptkonkurrentin, von Anfang an für die Gotthardlinie eingetreten war. Eingezwängt zwischen der Centralbahn im Nordwesten und den Vereinigten Schweizerbahnen im Osten, die den Übergang über die Bündner Pässe favorisierten, fiel es der Nordostbahn nicht schwer, sich für den Ostalpenübergang zu entscheiden. Insgesamt war sie ja strategisch darauf ausgerichtet, den Zürcher Wirtschaftsraum Richtung Bodensee und ins württembergische Süddeutschland auszudehnen. Vor diesem Hintergrund wirtschaftlicher und internationaler Perspektiven, aber auch, weil Alfred Escher und seine radikal-liberalen Parteigänger in den frühen 1850er Jahren aus Mentalitätsgründen zur katholisch-konservativen Zentralschweiz keinen Zugang fanden, leuchtet ein, dass die Nordostbahn den Schulterschluss mit den St. Gallern suchte und mit diesen den Ostalpenübergang anstrebte.

Doch nun veränderte sich die Situation in einer Weise, welche die Nordostbahn zwang, ihre Strategie zu überdenken. Angesichts der konkursiten Ost-West-Bahn eröffnete sich ihr unverhofft die Möglichkeit, mit einer Linie von Zürich über Zug nach Luzern in bisher gewissermassen fremdes Territorium vorzudringen. Und damit stellte sich der Nordostbahn auch die Frage der Streckenführung der Alpentransversale unter veränderten Vorzeichen.

Im Dezember 1860, als die Krise der Ost-West-Bahn ihrem Höhepunkt zusteuerte, wandte sich der Zürcher Regierungsrat Jakob Dubs in einem Schreiben an Alfred Escher, um ihm vertraulich bahnbrechende Neuigkeiten mitzuteilen:

«Dieser Tage kam Prof. Hildebrand zu mir u. sagte mir ganz feierlich pathetisch: ‹Ich komme Ihnen Luzern–Zug zum Kaufe anzutragen!›: ‹aber es darf es noch Niemand wissen, namentlich Stämpfli u. Niggeler nicht›. Er fügte bei, die Ostwestbahn werde zerfallen; die Berner geben höchstens Geld für die Bahn auf ihrem Gebiet; Luzern u. Zug seien undankbar, wollen nichts thun.»[267]

Diese Mitteilung erreichte Escher zu einem Zeitpunkt, da man sich bei der Nordostbahn im Rahmen ihrer strategischen Gesamtplanung und im Hinblick auf die Frage der Alpentransversale bereits seit einiger Zeit Gedanken über eine Ausweitung des Streckennetzes in Richtung Zentralschweiz gemacht hatte. Schon im Mai 1856 war die Bahn von den Zürcher Behörden informiert worden, dass von interessierten Kreisen Konzessionen für zwei Bahnstrecken beantragt worden seien: einmal für den Bau einer Linie entlang dem linken Zürichseeufer bis Richterswil, dann für eine Bahn von Zürich ganz oder teilweise durchs Sihltal bis an die zugerische Grenze bei Sihlbrugg mit geplanter Fortsetzung in Richtung Zug und Innnerschweiz.

Zusätzlich formierte sich im Bezirk Affoltern ein Eisenbahngründungskomitee, welches die Konzession für die Errichtung einer Bahnlinie von Zürich durch den Bezirk Affoltern und das Reppischtal in die Innerschweiz beantragte. Diesem wurde die Konzession unter Wahrung der Prioritätsrechte der Nordostbahn zugesagt.

Anschliessende Verhandlungen der beteiligten Kantone über eine Fortführung der Bahn brachten jedoch kein positives Resultat. Hildebrands Avance von Ende 1860 eröffnete dem aus Affoltern am Albis stammenden Regierungsrat Dubs unvermittelt die Möglichkeit, den Interessen seines Bezirks Gehör zu verschaffen. Hinzu kam, dass Dubs nach Furrers Tod 1861 vom Zürcher Regierungsrat zum Bundesrat aufgestiegen war, was seiner politischen Stimme zusätzliches Gewicht verlieh.

Dubs zögerte nicht, bei seinem Freund und politischen Gesinnungsgenossen Alfred Escher für die Linienführung über Affoltern zu lobbyieren und seine lokalpolitischen Interessen wirkungsvoll zu vertreten. Alfred Escher, der die verkehrsmässigen und finanziellen Nachteile der Reppischtallinie gegenüber der Sihltalbahn zweifellos erkannte, sah sich in der heiklen Situation, betriebswirtschaftliche Argumente gegen die Gebote der Freundschaft abwägen zu müssen. In dieser Lage zögerte der Direktionspräsident der Nordostbahn nicht lange und schlug sich auf die Seite seines Freundes Dubs. So erklärte die Nordostbahn der Zürcher Regierung, dass sie bereit sei, auf den Bau der Sihltalbahn zu verzichten, falls die Weiterführung der Reppischtalstrecke in Richtung Zug und Innerschweiz in einer für sie befriedigenden Weise vorangetrieben werden könne.

Die grundsätzliche Zustimmung zu der von Dubs propagierten Reppischtallinie hinderte Escher nicht, die ins Auge gefasste Linienführung kritisch zu hinterfragen, bevor er den Führungsgremien den definitiven Entscheid unterbreiten wollte. Da die Nordostbahn eine Bahnlinie von Zürich in die Innerschweiz nicht aus finanziellen Interessen bauen würde, sondern zur «Wahrung der volkswirthschaftlichen Interessen Zürichs & um den für unser weiteres & engeres Vaterland verderblichen Bestrebungen, welche auf Centralisation der Eisenbahnen in der Hand des Bundes gerichtet sind, entgegenzutreten», würde ihr Wert bei einem allfälligen Verkauf an den Bund sinken. Daher war die Einschätzung der Wahrscheinlichkeit, dass der Bund die Eisenbahnen übernehmen würde, für die Entscheidungsfindung essentiell.[268]

Bereits wenige Tage später konnte Escher Dubs über den Fortschritt der Verhandlungen mit betroffenen Kreisen Mitteilung machen. Dazu gehörte auch ein Gespräch mit Statthalter Stehli, in dem es um die finanzielle Beteiligung des Bezirks Affoltern an der Eisenbahnlinie ging. Die von Escher rapportierte erfreuliche Unterstützung dieses Bezirks vermag nicht zu überraschen, wenn man weiss, dass Dubs sich seinerseits bereits im Vorfeld bemüht hatte, seine politischen Freunde in Affoltern und Umgebung zu bewegen, sich substantiell an der Errichtung dieser Linie zu beteiligen. Mit dieser Gegenleistung sicherte sich der Bezirk Affoltern den Anschluss an die Eisenbahnlinie von Zürich nach Luzern.

Die erfreuliche Entwicklung, welche die Sache für Dubs nahm, änderte nichts daran, dass Escher, dem seitens des Bezirks Affoltern «sein Lebtag» lang dankbares Andenken in Aussicht gestellt wurde, bei der Durchsetzung des Projekts mit allerlei «Starkköpfigkeit» konfrontiert war.[269]

Vor allem die Unnachgiebigkeit der Zuger machte von sich reden, ist jedoch vor dem Hintergrund einer kritischen Analyse zu relativieren. Eschers Brief an Dubs vom 20. Oktober 1861 veranschaulicht die Situation:

«Ich sehe großen Schwierigkeiten entgegen. Am wenigsten solche erwarte ich von Luzern. Die Berücksichtigung der Stadt Zug fällt ungemein schwer. Eine Ausbiegung von Steinhausen aus an Baar vorbei nach Zug, durch dessen Bahnhof als Durchgangsstation man wieder nach Cham (nur etwa 2 Kilom. von der Abbiegung bei Steinhausen entfernt) fahren würde, hätte für die sogenannte direkte Linie von Zürich nach Luzern einen Umweg von cᵃ 9–10 Kilom. zur Folge, den man vor der Zukunft fast nicht verantworten kann, besonders wenn man bedenkt, daß die Linie durch das Reppischthal ohnehin eine verzweifelt lange ist.»[270]

Ein Eröffnungszug weiht die neue Eisenbahnlinie Zürich–Altstetten–Zug–Luzern am 30. Mai 1864 feierlich ein: Die Verwirklichung des Gotthardprojekts rückt einen entscheidenden Schritt näher.

Dass namentlich die Stadt Zug nicht daran interessiert war, von der geplanten Eisenbahnlinie umfahren zu werden, ist leicht nachzuvollziehen. Der Vorschlag, die Strecke von Zug nach Steinhausen, wo diese in die Reppischtallinie einmünden sollte, mit einer Pferdebahn zu betreiben, eröffnete keine attraktive Perspektive und war einer Kantonshauptstadt unwürdig.

Namentlich Dubs verwies auf die Unmöglichkeit, eine Kantonshauptstadt verkehrstechnisch mittels einer Pferdebahn zu erschliessen, und empfahl Escher, in diesem Punkt nachzugeben:

«Wird Zug in diesem Stücke nicht befriedigt, so habt Ihr dort einen ewigen Herd der Unzufriedenheit u. einen Anknüpfungspunkt für die gegnerische Seite für alle möglichen Projekte. Umgekehrt wären sie meiner Ansicht nach dauernd befriedigt u. gewonnen u. es könnte kommen, was da wollte, so könnte man Eure[r] Linie nicht ausweichen. Daß eine Kantonshauptstadt nicht gerne auf eine Pferdebahn verwiesen wird, begreife ich.»[271]

Bereits Anfang Dezember 1861 konnte Escher Dubs mitteilen, dass sich die Dinge in Zug erfreulich entwickelten. Am 14. Dezember 1861 kam es zum Abschluss des Vertrags «zwischen den hohen Ständen Zürich, Luzern und Zug und der schweizerischen Nordostbahngesellschaft, betreffend Begründung einer Eisenbahnunternehmung Zürich–Zug–Luzern».[272] Die Eisenbahnlinie Zürich–Altstetten–Zug–Luzern, deren alleinige Eigentümerin die Nordostbahn war, wurde am 30. Mai 1864 feierlich eingeweiht.

In scharfem Kontrast zu den feinverästelten lokalpolitischen Debatten um Linienführungen entwickelte sich die finanzielle Situation der Bahngesellschaften auf eine Abhängigkeit von ausländischen Banken hin, die alle Gesellschaften gleichfalls bedrohte. Alfred Escher erkannte die Gefahr früh und entschied sich Mitte der 1850er Jahre, sie durch die Gründung eines geeigneten Kreditinstituts zu bannen.

DIE SCHWEIZERISCHE KREDITANSTALT

Gründung

Vor der Gründung der modernen Schweiz 1848 war nicht absehbar, dass Zürich sich dereinst zum zentrifugalen Mittelpunkt des Schweizer Bankenplatzes entwickeln würde. Wenn schon waren es eher die bedeutenderen alten Handelsstädte an der Peripherie des Landes wie Basel, St. Gallen und Genf, denen man solches Potential zugetraut hätte. Bis 1798, solange die Schweiz als Staatenbund konzipiert war, konnte von einem einheitlichen helvetischen Bankensystem keine Rede sein. Eigentliche Banken im heutigen Sinn gab es zudem nur wenige. Es existierten Privatbankiers und sogenannte Stadtwechsel, die aus den spätmittelalterlichen amtlichen Wechselstuben hervorgegangen waren. Daneben konnten in Zürich wie in anderen Städten der Eidgenossenschaft auch vermögende Vertreter der herrschenden Schicht Bankfunktionen ausüben.

Zur Bankenstruktur in der Schweiz vor 1856
Als im absolutistisch geprägten 18. Jahrhundert die Kapitalbedürfnisse der Herrscherhäuser, die alle Wirtschaftssektoren für ihre Zwecke zu nutzen wussten, stark anstiegen, intensivierte sich in Europa die Anlagetätigkeit, was gute Voraussetzungen für den Aufstieg von Privat- und Handelsbankiers schuf. Diese Privatbankiers befassten sich zur Hauptsache mit der Vermögensverwaltung, aber auch mit dem interregionalen und internationalen Wechsel- und Zahlungsverkehr des schweizerischen Handels sowie mit Immobiliengeschäften. Eine Ausnahme im Schweizer Bankwesen war die Bank Leu & Co., die älteste Bank der Schweiz und auch die mit Abstand älteste der späteren Grossbanken. Nachdem die Schweiz im 18. Jahrhundert zum Kapitalexportland geworden war, legten die Regierungen der Alten Orte nicht nur beträchtliche Gelder im Ausland an, sondern förderten auch die Ausfuhr privaten Kapitals. Für solche Transaktionen wurde 1755 in Zürich eine nach dem damaligen Zürcher Säckelmeister Johann Jakob Leu

benannte selbständige Organisation geschaffen. So entstand die erste moderne Bank der Schweiz.

Die Schweizer Bankenstruktur war in der ersten Hälfte des 19. Jahrhunderts durch die Koexistenz zweier separater Kreditgefüge charakterisiert: Das ländliche und ein Teil des städtischen Bankensystems basierten auf regionalen Netzwerken, in denen Schuldner und Gläubiger sich kannten und Erwartungen über Gewinne und Risiken teilten. Das andere System – geprägt durch die Privatbankiers aus städtischen Eliten – war international orientiert und bestand aus grösseren Instituten, die sich auf längerfristige Investitionsansprüche ihrer Kunden konzentrierten. Mit knapp 50 Privatbankiers und 150 Sparkassen, 5 staatlichen oder halbstaatlichen Kantonalbanken, einer Bodenkreditbank und 9 Lokalbanken entsprach der schweizerische Bankensektor um 1848 dem damaligen politischen und wirtschaftlichen Entwicklungsstand des Landes.

Mit dem Bundesstaat von 1848 veränderten sich die politischen, ökonomischen und sozialen Strukturen der Eidgenossenschaft grundlegend. Dank der Entwicklung der Baumwollindustrie und dem Aufblühen des internationalen Freihandels erlebte die schweizerische Volkswirtschaft einen ungeahnten Aufschwung. Gleichzeitig schälten sich auf dem Geld- und Kapitalmarkt neue Bedürfnisse heraus, die von den bestehenden Instituten nicht befriedigt werden konnten: Die Privatbankiers verwalteten zwar die in der Schweiz geäufneten Gelder, stellten diese aber paradoxerweise kaum je der Schweizer Wirtschaft zur Verfügung. Da die frühen Industriellen bis dahin nur selten fremde Finanzierungsquellen beansprucht hatten, sahen die traditionsbewussten Privatbankiers keinen Grund, ihre Geschäftspraxis zu ändern. Zudem sahen sie sich durch die Industrialisierung mit neuartigen, schwer einschätzbaren Risiken konfrontiert, die sie zunächst nicht einzugehen bereit waren. Die Sparkassen und die ersten Notenbanken waren ebensowenig geeignet, die steigende Kapitalnachfrage der Industrie zu decken. So lehnten sie beispielsweise die Vergabe von grösseren Blankokrediten ab. Im Zug der fortschreitenden Industrialisierung wirkte sich das Vakuum zwischen elitären Privatbankiers und volkstümlichen Kreditinstituten immer hinderlicher aus: Auf der einen Seite reduzierte sich das Kapitalangebot, da die Industrie ihren Ausbau noch während Jahren zur Hauptsache selbst finanzierte, so dass aus diesem Sektor kaum Kapital frei wurde. Auf der anderen Seite stieg die Kreditnachfrage durch den Eisenbahnbau enorm an. Der entscheidende Impuls zur Entwicklung eines modernen Bankwesens, das die Bedürfnisse der Wirtschaft zu decken vermochte, ging vom Entscheid der eidgenössischen Räte von 1852 aus, Bau und Betrieb von Eisenbahnen den privaten Unternehmen zu überlassen. Für die Beschaffung des dazu notwendigen Kapitals waren Inhaberaktien und Anleihenobligationen geeignete Finanzierungsinstrumente. Damit war zugleich auch die Grundlage für die Entstehung der Effektenbörsen geschaffen. Der in den 1850er Jahren sprunghaft gestiegene Bedarf an

Johann Jakob Leu (1689–1768). Schatzmeister und Bürgermeister der Stadt Zürich. Er präsidierte die Zürcherische Zinskommission, die Gelder im Ausland anlegte. Johann Jakob Leu gab dieser Kommission seinen Namen: Dies war der Ausgangspunkt der auf 1755 zurückgehenden Bank Leu, der ältesten Bank der Schweiz.

Industriekapital verlangte somit nach Banken ganz neuen Zuschnitts. Entsprechende Modelle waren damals im Ausland bereits umgesetzt, namentlich in England, Deutschland und Frankreich.

Der Crédit Mobilier

Die wichtigste Vorlage für die Errichtung von Grossbanken in der Schweiz gab schliesslich der Crédit Mobilier ab, dessen Wurzeln in Frankreich liegen. Unter dem Ancien Régime wurde das französische Bankwesen durch verschiedene Privatbankiers, die sogenannte ‹Haute Banque›, kontrolliert. Zu diesen Kreisen zählten bekannte Namen wie Hottinguer, Vernes, Mallet und Rothschild. In der ersten Hälfte des 19. Jahrhunderts gewann das Bankhaus Rothschild in Frankreich dominierenden Einfluss. Ohne seine Hilfe liessen sich von da an keine grösseren Projekte mehr realisieren. Auch gekrönte Häupter und ihre Regierungen mussten bei Rothschild anklopfen, wenn sie namhafte Summen brauchten.

In diesem Umfeld kam es zur Gründung des Crédit Mobilier durch Emile und Isaak Pereire. Das französische Kreditinstitut wurde 1852 mit einem Aktienkapital von 60 Millionen Francs gegründet und in Paris domiziliert. Das Geschäftskonzept des Crédit Mobilier sah einerseits vor, grosse Kapitalien zusammenzufassen und damit bedeutende Investitionsprojekte zu realisieren. Andererseits sollten Bahnbau und Industrie dadurch gefördert werden, dass die Bank Wertschriften aus den für solche Unternehmungen arrangierten Emissionen erwarb und so lange in ihrem Portefeuille behielt, bis sie gewinnbringend placiert werden konnten.

Der Crédit Mobilier setzte sich als Modell durch, und innert eines guten Jahrzehnts wurden in der Schweiz – teilweise mit deutscher Beteiligung – sechs bedeutende Banken nach diesem Vorbild gegründet: die Banque Générale Suisse de Crédit Foncier et Mobilier in Genf (1853), die Deutsch-Schweizerische Kredit-Bank in St. Gallen (1856), die Schweizerische Kreditanstalt in Zürich (1856), die Bank in Winterthur (1862), die Basler Handelsbank (1862) und die Eidgenössische Bank in Bern (1864).

Oben: Emile Pereire (1800–1875)
Unten: Isaac Pereire (1806–1880)

Die Brüder Pereire gründeten 1852 in Paris den Crédit Mobilier.

Insgesamt verläuft die Gründungsgeschichte dieser Schweizer Banken in zwei Phasen: Die eine umfasst den Zeitraum von 1853 bis 1856 mit Gründungen in Genf, St. Gallen und Zürich, die andere die Jahre 1862 bis 1864 mit Bankengründungen in Winterthur, Basel und Bern. Die Verwandtschaft zwischen dem 1853 durch den Genfer Unternehmer und Politiker James Fazy gegründeten Crédit Foncier et Mobilier und seinem französischen Vorbild lässt sich dem Namen ablesen. Vom Gründungskapital, das auf 25 Millionen Franken angesetzt war, wurden zunächst 5 Millionen Franken emittiert. Die Bank beteiligte sich bald an grossen in- und ausländischen Bahnunternehmungen und Industriebetrieben. 1856 wurde das Aktienkapital auf 60 Millionen Franken erhöht, wovon 40 Millionen Franken zur Ausgabe gelangten. Diese Genfer

Bank, die von der Kapitalisierung her in eine ähnliche Grössenordnung rückte wie der Crédit Mobilier, ereilte 1869 – nur 13 Jahre nach ihrer Gründung – dasselbe Schicksal wie ihr Pariser Vorbild. Und wiederum beruhte der Bankrott auf exzessiven Gründungsspekulationen und der Anfälligkeit des Instituts auf Konjunkturschwankungen.

1856 gründeten Ostschweizer Kaufleute und deutsche Privatbankiers die Deutsch-Schweizerische Kredit-Bank in St. Gallen. Von den ausgegebenen 20 000 Aktien übernahmen das Stuttgarter und das Augsburger Konsortium insgesamt 13 500 Stück. Ein zürcherisches Konsortium, bestehend aus J. C. Escher-Bodmer, Gustav Anton von Schulthess-Rechberg, C. Stadler und Emil Tobler, übernahm 1000 Aktien; die Mitglieder des St. Gallisch-Rheineckischen Konsortiums übernahmen 1500 Titel, und 2000 Aktien wurden zuhanden der Valoren-Societät in St. Gallen zur Verfügung gehalten. Von den restlichen 2000 Aktien übernahm Albert Haas aus Karlsruhe die Hälfte, und die andere Hälfte wurde zur Verfügung des Zürcher Konsortiums bereitgehalten. Der führende Kopf der Kredit-Bank-Gründung war der St. Galler Politiker und Eisenbahnfachmann Daniel Wirth-Sand. Vom Aktienkapital von 25 Millionen Franken wurden zunächst 10 Millionen Franken emittiert. Getreu seinem französischen Vorbild beteiligte sich auch dieses Institut an Eisenbahngesellschaften und gründete industrielle Unternehmungen. Infolge des schlechten Geschäftsverlaufs bei den unter seiner Leitung zusammengeschlossenen Schweizerbahnen und einiger industrieller Unternehmungen erlitt die Bank jedoch schon in den ersten Jahren ihres Bestehens grosse Verluste, musste 1860 reorganisiert werden und wurde 1889 liquidiert.

Daniel Wirth-Sand (1815–1901). St. Galler Nationalrat und erster Präsident der Vereinigten Schweizerbahnen.

Lässt man die Pioniere der schweizerischen Crédit-Mobilier-Banken Revue passieren, so fällt auf, dass mit Fazy, Wirth-Sand, Escher und etwas später mit der Eidgenössischen Bank Jakob Stämpfli vier bedeutende Schweizer Politiker beim Aufbau dieser finanziellen Infrastruktur in den Vordergrund traten. Alle vier hatten sich politisch sowohl auf der kantonalen wie der eidgenössischen Ebene profiliert und waren im Eisenbahnbereich tätig. Allerdings zeigen ihre unterschiedlichen wirtschaftspolitischen Positionen auch die Vielfalt der damaligen schweizerischen Bankenlandschaft auf. Alle vier Persönlichkeiten standen modellhaft für die damalige Zeit, indem sie Politik, Bank- und Eisenbahngeschäft miteinander verbanden, wobei Alfred Eschers Gründungen bedeutender waren als jene seiner Konkurrenten und als einzige überlebten.

Im Gründungsjahr der Schweizerischen Kreditanstalt wurden Risiken und Chancen von Banken, die nach dem Modell des Crédit Mobilier aufgebaut waren, in der schweizerischen Presse kontrovers diskutiert. Während bei der Erörterung der Vorzüge trotz unterschiedlicher Interessenlagen durchaus Gemeinsamkeiten hervortraten, gingen die Argumente gegen die neuen Kreditinstitute weit auseinander. Bei der Gründung der Schweizerischen Kreditanstalt war noch nicht absehbar, dass das zürcherische Gründungskomitee das Crédit-Mobilier-Modell bald schon von seinen spekulativsten Auswüchsen befreien und eine Bank aufbauen würde, welche die schweizerischen Interessen trotz einer anfangs fünfzigprozentigen Beteiligung der Leipziger Credit-Anstalt dauerhaft zu wahren wusste.

Die Initiative aus Leipzig und die Gründung der Bank

Nach den Turbulenzen der 1840er Jahre, die im Blutvergiessen des Sonderbundskriegs kulminiert hatten, war man in der Schweiz der 1850er Jahre wieder eher optimistisch gestimmt. Die Bundesverfassung hatte bundesstaatliche Bereinigungen auf der Ebene der Infrastrukturen ermöglicht, was zur Vereinheitlichung von Währungen, Massen und Gewichten sowie zur Abschaffung der Binnenzölle führte. Der Markt reagierte positiv und die Wirtschaft blühte auf. Überdies nahmen die Unternehmer auch internationale Perspektiven ins Visier: Mit dem Ende des Krimkrieges im Frühjahr 1856 stieg die Nachfrage nach Manufakturwaren aus den USA sprunghaft an. Ehrgeizige Eisenbahnprojekte versprachen eine nachhaltige Hochkonjunktur. Wohl waren die Profile der Sieger und der Besiegten des Sonderbundskriegs noch deutlich zu erkennen und die Wunden nicht vernarbt. Da und dort drohten neue innereidgenössische Konflikte auszubrechen. Trotzdem war die politische Schweiz daran, sich auf neuer Basis zu finden.

Als Direktionspräsident der Nordostbahn hatte Escher in den frühen 1850er Jahren wiederholt schwierige Finanzierungsverhandlungen zu führen. Dabei litt er als operativer Chef unter der Abhängigkeit von den oft arrogant auftretenden ausländischen Banken. Vor diesem Hintergrund entschloss sich Escher Mitte der 1850er Jahre, die bereits vorliegende Idee, auch in Zürich eine zeitgemässe Industriebank zu errichten, aufzunehmen, zu Ende zu denken und umzusetzen. Dabei standen für ihn drei Motive im Vordergrund – erstens ein persönliches: Aufgrund seines Engagements als Aktionär, Risikokapitalist und Führungspersönlichkeit der Nordostbahn war er auf ein finanzstarkes Institut angewiesen. Aufgrund seines Engagements als eidgenössischer Parlamentarier, aber auch vor dem Hintergrund der erwähnten negativen Erfahrungen mit ausländischen Banken konnte es sich zweitens nur um ein schweizerisches Institut handeln. Und drittens wollte Escher als Zürcher Politiker bei der Eisenbahnfinanzierung auch nicht in Abhängigkeit von Banken in anderen Kantonen geraten, sondern eine eigenständige Zürcher Lösung mit eidgenössischer Perspektive finden.

Alfred Escher war die eigentliche Gründerpersönlichkeit der Schweizerischen Kreditanstalt. Die Idee jedoch, ein solches Institut ins Leben zu rufen, kam aus Sachsen, und zwar vom auslandschweizerischen Grosskaufmann Caspar Hirzel-Lampe (1798–1866), der in Leipzig ein Überseehandels- und Bankhaus führte und seit 1835 eidgenössischer Generalkonsul in Sachsen war. Hirzel, dessen Vater in Zürich Pfarrer, Chorherr und Professor für Philosophie am Carolinum gewesen war, hatte seine kaufmännische Ausbildung in Zürich erhalten. Nach verschiedenen erfolgreichen Handelsreisen – vor allem nach Indien – betrieb er in Zürich ein Kolonialwarengeschäft. Hirzel-Lampe, der nach seiner Heirat in Leipzig Wohnsitz nahm, gehörte zusammen mit Albert Dufour-Feronce, Gustav Harkort, Wilhelm Seyfferth und Carl Lampe zu den Gründern der von Friedrich List angeregten Eisenbahn Leipzig–Dresden (1834) und somit zu den bedeutenden Eisenbahnpionieren Deutschlands. Der gleiche Kreis und weitere Leipziger Kaufleute hatten auch die Allgemeine Deutsche Credit-Anstalt in Leipzig gegründet. Aufgrund eines königlichen Dekrets vom 4. März 1856 konnte die neue Bank ihre Geschäftstätigkeit aufnehmen, nachdem das Gründerkomitee anfängliche Bedenken der sächsischen Staatsregierung zerstreut hatte. Mit zu diesem Meinungsumschwung beigetragen hatten zweifellos die gute Konjunkturlage und die Hoffnung auf anhaltenden wirtschaftlichen Aufschwung – eine Zuversicht, die bereits ein Jahr später begraben werden musste. Alfred Escher bewies Spürsinn, als er Hirzel-Lampe in Eisenbahnfragen als Berater beizog, obwohl er dessen Meinung nicht in allen Punkten teilte. Hirzel-Lampe war es, der schon in den 1830er Jahren die Entwicklung von Eisenbahnen auch in der Schweiz propagierte und gestützt auf seine langjährige Erfahrung namentlich deren volkswirtschaftliche Bedeutung hervorhob. Er entwickelte Ideen zum Ausbau eines schweizerischen Eisenbahnnetzes, liess Pläne zu einzelnen Linien – zum Beispiel Zürich–Basel, Zürich–Bodensee – erarbeiten und Skizzen zu Bahnhofanlagen erstellen. Er ermunterte Martin Escher-Hess, die Strecke Zürich–Baden gegen alle Widerstände zu realisieren. Das Vorhaben kam 1847 mit der Inbetriebnahme der sogenannten ‹Spanischbrötlibahn› zum erfolgreichen Abschluss. Hirzel-Lampe, der 1847 zu den Initianten der Nordbahn zählte, verfügte über eine Erfahrung in Eisenbahnfragen wie wohl noch niemand in der Schweiz. Mit ihm diskutierte Escher eisenbahnstrategische wie eisenbahntechnische Aspekte, Fragen von der optimalen Linienführung bis zur Planung von Bahnhöfen. Während des amerikanischen Sezessionskriegs und der damit zusammenhängenden Baumwollkrise geriet jedoch das Handelsgeschäft von Hirzel-Lampe in Leipzig in ernste Schwierigkeiten, die sich mit dem Ausbruch des preussisch-österreichischen Krieges verschärften und letztlich zum Zusammenbruch des Betriebs führten. Bei einem Besuch in Zürich erschoss sich Hirzel-Lampe am 31. Mai 1866.

Caspar Hirzel-Lampe (1798–1866). Zürcher Grosskaufmann, Eisenbahnpionier in Deutschland und Berater Alfred Eschers in Eisenbahn- und Bankfragen.

Und dieser Caspar Hirzel-Lampe, aus dem Gründerkreis heraus Stellvertreter des Aufsichtsratsvorsitzenden der Allgemeinen Deutschen Credit-Anstalt in Leipzig geworden, schlug seinen Zürcher Freunden vor, auch in der Limmatstadt eine solche Kreditanstalt zu errichten. Dabei liess er offen, ob es sich um eine Filiale des Leipziger Instituts oder um ein von Leipzig aus initiiertes Gründungsgeschäft nach der Crédit-Mobilier-Konzeption handeln solle. Wann genau Hirzel-Lampe seine Bankpläne in Zürich erstmals äusserte, lässt sich aus der Rückschau und angesichts der Quellenlage nicht mit Bestimmtheit sagen. Dank der persönlichen Beziehung, die Hirzel-Lampe zu Alfred Escher pflegte, und aufgrund seiner Beratertätigkeit für den damaligen Direktionspräsidenten der Nordostbahn dürften seine Ideen sowohl in Eschers Freundeskreis als auch im Umfeld der Bank Leu und bei einigen konservativen Zürcher Familien schon um 1855 diskutiert worden sein.

Hirzel-Lampe ging es nicht allein darum, über die Kreditanstalt in Zürich den Eisenbahnbau zu finanzieren. Vielmehr fokussierte er auf die Schweizer Volkswirtschaft als Ganzes und wurde nicht müde, die Zürcher auf erfolgreiche ausländische Beispiele hinzuweisen. Seine Grundidee war, ein Sammelbecken zu schaffen für brachliegende Gelder, um dieses Leihkapital zur Belebung der Volkswirtschaft fruchtbar zu machen. Hirzel-Lampe war von den Zukunftsperspektiven seiner Bankidee derart überzeugt, dass er sich sogar anerbot, die Hälfte des Aktienkapitals der neuen Bank in Deutschland zu beschaffen, was ihm keinerlei Schwierigkeiten zu bereiten schien. Das Interesse der Leipziger Gruppe an der Entwicklung des Eisenbahn- und Bankwesens in der Schweiz ist im internationalen Kontext zu sehen: Grosse Visionen des künftigen Welthandels, angeregt durch Erfolge im Ostasiengeschäft und die Eröffnung des Suezkanals, standen der Idee Pate, die Hauptachse des europäischen Nord-Süd-Verkehrs durch die Schweiz zu legen. Dufour-Feronce, der bei der Finanzierung des Suezkanals mitgewirkt hatte, wurde zur eigentlichen Symbolfigur dieser Zukunftsvision.

Der Vorstoss von Hirzel-Lampe wurde in Zürich offenbar in verschiedenen Kreisen diskutiert, und die Überlegungen des rührigen Pioniers fanden auch den Weg an andere Orte, wo sich lokale und internationale Konkurrenz mit dem Zürcher Projekt beschäftigte und ihre Konsequenzen zog. So wurde etwa in St. Gallen 1856 mit einem Aktienkapital von 10 Millionen Franken die Deutsch-Schweizerische Kredit-Bank gegründet, ebenfalls mit deutscher Finanzhilfe, die in diesem Fall aus Augsburg, Stuttgart und Karlsruhe kam. Tatkräftig hatte die Bank Leu an diesem «Speculations- und Creditinstitut für Grosshandel und Industrie» mitgewirkt, das ganz darauf angelegt war, der Kreditanstalt in Zürich zuvorzukommen. Das Engagement der Bank Leu war insbesondere gegen den Zürcher Kreis jener liberalen Politiker gerichtet, welche die Ideen von Hirzel-Lampe letztlich in veränderter Form erfolgreich umsetzen sollten. Den Mittelpunkt dieses Kreises bildete Alfred Escher, der mit den konservativen Herren aus dem altzürcherischen Umfeld der Bank Leu partei- und gesellschaftspolitisch gebrochen hatte. Für ihn war klar, dass mit dem Vorstoss aus Leipzig der Zeitpunkt gekommen war, endlich auch in Zürich eine Kreditbank zu gründen. Die Idee lag vor, aber sie bedurfte der Anpassung an schweizerische Verhältnisse. Darin lag eine von Eschers Stärken – ein Projekt in die richtigen Bahnen zu lenken und dadurch zu realisieren. Er sollte dieses Talent im Lauf seiner Karriere als Politiker und Wirtschaftsführer noch viele Male unter Beweis stellen.

Die Gründung der Kreditanstalt 1856 war einer der frühen Höhepunkte seines pionierhaften Wirkens. Dank seinem aussergewöhnlichen politischen Gewicht und seinem Verhandlungsgeschick gelang es Escher, Hirzel-Lampe und die Leipziger Kreise bei der Stange zu halten, obwohl das Zürcher Kreditanstalt-Projekt immer markanter von der sächsischen Vorlage abwich. Als verhandlungstaktische Meisterleistung ist zu werten, dass Escher die Leipziger verpflichten konnte, 50% des Aktienkapitals zu stellen, während er ihnen lediglich zwei Sitze im fünfzehnköpfigen Verwaltungsrat zugestand. Ein beträchtlicher Teil der anderen 50% des Aktienkapitals lag ebenfalls in deutschen oder ausländischen Händen; um so erstaunlicher, dass es Escher in diesem Umfeld gelang, ein Bankkonzept schweizerischer Prägung durchzusetzen.

Eine Gruppe von Politikern und Wirtschaftsvertretern um Alfred Escher legte dem Regierungsrat des Kantons Zürich am 28. Juni 1856 die Statuten der zu gründenden Bank zur Genehmigung vor. Die Schweizerische Kreditanstalt, mit 20 Millionen Franken Aktienkapital dotiert, würde sich – so die Zweckbestimmung – der «Förderung von Ackerbau, Handel und Gewerbe» annehmen. Der Regierungsrat leitete das Gesuch zur Begutachtung an die Handelskammer weiter, die der kantonalen Finanzdirektion unterstellt war. Die Prüfung war noch im Gange, als das Gründungskomitee bereits den Antrag stellte, das Aktienkapital von 20 auf 30 Millionen Franken zu erhöhen. Denn inzwischen waren sechs neue Investoren der ursprünglich neunköpfigen Gründergruppe beigetreten.

Die Handelskammer empfahl dem Regierungsrat, die Statuten zu genehmigen. Sie begründete ihren Entscheid damit, dass die Statuten «die Überzeugung gewähren, dass einerseits die Solidität des Unternehmens vollkommen gewährleistet ist, anderseits die Wohlfahrt zurzeit nicht in Frage stellen». Allerdings vertrat die Handelskammer die Meinung, spätere Kapitalerhöhungen müssten vom Regierungsrat genehmigt werden. Damit nahm die Handelskammer die lauter werdenden Befürchtungen auf, die neue Bank würde die verfügbaren Kapitalien an sich reissen, eine Monopolstellung aufbauen und eine «künstliche Verteuerung des Zinssatzes zum Schaden aller Geldbedürftigen herbeiführen».[273] Der Regierungsrat folgte dieser Empfehlung, beschloss die zusätzliche Vorsichtsmassnahme und erteilte am 5. Juli 1856 die Genehmigung.

Nun folgten rasch die weiteren Schritte bis zur operativen Geschäftsaufnahme: Am 8. Juli 1856 trat das Gründungskomitee zu einer weiteren Sitzung zusammen. Lediglich sechs Mitglieder waren anwesend, und mit Ausnahme der provisorischen Anstellung eines «Bureauarbeiters» wurden keine neuen Beschlüsse gefasst. Im Auftrag der provisorischen Vorsteherschaft gelangte Johann Jakob Rüttimann, der Stellvertreter des Präsidenten, gleichentags mit einem Schreiben an die abwesenden Mitglieder des Gründungskomitees und lud zur nächsten Versammlung auf Montag, den 14. Juli, morgens um 9 Uhr, ins Geschäftslokal «Kleiner Tiefenhof» Nr. 26a ein. Namentlich sollte diese Zusammenkunft – neben der «Besprechung im Allgemeinen über unsere Anstalt» – das Syndikat der Aktien für das Gründungskomitee

Johann Jakob Rüttimann (1813–1876). Zürcher Ständerat, Mitglied des Bundesgerichts, Professor für Recht an der Universität Zürich sowie am Polytechnikum und lebenslanger Freund Alfred Eschers. Die beiden waren sowohl privat als auch geschäftlich eng miteinander verbunden. Rüttimann hatte leitende Stellen bei der Nordostbahn, der Schweizerischen Kreditanstalt und der Schweizerischen Lebensversicherungs- und Rentenanstalt inne. Er war juristischer Berater und persönlicher Vertrauter von Alfred Escher.

ordnen. An diesem Treffen, das im Protokollbuch als erste «Sitzung des Verwaltungsrathes» dokumentiert ist, wurden einstimmig Alfred Escher als Präsident und Johann Jakob Rüttimann als Vizepräsident gewählt. Nach dieser konstituierenden Versammlung nahm die Schweizerische Kreditanstalt am 16. Juli 1856 mit einem halben Dutzend Angestellter im «Kleinen Tiefenhof» in Zürich ihre Geschäftstätigkeit auf.[274]

Vom Gründungkomitee zum ersten Verwaltungsrat
Zu den hervorstechenden Eigenschaften Eschers zählte seine Fähigkeit, Fachleute und Know-how für die von ihm geleiteten Institutionen und Projekte fruchtbar zu machen. Mochte er oft gegenüber persönlichen und politischen Gegnern Strategien kompromisslos und stur weiterverfolgen und Positionen gegen allen Widerstand halten, so brüskierte er andere, indem er sie nicht beachtete oder mit beissender Ironie geisselte; immer wieder fällt auf, wie er sich in den von ihm verantworteten Sachthemen ebenso unbeirrbar bemühte, die ‹besten Köpfe› an sich zu ziehen. Diese Qualität zeichnete ihn als Eisenbahnpionier ebenso aus wie als Initiant finanzieller Infrastrukturen. Bei der Zusammenstellung des Verwaltungsrates der Kreditanstalt suchte Escher Profile und fand sie. Das beste Beispiel für seine Fähigkeit, über den eigenen Schatten zu springen, um für die Sache die beste Lösung zu erzielen, war der Coup mit Nationalrat Treichler. Escher, der mit dem sozialistischen Politiker auf Zürcher und Berner Boden manchen politischen Strauss ausgefochten hatte, war trotz belasteter Vergangenheit und grosser Meinungsverschiedenheiten in dem Augenblick bestrebt, Treichler zu gewinnen, als er davon überzeugt war, dass Sache und Zeit dies erforderten. Treichler liess sich von Escher ‹liberalisieren›, wurde dank Eschers Machtwort Zürcher Regierungsrat, trat gar in den Verwaltungsrat der Kreditanstalt ein und wurde schliesslich dessen Vizepräsident. Im Gegenzug wurde Treichler – wie vielen anderen auch – vorgehalten, er habe sich dem System Escher verkauft.

Escher war ein Machtmensch, liess sich aber in den von ihm präsidierten Gremien durchaus auf argumentative Auseinandersetzungen ein. Gerade an den Verwaltungsratssitzungen der Kreditanstalt zeigte sich, dass Escher in Sachfragen die Positionen des Gremiums keineswegs im voraus bestimmte und die Kollegen nicht zu blossen Sekundanten degradierte. Ein Führungsmerkmal Eschers war die Gründlichkeit, mit der er Sitzungen vorbereitete. Pflichtbewusst organisierte er seine vielfältigen Verpflichtungen so, dass er an den jeweiligen Veranstaltungen und Sitzungen nach Möglichkeit persönlich anwesend sein konnte. Bei der Kreditanstalt leitete er in der Zeit von Juli 1856 bis Ende November 1882 insgesamt 269 Sitzungen des Verwaltungsrates als dessen Präsident. Berücksichtigt man, dass er zwischen Oktober 1877 und Juni 1880, ausgelöst durch die Turbulenzen am Gotthard, als Präsident der Kreditanstalt zurückgetreten war, so ergeben sich durchschnittlich rund 12 Verwaltungsratssitzungen pro Jahr, die Escher präsidierte.

Johann Jakob Treichler (1822–1906). Zürcher Nationalrat und Vizepräsident der Schweizerischen Kreditanstalt (1876–1895).

Tatsächlich beeindruckt, dass er 1856 bis 1882 neben seinem Natio-
nalratsmandat, seiner Präsidentenfunktion bei der Nordostbahn und
seiner Direktionsfunktion bei der Gotthardbahn-Gesellschaft, um lediglich die bedeutendsten Verpflichtungen zu nennen, lediglich an 23%
von insgesamt 351 relevanten Sitzungen des Verwaltungsrates der Kreditanstalt abwesend war. Escher arbeitete ganze Nächte durch, um die
einzelnen Dossiers zu prüfen und bis ins Detail durchzudenken. Entsprechend begnügte er sich nicht damit, die Sitzungen des Verwaltungsrates zu leiten, sondern er referierte zugleich auch über Sachfragen.

Der erste Kreis, der Mitte der 1850er Jahre mit Hirzel-Lampe die
Errichtung einer Kreditbank in Zürich besprach, bestand aus vier Persönlichkeiten aus Wirtschaftspolitik und Industrie. Alfred Escher – damals in der Schlussphase seiner Regierungstätigkeit und 1855 nach
krankheitsbedingtem Urlaub aus der Zürcher Regierung ausgetreten –
schlossen sich mit Johann Jakob Rüttimann und Heinrich Hüni-Stettler, dem Nachfolger Eschers in der Zürcher Exekutive, zwei weitere Mitglieder des Zürcher Regierungsrates an. Zu diesem Kreis gehörte weiter
Nationalrat und Grossrat Johann Heinrich Fierz. Eine besonders wichtige Rolle spielte schliesslich Johann Jakob Rüttimann.

Dass Escher Rüttimann, der als juristisches Genie und intellektuelle
Geistesgrösse galt, bei seinen Unternehmensgründungen als eine Art
Alter ego beizog, überrascht nicht. Nebst den fachlichen Kompetenzen,
die Rüttimann einbrachte, zeichneten ihn moralische Qualitäten und
seine besonnene, ausgeglichene Art aus, die Eschers kantige und kompromisslose Persönlichkeit, die auch vor rücksichtsloser Härte nicht
zurückschreckte, in wohltuender Weise ergänzte. Von der Nordostbahn
bis zur Kreditanstalt, vom Polytechnikum bis zur Rentenanstalt – bei
allen Escherschen Schöpfungen war Rüttimann dabei. Stets trat er in
den jeweiligen Verwaltungsrat ein und bildete das juristische Gewissen der Institution: bei der Kreditanstalt (1856–1876), wo er während
der ganzen Zeit auch Vizepräsident des Verwaltungsrates war, bei der
Nordostbahn (1858–1875) und bei der Rentenanstalt (1857–1876).
Darüber hinaus war Rüttimann für Escher die entscheidende Autori-
tät in allen rechtlichen und staatspolitischen Fragen. Kompetent war
Rüttimann, 1846 zum Oberst im eidgenössischen Justizstab befördert,
auch in militärischen Angelegenheiten – einem Gebiet, das Escher
fremd war. Überdies brachte er als Verfasser vielbeachteter Fachartikel
zu juristischen Fragen in der «Neuen Zürcher Zeitung» und als Autor
zahlreicher Werke zu Themen, die sich vom englischen Zivilprozess-
recht über Fragen des Verhältnisses der Staatsgewalt zur Gesellschaft bis
zum Vergleich politischer Einrichtungen in der Schweiz mit dem nord-
amerikanischen Bundesstaatsrecht erstreckten, aber auch als Schöpfer
wichtiger kantonalzürcherischer und eidgenössischer Gesetzeswerke
vielfältige Erfahrung und nutzbringende Kontakte mit ein. Rüttimann
war für Escher ein Garant für politische Zuverlässigkeit und persönliche
Loyalität.

Johann Heinrich Fierz (1813–1877) –
hier mit seiner Gattin Katharina
Fierz-Locher (1827–1903) – war
1856 Mitglied des Gründungskomitees und bis 1877 Verwaltungsrat
der Schweizerischen Kreditanstalt.

Zu diesem inneren Kreis stiessen mit Hans Heinrich Abegg, Johannes Hagenbuch, Friedrich Rudolf Wäffler-Egli und Jacques Ris zunächst vier weitere Persönlichkeiten. Zusammen bildeten sie jenes Gründungskomitee, das Ende Juni und Anfang Juli 1856 die beiden Gesuche um Errichtung der Kreditanstalt an den Regierungsrat gestellt hatte.

Neben den Mitgliedern des Gründungskomitees wurden weitere Persönlichkeiten in den ersten Verwaltungsrat gewählt, nämlich Kasimir Friedrich Knörr, Benedikt La Roche-Stehelin, Johann Rudolf Raschle, Adolf Rieter-Rothpletz, Johann Friedrich Peyer im Hof und Bernhard Friedrich Fischer.

Der fünfzehnköpfige erste Verwaltungsrat der Schweizerischen Kreditanstalt, der aus dem Gründungskomitee herausgewachsen war, zeigte Charakteristika, die auch die späteren Zusammensetzungen dieses Gremiums auszeichneten: «Alle diese Männer zählten zu den hervorragendsten Vertretern ihrer Kreise.»[275] Diese Qualität hob die Leitung der Kreditanstalt von anderen Verwaltungsräten ab. Alfred Escher und seinen

Brief von Alfred Escher an Jakob Dubs vom 3. Juli 1856 betreffend die Gründung der Schweizerischen Kreditanstalt.

«Mein Lieber Freund!

Indem ich dir die beiliegende nachträgliche Eingabe des Comite's der Creditanstalt zu Handen der Regierung übermittle, bemerke ich, daß die Handelskammer, wie ich höre, *heute Nachmittag* zur Verhandlung über die Statuten der Creditanstalt zusammen kömmt. Es dürfte daher sehr angemessen sein, wenn du die nachträgliche Eingabe der Handelskammer rechtzeitig zu überweisen die Güte hättest, daß sie ihr heute Nachmittag vorliegen würde.

Mit freundschaftlichem Gruße dein Alfred Escher

Zürich
3. Juli 1856.»

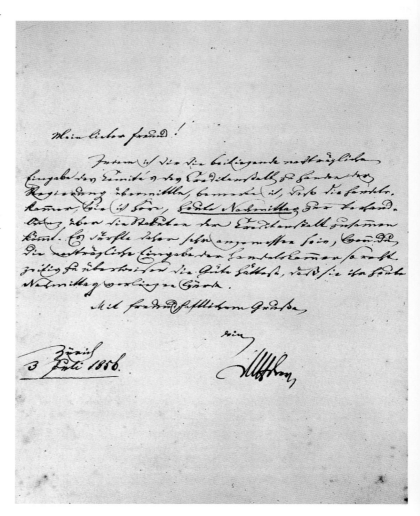

engsten Vertrauten war es gelungen, bestausgewiesene Persönlichkeiten mit Fachkompetenzen aus verschiedenen Bereichen zu gewinnen. Das Sozialprofil des Gremiums weist interessante Züge auf, welche durchwegs die typische Handschrift des Verwaltungsratspräsidenten erkennen lassen. Vereinfacht gesagt: Die Schweizerische Kreditanstalt von Alfred Escher war eine reformierte, freisinnige Stadtzürcher Bank und repräsentierte das ostschweizerische Grosskapital.

Auffallend prominent war im ersten Verwaltungsrat die Politik vertreten. 1856 gehörten ihm zwei amtierende Regierungsräte und ein ehemaliger Regierungsrat des Kantons Zürich an, vier im Amte stehende Nationalräte sowie zwei Kantonsparlamentarier aus zwei verschiedenen Kantonen. Die starke Stellung der eidgenössischen Parlamentarier im fünfzehnköpfigen Verwaltungsrat akzentuierte sich in einzelnen Jahren der Ära Escher (1856–1882) noch. Den Höhepunkt markiert das Jahr 1862 mit fünf eidgenössischen Parlamentariern.

Bemerkenswert ist, dass es in dieser Gründerzeit keine formalrechtlichen Probleme gab, wenn amtierende Regierungsvertreter im Verwaltungsrat der Grossbank sassen. Allerdings fehlte es bereits ab 1856 nicht an kritischen Stimmen zu solchen Verflechtungen. Trotz dieser breiten politischen Repräsentanz fällt auf, dass sämtliche Personen, die ein politisches Amt ausübten, dem freisinnig-liberalen Lager angehörten.

Die Verflechtung zwischen Politik und Wirtschaft wurde immer wieder auch den eidgenössischen Parlamentariern vorgehalten. So wurde im Zusammenhang mit dem Eisenbahnprojekt der Begriff der ‹Eisenbahnbarone› aufs Tapet gebracht und der Vorwurf erhoben, dass diese Machtkumulation faktisch zu einer schweizerischen Schattenregierung führe. Ein Phänomen nicht nur der Gründerzeit, sondern auch der weiteren Jahrzehnte bis ins frühe 20. Jahrhundert besteht darin, dass selbst Verwaltungsratspräsidenten grosser und internationaler Unternehmen bereit und in der Lage waren, über längere Amtsperioden gleichzeitig auf eidgenössischer Ebene zu politisieren. Besonders markant zeigt sich dies in der Person von Alfred Escher: In seiner Amtszeit als Nationalrat (34 Jahre), während der er in unzähligen Kommissionen tätig war, war er gleichzeitig während 23 Jahren Präsident der Kreditanstalt, während 19 Jahren Direktionspräsident der Nordostbahn und während 10 Jahren deren Verwaltungsratspräsident. In der gleichen Zeitspanne von 34 Jahren war Escher insgesamt dreimal Präsident des Nationalrates und viermal Präsident des Zürcher Kantonsrates.

Der geographische Schwerpunkt Zürich ist im Verwaltungsrat unübersehbar. 1856 wohnten 8 Verwaltungsräte in diesem Kanton. Über diese Dominanz hinaus zeigt sich aber, dass die Schweizerische Kreditanstalt, die zu Eschers Zeiten ausschliesslich in Zürich vertreten war, auch nichtzürcherische Vertreter im Verwaltungsrat hatte. Über die Zeit von 1856 bis 1882 betrachtet, stellt man fest, dass neben dem Kanton Zürich auch die Kantone Luzern, Basel, Schaffhausen, Glarus, Aargau und St. Gallen vertreten waren.

Dem ersten Verwaltungsrat von 1856 gehörten 5 Mitglieder an, die längere Berufserfahrung in der Leitung internationaler Unternehmen ausweisen konnten. Die Wirtschaftskompetenz des Verwaltungsrates zeigte sich namentlich in folgenden Bereichen: im Eisenbahnwesen (5 Verwaltungsräte), im Textilbereich (6), im Finanzbereich (5) und im Bereich der Handelshäuser (4). Ein auffallendes Merkmal ist in diesem Zusammenhang, dass von den 15 Verwaltungsräten 5 Textil- und Seidenindustrielle waren, die ihr Unternehmen gegründet oder mitbegründet hatten. Zu Buche schlägt auch die Feststellung, dass es sich bei diesen Firmen um grosse und international weit ausgreifende Betriebe handelte. Spezifische Fachkompetenz brachte aber jedes einzelne Mitglied des Verwaltungsrates ein: Vizepräsident Rüttimann als ehemaliger Bundesrichter und Rechtsprofessor an der Universität Zürich und am Polytechnikum, Hagenbuch als Besitzer der Buchhandlung und Druckerei Orell & Füssli oder Wäffler-Egli als Leiter eines grossen Handelsgeschäfts in Winterthur, dann die drei Bankiers Ris, Knörr und La Roche-Stehelin als Leiter ihrer familieneigenen Banken.

Enge Verbindungen bestanden namentlich zwischen Kreditanstalt, Nordostbahn und Rentenanstalt. Das Gravitationszentrum bildete der Verwaltungsrat der Kreditanstalt. 1856 war die Kreditanstalt mit vier Verwaltungsräten in den Führungsgremien der Nordostbahn vertreten – mit Escher und Hüni-Stettler in der Direktion, mit Wäffler-Egli und Fierz im Verwaltungsrat. 1857 trat mit Peyer im Hof ein weiterer Verwaltungsrat der Kreditanstalt in die Direktion der Nordostbahn ein. 1858 zog sich Hüni-Stettler aus der Direktion der Nordostbahn zurück und wurde in deren Verwaltungsrat gewählt. Ebenfalls 1858 nahm mit Rüttimann ein vierter Verwaltungsrat der Kreditanstalt Einsitz im Verwaltungsrat der Nordostbahn. Von 1858 bis 1867 stellte die Kreditanstalt somit einen Viertel der Mitglieder im 16köpfigen Verwaltungsrat der Nordostbahn. 1856 gehörten mit Escher und Hüni-Stettler zwei Gründungsmitglieder der Kreditanstalt der fünfköpfigen Direktion der Nordostbahn an. 1857, nach dem zusätzlichen Eintritt von Peyer im Hof, erhöhte sich die Anzahl der Bankgründer in diesem Gremium bis 1858 vorübergehend auf drei. Im sechsköpfigen Aufsichtsrat der Rentenanstalt von 1857 war die Kreditanstalt mit Escher, Rüttimann und Peyer im Hof durch drei ihrer Verwaltungsratsmitglieder vertreten. Peyer im Hof gehörte dem Aufsichtsrat der Rentenanstalt bis 1868 an, Escher bis 1874 und Rüttimann bis 1876.

Die wirtschaftlichen Verflechtungen zwischen Kreditanstalt, Nordostbahn und Rentenanstalt waren nicht nur von quantitativer, sondern auch von qualitativer Bedeutung. Mit Escher präsidierte der Verwaltungsratspräsident der Kreditanstalt von 1853 bis 1872 die Direktion der Nordostbahn und von 1872 bis 1882 deren Verwaltungsrat. Mit Rüttimann war der Vizepräsident der Kreditanstalt von 1865 bis 1876 Vizepräsident des Nordostbahn-Verwaltungsrats. Das Direktionspräsidium der Nordostbahn lag von deren Gründung bis 1877 ununterbrochen in den Händen von Gründungsmitgliedern der Kreditanstalt. Auch

Kreditanstalt und Rentenanstalt waren eng verflochten, sassen doch mit Escher und Rüttimann wiederum der Präsident und der Vizepräsident der Bank im Aufsichtsrat der Versicherungsgesellschaft. Diese Verbindung begann sich erst in den 1870er Jahren zu lockern.

Bereits dem Verwaltungsrat der Ära Escher gehörten drei hohe Offiziere an: ein Oberst (Rüttimann) und zwei Oberstleutnants (Fischer und Raschle). Offiziersränge bekleideten ferner Wäffler-Egli (Major), La Roche-Stehelin (Aide-major der Basler Bürgergarde) und Peyer im Hof (Hauptmann). Im Kontrast dazu stehen weniger diejenigen Mitglieder des Verwaltungsrates, die keine militärische Karriere gemacht hatten, als vielmehr die kulturgeschichtlich bemerkenswerte Tatsache, dass Escher mit 37 Jahren – nach seinem Austritt aus der Zürcher Regierung –, während er eben die Bank gründete, auch noch die Rekrutenschule absolvieren musste.

1856 betrug das Durchschnittsalter der Verwaltungsräte 48 Jahre. Das jüngste Mitglied war mit 37 Jahren Präsident Escher, das älteste mit 67 Jahren Hagenbuch.

Dem ersten Verwaltungsrat der Kreditanstalt gehörten 15 Mitglieder an. In der Ära Escher fallen verschiedene Kontinuitäten auf. Die durchschnittliche Dauer der Zugehörigkeit zum Verwaltungsrat betrug rund 14 Jahre. Vom ersten Verwaltungsrat der Bank verblieben 6 Mitglieder mindestens 20 Jahre in diesem Gremium. Besonders akzentuiert zeigt sich die Kontinuität im Präsidium. Während 20 Jahren waren mit Escher und Rüttimann dieselben Personen Präsident und Vizepräsident der Bank. 14 der 15 Verwaltungsräte waren reformiert, einer gehörte der jüdischen Religion an. Dass keine Katholiken im Spiel waren, charakterisierte die Bank weit über die Gründerjahre hinaus.

Als die Schweizerische Kreditanstalt am 16. Juli 1856 ihre Geschäftstätigkeit aufnahm, bestand noch kein Geschäftsreglement, und der Verwaltungsapparat war erst rudimentär eingerichtet. Ein halbes Dutzend Angestellte bezogen die zu Büros umgestalteten Zimmer im ersten Stock des «Kleinen Tiefenhofs» Nr. 26a beim Zürcher Paradeplatz. In diesen beengenden und bescheidenen Räumlichkeiten fanden auch die Sitzungen des Gründungskomitees statt.

Am 20. Oktober 1856 wurde eine Kommission bestehend aus dem Präsidenten Escher und den Verwaltungsräten Rüttimann, Abegg, Fierz und Peyer im Hof damit beauftragt, «bezüglich der Aufstellung einer Geschäftsordnung und weiterer nach den Statuten festzusetzenden Reglemente einen Antrag an den Verwaltungsrath zu stellen».[276] Bis schliesslich ein erstes Geschäftsreglement eingeführt wurde, sollten jedoch noch mehr als zwei Jahre vergehen. Die innere Organisation wurde laufend nach pragmatischen Kriterien verbessert. Dass gerade in der Anfangsphase immer wieder auch Fehler unterliefen, überrascht nicht. Immerhin dienten diese auch dazu, neues Know-how zu erwerben. Dem Verwaltungsratsprotokoll vom 25. September 1856 ist zu entnehmen, dass unter anderem bei der internen Zustellung der Post Probleme auf-

Die «Tiefenhöfe» am heutigen Paradeplatz in Zürich. Im «Kleinen Tiefenhof» hatte die Schweizerische Kreditanstalt zwischen 1856 und 1858 sowie zwischen 1868 und 1876 ihren Geschäftssitz. Aquarell von Salomon Corrodi (1810–1892).

traten. Als die Réunion Financière Alfred Escher Nordostbahn-Aktien zum Kauf anbot, wurde die telegraphische Anfrage aus Paris irrtümlich an von Schulthess-Rechberg und erst wesentlich später an den für dieses Geschäft zuständigen Verwaltungsrat Ris weitergeleitet.

Anfänglich wurden sämtliche als Sicherheiten bei der Bank hinterlegten Wertschriften in einer einzigen Kasse aufbewahrt. Über einen Schlüssel zu dieser Kasse verfügten die Verwaltungsräte Rüttimann und Hagenbuch sowie der Kassier. Präzisierungen zur Aufbewahrung von Wertschriften finden sich im Verwaltungsratsprotokoll vom 7. März 1859:

«Alle Werthschriften (sowohl die im Eigenthum der Anstalt befindlichen, als die bei ihr zur Aufbewahrung oder als Pfand hinterlegten), sind in feuerfesten Kassen unter zwei in verschiedenen Händen (bei dem Kassier u bei der Direktion) sich befindenden Schlüsseln, aufzubewahren. Es soll ein genaues Register über die Ein- und Ausgänge geführt werden. Ein Exemplar ist in die Kasse selbst niederzulegen, ein Doppel in der Privatwohnung des Directors aufzubewahren. Der Verwaltungsrath unterwirft jährlich wenigstens Ein Mal die Werthschriften und die Kasse einer Revision.»[277]

Dass sich die Verwaltungsräte trotz partieller Erleichterungen weiterhin um Kleinigkeiten des Tagesgeschäftes kümmern mussten, geht aus einem Schreiben von Johann Jakob Rüttimann an Alfred Escher hervor. Darin teilte er dem Verwaltungsratspräsidenten mit, dass er sich infolge des Austritts einer Hilfskraft persönlich um eine neue Lösung für die Zustellung der Tageszeitungen kümmern müsse:

«Unser Arrangement betreffend die Zeitungen werden wir für das nächste Jahr wohl ändern müssen, weil ich Niemanden mehr zum Abhohlen habe. Vogel besorgt mir noch diese u. andere Geschäfte bis zum Neujahr; nachher hört dieß auf.»[278]

Noch bevor im März 1859 endlich die erste Geschäftsordnung in Kraft trat, mussten im Zusammenhang mit der Vorbereitung der ersten Generalversammlung weitere organisatorische Massnahmen getroffen werden. Alfred Escher, der als Direktionspräsident der Nordostbahn bereits Erfahrungen in Vorbereitung und Durchführung von Aktionärsversammlungen hatte, leitete die Projektkommission, der auch Ris und Fischer angehörten. Diese hatte jedoch nicht nur organisatorische Probleme zu lösen, sondern auch den von der Direktion erstellten Jahresabschluss zu prüfen und zu begutachten. Vizepräsident Rüttimann wurde beauftragt, den Geschäftsbericht abzufassen «u dabei die Herren Escher u Fierz, sowie Herr Vicedirector Huber zu consultiren».[279] Des weiteren beschloss der Verwaltungsrat, den Geschäftsbericht zunächst an der Generalversammlung verlesen zu lassen und ihn erst im Anschluss daran gedruckt auszuliefern. Im Februar 1858 wurde die schrift-

Die Gründungsstatuten der Schweizerischen Kreditanstalt.

liche Einladung an die Aktionäre versandt. Am 22. März 1858, vormittags um 10 Uhr, begrüsste Verwaltungsratspräsident Escher im Casino, welches sich am Standort des heutigen Obergerichts befand, mehr als 50 Aktionäre, die 1000 Aktien vertraten. Er teilte mit, «daß für 20 173 Aktien Stimmkarten mit 1281 Stimmen aushingenommen worden» seien und dass die Versammlung im Sinne von § 20 der Statuten beschlussfähig sei. Darauf folgte die präsidiale Mitteilung, dass man Johann Muggler, den Kassier der Kreditanstalt, als Tagessekretär der Versammlung bezeichnet habe. Hierauf wählte die Versammlung als Stimmenzähler Major Forrer, alt Regierungsrat Sulzer, Obergerichtspräsident Ullmer, Landschreiber Hausheer, Staatsschreiber Huber sowie Otto Hüni.[280]

Alsdann wurden der Bericht des Verwaltungsrates über seine Geschäftsführung verlesen und die Bilanz präsentiert. Damit waren die beiden ordentlichen Haupttraktanden, welche statutengemäss an der Generalversammlung zu erledigen waren, behandelt.

Die Ausgabe des Gesellschaftskapitals

Gemäss regierungsrätlicher Zustimmung wurde ein Aktienkapital von 30 Millionen Franken festgesetzt – eine für die damalige Zeit beträchtliche Summe. Verglichen mit den etwa zeitgleich gegründeten schweizerischen Grossbanken verfügte die Kreditanstalt mit 15 Millionen Franken über das grösste einbezahlte Kapital. Die 1862 gegründete Bank in Winterthur wies 5 Millionen Franken aus, die im gleichen Jahr gegründete Eidgenössische Bank 6 Millionen Franken. Zwar war das Gründungskapital der ältesten Crédit-Mobilier-Bank in der Schweiz, der Banque Générale Suisse de Crédit Foncier et Mobilier von James Fazy, auf 25 Millionen Franken angesetzt worden; emittiert wurden jedoch anfänglich lediglich 5 Millionen Franken. Bei der im gleichen Jahr wie die Schweizerische Kreditanstalt gegründeten Deutsch-Schweizerischen Kredit-Bank in St. Gallen schliesslich wurde das Gesellschaftskapital auf 25 Millionen Franken festgelegt, wovon anfänglich 10 Millionen Franken zur Ausgabe gelangten. Vom Aktienkapital der Kreditanstalt, das in Scheine zum Nominalwert von 500 Franken gestückelt war, sollte vorerst lediglich die Hälfte zur Ausgabe kommen. Der Zürcher Regierung offerierte das Gründungskomitee 3000 Aktien im Wert von 1,5 Millionen Franken, 6000 Aktien im Wert von 3 Millionen Franken beanspruchten die Gründer für sich selbst, während sich die Credit-Anstalt in Leipzig bereit erklärte, 15 000 Aktien (entsprechend 7,5 Millionen Franken) zu zeichnen. Somit verblieben 6000 Aktien im Wert von 3 Millionen Franken, die öffentlich aufgelegt werden sollten.

Über die Erfolgsaussichten der ab 17. Juli 1856 laufenden Subskription gingen die Meinungen im Vorfeld auseinander. So erinnerten die einen an klägliche Resultate von Emissionen in der jüngeren Vergangenheit, die dem Gründungskomitee Sorgen bereiten mussten. Andere verwiesen auf die Erfolgsmeldungen des Crédit Mobilier in Frankreich. Die kritische Volksmeinung ging davon aus, dass das Gründungskomitee

Genehmigung der Statuten der Schweizerischen Kreditanstalt durch den Regierungsrat des Kantons Zürich vom 5. Juli 1856 (Vorderseite).

einen grossen Teil der frei verfügbaren 6000 Aktien wegen fehlender Nachfrage würde selbst übernehmen müssen. So standen Kassandrarufe in Kontrast zu einer optimistischen Erwartungshaltung. Die Geschichte gab letzterer recht. In der Tat war die Subskription mit erheblichen Risiken behaftet. Man konnte nicht wissen, wie das Publikum in Zürich auf eine Bankgründung vom Typ des Crédit Mobilier reagieren würde. Dazu kam, dass Mitte des 19. Jahrhunderts Unternehmensgründungen in Form von Publikumsgesellschaften noch keineswegs alltäglich waren. Die Gründung solcher Unternehmen war mit Unsicherheiten verbunden. Auch stellten sich Fragen aufgrund der speziellen Situation in Zürich. War die traditionelle Gesellschaft der Stadt – das konservative Alt-Zürich – überhaupt bereit, in ein Unternehmen zu investieren, das die Handschrift Alfred Eschers trug? War die Erinnerung an die Verluste nicht noch zu lebendig, die man aufgrund der verunglückten Spekulationen von Hans Caspar Escher zwei Generationen zuvor erlitten hatte? Oder kam vielleicht aus konservativer Sicht nicht in Frage, in ein Instrument zu investieren, das dem modernistischen liberalen Zeitgeist entsprungen war? Alfred Escher hatte viele Gegner. Und die Unternehmer auf dem Land? Würde die breite Masse der Bevölkerung mit dem Sparbatzen Aktien zeichnen? Und was war mit den nichtzürcherischen Schweizern, den kapitalkräftigen Kreisen im Ausland, den Spekulanten und Hasardeuren?

All dies mussten Alfred Escher und seine engsten Freunde in Erwägung ziehen. Zwar verfügten sie über Erfahrungszahlen aus Frankreich, Deutschland und Genf und hatten eine Zusicherung aus Leipzig über die Hälfte des Aktienkapitals. Das Risiko einer missglückten Subskription schien somit praktisch ausgeschlossen. Allerdings wusste das Publikum nicht, dass diese Absprache mit Leipzig anfänglich lediglich mündlich getroffen worden war, somit ein Gentlemen's Agreement war und rechtlich kaum Gültigkeit gehabt hätte. Doch diese Sorge wurde Alfred Escher los, als wenige Tage nach der Annahme der Statuten durch den Zürcher Regierungsrat die schriftliche Bestätigung aus Leipzig eintraf:

«Mit wahrer Genugtuung sind wir dem Verlaufe gefolgt, den Ihre Verhandlungen mit unseren Abgeordneten genommen, und danken Ihnen für das diesen Freunden bewiesene Vertrauen, indem Sie das wichtige Geschäft lediglich auf Manneswort mit Ihnen als abgeschlossen betrachteten. Um dasselbe nun auch in formeller Hinsicht ganz zu ordnen, sprechen wir hiemit schriftlich, unter statutenmässiger Unterschrift, nachträglich unsere vollständige Zustimmung zu allen mit unsern Abgeordneten vereinbarten Geschäftsverbindlichkeiten aus, wie solche in Ihren gedruckten Statuten und Subscriptionsbedingungen zur Öffentlichkeit gebracht sind.»[281]

Dann geschah, was nicht einmal die grössten Optimisten für möglich gehalten hatten. Bereits am ersten Tag der Subskription spielten sich vor dem «Tiefenhof» tumultartige Szenen ab. Die engen Büros der Bank vermochten den Ansturm der Menge kaum aufzufangen. Der Andrang wurde begleitet von Bergen eingehender Post. Anmeldungen kamen aus allen Teilen der Schweiz. Überdies schienen sich massenhaft ausländische Interessenten auf den Weg nach Zürich zu machen. Und alle hatten nur das eine Ziel, nämlich Aktien der Schweizerischen Kreditanstalt zu zeichnen – und zwar so viele wie möglich! Die Leute schleppten Säcke mit Münzen und Gold an und brachten Wertschriften mit. Der Telegraph lief während der Subskriptionstage auf Hochtouren. «Die Herren auf dem Bureau gehen fast zu Grunde vor Hitze etc.», schrieb Johann Jakob Rüttimann am zweiten Zeichnungstag an Alfred Escher. Weiter hiess es in diesem Brief:

«Es wird ganz unsinnig gezeichnet; es ist leicht möglich, daß die Gesammt-Summe auf 120 Millionen ansteigen wird. Ich weiß nicht, wie man sich bei der Reduction wird helfen können. Sobald über 6000 Anmeldungen vorliegen, kann man nicht einmahl jedem Eine Aktie geben. Viele Zeichner werden jedenfalls sich enttäuscht sehen.»[282]

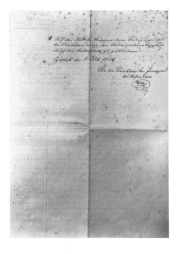

Statuten (Rückseite).

Die Emission der Kreditanstalt beherrschte das Gespräch auf der Strasse und wurde zum Thema in den Medien. Bald ging es nicht mehr um Argumente, die für oder gegen ein Engagement bei der neuen Bank sprachen. Das Zeichnen von Kreditanstalt-Aktien war zum gesellschaftlichen Event geworden und gehörte zum guten Ton. Mehr noch: Niemand durfte zu spät zum «Tiefenhof» kommen; man wollte nicht zum Gespött werden. Die Emission von Aktien der Schweizerischen Kreditanstalt wurde zu einem Ereignis, wie es die Schweizer Wirtschaftsgeschichte im 19. Jahrhundert kein zweites Mal dokumentiert. Die Medien kommentierten den «glänzenden» Erfolg bereits, als die Aktienemission noch im vollen Gange war. «Man spricht von 100 Millionen Franken», meinte die NZZ am letzten Tag der Emission, um zwei Tage später ein mögliches Volumen von 218 Millionen in Aussicht zu stellen, was eine «ganz ungeheure Zeichnung» sein würde.[283] Als der Regierungsrat beschloss, das ihm angebotene Paket von 3000 Aktien auszuschlagen, bereitete das den Kreditanstalt-Promotoren keine weiteren Sorgen – im Gegenteil: Man zeigte Verständnis, «zumahl zur Zeit noch so viele Vorurtheile gegen die Anstalt bestehen».[284] Der Erfolg der Zeichnung war sensationell. In Zahlen: Standen dem Publikum ursprünglich 6000, nach dem Verzicht des Regierungsrates sogar 9000 Aktien zur Verfügung, so waren nach drei Tagen sage und schreibe 442 539 Aktien gezeichnet. Anders gesagt: Statt 3 Millionen Franken Gesellschaftskapital, welches sich das Gründungskomitee durch Aktienzeichnung in der Öffentlichkeit erhofft hatte, kamen theoretisch unglaubliche 221 269 500 Franken zusammen. Verglichen mit dem Subskriptionsprospekt wurde das Aktienkapital bei der Emittierung um das rund Siebzigfache überzeichnet.

Die Gründe für diesen durchschlagenden Erfolg waren vielfältig und vielschichtig. Sie reichen von sozialpsychologischen Erklärungen, dem sogenannten Schneeballeffekt, bis zur Topographie der europäischen Bankenlandschaft: Das Gründungskomitee profitierte von strukturpolitischen Vorteilen des Standorts Zürich gegenüber süddeutschen Konkurrenten und deren Schwierigkeiten, in ihren Ländern neue Banken zu gründen. Die «einzig in ihrer Art dastehende Erscheinung» von Zürich, dass 100 Aktien gezeichnet wurden, um wenigstens eine zu erhalten, wiederholte sich sechs Jahre später in Winterthur, wenn auch auf nicht ganz so spektakuläre Weise.[285] Als nämlich die Gründer der Bank in Winterthur vom vorgesehenen Aktienkapital von 5 Millionen Franken drei Viertel oder 3,75 Millionen Franken öffentlich auflegten (7500 Aktien à 500 Franken), wurden nahezu 350 000 Aktien gezeichnet. Das Aktienkapital war somit um rund das Vierzigfache überzeichnet.

Der Emissionserfolg im Zürcher «Tiefenhof» war ein Zeichen der Zeit. In der Schweiz herrschte Mitte der 1850er Jahre wirtschaftliche Aufbruchstimmung. Zum ökonomischen Aufschwung gesellte sich eine positive Grundstimmung und das weitverbreitete Gefühl, in eine neue Ära der Schweizer Geschichte eingetreten zu sein. Im Zug von Modernisierung und Industrialisierung kam es zu zahlreichen bedeutenden Unternehmensgründungen. Die Aktienemission der Kreditanstalt fiel entsprechend auf fruchtbaren Boden. Aber die neuen Möglichkeiten der Geldinvestition, der Produktion und des Handels stiessen auch auf Kritik. Gottfried Keller beklagte, dass «die Schweizer mehr als je, und so gut wie überall, nach Geld und Gewinn jagten».[286] Grund zur Euphorie boten ja nicht erst die öffentlich aufgelegten Aktien der Kreditanstalt, sondern schon die eklatanten Erfolgszahlen des Crédit Mobilier aus den Vorjahren. 1854 zahlte dieser eine Dividende von 11,8% aus; ein Jahr später waren es bereits 40,74%. Zweifellos war das Pereiresche Konzept erfolgreich. Dass vor diesem Hintergrund auch Investoren aus Zürich bereit waren, Mittel in die neuen Kreditbanken zu investieren, überrascht nicht. Der ‹Mann von der Strasse› folgte ihrem Beispiel und leerte seinen Sparstrumpf, um Aktien der Kreditanstalt zu erwerben. Die Bareinzahlungen schweizerischer Einleger beweisen, dass im Land selbst durchaus Geld vorhanden war. Aber die enorme Überzeichnung der Kreditanstalt-Aktien erklärt sich auch durch süddeutsches Kapital, das in die Schweiz abfloss, und andere, namentlich jüdische Investoren, welche die Zeichnung in Zürich suchten.

«Man hat vernommen: dass statt der gesuchten 4½ Millionen 218 Millionen gezeichnet wurden, das heisst auf 9000 verfügbare Aktien (der Staat verzichtete auf seine 3000) hatten sich 442 539 Aktien [Interessenten] gemeldet; dass dabei, nur um Einen Wisch zu bekommen, ein wahnsinniges Ueberbieten zwischen einheimischen und fremden Aktionären stattfinden musste; [...] dass die fünfzehn Gründer der Gesellschaft an den Aktien, die sie sich vorbehielten, wenigstens 300 000 Franken gewinnen werden...»[287]

Die Beschränkung des Angebots erwies sich als marketingmässiger Volltreffer. Überdies machte in der Bevölkerung auch die Besetzung des Gründungskomitees und des ersten Verwaltungsates grossen Eindruck: zwei aktive Regierungsräte, ein ehemaliger Regierungsrat, vier Nationalräte, ein ehemaliger Ständeratspräsident und der Nationalratspräsident des Jahres – wenn das nicht Vertrauen erweckte! Bei näherem Hinsehen erweist sich die Käuferschaft der Kreditanstalt-Aktien als recht heterogen. Einige erwarben im Sommer 1856 in gutem Glauben an langfristige Sicherheiten und an immerwährende Dividenden Aktienpapiere in beträchtlicher Zahl. Andere zeichneten mit kleinem Risikokapital nur wenige Aktien.

Man setzte grosse Hoffnungen in den Erfolg eines Unternehmens, das sich dem Kapitalmarkt öffnete, und zählte darauf, dank den Gründungsaktien – ohne einen Finger zu rühren – gleichsam über Nacht reich zu werden. Man versprach sich vom Hebeleffekt des Agios wahre Wunder. Ein grosses Risiko, den vollen Betrag des Nominalwertes einzahlen zu müssen und somit in Liquiditätsengpässe zu kommen, trugen diese Spekulanten nicht, da sie ihre Aktien schon bald nach der Gründung wieder verkauften. Zeitgenössische Zeitungskommentare zeigen, dass Spekulation unter den ersten Kreditanstalt-Aktionären eine bedeutende Rolle spielte.

Gründungstitel der Schweizerischen Kreditanstalt von 1857 (Ausschnitt).

Die sensationelle Überzeichnung der Kreditanstalt-Aktien und damit die Spekulation wurden durch die damals gängige Usanz gefördert, dass der Nennwert der Aktien anfänglich nicht vollständig einbezahlt werden musste. So fiel es leicht, die 10 oder 20% des Nennwertes, die man einbezahlen musste, aufzubringen, um die Aktien bei der erstbesten Gelegenheit mit Gewinn wieder zu veräussern. Wie gross die Nachfrage nach Kreditanstalt-Papieren war, zeigt sich auch darin, dass Spekulanten sich bereit erklärten, die ganze Summe für die 3000 Aktien, die der zürcherischen Regierung zugeteilt gewesen waren, mit einem Agio von 4 oder 5% sofort und fest zu übernehmen. Ein solches Angebot konnte nur machen, wer darin nicht primär ein Risiko erblickte, sondern vielmehr ein grosses Geschäft witterte. Letztlich trafen sich die Pläne der Spekulanten mit den Einschätzungen jener, die an den langfristigen Erfolg der neuen Bank glaubten: Beide wollten an den erhofften Erträgen, Dividenden und Kursgewinnen partizipieren. Dass man der Schweizerischen Kreditanstalt diese Entwicklung zutraute, wird durch den grandiosen Emissionserfolg dokumentiert.

Doch der Erfolg wurde zum Problem. Wie sollten all die Zeichnenden befriedigt werden? Wer sollte wie viele Aktien erhalten? Wie sollten Auswahl und Zuteilung erfolgen? «Die Reduction wird ein schweres Stück Arbeit sein», meinte Rüttimann gegenüber Escher. «Unter diesen Umständen war es natürlich absolut unmöglich, für irgend Jemanden die Anmeldungen so ein zu richten, daß er eine bestimmte Zahl sicher bekomme.»[288] Die Zuteilung der 9000 zur Ausgabe stehenden Aktien auf das Heer von Subskribenten, die mehr als 440 000 Aktien zur Zeichnung angemeldet hatten, bedeutete einen riesigen administrativen Aufwand für die junge Bank. Darüber hinaus musste die Zuteilung der Aktien auch konzeptionell durchdacht werden.

Bereits zwei Tage nach Schliessung der Aktienzeichnung erliess der Verwaltungsrat einen Beschluss, mit dem «die Repartition der Actien unter die Subscribenten» geregelt wurde.[289] Der Modus wurde dem Publikum durch Publikation in der «Neuen Zürcher Zeitung» mitgeteilt. Jeder Subskribent hatte Anrecht auf mindestens eine Aktie. Darüber hinaus wurde ein Verteilschlüssel festgelegt: Subskribenten von 1 bis 15 Aktien sollten 1 Aktie erhalten, solche von 20 bis 50 Aktien deren 2. Für jene Subskribenten, die zwischen 55 und 500 Aktien gezeichnet hatten, erhöhte sich die Bezugsberechtigung jeweils um 1 Aktie für 50 weitere gezeichnete Titel. Zeichner von mehr als 500 Aktien erhielten mindestens 10 Aktien und für die weiteren über 500 Aktien subskribierten Papiere 0,5% der gezeichneten Summe. Wer beispielsweise auf 205 bis 255 Aktien optiert hatte, erhielt gemäss dem Verteilschlüssel 6 Aktien, während eine Subskription zwischen 405 und 500 Titeln zum Bezug von 10 Aktien berechtigte. Ergänzend zum Beschluss über den Verteilschlüssel verwies der Vizepräsident des Verwaltungsrates, Johann Jakob Rüttimann, auf § 8 der Subskriptionsbedingungen, wonach Zeichner, welche die ihnen zugeteilten Aktien nicht bis zum 31. Juli 1856 einlösten, ihre Anzahlung von 50 Franken pro Aktie verlieren und der Subskription verlustig gehen würden.

Die Vorauszahlung von 50 Franken oder 10% des Nominalbetrages pro Aktie galt den Bankgründern als ausreichendes Zeichen, um die Kaufabsicht zu belegen. Da das Gründungskomitee beschlossen hatte, die Aktien – wie damals üblich – vorerst nicht voll zu liberieren, sondern lediglich 20% des Nominalbetrages einzufordern, musste jeder Subskribent, dem eine Anzahl Aktien zugeteilt worden war, nochmals 50 Franken pro Aktie nachzahlen, um die Titel zu erhalten. Da die gedruckten Aktien mit dem vermerkten Nominalbetrag von 500 Franken erst ausgehändigt werden konnten, wenn sie vollständig liberiert waren, war die Kreditanstalt Ende Juli 1856 gezwungen, sogenannte Interimsscheine auszuhändigen. Per Ende 1857 war das Aktienkapital voll einbezahlt, und der Verwaltungsrat verfügte somit über flüssige Mittel in der Höhe von 15 Millionen Franken, die entsprechend investiert werden mussten.

Die Kreditanstalt in der Presse

Abgesehen von der lokalen Berichterstattung über den Genfer Crédit Mobilier sowie den verstreuten Kurzmeldungen über Crédit-Mobilier-Gründungen und ihre sensationellen Erfolge im benachbarten Ausland fand das Thema ‹Kreditanstalten› bis 1856 kein schweizweites Medieninteresse. Daran änderte sich zunächst auch nichts, als die Zürcher «Freitagszeitung» Anfang März 1856 mitteilte, gemäss einem Gerücht wollten französische Bankiers in Zürich eine Kreditbank gründen. Das

Medieninteresse blieb über die ersten Gründungsvorbereitungen der Schweizerischen Kreditanstalt hinaus bis in den Frühsommer 1856 lau. Dann aber, Anfang Juni, griff die «Neue Zürcher Zeitung» das Stichwort ‹Kreditanstalten› auf, um die knappen Ausführungen kurz darauf zu vertiefen. Die Berichte der NZZ wurden eben zu dem Zeitpunkt publiziert, als Alfred Escher mit dem Gründungskomitee die Eingabe für die Betriebsbewilligung der Bank vorbereitete.

«Wir hoffen, daß die Schweizerische Kreditanstalt in Zürich mit Ehren bestehen und für unser engeres und weiteres Vaterland viel Schönes und Gutes hervorbringen wird. An dem guten Willen, in diesem Sinne zu wirken, fehlt es bei den Gründern der Anstalt sicher nicht.»[290] Mit diesen Worten bezeugte die NZZ ihr Wohlwollen gegenüber dem neuen Institut und ihre – persönlich-politisch geprägte – Sympathie für dessen Gründer. Damit war das Thema recht eigentlich lanciert. Kurzen Mitteilungen im hinteren Zeitungsteil folgten umfassende Leitartikel auf der Frontseite. Das Thema wurde als ‹Fortsetzungsgeschichte› aufgefächert, in Hintergrundbeiträgen ausgeleuchtet und fand schliesslich den Weg von den Publikumsmedien in die Fachpresse. Bald beschränkte sich die Berichterstattung nicht mehr auf die Kreditanstalt in Zürich, sondern war, wie die «Freitagszeitung» Ende Juli 1856 feststellte, zu einem Thema geworden, das «jetzt fast ausschließlich» interessiere und über das jetzt alle redeten.[291]

Der Gegenstand wurde kontrovers diskutiert. Der Frontverlauf zwischen Befürwortern und Gegnern lässt sich allerdings nicht streng entlang partei- und gesellschaftspolitischen Grenzen nachzeichnen. Dies stellte Rüttimann gegenüber Escher bereits Mitte Juli 1856 fest. «Daß die Zungen (nicht bloß die conservativen) über unsere Anstalt u. über uns (gewiß nicht über Dich allein) in starker u. nicht sehr wohlwollender Bewegung sind, unterliegt nicht dem mindesten Zweifel.» Rüttimann brachte die Hoffnung zum Ausdruck, dass sich dies später bessern würde.[292] Dieser Wandel des Medienurteils sollte allerdings noch auf sich warten lassen. Gerade in Zürich wurde der Ton zunächst immer giftiger. Unterschwelligen verbalen Sticheleien folgten unverhohlene Attacken, und sachliche Verzerrungen wuchsen sich zu polemischen Tiraden aus. «Das Intelligenzblatt bedient uns regelmäßig jeden Tag mit Nadelstichen», beklagte Rüttimann am 10. Juli 1856, um eine Woche später festzustellen, dass die «Bürkli-Zeitung» «einen möglichst gehässigen Artikel gegen die Kreditanstalt gebracht» habe.[293] Die Zahl solcher Artikel nahm offenbar derart zu, dass die NZZ am 19. Juli 1856 bemerkte, sie könne nicht auf jeden «Angriff» antworten. Immerhin erschien ihr ein Artikel in der «Freitagszeitung» wiederum «so gehäßig und so geeignet, ängstliche Leute mit eingebildeten Gefahren unnöthiger Weise zu beunruhigen», dass sie nicht mit Stillschweigen darüber hinweggehen könne. Die Replik der NZZ provozierte die Gegenseite zur Präzisierung, es sei «nicht Gehäßigkeit gegen die hiesige Kreditanstalt», was die Feder leite. Der Grund liege vielmehr im «Mißtrauen … gegen alle diese Kreditanstalten, gerade weil in allen Ecken und Enden der Schweiz erschreckend viele auftauchen».[294]

Überblickt man die Mediendebatte, die durch die Zürcher Kreditanstalt-Gründung ausgelöst wurde, stösst man auf ein breites Spektrum von Argumenten, Vermutungen und Unterstellungen. Eine sachbezogene Kontroverse war anfänglich schwierig zu führen, da das Basiswissen über das neue Bankgebilde nicht nur der breiten Bevölkerung, sondern häufig auch den Redaktoren fehlte.

Unsicherheit herrschte schon in der grundlegenden Frage nach dem Zweck der Kreditanstalt. Inwiefern diente dieses neue Bankmodell den wirtschaftlichen Interessen der Bevölkerung von Stadt und Kanton Zürich beziehungsweise der Schweiz insgesamt?

War die Kreditanstalt also dem Gemeinwohl verpflichtet? War sie eine Wohltäterin, und stand sie im Dienst der Öffentlichkeit? Was war von einem Bankinstitut zu halten, in dessen Statuten stand, dass es Ackerbau, Handel und Gewerbe fördern wolle? Was sollte man von den berechtigten Vermutungen halten, dass sich die Kreditanstalt eben gerade nicht als Förderin der Landwirtschaft erweisen würde? Wie sollte man von einem Institut denken, dessen geschäftliche Ausrichtung bis zur Gründung ganz im dunkeln lag? Konnte eine Bank, von der die Aktionäre hohe Dividenden erwarteten, überhaupt dem Gemeinwohl dienen? Würden die hohen Gewinnansprüche an dieses Institut nicht notwendigerweise dazu führen, dass die Kreditzinsen gerade für Landwirtschaft, Handel und Gewerbe in die Höhe getrieben würden?

Solche Fragen, die in der «Freitagszeitung» aufgeworfen und weitherum diskutiert wurden, konnten Aussenstehende vor und während der Gründung der Kreditanstalt kaum schlüssig beantworten. Wie hätte schon vor der Geschäftsaufnahme die Frage nach dem Gemeinwohl beurteilt werden sollen, wenn noch nicht bekannt war, welchen Branchen sie schliesslich Kredite gewähren würden? Jede Mutmassung blieb müssig, bevor man wusste, in welchem Ausmasse die Bank das Gründungsgeschäft betreiben würde. Im trüben fischten die Journalisten auch in bezug auf die Frage, ob diese Bank den Kapitalabfluss aus der Schweiz fördern würde. Niemand konnte wissen, ob sich beispielsweise der Wertschrifteneigenbestand der Bank mehrheitlich aus schweizerischen oder ausländischen Titeln zusammensetzen würde.

Die Unsicherheit wurde dadurch verstärkt, dass die Medien zusammen mit der Kreditanstalt in Zürich mehr und mehr auch den französischen Crédit Mobilier ins Visier nahmen. So überrascht es nicht, dass die Auseinandersetzung in der Presse häufig an der Oberfläche blieb und bald schon emotional wurde. Man warf mit Schlagwörtern um sich, kolportierte Gerüchte, suggerierte Ängste und verstieg sich dazu, Kreditanstalten als grosse Gefahr für Gesellschaft und Vaterland zu bezeichnen.

In einem anderen Beitrag der «Freitagszeitung» wird die Befürchtung geäussert, die schweizerischen Anleger könnten sich in Scharen von ihren bisherigen Geldanlagen, die einen Ertrag von 4 bis 5% abwarfen, trennen und in neue Gesellschaften wie beispielsweise die Schweizerische Kreditanstalt investieren, von der sie «5 Prozent ganz sicher und auf den Tag [bekommen] und noch Aussicht auf Extrabenefizien» haben. Offensichtlich wusste die Redaktion weder von der Volatilität von Aktien noch von den erfolgsabhängigen Schwankungen der Dividendenhöhe. Auch wurde der Kreditanstalt vorgeworfen, sie verteure und verknappe den Kredit für die einheimische Wirtschaft. Man befürchtete, die Bank würde alle verfügbaren Kapitalien aufsaugen und die Vergabe von Krediten auf nationaler Ebene monopolisieren. Da war es nicht mehr weit zur bangen Frage, ob die neue Kreditbank nicht den «soliden Mittelstand, wie er sich aus Ackerbau, Industrie und Handel herausbilden kann, ruinirt, und allen vorhandenen Reichthum, alle Fähigkeit zur Bereicherung und alle Macht zu bereichern in einzelne wenige Hände zusammenhäuft». Solche Ängste sind aus damaliger Perspektive nachvollziehbar: Man wusste wenig über die Eigenheiten des neuartigen Bankenmodells und konnte nur darüber spekulieren, wie sich die Kreditanstalt entwickeln würde. Irritationen beim Leser wurden genährt, indem das Bild des pompösen, von Pauken und Trompeten begleiteten Einmarsches der Kreditanstalten in der Schweiz kontrastiert wurde mit der Mitteilung, deutsche Adelshäuser hätten sich gegen das System der Kreditanstalten gestellt. Auch die Hinweise auf die als unrühmlich bezeichneten Auseinandersetzungen um die Vormachtstellung der Rothschilds unter den französischen Banken schürten die Skepsis. Manch einem Kleinaktionär wurde es ob dem Pereireschen «Schwindel» geradezu unheimlich.[295]

Man stellte das Modell der Kreditanstalten an den Pranger, weil es mit angeblich geringem eigenem Risiko und mit verhältnismässig kleiner Kapitalanlage «unendliche Reichtümer» schaffe. Man verwies auf die hinter den neuen Finanzinstituten stehenden Männer, die über ein unermessliches Machtpotential verfügten und ungeheure Gewinne machten. Selbst die NZZ wies auf kritische Stimmen hin, die befürchteten, «daß dieselben durch ihre allzu grossen materiellen Mittel ein Monopol faktisch erlangen könnten».[296] Man verurteilte diese Gesellschaften, weil sie «alle Welt zur Anbetung des goldenen Kalbes» brächten und die Menschen zu abenteuerlichen Spekulationen verführten.[297]

Die Crédit-Mobilier-Banken hatten ein Imageproblem. Daran änderte nichts, dass einige von ihnen bereits in verschiedenen Ländern unzählige industrielle Vorhaben angestossen hatten und dass namentlich der Bau von Eisenbahnen in Frankreich und Spanien nur dank der Pereireschen Schöpfung hatte realisiert werden können. Der Crédit Mobilier der Gebrüder Pereire nämlich war trotz oder gerade wegen anfänglich überbordender Erfolge mehr und mehr vom Jäger zum Gejagten geworden, zu einem Getriebenen der Börsen. Und so wurde das Crédit-Mobilier-Modell auch in der Schweiz zu einem

Feindbild für jene Bevölkerungskreise, denen der liberale Zeitgeist überhaupt zuwider war und die hinter dem Crédit Mobilier nicht allein den frischen Wind des wirtschaftlichen Aufbruchs spürten. Mit den Eisenbahnlinien, deren Bau und Betrieb die neuen Banken finanzierten, griff das Gründungsfieber nämlich aufs Land über. Die Dampflokomotiven des Kredits stiessen nicht nur die industrielle Entwicklung an, sondern veränderten die Gesellschaft insgesamt. Noch Mitte des 19. Jahrhunderts waren Basel und Genf die führenden Wirtschaftszentren der Schweiz gewesen. Nun verschoben sich unter dem Einfluss von Eisenbahn und Kreditanstalt die wirtschaftlichen Kräfteverhältnisse. Neue Zentren und Agglomerationen bildeten sich. Mit der Kreditanstalt im Rücken gewann insbesondere Zürich an Bedeutung. Die Stadt an der Limmat begann ihren Aufstieg zur wichtigsten Schweizer Wirtschaftsmetropole. Zugleich veränderte sich unter dem Einfluss der Crédit-Mobilier-Banken auch die politische und kulturelle Landschaft. Namentlich stärkten sie die Position des radikal-liberalen Lagers gegenüber den Konservativen. Die ultramontanen Katholiken versetzte die Entwicklung in eine Kulturkampfstimmung. An der Spitze der fortschrittlichen Strömungen stand Alfred Escher, Personifikation des neuen Wirtschaftsliberalismus und Reizfigur der Konservativen. Systematisch verwob er die neuen Kräfte zu seinem landesweiten Machtsystem.

Auch das ausländische Kapital, das bei der Errichtung der Zürcher Kreditanstalt in die Schweiz floss, veranlasste einzelne Medien, Ängste zu schüren. Die «Freitagszeitung» stellte fest, dass «unheimliche Schwärme von jüdischen Geldmännern Zürich überschwemmten». Und an anderer Stelle: «Uns kommt es vor, diese Schaar von Juden gleiche dem Bienenzüchter, der einige Honigwaben in den Korb legt und den Bienlein überlässt, damit die armen betrogenen Tierchen ringsherum neue Zellen anlegen und ihm die Früchte alles ihres Fleißes in seinen Korb tragen.» Gerade im Zusammenhang mit der Zürcher Kreditanstalt-Gründung wurden antisemitische Stereotypen laut, trat doch mit Jacques Ris ein jüdischer Bankier sowohl im Gründungskomitee als auch im Verwaltungsrat auf – für Zürich eine überraschende Konstellation. Die Teilnahme jüdischer Kreise an der Aktienemission und erst recht die Einsitznahme von Ris im obersten Führungsorgan der Bank liessen Befürchtungen laut werden, der Wucher jüdischer Bankiers habe nun auch in der Schweiz definitiv Fuss gefasst.

Auf Kritik stiess auch die Zweckbestimmung der Kreditanstalt. Man präsentierte den Lesern den Zweckartikel der Bank, um ironisch zu bemerken, die Förderung von Ackerbau, Handel und Gewerbe diene weniger dem Volk als den eigenen Interessen. Diese skeptische Einschätzung der Lage wurde durch eine Rechnung untermauert und entwickelte sich so zum Schreckbild. Bisher sei es für Bauern, Handels- und Gewerbeleute meistens leicht gewesen, für höchstens 5% oder weniger Kapital für den Betrieb des eigenen Unternehmens zu erhalten. «Jetzt treten an die Stelle des bisher zersplitterten Kredites eine Reihe von Instituten auf, und saugen gleich trockenen Schwämmen alle verfügbaren Kapitalien auf, um den Kredit zu monopolisieren.» Als Folge dieser neuen Kapitalflüsse wurde die Zinsfusserhöhung als unabwendbar in Aussicht gestellt. Hätten schon die Eisenbahnaktien zu Beginn der 1850er Jahren einen Teil der flüssigen Kapitalien verschlungen und dem bisherigen Geldfluss entzogen, so sei nun Mitte der 1850er Jahre mit der Gründung der Kreditanstalt eine noch dramatischere Situation eingetreten. Die Bauern und die verschuldeten Grundbesitzer stünden recht eigentlich vor einer verzweifelten Situation. Diesem trostlosen Bild wurden die im Kapital herumvagabundierenden Spekulanten gegenübergestellt, welche die Geldflüsse rücksichtslos in neue Wege umleiteten und sie dadurch der heimischen Volkswirtschaft entzögen. Dazu passte die verbreitete Auffassung, eine Menge Aktien werde häufig nur mit Aussicht auf ein Agio gezeichnet «von Leuten, die nie voll einzahlen könnten». Tatsächlich erwarteten viele einen kräftigen und schnellen Kursanstieg der erworbenen Aktien, um mit dem Agio einen satten Gewinn einstreichen zu können, was in der euphorischen Gründerzeit tatsächlich oft gelang. Doch es konnte auch anders kommen. Verschiedentlich sank eine Aktie schon bald unter den Nominalbetrag, und von einem Gewinn war weit und breit nichts zu sehen. In einer solchen Situation konnte der Aktienkauf für jene zum wirtschaftlichen Verhängnis werden, die darauf angewiesen waren, die Aktien schon kurz nach dem Erwerb wieder zu verkaufen, weil sie das Geld anderweitig brauchten. Zu einer wirtschaftlichen Notlage konnte es kommen, wenn der Aktionär vom Unternehmen aufgefordert wurde, seinem Aktienbesitz frisches Geld nachzuschiessen, um die Aktien vollständig zu liberieren. In die Schusslinie der Kritik gerieten in diesem Zusammenhang auch die 15 Gründer der Kreditanstalt, die allesamt bei der Aktienzeichnung dank dem Agio von 50 Franken pro Aktie über Nacht um 20 000 Franken reicher geworden waren.

Neue Töne schlug die «Freitagszeitung» an, als sie am 8. August 1856 die Kreditanstalten mit dem Sozialismus in Verbindung brachte: Nach Meinung des Verfassers scheiterten die kommunistischen und sozialistischen Bewegungen, weil es noch keine grossen Bankinstitute im Stil des Crédit Mobilier gegeben hatte: «Vor allem war das Kapital, gegen welches der Kommunismus stritt, noch unergreifbar.» Zwischen Kommunisten und Grosskapitalisten schob sich nach der Vision des Autors «die schützende Masse des Mittelstandes, der kleinen Kapitalisten». Durch die Neuorganisation des Kapitals schien ihm dieser Mittelstand bedroht. «Seht Ihr denn nicht, daß Ihr dem Sozialismus die Siegesbahn bereitet, wenn Ihr … nun euerseits das Kapital auf eine Weise neu organisirt, die nicht nur die arbeitenden Klassen ganz zu euren Sklaven macht, sondern auch jedes kleinere Kapital, jede selbständige Industrie, die sich euch nicht unterthänig und zinspflichtig machen und lieber selbständig bleiben, ihren eignen Weg gehen möchten, aus dem Felde schlägt und total ruinirt? Wißt Ihr, was Ihr dadurch thut? Den Organismus, den der Sozialismus gegen euch aufstellen wollte, zu dem ihm aber die Kräfte fehlten, den richtet Ihr nun selbst theilweise ein. [...] Kommt dann der Sozialismus wieder zum Angriff, so findet er die Lage für sich ungleich günstiger, als bei jenem ersten verfrühten Versuch. Jetzt weiß er, wo er das Kapital suchen und greifen kann: es liegt Alles zu Hauf, und kann sich nicht mehr verstecken.»[298]

Erste Geschäftsjahre

Paragraph 15 der Gründungsstatuten der Schweizerischen Kreditanstalt bestimmte, dass zur Leitung der laufenden Geschäfte ein «vollziehender Direktor» anzustellen sei.[299] Doch just in der anspruchsvollen Phase von der Gründung bis im Frühjahr 1859, als zum Aufbau der Bank eine gewaltige Fülle praktischer und konzeptioneller Aufgaben zu bewältigen war, fand sich kein geeigneter Kandidat. Dem Verwaltungsrat blieb nichts anderes übrig, als die Abwicklung des wachsenden Geschäftsvolumens selbst zu übernehmen. Die Direktorenfunktion wurde bis März 1857 zunächst durch Verwaltungsrat Abegg und anschliessend durch Verwaltungsrat Fierz ausgeübt. Erst im März 1859 konnte sich Johann Heinrich Fierz von seiner operativen Tätigkeit zurückziehen, als der im April 1857 als erster Vizedirektor eingestellte Caspar Huber zum vollziehenden Direktor ernannt wurde.

Die schwierige Suche nach dem Direktor
Die operative Leitung der Bank fiel dem Verwaltungsrat um so schwerer, als nicht alle seine Mitglieder über profunde Kenntnisse des Bankgeschäftes im allgemeinen, geschweige denn der Geschäftätigkeit einer Crédit-Mobilier-Bank im speziellen verfügten. Den Verwaltungsräten wie auch den Zug um Zug eingestellten Mitarbeitern stand lediglich das Know-how zur Verfügung, welches sie sich im Rahmen ihrer früheren beruflichen Tätigkeiten hatten aneignen können. Dieses reichte oft nicht aus, um die banktechnisch-operativen Kompetenzbereiche abzudecken.

In Anbetracht der damals erst rudimentär entwickelten Verkehrs- und Kommunikationsverhältnisse waren oft alleine die jeweiligen Wohnorte ausschlaggebend dafür, ob ein Verwaltungsrat überhaupt für Exekutivaufgaben in Frage kam oder nicht. Von den 15 Verwaltungsräten hatten immerhin 8 ihren Wohnsitz in der Stadt oder der Agglomeration Zürich. Die Anfahrt der 7 übrigen Verwaltungsräte hingegen war angesichts der damaligen Verkehrsmöglichkeiten mit teilweise beträchtlichem Zeitaufwand verbunden, wohnten sie doch in Brugg, Luzern, Basel, Schaffhausen, Wattwil und Leipzig. Von diesen Destinationen war 1856 lediglich Brugg durch eine direkte Eisenbahnlinie mit Zürich verbunden. So war man gezwungen, mit Pferdekutsche oder Schiff anzureisen. Einzelne Verwaltungsräte standen der Bank aufgrund ihrer politischen Ämter nicht uneingeschränkt zur Verfügung. Alfred Escher hielt sich – bedingt durch seine Tätigkeit im Nationalrat und in zahlreichen nationalrätlichen Kommissionen – während Tagen und Wochen in Bern auf. So mussten beispielsweise die ersten drei Verwaltungsratssitzungen ohne den Präsidenten durchgeführt werden. Im ersten Geschäftsjahr der Bank konnte Alfred Escher von insgesamt elf Sitzungen lediglich sechs präsidieren. Von den weiteren Verwaltungsräten sassen Rüttimann und Hüni-Stettler im Zürcher Regierungsrat, Wäffler-Egli, Fierz und Hüni-Stettler im Nationalrat.

Zeitlich nicht weniger belastet waren diejenigen Verwaltungsräte, die in anderen Unternehmen operative Führungsfunktionen ausübten: Sowohl Verwaltungsratspräsident Escher als auch Peyer im Hof und Hüni-Stettler waren leitende Mitglieder der Nordostbahn. Mit Hüni-Stettler, Fierz, Abegg, Wäffler-Egli, Peyer im Hof, Rieter-Rothpletz und Raschle fanden sich schliesslich diejenigen Verwaltungsräte der Kreditanstalt, die als Unternehmer tätig waren. Und als ob somit die Rahmenbedingungen für die Führung der Bank nicht schon schwierig genug gewesen wären, kamen in dieser Anfangszeit häufige krankheitsbedingte Abwesenheiten

Alfred Escher auf einer Radierung um 1865.

Johann Friedrich Peyer im Hof
(1817–1900). Der Schaffhauser
Nationalrat war Direktionsmitglied
der Nordostbahn und gehörte
dem Verwaltungsrat der Schweizerischen Kreditanstalt sowie dem
Aufsichtsrat der Schweizerischen
Lebensversicherungs- und Rentenanstalt an.

verschiedener Verwaltungsräte hinzu. Welcher Verwaltungsrat – und dies war nun die Kernfrage – war angesichts dieser prekären Situation willens und in der Lage, die Verantwortung für die operative Geschäftsführung zu übernehmen? Da Alfred Escher sich zu jener Zeit im Nationalrat um die aussenpolitische Lage zu kümmern hatte, die im Zusammenhang mit den Neuenburger Streitigkeiten gefährlich eskalierte, war zunächst der Vizepräsident gefordert. Johann Jakob Rüttimann, damals bereits Professor für Staats- und Verwaltungsrecht am Polytechnikum und bis Oktober 1856 überdies Zürcher Regierungsrat, erkannte den Ernst der Lage. Oft muss ihm die Situation hoffnungslos erschienen sein, denn immer häufiger und verzweifelter drangen seine Hilferufe zu Escher nach Bern, immer eindringlicher seine Bitten um Antworten auf hängige Personalfragen und anstehende Geschäfte. Rüttimann war Eschers Statthalter in der Bankführung und kümmerte sich entsprechend um fast alles: «Auch für die N.Z.Z. habe ich einen Artikel geschrieben, der morgens erscheinen wird. Das Weitere will ich nun gerne Marschall überlaßen. Um Banquier-Anzeigen zu redigiren, fehlt mir alles Geschick & alle Lust.»[300]

Am 18. Juli 1856 teilte Rüttimann Escher mit, Hans Heinrich Abegg werde im August abwesend sein. Tags darauf schrieb er ihm besorgt:

«Herr Fierz geht nun in einigen Tagen auch fort; seine Gesundheit erfordert es dringend, daß er sich einige Ruhe gönne u. Seebäder nehme. So schwinden unsere Arbeitskräfte bedeutend zusammen u. ich sehe der nächsten Zukunft mit einiger Besorgniß entgegen, zumal wir auf die auswärtigen Mitglieder wenig rechnen können.»[301]

In Anbetracht dieser kritischen Situation erhob Vizepräsident Rüttimann die Frage nach der operativen Leitung schon an der zweiten Verwaltungsratssitzung zum zentralen Traktandum. In Abwesenheit des Präsidenten wurde an der Verwaltungsratssitzung vom 21. Juli 1856 beschlossen, dass Alfred Escher persönlich mit dem an jener Sitzung abwesenden Verwaltungsrat Johann Friedrich Peyer im Hof offiziell über die Annahme der Direktorenstelle verhandeln solle. Einem Schreiben Rüttimanns an Escher, der sich eben wieder in Bern aufhielt, ist jedoch zu entnehmen, dass Peyer im Hof diesem Ansinnen von allem Anfang an ablehnend gegenüberstand. Rüttimann war darüber in hohem Masse beunruhigt, um so mehr als er sich schmerzlich bewusst war, dass die Bank noch nicht einmal über einen Vizedirektor verfügte. In einem weiteren Schreiben an Alfred Escher berichtete Rüttimann, dass einige Verwaltungsratskollegen den Vorschlag gemacht hätten, Peyer im Hof durch eine Erhöhung des angebotenen Fixums von 10 000 Franken auf mindestens 12 000 Franken doch noch für die ungeliebte Aufgabe zu gewinnen. Da Rüttimann aber schon zu jenem Zeitpunkt klar war, dass sich Peyer im Hof selbst durch ein wesentlich höheres Salärangebot nicht umstimmen lassen würde, hielt er verzweifelt nach weiteren Möglichkeiten Ausschau und unterbreitete Alfred Escher folgenden Vorschlag:

«Es scheint mir, wir sollten nothwendig e. Glied des Verwaltungsrathes (etwa H. Abegg) als Interims-Director bezeichnen. So lange dieß nicht geschieht, besteht eine halbe Anarchie. H. Abegg besorgt die Geschäfte ohnehin; aber er sollte auch äußerlich die Befugnisse haben. Man sollte wissen, an wen man sich zu halten hat. H. Abegg will zwar nichts davon hören, aber es scheint mir die Directorstelle so nothwendig u. unentbehrlich, daß man sie gewiß nicht lange offen lassen kann.»

Rüttimann sah sich mit Arbeit überhäuft. Im selben Brief klagt er seinem Freund Escher: «Die Zeit entschlüpft mir mit hundert Kleinigkeiten, ich weiß nicht wie u. die größern Arbeiten, die ich noch nothwendig beenden muß, bleiben liegen.»[302]

Während dieser ganzen Zeit der Aufbauphase der Bank, als vieles noch provisorisch war und sich Abläufe durch die Praxis erst finden mussten, als aufgrund der Aktienemission eine zusätzliche riesige Arbeitslast zu tragen war und die neuartigen Geschäfte ohnehin mancherlei Kopfzerbrechen bereiteten, als noch keine Geschäftsleitung vorhanden war, niemand die Direktion übernehmen wollte und männiglich krank wurde – in dieser Situation war der Verwaltungsratspräsident stundenweit weg in Bern und hatte, kaum die nachträglich absolvierte Rekrutenschule hinter sich, die Landesregierung und die Schweizer Bevölkerung davon abzubringen, wegen Neuenburg gegen Preussen in den Krieg zu ziehen. Die Bank verfügte noch nicht einmal über ein Geschäftsreglement, und somit waren natürlich auch die Entscheidungskompetenzen bis ins Frühjahr 1858 und darüber hinaus nicht verbindlich geregelt, wie das Protokoll der ersten ordentlichen Generalversammlung dokumentiert: «Die Befugnisse der Direktion sind zur Stunde noch nicht durch ein förmliches Reglement festgestellt, indem wir vorerst weitere Erfahrungen sammeln wollten.»[303] Das Telefon existierte damals noch nicht, und so musste Rüttimann den Präsidenten über die täglich hereinprasselnden Problemstellungen jeweils schriftlich in Kenntnis setzen. Antworten auf dringende Fragen erreichten Rüttimann auf demselben Weg und mit entsprechender Verzögerung. Dass Rüttimann den fachkundigen Rat und die Schaffenskraft Eschers in hohem Masse vermisste, spricht auch aus folgender Mitteilung: «Ich sehe mit Sehnsucht dem Augenblicke entgegen, in dem wir Dich wieder hier haben werden. Deinen guten Rath, Deine Einsicht & Deine Energie haben wir nie nöthiger gehabt, als jetzt.»[304]

Nebst verschiedensten Fragen des Tagesgeschäfts belastete Rüttimann weiterhin die Vakanz der Direktorenstelle. Hans Heinrich Abegg erklärte sich erst nach eindringlichem Bitten und grosser Überzeugungsarbeit des Verwaltungsrates dazu bereit, den Posten temporär zu übernehmen, jedoch nur unter der Bedingung, dass die Suche nach einem geeigneten Vizedirektor unverzüglich intensiviert werde.

Obwohl die Stelle in verschiedenen Zeitungen ausgeschrieben wurde und sich mehrere Mitglieder des Verwaltungsrates auch persönlich um die Suche eines Vizedirektors bemühten, behielt Rüttimann mit seiner Vermutung recht, die er schon im Sommer 1856 gegenüber Escher geäussert hatte:

«Einen Vice-Director zu bekommen, ist nicht so leicht. Ein solcher Mann wird ohne Zweifel auch in Verhältnissen stehen, die er nicht von einem Tage auf den andern lösen kann.»[305]

Als im Februar 1857 immer noch keine Lösung in Sicht war, ersuchte Abegg, aus seiner Stellung entlassen zu werden. Nachdem es dem Verwaltungsrat zunächst gelang, einen Aufschub der Entscheidung zu erwirken, blieb ihm schliesslich nichts anderes übrig, als «Herrn Abegg als Director der schweizerischen Kreditanstalt unter bester Verdankung der von ihm geleisteten ausgezeichneten Dienste» zu entlassen.[306]

Anfang März 1857 war die Direktorenstelle somit erneut vakant, und was noch schlimmer war: Der letzte Stelleninhaber hatte sie recht eigentlich hingeworfen. In dieser Notsituation gelang es Alfred Escher, Johann Heinrich Fierz zu überzeugen, in die Bresche zu springen. Doch schon zu Beginn des folgenden Jahres wurde auch für Johann Heinrich Fierz die Arbeitsbelastung zu gross, und er beantragte im Januar 1858 seine Entlassung aus der Direktion.

In einer diplomatischen Kurzfassung, welche die dramatischen Ereignisse der Vorjahre weitgehend ausblendete, hielt das Protokoll der ersten ordentlichen Generalversammlung vom 22. März 1858 der Schweizerischen Kreditanstalt fest:

Johann Heinrich Fierz (1813–1877). Zürcher Nationalrat, langjähriger Verwaltungsrat der Schweizerischen Kreditanstalt sowie der Nordostbahn und ein Freund Alfred Eschers.

«Nachdem die Konstituirung der Gesellschaft stattgefunden hatte, war unser Augenmerk vor Allem aus darauf gerichtet, die nöthigen Arbeitskräfte zu gewinnen. Da es uns gleich anfänglich nicht gelingen wollte, eine Persönlichkeit auszumitteln, welche zur bleibenden Uebernahme der Geschäftsleitung geneigt und tüchtig gewesen wäre, so mußte es uns erwünscht sein, daß Mitglieder unsers Verwaltungsrathes sich auf sehr verdankenswerthe Weise bereit finden liessen, wenigstens provisorisch sich der fraglichen Aufgabe zu unterziehen. Ohne die Uebelstände eines Provisoriums zu verkennen, fanden wir es doch für besser, dieselben hinzunehmen, als uns mit der Besetzung einer so wichtigen Stelle zu übereilen und uns der Gefahr auszusetzen, einen Mißgriff zu begehen.»[307]

Im März 1859 konnte sich Johann Heinrich Fierz vom Direktorium der Bank entlasten, da der bisherige Vizedirektor Caspar Huber zu seinem Nachfolger bestimmt worden war.

Caspar Huber übte diese Funktion während rund acht Jahren aus, und somit trat endlich auch auf Direktionsebene die langersehnte Ruhe ein. Huber blieb Direktor, bis er 1867 aufgrund von Kompetenzüberschreitungen bei Wertschriftengeschäften zurücktreten musste. Zu seinem Nachfolger wurde der Textilfachmann G. Julius Martin aus Aarau gewählt. Martin verblieb jedoch nur drei Jahre im Amt, da er es 1870 vorzog, die Leitung einer Baumwollspinnerei in Chur zu übernehmen. 1870 bis 1873 wurden die Direktionsgeschäfte wiederum interimistisch erledigt – diesmal durch Vizedirektor Otto Pestalozzi. Und gerade in dieser Zeit drohte die Sache wiederum zu eskalieren und aus dem Ruder zu laufen, als nämlich 1872 Alfred Escher die operative Leitung der Gotthardbahn-Gesellschaft übernahm und sein zeitliches Engagement für die Kreditanstalt weiter reduzieren musste. Doch auch in dieser Situation gelang es ihm, eine Lösung aus dem Hut zu zaubern. Mit Georg Stoll, dem damaligen Direktor der Nordostbahn, übernahm eine bestqualifizierte Führungspersönlichkeit die Direktion der Bank. «Während 12 Jahren, von 1873 bis 1885, lagen die Zügel in seinen sicheren Händen, was dem Verwaltungsrat erlaubte, die Aufsicht bis zu einem gewissen Grade zu lockern.»[308]

Unternehmensführung: Zwischen Fehlleistungen und Geschäftsideen
Die in Anlehnung an das Crédit-Mobilier-Modell gegründete Schweizerische Kreditanstalt war ein für Zürich neuartiges Bankinstitut. Viele der frischernannten Verwaltungsräte und Mitarbeiter der Bank hatten anfänglich wenig praktische Erfahrung in den neuartigen Bankbereichen des Gründungsgeschäfts und der Industriefinanzierung.

Obwohl sich sämtliche Verwaltungsräte vor ihrem Eintritt in die Schweizerische Kreditanstalt schon mit verschiedensten gängigen Finanzierungsfragen auseinandergesetzt hatten, war für viele unter ihnen die Finanzierung kapitalintensiver Industrie- und Verkehrsprojekte im Ausland ein neues Fachgebiet, in das sie sich ‹on the job› einarbeiten mussten. Über Kenntnisse und praktische Erfahrung im Bereich der Finanzierung grösserer Eisenbahnprojekte verfügten Alfred Escher, Heinrich Hüni-Stettler, Johann Jakob Rüttimann und Johann Friedrich Peyer im Hof, die sich namentlich im Rahmen ihrer Führungsfunktionen bei der Nordostbahn seit längerem mit solchen Problemstellungen auseinandergesetzt hatten. Auch für sie war hingegen neu, solche Finanzierungsfragen aus der Sicht des Bankiers zu beurteilen. Obwohl sich im Verwaltungsrat der Kreditanstalt breites Fachwissen aus Rechtswissenschaft, Politik, verschiedenen kaufmännischen und industriellen Branchen sowie dem traditionellen Bankgeschäft vereinte, stand für das Gremium anfangs namentlich hinsichtlich der neuartigen Gründungsgeschäfte ein gemeinsamer Lernprozess an, in dessen Verlauf jeder auf die anderen angewiesen war.

Die Führung der laufenden Geschäfte wurde in der Anfangsphase Verwaltungsräten übertragen, die in den verschiedenen Kommissionen einzeln oder gruppenweise tätig waren. In den ersten Jahren wurden Kommissionen mehrheitlich für einzelne, zeitlich beschränkte Aufgaben eingesetzt. Doch die immer zahlreicher und komplizierter werdenden Geschäfte erforderten bald einen höheren Organisationsgrad. Mit dem an der Verwaltungsratssitzung vom 7. März 1859 beschlossenen ersten

Geschäftsreglement wurden ständige verwaltungsrätliche Kommissionen institutionalisiert.

Erste Ansätze von Corporate Governance traten hervor, als neu gemäss Geschäftsreglement vom März 1859 für die regelmässige Kontrolle der Kasse nicht mehr der Verwaltungsrat, sondern die Direktion verantwortlich war. Ferner wurde in diesem ersten Geschäftsreglement für die Beteiligungen an industriellen Unternehmungen im Ausland, die teilweise problembehaftet waren, aus dem Kreis des Verwaltungsrates Referenten bezeichnet: Für die Parquetteriefabrik in Paris waren damals die Verwaltungsräte Fischer und Peyer im Hof zuständig, für die Seidenzwirnerei in La Tour die Verwaltungsräte Hüni-Stettler und Fierz, für die Webereien und Spinnereien in Geisslingen und Mühlheim schliesslich die Verwaltungsräte Fischer und Hagenbuch. Dass die im Geschäftsreglement von 1859 entworfenen Organisations- und Kontrollmechanismen noch nicht genügend ausgereift waren, um die Bank vor vermeidbarem Schaden zu bewahren, zeigte sich mit aller Deutlichkeit im Jahr 1863. Während die Bank 1862 einen Gewinn von rund 2,8 Millionen Franken erwirtschaftet hatte, brach dieser im folgenden Geschäftsjahr ein und betrug lediglich noch rund 1 Million Franken. Das schlechte Ergebnis war vor allem auf Wertschriftenverluste zurückzuführen, verursacht durch die Praxis der Direktion, «von sich aus in einem ihre Kompetenz weit überschreitenden Maße Werthschriften anzukaufen», ohne den Verwaltungsrat darüber zu informieren.[309]

Es erstaunt nicht, dass dieser Vorfall bei der Wirtschaftspresse auf lebhaftes Interesse stiess und auch zu kritischen Bemerkungen Anlass gab. Die «Schweizerische Bank-Zeitung» kommentierte in ihrer Ausgabe vom 24. März 1864:

«Es drängt sich bei dieser Darstellung unwillkürlich die doppelte Frage auf: erstens, ob die bestehenden Reglements wirklich die Competenz des Directors klar und deutlich limitirt haben, so dass nur die reine Willkür sie überschreiten konnte, – zweitens, wie die Administration der Creditanstalt organisirt ist oder organisirt gewesen ist, wenn der Verwaltungsrath ... erst nach längerer Zeit eine Verwendung von mehreren Millionen Fr. in Erfahrung bringen konnte.»[310]

Anstellungen, Löhne und Tantièmen

Alfred Escher musste sich von Anfang an intensiv mit Personalfragen beschäftigen. Auch im Verwaltungsrat der jungen Schweizerischen Kreditanstalt waren Anstellungen stets ein prominentes Traktandum.

Der Verwaltungsrat hatte sich nicht nur der Besetzung des Direktionskaders anzunehmen; er beteiligte sich auch aktiv an der Suche nach geeigneten Bankmitarbeitern. Jene Mitglieder des Verwaltungsrates, welche mit der Führung der laufenden Geschäfte beauftragt waren, wurden explizit bevollmächtigt, von sich aus Mitarbeiter einzustellen. Escher bekam auch persönlich Gesuche um Anstellung zugesandt, wie sein Antwortschreiben an August von Gonzenbach vom 11. Oktober 1862 zeigt:

«Ich habe das Vergnügen, Ihnen zu eröffnen, daß Ihr Sohn Herrmann als Lehrling bei unserer Creditanstalt eintreten kann. Er hat eine dreimonatliche Probezeit zu bestehen & eine dreijährige Lehrzeit durchzumachen. Es wird mir eine wahre Freude sein, wenn Ihr Sohn bei uns eine solide & fruchtbare Grundlage für seinen zukünftigen Wirkungskreis gewinnt.»[311]

Nebst der Suche nach geeigneten Kandidaten für die verschiedenen Stellen oblag den Verwaltungsräten gemäss § 30 der Statuten auch die Festlegung der Anstellungsbedingungen und insbesondere der Saläre. Beispielhaft für die Bedeutung von Personalfragen während der Gründerjahre steht der einzige Protokolleintrag der ersten Sitzung des Gründungskomitees vom 8. Juli 1856: «Außer der provisorischen Aufstellung des J. Heinrich Baumann von Hirzel, in Oberstraß als Bureauarbeiter, wurden heute keine weitern Beschlüsse gefaßt.»

Die zweite Rekrutierung, die in den Protokollen ihren Niederschlag fand, datiert vom 14. Juli 1856. Johann Jakob Rüttimann berichtete an dieser Sitzung von der Einstellung «der Herren von Grafenried, Muggler und Baumann». Im Anschluss an die Wahl Alfred Eschers zum Präsidenten und Johann Jakob Rüttimanns zum Vizepräsidenten des Verwaltungsrates wurde ein weiterer Personalentscheid gefällt: «Die Zürcherischen Mitglieder werden ermächtigt, den Herrn Vögeli bei der Bank mit einer fixen Besoldung von Frkn. 3500.– als Cassier anzustellen. Die von dem Cassier zu leistende Kaution wird auf Frkn. 20 000.– festgesetzt.» Diese hohe Kaution, die wohl eher als Bürgschaft zu verstehen ist, überrascht auf den ersten Blick, entsprach sie doch der Summe von rund sechs Jahresgehältern. Solche Forderungen zielten auf eine soziale Selektion ab. Sie sollten Bankgeschäft und Bankmitarbeiter gesellschaftlich und kulturell positionieren.

Da qualifizierte Bankfachleute im damaligen Zürich rar waren, erwies sich die Personalsuche als aufwendig. An der Sitzung vom 12. Januar 1857 teilte der damals auch als Direktor tätige Verwaltungsrat Hans Heinrich Abegg seinen Ratskollegen mit, «daß seit dem 1. Januar l. J. Herr Baumann als Kanzlist mit jährlichem Gehalte von f. 1500 bei der Anstalt definitiv angestellt ist». An der Sitzung vom 4. Dezember 1857 folgte die definitive Wahl des Buchhalters. Zum Vergleich sei auf die Anstellungsbedingungen des Direktors und des Vizedirektors verwiesen. Die Besoldung des Direktors wurde auf ein Minimum von 12 000 Franken, sein Anteil an der Gratifikationssumme auf die Hälfte des an die Beamten der Bank insgesamt auszuschüttenden Betrages angesetzt. Das fixe Salär des Vizedirektors wurde im August 1856 auf 6000 bis 8000 Franken veranschlagt. Zusätzlich wurde besonders tüchtigen Persönlichkeiten eine attraktive Beteiligung an der unter den Beamten der Anstalt zu verteilenden Gratifikationssumme in Aussicht gestellt.

Die Schweizerische Kreditanstalt gewann schnell einen guten Ruf auf dem Arbeitsmarkt, so dass auch bald schon die ersten Anstellungsgesuche eingingen. Auf die Bewerbung von Jacob Weiss-Sulzer beispielsweise reagierte man zunächst verhalten. Der Verwaltungsrat teilte ihm mit, «die Kreditanstalt sei jetzt nicht im Falle, seine Thätigkeit in Anspruch zu nehmen, dagegen behalte sie sich vor, sich dießfalls später an ihn zu wenden». Tatsächlich vergingen lediglich rund zwei Monate, bis der Verwaltungsrat auf diese Option zurückgriff und den Beschluss fasste, Weiss-Sulzer «auf Probe für das laufende Jahr mit fs 3000 jährlicher Besoldung anzustellen».[312] Andere Bewerbungen wurden abschlägig beantwortet.

Der Verwaltungsrat der Kreditanstalt legte jedoch nicht nur die Saläre der Bankmitarbeiter fest, sondern auch diejenigen der Angestellten der Schweizerischen Rentenanstalt, die anfänglich wie eine Abteilung der Bank geführt wurde. Auch der Buchhalter der Rentenanstalt wurde durch den Verwaltungsrat der Kreditanstalt ernannt. Sein Jahressalär betrug 3000 Franken. Überdies hatte er Anspruch auf 2,5% des Reingewinns.

Der Vergleich zwischen den fixen Gehältern bei der Schweizerischen Kreditanstalt und der Schweizerischen Rentenanstalt zeigt, dass auf Kaderstufe keine namhaften Unterschiede zu verzeichnen waren. Bei der Schweizerischen Kreditanstalt bewegten sich die Jahressaläre für Kassiere zwischen 2500 und 3500 Franken, während der Buchhalter der Schweizerischen Rentenanstalt mit 3000 Franken entlöhnt wurde. Ein recht markanter Unterschied zwischen den beiden Gesellschaften lässt sich hingegen angesichts der Entschädigungen auf Direktionsstufe ausmachen. Die jährliche fixe Besoldung eines Vizedirektors der Bank bewegte sich in einer Bandbreite von 6000 bis 8000 Franken, und das Salär des Direktors wurde auf ein Minimum von 12 000 Franken angesetzt. Einem Schreiben von Johann Jakob Rüttimann an Alfred Escher ist zu entnehmen, dass Vizedirektor Hagenbuch bei der Rentenanstalt ein Jahressalär von mindestens 5000 Franken ausbezahlt werden sollte. Wesentlich tiefer war mit 6000 Franken auch das Jahressalär des Direktors der Rentenanstalt angesetzt, der allerdings im Unterschied zu seinem Kollegen bei der Kreditanstalt über eine kostenlose Wohnung verfügte.

Bezüglich der Festlegung der Tantièmen-Anteile für die Mitglieder des Verwaltungsrates der Kreditanstalt sowie die Gratifikationen des vollziehenden Direktors und der Beamten der Anstalt findet sich in den Statuten von 1856 folgende Regelung: «Was nach der in § 40 angeordneten Dividendenauszahlung und, soweit unter der angegebenen Voraussetzung nöthig, nach Zurücklegung der ebendort bestimmten 5% zum Reservefonds, an Reingewinn alljährlich übrig bleibt, wird folgendergestalt vertheilt: a) mit 10% als Tantième an die fünfzehn Verwaltungsräthe; b) mit 10% dergleichen an die Beamten der Anstalt, und zwar zur Hälfte an den vollziehenden Direktor und zur Hälfte an andere

Beamte der Anstalt, nach Ermessen des Verwaltungsrathes als besondere Gratifikation.»[313]

In den Geschäftsjahren 1859 und 1860 betrug die Tantième des Verwaltungsrates 18 750 Franken; 1861: 65 625 Franken; 1862: 140 625 Franken; 1863: 46 875 Franken; 1864 und 1865: 37 500 Franken.

Die Medienschelte liess nicht lange auf sich warten:

«Mehr noch als die Tantièmen, möchten wir die Competenz des Verwaltungs-raths beschneiden sehen. Es ist nachgerade bei vielen, wenn nicht bei den meisten Actiengesellschaften dahin gekommen, dass die bezahlten Angestellten sich zu unumschränkten Herren des Geschäfts gemacht haben und dessen wahre Eigenthümer wie eine Heerde unzurechnungsfähiger Geschöpfe behandeln, denen man jedes selbständige Eingreifen abschneidet und höchstens pro forma die nothdürftigsten und unzureichendsten Mittheilungen macht.»[314]

Der für die Ausrichtung der Tantièmen zu reservierende Betrag wurde an der ersten ordentlichen Generalversammlung vom 22. März 1858 auf Antrag des Verwaltungsrates wie folgt festgelegt: Fr. 10 937.50 als Tantième für den Verwaltungsrat und nochmals dieselbe Summe für die Beamten der Anstalt. Zur Aufteilung der Tantième heisst es im Protokoll des Verwaltungsrates: «Mit Hinsicht auf die laut der Rechnung von Ende Juli 1856 bis Ende 1857 sich ergebende Tantième des Verwaltungsrathes, wird auf den Antrag der verordneten Commission beschlossen, die betreffende Summe zu gleichen Theilen unter die Mitglieder des Verwaltungsrathes zu vertheilen.» Für seine operative Tätigkeit als Direktor und namentlich für seine Bemühungen in Sachen Parquetteriegesellschaft in Paris war Hans Heinrich Abegg allerdings schon im Frühjahr 1857 durch Beschluss des Verwaltungsrates separat entschädigt worden: «Es wird beschlossen, Hrn. Abegg für seine Bemühungen in Sachen der Gesellschaft in der Eigenschaft als Direktor u bei Einrichtung des Parqueterie-Geschäfts in Paris eine Aversal-Summe von fs. 10 000 auszubezalen, wovon fs. 3000.– nebst den Reisekosten auf Rechnung des Parisergeschäftes zu stellen sind.»[315]

Die im Vergleich zum Vorjahr stark erhöhten Tantièmen für das Geschäftsjahr 1862 wurden in einem Artikel der «Schweizerischen Bank-Zeitung» heftig kritisiert. Im Rahmen einer Analyse des wenig erfreulichen Ergebnisses im Geschäftsjahr 1863 holte das Blatt zu einem Rundschlag gegen die dem Verwaltungsrat (für das Geschäftsjahr 1862) eingeräumten Tantièmen aus. Ebenso kritisch beurteilten sie die Leistung des Verwaltungsrates: «Uns will es scheinen, dass irgend etwas im Verwaltungs-Mechanismus der Anstalt nicht nur mangelhaft, sondern entschieden schlecht war und dass man für ein jährliches Honorar von 140 625 Fr. wenigstens ein erträgliches Reglement hätte aufstellen und dessen genaue Beobachtung hätte überwachen können.»[316]

*Vom «Tiefenhof» zum Paradeplatz: Standorte
und Räumlichkeiten*

Von der Gründung der Schweizerischen Kreditanstalt bis zu ihrem
Einzug ins repräsentative Bankgebäude am Paradeplatz, das bis heute
Hauptsitz der Credit Suisse ist, vergingen rund zwei Jahrzehnte. Die
neugegründete Bank fand im «Kleinen Tiefenhof» ihre erste Stätte,
in einem langgestreckten zweistöckigen Gebäude. Die anfänglich aus
rund einem halben Dutzend Mitarbeitenden bestehende Belegschaft
musste in den engen Räumlichkeiten zusammenrücken. Da die Mitarbeiterzahl jedoch kontinuierlich wuchs, drängte sich bald ein Umzug
in grössere Geschäftsräumlichkeiten auf. An der Sitzung des Verwaltungsrates vom 10. Februar 1857 wurde Johann Heinrich Fierz ersucht,
«sich gefälligst nach einem paßenden Locale für die Kreditanstalt umsehen zu wollen».[317]

Da die Zeit für Kauf oder Erbauung eigener Räumlichkeiten noch
nicht reif war, wurde der Geschäftssitz im April 1858 vom «Kleinen Tiefenhof» in den Ostflügel des damaligen Postgebäudes, den nachmaligen
«Zentralhof», verlegt. Die Kreditanstalt mietete zunächst die Hälfte des
oberen Stockwerks, die gegen die Post- und die Fraumünsterstrasse hinausging. Bald reichten aber auch diese Räume nicht mehr aus, und als
sich die Gelegenheit bot, mietete die Bank die Wohnung des Postdirek-
tors im anderen Flügel des Gebäudes hinzu. Obwohl die Mitarbeiterzahl
auch in den folgenden Jahren weiter zunahm, verblieb die Bank aufgrund fehlender Alternativen rund ein Jahrzehnt an dieser Adresse. An
der Sitzung des Verwaltungsrates vom 29. März 1862 berichtete Alfred
Escher über «den Entwurf eines Vertrages zwischen der Kreditanstalt
und dem Stadtrathe Zürich, betreffend den eventuellen Ankauf eines
im Kräuel gelegenen Grundstücks von ungefähr 20 Jucharten».[318] Da
diese Kaufbemühungen nicht zum Ziel führten, kamen andere Objekte
ins Gespräch, so beispielsweise das damals zum Verkauf stehende Uni-
versitätsgebäude. Auch dieses Vorhaben konnte jedoch nicht realisiert
werden, obwohl die Bank sich aktiv an der Versteigerung beteiligte. In
dieser Zeit ging bei der Kreditanstalt auch ein Schreiben des Eidgenössischen Postdepartements ein, worin dieses den mit der Bank
abgeschlossenen Mietvertrag auf Ende Juni oder Ende Dezember 1865
wegen sich abzeichnenden Eigenbedarfs kündigte. Die von Alfred Escher
unverzüglich eingeleiteten Verhandlungen mit dem Postdepartement
führten jedoch zu einer einvernehmlichen Lösung: Der Mietvertrag
wurde um vier Jahre verlängert, und für die zwei Zimmer, die der Kreis-
postdirektor der Bank abgetreten hatte, vereinbarte man eine jährliche
Miete von 1500 Franken.

Um vor Ablauf des Mietvertrags mit dem Postdepartement ein
grösseres Domizil beziehen zu können, schloss die Kreditanstalt im
Winter 1867 mit Möbelhändler Ochsner einen Mietvertrag für das
Gebäude «Im hintern Tiefenhof» Nr. 1 ab, welches an das Geschäftshaus
der Kantonalbank angrenzte. Weil sich jedoch Anlage und Einrichtung

Das Postgebäude in Zürich um 1838 gegenüber dem Hotel Baur (heute Savoy). Im Postgebäude befand sich zwischen 1858 und 1868 der Sitz der Schweizerischen Kreditanstalt.

dieser Räume nur beschränkt als banktauglich erwiesen und ein weiteres Wachstum der Geschäftstätigkeit der Bank absehbar war, verstärkte der Verwaltungsrat seine Bemühungen, ein eigenes und grosszügig angelegtes Bankgebäude zu errichten.

Als Ende 1871 der am Paradeplatz und am Talacker gelegene Teil des «Feldhof»-Areals zum Verkauf stand, herrschten anfänglich etwelche Zweifel, ob die Bank das ganze Areal allein erwerben solle, da dessen Fläche ihre damaligen Raumbedürfnisse weit überstieg. Verschiedene Verwaltungsräte setzten sich engagiert dafür ein, diese als einmalig bezeichnete Kaufgelegenheit nicht ungenutzt verstreichen zu lassen. So etwa Abegg, Wild und Rieter. Dies teilte Rüttimann Escher mit:

«Sie sagen, zu 600 000 Fr. würden sie gerne selbst in den Riß stehen & der Kreditanstalt so viel ab treten, als sie zum Bauen nöthig hätte.»[319]

Schliesslich erwarb die Kreditanstalt zusammen mit Baumeister Fürst den ganzen Baugrund für rund 700 000 Franken. Davon übernahm die Kreditanstalt den für den Bau des Bankgebäudes benötigten Teil; die restlichen Parzellen gingen an Baumeister Fürst und andere private Interessenten. Die Landpreise waren für damalige Verhältnisse relativ hoch. Für die am Paradeplatz gelegene Terrainparzelle bezahlte die Kreditanstalt 26 Franken pro Quadratfuss, für eine Parzelle an der Bahnhofstrasse 21 Franken und für den Eckplatz Talackerstrasse/Bärengasse 12 Franken.

Als der Landkauf im Frühling 1872 «nach verschiedenen, zum Teil recht unliebsamen Zwischenfällen» unter Dach und Fach war, unternahm der Verwaltungsrat zügig erste Schritte zur Ausarbeitung eines Bauprogramms und beschloss, zehn Architekten, darunter Johann Kaspar Wolff, Johann Jakob Breitinger, Theodor Geiger und Jakob Friedrich Wanner, zur Einreichung von Bauplänen beizuziehen.[320] Auf Antrag von Verwaltungsrat John Syz-Landis wurde nachträglich auch der in Paris tätige Architekt Johann Jakob Schulthess eingeladen, bis zum 15. August 1872 einen Plan zur Ausführung der «Feldhof»-Baute einzureichen. Doch von vornherein schien klar, dass Alfred

Escher sich schon vor Einreichung der Pläne für Jakob Friedrich Wanner, den Chefarchitekten der Nordostbahn und Erbauer des Zürcher Bahnhofs, entschieden hatte. Die aus Escher als Präsident sowie den Verwaltungsräten Heinrich Fierz-Etzweiler und Johannes Wild bestehende Baukommission prämierte ex aequo die von Kaspar Wolff und Friedrich Wanner eingereichten Projekte. Ausschlaggebend für die Auszeichnung der Pläne von Wolff war die Gestaltung der Fassade, während Wanner insbesondere durch die zweckdienliche Inneneinteilung des Gebäudes überzeugte. Der persönlichen Einflussnahme von Escher war es zuzuschreiben, dass Friedrich Wanner den begehrten Auftrag erhielt.

Auf Antrag Eschers beschloss der Verwaltungsrat an seiner Sitzung vom 28. Dezember 1872, Wanner mit der Leitung und Ausführung des Baus zu beauftragen. Als Honorar wurden Wanner 4,5% der auf rund 1,7 Millionen Franken budgetierten Baukosten zugesprochen, «in der Meinung, daß das Honorar auf 5% erhöht werden soll, falls der Bau in allen Theilen zu unserer Zufriedenheit durchgeführt werden wird». Ferner wurde vereinbart, dass der Bau bei budgetierten Gesamtkosten von 2,5 Millionen Franken bis Herbst 1874 vollendet sein solle, «soweit es in der Macht dHerrn Wanner liegt, unter Vorbehalt seinerseits für Strikes, oder außergewöhnliche Schwierigkeit, Bauunternehmer zu finden».[321] Gemäss den Plänen von Wanner sollte sich das neue Gebäude hinter einer einheitlichen Monumentalfassade aus drei separaten Bauten zusammensetzen, von denen die Kreditanstalt zunächst nur den an der Ecke Paradeplatz/Talacker gelegenen Mittelbau belegen würde. Der Grundriss der Räume wurde jedoch so angelegt, «dass eine Verbindung der verschiedenen Abteilungen unter einander mit Leichtigkeit erstellt werden konnte, eine Einrichtung, welche der Anstalt im Verlaufe der Jahre wesentlich zu statten kommen sollte».[322]

Nachdem der Zürcher Stadtrat die Baubewilligung am 4. Februar 1873 erteilt hatte, begann die Firma Locher & Cie. unverzüglich mit den Aushubarbeiten. Die Bautermine konnten anfänglich eingehalten werden, so dass der Rohbau Ende 1874 stand. Bei den weiteren Ausbauarbeiten stellten sich jedoch massive zeitliche Verzögerungen ein, die dazu führten, dass die Kreditanstalt ihren Mietvertrag mit Möbelhändler Ochsner verlängern musste. Termin- und Kostenüberschreitungen waren im wesentlichen durch nachträgliche Planänderungen und -ergänzungen, durch neue Baubestimmungen sowie durch Wanners angeschlagene Gesundheit bedingt. Als Folge dieser widrigen Umstände konnte die mittlerweile über fünfzig Angestellte zählende Belegschaft der Kreditanstalt ihr neues Gebäude erst am 25. September 1876, mit rund zweieinhalbjähriger Verspätung, beziehen. Obwohl der ursprünglich budgetierte Kostenrahmen von 2,5 Millionen Franken um rund 900 000 Franken überschritten wurde, erhielt Wanner nebst dem ursprünglich vereinbarten Honorar weitere Entschädigungen zugesprochen.

Jakob Friedrich Wanner (1830–1903) mit seiner Frau Catharina Kaufmann. Seit seiner Funktion als Architekt der Nordostbahn mit Alfred Escher verbunden. Zürcher Stadtbaumeister, Leiter des Baus des Zürcher Hauptbahnhofs sowie Architekt des Hauptgebäudes der Schweizerischen Kreditanstalt. Fotografie von J. Meiner aus dem Jahr 1896.

Als die Kreditanstalt in ihr neues Domizil einzog, belegte sie lediglich den an der Ecke Paradeplatz/Talacker gelegenen Gebäudeteil. Der Rest der Liegenschaft wurde zunächst an Firmen, Ärzte und Privatpersonen vermietet. Das Verkaufslokal im Parterre, das auf die Bahnhofstrasse hinausging, wurde bis zur Jahrhundertwende an eine Zigarren-, Wein- und Spirituosenhandlung vermietet. Die Nachfrage nach Lokalitäten an dieser prestigeträchtigen Adresse war gross, und die Mieteinnahmen der Bank beliefen sich schon 1877 auf 72 000 Franken. Als in den folgenden Jahren nicht nur die Geschäftsvolumina, sondern auch die Personalbestände der Bank weiter zunahmen, vermochte der Mittelbau den zunehmenden Raumbedürfnissen nicht mehr zu genügen. So breitete sich die Kreditanstalt Zug um Zug auch auf die beiden angrenzenden Gebäudeteile aus.

Prinzip: Unter Alfred Escher führte die Kreditanstalt ihre Geschäfte von Zürich aus

Bis zur Jahrhundertwende führte die Kreditanstalt einen streng zentralistischen Betrieb und hielt am Prinzip fest, in der Schweiz keine Filialen ausserhalb der Stadt Zürich zu eröffnen, obwohl die Statuten die Errichtung von Zweigniederlassungen oder sogenannten Comptoirs im In- und Ausland zugelassen hätten. Auch in bezug auf die meisten Nachbarstaaten lag keine zwingende Notwendigkeit vor, von diesem Grundsatz abzuweichen. Die freundschaftlichen Beziehungen mit den grossen deutschen, französischen und englischen Bankinstituten, die häufig durch persönlichen Kontakt mit den leitenden Persönlichkeiten untermauert waren, genügten den Interessen der Geschäftstätigkeit vollauf. Die Frage löste im SKA-Verwaltungsrat denn auch immer wieder Diskussionen aus, etwa 1857 oder 1882, als die Gründung einer Filiale in Basel ins Auge gefasst wurde. Da die Geschäftsaktivitäten jedoch hauptsächlich auf Grosskunden und Unternehmen ausgerichtet waren, die entweder vom Platz Zürich aus oder über die verschiedenen Beziehungsnetze – Korrespondenzbanken, befreundete Handelsfirmen, Vertretungen – erreicht werden konnten, sah man keinen Grund, weitere Geschäftsstellen einzurichten. Zur weiteren Rechtfertigung dieser Politik nannte der Verwaltungsrat die Schwierigkeiten, die eine ausreichende Kontrolle der einzelnen Filialen mit sich gebracht hätte. Man erachtete es – wie die Bank in Winterthur oder bis 1896 der Schweizerische Bankverein – als besser, die Tätigkeit auf ein Zentrum zu konzentrieren. Dem stand die Expansionspolitik der Eidgenössischen Bank und der Schweizerischen Volksbank gegenüber: Erstere sah sich im Gegensatz zur Kreditanstalt von Anfang an als national ausgreifende Bank mit einem entsprechenden Filialnetz, die zudem für die Notenemission eine breite Präsenz benötigte. Daher eröffnete sie bis 1890 sieben Filialen und zwei Agenturen. Die Schweizerische Volksbank wiederum verzichtete im Unterschied zur Kreditanstalt auf Beteiligungen an anderen Banken und errichtete – begünstigt durch ihre genossenschaftliche Struktur – zwischen 1875 und 1900 bereits vierzehn Filialen. Die geradezu ängstliche Zurückhaltung der Kreditanstalt zeigte sich auch im Ausland, wo sie zwar in Wien (1871–1900) und New York (1870–1878) Vertretungen einrichtete, die sie jedoch auf Dauer nicht halten konnte.

Tätigkeitsbereiche und Geschäftsfelder

Die von Alfred Escher und Professor Johann Jakob Rüttimann verfassten Statuten umfassten 46 Paragraphen, die in acht Hauptbereiche gegliedert waren. Obwohl der Zweckparagraph auf die Förderung von Ackerbau, Handel und Gewerbe fokussierte, war offensichtlich, dass die eigentliche Intention der Gründer nicht darin liegen konnte, das landwirtschaftliche Kreditgeschäft zu fördern. Möglicherweise um dem genannten Gesellschaftszweck formal zu entsprechen und dem Agrarsektor gewisse Impulse zu geben, versuchte die Kreditanstalt – wenn auch erfolglos –, mit der Gründung einer Rübenzuckerfabrik einen «Industriezweig, der auch für die Landwirthschaft große Bedeutung hat», zu lancieren, und hielt bis 1862 sogenannte «Racenthierzucht-Actien» im Wert von bis zu 25 000 Franken in ihrem Portefeuille.[323] Viel sollten diese Bemühungen allerdings nicht bringen. Schon anlässlich der Gründung hatte die «Neue Zürcher Zeitung» den Gesellschaftszweck der Kreditanstalt als «eine allerdings unschuldige Captatio benevolentiae, ein Streben nach Popularität» bezeichnet».[324]

‹Trial and Error› statt Strategie

Die tatsächlichen Zielsetzungen der Bank bestanden in der Gewährung von gedeckten Krediten an Firmenkunden, im Emissionsgeschäft, im Kauf- und Verkauf von Wertschriften, in der Abwicklung von Diskont-, Wechsel-, Giro-, Darlehens-, Depositen- und Inkassogeschäften sowie in Beteiligungen an Unternehmen im In- und Ausland. Der in § 12 der Statuten beschriebene «Geschäftskreis der Anstalt» zeigte somit eine unverkennbare Ähnlichkeit mit demjenigen des Crédit Mobilier in Frankreich.

In Anlehnung an das Geschäftsmodell des Crédit Mobilier hatte das Gründungsgeschäft für die Kreditanstalt in den ersten Jahren einen hohen Stellenwert. Ausgerechnet in diesem anspruchsvollen Bereich aber, der auch zahlreiche ausländische Projekte umfasste, hatten die meisten Verwaltungsratsmitglieder wenig Erfahrung. Da erst im März 1859 ein nicht dem Gründungskomitee angehöriger vollziehender Direktor ernannt wurde, waren die Verwaltungsräte in den ersten Jahren stark in operative Banktätigkeiten eingebunden und mussten sich mit Problemen auseinandersetzen, mit denen sie wenig vertraut waren. Banktechnisch und juristisch erwiesen sich auch Immobiliengeschäfte im Ausland als anspruchsvoll. Überhaupt waren die Auslandaktivitäten der Bank – insbesondere auch das Waren- und das Wertschriften-geschäft – risikobehaftet. Der Postverkehr gestaltete sich kompliziert. Die Kommunikationsmöglichkeiten waren insgesamt wenig entwickelt und die Reisen sehr zeitraubend. Bis Ende des 19. Jahrhunderts verfügte die Kreditanstalt über keine Niederlassungen im Ausland.

In diesen mit ausländischen Märkten verwobenen Geschäftsberei-chen musste sich die Bank ihr Know-how erst mühsam erarbeiten. In etlichen Fällen hatte sie dafür hohes Lehrgeld zu entrichten. Auf weni-ger dünnem Eis bewegte sich die Bankleitung im Inlandgeschäft. Erfolg-reich war die Bank schon bald im Emissionsgeschäft, wenig später – nach kostspieligen Umstellungen – auch im Kommerzgeschäft.

Bei der Gründung der Kreditanstalt standen den Mitgliedern der Bankleitung nur jene banktechnischen Kenntnisse zur Verfügung, wel-che sie in ihrer früheren Berufstätigkeit hatten erwerben können. Die Fachkompetenzen zur Führung einer Handelsbank oder zur professio-nellen Handhabung langfristiger Industriekredite waren erst ansatz-weise vorhanden. Bis in die 1860er Jahre kann deshalb von einer ‹Sturm und Drang›-Periode der Kreditanstalt die Rede sein, in der verschiedene Geschäftsaktivitäten nach dem ‹Trial and Error›-Prinzip ausprobiert wurden. Bereits bei der Gründung fanden Gespräche über die Ausgabe von Banknoten und die Angliederung eines Hypothekarinstituts statt. Dabei setzte sich jedoch die Meinung durch, die Bank solle sich im Hypothekargeschäft nicht engagieren, weil dieses – gegen die Prinzipien einer Handelsbank – Gelder langfristig und ohne kaufmännischen Um-satz binde. Die Kreditanstalt galt über lange Zeit zu Recht als elitäres Institut. Landwirtschaft und Gewerbe, die für die Geschäftstätigkeit der

Figur an der Fassade des Haupt-gebäudes der Schweizerischen Kreditanstalt.

jungen Kreditanstalt keinerlei Bedeutung hatten, wurden denn auch anlässlich der Statutenrevision von 1897 aus dem Gesellschaftszweck gestrichen. Dieser bezog sich nunmehr ausschliesslich auf die Förderung «von Unternehmungen des Handels und der Industrie».

Einen zentralen Punkt brachte die «Schweizerische Bank-Zeitung» zur Sprache. Wie viele andere Banken geriet auch die Kreditanstalt durch übereilte und ausufernde Diversifizierungen in Schwierigkeiten:

«Unsere modernen Crédits Mobiliers, die traurigsten Auswüchse des volkswirthschaftlichen Lebens, kennen für ihre Operationen nirgends eine Grenze. Kein einziges Gebiet des Erwerbes ist ihnen verschlossen und nichts liegt dem Centrum ihrer Thätigkeit, dem eigentlichen Bankgeschäft, so fern, dass es nicht durch Ankauf, Pachtung, Subventionierung, Commanditirung, Actienbetheiligung, Beleihung oder sonstwie in den Bereich der Speculationen gezogen werden könnte.»[325]

Gründungsgeschäft, Immobilienkäufe und Warengeschäfte
Das Gründungsgeschäft und die Übernahme von Industriebetrieben erwiesen sich als verlustbringend. Auch der Erwerb von Immobilien war wenig einträglich. Ein Schlossgut samt Bierbrauerei in Bayern sowie andere Liegenschaften im In- und Ausland mussten mangels interessierter Käufer mit beträchtlichem Kostenaufwand über lange Jahre bewirtschaftet werden, bis sie zu einem akzeptablen Preis verkauft werden konnten. Das Warengeschäft verlief für die junge Kreditanstalt ebenfalls verlustreich. Preisschwankungen auf dem Rohstoffmarkt (hauptsächlich auf Baumwoll- und Krapprotlieferungen) und entsprechende Verluste in den Jahren 1859 bis 1861 führten schliesslich zur Abkehr von Warengeschäften und Beteiligungen an entsprechenden Unternehmen.

Die Jahre des ‹Trial and Error› hatten Auswirkungen auf die Rentabilität der Bank. Als die Kreditanstalt 1867 zum ersten und letzten Mal im 19. Jahrhundert rote Zahlen auswies, richtete der Verwaltungsrat die Geschäftstätigkeit neu aus. Die Bank wandte sich in den folgenden Jahren vom Gründungsgeschäft und von langfristigen Finanzierungen im Stil einer ‹banque d'affaires› ab, um sich konsequent dem Handelsbankgeschäft zu widmen. Somit rückten die Gewährung kurz- und mittelfristiger Kredite, die leichter sicherzustellen waren, sowie das Depositengeschäft in den Vordergrund. In den Statuten von 1885 trug man diesem Kurswechsel, der Ende der 1860er Jahre eingeleitet worden war, Rechnung und definierte den Geschäftskreis der Kreditanstalt neu: Kreditgeschäft und Anleihen wurden nun vor Wertschriftentransaktionen auf eigene Rechnung und langfristigen Beteiligungen genannt. Auch die Übernahme von Vermögensverwaltungen, die Aufbewahrung von Wertgegenständen sowie die Besorgung der Geschäftsführung anderer Banken und Finanzgesellschaften erschienen in den Zweckparagraphen der Statuten.

Emissions- und Wertschriftengeschäft

Schon früh beteiligte sich die Kreditanstalt an Anleihen der öffentlichen Hand. Die erste Anleihe der öffentlichen Hand, an der sich die Kreditanstalt mit 500 000 Franken beteiligte, war die 1857 zur Deckung der Mobilisationskosten des Neuenburger Handels emittierte Bundesanleihe.

Zwischen 1861 und 1864 nahm die Kreditanstalt an der Emission von Anleihen der Kantone Luzern, Uri und Freiburg teil. 1864 zeichnete sie mit der Eidgenössischen Bank und der Banque Commerciale Genevoise die 14-Millionen-Anleihe des Kantons Freiburg, die dazu diente, den Ausbau der Eisenbahnlinie Thörishaus–Lausanne zu finanzieren. 1875 bis 1882 beteiligte sich die Kreditanstalt an der Deckung des Finanzbedarfs verschiedener Städte und Gemeinden wie Lausanne, Genf, Winterthur, Bremgarten und Burgdorf. Die mit 11,25 Millionen Franken weitaus grösste Anleihe dieser Art wurde für die Stadt Winterthur begeben, deren Finanzhaushalt durch den Zusammenbruch der Schweizerischen Nationalbahn stark in Mitleidenschaft gezogen worden war. In den 1870er Jahren beschaffte sich der Kanton Zürich auf dem Kapitalmarkt insgesamt 10 Millionen Franken. Die Kreditanstalt beteiligte sich massgeblich an den Anleihen von 1873 und 1874 über je 4 Millionen Franken.

Die erste Teilnahme der Kreditanstalt an einer Emission für eine Privatfirma geht auf Juni 1857 zurück, als eine Anleihe über 10 Millionen Franken für die Schweizerische Westbahngesellschaft aufgelegt wurde. Drei Monate später, im September 1857, begab die Kreditanstalt gemeinsam mit der Württembergischen Hofbank und der Privatbank Doertenbach & Komp. in Stuttgart eine Anleihe der Nordostbahn über 10 Millionen Franken. Die beiden deutschen Banken beteiligten sich mit je 2 Millionen Franken, während die Kreditanstalt 6 Millionen Franken übernahm und innert weniger Wochen placierte. Die Kreditanstalt war von Anfang an Hausbank der Nordostbahn, erwarb über längere Zeit Nordostbahn-Aktien und behielt diese zum grossen Teil in ihrem Eigenbestand. Nur zwei Monate nach ihrer Gründung hatte sie bereits 1176 Nordostbahn-Aktien zu einem durchschnittlichen Ankaufspreis von je Fr. 518.25 erworben. Weitere Käufe folgten, und im Jahre 1866 erreichte der Inventarwert rund 8,2 Millionen Franken. 99% des Mitte der 1860er Jahre geschuldeten Obligationenkapitals der Nordostbahn waren durch die Kreditanstalt selbst oder unter ihrer Führung auf den Markt gebracht worden.

Das Wertschriftengeschäft betreffend findet sich in der Berichterstattung über das Geschäftsjahr 1860 der Hinweis, dass dieses nicht zum Schwerpunkt der Kreditanstalt werden sollte. Je nach geschäftspolitischen Ansichten und konjunkturellen Bedingungen wurde diese Maxime bald bekräftigt, bald in den Wind geschlagen.

Industriebeteiligungen und Finanzierung von Eisenbahnen

Im Bereich der Industrie war die Kreditanstalt – mit Ausnahme der Elektrizitätswirtschaft – weniger durch Gründungen als über Beteili-

Wechselkurse und ‹Effecten-Kursblatt› der Schweizerischen Kreditanstalt (1867).

gungen aktiv. Im Unterschied zu den oft in Form von Kommanditeinlagen erworbenen Beteiligungen der 1860er und der frühen 1870er Jahre, die der Kreditanstalt, wie bereits erwähnt, in vielen Fällen Verluste eingetragen hatten, standen die Beteiligungen ab 1880 vor allem im Zeichen der Umwandlung von industriellen Privatunternehmen in Aktiengesellschaften. Hinter diesem Engagement lag die Absicht, vom erhofften Anstieg der Aktienkurse aufgrund späterer Gewinnsteigerung der Unternehmen zu profitieren. Die breiter werdende industrielle Basis der Schweiz führte besonders im Inlandgeschäft der Kreditanstalt zur Neuausrichtung der Geschäftspolitik. Die Industriefinanzierung gewann gegenüber der Eisenbahnfinanzierung zunehmend an Bedeutung. Mit dem Aufkommen der Maschinenindustrie intensivierten sich die Geschäftskontakte zu grossen Unternehmen dieses Wirtschaftszweiges. Ab den frühen 1870er Jahren unterstützte die Kreditanstalt die Entwicklung der Werkzeugmaschinenfabrik Daverio Siewerdt Giesker, beteiligte sich 1876 an ihrer Umwandlung in die Werkzeug- und Maschinenfabrik Oerlikon AG (MFO) und entwickelte sich allmählich zur Hausbank dieses Unternehmens. Weitere namhafte Engagements in der Maschinenindustrie ging die Bank gegen Ende des Jahrhunderts bei Firmen wie den Eisen- und Stahlwerken Georg Fischer, der Escher Wyss & Cie. sowie der Brown, Boveri & Cie. ein. Ab Mitte der 1870er Jahre zählten zunehmend auch ausländische Firmen zu den Kunden der Kreditanstalt, so zum Beispiel Krupp in Essen und später die AEG (Allgemeine Elektricitäts-Gesellschaft). Von Ausnahmen abgesehen blieben allerdings die Kontakte zwischen Banken und Industriellen bis etwa 1914 auf das Notwendigste beschränkt, weil sich die industriellen Familienbetriebe nach Möglichkeit nur kurzfristig verschuldeten. Eine Ausnahme bildete die 1869 in Kempthal gegründete Firma Maggi. Der Direktor der Kreditanstalt Georg Stoll, später Generaldirektor der Maggi, vermittelte nicht nur Kapital aus der Erbschaft Alfred Eschers, sondern unterstützte 1886 auch die Gründung der neuen Kommanditgesellschaft Julius Maggi & Co. und vier Jahre später deren Umwandlung in eine Aktiengesellschaft. Im Unterschied zur Schweizerischen Eidgenossenschaft erkannte die Kreditanstalt das Marktpotential der Firma Maggi und damit die neuartige Nahrungsmittelproduktion als Bedürfnis der modernen Zeit. Mit ihrem Engagement bekräftigte die Kreditanstalt überdies einmal mehr ihr Bekenntnis zum Wirtschaftsstandort Schweiz.

Eine der Hauptsäulen der Geschäftstätigkeit der Kreditanstalt bildete in den ersten Jahrzehnten die Mitwirkung am Bau des Schweizer Eisenbahnnetzes. Vom ersten Tag ihrer Existenz an war die Kreditanstalt die Hausbank der Nordostbahn (NOB) und diente dieser als besondere Stütze in allen Finanzierungsangelegenheiten. Zwischen der Kreditanstalt und der Nordostbahn bestanden von Anfang an enge personelle Beziehungen. In den NOB-Leitungsgremien war der Verwaltungsrat der Kreditanstalt mit Alfred Escher sowie Johann Friedrich Peyer im Hof

Für die Konkurrenzfähigkeit der Industrie war der Anschluss ans europäische Eisenbahnnetz unabdingbar. Er ermöglichte sowohl die rasche und kostengünstige Einfuhr von Rohstoffen als auch die Ausfuhr der Endprodukte. Im Bild die Schweizerische Lokomotiv- und Maschinenfabrik Winterthur (Ausschnitt). Stich 1914.

und Heinrich Hüni-Stettler prominent vertreten. An der Sitzung des Verwaltungsrates der Kreditanstalt vom 28. Juli 1856 wurden Hans Heinrich Abegg und Jacques Ris autorisiert, «für Rechnung der Kreditanstalt schweizerische Nordostbahn Actien einzukaufen».[326] Am Ende des ersten Geschäftsjahrs bestanden rund 25% (nicht ganz 1 Millionen Franken) des Kreditanstalt-Wertschriftenportefeuilles aus NOB-Aktien – ein beträchtliches Risiko für die junge Kreditanstalt, machte die NOB-Beteiligung doch rund einen Zwanzigstel ihrer Bilanzsumme aus. Hier wie auch bei der Gründung der Rentenanstalt im selben Jahr zeigte sich, dass die Bank in den Anfangsjahren bereit war, Klumpenrisiken einzugehen, die aus heutiger Sicht geradezu halsbrecherisch anmuten. Die Motive für diese risikoreichen Engagements waren jedoch, wie einleitend erwähnt, im Gegensatz etwa zu den Spekulationen des französischen Crédit Mobilier nicht primär ökonomischer, sondern politischer Art. Aus der Sicht der Nordostbahn war übrigens die Beteiligung der Kreditanstalt verhältnismässig unbedeutend, machte sie doch nur 2,3% des Kapitals aus. Nachdem die Kooperation mit der Nordostbahn angelaufen war, reduzierte die Kreditanstalt ihre Beteiligung auf eine Quote von weniger als 20% ihres Wertschriftenportefeuilles und überschritt diese Marke bis zur Verstaatlichung des Schweizer Eisenbahnwesens am 1. Januar 1902 nie wieder.

Ab Herbst 1857 arbeiteten die Kreditanstalt und die Nordostbahn auch bei der Emission von Anleihen eng zusammen. Nachdem die Kreditanstalt schon im September 1857 gemeinsam mit der Württembergischen Hofbank und der Privatbank Doertenbach & Komp. in Stuttgart eine Anleihe über 10 Millionen Franken begeben hatte, arrangierte sie bis 1865 noch vier weitere NOB-Anleihensoperationen mit einem Nennwert von über 20 Millionen Franken.

Als die erste Expansionsphase der Privatbahnen gegen Mitte der 1860er Jahre abgeschlossen war, kam der Eisenbahnbau praktisch zum Stillstand. Erst mit Ratifizierung des ersten Gotthardvertrags (1869), der Gründung des internationalen Gotthardkonsortiums (1871) und dem Baubeginn im folgenden Jahr setzte in der Schweiz die zweite grosse Phase des Eisenbahnbaus ein. Obwohl die direkte finanzielle Beteiligung der von der Kreditanstalt angeführten Schweizer Banken am Gotthardprojekt verhältnismässig gering war, spielte – neben Eschers persönlichem Einsatz als Direktionspräsident der Gotthardbahn-Gesellschaft – die Kreditanstalt eine wichtige Rolle, indem sie «im Interesse des Landes und der Aktionäre» verschiedene Dienstleistungen erbrachte.[327] So war sie nicht nur an der Ausarbeitung des Gotthardvertrags beteiligt, sondern amtete auch als Verbindungsstelle zwischen dem internationalen Konsortium – bestehend aus je einer deutschen, italienischen und schweizerischen Gruppe – und der Gotthardbahn-Gesellschaft. Als im Zuge der Eisenbahnkrise ab 1875 auch das Gotthardprojekt wegen übermässig hoher Baukosten ins Wanken geriet, sprang die Kreditanstalt wiederum ein und übernahm eine Obligationenserie.

Georg Stoll (1818–1904). Mitglied der Direktion der Nordostbahn (1858–1873), Generaldirektor (1873–1885) und Verwaltungsrat (1885–1898) der Schweizerischen Kreditanstalt. Enger Vertrauter Alfred Eschers in dessen letzten Lebensjahren.

Auch die Nordostbahn bekam die Folgen der einbrechenden Konjunktur und des sich zuspitzenden Konkurrenzkampfs zwischen den verschiedenen Eisenbahngesellschaften zu spüren. 1872 gründeten Winterthurer Persönlichkeiten aus dem Umfeld der demokratischen Bewegung die Nationalbahn, die als Gegenpol zu Eschers Nordostbahn konzipiert war. Die beiden rivalisierenden Gesellschaften erwarben weitere Eisenbahnlinien, die sich jedoch bald als unrentabel erwiesen, was die Bahngesellschaften insgesamt in eine schwere Krise stürzte. Die NOB-Aktionäre sahen sich mit einem unerwarteten Dividendeneinbruch konfrontiert: Hatte die ausbezahlte Dividende 1875 noch 8% betragen, blieb schon 1877 jede Dividendenzahlung aus. Sämtliche Ausbaupläne mussten redimensioniert werden. Auch in dieser schweren Krise blieben jedoch die damals stark betonten nationalen Interessen insofern gewahrt, als ein Rettungsplan zur Auflegung einer Anleihe durch ein französisches Konsortium wegen heftiger Kritik fallengelassen wurde.

Ab 1878 standen die Zeichen wieder auf Prosperität: Die Zürcher Kantonsratswahlen brachten den Liberalen auf Kosten der Demokraten erneut die Mehrheit und schufen dadurch ein günstigeres Investitionsklima. Weiter trugen personelle Abgänge, ein Baumoratorium, die 1878 über die Nationalbahn verfügte Zwangsliquidation sowie die im selben Jahr auf Initiative der Kreditanstalt erfolgte Gründung der Schweizerischen Eisenbahnbank zur Überwindung der Krise bei. 1880 konnte die Nordostbahn ihre frühere Hauptkonkurrentin, die Nationalbahn, übernehmen. Eine entscheidende Rolle spielte in diesen Jahren die Eisenbahnbank: Die neue Gesellschaft – eine Innovation für die Schweiz – sollte die Nordostbahn nach dem Prinzip der Effektensubstitution rekonstruieren. Im 18köpfigen Verwaltungsrat sassen drei Kreditanstalt-Vertreter, und die Bank war zu rund 20% am Aktienkapital von 20 Millionen Franken beteiligt. Trotz französischer Mitbeteiligung wurden die Unabhängigkeit und der schweizerische Hintergrund der Eisenbahnbank, die Mitte der 1880er Jahre nach Abschluss der Sanierung der Bahn aufgelöst wurde, stark betont. Die NOB-Krise konnte somit letztlich ohne staatliche Eingriffe bewältigt werden. Die wirtschaftsliberale Bank- und Bahnelite hatte sich einmal mehr Respekt verschafft. Die Kreditanstalt blieb – wenn auch immer weniger eng – bis 1902 mit der Nordostbahn verbunden.

Beteiligungen in der Finanzwirtschaft
Schon in den ersten Monaten ihres Bestehens leistete die Kreditanstalt bedeutende Beiträge zur Entwicklung des Bankwesens in der Schweiz. Der Verwaltungsrat liess sich dabei von der Überzeugung leiten, die Wirtschaftskraft des Landes würde durch die Gründung weiterer Banken gestärkt. So beteiligte sich die Kreditanstalt an der Gründung der ‹Bank in Luzern› sowie der ‹Bank in Burgdorf›, wirkte an der Errichtung der Basler Handelsbank mit und beteiligte sich an einer Kapitalerhöhung der Banque Commerciale Genevoise.

▷
Alfred Escher als Verwaltungsratspräsident der Schweizerischen Kreditanstalt. 1999. Porträt von Katrin Pillon-Brauer (*1946) in der Sammlung Credit Suisse.

Weiter leistete sie dem ‹Basler Bankverein› und der Banca della Svizzera Italiana in Lugano Starthilfe. Im Ausland war die Kreditanstalt bei den Gründungen der Banca Napolitana di Credito e di Deposito in Neapel, der Banca Italo-Svizzera in Genua, der Bank für Tirol und Vorarlberg in Innsbruck, der Berliner Produkten- und Handelsbank, der ‹Bank in Mülhausen› und des Österreichisch-Schweizerischen Credit-Vereins involviert. Eine abenteuerlich anmutende Beteiligung an der Swiss American Bank in San Francisco musste infolge Liquidierung des kalifornischen Instituts abgeschrieben werden. Seit den 1880er Jahren nahm die Zahl der Bankengründungen allmählich ab.

Kommerzgeschäft

Anders als die Crédit-Mobilier-Banken in Paris und Genf legte die Kreditanstalt schon bald grösseren Wert auf die Risikoverteilung und rückte nach den ersten Jahren zunehmend das eigentliche Bankgeschäft gegenüber dem Gründungsgeschäft und den Beteiligungen ins Zentrum ihrer Aktivitäten. Als neue Tätigkeit gegenüber der bis dahin üblichen Diskontierung von Wechseln und der Gewährung von Hypothekardarlehen begann die Kreditanstalt als erste Schweizer Bank in grösserem Rahmen Kontokorrentrechnungen zu eröffnen, aus welchen sich allmählich ein reges Kreditgeschäft vor allem mit Blankokrediten entwickelte. Angesichts wiederholter Verluste geriet allerdings die Praxis der Kreditanstalt, ungedeckte Kredite ohne eingehende Bonitätsprüfungen zu sprechen, immer wieder ins Kreuzfeuer der Kritik. Im problembehafteten Geschäftsjahr 1867 waren notwendig gewordene Abschreibungen auf Kontokorrentguthaben eine der Hauptursachen für den ausgewiesenen Jahresverlust. Dabei ist zu vermerken, dass die junge Kreditanstalt dazu neigte, sich auf die Region Zürich und auf Schweizer Geschäftsleute im Ausland zu konzentrieren.

Da Kredite in der Regel nicht an Firmen vergeben wurden, die heute zur Kategorie der kleineren und mittleren Unternehmen (KMU) gezählt würden, galt die Kreditanstalt beim breiten Publikum verglichen mit anderen Handelsbanken als dasjenige Institut, welches vornehmlich Grosskunden bediente – dies auch, weil die Kreditanstalt in den ersten Jahrzehnten hauptsächlich als die Bank Alfred Eschers wahrgenommen wurde. Gegen Ende des 19. Jahrhunderts, als sich erste Ansätze zur Entwicklung des heutigen Retailgeschäfts zeigten, sprach die Kreditanstalt allmählich breitere Kundenkreise an. Namentlich weckten nun die vom entstehenden Mittelstand geäufneten Ersparnisse das Interesse der Grossbanken.

Geschäftsentwicklung in der Ära Alfred Escher: Eine Erfolgsgeschichte

Nachdem die Kreditanstalt während der bis Ende der 1860er Jahre dauernden Phase des ‹Trial and Error› mehrfach sehr teures Lehrgeld zu entrichten hatte, gelang es ihr, aus Fehlern zu lernen, den Kenntnisstand zu erweitern und sowohl die Strategie als auch die Geschäftsorganisation den sich verändernden Rahmenbedingungen anzupassen. Trotz einigen misslungenen Gründungsbeteiligungen, Wertschriftengeschäften und Immobilientransaktionen, die sowohl in der zeitgenössischen Kritik als auch in der Rückschau als kapitale Fehlschläge erscheinen, gelang es der Bank, jedes Jahr eine Dividende auszuschütten. Dadurch hob sich die Kreditanstalt positiv von ihrer schweizerischen Konkurrenz ab. Selbst im Krisenjahr 1867, als die Bank insbesondere infolge hohen Abschreibungsbedarfs auf ihrem Wertschriftenportfolio einen Jahresverlust von rund 830 000 Franken ausweisen musste, wurde den Aktionären aus den Reserven eine Dividende von 4,5% ausbezahlt.

Die durchschnittliche Höhe der für die Geschäftsjahre 1857 bis 1882 ausgerichteten ordentlichen Dividenden betrug 6,61%. Wurde die Dividende für 1858 unter anderem wegen der verlustträchtigen Investition in die Pariser Parquetteriefabrik und aufgrund von Verlusten auf Wertschriften- und Warentransaktionen auf damals bescheidene 3⅕% angesetzt, erreichte sie nur vier Jahre später für das erfolgreiche Geschäftsjahr 1862 mit 12½% eine bis heute einzigartige Höhe. Mit Ausnahme der im Dividendenpendel nach unten ausschlagenden Jahre 1858 (3⅕%) und 1867 (4½%) wurden in der Folge konstant Dividenden von 5% und mehr ausbezahlt.

Im Vergleich mit anderen schweizerischen Anlagemöglichkeiten war der Dividendenertrag auf den Kreditanstalt-Aktien hoch und erwies sich als verlässliche Ertragsquelle. Insbesondere von Kleinanlegern wurden Aktien damals oft als längerfristige Anlage erworben. Da die Dividendenrendite der Kreditanstalt-Titel nach 1867 durchwegs auf hohem Niveau blieb, war die Aussicht auf kurzfristige Kursgewinne für das Normalpublikum von eher sekundärem Interesse. Dies galt natürlich in speziellem Mass für jene Anleger, welche die Kreditanstalt-Titel nicht schon bei der Emission, sondern zu einem späteren Zeitpunkt unter pari erworben hatten.

500-Franken-Aktie aus den Anfangszeiten der Schweizerischen Kreditanstalt.

Während die Titel der Kreditanstalt bis 1860 mehrheitlich unter pari notierten, das heisst unter 500 Franken, stieg ihr Kurswert während des wirtschaftlichen Aufschwungs der Jahre 1861 bis 1863 spektakulärerweise auf über 1000 Franken. Das Jahr 1863, in dem der Kurs der Kreditanstalt-Aktie auf eine bis gegen Ende der 1920er Jahre nie mehr erreichte Höhe kletterte, war gekennzeichnet durch eine eigentliche Gründungswelle von Aktiengesellschaften. Zahlreiche Banken und Leihkassen, industrielle Betriebe und Versicherungsgesellschaften drängten damals auf den Kapitalmarkt. Während 1861 auf dem Kreditanstalt-Titel mit 8,5% eine für schweizerische Verhältnisse schon sehr hohe Dividende ausgerichtet wurde, erreichte diese im Folgejahr mit 12,5% ihren Zenit. Auf dieses Jahr fiel auch der höchste Kursgewinn der Aktie, deren Wert innerhalb nur eines Jahres von rund 600 auf über 900 Franken emporgeklettert war. 1863 überschritt der Kurs sogar die 1000-Franken-Marke. Doch fast ebenso schnell und steil wie die Kurshausse der Jahre 1862 und 1863 zeichnete sich die Korrektur in der wirtschaftlichen Depressionsperiode der Jahre 1864 bis 1866 ab. Nachdem der Kreditanstalt-Titel im Jahre 1864 seinen grössten Kursverlust in der Ära Escher notiert hatte und bis auf 600 Franken gefallen war, tauchte er im Verlauf des Jahres 1866 noch weiter bis auf unter pari und fiel zeitweise auf gegen 400 Franken. In der Zeit bis zu Alfred Eschers Todesjahr erholte sich der Kurs allerdings wieder und bewegte sich bis 1882 in einer Bandbreite zwischen 700 und 800 Franken.

Wie hoch die Erwartungen der Aktionäre bezüglich der Dividendenfestlegung von Crédit-Mobilier-Banken wie der Kreditanstalt damals waren, zeigt eine forsche Stellungnahme der damaligen Hauptaktionärin der Kreditanstalt für das Geschäftsjahr 1858. Tatsächlich war die Leipziger Credit-Anstalt mit ihrer damals fünfzigprozentigen Beteiligung an der Zürcher Bank ein beträchtliches Klumpenrisiko eingegangen. In seinem Schreiben vom Frühjahr 1859 an Alfred Escher äusserte sich der Vertreter der Leipziger Credit-Anstalt, Caspar Hirzel-Lampe, wenig diplomatisch zum Antrag des Verwaltungsrates der Kreditanstalt, die Dividende für das Geschäftsjahr 1858 auf 3⅘% festzulegen.

Die Drohung des Vertreters der damaligen Hauptaktionärin der Kreditanstalt verfehlte jedoch ihre Wirkung, und die Dividende für 1858 wurde auf 3⅘% belassen. Hirzel-Lampe konnte sich unter anderem deswegen nicht durchsetzen, weil die Leipziger Credit-Anstalt trotz ihrer fünfzigprozentigen Beteiligung lediglich über zwei der fünfzehn Verwaltungsratssitze verfügte. Zudem war in §19 der Kreditanstalt-Statuten von 1856 festgelegt worden, dass an der Generalversammlung von einer Person nicht mehr als 50 Stimmen, «gleichviel ob im eigenen Namen oder mit Prokura», abgegeben werden dürfen.[328] Obwohl Alfred Escher die Bedeutung der Leipziger Kapitalbeteiligung keineswegs geringschätzte, hatte er durch eine wohldurchdachte Gestaltung der Statuten dafür gesorgt, dass der entscheidende Einfluss in der Schweiz blieb.

Unter dem Eindruck des französisch-italienisch-österreichischen Krieges und auch im Hinblick auf die geringe Dividende von 1858 war die Credit-Anstalt in Leipzig in den Jahren 1859 und 1860 bereit, Teile ihrer Zürcher Beteiligung über die dortige Kreditanstalt zu veräussern, obwohl der Titel damals unter pari gehandelt wurde. Da die damalige Direktion mit einer baldigen Kurserholung rechnete, übernahm die Kreditanstalt in Zürich in mehreren Tranchen grössere Posten ihrer Aktien von der Leipziger Credit-Anstalt, die sie später mit gutem Gewinn wieder placieren konnte. Durch die daraus resultierende breitere Streuung der Kreditanstalt-Titel vergrösserte sich der Handlungsspielraum des schweizerisch dominierten Verwaltungsrates und der Geschäftsleitung weiter.

Aus dem Vergleich mit dem Schweizerischen Bankverein, der Toggenburger Bank, der Eidgenössischen Bank und der Basler Handelsbank geht hervor, dass bezüglich der durchschnittlichen Höhe der bis 1882 ausbezahlten Dividenden die Schweizerische Kreditanstalt mit 6,6% an erster Stelle figuriert, die Toggenburger Bank mit 6,1% an zweiter, die

Eidgenössische Bank mit 5,6% an dritter, der Schweizerische Bankverein mit 5,6% an vierter und die Basler Handelsbank mit 5,45% an fünfter Stelle. Gemessen an der Dividendenausschüttung war somit die Aktie der Kreditanstalt im untersuchten Zeitraum mit beträchtlichem Vorsprung der attraktivste schweizerische Bankentitel. Die Bandbreite zwischen der höchsten und der tiefsten bis 1882 ausbezahlten Dividende war beim Schweizerischen Bankverein mit 10% am grössten. Der Grund dafür findet sich darin, dass im Geschäftsjahr 1873 keine Dividende ausgerichtet wurde. Die Schweizerische Kreditanstalt weist mit 8,7% die zweitgrösste Bandbreite auf. Der Grund liegt hier bei der mit 12,5% sehr hohen Dividende für das Geschäftsjahr 1862. Die geringsten Schwankungen weist die Höhe der Dividenden mit 1,8% bei der Toggenburger Bank aus. Im 19 Jahre umfassenden Zeitraum betrug ihre Dividende während 6 aufeinanderfolgender Jahre (1877–1882) jeweils konstante 6%. Bei der Schweizerischen Kreditanstalt war das Wachstum der Bilanzsumme während der ersten 10 Geschäftsjahre mit rund 178% wesentlich grösser als bei der Basler Handelsbank (+70%), dem Schweizerischen Bankverein (+31%) und erst recht der Eidgenössischen Bank, bei der die Bilanzsumme nach den ersten 10 Geschäftsjahren um rund 21% geringer war als bei der Gründung. Beim Verhältnis zwischen Bilanzsumme und Aktienkapital im 10. Geschäftsjahr wies die Basler Handelsbank mit 34,9% den höchsten Wert auf, gefolgt von der Schweizerischen Kreditanstalt mit 26,6%, der Eidgenössischen Bank mit 23% und dem Schweizerischen Bankverein mit 17,2%.

Escher selbst meinte über die Schweizerische Kreditanstalt:

«Diese Anstalt hat dem Platze Zürich eine finanzielle Bedeutung gegeben, die er vorher entfernt nicht hatte; sie hat auch zur Befruchtung der Industrie und Gewerbethätigkeit in Zürich und in der ganzen Ostschweiz wesentlich beigetragen.»[329]

DIE RENTENANSTALT

Die Gründung von Versicherungsgesellschaften bildete einen weiteren Geschäftsschwerpunkt der jungen Kreditanstalt, und auch in diesem Bereich gewann sie schnell volkswirtschaftliche Bedeutung. Durch ihre Mitwirkung in den neugegründeten Instituten baute die Bank Alfred Eschers ihre Stellung im Kapitalmarkt kontinuierlich aus. Die Art des Engagements in der Versicherungswirtschaft ergab sich jeweils aus den Rechtsformen der Versicherungträger. Bei der Gründung der genossenschaftlich organisierten Schweizerischen Lebensversicherungs- und Rentenanstalt stellte die Kreditanstalt eine Garantie. Handelte es sich hingegen beim Versicherer um eine Aktiengesellschaft, so beteiligte sich die Kreditanstalt an der Beschaffung des betriebsnotwendigen Aktienkapitals.

Von 1867 bis 1899 befand sich der Hauptsitz der Rentenanstalt erstmals in einem eigenen Gebäude, dem sogenannten «Chamhaus» an den Unteren Zäunen 1 in Zürich.

Zur ersten Beteiligung der Kreditanstalt an einer als Aktiengesellschaft konzipierten Versicherung kam es 1861, als die ‹Helvetia› Feuerversicherungsgesellschaft als Schwestergesellschaft der bereits bestehenden ‹Helvetia› Allgemeine Versicherungsgesellschaft gegründet wurde. 1863 rief die Kreditanstalt – wieder in Verbindung mit der ‹Helvetia› Allgemeine Versicherungsgesellschaft und der Basler Handelsbank – in Zürich die Schweizerische Rückversicherungs-Gesellschaft ins Leben. Die neue Gesellschaft gelangte durch die Rückversicherung von Transport-, Feuer- und Lebensversicherungen schnell zum Erfolg. Das Engagement der damals grössten Deutschschweizer Bank wurde von den Personen, die hinter den Gründungen von Helvetia und Schweizer Rück standen, durchaus geschätzt. Im Juni 1869 wurde auf Initiative der Kreditanstalt, interessierter Vertreter des Seiden- und Baumwollhandels sowie der Textilindustrie in Zürich die Transportversicherungsgesellschaft ‹Schweiz› Allgemeine Versicherungs-Aktiengesellschaft gegründet, 1872 kam als Schwestergesellschaft der ‹Schweiz› der ‹Versicherungs-Verein› hinzu. Das Gründungskomitee, das am 22. Oktober 1872 zusammentrat, war mit dem Verwaltungsrat der ‹Schweiz› identisch. Die Initiative zur Gründung war wesentlich von der Kreditanstalt ausgegangen. Schon ab 1881 verzichtete der ‹Versicherungs-Verein› auf die Zeichnung von Transportversicherungen und wandelte sich damit zur reinen Unfallversicherungsgesellschaft. 1894 nahm die Gesellschaft den neuen Namen ‹Zürich› Allgemeine Unfall- und Haftpflicht-Versicherungs-AG an.

Um die Vorsorge war es um die Mitte des 19. Jahrhunderts schlecht bestellt, und wer sich nicht auf ein tragfähiges familiäres Netz verlassen konnte, geriet schnell einmal in Not und Armut. Durch die voranschreitende Industrialisierung gewannen Fragen um soziale und finanzielle Absicherung bei Krankheit, Erwerbsunfähigkeit oder Tod an Dringlichkeit. Vor 1848 hatten die beschränkten kantonalen Wirtschaftsräume und die fragmentierte politisch-rechtliche Struktur der Schweiz das Entstehen national tätiger Versicherungsgesellschaften verhindert. So kam es, dass um 1850 französische, deutsche und englische Lebensversicherer in der Schweiz um die Gelder jener Menschen rangen, die Vorsorge und Risikoschutz suchten. Vielen liberalen Politikern war der kontinuierliche Abfluss der schweizerischen Versicherungsprämien ins Ausland ein Dorn im Auge. In diesem Zusammenhang forderte der Zürcher Regierungsrat und Finanzdirektor Johann Jakob Sulzer 1855 den Thurgauer Conrad Widmer auf, sich vertieft mit der Idee einer schweizerischen Lebensversicherungsgesellschaft zu befassen. Dieser erkannte sofort, dass eine solche Gesellschaft ohne ausreichendes Garantiekapital keinen Erfolg haben würde. Und ihm ist es zu verdanken, dass die ebenfalls junge Kreditanstalt mit ihrem gesamten Kapital für die 1857 gegründete Rentenanstalt bürgte. Wer war der mit dieser grossen Aufgabe betraute Thurgauer?

Conrad Widmer – Pionier des schweizerischen Versicherungswesens

Conrad Widmer, am 16. Juli 1818 als Sohn eines Landarztes im thurgauischen Bauerndorf Altnau geboren, verlor mit nur 12 Jahren seine Mutter. Elisabeth Widmer-Näf war bei ihrem Tod 52 Jahre alt, fast 14 Jahre älter als ihr Gatte Jakob Widmer. Conrad war das einzige Kind der beiden. Witwer Jakob Widmer heiratete ein Jahr darauf erneut, und Conrad bekam in den folgenden Jahren noch vier Halbgeschwister. Als aufgeweckter und selbständiger Junge erhielt er seine Bildung am privaten Institut von Pfarrer Steiger in Altnau, an der Sekundarschule in Arbon und an der Mittelschule in Konstanz. Da die Arztpraxis des Vaters nicht genug abwarf, um dem ältesten Sohn den Besuch des Obergymnasiums zu ermöglichen, wurde beim evangelischen Kirchenrat des Kantons Thurgau ein Stipendiengesuch eingereicht. Die kirchliche Behörde prüfte den jungen Conrad in Latein, Griechisch, Arithmetik, Geometrie und Geschichte. Dieser bestand und wanderte daraufhin vom Bodensee nach Zürich – die Eisenbahn existierte noch nicht und die Postkutschen waren zu teuer –, wo er zusammen mit Alfred Escher das Obergymnasium besuchte. Im Frühling 1836 begann der 17jährige Conrad in Zürich ein Theologiestudium, wechselte aber nach drei Semestern sowohl die Universität als auch das Studienfach. Conrad Widmer zog nach Basel und schrieb sich an der dortigen Hochschule bei den Rechtswissenschaften ein. Da er nach diesem Wechsel weder von seinem Vater noch vom Kanton Thurgau finanzielle Unterstützung erhielt, war er gezwungen, sich mit Nachhilfestunden über Wasser zu halten. Wie Alfred Escher engagierte sich auch Conrad Widmer in der Studentenverbindung Zofingia. Nach dem erfolgreichen Studienabschluss kehrte Widmer in seinen Heimatkanton zurück und eröffnete 1839 in Frauenfeld eine eigene Anwaltskanzlei. Als Anwalt verschaffte sich Conrad Widmer in den Gerichtssälen rasch Gehör. Er galt als guter Redner, der Witz und Humor wirkungsvoll einzusetzen wusste. Einmal hielt er vor dem Bezirksgericht sogar ein Plädoyer in Versform. Schon nach kurzer Zeit suchte sich Conrad Widmer eine grössere Bühne für seine Auftritte, welche er 1844 bei der «Thurgauer Zeitung» fand, wo er seine Meinung zum politischen Geschehen kundtun wollte. In seiner Tätigkeit als Redaktor wurde der junge liberale Idealist jedoch von der Realität eingeholt. Widmer musste erkennen, dass die Politik ein rauhes Geschäft ist, und da ihm Intrigen und Verunglimpfungen zuwider waren, beendete er seine publizistische Tätigkeit nach weniger als einem Jahr. In der Folge hatte Conrad Widmer Stellungen als Obergerichtsschreiber in Frauenfeld, stellvertretender Staatsanwalt des Kantons Thurgau sowie Direktor der kantonalen Strafanstalt in Oetenbach inne. In der hoffnungslos überfüllten Strafanstalt, in der miserable Zustände herrschten, konnte Widmer dank seinem organisatorischen Talent und seiner Tatkraft schnell wesentliche Verbesserungen erzielen. Nachdem er vier Jahre als Zuchthausdirektor geamtet hatte, trat Regierungsrat

Conrad Widmer (1818–1903). Thurgauer Jurist und Unternehmer sowie Initiator der Schweizerischen Lebensversicherungs- und Rentenanstalt (heute Swiss Life). Pionier des schweizerischen Versicherungswesens.

und Finanzdirektor Johann Jakob Sulzer mit der Idee an ihn heran, in Zürich eine schweizerische Lebensversicherung zu gründen, damit die Prämiengelder nicht laufend an ausländische Gesellschaften abflössen. 1857 waren insgesamt rund zwanzig französische, deutsche und englische Lebensversicherungsgesellschaften in der Schweiz tätig. Lebens- und Rentenversicherungen entsprachen schon früh einem grossen Bedürfnis der schweizerischen Bevölkerung. Allerdings «flossen auf diese Weise alljährlich Summen in die Fremde, die ebenso leicht bei Existenz einer gut fundierten inländischen Assekuranzunternehmung dem einheimischen Verkehre hätten erhalten bleiben können».[330]

Widmer vertiefte sich daraufhin in die Versicherungsthematik und fing Feuer. Er machte sich daran, Daten aus Einzeluntersuchungen zusammenzutragen, schweizerische Sterbetafeln aufzustellen, Berichte von Ärzten auszuwerten und Erfahrungen ausländischer Versicherer zu analysieren. In den folgenden Jahrzehnten sollte ihn nichts so sehr beschäftigen wie der Aufbau der Schweizerischen Rentenanstalt, die er später während 35 Jahren umsichtig und mit sicherer Hand leitete. Bei der Gründung genügten dem Unternehmen mit seinen drei oder vier Angestellten ein oder zwei gemietete Räume. Bei Widmers Rücktritt im Jahr 1892 war die Firma mit Abstand der grösste Lebensversicherer der Schweiz, der auch im Ausland über mehrere Niederlassungen verfügte.

Die Gründung der ersten schweizerischen Lebensversicherung

Das Engagement der Kreditanstalt bei der Schweizerischen Rentenanstalt stellte zweifellos ein herausragendes Ereignis dar. Dank dem Zusammentreffen der Initiative Conrad Widmers und der strategischen Vision Alfred Eschers konnte die Rentenanstalt 1857 gemäss einem Beschluss des Verwaltungsrates der Kreditanstalt als eigenständiges Lebensversicherungsunternehmen gegründet werden. Faktisch war die Rentenanstalt jedoch eine Abteilung der Kreditanstalt. Diese garantierte mit ihrem gesamten Aktienkapital von damals 15 Millionen Franken für die Einhaltung aller Verpflichtungen der Rentenanstalt, womit die neugegründete Bank ein beträchtliches Risiko einging. Die Kreditanstalt bestimmte überdies das Management und drei Aufsichtsratsmitglieder der neuen Gesellschaft und beanspruchte anfänglich 40% des jährlichen Reingewinns. Die Verflechtung zwischen Kreditanstalt und Rentenanstalt zeigte sich sogar in ihren Standorten: Die Bank befand sich damals in den Tiefenhöfen 26, die Rentenanstalt nur eine Türe weiter, in den Tiefenhöfen 27. Nachdem sich die Rentenanstalt im aufstrebenden Versicherungsmarkt etabliert hatte, begann sich ihre Beziehung zur Kreditanstalt ab 1867 zu lockern. Aufgrund der langwierigen Diskussionen um die Einführung einer staatlichen Versicherungsaufsicht und aufgrund verschiedener politischer Auseinandersetzungen mit der demokratischen Zürcher Regierung, die schliesslich sogar den Bundesrat beschäftigten, dauerte es allerdings noch fast zwanzig Jahre, bis die beiden Institute 1885 vollständig getrennt wurden. Das Modell Kreditanstalt / Rentenanstalt schuf die engste Verbindung zwischen einer Bank und einer Versicherung in der Schweiz des 19. Jahrhunderts.

Eine Grundvoraussetzung für den Erfolg eines Lebensversicherers war damals wie heute die garantierte Deckung der Leistungen. Allein mit den Prämieneinnahmen war diese Sicherheit in der Anfangsphase der Rentenanstalt nicht zu erreichen. Nur dank der Hilfestellung einer Bank konnte 1857 der älteste noch bestehende Lebensversicherer der Schweiz gegründet werden. Die Kreditanstalt stellte der Rentenanstalt wie erwähnt eine Garantie in der Höhe ihres gesamten Aktienkapitals von 15 Millionen Franken zur Verfügung. Die Rentenanstalt war somit ausgestattet «mit einer Sicherheit, wie sie ... wohl keine europäische Lebensversicherungsanstalt in höherem Masse besass».[331] Sie konnte nun als erste einheimische Gesellschaft Policen anbieten, wie sie bislang nur ausländische Versicherer ausgestellt hatten. Als Rechtsform der Rentenanstalt wurde die Genossenschaft gewählt, da die bestehende Kapitalmarktsituation in der Schweiz infolge einer Wirtschafts- und Finanzkrise für Aktiengesellschaften ungünstig war und der Solidaritätsgedanke damals in einer Genossenschaft besser verankert werden konnte.

Police für eine Altersrente der Schweizerischen Rentenanstalt. Ausgestellt am 1. Januar 1860.

Der vielschichtige Wandel, der in der Schweiz durch die Bundesverfassung von 1848 ausgelöst wurde, schuf günstige Voraussetzungen für den Aufbau einer schweizerischen Lebensversicherungsgesellschaft. Conrad Widmer entwickelte sich im Laufe der Jahre zum eigentlichen Pionier des schweizerischen Versicherungswesens. Er erkannte die Zeichen der Zeit und plante gemeinsam mit dem Zürcher Finanzdirektor Johann Jakob Sulzer die Gründung eines entsprechenden Unternehmens – der späteren Schweizerischen Lebensversicherungs- und Rentenanstalt. Widmer und Sulzer sahen eine Lebensversicherungsgesellschaft auf Gegenseitigkeit vor – ein Vorhaben, das auf das Vertrauen eines grossen Publikums angewiesen war. Beide waren sich einig über die zentralen Voraussetzungen eines erfolgreichen Versicherungsgeschäfts: Die Prämien durften nicht zu hoch angesetzt werden, und die Versicherungsnehmer mussten überzeugt sein, dass der Versicherer finanziell genügend breit abgestützt war, um seine Verpflichtungen erfüllen zu können. Die Anbieter von Lebensversicherungen sahen sich nämlich damals mit der Gefahr konfrontiert, bei einer übermässigen Häufung von Sterbefällen das finanzielle Gleichgewicht zu verlieren, da der Bestand für einen Riskoausgleich in der ersten Zeit der Geschäftsausübung zu klein war. Da die Versicherungsgründer fixe Prämien festgelegt hatten und auf die Einforderung von Prämiennachschüssen verzichten wollten, mussten sie den Versicherungsnehmern nebst den von diesen eingelegten Geldern eine zusätzliche Garantie anbieten.

Zunächst wurde die Bank Leu angefragt, ob sie bereit wäre, mit ihrem gesamten Aktienkapital von damals 10 Millionen Franken für die Verbindlichkeiten der neuen Gesellschaft zu haften. Als Gegenleistung sollte der Bank Leu die Verwaltung sämtlicher Gelder der Rentenanstalt zu 4% Mindestrendite übertragen werden. Nachdem die Bank aufgrund von Liquiditätsüberlegungen abgelehnt hatte, wurde als Alternative die Gründung einer Aktiengesellschaft erwogen, um das notwendige Garantiekapital aufzubringen. Wegen der damaligen Finanz- und Handelskrise liess sich aber auch dieses Projekt nicht realisieren. Dank der Vermittlung des Vizepräsidenten der ein Jahr zuvor gegründeten Schweizerischen Kreditanstalt, Johann Jakob Rüttimann, konnte einerseits das Garantieproblem gelöst werden, andererseits realisierte die Kreditanstalt mit ihrem Engagement bei der Rentenanstalt eine neuartiges Modell der Zusammenarbeit zwischen Bank und Versicherung.

Alfred Escher liess sich vom Gedanken leiten, durch eine Garantieleistung die Schaffung eines Instituts zu ermöglichen, das den Bedürfnissen der Schweiz entsprach und dem Lande volkswirtschaftlichen Nutzen bringen würde. Der Regierungsrat des Kantons Zürich genehmigte das Konzessionsgesuch der Rentenanstalt im November 1857, so dass diese ihre Geschäftstätigkeit Anfang 1858 aufnehmen konnte. Die enge Zusammenarbeit zwischen Bank und Versicherung, wie sie später, im letzten Viertel des 20. Jahrhunderts, auch die Allfinanzkonzepte propagierten, war bereits in den Crédit-Mobilier-Modellen des 19. Jahrhunderts angelegt. So sah die 1853 in Genf gegründete erste Crédit-Mobilier-Bank der Schweiz in ihren Statuten die Schaffung einer Bankabteilung vor, die unter anderem auch Lebensversicherungs- und Leibrentenverträge abschliessen sollte.

Betreffend die Dominanz der Bank über die Versicherungsanstalt meldeten sich allerdings von Anfang an kritische Stimmen. Tatsächlich war die Rentenanstalt in mehrschichtiger Weise von der Kreditanstalt abhängig: Die Kreditanstalt haftetete nicht nur mit ihrem gesamten Aktienkapital, sondern schoss auch solange als nötig das zum Betrieb nötige Geld zu 5% Zins vor. Umgekehrt war sie zu 40% am Gewinn beteiligt. Sie bestimmte das Management der Rentenanstalt (Direktion, Buchhaltung), hatte das Recht zur Wahl dreier Delegierter in deren Aufsichtsrat und die Befugnis, in alle strategischen und operationellen Prozesse einzugreifen.

In den Kreisen, die der Rentenanstalt gegenüber kritisch gesinnt waren, herrschte die Meinung vor, diese sei «nichts anderes als ein einfaches Bureau der Schweizerischen Kreditanstalt, und die Statuten der Rentenanstalt nichts anderes als ein blosses Reglement der Schweizerischen Kreditanstalt, und die einzig zulässige Unterschrift sollte heissen: ‹Schweizerische Kreditanstalt, Abtheilung Rentenanstalt›.»[332]

Für die Gründung musste die Kreditanstalt über die Garantiesumme hinaus kein eigenes Kapital einbringen, da die Versicherung genossenschaftlich organisiert werden sollte. Dennoch war die weitgehende Kontrolle der Kreditanstalt über die Rentenanstalt für fast dreissig Jahre sichergestellt. Ohne die Entschlossenheit und den Wagemut der eben erst gegründeten Kreditanstalt hätte die junge Rentenanstalt ihre weitreichenden Verpflichtungen nicht eingehen können. Zunächst war noch durchaus ungewiss, ob sie sich erfolgreich behaupten oder auf die Garantie der Kreditanstalt angewiesen sein würde. Die Garantie der Bank darf denn auch als höchst aussergewöhnlich bezeichnet werden. In den ersten Monaten nach der Gründung schoss die Kreditanstalt der Rentenanstalt die gesamten zum Betrieb erforderlichen Gelder vor. Aufgrund der positiven Geschäftsentwicklung äusserte die Versicherung jedoch bald schon den Wunsch nach grösserer Selbständigkeit. 1862 stimmte die Bank einer Reduktion ihres Gewinnanteils auf 20% zu. Damit sollten die Position der Rentenanstalt im Konkurrenzkampf mit anderen Gesellschaften verbessert und ihre weitere Entwicklung unterstützt werden. Die Kreditanstalt bot überdies an, auf den weiteren Bezug von Gewinnanteilen zu verzichten, falls sie im Gegenzug aus der Garantieverpflichtung entlassen würde. Dieses Angebot war auch unter dem Druck wiederholter «Kritik in der Tagespresse bezüglich der angeblich zu hohen Gewinnraten» zustande gekommen. 1867 forderten Stimmen aus dem Kreis der Versicherten den vollständigen Rückzug der Bank aus der Rentenanstalt. Geschäftsleitung und Aufsichtsrat erachteten jedoch den Zeitpunkt für eine solche Ablösung noch nicht als gekommen. Im Jahre 1873 erhöhte die Kreditanstalt ihr voll einbezahltes Aktienkapital von 15 auf 20 Millionen Franken. Damit verfügte die Schweizerische Rentenanstalt insgesamt über folgende Sicherheiten, welche für ihre Solidität bürgten:

- Eigene Vermögensfonds (8 Millionen Franken)
- Jährliche Prämien- und Zinseneinnahmen (2 Millionen Franken)
- Voll einbezahltes Aktienkapital der Kreditanstalt (20 Millionen Franken)

1874 kam es zu weiteren Auseinandersetzungen um die Gewinnbeteiligung der Bank. In einem 1875 zuhanden des Aufsichtsrates der Rentenanstalt erstellten Bericht wurde die Beibehaltung der Garantie der Kreditanstalt bei gleichzeitiger Reduktion ihres Gewinnanteils empfohlen. Die im gleichen Jahr vorgeschlagene Revision der Statuten der Rentenanstalt stiess auf den Widerstand der demokratischen Zürcher Regierung. Der Regierungsrat war der Ansicht, der Statutenentwurf müsse zuerst der Kreditanstalt zur Genehmigung vorgelegt werden, da die Rentenanstalt «ihrem Wesen nach nichts anderes sei, als die von der Kreditanstalt gegründete und geleitete, mit der nötigen Selbständigkeit nach aussen ausgerüstete Verwaltung der Prämien und Einlagen der Versicherten – ein nach aussen selbständig auftretender Geschäftszweig der Kreditanstalt».[333]

Um den Widerstand der Zürcher Regierung gegen die neuen Statuten zu brechen, erwog man sogar einen Domizilwechsel der Rentenanstalt. Unter der Bedingung, dass sie aus ihrer Garantieverpflichtung entlassen würde, stimmte die Kreditanstalt 1877 grundsätzlich der Verselbständigung der Rentenanstalt zu. Im Anschluss an eine Konferenz unter dem Vorsitz von Bundesrat Numa Droz, an der Vertreter sowohl der Zürcher Regierung als auch der Rentenanstalt teilnahmen, erstellten drei vom Bundesrat ernannte Fachleute eine Expertise, welche die Grundlage zur Bereinigung des Konflikts bildete und die Ausarbeitung neuer Statuten ermöglichte. In diesem Papier wurde unter anderem auch eine sukzessive Reduktion des Gewinnanteils der Kreditanstalt vereinbart. Weiter wurde eine vollständige Ablösung der Bankgarantie vorgesehen, sobald das Vermögen der Rentenanstalt 20 Millionen Franken erreichen sollte, so dass dieses «also die gleiche Garantie biete wie die Bürgschaft der Kreditanstalt».[334] Anfang 1885 war es soweit. Das Vermögen der Rentenanstalt überschritt die 20-Millionen-Franken-Marke. Auf Wunsch verschiedener Versicherungsnehmer stellte die Kreditanstalt jedoch weiterhin die Garantie für gewisse Policen und erhielt dafür eine Kommission in der Höhe von einem Promille. Die Gesamtsumme dieser Haftungen verringerte sich jedoch laufend. Belief sie sich im Jahre 1886 noch auf 1,3 Millionen Franken, so reduzierte sie sich im Jahre 1900 auf 0,5 Millionen Franken und sank schliesslich bis 1910 auf 0,3 Millionen Franken. Seitens der Rentenanstalt wurde der Hoffnung Ausdruck gegeben, «daß nach einer 27jährigen segensreichen Verbindung nunmehr auch noch der Schlußact in gleichem Geiste besten Einvernehmens werde geordnet werden können».[335]

Die Kreditanstalt hatte sich anfänglich das Recht ausbedungen, den Direktor, den Vizedirektor, den Buchhalter sowie drei Aufsichtsratsdelegierte zu ernennen. Wie die Bank dieses Recht ausübte, zeigen folgende Beispiele: Am 10. Mai 1872 schrieb Conrad Widmer in einem Brief an die Kreditanstalt: «Mit Gegenwärtigem erlaube ich mir bei Ihnen die Frage der Erwählung eines Vicedirectors für unsere Anstalt anzuregen.»[336] Als Antwort auf die Anfrage bestimmte die Kreditanstalt nicht nur die als Vizedirektor anzustellende Person, sondern auch deren Gehalt. Als – in einem anderen Fall – die Stelle des Buchhalters vakant war, musste die Rentenanstalt die Bank detailliert über die Neubesetzung und deren Konditionen auf dem laufenden halten. Konkret mussten Vorschläge unterbreitet werden, mit welchen Personen die Stelle besetzt werden sollte. «Es sei die Wahl des Herrn Jacob Wegmann als Buchhalter (für einmal auf die Dauer eines Jahres), für einen Theil der Buchhaltung und Casse, nach den Anordnungen der Direktion; ebenso die Anstellung des Hrn. J. von Aussersihl als Gehülften für Buchhaltung und Casse sowie die Anstellung des Herrn Jacob Ruckstuhl von Aadorf als zweiten Gehülfen zu genehmigen.»[337] Auch als 1880 eine Revision der Besoldungs- und Anstellungsverhältnisse der betreffenden Stelleninhaber anstand, stellte der Verwaltungsrat der Kreditanstalt seine Bedingungen: «Es sei die Direction beauftragt, dem Aufsichtsrathe der Rentenanstalt Namens des Verwaltungsrathes in geeigneter Weise zu eröffnen, es werde hierseits beabsichtigt, die Anstellungsbedingungen des Directors & des Vicedirektors sowie der Buchhalter der Anstalt auf folgenden Grundlagen um zu ordnen.»[338] Die Wahl der Stelleninhaber wurde immer erst mit deren Bestätigung durch den Verwaltungsrat der Kreditanstalt rechtsgültig. Ausserdem mussten Stelleninhaber, die bei der Lebensversicherung kündigen wollten, bei der Bank um Entlassung nachsuchen. Im sechsköpfigen Gründungskomitee der Rentenanstalt von 1857 war die Kreditanstalt mit drei Verwaltungsräten vertreten: mit dem damaligen Verwaltungsratspräsidenten Alfred Escher, der bis 1874, also insgesamt siebzehn Jahre, dem Aufsichtsrat der Rentenanstalt angehörte, mit dem Vizepräsidenten ihres Verwaltungsrates, Johann Jakob Rüttimann (bis 1876), und mit Johann Friedrich Peyer im Hof, der bis 1868 Verwaltungsrat der Kreditanstalt und der Rentenanstalt war. Ein weiteres Mitglied des Gründungskomitees von 1857 war Heinrich Stapfer, der 1867 auch in den Verwaltungsrat der Bank gewählt wurde und diesem während zehn Jahren angehörte.

Die personelle Verflechtung zwischen Kreditanstalt und Rentenanstalt entwickelte sich in deutlich unterscheidbaren Phasen. Die Zeit von 1857 bis 1885 war geprägt durch die enge Bindung der Rentenanstalt an die Kreditanstalt. Durchwegs sassen drei bis vier Mitglieder gleichzeitig im Aufsichts- beziehungsweise Verwaltungsrat der Rentenanstalt und der Bank. Insgesamt handelte es sich um zehn Personen, von denen vier zuerst im Verwaltungsrat der Kreditanstalt und zwei zuerst im Aufsichtsrat der Rentenanstalt gesessen hatten. 1885 folgte eine Zäsur, die dazu führte, dass bis 1905 keine personellen Verflechtungen mehr bestanden. Danach wurde die Tradition wieder aufgenommen. Bis 1976 waren durchgehend ein bis zwei Mitglieder zugleich in den Aufsichtsorganen beider Unternehmen vertreten. Von 1976 bis 1983 bestand wiederum kein Doppelmandat. Mit alt Bundesrat Fritz Honegger (1983–1987) schliesslich kam die Tradition der gegenseitigen Vertretung zum Abschluss.

DAS POLYTECHNIKUM

Braucht die Schweiz eidgenössische Hochschulen?

Als der Nationalrat am 7. Februar 1854 dem Vorschlag des Ständerates folgte, indem er das Gesetz über die Gründung einer «eidgenössischen polytechnischen Schule in Verbindung mit einer Schule für das höhere Studium der exakten, politischen und humanistischen Wissenschaften» annahm, konnte er nicht voraussehen, dass er mit diesem Entscheid den Grundstein für eine Hochschule gelegt hatte, die in der Folge zu Weltruhm kommen würde. Im Gegenteil: Das «Poly», wie es im Zürcher Volksmund bald liebevoll heissen sollte, keimte als bescheidenes Pflänzlein einer viel grösser angelegten Saat, gleichsam als verkrümmtes Überbleibsel einer ingeniösen und machtvollen Idee. Die langjährigen Auseinandersetzungen um die eidgenössische Hochschulfrage werfen ein grelles Licht auf die politische Kultur der damaligen Schweiz. Sie sind ein eigentliches Lehrstück zur staats- und kulturpolitischen Lage des Landes in der zweiten Hälfte des 19. Jahrhunderts.

Der leidenschaftliche Impetus, mit dem die radikalen Vordenker 1848 darangingen, den jungen Bundesstaat zentralistisch zu durchwirken und ihn zugleich in ein fortschrittliches Gewand zu hüllen, liess erahnen, dass die Frage einer eidgenössischen Universität zwangsläufig und schon früh auf der politischen Traktandenliste erscheinen würde. Und in der Tat: Bereits in der ersten Session der eidgenössischen Räte im neuen Bundesstaat reichte Nationalratspräsident Ulrich Ochsenbein am 18. November 1848 die Motion ein, eine eidgenössische Universität zu errichten.

Noch 1840/41 hatte sich Alfred Escher in seiner Eigenschaft als Zentralpräsident des Zofingervereins zurückhaltend über das Vorhaben einer «Nationalhochschule» ausgesprochen. Wohl entsprach diese Haltung seiner damaligen persönlichen Einschätzung, doch darf nicht übersehen werden, dass er als Repräsentant des Zofingervereins auch vereinspolitische Aspekte zu berücksichtigen hatte. Seine Forderung, der Zofingerverein habe namentlich den Zweck, die Tugendhaftigkeit der Studierenden zu fördern, fokussierte auf das grundsätzliche Identitätsproblem, mit dem sich die Zofingia in jenen Jahren konfrontiert sah.

Ein wichtiges Dokument, das diese frühe wissenschaftspolitische Position Alfred Eschers illustriert, ist der Brief vom 1. August 1839 an seinen Vetter Jakob Escher. Darin stellte Escher bemerkenswerte Überlegungen und kritische Gedanken zur politischen Machbarkeit einer zentralistischen Bildungsanstalt an. Im Hinblick auf die späteren Auseinandersetzungen um die eidgenössischen Hochschulen legen sie beredtes Zeugnis ab vom Weitblick, mit dem der zwanzigjährige Alfred Escher die staats- und kulturpolitischen Verhältnisse der Schweiz analysierte. Bereits 1839 identifizierte Escher jene Problemkreise, die rund zehn Jahre später unter veränderten Vorzeichen als Hauptargumente gegen die zur Diskussion stehenden Pläne für eine eidgenössische Universität und das Polytechnikum ins Feld geführt wurden:

- die Befürchtung seitens der kantonalen Universitäten, dass sie durch Errichtung eidgenössischer Institute an Bedeutung verlieren könnten und dass darunter auch ihre wissenschaftliche Qualität leiden würde;
- die Kulturunterschiede zwischen der «deutschen und welschen Zunge», die es nicht zulassen, dass die Studierenden im jeweils anderen, nicht muttersprachlichen Landesteil «erzogen werden»;
- der zwangsläufig ausbrechende Kampf zwischen den grösseren Städten um den Sitz der eidgenössischen Bildungsanstalten;
- schliesslich die in der Schweiz feststellbare «Verschiedenartigkeit der Ansichten» in den kleinsten Dingen.

Der Berner Bundesrat Ulrich Ochsenbein (1811–1890) engagierte sich in der Hochschulpolitik.

Gestützt auf diese Einschätzung der Lage kam Escher zum Schluss, dass es tunlich sei, nicht einem «zweifelhaften Traumbilde» nachzuhängen, sondern vielmehr den Realitäten ins Auge zu blicken, das heisst zwischen Ideal und Wirklichkeit klar zu unterscheiden. So empfahl er, auf eidgenössische Anstalten zu verzichten und statt dessen die Universität Zürich «noch eidgenössischer zu machen», damit sie auf diese Weise zum wissenschaftlichen Mittelpunkt der Schweiz werde und landesweit ausstrahle.[339] Blumer konnte Escher darin nicht beipflichten:

«Die Idee einer schweizerischen Gesammthochschule möchte ich nicht untergehen lassen, sondern in allen Jünglingsherzen recht lebendig u. wach erhalten, damit einst das aufblühende Geschlecht, wenn es zur That berufen seyn wird, sie verwirklichen möge. Denke dir die vielen bedeutenden Gelehrten, die wir in der Schweiz immer noch besitzen, auf einem Sammelpunkte vereinigt, würde da nicht etwas ersprießlicheres für die Wissenschaft herauskommen, als auf unsern jetzigen Duodez-Universitäten, die trotz aller Opfer u. Anstrengungen doch nur im Einzelnen Tüchtiges leisten können? [...] Und gäbe es wohl ein kräftigres Mittel zur Belebung schweizerischen Nationalgefühls u. Ausrottung des erbärmlichen Kantönligeistes, als die Vereinigung aller studierenden Schweizerjünglinge auf einer Hochschule?»[340]

Neun Jahre später, als junger Regierungsrat des Kantons Zürich und eidgenössischer Parlamentarier, hatte Escher seine Meinung geändert. Nun betrachtete er die Hochschulpläne als «Ehrenschuld» gegenüber der Schweizer Jugend, wie er überhaupt Förderung und Modernisierung des staatlichen Erziehungswesens zu einem festen Programmpunkt seiner Arbeit als Erziehungsdirektor machte.[341] Dies zeigte sich beispielhaft in den Debatten des Zürcher Grossen Rates. Hier setzte sich Escher im Mai 1848 für den zur Diskussion vorliegenden Hochschulartikel im Bundesverfassungsentwurf ein, der die Errichtung einer gesamtschweizerischen Universität, einer polytechnischen Schule und mehrerer Lehrerseminare durch die Eidgenossenschaft vorsah. Dagegen trat namentlich der damalige Zürcher Regierungsrat und spätere Bundesrat Jonas Furrer auf, der darauf hinwies, dass man Zürich nicht zumuten könne, über die Leistungen für die eigene Universität hinaus noch zusätzliche Geldbeiträge an schweizerische Anstalten zu leisten, die «nur im Interesse derjenigen Kantone errichtet würden, deren Unterrichtswesen noch unentwickelt sei».[342]

Der Entwicklungsschritt, den Escher in der Hochschulfrage im Verlaufe der 1840er Jahre gemacht hatte, zeigte sich anschaulich in seiner Grossratsrede vom 11. Mai 1848, die mit ihrer offensiv-zentralistischen Dynamik in scharfen Kontrast zur Position des ehemaligen Zentralpräsidenten des Zofingervereins tritt. Sie dokumentiert ebenso das radikale Grundmuster des bereits zum Sprung auf das eidgenössische Parkett ansetzenden Zürcher Jungpolitikers. Wohl war für ihn der Standort

Zürich von herausragender Bedeutung, doch sollte die Zusammenarbeit aller Kantone aus der Mittelmässigkeit ihrer Bildungseinrichtungen heraushelfen und Anschluss an eine international konkurrenzfähige Hochschule bieten.

Die Anschauung Furrers fand die grossrätliche Mehrheit, und somit wurde die zürcherische Tagsatzungsdelegation für die Streichung von Artikel 22 aus der Bundesverfassung instruiert. Dieses Nein aus Zürich änderte jedoch nichts daran, dass die Tagsatzung nach längerem Hin und Her am 24. Juni 1848 Artikel 22 mit folgendem Wortlaut verabschiedete: «Der Bund ist befugt, eine Universität und eine polytechnische Schule zu errichten.»

Die Standortfrage

Es gehört zu den Charakteristika schweizerischer Politdebatten, dass die Diskussion um eine Sachfrage in sekundäre Bereiche abgleiten kann. Diese Verlagerung der politischen Blickwinkel ist nicht – wie man vermuten könnte – ein Spezifikum der Konkordanzdemokratie, die in der Schweiz mit der Einführung von Initiative und Referendum im letzten Viertel des 19. Jahrhunderts Einzug hielt und sich mit der Formulierung der ‹Zauberformel› in den 1950er Jahren festschrieb. In diesem Kontext gehört auch die Erscheinung, dass eine Sachfrage, die in die politische Debatte eingebracht wird, urplötzlich ungeahnte und nicht länger kontrollierbare Wendungen nehmen kann – vor allem, wenn sie mit Standortfragen zu tun hat. Dieses Phänomen lässt sich durch die Geschichte des schweizerischen Bundesstaates bis in die heutige Zeit verfolgen. Das Ringen um den Standort einer Institution gestaltete sich nicht immer als edler Wettstreit, sondern oftmals eher als grausames Spiel, das selbst die Möglichkeit einschloss, dass ein Vorhaben dadurch verhindert wurde, dass man sich nicht über dessen Standort einigen konnte. Oder schlimmer noch: Man war gewillt, ein Projekt scheitern zu lassen, nur weil man nicht wollte, dass es an einem bestimmten Ort realisiert würde.

Die eidgenössischen Politiker der ersten Stunde mussten sich auf einer grünen Wiese wähnen, hatten sie doch die einmalige Gelegenheit, den Aufbau der neuen nationalen Infrastrukturen zu projektieren und dabei auch die entsprechenden Standortfragen zu klären. Noch war nichts bestimmt, als die Parlamentarier im November 1848 zur ersten Sitzung in Bern eintrafen, nicht einmal die Frage der Hauptstadt! Und so begann man, sich allmählich auf neuer Grundlage ins Geben und Nehmen hineinzudiskutieren. Das eine wurde gegen das andere aufgewogen. Gibst du mir die Wurst, so lösch ich dir den Durst – frei nach dem Grundsatz des alten Abraham a Sancta Clara.

Die Standortfrage war es denn auch, die dazu führte, dass man den Vorstoss Ochsenbein bachab schickte. Nationalratspräsident Ochsenbein hatte motioniert, dass eine eidgenössische Universität errichtet werden solle, deren Sitz nicht in der Bundesstadt sein dürfe. Dahinter stand die bernische Taktik, auf den Sitz der eidgenössischen Universität zu verzichten, um im Gegenzug Bundesstadt zu werden. Doch gerade für ein Präjudiz dieser Art, eine solche Verbindung der beiden Sachfragen, war Alfred Escher nicht zu haben. Auf den ersten Blick erstaunt, dass sich Escher noch in der Nationalratsdebatte vom Spätherbst 1848 gegen den hochschulpolitischen Vorstoss von Ochsenbein ausgesprochen hatte. Erst bei näherem Hinsehen werden Eschers Motive deutlich. Escher verhielt sich in dieser Frage nämlich so, wie er auch später bei anderen politischen Fragen und Weichenstellungen vorgehen sollte. Bereits beim erstmaligen Auftreten des Zürchers im eidgenössischen Parlament zeigte sich das Grundmuster seines politischen Duktus – seine gleichzeitige Ausrichtung auf das Wohl des Landes und dasjenige des Kantons Zürich. Die Verfolgung nationaler Interessen hielt Escher nie davon ab, gleichzeitig und ebenso konsequent die Anliegen seines Kantons im Auge zu behalten. Insbesondere war er nicht bereit, Zürich kampflos aus dem bereits eröffneten Rennen um die Hauptstadt zu nehmen. Die Chance, dass die Limmatstadt zur Bundesstadt bestimmt werden könnte, schien ihm damals noch durchaus intakt zu sein. Und warum sollten die Zürcher bei der Frage der politischen Hauptstadt freiwillig zugunsten Berns verzichten, wenn alles andere als klar war, dass Zürich im Gegenzug zur Hauptstadt der Wissenschaft bestimmt werden würde?

Mit dieser Sicht der Dinge war Escher keineswegs allein, wie aus einem Brief von Rüttimann an Escher vom 21. September 1848 hervorgeht:

«Confidentiell theile ich dir mit, daß Ludwig Snell Herrn Furrer aufgefordert hat, daß wir doch Alles aufbiethen sollen, um Zürich zur Bundesstadt zu erheben. Der Brief ist wunderschön geschrieben; es ist Schade, daß man ihn nicht abdrucken darf. Aber Snell wäre, glaube ich, seines Lebens nicht sicher, in Bern, wenn man dort vernähme, wie er sich geäußert hat.»[343]

Die Motion Ochsenbein kam im Nationalrat am 25. November 1848 zur Behandlung. Escher trat aus besagten Gründen gegen sie an, kaschierte dies jedoch, indem er argumentierte, es sei noch zu früh, der Landesregierung einen solchen Auftrag zu erteilen. Mit grosser Mehrheit folgte der Nationalrat dieser Position. Anstatt den Bundesrat direkt mit der Ausarbeitung eines Gesetzesentwurfs zu beauftragen, beschloss der Nationalrat, den eben erst gewählten Bundesrat einzuladen, zu Universitäts- und Polytechnikumsfrage vorerst einen Bericht zu verfassen und einen entsprechenden Antrag zu stellen. Der Bundesrat, dem systematische Grundlagen hiezu fehlten, erliess am 4. Januar 1849 auf Franscinis Antrag ein Kreisschreiben an die Kantone mit dem Zweck, statistische Aufschlüsse über den Stand des höheren Unterrichtswesens vor Ort zu erhalten. In ihren Berichten nahmen die Kantone hinsichtlich der Wünschbarkeit einer zukünftigen eidgenössischen Hochschule unterschiedliche Positionen ein. Klar wurde jedoch, dass sie das Vorhaben mehrheitlich ablehnten. Uri beispielsweise meinte, dass ein solches Institut weder notwendig noch von grossem Nutzen sei, während andere Kantone – etwa Wallis, Appenzell Ausserrhoden, Aargau und Graubünden – finanzielle Bedenken vorbrachten. Zürich, Bern, Glarus, Freiburg, Baselland, Luzern, Thurgau und das Tessin sprachen sich teils verhalten, teils dezidiert für die Errichtung einer eidgenössischen Universität oder einer polytechnischen Schule aus. Vor diesem disparaten Hintergrund beschloss der Bundesrat am 5. Mai 1851 auf Antrag Franscinis, eine Expertenkommission einzusetzen. Allerdings sollten der Kommission keine speziellen Aufträge erteilt werden. Vielmehr blieb es ihr überlassen, den Gegenstand nach freiem Ermessen zu prüfen.

Unbestrittenermassen hatte Alfred Escher bereits 1848/49 das Heft in Sachen eidgenössische Hochschulen fest in der Hand. Dies zeigte sich nicht nur darin, dass er im Nationalrat gegen die Motion von Ochsenbein auftrat. Die unverkennbare Handschrift Eschers prägte ebenso den Antwortbrief der Zürcher Regierung auf das bundesrätliche Kreisschreiben vom 4. Januar 1849, worin hervorgehoben wurde, dass die eidgenössische Universität und das Polytechnikum gleichermassen einem nationalen Bedürfnis entsprächen. Indem die Bundesverfassung die Schaffung von zwei eidgenössischen Bildungsanstalten vorsah, setzte sie einen markanten kulturpolitischen Schwerpunkt. Doch schon die Antworten der Kantone auf das bundesrätliche Zirkular von 1849 machten deutlich, dass die Fragen nach Standort und Zuschnitt dieser Institutionen zu langwierigen Diskussionen Anlass geben würden. Aus der teils derb polternd, teils subtil strategierend geführten Debatte ging schliesslich lediglich eine redimensionierte Variante der polytechnischen Hochschule hervor, die nach Eschers Willen in Zürich errichtet wurde. Die eidgenössische Universität war auf der Strecke geblieben.

Auf den ersten Blick schien die politische Landkarte des jungen Bundesstaates klar in zwei Lager gespalten: die radikal-liberalen Sieger und die katholisch-konservativen Verlierer des Sonderbundskriegs. Das erste Lager war politisch stark und sass an den Schalthebeln der Macht, das zweite war schwach und politisch gänzlich unbedeutend. Bei näherem Hinsehen zeigt sich jedoch, dass die Radikal-Liberalen in dem Augenblick an Ausstrahlung verloren, als es im neuen Bundesstaat galt, von der Ideologie zum Tagesgeschäft überzugehen. Mit Erstaunen stellt man fest, dass die anfänglich unerschütterlich anmutende Konsistenz der herrschenden Partei bald schon aufgeweicht wurde, ja dass das radikal-liberale Lager nach wenigen Jahren bereits zu zerfallen drohte. Die konfessionell verankerten Programme, deren realpolitische Relevanz schon in den 1840er Jahren vielfach in Frage gestellt worden war, liefen nach 1848 an Sachfragen auf. So zeigte sich mit der Geburt des Bundesstaates, dass die nicht katholisch-konservative Schweiz dabei keineswegs mehr geschlossen hinter der radikal-liberalen Fahne marschierte. Die Kraftfelder im frischgebackenen Bundesstaat waren zu vielfältig, als dass sie sich weiterhin hätten auf zwei polarisierte, konfessionell begründete Programme einschwören lassen. Der schnell aufblühende Föderalismus setzte dem politischen Diskurs neue, wesentlich komplexere Regeln. Er hob ihn auf ein neues und unvergleichlich viel glitschigeres Parkett, dem die damaligen Protagonisten der Schweizer Politik zunächst in keiner Weise gewachsen waren. Dies zeichnete denn auch das Schicksal der eidgenössischen Hochschulpläne vor. Westschweizer Stimmen schwollen in der Furcht vor der scheinbar drohenden Germanisierung kräftig an. Konservative Föderalisten aller Zungen fürchteten sich vor der zentralisierten Bildung überhaupt. Bisherige Hochschulkantone bangten um ihre lokalen Einrichtungen. Katholische Ultramontanisten erkannten in einer säkularen Anstalt die institutionalisierte Heillosigkeit. Und schliesslich war es für konservative Gläubige beider Konfessionen überhaupt ein Greuel, ihre Söhne im Studium der Gefahr auszusetzen, vom Bazillus des industriellen Zeitalters infiziert zu werden. Kreuz und quer fanden sich Gründe, Motive und Überzeugungen, um gegen die Schaffung eidgenössischer Lehranstalten einzutreten. Die mit der Bundesverfassung von 1848 im Raum stehende Konzeption eines eidgenössischen Hochschulwesens sah vor, zugleich eine eidgenössische Universität und ein Polytechnikum zu errichten. Nachdem Bern am 28. November 1848 zur Bundesstadt erkoren worden war, verhehlten namentlich Zürich und die mit ihm verbundenen Kreise ihren Anspruch nicht, dass kompensierend die Universität an der Limmat angesiedelt werden müsse. Die Standortfrage einer eidgenössischen Universität war auch Thema von Zeitungskommentaren. Unter anderem meldete sich die NZZ zu Wort:

Stefano Franscini (1796–1857). Tessiner Bundesrat. Hat grosse Verdienste im Bereich der eidgenössischen Statistik.

«Können wir auch die hie und da laut werdenden Besorgnisse nicht theilen, daß Zürich zu einer Provinzialstadt herabsinken und seine eidgenössische Bedeutung nach und nach verlieren werde; so läßt sich doch nicht läugnen, daß Zürich durch die Erhebung Berns zur Bundeshauptstadt beträchtliche materielle und politische Einbußen erlitten hat. Es muß also ernstlich darauf bedacht sein, sich dafür einen Ersatz zu verschaffen und wir finden denselben wenigstens theilweise in der Gründung einer eidgenössischen Hochschule, deren Sitz Zürich sein soll.»[344]

Doch bevor über Standortfragen entschieden werden konnte, musste sich die vom Bundesrat eingesetzte Expertenkommission des Themas annehmen.

Unter dem Vorsitz von Bundesrat Franscini trat diese am 26. Mai 1851 erstmals zusammen. Ihr gehörten nebst Alfred Escher folgende Mitglieder an: Erziehungsrat Rodolphe Blanchet aus Lausanne, Nationalrat und General a. D. Henri Dufour aus Genf, der ehemalige Rektor der katholischen Kantonsschule St. Gallen und damalige Pfarrer von Bad Ragaz Josef Anton Sebastian Federer, Peter Merian, Professor an der Universität Basel und ehemaliger Tagsatzungsgesandter, Erziehungsdirektor August Moschard aus Bern, Rudolf Rauchenstein, Professor an der Kantonsschule Aarau, der Rektor der Universität Zürich Alexander Schweizer sowie Ignaz Paul Vital Troxler, Professor an der Universität Bern. Die Zersplitterung der kantonalen Positionen, welche 1849 zutage getreten war, liess aus der Sicht der zentralistischen Hochschulfreunde wenig Hoffnung in die Arbeit der Experten aufkommen. Tatsächlich brachten einige von diesen weniger ihre erziehungswissenschaftliche Kompetenz als ihre parteipolitischen Standpunkte in die Diskussion ein, während andere die kantonspolitischen Direktiven ihrer Regierungen treu vertraten, wissenschaftspolitische Kompetenz jedoch durchwegs vermissen liessen. Auch der Rektor der Universität Zürich wies darauf hin, dass einzelne Kommissionsmitglieder gegen die Sache arbeiteten. Doch nun begann Escher sich des Themas zu bemächtigen. Und dies tat not, denn die Kommission war übel zusammengesetzt, wie Schweizer seinem Freund Johann Caspar Bluntschli schon nach der zweiten Sitzung schrieb. Ohne Eschers Energie wäre nichts, wozu man stehen könne, erreicht worden. Zögerlichkeit und konfuse Argumente hätten das Vorhaben lange in der Schublade gehalten. Seinem Projektmanagement und seiner resoluten Art war es zu verdanken, dass die Hochschulpläne überhaupt Gestalt annehmen konnten.

Eschers hochschulpolitische Grundpositionen waren den Experten hinlänglich bekannt. In Variationen kam Escher im Rahmen seiner ‹Auslegeordnung› auf den Kern seiner wissenschafts- und staatspolitischen Haltung zurück: Allein eine zentralisierte Hochschule sei in der Lage, das bestehende grosse Hemmnis der fehlenden eidgenössischen Identität zu beseitigen und namentlich die sprachlich-kulturell begründeten Gegensätze auszuräumen. Daher gelte es nicht, eine deutschsprachige oder französischsprachige Universität zu gründen, sondern eine eidgenössische, welche Lehrveranstaltungen in allen Landessprachen anbieten würde. Diese eine Anstalt würde auch den offensichtlichen Mißstand beseitigen, dass die vorhandenen Kräfte durch die kantonalen Institutionen sechsfach zersplittert würden. Und schliesslich wäre eine solche zentralisierte Hochschule mit deutscher und romanischer Geisteskultur in Europa einzigartig und würde somit den Wissenschaftsplatz Schweiz wesentlich aufwerten. Nachdem sich die Kommissionsmitglieder in ihren Eintretensvoten zunächst grundsätzlich geäussert hatten, ging man dazu über, Dringlichkeiten und Prioritäten von Universität und Polytechnikum auszuloten.

Am 29. Mai 1851 bestätigte die Expertenkommission mit 5 gegen 4 Stimmen das staatliche Bedürfnis nach einer Universität, dasjenige nach einem Polytechnikum mit 6 gegen 3 Stimmen. Escher, der erklärtermassen hinter dem hochschulpolitischen Gesamtpaket stand, wusste aus Zürcher Perspektive dennoch zwischen der einen und der anderen Bildungseinrichtung zu differenzieren, wobei es ihm prioritär um die Gründung der Universität ging. Gestützt auf Unterlagen der Zürcher Industrieschule vertrat Escher die damals weitverbreitete Meinung, dass das Polytechnikum bei den Studierenden auf vergleichsweise geringes Interesse stossen werde. Um keine Missverständnisse aufkommen zu lassen, stellte er klar, dass auch die Errichtung einer polytechnischen Schule wichtig wäre und zu den zukunftsgerichteten Aufgaben des jungen und dynamischen Bundesstaates gehörte. Doch Escher gelang es, seine vorab zürcherisch motivierte Position bei den Experten mehrheitsfähig zu machen, so dass man der Universität die erste Priorität einräumte.

Um die anstehenden Aufgaben zur weiteren politischen Behandlung voranzutreiben, bildete die Expertenkommission Arbeitsgruppen. Escher übernahm es, Gesetzesparagraphen über das Verhältnis der beiden Anstalten zum Staat, deren Organisation und Struktur zu entwerfen. Diese sollten in einer späteren Phase zur tragenden Grundlage des Polytechnikums werden. Am 5. Juni 1851 wurde Escher von der Kommission beauftragt, die Gesetzesentwürfe für Universität und Polytechnikum zu redigieren. Illustrativ für das von ihm gepflegte Qualitätsdenken, seine zielgerichtete Arbeitsweise, seine Fähigkeit, einen Sachverhalt fundamental und nach allen Richtungen hin zu durchwirken, aber ebenso für sein machtvolles und effizientes Eingreifen, wenn er feststellte, dass eine Sache aus dem Lot zu geraten drohte, steht folgendes Beispiel: Experte Blanchet war bei der Zuteilung der Spezialaufgaben beauftragt worden, einen Bericht über die Organisation des Polytechnikums zu verfassen – gleichsam als begleitenden Kommentar zu den von Escher zu redigierenden Gesetzesentwürfen. Als Escher diesen Bericht Mitte Juni 1851 zu Gesicht bekam, stellte er fest, dass dieser seinen Anforderungen in keiner Weise genügte. In dieser Situation rief Escher den Rektor der zürcherischen Industrieschule, Joseph Wolfgang Deschwanden, zu sich. Dieser liess alles liegen und setzte alle seine Kräfte ein, um die «außergewöhnlichen Arbeiten» zu «Bürgermeister Eschers» Zufriedenheit auszuführen.[345]

Joseph Wolfgang Deschwanden (1819–1866). Erster Direktor des Polytechnikums.

Hier tritt eine Konstante zutage, die sich durch Eschers ganzes wirtschaftspolitisches Leben zog und sein System charakterisierte: Escher zögerte nicht, Fachkompetenzen aus seinem Freundes- und Bekanntenkreis zielgerichtet einzusetzen, wenn er dies für erforderlich hielt. Dabei hinderte ihn nichts daran, sein wirtschaftliches und persönliches Netzwerk auch zur Lösung öffentlich-politischer Aufgaben spielen zu lassen. In seinem unbedingten Engagement machte Escher keinen grundsätzlichen Unterschied zwischen staatspolitischen, wirtschaftlichen und privaten Angelegenheiten. Sein Einsatz war immer kompromisslos und radikal auf die Sache ausgerichtet. Auch im vorliegenden Fall ging es ihm nicht darum, einen persönlichen Nutzen aus der Sache zu ziehen, sondern im Dienst des Hochschulprojekts das beste Resultat zu erzielen.

Was Escher mit Unterstützung Deschwandens innert weniger Tage zustande brachte, wurde selbst von seiten politischer Gegner mit Anerkennung bedacht. Auch aus heutiger Sicht beeindruckt, mit welcher intellektuellen Klarheit, juristischen Schärfe und geistigen Kraft Escher das Hochschulprojekt voranbrachte. Vom 27. Juni bis zum 1. Juli 1851 fanden weitere Sitzungen der Expertenkommission statt, die sich nun immer deutlicher in zwei Lager spaltete. Die Majorität unterstützte Eschers Universitätsgesetzentwurf. Die Minorität hingegen, die sich aus Merian, Dufour und Moschard zusammensetzte, wollte von einer Universität nichts wissen und stellte sich entsprechend gegen die Vorlage. Eschers Gesetzesentwurf und Deschwandens Bericht für das Polytechnikum fanden auch die Zustimmung der Minderheit. Endlich näherte sich die Kommission auch der kulturpolitisch brisanten Frage nach den Standorten der beiden Anstalten. Dabei sprach sie sich dafür aus, die Universität in der deutschsprachigen Schweiz, das Polytechnikum hingegen in der Romandie anzusiedeln. Die Expertenkommission beschloss ihre Tätigkeit mit verschiedenen Berichten, die sie dem Bundesrat am 15. Juli 1851 vorlegte.

Erfolgreiches Lobbying für Zürich

Im August 1851 gelangte das Hochschulprojekt wieder in den Nationalrat. Dieser wählte eine neunköpfige Kommission, die sich mehrheitlich aus Befürwortern der Hochschulpläne zusammensetzte und welche die Gesetzesentwürfe prüfen sollte. Als Mitglieder dieser Kommission wurden Alfred Escher (ZH), Louis Blanchenay (VD), Jakob Stämpfli (BE), Johann Jakob Trog (SO), Jakob Robert Steiger (LU), Giovanni Battista Pioda (TI), Johann Conrad Kern (TG), Johann Matthias Hungerbühler (SG) und Jean-Jacques Castoldi (GE) gewählt. Escher war zwar erst als zweites Mitglied in die Kommission gewählt worden, weshalb ihm diesmal Vorsitz und Sprecherrolle versagt blieben. Da jedoch das erstgewählte Mitglied, Hungerbühler, der Minorität angehörte, wurde Escher Kommissionssprecher der Mehrheit. Am 5. August 1851 überwies der Bundesrat eine Botschaft zu den Gesetzesentwürfen an den Nationalrat, in welcher er die Schaffung der beiden Hochschulen ausdrücklich empfahl. Doch selbst diese bundesrätliche Schützenhilfe änderte nichts an der Tatsache, dass die Spaltung der Kommission unüberbrückbar blieb.

Inzwischen war deutlich geworden, dass Escher zur eigentlichen Seele des Hochschulprojekts geworden war. Jedermann wusste, dass es die erklärte Absicht des Zürchers war, der eidgenössischen Universität zum politischen Durchbruch zu verhelfen, um sie danach an der Limmat zu verwirklichen. Und namentlich dieser Konnex war es, der dazu führte, dass die Universitätsfrage mit Escher identifiziert wurde. Kritiker behaupteten sogar, Escher sei in Tat und Wahrheit der einzige, der eine eidgenössische Universität überhaupt wolle. Die weiteren Stimmen für die Universität, so wurde argumentiert, erklärten sich allein aufgrund der Tatsache, dass viele Politiker von Escher abhängig seien. Gemeint waren nicht nur Zürcher Parlamentarier, sondern auch Eschers angebliche Vasallen in den Kantonen Thurgau, Glarus und Graubünden.

Trotz seiner deutlichen Mehrheitsposition in der Kommission spürte Escher im Sommer 1851, dass das Universitätsprojekt auf tönernen Füssen stand. Emotionen und situative Einflüsse konnten die Vorlage in der parlamentarischen Debatte zu Fall bringen. Wie das weitere Geschehen in der Session mit aller Deutlichkeit zeigte, sah Escher auch zutreffend voraus, dass sich der konservativ-föderalistische Block im Parlament mit allen Mitteln gegen die zentralistische Universität einsetzen würde. Spätestens als die Drahtzieher des Widerstands im Kanton Waadt die Bevölkerung so weit aufgehetzt hatten, dass ein neuer Sonderbund unter veränderten Vorzeichen nicht mehr ausgeschlossen schien, musste Escher sich fragen, ob der richtige Zeitpunkt für die Behandlung im Nationalrat gekommen war. Schliesslich schien es ihm ratsam, die Behandlung der Vorlage zu verschieben. Er sah, dass die Parlamentarier nach wochenlangen Debatten ferienreif waren, und wagte es nicht, eine so grosse und wichtige Angelegenheit unter Zeitdruck durch die Räte zu peitschen. Der eigentliche Grund aber, der Escher dazu bewog, die Hochschulvorlage einstweilen aus taktischen Gründen ruhen zu lassen, war, dass im Parlament zugleich das Eisenbahnprojekt zum Entscheid anstand.

Auch andere machten sich Gedanken über die Koinzidenz dieser beiden wichtigen Fragen. So etwa Peyer im Hof, wie aus seinem Brief an Escher hervorgeht:

«Hast du auch schon darüber nachgedacht, welcher Frage, der Eisenbahnfrage oder der Universitätsfrage die Priorität gebührt. Es ist dieß nicht unwichtig, denn wird der Grundsatz der Betheiligung des Bundes an der Erstellung von Eisenbahnen statuirt, so sind seine disponibeln Mittel gebunden, wird umgekehrt die Hochschule dekretirt, so bleiben uns keine verfügbaren Vorschüße für die Eisenbahnen».[346]

Oder auch Jonas Furrer, der bedauerte, «daß diese beyden wichtigen Gegenstände gleichzeitig in Behandlung kommen», und fürchtete, «daß viele Freunde der Hochschule gegen die Eisenbahn stimmen u. umgekehrt, aus Besorgniß dass beydes zugleich nicht werde dekretirt werden».[347]

Für Heinrich Schweizer stellten die Eisenbahnen und die eidgenössische Hochschule zwei «wahre Existenzfragen» dar. Diese sollten der Schweiz sowohl die «materiellen» als auch die «intellectuellen u. geistigen Lebenskräfte» generieren. Diesbezüglich äusserte Schweizer die Hoffnung, dass sich «die äußern Mittel für die eisernen Bahnen .... finden lassen».[348]

Vor diesem Hintergrund stellte Escher in der Kommission einen Verschiebungsantrag, allerdings mit dem Zusatz, dass man sich wenigstens bereits «für die hohe Wünschbarkeit der Gründung einer eidgenössischen Universität, so wie einer polytechnischen Schule» aussprechen solle.[349] Am 11. August 1851 beschloss der Nationalrat gemäss dem Antrag von Escher, das Geschäft auf die nächste Session zu verschieben. Am 22. Dezember 1851 wollten die Parlamentarier allerdings abermals nicht auf die Hochschulfrage eintreten, da die Diskussion um Staats- oder Privatbahnen noch immer nicht abgeschlossen war. Im Februar 1852 richtete Caspar Hirzel-Lampe aufmunternde Worte an Escher, mit dem Ziel, ihn trotz aller Schwierigkeiten zu einem weiterhin engagierten Eintreten für eine eidgenössische Hochschule zu motivieren:

«Die Hochschul Idee werden Sie doch nicht so leicht aufgeben wollen. Das wäre ein Unglück zumal in jetziger Zeit, wo es so nothwendig ist Institutionen zu schaffen, die außer dem Bereich der Kantone liegen u. rein eidgenössische Elemente in sich tragen. Dazu gehört vor allem aus eine Hochschule, deren segensreiche Früchte für unsere neuen Bundeseinrichtungen nicht lange werden auf sich warten lassen.»[350]

Im April 1852 tagte die Hochschulkommission erneut. Diesmal sprach sie sich für die gleichzeitige Errichtung einer Universität und einer polytechnischen Schule aus. Die meisten Änderungen, die der Bundesrat an Eschers Entwürfen vorgenommen hatte, fielen wieder dahin. Die Kommission stellte den ursprünglichen Wortlaut weitgehend wieder her. Weiterhin stand die Eisenbahnfrage im Vordergrund. Nachdem diese im Sommer 1852 endlich gelöst war, erklärte Kern am 7. August 1852 im Nationalrat, dass es nicht sinnvoll sei, die wichtige Hochschulfrage gegen Ende der Session aufzunehmen. Auch Escher vertrat diese Meinung:

«Die Eisenbahnfrage & die Postentschädigungsfrage, welche beide im Interesse von Zürich gelöst worden sind, haben in einem Theile der Bundesversammlung & gerade auch unter solchen, welche der Eidg. Hochschule günstig sind, eine gewisse Irritation hervorgerufen, so daß es unklug wäre, die Hochschulangelegenheit in dem gegenwärtigen Augenblick zur Entscheidung drängen zu wollen.»[351]

Deshalb wurde diese wiederum verschoben, ein weiteres Mal im Januar 1853.

Ein wichtiger Faktor, der von den Gegnern der beiden Bundesanstalten immer wieder ins Feld geführt wurde, war der Zustand der Bundesfinanzen. Als aber die Staatsrechnung 1852 einen Überschuss von 1,3 Millionen Franken auswies, drängte Escher darauf, über die Hochschulfrage zu entscheiden. Die Mehrheit der Kommission bereinigte am 4. August 1853 ihr Gutachten und legte es dem Nationalrat vor, um in der Wintersession den Antrag auf Eintreten zu stellen. Nachdem in der Vergangenheit vornehmlich die Hochschulgegner mit öffentlichkeitswirksamen Aktionen gegen die beiden eidgenössischen Anstalten angerannt waren, wurden in der nun anstehenden entscheidenden Phase auch die Befürworter aktiv und erhöhten den Druck auf Bundesrat und Parlament. Zum Jahresfest der Schweizerischen Gemeinnützigen Gesellschaft am 20. September 1853 stellte Pfarrer Federer von Bad Ragaz den Antrag, die Gesellschaft möchte sich mit der Bitte an die Bundesbehörden wenden, die schweizerische Hochschule nun baldmöglichst zu errichten. Nationalrat Stämpfli wiederum erstellte im Dezember 1853 einen Bericht über die eidgenössischen Finanzverhältnisse, welcher das schwierige finanzpolitische Umfeld der Debatten um die höheren Lehranstalten dokumentierte.

Vollzählig wie selten in der noch jungen Geschichte des Bundesstaates wurde am 9. Januar 1854 in Bern die Bundesversammlung eröffnet. Die beiden Lager hatten im Vorfeld jede Stimme mobilisiert. Zwei Befürworter im Nationalrat, Adolf Fischer (AG) und Georg Michel (GR), hatten sich trotz Krankheit in Bern eingefunden. Am 16. Januar 1854 begann die Hochschuldebatte im Nationalrat vor dichtbesetzter Tribüne. Gleich zum Auftakt der Session markierten die Gegner der eidgenössischen Universität das Feld, indem die Nationalräte Philippe Camperio (GE) und Johann Matthias Hungerbühler (SG) am 9./10. Januar 1854 je einen Minoritätsbericht einreichten, in welchem sie die Verschiebung des Gegenstandes auf unbestimmte Zeit beantragten. In der Eintretensdebatte positionierte sich der Berner Nationalrat August von Gonzenbach als Gegner einer «Centralanstalt». Er räumte zwar ein, dass eine «größere Anstalt» die Wissenschaft besser zu fördern imstande wäre, gab aber gleich zu bedenken: «Die Schweiz hat nicht sowohl Werth darauf zu setzen, daß sie viele Gelehrte, als vielmehr praktisch gebildete Beamte besitze, und solche werden viel eher an kleinern zerstreuten Anstalten gebildet, als in einer einzigen Centralanstalt.» Weiter kritisierte er, dass bei einer Wahl der Lehrkräfte durch den Bundesrat diese zwar «mit seiner Richtung übereinstimmen», aber leicht «mit der Stimmung des Volkes in Widerspruch kommen können». Eindrücklich verglich er die eidgenössische Hochschule mit einem Kronleuchter, der lediglich die Mitte eines Saales «erleuchtet, während es in den Ecken dunkel bleibt!».[352]

Alfred Escher hielt am 17. Januar 1854 seine fulminante Rede gegen diese Stimmen, die das Traktandum definitiv auf die lange Bank schieben wollten:

«Wenn der jetzige Zustand der Finanzen nicht zur Gründung der Anstalten hinreicht, so werden sie nie mehr möglich sein; also nochmals: jetzt oder nie!»

Escher beurteilte es als Ehrensache des Staates, seinen Bürgern die Erlangung einer vollständigen wissenschaftlichen Bildung im eigenen Lande zu ermöglichen, was mit einer eidgenössischen Hochschule am besten gewährleistet werden könnte. Zugleich würde ein solches Institut zur Förderung der nationalen Einigung beitragen: «Die Schweiz hat drei

Josef Anton Sebastian Federer (1794–1868). Der liberale katholische Geistliche gehörte der Expertenkommission an, die unter dem Vorsitz von Bundesrat Stefano Franscini die Frage nach dem Standort des Polytechnikums abklärte, und pflegte Kontakt mit Alfred Escher.

Nationalitäten und deren Wissenschaften sollen neben einander ergänzend und erleuchtend gepflegt werden. Schaffen wir dieses Institut, so ist es das einzige auf der Erde und die Schweiz kann auch in dieser Beziehung einen ehrenvollen Platz unter den Völkern einnehmen.»

Um die politische Gefahr der konfessionellen Trennung einzudämmen, gab es laut Escher ebenfalls kaum eine bessere Möglichkeit, «als wenn die studirenden Jünglinge an derselben Anstalt erzogen würden», da auf diese Weise «die schönsten Früchte reifen». In diesem Sinne fuhr er fort:

«Wenn wir nichts thun für höhern Unterricht, so haben wir den Glauben an die Zukunft verloren.»[353]

Eschers Ausführungen wurden durch Voten von Johann Conrad Kern, Johann Jakob Treichler und Jakob Stämpfli unterstützt. Allgemein waren diese Redner der Ansicht, dass eine eidgenössische Universität der Wissenschaft in der Schweiz nur helfen könne. Indem Treichler Gonzenbachs Kronleuchter-Metapher aufnahm, konterte er, dass er «lieber einen einzigen grossen Kronleuchter, als einige düster brennende Kerzen in den verschiedenen Ecken des Saales» wolle.[354]

Auch Oswald Heer stellte sich hinter die Idee einer «Bundesuniversität», welche er als «das schönste, u. unser Vaterland am meisten ehrende Werke» betrachtete, dessen «Lichtstrahlen» in den Kantonen neues Leben anfachen würden. Er schrieb seinem Freund Escher, dass die Idee einer eidgenössischen Hochschule seiner Meinung nach «zu den schönsten Idealen so vieler, vieler Schweizer» gehöre und wesentlich «zur Festigung unserer jetzigen Bundeseinrichtungen beitragen» könne. So machte er ihm Mut, sich weiter für diese Angelegenheit einzusetzen: «Wir alle, denen das Emporblühen neuen wißenschaftlichen Lebens in unserem Vaterland am Herzen liegt, rufen Dir zu ‹siege, siege›.»[355]

Am 19. Januar 1854 kam es zu einer Weichenstellung, nachdem der Nationalrat in der Hauptabstimmung mit 64 zu 43 Stimmen beschlossen hatte, auf das Hochschulgeschäft einzutreten. Die beiden kranken Ratsmitglieder Fischer und Michel mussten am Tag der Abstimmung dann doch das Bett hüten. Dieses auf den ersten Blick klare Ergebnis für die Errichtung eidgenössischer Bildungsanstalten erwies sich jedoch bei näherem Hinsehen für die Befürworter als enttäuschend. Dies erkannten Escher und sein Lager, denen die weitere Behandlung im Nationalrat und erst recht die anstehende Auseinandersetzung im Ständerat Sorge bereiteten, wo der Einfluss des Zürchers ungleich geringer war: Aus ihrer Sicht liess der nationalrätliche Eintretensentscheid a priori nichts Gutes ahnen.

In der «Freitagszeitung» erschien ein bissiger Bericht, der Escher Selbstsüchtigkeit vorwarf und dessen Muskelspiel für den Zürcher Standort zum reinen Kräftemessen degradierte. Man mag es ihrer politischen Stossrichtung zuschreiben, dass die Zeitung den Nutzen eidgenössischer Hochschulen weder für den Kanton Zürich noch für die

Oswald Heer (1809–1883). Leiter des Botanischen Gartens in Zürich und Professor für Botanik und Entomologie an der Universität Zürich. 1855 wechselte Heer auf eine Professur am neugegründeten Polytechnikum.

Schweiz insgesamt einsah. Einmal mehr gingen eben die entscheidenden Infrastrukturimpulse nicht von konservativer Zürcher Seite, sondern von Eschers Zürich aus:

«Im Allgemeinen nemlich sehen die Zürcher in dem Erringen einer Hochschule für Zürich mehr eine Wette, welche zu gewinnen sich Hr. Escher und sein Anhang zur Ehrensache machten, um eine Probe ihres politischen Einflusses in der Bundesversammlung abzulegen, und da interessirte es zu wissen, ob und wie sie gewinnen werden. Als eine eigene Lebens- und Existenzfrage interessirt die Sache weder den Kanton noch die Stadt. Herr Escher hat die Wette schön gewonnen.»[356] Darauf erwiderte der «Landbote» mit folgendem Kommentar: «Wir haben über die Anschauungsweise der Bürklizeitung Nichts zu bemerken, denn diese steht Jedem frei. Wir dachten aber, es interessire das ganze Land, wie auch der Zuricherzopf diese Frage ansehe.»[357]

Im Zuge der Beratung im Nationalrat stellte Joseph Marzell von Hoffmann (SG) am 20. Januar 1854 den taktisch motivierten Antrag, Universität und Polytechnikum in Zürich zu vereinigen. Hoffmann, der in der Vergangenheit als Gegner der beiden Anstalten aufgetreten war, hatte in der Zwischenzeit nicht etwa ins befürwortende Lager gewechselt. Vielmehr malte er das Schreckgespenst weiterer Machtballung in Zürich an die Wand, um jene Westschweizer, die bis dahin auf ein Polytechnikum in der Romandie gehofft hatten, den Gegnern in die Arme zu treiben. Escher witterte die versteckte Absicht und wehrte sich zusammen mit Bundesrat Franscini und Nationalrat Kern gegen das Danaergeschenk: «Früher sperrte man sich gegen einen Kronleuchter und da man zwei aufhängen will, so sträubt man sich dagegen und will nur einen.»[358] Der Antrag Hoffmann wurde denn auch mit 54 gegen 42 Stimmen abgelehnt. Dieses knappe Resultat sprach Bände. Es rüttelte an Eschers Grundkonzept, das auf den tragenden Säulen beider Institutionen beruhte. Doch dieses Fundament wurde bereits im Verlauf der nationalrätlichen Debatte zusehends brüchiger. Da landeten Alfred Escher und Johann Conrad Kern am 23. Januar 1854 einen Überraschungscoup, indem sie den Antrag stellten, die beiden Anstalten und somit auch die beiden Gesetzesentwürfe nun doch zu vereinen. Dabei sollten die beiden Anstalten freilich nicht nur organisatorisch zusammengeführt, sondern auch an den gleichen Ort verlegt werden. Allerdings blieb offen, ob die katholisch-theologische Fakultät ausgegliedert und in einer katholischen Stadt angesiedelt werden sollte. Der Nationalrat folgte dem Antrag mit 55 gegen 38 Stimmen.

Mit einem taktischen Schachzug zum Durchbruch
Die breite Öffentlichkeit und auch zahlreiche Parlamentarier hatten Mühe, diese unvermittelte Kehrtwende Eschers und anderer Befürworter zu verstehen. Aufgrund der Widerstände, die Escher während der Nationalratsdebatte gespürt hatte, konnte er sich unschwer vorstellen,

welch hohe zusätzliche Hürden der Ständerat der Sache in den Weg stellen würde. In solcher Einschätzung der Lage vollzogen Escher und Kern einen radikalen Schwenker. Um das katholisch-konservative Lager zu gewinnen, das im Ständerat bedeutender war als im Nationalrat, machten Escher und Kern den Vorschlag zur Ausgliederung der katholisch-theologischen Fakultät. Die Kehrtwende, die Escher am 23. Januar 1854 vollzog, mochte zwar Freunde und Gegner verblüffen, beruhte aber auf scharfem Kalkül. Die Quellen zeigen, dass der Zürcher nach der nationalrätlichen Abstimmung über die Eintretensfrage in realistischer Einschätzung der Kräfteverhältnisse zum Schluss kam, dass er sein bislang duales Konzept aufgeben musste, um im Ständerat mehrheitsfähig zu werden. Zu diesem Zweck führte er mit dem liberalen Genfer Nationalrat Abraham-Louis Tourte vertrauliche Gespräche. Dieser hatte sich bis dahin in der parlamentarischen Debatte – anders als die grosse Mehrheit der Westschweizer Ratsmitglieder – für die Errichtung von Universität und Polytechnikum ausgesprochen, was ihm erboste Kommentare in westschweizerischen Zeitungen eingebracht hatte. Sein Brief vom 22. Januar 1854 dokumentiert die Bemühungen Eschers, einen Weg zu finden, um die drohende Niederlage abzuwenden. Er bestätigt ebenso, dass Escher um den 21./22. Januar 1854 einen kleinen, auserwählten Kreis von Politikern um sich scharte, um Szenarien und taktische Massnahmen auszuloten. Indem es Escher gelang, in der Westschweiz eidgenössische Parlamentarier für zentralistische Hochschulpläne zu gewinnen, sprengte er Sprachengrenzen. Bedeutung und Ausstrahlung des Zürcher Politikers werden durch Tourtes Brief ebenso illustriert: Er wisse, so Tourte, dass Escher auch ohne die Genfer Liberalen die Mehrheit im Nationalrat erlangen werde, doch empfahl er dringend, Eschers Schöpfung mit einem gesamtschweizerischen, alle Landesteile umfassenden Etikett anzuschreiben.

Das «Journal de Genève» kommentierte die eidgenössischen Universitätspläne der Zürcher lakonisch:

«Voilà donc où l'on voulait en venir: tout à Zurich et pour Zurich. Le masque est tombé, un peu trop tôt peut-être.»[359]

In der Deutschschweiz stiess die ablehnende Haltung der Romands auf wenig Verständnis. Franz Hagenbuch schrieb an Alfred Escher:

«Die Welschen scheinen in Bern allerlei Spuck zu treiben, das Polytechnikum drückt sie wahrscheinlich noch im Magen.»[360]

Und die NZZ meinte:

«Als Bern zum Bundessitz ernannt worden, habe man in Zürich Ehrenhaftigkeit und Schweizersinn genug gehabt, es stillschweigend hinzunehmen...»[361]

Die eidgenössische Universität erwies sich als viel zu grosser Brocken, als dass die Ständeräte ihn zu schlucken bereit gewesen wären. Angestachelt von Eifersucht und Wut über die Nichtberücksichtung der französischsprachigen Schweiz, wurde gegen das Vorhaben protestiert und intrigiert. Insbesondere die Waadtländer Parlamentarier trieben ihre Aversion gegen Zürichs Aufstieg zur eidgenössischen Hochschulstadt auf die Spitze. Die ohnehin höchst emotional geführten Debatten im Parlament wurden durch öffentliche Proteste und Unterschriftensammlungen zusätzlich angeheizt, und die Medien gossen mit teils unsachlicher und auf Partikularinteressen ausgerichteter Berichterstattung ihrerseits Öl ins Feuer. Die «schönste schweizerische Kulturfrage», der hehre Ausdruck einer neuen und fortschrittlichen Schweiz, drohte in einem fürchterlichen Fiasko unterzugehen.[362]

Im Ständerat begann die Debatte zum Universitätsgesetz am 30. Januar 1854. Der 1. Februar 1854 brachte ein klares Verdikt: 27 Ständeräte sprachen sich gegen das Hochschulgesetz aus, lediglich 15 Ständeräte folgten der nationalrätlichen Mehrheit. Somit war eingetreten, was aufgrund der vorangegangenen jahrelangen Debatten zu befürchten gewesen war: Das konservativ-föderalistische Lager hatte der zentralistischen Bildungspolitik den Riegel geschoben. Das versöhnliche Zeichen, das Escher und Kern mit der Ausgliederung der katholisch-theologischen Fakultät hatten setzen wollen, ging im Chor der Buhrufe aus Zentral- und Westschweiz unter. Die Hochschulfreunde, die seit Errichtung des Bundesstaates für ihre Sache gekämpft hatten, standen am 1. Februar 1854 vor einem Scherbenhaufen. Doch nun, in dieser demoralisierenden Lage, rappelten sich die Initianten unvermittelt auf.

Die Abstimmung im Ständerat war noch nicht über die Bühne, als Johann Karl Kappeler, der Berichterstatter der ständerätlichen Hochschulkommission, seine Kollegen Escher und Kern aus dem Nationalrat rufen liess. In diesen Kreis wurde auch Ständerat Johann Jakob Rüttimann eingeladen. Gemeinsam nahm man an den Escherschen Entwürfen für Universität und polytechnische Schule Streichungen und Ergänzungen vor und schuf aus dem Stand eine neue Gesetzesvorlage, die nun lediglich noch die Errichtung eines Polytechnikums vorsah. Und als der Ständerat über die Hochschulfrage abstimmte, um dem vom Nationalrat beschlossenen Gesetz eine Abfuhr zu erteilen, lag der neue Entwurf bereits auf dem Tisch. Unmittelbar nach Schluss der Sitzung im Ständerat berief Kappeler seine Kommission ein. Die drei Escher-Freunde Rüttimann, Blumer und Kappeler, die zusammen mit Fazy in der Kommission die Mehrheit bildeten, überrumpelten die Minderheit handstreichartig.

Der Antrag der Kommissionsmehrheit auf Errichtung einer eidgenössischen polytechnischen Schule in Verbindung mit einer Schule für das höhere Studium der exakten, politischen und humanistischen Wissenschaften in Zürich wurde vom Ständerat unmittelbar nach der

Der Thurgauer Ständerat Johann Karl Kappeler (1816–1888) war Mitglied der ständerätlichen Hochschulkommission und von 1857 bis 1888 zweiter Präsident des Eidgenössischen Schulrates. Fotografie um 1875.

Ablehnung des Universitätsgesetzes mit 24 gegen 17 Stimmen gutgeheissen. Seit dem ablehnenden Entscheid hatten folgende Ratsmitglieder ihre Meinung geändert: Anton Hunkeler (LU), Nicolaus Hermann (OW), Josef Burki und Friedrich Schenker (SO), Eugen Madeux (BL), Johann Georg Oschwald (SH), Carl Georg Jakob Sailer (SG), Johann Andreas von Sprecher (GR) und Joseph Girard (GE). Am 2. Februar 1854 teilte Ständeratspräsident Blumer seinen Kollegen in der kleinen Kammer mit, was über Nacht erarbeitet worden war: dass nämlich ein modifizierter Vorschlag seitens der Kommission vorliege und er kraft seines Amtes die Beratung auf den folgenden Tag, den 3. Februar 1854, angesetzt habe.

Die Gegner der Hochschulvorlage sahen sich in die Enge getrieben und mobilisierten die letzten Kräfte und Mittel, um der bereits vor der Türe stehenden eidgenössischen Bildungsanstalt im letzten Augenblick eine Abfuhr zu erteilen. Dabei zeigte sich einmal mehr, was die politische Entwicklung des jungen Bundesstaates insgesamt prägte: Die Feinde von 1847 fanden nach 1848 unter veränderten Vorzeichen zu neuen und zunächst bisweilen erstaunlichen Allianzen zusammen. So auch im Ringen um die eidgenössische Hochschule. Westschweizer und Zentralschweizer Parlamentarier marschierten nun – die religiös-konfessionellen Banner und Standarten zu Hause im Waffenschrank verstaut – gemeinsam hinter der neuen und interkonfessionellen Fahne des Föderalismus. Am 5. Februar 1854 berichtete die NZZ von einer Konferenz, die «vorgestern» in Bern getagt hatte. Parlamentarier aus den ehemaligen Sonderbundsständen hatten sich mit Waadtländer Politikern getroffen. Ziel und Zweck dieser Versammlung bestand darin, «sich zu beraten, wie, nachdem die Errichtung einer Universität glücklich verhindert wurde, man nunmehr auch das Polytechnikum verhindern könne».[363] Doch alle offenen Manöver und geheimen Absprachen sollten schliesslich nicht mehr greifen. Auch Proteste und Versuche, die Vorlage durch Hinhaltetaktik wenigstens über die Session hinwegzuschleppen, blieben erfolglos: Am 3. Februar 1854 beschloss der Ständerat mit 22 gegen 18 Stimmen, auf die Vorlage des überarbeiteten Gesetzesentwurfs einzutreten. Am 4. Februar 1854 nahm der Ständerat das Polytechnikumsgesetz mit 27 gegen 12 Stimmen an.

Unmittelbar nach ihrer grossen Niederlage vom 1. Februar entwickelten Escher und seine Freunde ein neues Szenario, indem sie aus der Vorlage alles strichen, was sich ausschliesslich auf die Universität bezog. Aufgrund dieser substantiellen Kurskorrektur und begünstigt durch den erzielten Überraschungseffekt gelang es ihnen, der föderalistisch gesonnenen Gegnerschaft den Wind aus den Segeln zu nehmen. Zu diesem Erfolg trug die günstige personelle Konstellation entscheidend bei. Nicht nur, dass drei politisch schwergewichtige Freunde Eschers in der ständerätlichen Kommission sassen. Auch die Ämter des Kommissionssprechers und des Ständeratspräsidenten waren im entscheidenden

Augenblick mit politischen Gesinnungsgenossen und persönlichen Freunden Eschers besetzt. Und dies war kein Zufall. Weitsichtig hatte Escher die personellen Konstellationen mitgestaltet. Dann aktivierte er sein System und taktete den Ablauf der Debatten in einem Stakkato, dem sich niemand mehr entziehen konnte.

Das vom Ständerat angenommene Gesetz wurde bereits am 6. Februar 1854 im Nationalrat behandelt. Kern empfahl, dem Wortlaut ohne Änderungen zuzustimmen, da die Vorlage erst nach lebhaften Kämpfen in der kleinen Kammer zustande gekommen sei, was darauf schliessen lasse, dass wesentliche Korrekturen keinen Anklang finden würden. Escher gab ebenfalls ein Votum ab, in welchem er darauf hinwies, dass der neue Entwurf nichts enthalte, was nicht schon früher diskutiert worden wäre, und fügte hinzu, «noch kein Gegenstand sei so reiflich geprüft und besprochen worden als dieser», so dass man das Geschäft kein weiteres Mal verschieben könne. Den Einwand der Notwendigkeit «von nächtlicher Berathung dieser Frage» liess er nicht gelten, «denn die Kommission habe Zeit genug gehabt, am Tag zu arbeiten».[364] Klug taktierend fügte er bei, dass ein weiterer Aufschub der wichtigen Vorlage auch dem Ansehen der Bundesversammlung schaden würde.

Der Nationalrat beschloss daraufhin mit 57 gegen 27 Stimmen, auf den ständerätlichen Entwurf einzutreten. Mit 63 Ja gegen 25 Nein nahm der Nationalrat schliesslich am 7. Februar 1854 den Gesetzesvorschlag des Ständerates an. Und so fand jene politische Behandlung einer Sachfrage ihren Abschluss, welche im eidgenössischen Parlament zwischen 1848 und 1854 zu einem Dauerthema geworden war. Über kein anderes Geschäft war im jungen Bundesstaat so ausführlich und emotional debattiert worden. Mit dem Entscheid vom 7. Februar 1854 waren die Würfel gefallen. Was da und dort weiter flackerte, waren blosse Strohfeuer, etwa der Aufruf der «Eidgenössischen Zeitung» vom 8. Februar 1854, der Kanton Zürich solle es aus Gründen des Stolzes ablehnen, das Polytechnikum in der Limmatstadt zu errichten. «Aut Caesar, aut nihil!»[365]

Die Verwirklichung des Polytechnikums

Bereits am 13. Februar 1854 lud der Bundesrat die Regierung des Kantons Zürich ein, innert drei Monaten in Erfahrung zu bringen, ob die zuständigen Behörden bereit seien, das Polytechnikum in Zürich zu domizilieren. Die Studentenschaft der Universität Zürich verdankte die Bemühungen der zürcherischen Vertreter in den eidgenössischen Räten am 17. Februar 1854 mit einem Fackelzug. Bei seiner Ansprache gedachte der Vertreter der Studierenden, stud. iur. Nussbaumer aus Küsnacht, auch der nichtzürcherischen Hochschulfreunde unter den Parlamentariern, namentlich Johann Conrad Kern und Andreas Rudolf von Planta, doch hob er besonders die Tätigkeit Alfred Eschers hervor.

Solchermassen mit Lob überschüttet, neigte dieser sich aus einem Fenster des Rathauses und sprach zu den Teilnehmern des Fackelzuges. Er wies darauf hin, dass die patriotischen Bestrebungen zur Errichtung einer eidgenössischen Hochschule über mehr als fünfzig Jahre hätten vorangetrieben werden müssen. Die Verwirklichung der Universität, fuhr er fort, sei eine Lebensaufgabe der studierenden Jugend geworden. Begeistert liess er die jungen Menschen hochleben, bevor er sich wieder seinen politischen Geschäften im Rathaus zuwandte. Der Bundesrat bestellte am 17. März 1854 eine Expertenkommission, bestehend aus Escher, Kern, Tourte u. a., die das Polytechnikumsreglement entwerfen sollte. Am 10. April 1854 beschloss die Stadt Zürich mit ihren Aussengemeinden anlässlich einer Gemeindeversammlung, einen jährlichen Beitrag von 12 000 Franken an die Kosten des Polytechnikums zu leisten. Die Expertenkommission beschloss ihre Sitzung vom 13. April 1854 mit der Ernennung eines Redaktionsausschusses, dem ausser Escher auch Kern und Deschwanden angehörten. Der Grosse Rat des Kantons Zürich trat am 18. April 1854 zusammen, um Eschers Bericht zur Hochschulfrage entgegenzunehmen. Escher hielt dazu im Namen der Regierung ein Referat. Darin betonte er, dass die polytechnische Schule eine grosse Lücke im schweizerischen Bildungswesen schliesse.

Am nächsten Verhandlungstag im Grossen Rat wies Escher darauf hin, dass sich, falls Zürich das Polytechnikum ablehne, Basel sogleich anerbieten würde. Zürich hätte dann zwar seinen Stolz gerettet, Basel aber wäre durch das Polytechnikum aufgewertet worden. Der Grosse Rat des Kantons Zürich nahm die Regierungsanträge am 19. Februar 1854 ohne Gegenvorschlag an. Am 22. April 1854 teilte der Zürcher Regierungsrat dem Bundesrat mit, dass der Kanton Zürich der Errichtung des Polytechnikums in der Stadt an der Limmat zustimmen werde. Am 10. Juli 1854 nahm der Nationalrat diese Stellungnahme zu Protokoll. Am 31. Juli 1854 wandte sich der Bundesrat der Detailplanung zu. Er genehmigte zunächst das Reglement für das Polytechnikum und setzte dessen Eröffnung auf Herbst 1855 fest. Die Vorbereitungskurse sollten auf Frühling 1855 ausgeschrieben werden. Waren somit auf den verschiedenen politischen Ebenen die erforderlichen Entscheide gefällt, so wartete die Öffentlichkeit nun mit Spannung auf die personelle Bestellung des Schweizerischen Schulrats, des Leitungsgremiums des Polytechnikums. Diese politisch und psychologisch heikle Aufgabe lag in der alleinigen Kompetenz des Bundesrates. Auch interessierte, welcher Standort in der Stadt Zürich für das neue Institut ausgewählt werden würde.

Von 1855 bis zum Bezug des Neubaus im Jahr 1864 war das Polytechnikum im Gebäude des alten Gymnasiums untergebracht.

Das Bauprojekt

Da sich in Zürich kein Gebäude anbot, welches Administration und Lehrbetrieb des Polytechnikums hätte aufnehmen können, sah man sich gezwungen, vorerst auf verschiedene Lokalitäten und Standorte auszuweichen. Der Schulrat wurde vom Bundesrat aufgefordert, ein

Bauprojekt zu entwerfen, das im Frühjahr 1855 ausgeschrieben werden sollte. Man setzte sich zum Ziel, das neue Gebäude teilweise bereits im Herbst 1856 zu beziehen. Das Bauprojekt wurde zwar schon im Februar 1855 der Zürcher Regierung übergeben, doch dauerte es fast ein Jahr, bis detaillierte Verhandlungen zwischen dem Schulrat und den Regierungsvertretern stattfinden konnten. Der Grund dieser Verzögerung lag in der Person Alfred Escher. Dieser war damals schwer krank. Deshalb war er im Sommer 1855 aus der Zürcher Regierung ausgetreten. Ein weiterer Grund, warum diese während langer Monate mit der Detailberatung zuwartete, lag darin, dass das vorgeschlagene Bauprojekt die ursprünglich vorgesehene Baufläche massiv überschritt, was zwangsläufig Budgetüberschreitungen nach sich zog. Erst im Sommer 1856 war die Zürcher Regierung in der Lage, materiell auf den Vorschlag des Schulrates einzutreten. Dies tat sie, indem sie ein eigenes Bauprojekt vorschlug, das nur etwa die Hälfte der Fläche vorsah. In dieser Situation setzte der Bundesrat eine Expertenkommission ein, welche in ihrem Gutachten dem Projekt des Schulrates in den entscheidenden Punkten zustimmte.

Gottfried Semper (1803–1879). Bedeutender deutscher Architekt und Erbauer des Polytechnikums.

Bereits im Vorfeld des parlamentarischen Entscheids über die Errichtung eines eidgenössischen Instituts waren in Zürich Pläne für den Standort der neuen Hochschule ins Kraut geschossen. In die Diskussion eingebracht wurden etwa der Exerzierplatz hinter der Kaserne am Schanzengraben, der «Feldhof» am Standort der späteren Kreditanstalt, das Kornhaus in Oberstrass und eine freie Parzelle am See. Der kritischen Prüfung vermochten schliesslich zwei Standorte standzuhalten: der Platz hinter der Kaserne und das Areal beim Schienhut in Oberstrass. Die Zürcher Regierung favorisierte die Schienhut-Variante, weil das Land bereits in öffentlichem Besitz war, so dass lediglich unbedeutende Aufwendungen für den Landerwerb anfielen.

Nun bestand allerdings das Problem, dass im Umkreis des vorgesehenen Bauplatzes verschiedene Eigentümer von Privatgrundstücken sich weigerten, ihre Liegenschaften zu verkaufen. Schliesslich sprach sich der Regierungsrat im November 1857 definitiv für den Platz am Schienhut aus und beschloss, gegen die renitenten Privateigentümer Expropriationsverfahren einzuleiten. Bereits Ende November 1857 beschloss der Schulrat, den vom Regierungsrat vorgeschlagenen Standort dem Bundesrat zur Annahme zu empfehlen. Ebenso wurde im November 1857 ein Wettbewerb für das Bauprojekt ausgeschrieben, worauf bis Frühjahr 1858 19 Entwürfe eingereicht wurden. Gemäss Beurteilung des Preisgerichts vermochte jedoch kein Vorschlag den Ansprüchen zu genügen, so dass kein erster Preis vergeben wurde. In dieser Situation beschloss der Regierungsrat, auf die Ausschreibung eines weiteren Wettbewerbs zu verzichten und Gottfried Semper mit dem Bauvorhaben zu beauftragen. Semper sass im Preisgericht und war bereits als Dozent am Polytechnikum tätig. Dem berühmten Architekten wurde als Mitarbeiter Stadtbauinspektor Wolf zugeteilt. Ende 1858 lag Sempers Projekt vor

Johann Conrad Kern (1808–1888). Thurgauer Nationalrat, ausserordentlicher Gesandter und bevollmächtigter Minister der Schweiz in Paris sowie erster Präsident des Schweizerischen Schulrats. Porträt von Conrad Hitz (1798–1866) aus dem Jahr 1850.

und wies Kosten von rund 1,7 Millionen Franken aus. Diesen Betrag beantragte der Regierungsrat beim Grossen Rat. Gegen dieses seiner Meinung nach überrissene Projekt stellte sich der ehemalige Regierungsrat Johann Jakob Sulzer und beantragte, dass der Bau die Finanzen des Kantons Zürich höchstens mit 1 Million Franken belasten dürfe. Sulzer brachte als weiteres Argument vor, dass das Polytechnikum jährliche Defizite ausweisen werde, so dass dem Kanton nichts anderes übrigbleiben werde, als die Steuern zu erhöhen. Der Widerstand Sulzers gegen das Bauprojekt war nicht zuletzt gegen Alfred Escher gerichtet. Das Verhältnis zwischen Escher und seinem ehemaligen Regierungsratskollegen aus Winterthur hatte sich in den frühen 1850er Jahren zusehends getrübt. Als persönlichen Affront empfand es Sulzer, dass er als amtsältestes Mitglied des Regierungsrates nach dem Ausscheiden von Escher aus der Zürcher Regierung nicht zum Regierungspräsidenten gewählt wurde. Eschers Einfluss war es zuzuschreiben, dass Jakob Dubs 1854 in den Regierungsrat nachrückte und im folgenden Jahr bereits zum Präsidenten gewählt wurde. Diese persönliche Niederlage Sulzers zusammen mit verschiedenen, teilweise emotional ausgetragenen Meinungsverschiedenheiten führte dazu, dass Sulzer 1857 entnervt aus dem Regierungsrat zurücktrat. Gegen den Antrag Sulzer im Grossen Rat ergriff Alfred Escher das Wort und plädierte dafür, nicht kleinkrämerische Enge, sondern die schöpferische Weite des Semperschen Vorschlags zu wählen.

Die Abstimmung sprach Bände: Mit 170 gegen 2 Stimmen sprach sich der Grosse Rat für den Antrag des Regierungsrates aus. Die Bauphase dauerte beinahe zehn Jahre. Die ursprünglich beantragten Kosten von 1,7 Millionen Franken wurden um fast 600 000 Franken überschritten.

Wie mit keinem anderen Politiker war die Hochschulfrage seit 1848/49 mit dem Namen Alfred Eschers verbunden. Das «Poly» war recht eigentlich sein Kind. Escher schien denn auch von allem Anfang an Kronfavorit für das Amt des Schulratspräsidenten zu sein. Interessanterweise kam es anders, weil Escher selbst in seinen Entwürfen zum Hochschulgesetz festgeschrieben hatte, dass das Präsidium des Schweizerischen Schulrates als Vollzeitstelle auszustatten sei: «Der Präsident des Schulrathes darf weder ein anderes Amt bekleiden, noch einen Beruf selbst betreiben oder auf seine Rechnung betreiben lassen.»[366] Denn in der Zwischenzeit (1854) hatte sich Escher neben seiner politischen Spitzenkarriere auf kantonalzürcherischer und eidgenössischer Ebene auch im wirtschaftlichen Bereich profiliert. Escher, der 1848 den Beginn der Hochschuldebatte als klassischer Politiker in Angriff genommen hatte, war bis 1854 an die operative Spitze der Nordostbahn-Gesellschaft gelangt, der damals grössten privaten Eisenbahngesellschaft der Schweiz, deren Wachstumsmarkt unbegrenzte Möglichkeiten zu eröffnen schien. Und das war erst der Anfang. Wenige Jahre später sass Escher in den ersten Führungsgremien weiterer bedeutender Unternehmen.

Die Frontfassade des Polytechnikums mit Haupteingang.

Politische und wirtschaftliche Spitzenpositionen kumulierten sich zu einer Machtfülle, wie sie sich vor und nach Escher in der ganzen Schweizer Geschichte in der Hand keiner zweiten Persönlichkeit sammelte. Mochte der junge Nationalrat Escher anfänglich darauf spekuliert haben, dereinst Präsident des Schweizerischen Schulrates zu werden – für den Wirtschaftspolitiker und Wirtschaftsmagnaten von 1854 konnte dies keine ernstzunehmende Alternative sein.

Am 2. August 1854 bestellte der Bundesrat den Schweizerischen Schulrat: Gewählt wurden als Präsident Johann Conrad Kern, als Vizepräsident Alfred Escher und als Mitglieder Abraham-Louis Tourte aus Genf, Professor Bernhard Studer aus Bern und Robert Steiger aus Luzern. Vorausgegangen waren vertrauliche Gespräche zwischen Bundesrat Jonas Furrer und Escher. Dabei hatten die beiden Freunde Szenarien entwickelt, wie der Schulrat fachlich und politisch am besten zusammengesetzt werden sollte. Es vermag nicht zu überraschen, dass es das Bestreben Eschers war, Leute aus seinem Umfeld zu propagieren. Dazu gehörten sein Glarner Jugendfreund Johann Jakob Blumer und sein politischer Weggefährte aus dem Kanton Thurgau, Johann Conrad Kern. Aufnahme in den Kreis der Auserwählten fand auch Tourte, mit dem sich Escher im Verlaufe der parlamentarischen Hochschuldebatte angefreundet hatte. Wie gut die Kommunikationsschiene funktionierte, zeigt der Ausgang der Wahlen, wenngleich es Furrer nicht gelang, alle abgesteckten Ziele zu erreichen. Diese Zusammenhänge lassen sich in den beiden nachfolgenden Briefen erkennen, mit denen Furrer an Escher Bericht erstattete:

«Ich theile hierüber ganz deine Ansicht, daß man mit einem Waatländer den Bock zum Gärtner setzen würde. Einen od. zwey ‹Welsch› wird man jedoch haben müßen, um die Intreßen der französischen Richtung u Sprache zu vertreten. Herr Tourte ist mir ganz recht. Es scheint mir jedoch, daß von den 5 (?) Mitgliedern etwa drey nähere Kenntniß der Hauptfächer haben sollten od. wenigstens zwey; die übrigen müßten dann die allgemeine Bildung u die staatsmännischen Rücksichten repräsentiren.»

Furrer fuhr fort:

«Mir bangt es davor; denn wir mögen wählen, wie wir wollen, so wird es ein ziemlich Halloh absetzen; der wird die Sprache, dieser die Kantone, jener die Specialfächer, ein vierter vielleicht gar die Religion nicht gehörig berücksichtigt finden – von der Politik gar nicht zu sprechen!»[367]

In einem zweiten Brief berichtete Furrer, dass Kern, Escher, Tourte und Studer im ersten Wahlgang in den Schulrat gewählt worden seien und nach weiteren Abstimmungen Steiger als fünftes Mitglied bestimmt wurde. Blumer wurde zum Suppleanten ernannt, und Kern übernahm das Amt des Schulratpräsidenten. Über die Wahl Studers äusserte sich Furrer kritisch, stellte sich bei ihm doch die Frage, ob dem Stadtberner «das Gedeihen der Anstalt in dem fatalen Zürich» wirklich am Herzen liege. Furrer hätte Rüttimann gerne im Schulrat gesehen, doch «so nützt alle Discussion darüber nichts; ich war überzeugt, daß der Bundesrath nicht einen Zürcher zum Präsidenten wählen würde. Sonst wäre ich natürlich jeder Zeit bereit, ihm eine angenehme Stellung zu verschaffen; allein ich kann es natürlich ohne die andern Mitglieder nicht.»[368]

Am 29. September 1854 beschloss der Schulrat des Polytechnikums über die Organisation des Vorbereitungskurses. Der Bundesrat erteilte am 9. Oktober 1854 dem Schulrat die Befugnis zur Organisation des Vorbereitungskurses des Polytechnikums, und am selben Tag wurden die Stellenausschreibungen für Professoren, Lehrbeauftragte und Hausdienstmitarbeiter publiziert.

In dieser Situation war Alfred Escher gefordert. Unermüdlich setzte er seine ganze Kraft und sein politisches Gewicht ein, um das Hochschulschiff in Fahrt zu bringen. Die Hochschule, die Schweizerische Kreditanstalt und die Eisenbahnen bilden zusammen das Kernstück seines Lebenswerks. In der Arbeit an diesen Projekten bildete sich die Persönlichkeit des eidgenössischen Politikers aus, der durch die Wucht seines Auftretens, aber auch durch den steten Machtzuwachs seines weitverzweigten Beziehungssystems imponierte und provozierte: Wo immer er auftrat, liess er begeisterte Anhänger und erbitterte Gegner zurück. Als schliesslich die Niederlage Zürichs besiegelt schien und die eidgenössische Universitätsvorlage politischen Schiffbruch erlitten hatte, gelang es Escher und seinem engsten Vertrautenkreis in einer ausweglos anmutenden Lage, über Nacht eine neuen Lösung aus dem Hut zu zaubern, mit dieser Freund und Feind zu verblüffen und gleich einem Phönix aus der Asche das Polytechnikum in Zürich mehrheitsfähig zu machen.

Feier zur Einweihung des Polytechnikums am 15. Oktober 1855
In Anwesenheit von Bundespräsident Frey-Herosé, des Abgeordneten des Bundesrates Franscini, der Präsidenten und Vizepräsidenten des National- und Ständerates, der Weibel des Bundes und des Kantons Zürich, der Behörden des Kantons und der Stadt Zürich, der Abgeordneten verschiedener kantonaler Regierungen, der Professoren und Studierenden der Universität Zürich, der Rektoren und Prorektoren der Kantonsschule sowie des Schulrats, der Lehrer und Studierenden des Polytechnikums setzte sich der Festzug um 14 Uhr unter dem Donner von 22 Kanonenschüssen und dem Geläute der Glocken des Gross- und Fraumünsters vom Rathaus Richtung Münsterhof in Bewegung. Trotz strömendem Regen säumte eine grosse Menschenmenge die Strassen.

Die geladene Gesellschaft fand sich danach um 18 Uhr zu einem Festbankett mit 120 geladenen Gästen im Casino ein. Die Feier wurde um 20 Uhr von einem Fackelzug von Studenten der Universität und des Polytechnikums unterbrochen. Anton Philipp Largiadèr aus Graubünden liess in seiner kurzen Rede die Initanten und Vorkämpfer des Polytechnikums hochleben.

Escher war krankheitshalber verhindert:

Das Polytechnikum von Süden her gesehen. Fotografie um 1870.

«Als die Kanonen donnerten und die Glocken vom Gross- und Fraumünster läuteten da mochte wohl den Mann, dem die neue Schöpfung vornehmlich ihre Entstehung dankt, auf seinem Krankenlager ein seltsames Gemisch von stolzer Freude und peinlichem Schmerze beschleichen.»[369]

Neue Wende in der eidgenössischen Universitätsfrage?
Am 14. Oktober 1861 fand die Generalversammlung des Schweizerischen Lehrervereins statt. Bereits die Traktandenliste hatte Erwartungen geweckt: «Einige Gedanken über eine schweizerische Hochschule» war Traktandum 2c betitelt. Der Präsident, Seminardirektor David Fries, ein langjähriger Freund Alfred Eschers, beschrieb in seiner Eröffnungsrede einzelne Etappen von Zentralisierungsvorhaben im schweizerischen Schulwesen und namentlich in der schweizerischen Hochschulpolitik. Darauf fand die freie Diskussion über «Möglichkeit oder Wünschbarkeit irgend welcher Zentralisation des schweizerischen Schulwesens ...» statt. Worauf Fries darlegte:

«Die Entwicklung der Wissenschaft ist in der neuern Zeit eine so außerordentliche gewesen, daß das alte Schema der Universitäten davon weit überholt ist und daß die Kräfte eines einzelnen, wenn auch größern oder reichern Kantons, die kaum ausreichten, diesen ältern Anforderungen zu entsprechen, für die Lösung der weitern Aufgaben zu schwach sind. Hier muß der größere Kreis, das gesammte Vaterland einstehen.»

Fries schloss seine breiten Ausführungen mit einer kurzen Zusammenstellung «verschiedener Schlußsätze». Dazu gehörten auch Ausführungen über die Gründung einer eidgenössischen Hochschule, die der Redner «in unmittelbarer Verbindung mit dem Polytechnikum und mit dieser einheitlichen Anstalt die nöthige Einrichtung zur Vorbereitung zum höhern Lehramt» wünschte.[370]

Fries gab der Idee einer eidgenössischen Universität neuen Schwung. Zwar wurde sein Vorstoss in der Öffentlichkeit mit Erstaunen aufgenommen, doch lässt sich zeigen, dass er gezielt geplant worden war. Hinter dem Vorstoss von Fries stand Alfred Escher. Fries und Escher kannten sich seit ihrer Jugend. Gemeinsam waren sie in der Zürcher Sektion der Zofingia aktiv gewesen.

Auch nachdem es Escher im eidgenössischen Parlament über die Jahre nicht gelungen war, die Idee der eidgenössischen Universität mehrheitsfähig zu machen, verlor er dieses Ziel nie aus den Augen. Wiederholt prüfte er auch nach der Gründung des Polytechnikums im Rahmen des Schweizerischen Schulrates Möglichkeiten und Wege, die grosse Idee doch noch verwirklichen zu können. Unter dem Präsidium des ersten Schulratspräsidenten Kern fand er diesbezüglich durchaus offene Türen. Der Wechsel im Präsidium 1857 brachte jedoch das Ende dieser weitergespannten Überlegungen, war doch der zweite Schulratspräsident, Johann Karl Kappeler – obwohl mit Escher persönlich und politisch verbunden –, strikte dagegen, die Belange des Polytechnikums mit der Idee einer eidgenössischen Universität zu verbinden. In dieser Situation verlegte sich Escher darauf, sein Projekt auf anderen Wegen wieder in die Diskussion zu bringen.

Alfred Escher setzte sein wirtschaftspolitisches Netzwerk ein. Der vehementen Ablehnung des eidgenössischen Universitätsprojekts im Jahre 1854 eingedenk, liess er in den frühen 1860er Jahren den Blick Richtung Zentralschweiz schweifen, um die Stimmungslage des katholisch-konservativen Lagers auszuloten. Gleichzeitig ging es ihm darum, allfällige Konzessionen gegenüber dem politischen Katholizismus auszuloten. Zu diesem Zweck schickte er den Direktionspräsidenten der Rentenanstalt, Conrad Widmer, auf Sondierungsgespräche. Widmers Bericht vom 6. Mai 1862 vermittelt interessante kulturpolitische Einblicke, zeigt aber auch, wie weit Alfred Escher seine politischen und wirtschaftlichen Vorhaben abstecken konnte:

«Die innere Schweiz ist in erster Linie gegen eine Eidg. Universität, weil sie das Übergewicht des Protestantismus fürchtet. [...] Wenn die Schöpfung gleichwohl ins Leben gerufen wird u. man sich für Basel oder Zürich entscheiden muß, so geht die persönliche Neigung der Regierungsführer unzweifelhaft nach Zürich, mit dem sie sich historisch u. commerciell am engsten verbunden wissen. Aber der gegenwärtige Zeitpunkt ist nicht gerade der günstigste, um für Zürich zu stimmen. Es wirken da zwei Momente zusammen: 1. Rheinau, wobei ganz untergeordnete u. mißverstandene Dinge böses Blut gemacht haben. [...] Es läßt sich indessen mit den Leuten ganz ordentlich reden u. sie begreifen ziemlich bald, daß die kathol. Kirche durch Rheinaus Aufhebung nichts verliert, sondern gewinnt. Das Antwortschreiben der Zürch. Regierung, das sie drinnen noch nicht kannten, hätte, wie ich glaube, freilich weniger steif u. frostig sein dürfen; es wäre dieß eine vortreffliche Gelegenheit gewesen, die souveraine Selbständigkeit u. principielle Lebensanschauung männlich festzuhalten u. gleichwohl auf eine herzlich-gewinnende Weise zu den Bundesbrüdern zu reden. [...] 2. die Eisenbahn, sintemalen die da drinnen meinen, Zürich halte zum Lukmanier u. sei gegen den Gotthardt.»[371]

Kuhhändel bahnten sich an. Als Perspektiven zeigte sich, dass es Escher gelingen könnte, katholisch-konservative Stimmen für seine Universitätsidee zu gewinnen, sofern er in der Frage des Klosters Rheinau und bei der Alpentransversale gegenüber der Innerschweiz zu Konzessionen bereit war. Was die Alpentransversale betraf, vollzog Escher in der Tat den Schritt und wechselte 1862 von der Lukmaniervariante zum Gotthardprojekt. Allerdings wäre es verfehlt, diese Positionsänderung lediglich in den Zusammenhang der Universität zu stellen. Mögen auch diese übergreifenden Aspekte eine gewisse Rolle gespielt haben, so waren es unzweifelhaft aussen- und wirtschaftspolitische Überlegungen, die den Wechsel herbeiführten. Was die Frage des Klosters Rheinau betraf, war Escher nicht bereit, der katholisch-konservativen Seite Konzessionen zu machen. Im Gegenteil: Escher positionierte sich als erbitterter Verfechter des Aufhebungsbeschlusses. Er war es auch, der damals in seiner Funktion als Grossratspräsident das Aufhebungsgeschäft führte. Mit seinen Voten und Handlungen brüskierte Escher damals namentlich die katholisch-konservative Schweiz. So meinte Jakob Dubs: «Es herrscht überall viel Eifersucht gegen Zürich vor.»[372]

Das Kloster Rheinau. Bereits zu Beginn der 1850er Jahre beabsichtigte die Regierung des Kantons Zürich, das Kloster aufzuheben und den Erlös für die Finanzierung einer in der Limmatstadt zu errichtenden eidgenössischen Universität zu verwenden.

Gleichzeitig provozierte er reformiert-konservative Zürcher, die emotional mit dem Kloster Rheinau und mit katholisch-konservativen Miteidgenossen verbunden waren. Wie sehr die Schliessung des Klosters Rheinau und mit ihm das Verhältnis zwischen katholischer Kirche und Staat in die Hochschulfrage hineinspielten, lässt sich daran zeigen, dass der Zusammenhang bereits 1851 namhaft gemacht wurde. Der Korrespondenz zwischen Alfred Escher und dem liberalen katholischen Pfarrer Joseph Anton Sebastian Federer sowie Johannes Wild, dem damaligen eidgenössischen Telegraphendirektor und nachmaligen Leiter des technischen Büros der Nordostbahn, lässt sich dies entnehmen:

«Auf meiner Reise, und schon in Bern, hörte ich da und dort mit Lächeln sagen: Die Zürcher können leicht hohe Anerbietungen machen, weil sie in petto hätten, Rheinau aufzuheben und den Erlös für die Universität zu verwenden. Ich widersprach begreiflich, weil ich mir vergegenwärtigen mußte, daß so etwas hinreichen würde, auf Seite der Katholiken das ganze Projekt zur Unmöglichkeit zu machen.»[373]

Eschers Antwort liess nicht auf sich warten:

«Ihren letzten verehrl. Brief bestens verdankend, ertheile ich Ihnen vorerst Auskunft mit Beziehung auf Rheinau. Schon sehr lange ist im Ctn. Zürich davon die Rede, dieses Kloster aufzuheben & wohl wäre es schon längst aufgehoben worden, wenn nicht beinahe die Hälfte seiner Güter im Großherzogthum Baden läge & dieser Staat das Epavenrecht geltend machen würde. Vielleicht wird man trotz dieses ungünstigen Umstandes das Kloster säcularisiren & da wir durch Mehrausgaben (für Lehrerbesoldung namentlich) & Mindereinnahmen (wegen Herabsetzung des Salzpreises u s f.) veranlaßt sind, unsere finanziellen Zustände zu revidiren, so dürfte vielleicht als Ergebniß dieser Revision auch die Säcularisirung von Rheinau vorgenommen werden. Diese Säcularisirung ist aber mit Hinsicht auf allfällige Leistungen Zürichs an die Eidgenössische Hochschule noch nie zur Sprache gebracht worden.»[374]

In seiner Rede vom 7. Februar 1862 im Nationalrat erwähnte Alfred Escher als Minderheitssprecher beiläufig die eidgenössische Universität, als er darauf aufmerksam machte, dass es neben den damals diskutierten Bundesbeiträgen für die Alpenstrassen noch weitere Begehren gäbe, welche von der Bundesverfassung vorgesehen seien und die neben der Furka- und Oberalpstrasse nicht untergehen dürften: Die eidgenössische Universität habe «für eine nationale und freisinnige Entwicklung der Eidgenossenschaft und für die geistige Hebung des Volkes die grösste Bedeutung».[375] Diese kurzen Bemerkungen lösten indes eine neue Hochschuldebatte aus. Am 31. März 1862 stellte Hans Wieland im Grossen Rat des Kantons Basel-Stadt das Begehren, die Regierung solle abklären, ob die neu zu gründende eidgenössische Hochschule für Basel zu gewinnen sei. Die Basler Presse nahm den Vorstoss positiv auf, und auch in anderen Tageszeitungen des Landes wurde das Thema eifrig besprochen. Allerdings wurde das Thema von niemandem entschlossen genug angepackt. Der Basler Regierungspräsident Karl Felix Burckhardt meinte rückblickend, dass andere Fragen, etwa der Eisenbahnrückkauf oder die Alpenbahnen, im Vordergrund gestanden hätten. Die Spuren der von Fries 1861 in die Öffentlichkeit getragenen Wiederaufnahme der eidgenössischen Universitätsfrage verliefen sich. Alfred Escher stürzte sich 1862 hinter das Gotthardprojekt und verhalf diesem zum politischen und finanziellen Durchbruch. Es scheint, dass Escher 1872 mit der Übernahme des Direktionspräsidiums der Eisenbahngesellschaft und den auf ihn zukommenden gewaltigen Herausforderungen die Universitätspläne ad acta legte. Angesichts der immensen Aufgaben, denen sich Escher in den 1870er Jahren stellte, vermag es auch nicht zu überraschen, dass er für die Universitätsfrage keine Zeit mehr finden konnte.

AUSSENPOLITISCHE BEWÄHRUNGSPROBEN

Der schweizerische Liberalismus war für Europa von grosser Bedeutung. Er diente als Vorbild und motivierte Völker, sich von Monarchen und Dynastien zu befreien. In Europa waren die liberalen Kräfte nach dem Sieg der Bundestruppen im Sonderbundskrieg überzeugt, dass nun die Zeit für eine europaweite Revolution des Liberalismus gekommen war. Viele spürten, dass die Geschehnisse in der Schweiz gesamteuropäische Probleme widerspiegelten und dass der liberale Sieg und der eidgenössische ‹Nationalismus› grössere Veränderungen in Europa ankündeten.

Die Stadt Zürich spielte in der Geschichte des schweizerischen Liberalismus eine wichtige Rolle. Der Drang nach Aufbruch und Fortschritt war hier am grössten. Die Zürcher Liberalen wussten, dass ihre Errungenschaften und Konzeptionen national implementiert werden mussten, um nachhaltig wirksam zu bleiben. Verschiedentlich steuerten sie in aussenpolitischen Angelegenheiten wie Neutralitätspolitik und Asylrecht die Haltung des Bundes.

Das Hauptproblem der Aussenpolitik war, dass sich die schweizerische Neutralitätspolitik mit dem Asylrecht nur schwerlich vereinbaren liess und dass sich die Schweiz von 1848 bis in die frühen 1860er Jahre oft mit Drohungen aus dem Ausland auseinandersetzen musste. Nach dem Scheitern der Revolutionen in Deutschland und Italien wurde Zürich ab Sommer 1848 zum bevorzugten Zufluchtsort politisch Verfolgter. Die Stimme Zürichs gewann dadurch in der Debatte um Neutralität und Flüchtlingspolitik zusätzliches Gewicht. Die Auseinandersetzungen setzten schon vor dem Inkrafttreten der neuen Bundesverfassung ein und wurden so hitzig geführt, dass sie die schweizerische Aussenpolitik bedrohlich ins Schlingern brachten. Die Zürcher Liberalen stellten auch jene hervorragenden Persönlichkeiten, die in der Folge ihr politisches Programm auf Bundesebene durchsetzen konnten. Denn im Gegensatz zu anderen wichtigen Politikern wie James Fazy (GE) oder Jakob Stämpfli (BE) war die Mehrheit der Zürcher Liberalen gegen eine aktive Rolle der Schweiz im europäischen Kampf gegen den Absolutismus. Das Gebot der Nichteinmischung in die jeweiligen Freiheitskämpfe der umliegenden Länder war aber in der Schweiz umstritten. So hatten beispielsweise Bevölkerung und Regierung des Kantons Tessin nichts dagegen einzuwenden, die italienische Revolution gegen Österreich aktiv zu unterstützen.

In seinem Brief an Alfred Escher vom 25. Juli 1849 ging Arnold Otto Aepli auf den Beschluss des Bundesrates ein, die politischen und militärischen Führer der badischen Aufstände aus der Schweiz auszuweisen. Dieser Brief ist ein Schlüsseldokument: Der St. Galler Politiker Aepli stellte die damaligen Spannungsfelder im Überblick dar und vertrat die Ansicht, dass um jeden Preis ein Konflikt mit dem Ausland vermieden werden müsse. Die Schweiz werde als «Hinterhalt» betrachtet, aus welchem die Flüchtlinge gegen aussen operieren.

James Fazy (1794–1878). Der Genfer National- und Ständerat war ein Vertreter des radikal-liberalen Lagers. Schillernde Persönlichkeit.

Das Scheitern der Grossmachtpolitik der alten Eidgenossenschaft nach der Niederlage von Marignano im Jahr 1515 führte zur Abkehr von jeglicher aktiven Aussenpolitik. Dieser Rückzug aus der grossen Politik lag zwar im Interesse der Grossmächte, war aber auch eine praktische Notwendigkeit angesichts der labilen Struktur der damaligen Eidgenossenschaft. Und schliesslich hatte man damit angesichts der Gegensätze und Spannungen unter den Eidgenossen eine weise Konsequenz gezogen. Mit der Unterzeichnung der Neutralitätsurkunde am 20. November 1815 anerkannten die Mächte Europas im Rahmen des Wiener Kongresses den neutralen Status der Schweiz. Es handelte sich um die «Bestätigung einer historischen Tatsache» – dies im Gegensatz zur Neutralität Belgiens, welche den Belgiern gegen deren Willen von den europäischen Mächten aufgezwungen wurde und die somit auf einen Willkürakt zurückgeht.[376] Der Deklaration gingen zähe Verhandlungen um Gebietsabtretungen mit Sardinien voraus, da Genf unbedingt aus seiner Position als Exklave der Schweiz heraustreten musste, um die Neutralität mit Aussicht auf Erfolg verteidigen zu können. Um Sardinien entgegenzukommen, einigte man sich auf die Neutralisierung von Nordsavoyen, welches zum Königreich Sardinien gehörte hatte, aber aufgrund seiner geographischen Lage schlecht zu verteidigen war. Die Neutralität der Schweiz lag im allgemeinen Interesse Europas, da dem Land auch gleichzeitig vollkommene Souveränität garantiert wurde, um nicht wieder von einer auswärtigen Macht abhängig zu werden, wie dies unter dem dominanten Einfluss Frankreichs der Fall gewesen war. Man verhinderte damit, dass die Schweiz unter die Schirmherrschaft eines Staates fallen oder auch nur einem Bündnis beitreten konnte. Die Garantie der Neutralität beinhaltete auch die Zusicherung, dass die Grenzen der Schweiz respektiert werden würden. Damit waren die europäischen Mächte nach schweizerischem Verständnis auch die Verpflichtung eingegangen, bei Grenzverletzungen zugunsten der Schweiz einzuschreiten. Später präzisierte die Eidgenossenschaft, dass dies kein «Recht» der Mächte sei, da die Eidgenossenschaft allein entscheide, ob und unter welchen Bedingungen sie die Hilfe fremder Mächte beanspruchen wolle.

Eine neue Situation entstand 1847/48. Kaum waren die innenpolitischen Krisen der 1840er Jahre, die im Sonderbundskrieg von 1847 kulminiert hatten, bewältigt, berührten neue Konflikte und Spannungsfelder das Land direkt oder indirekt und bauten eine Sprengkraft auf, die den Bestand der neuen Schweiz vielfach gefährdete, obwohl dies aus damaliger Sicht nicht in dieser Akzentuierung erkannt wurde. Die Schweiz war ins strategische Spannungsfeld der europäischen Kriege und Revolutionen geraten. Die offenen und heimlichen Expansionsgelüste der Nachbarländer zwangen den jungen Bundesstaat, die Grundlagen der schweizerischen Aussenpolitik zu formulieren und in diesem Zusammenhang auch den Stellenwert der Neutralität zu klären. Allgemein gesprochen standen sich dabei zwei Lager gegenüber: Auf der

einen Seite die Vertreter der radikalen Politik, die vom schweizerischen Sendungsbewusstsein geprägt waren und sich am Kreuzzug der Völker gegen die Fürstenmacht beteiligen wollten. Sie waren der Ansicht, dass die Schweiz im europäischen Freiheitskampf eine aktivere Rolle spielen müsse. Diese Politik war offen für ein militärisches Engagement der Schweiz in den europäischen Konfliktherden und strebte die Erweiterung des schweizerischen Territoriums an. Auf der anderen Seite standen die Realpolitiker, die eine expansive schweizerische Aussenpolitik ablehnten und militärische Auseinandersetzungen ausschliesslich als letztes Mittel zur Verteidigung der staatlichen Souveränität sahen. Alfred Escher schlug sich entschlossen in dieses zweite Lager, als dessen prominenter Vertreter er in die Schweizer Geschichte eingegangen ist. Doch dies war zu Beginn seiner politischen Tätigkeit noch nicht seine Position. Damals marschierte er an der Spitze der radikalen Bewegung mit und stand mentalitätsmässig denjenigen nahe, die sich gegen die Herrschaft der Fürsten stellten. Doch Escher rückte schnell von dieser ideologischen Position ab, sobald er 1848/49 als Zürcher Regierungsrat und Nationalratspräsident verschiedenste Interessen unter einen Hut bringen musste. Nun orientierte er sich in pragmatischer Weise an Gegebenheiten und nicht mehr an Ideen. So mutierte Escher auch in der Frage der Aussenpolitik vom feurigen Radikalen zum Exponenten des wirtschaftsliberalen Lagers.

Karikatur der politischen Landkarte Europas. Die Schweiz ist umringt von national gesinnten Monarchien. Holzschnitt von Paul Hadol (1835–1875) aus dem Jahr 1870.

Die aussenpolitische Konzeption Eschers namentlich zur Frage, ob und wieweit sich die Schweiz mit anderen Völkern solidarisieren solle, lässt sich anhand verschiedener grosser Reden veranschaulichen. Bemerkenswert ist, dass Escher sein aussenpolitisches Programm nicht nur im Nationalrat, sondern auch im Grossen Rat des Kantons Zürich ausführlich darlegte.

In seiner Rede vom 28. März 1848 pries Escher die Demokratie und die wiedergewonnene Einheit der Schweiz. Weiter wies er darauf hin, dass auch in anderen Ländern Europas das Volk die Herrschaft übernehmen werde. «Die Luft in Europa war schwül geworden durch die Unzufriedenheit mancher Völker», welche für unmündig erklärt, um die versprochene Verfassung betrogen und willkürlichen Herrschern ausgeliefert waren.[377]

In seiner Ansprache zur Eröffnung des Nationalrates vom 5. April 1850 äusserte sich Escher in einer bemerkenswerten Passage zur Völkersolidarität, die es nach einer Forderung des radikalen Lagers zur Pflicht mache, dass sich auch die Schweiz am Kampf um die Volksfreiheit auf ausländischen Schauplätzen engagiere. Dieser Auffassung erteilte er eine klare Abfuhr. Der Wille der Schweiz, sich ohne erhebliche Notwendigkeit nicht in fremde Händel einzumischen, hingegen fremde Einwirkungen auf die Schweiz entschlossen abzuwehren, gelte weiterhin. Die Klugheit gebiete es dagegen, hinsichtlich Völkersolidarität einen Unterschied zwischen einem grossen und einem kleinen Staat zu machen: «Für einen kleinen Staat, wie unser Vaterland, könnten diese Pflichten unmöglich dieselben sein. Die Gefahren, denen sich die Schweiz bei einer solchen Politik aussetzen würde, wären außer Verhältnis mit dem Nutzen, den sie damit zu stiften vermöchte.» Und endlich nannte Escher die «große Aufgabe», die zu lösen Pflicht der Schweiz und ihrer Demokratie sei:

«Die Schweiz als gekräftigter demokratischer Freistaat ist der Dorn in dem Auge der europäischen Reaktion. Der Vorwurf, welchen sie der Schweiz macht, ist also eigentlich der, daß die Schweiz eben ist, was sie zum Theile schon von Alters her war und nun nach ihrer neu errungenen Verfassung in noch erhöhtem Maße sein soll. [...] Die Schweiz ist dazu berufen, durch die Macht des Beispieles der heiligen Sache der Völkerfreiheit Vorschub zu leisten. Ja, meine Herren, unser Alpenland soll der Hochaltar der Freiheit in Europa sein. Diesen Hochaltar rein und unbefleckt zu erhalten, ihn zu erhalten in seiner vollen Würde und in seiner ganzen Erhabenheit, das ist die schöne Aufgabe, welche die Vorsehung unserm Volke in der Reihe der Kämpfer für die Demokratie zu lösen übertragen hat. Erfüllt das Schweizervolk diese Aufgabe gewissenhaft, so wird dieß zu seinem eigenen Frommen und auch zum Frommen aller derer gereichen, die außer unserm Vaterlande für die Völkerfreiheit erglühen. Es wird zum Frommen dieser letztern dienen: denn, wenn an dem Beispiele der Schweiz die Kraft und das Glück eines freien Volkes sich vor den Augen Europa's fortwährend lebendig beurkunden, so wird sich um diesen

hellleuchtenden Freiheitsaltar herum um so eher auch ein europäischer Frei-
heitstempel erheben ...»[378]

Nach seiner erneuten Wahl zum Zürcher Grossratspräsidenten legte
Escher am 13. Februar 1861 sein aussenpolitisches Programm in einer
seiner denkwürdigen Grundsatzreden dar: Als «Talisman» der Schweiz
bezeichnete er die Neutralität, über deren praktische Umsetzung allerdings noch unterschiedliche Meinungen herrschten. Die «aufrichtige
Neutralität» impliziere, dass die Schweiz nicht gleichzeitig neutral und
Partei sein könne. Somit liege es nicht an der Schweiz, internationale
Probleme mit Bajonetten zu lösen. Vielmehr habe die Schweiz die Auf-
gabe, ihre praktizierte Freiheit als Beispiel vorzuleben. Dieser Definition
fügte Escher eine weitere bei. Die Neutralität müsse gleichzeitig eine
«vollständige» sein. Zwar sei die immerwährende Neutralität der
Schweiz durch die Zustimmung der ausländischen Mächte abgesichert.
Dies allein genüge jedoch nicht. Das Grundprinzip der vollständigen
Neutralität müsse in der eigenen Stärke liegen und vom festen Willen
beseelt sein, das Vaterland um jeden Preis und selbst mit den grössten
Opfern zu behaupten. Zu den Garanten dieser Unabhängigkeit zählte
Escher – und dies erscheint heute bemerkenswert, wenn auch aus Sicht
eines Wirtschaftsführers verständlich – nicht nur die militärische, sondern auch die wirtschaftliche Stärke. Und letztere wiederum verlange
gesunde Finanzen, um eine unabhängige Stellung einnehmen zu können. «Man übersieht sehr oft, daß die Unabhängigkeit eines Landes
nicht blos auf einer Wehr-, sondern ebenso sehr auch auf seiner Nähr-
kraft beruht, und ebenso häufig ist man geneigt, außer Acht zu lassen,
daß es zu einer wirksamen Vertheidigung unsers Landes nicht blos einer
schlagfertigen Armee, sondern auch eines wohlgeordneten Finanz-
zustandes und der dadurch bedingten Erhaltung des Landeskredites
[...] bedarf.»[379]
Das Werbungsverbot von 1859, das es Schweizern untersagte, in
fremden Armeen anzuheuern, war für Escher eine logische Folgerung
aus dem Neutralitätsgrundsatz. Grund für die Abschaffung der Sold-
dienste war, die Schweiz aus der Abhängigkeit von ausländischen Mächten zu befreien und zu verhindern, dass Schweizer im Ausland je wieder
gegen eigene Landsleute kämpfen müssten. Zudem wurde durch die
Konstituierung des Bundesstaates nicht nur die Rekrutierung von
Schweizer Soldaten durch ausländische Mächte auf Schweizer Boden
verboten, sondern eben auch, dass Schweizer selbst in fremden Armeen
anheuerten. Im Umfeld eines überwiegend monarchischen Europas
musste unser Land erst noch seine Stellung finden, und Escher sah die
Eidgenossenschaft in diesem Umfeld gefährdet. Die Schweiz habe sich
deshalb gegen jegliche Angriffe des Auslandes zu verteidigen, wobei es
keine Rolle spielen solle, dass wir ein kleines Land seien. Als man im
Jahre 1862 in Turin über eine mögliche Annexion des Kantons Tessin
sprach, rief Escher erneut zur Einigung auf, um ein Auseinanderbrechen

der Schweiz zu verhindern. Die Schweizer müssten nun unabhängig von Herkunft, Sprache, Konfession oder politischer Meinung zusammenstehen und ihre gemeinsame Existenz «mit Gut und Blut» verteidigen.[380]

Während des Deutsch-Französischen Krieges von 1870/71 bekräftigte der Bundesrat sein Bekenntnis zur Neutralität der Schweiz. Escher nahm als Sprecher der aussenpolitischen Kommission des Nationalrats befriedigt zur Kenntnis, dass die Neutralität des Landes nicht verletzt worden sei. Das menschliche Elend hingegen habe man zu lindern versucht, wo man konnte; diesem sei man nicht neutral gegenübergestanden. Eschers damalige Position war nicht zuletzt durch sein Engagement für die Alpentransversale geprägt. Evident war, dass sich das Gotthardprojekt ohne substantielle ausländische Unterstützung, namentlich von Deutschland und von Italien, nicht realisieren liesse. Escher wurde zum Vorwurf gemacht, er habe die Unabhängigkeit der Schweiz den Gotthardmillionen aus dem Ausland geopfert: «Finis Helvetiae».[381]

Der Neuenburger Handel

Nach der Niederlage Napoleons versammelten sich die Siegermächte 1814/15 auf dem Wiener Kongress, um die politische Landkarte des Kontinents neu zu zeichnen. Der Wiener Kongress brachte der Schweiz die Anerkennung der immerwährenden Neutralität durch die Mächte Europas, die Unverletzlichkeit ihrer Grenzen und die Unabhängigkeit von jedem fremden Einfluss. Der Kanton Neuenburg war von da an zugleich Fürstentum des preussischen Königs und Teil der Schweizerischen Eidgenossenschaft. Die Tagsatzung hatte es 1848 versäumt, von König Friedrich Wilhelm IV. von Preussen den formellen Verzicht auf Neuenburg zu erwirken. Mit dem bewaffneten Aufstand in der Nacht vom 2. auf den 3. September 1856 stellten die Neuenburger Royalisten den vordemokratischen Zustand wieder her und setzten die Mitglieder des Staatsrates im Schloss von Neuenburg gefangen. Unverzüglich entsandte der Bundesrat Constant Fornerod und Friedrich Frey-Herosé als Kommissäre nach Neuenburg. Diese hatten den Auftrag, den verfassungsmässigen Zustand im Kanton durch Reetablierung der rechtmässigen Behörden wiederherzustellen. Die beiden Kommissäre konnten allerdings die Eskalation der Lage nicht verhindern, so dass die Republikaner am nächsten Tag das Schloss Neuenburg zurückeroberten. Über 600 Neuenburger Royalisten, darunter deren Anführer de Pourtalès und de Meuron, kamen so in eidgenössische Gefangenschaft. Bereits am Tag darauf beschloss der Bundesrat, die Urheber des Aufstandes gerichtlich zu verfolgen, und beauftragte den eidgenössischen Generalanwalt mit der Einleitung eines Verfahrens. Die bundesrätliche Politik benutzte die Gefangenen als Druckmittel, um den König, der die ihm getreuen Monarchisten nicht ihrem Schicksal überlassen konnte, zu einer Verzichtserklärung zu drängen. Der Neuenburger Konflikt wurde für den jungen Bundesstaat zu einer aussenpolitischen Bewährungsprobe. Die Schweiz wagte sich in ein Spannungsfeld vor und drohte zu einem Spielball der Grossmächte zu werden. Und über all dem standen Preussen, dessen König das Fürstentum Neuenburg nicht preisgeben wollte, England, das in der Auseinandersetzung zwischen der Schweiz und Preussen eigene Interessen verfolgte, und Kaiser Napoleon III., der sich durch seine Vermittlung eigene Lorbeeren holen wollte.

Nachdem alle Vermittlungsversuche gescheitert waren und der Bundesrat sich standhaft weigerte, die Freilassung der gefangenen Royalisten herbeizuführen, drohte Preussen mit Krieg. Bundesrat Jonas Furrer berichtete Escher im Schreiben vom 9. November 1856 über die Vorgehensweise der Landesregierung. Darin hiess es, Dufour werde zu Kaiser Napoleon geschickt, um Garantien über eine Deklaration des Kaisers an den König von Preussen betreffend die Unabhängigkeit Neuenburgs zu erhalten. Kriegsängste machten sich breit, da der Dufourschen Mission keine grossen Erfolgschancen beigemessen wurden.

Furrer schrieb am 22. November 1856 an Escher: «Bei Napoleon ist es aber Sache der Eitelkeit u. des Intreßes, dem König v. Preußen zu seinem *nächsten* Zweck, Befreiung der Gefangenen zu verhelfen; würde dieses geschehen, so erhielten wir die confidentielle Zusicherung, daß der K. v. Preußen dann schon zum Verzicht bestimmt werde. England scheint mir im Stillen froh zu seyn, wenn wir nicht nachgeben, wenn wir Nap. diesen Sieg nicht gestatten. [...] Wir haben übrigens ziemliche Anzeichen, daß man (auch von Frankreich her) nur das Maaß v. Drohungen erschöpfen will, um uns einzuschüchtern u daß N. einen ernstlichen Angriff auf die Schweiz nicht gestatten will.» Am 20. Dezember 1856 beschloss der Bundesrat die Mobilisation von Teilen der Schweizer Armee. Es herrschte eine begeisterte Stimmung im Land, und männiglich freute sich auf den preussischen Angriff, um dann die Schweiz verteidigen zu können. Der Konflikt wurde für viele Schweizer zum Symbol des Kampfes zwischen Demokratie und Monarchie. Am 23. Dezember 1856 schrieb Furrer an Escher: «Jetzt ist die Lage furchtbar ernst; wenn die Bundesversammlung nicht eine andre Politik einschlagen will, so haben wir den Krieg *vor der Thüre*, Hannibal ante Portas.»[382]

In seinem Brief an Escher vom 26. Dezember 1856 schlug Peyer im Hof einen Wahlspruch für die Bundesversammlung vor, welcher den Krieg ablehnte: «Für Neuenburg Gut und Blut, wegen einer Vorfrage kein Krieg!»[383] Die innenpolitischen Voraussetzungen für die friedliche Beilegung des Konflikts aber schuf in erster Linie Escher, der am 27. Dezember 1856 zum Nationalratspräsidenten gewählt worden war. Gleichzeitig stand er der nationalrätlichen Kommission vor, welche die bundesrätliche Botschaft zur Neuenburger Frage prüfen sollte. Obwohl die Kommission ihrem Wunsch nach einer friedlichen Lösung Ausdruck gab, war die Situation für Escher sehr delikat. Einerseits war er mit den Vorschlägen des Bundesrates, welche die Freilassung der Gefangenen ohne förmliche Verzichtserklärung des Königs ablehnten,

Rufst Du, mein Vaterland. Student, Soldat und Landsturmmann: Patriotische Grafik aus der Zeit des Neuenburger Handels 1856/57. Lithografie von A. Landener und Friedrich Hasler (1808–1871).

keineswegs einverstanden, andererseits lag es nicht in seinem Sinn, im Parlament eine Diskussion über abweichende Anträge zu entfachen. Auf keinen Fall wollte er in dieser Stunde der Gefahr die Geschlossenheit der Schweiz gefährden. Seine Vorstellungen zur friedlichen Beilegung des Konflikts musste er auf anderem Weg durchsetzen. Am 30. Dezember 1856 folgte, begleitet von stürmischen Bravorufen auf der Tribüne, die einmütige Annahme der bundesrätlichen Vorschläge durch das Parlament.

Die Ereignisse um den Jahreswechsel 1856/57 brachten ein Problemfeld des jungen Bundesstaates schonungslos an den Tag: die fehlende Professionalität seiner Diplomatie, insbesondere die faktische Nichtexistenz eines diplomatischen Apparates. Die Missionen von Bundesrat Jonas Furrer an den süddeutschen Höfen und von Johann Conrad Kern bei Napoleon III. erfolgten zu spät, waren zu wenig vorbereitet oder verletzten Grundregeln der Diplomatie: Man denke etwa an die unnötigen Brüskierungen des französischen Kaisers. Diesen tristen Zustand widerspiegeln auch die Versuche, Personen als Vermittler einzusetzen, die dem König von Preussen wohlgesinnt waren. Bekannt ist etwa der Einfluss des Schaffhauser Historikers Heinrich Gelzer auf König Friedrich Wilhelm IV., wobei Gelzer allerdings von der Eidgenossenschaft nie offiziell auf diese Mission gesandt worden war. Er versuchte König Friedrich Wilhelm IV. in seiner Angst zu bestärken, dass in Preussen eine Revolution ausbrechen könnte, sollte es zu kriegerischen Handlungen mit der Eidgenossenschaft kommen. Weiter wissen wir von einem privaten Vermittlungsversuch des amerikanischen Gesandten in Bern, Theodore Sedgwick Fay, der sich ebenfalls für eine friedliche Beilegung des Konflikts einsetzte. In diesen Zusammenhang gehört auch die Frage von Nationalrat August von Gonzenbach an Alfred Escher, ob er nicht über Johann Lukas Schönlein, den Leibarzt des preussischen Königs und früheren Professor an der Universität Zürich, Einfluss auf Friedrich Wilhelm IV. nehmen könne.

Betrachtet man die damalige Berichterstattung in den Schweizer Medien und anderen zeitgenössischen Quellen, so besteht kein Zweifel, dass die Zustimmung der Bundesversammlung zu den Vorschlägen der Landesregierung ganz im Einklang mit der öffentlichen Meinung war. Die monatelange Auseinandersetzung um die Zugehörigkeit von Neuenburg hatte in der Schweizer Bevölkerung hohe Wellen geschlagen und patriotische Gefühle geweckt. Diese nationale Begeisterung festigte zwar den Bundesstaat, nährte aber auch gefährliche Expansionsgelüste und führte da und dort zu einer Überschätzung der militärischen Kräfte der Schweiz.

Zu grossen Augenblicken in der Schweizer Geschichte zählen die Einsetzungen von militärischen Oberbefehlshabern in Zeiten äusserer Bedrohung. Eine vergleichbare emotionale Bedeutung wie die Wahl von General Henri Guisan am Vorabend des Zweiten Weltkrieges gewann die Zeremonie, durch die Henri Dufour 1856 als General vereidigt wurde. Escher gedachte «mit eindrucksvoller Betonung des Ernstes der

Karikatur auf die diplomatische Mission Johann Conrad Kerns bei Napoleon III. auf dem Höhepunkt der Neuenburger Krise 1856/57. Lithografie nach einer Zeichnung von Karl Friedrich Irminger (1813–1863).

Zeit und der Grösse der Aufgabe». Mit seinem typischen Gespür für die Erfassung der Situation fand er die erhebenden Worte:

«Sie werden, Herr General, [...] Ihre Aufgabe lösen, gehoben durch die ruhmvolle Eintracht, welche in unsrem Volke und in unserem Heere herrscht. Sie standen vor 9 Jahren auch an der Spitze des Bundesheeres. Welcher Unterschied zwischen damals und jetzt! Damals gebot Ihnen eine schwere Pflicht, das Schwert gegen Miteidgenossen zu ziehen; jetzt aber schaaren sich die Banner aller Gauen unsers einigen Vaterlandes bundesbrüderlich und opferfreudig unter die Mutterfahne mit dem weißen Kreuz im rothen Felde ...»[384]

Nachdem Escher bis dahin die kompromisslose Politik des Bundesrates aus staatspolitischen Überlegungen nach aussen unterstützt und mit der Vereidigung des Generals Bundespräsident Stämpflis Starrsinn öffentlich gebrochen hatte, ging er daran, über verschiedene Kanäle Druck auf die Exekutive auszuüben mit dem Ziel, eine friedliche Lösung des Konflikts zu erreichen. Bemerkenswert ist in diesem Zusammenhang folgende Reminiszenz: ‹Kriegsminister› Stämpfli hatte durch seinen Bundesratskollegen Furrer bei Escher anfragen lassen, ob die eben gegründete Schweizerische Kreditanstalt, als deren Verwaltungsratspräsident Escher amtete, im Falle eines Krieges mit Preussen eine eidgenössische Anleihe von 20 bis 30 Millionen Franken zur Verfügung stellen könne. Furrer schrieb am 9. November 1856 an Escher: «Daß wir uns auch mit militärischen u finanziellen Fragen beschäftigen, wirst du begreifen. Wir bedürften natürlich großartiger Darlehn. Würde wohl Euer Crédit mobilier auch etwas thun?»[385] Wie sehr Stämpflis kriegerische Gelüste bei Escher auf Ablehnung stiessen, zeigt sich darin, dass die Bank vorsichtigerweise nur etwa eine halbe Million in Aussicht stellte. In einem Brief vom 26. Dezember 1856 zog Peyer im Hof gegenüber Escher sogar die Möglichkeit in Betracht, die französisch-schweizerischen Beziehungen zu verbessern, indem man Stämpfli, der aufgrund seines Gebarens Napoleons Missfallen erregt hatte, den Austritt aus dem Bundesrat nahelege.

Am 31. Dezember 1856 ernannte der Bundesrat Johann Conrad Kern zum ausserordentlichen Gesandten am Hof des Kaisers von Frankreich. In seinem Brief vom 7. Januar 1857 teilte Kern Escher mit: «Die Unterh[an]dl[un]gen gehen weit langsamer als ich früher nicht vermuthet hatte. [...] Entweder erhalten wir die Verzichtleistung mit für uns annehmbaren Bedingungen; oder dann jedenfalls die Anerkennung der entière indépendance v. Neuenburg v. England & Frankreich mit Lossagung vom Londoner Protokoll.»[386]

Kaiser Napoleon III. gab indes dem eidgenössischen Gesandten keine offizielle schriftliche Zusicherung, dass er sich für die definitive Souveränität Neuenburgs einsetze, da der Prozess gegen die Aufständischen noch nicht abgeschlossen sei. Mündlich gab er allerdings, nach

General Guillaume-Henri Dufour (1787–1875). Lithografie von Karl Friedrich Irminger (1813–1863). Ausschnitt.

den Aufzeichnungen Kerns, dieses Versprechen ab. Kern musste also in Bern viel Überzeugungsarbeit leisten, um eine friedliche Beilegung des Konflikts – mit einer Amnestie für die Aufständischen – zu erreichen. «Die Erklärung des Kaisers Napoleon III., dass er, falls der König von Preussen die Amnestieverkündung nicht annehmen sollte, handeln werde, wie wenn er selbst die Eidgenossenschaft repräsentierte, übte einen entscheidenden Einfluss auf die Mitglieder der Bundesversammlung so wie diejenigen des Bundesrathes aus.»[387] Escher selber zweifelte auch daran, ob die ausländischen Mächte wirklich an einer kriegerischen Auseinandersetzung interessiert waren. Am 16. Februar 1857 schrieb er an Kern: «Daran aber, daß die Sache ausgetragen werde, wie es der Bundesversammlung in Aussicht gestellt worden ist, muß uns, muß aber gewiß auch dem Auslande & namentlich Frankreich, viel liegen. Ich zweifle daran, daß das Ausland wünschen kann, die Partei Vogt in der Schweiz zu kräftigen.»[388]

König Friedrich Wilhelm IV. (1795–1861) mit seiner Frau Augusta.

Als auf den 14. Januar 1857 eine weitere Bundesversammlung einberufen wurde, war der Bundesrat bereits mehrheitlich Eschers Vorschlägen gefolgt. Das geschickte Taktieren des Zürchers hinter den Kulissen hatte zur bundesrätlichen Kehrtwende geführt. Dazu gehörte Eschers Fähigkeit, mit dem sprichwörtlichen Zaunpfahl zu winken, die er am 15. Januar 1857 in seiner Rede zur Friedenspolitik vor dem Parlament meisterhaft einsetzte. Escher bemerkte bereits einen Tag zuvor in seiner Eröffnungsrede als Nationalratspräsident gegenüber jenem Personenkreis, welcher eine verbindliche Zusicherung von Frankreich verlangte, dass im diplomatischen Verkehr nicht dieselben Formen Geltung hätten wie beim Abschluss von Rechtsgeschäften im bürgerlichen Leben. In der gegenwärtigen Lage wäre es seiner Meinung nach ein «Akt der Leichtfertigkeit», es zu einem Krieg kommen zu lassen:

«Wenn unser Volk die Ansicht gewinnen würde, daß man es ohne Noth zum Äußersten habe kommen lassen, ich weiß nicht, ob dann die Stimmung des Volkes, die gegenwärtig eine vortreffliche ist, sich nicht wieder ändern könnte, und es scheint mir, sie würde sich in diesem Falle mit allem Rechte ändern.» Und etwas später: «Wenn wir auf den Antrag der Kommission, wie er vorliegt, nicht eingehen, wenn der Prozeß gegen die Angeklagten durchgeführt wird, so werden wir den Krieg haben; und, was gewinnen wir damit in Beziehung auf die Unabhängigkeit Neuenburgs? Wird dann auf diese Weise die Unabhängigkeit Neuenburgs gesichert? Machen wir einen Schritt vorwärts zur Erreichung des einen Zieles, das uns allen vorschwebt? Sie mögen sich die Antwort selbst geben. Wenn wir aber beschließen, den Prozeß nicht durchzuführen, so ist uns in sichere Aussicht gestellt, daß wir das Ziel unserer Wünsche, die allseitige Anerkennung der gänzlichen Unabhängigkeit Neuenburgs, erreichen werden.»[389]

Nachdem die Bundesversammlung am 15. Januar 1857 dem Antrag der von Escher präsidierten Kommission zugestimmt und den Prozess gegen die Aufständischen ausgesetzt hatte, war der entscheidende Schritt zur Lösung der Neuenburger Frage getan. Escher äusserte dazu in seinem Schlusswort an den Nationalrat am 16. Januar 1857:

«Die Art aber, wie wir das Ziel, das wir uns vorgestekt, anstreben, kann nur dazu geeignet sein, die öffentliche Meinung, die uns jezt schon in hohem Grade zugethan ist, noch günstiger für uns zu stimmen. Die wahre Kraft eines Volkes offenbart sich nicht zum mindesten durch die Mäßigung, die es in seinem Auftreten an den Tag zu legen weiß. Ein kleiner Staat aber vollends wird nur durch eine ruhige Haltung und durch besonnenes Handeln der Welt Achtung einflößen und sie seine Kleinheit vergessen machen.»[390]

Der Beschluss des Bundesrats vom 17. Januar 1857, die «Entlaßung der gesammten Armee sey so schnell als möglich vorzunehmen», führte zunächst zu einem kleinen Scharmützel mit dem General. Dufour, der mittlerweile grosses Gefallen an seiner Rolle als Oberbefehlshaber gefunden hatte, verzögerte die Ausführung des bundesrätlichen Entscheids, worauf der Bundespräsident entrüstet anmerkte: «Statt … die Entlaßung zu organisieren, machen die Herrn Reisen, beschauen die Cadetten, laßen sich Ovationen bringen.» Der Bundesrat hatte nicht die Kompetenz, die Truppen ohne Zustimmung des Generals zu entlassen. Jonas Furrer äusserte sich besorgt: «Bei innern Unruhen könnte diese Stellung des Generals von ernsten Folgen seyn»; es drohte ein Putsch.[391] Glücklicherweise konnte die Sache friedlich beigelegt werden.

Auf diplomatischer Ebene zogen sich die Debatten hin. Kern wurde auf weitere Missionen nach Frankreich gesandt und sollte die Schweiz bei den anstehenden Verhandlungen über die Souveränitätsfrage in Neuenburg vertreten. Dabei sah er sich mit Problemen verschiedener Art konfrontiert: Der Gesandte von König Friedrich Wilhelm IV. hatte keine klaren Anweisungen für die Verhandlungen erhalten – verschiedentlich mischten sich aus machtpolitischen Gründen europäische Regierungen ein, was die Neuenburger Frage komplizierte; die öffentliche Meinung in der Schweiz war gespalten, weshalb Kerns Bemühungen zu wenig abgestützt schienen.

Die ständerätliche Kommission würdigte Kerns Leistung im Schlussbericht vom 10. Juni 1857: «Die Kommission erfüllt endlich noch eine ihr angenehme Pflicht, indem sie, nach einem reiflichen Studium der sehr umfangreichen Akten, die ihr vorgelegen haben, in den Stand gesetzt, die Leistungen des außerordentlichen Gesandten der Eidgenossenschaft, des Herrn Ständerath Dr. Kern, mit Sachkenntniß zu beurtheilen, demselben ihre vollste Anerkennung und ihren wärmsten Dank für die Einsicht, die Beharrlichkeit und die Mäßigung ausspricht, welche er in äußerst schwieriger Stellung zum Frommen seines Vaterlandes an den Tag gelegt hat.»[392]

Den letzten Schritt zur endgültigen Lösung des Konflikts machten die Parteien im Rahmen der internationalen Konferenz, welche am 5. März 1857 in Paris begann. Sie sollte die Grundlagen und die Bedingungen zur Anerkennung Neuenburgs als souveränen Staat festlegen. Im Vorfeld der Verhandlungen wehrte sich die Schweiz entschieden dagegen, dass die grossen Mächte Europas selbständig über die ‹Neuenburger Frage› entscheiden wollten.

Der Bundesrat hielt dazu in seiner Botschaft vom 8. Juni 1857 an die Bundesversammlung folgendes fest: «Wir müssen noch den Standpunkt berühren, welchen wir gegenüber der Konferenz selbst glaubten einnehmen und festhalten zu sollen. Es wäre mit der Würde der Eidgenossenschaft im Widerspruche gewesen, wenn die Konferenz die Stellung eines Schiedsgerichtes sich hätte beimessen wollen. Wir anerkannten deßhalb kein Recht, demzufolge die Konferenz lediglich von sich aus die Bedingung, unter denen die Streitfrage geschlichtet werden sollte, formulieren könnte, und welche dann die Schweiz ohne weiters anzunehmen hätte. Vielmehr vindizirten wir der Konferenz lediglich den Charakter der Vermittlung. Wir machten geltend, daß die Schweiz sich freithätig verhalten müsse, und daß es ihr durchaus vorbehalten sei, die ihr vorzulegenden Bedingungen selbstständig anzunehmen oder auch auszuschlagen.»[393]

Escher äusserte sich am 9. Juni 1857 bei der Eröffnung der Nationalratssession zur Ratifikation des Vertrages mit Preussen: «[...] sei es mir noch vergönnt, meine vaterländische Freude darüber auszusprechen, daß die schweizerische Bundesversammlung sich der wichtigsten und schwierigsten Aufgabe, welche sie seit ihrem Bestehen auf dem Gebiete der auswärtigen Politik zu lösen berufen war, als vollkommen gewachsen erwiesen hat, und daß eine Frage, welche unserm Lande große Gefahren zu bringen und den Weltfrieden zu stören drohte, im Begriffe steht, in Minne und gleich sehr zum Frommen wie zur Ehre der Schweiz ausgetragen zu werden.»[394]

Zur selben Frage nahm die nationalrätliche Kommission im Schlussbericht vom 10. Juni 1857 Stellung. Alfred Escher amtete als Berichterstatter: «Auf dem Wiener-Kongresse, auf welchem auch betreffs der Schweiz sehr einschneidende Beschlüsse gefaßt wurden, saß kein Stellvertreter der Eidgenossenschaft im Kreise der Kongreßmitglieder. [...] An der Pariserkonferenz dagegen, welche sich mit der Abänderung eines Artikels der Wienerkongreßakte beschäftigte, nahm der Abgeordnete der Eidgenossenschaft auf dem Fuße unbedingter Gleichstellung mit den Bevollmächtigten der Großmächte Theil.»[395]

Die Verhandlungen zogen sich über mehrere Treffen hin. Am 26. Mai 1857 kam der Kongress mit der achten Konferenz zum Abschluss. Kern bemerkte rückblickend: «[...] daß die Schweiz in diesem lang andauernden Ringen die öffentliche Meinung von Europa, welche ihrer entschlossenen Haltung und ihrer Mäßigung Beifall zollte und die Berechtigung ihrer Forderungen anerkannte, nicht gegen sich gehabt hat».[396] Das Vertragswerk wurde schliesslich von den preussischen und den eidgenössischen Gesandten sowie den Bevollmächtigten von Österreich, Frankreich, Grossbritannien und Russland unterzeichnet. Darin verzichtete König Friedrich Wilhelm IV. zwar ohne Entschädigung auf Neuenburg, behielt sich aber den Titel eines Fürsten von Neuenburg vor. Die Bundesversammlung ratifizierte den Vertrag von Paris am 12. Juni 1857 einstimmig, und der Grosse Rat von Neuenburg beschloss bereits am 4. Juni 1857 – unter Vorbehalt der Ratifikation des Vertrages durch Preussen – eine umfassende Amnestie der Aufständischen. Der Bundesrat meinte zum Resultat der Verhandlungen: «Ohne Zweifel hätten wir vorgezogen, keine Bedingungen aufgeführt zu sehen; allein man darf nicht, durch Betrachtungen – deren Bedeutung man übertreibt – eingenommen, vergessen, daß die Hauptsache erlangt ist, und daß man sie nicht untergeordneten Rüksichten aufopfern soll. Uebrigens beschränken diese Bedingungen die Unabhängigkeit des Kantons nicht in erheblichem Maße.»[397] Kerns Bemerkung zum Abschluss des Konflikts: «Fortan homogen, und kraft des europäischen Rechtes selbst befreit von jedem fremden Einflusse, konnte sie [die Eidgenossenschaft] unter der Aegide ihrer neuen Institutionen, stark durch ihre Unverletzlichkeit und ihre Neutralität, sich ihrer innern Entwicklung widmen.»[398] Alfred Escher bemerkte anlässlich der Schliessung der Session des Nationalrates am 12. Juni 1857: «Die Behandlung von Angelegenheiten, die Gegenstand schwebender diplomatischer Unterhandlungen geworden sind, in gesezgebenden Räthen, welche viele Mitglieder zählen, öffentlich zu berathen, bietet mancherlei Klippen dar. Meine Herren! Sie dürfen sich das Zeugniß geben, dieselben bei ihren Verhandlungen über die Neuenburgerfrage mit einer Einsicht, einer Mäßigung und einem Takte umschifft zu haben, welche auch im Auslande eine gebührende Würdigung gefunden haben.»[399]

Fazit: Die Neuenburger Frage konnte beigelegt werden, da die europäischen Mächte an einem Krieg zwischen Preussen und der Eidgenossenschaft nicht interessiert waren. Man fürchtete sich vor dem eidgenössischen Sprengpotential – dass nämlich der Konflikt eskalieren und die revolutionären Kräfte der umliegenden Monarchien mobilisieren könnte. Auch wollte man den Frieden und den industriellen Aufschwung in Europa nicht durch einen Brandherd in der Schweiz gefährden. Ganz wesentlich war die Lösung der Neuenburger Frage auch das Verdienst des französischen Kaisers, der sich – nach vorgängiger Freilassung der royalistischen Gefangenen – beim preussischen König für die Sache der Schweiz eingesetzt hatte.

Der Konflikt mit Frankreich um Savoyen

Drei Jahre nach der Beilegung des Konflikts um Neuenburg entwickelte sich der ‹Savoyer Handel› zu einem wahren Fiasko für die Schweiz.

1815/16, im Anschluss an die napoleonischen Kriege, wurde das zu Sardinien gehörige Nordsavoyen neutralisiert. Die Eidgenossenschaft erhielt das Recht, diese Landschaften – konkret ging es um Chablais, Faucigny und Genevois – notfalls militärisch zu besetzen. 1858 wurde zwischen Napoleon III. und Camillo Benso Conte di Cavour – dem damaligen Ministerpräsidenten Sardiniens – eine geheime Abmachung getroffen. Diese besagte, dass Frankreich für seine Hilfe bei der Einigung Italiens Nizza und Savoyen erhalten würde. Als der Bundesrat gerüchteweise von einer möglichen neuen Aufteilung Savoyens erfuhr, meldete er seine Rechtsansprüche an. Offiziell konnte die Schweiz allerdings kein Hoheitsrecht auf dieses Gebiet erheben, weshalb man im Verlaufe der Verhandlungen mit anderen Argumenten versuchte, den Anspruch durchzusetzen. Alfred Escher, auch in dieser Sache Kommissionsberichterstatter des Nationalrates, wirkte besänftigend auf die Ratsmitglieder ein. Aus seiner Sicht waren die diplomatischen Möglichkeiten noch lange nicht ausgeschöpft. Damit konnte er die von Expansionsgelüsten getriebenen Radikalen hinhalten.

Die Abtretung Savoyens von Sardinien an Frankreich war für die Schweiz insofern problematisch, als man in Bern im Verlaufe der Zeit dazu übergegangen war, ihre Pflicht zur Wahrung der Neutralität Savoyens als Recht zu verstehen. Die Neutralisation des Gebietes sollte nicht nur in einer militärischen Notsituation, sondern nach Belieben möglich sein. Der Bundesrat fürchtete, dass ein Anschluss Savoyens an Frankreich die Neutralität der Schweiz zunichte machen würde, da man nicht mehr in der Lage wäre, das eigene Territorium genügend zu schützen. Angeführt von Bundesrat Jakob Stämpfli, dem damaligen Vorsteher des Eidgenössischen Militärdepartements, und dem Genfer Regierungsrat und Nationalrat James Fazy, hatte sich eine Bewegung radikaler Kräfte gebildet, die sich für die Besetzung und den Anschluss Nordsavoyens an die Schweiz stark machte. Anders als im Neuenburger Konflikt gelang es Stämpfli diesmal allerdings nicht, grössere Teile der Bevölkerung für seine Expansionspläne zu gewinnen.

Alfred Escher lieferte der Bundesversammlung am 5. Mai 1859 einen ersten Bericht zur Situation in Savoyen. «Die Grundlage der auswärtigen Politik der Schweiz, ihre Neutralität, ... erweist sich bei den gegenwärtigen bedrohlichen Verhältnissen neuerdings als ein Kleinod, welches die Schweiz auf das gewissenhafteste zu bewahren das größte Interesse hat.» Gleichwohl beantragte die Kommission anfänglich, dem Bundesrat umfassende militärische und finanzielle Vollmachten zu erteilen, da man der Überzeugung sei, «der Bundesrath werde fortfahren, Truppenaufgebote nur nach Maßgabe des wirklich vorhandenen Bedürfnisses eintreten zu lassen, mittlerweile aber in allen Richtungen die erforderlichen Vorbereitungen zu treffen, damit die Schweiz, wenn der Gang der Ereignisse sie nöthigen würde, über ihre militärischen und finanziellen Kräfte im weitesten Umfange zu verfügen, dieß, ohne daß sie sich vorher erschöpft, somit in voller Kraft und auf's rascheste zu thun vermöge». Dennoch bestand kein Zweifel daran, «daß die oberste Entscheidung über die von der Schweiz in den angegebenen Richtungen der Hauptsache nach zu beobachtende Haltung bei der schweizerischen Bundesversammlung steht».[400] In der breiten Öffentlichkeit herrschte die Meinung vor, dass die Schweiz diesmal Savoyen besetzen würde. Man erinnere sich an früher begangene Fehler, als man Konstanz oder das Veltlin nicht hatte in die Eidgenossenschaft aufnehmen wollen.

Anlässlich der Audienz vom 31. Januar 1860 sicherte der französische Kaiser Johann Conrad Kern mündlich zu, dass die Provinzen Chablais und Faucigny der Eidgenossenschaft überlassen würden. Die Schweiz konnte somit – so machte es den Anschein – auf den guten Willen Frankreichs zählen. Diese Erklärung Napoleons genügte dem Bundesrat allerdings nicht. Er wollte es schriftlich haben – schwarz auf weiss.

Da Nordsavoyen wirtschaftlich wie kulturell mit der Schweiz verbunden war, schien eine Eingliederung in die Eidgenossenschaft durchaus nicht ganz abwegig. Die Schweiz verlangte, dass ihr «[...] auf dem neutralisirten savoyischen Gebiete eine solche Gränze angewiesen werde, welche eine möglichst günstige militärische Vertheidigungslinie bilden würde, wie solche nach dem Urtheile unserer tüchtigsten Militärs unumgänglich nöthig sei, wenn nicht die schweizerische Neutralität zur Illusion herabsinken solle».[401] Für Genf war das Schicksal Savoyens von grosser Bedeutung, da es Gefahr lief, von der übrigen Eidgenossenschaft abgeschnitten und von französischem Territorium eingeschlossen zu werden. Allerdings waren auch die Genfer nicht einer Meinung, da die Stadt Genf nach einem allfälligen Anschluss Nordsavoyens Hauptort eines vornehmlich katholischen Kantons geworden wäre.

Das Manifest der Nordsavoyer vom 16. März 1860 an den König von Sardinien trat dafür ein, dass den Bewohnern bei einer eventuellen Ablösung von Sardinien die Wahl zwischen Frankreich und der Schweiz gelassen werden solle: «Le vote séparé et l'alternative de devenir suisses laissée à leur choix, voilà ce qui seul permettra aux populations du Chablais, du Faucigny, et du Nord du Genevois, de faire connaître leurs véritables désirs.» An Napoleon III. richtete sich die Präzisierung, warum die Nordsavoyer einen Anschluss an die Schweiz befürworteten: «La Savoie du Nord est un pays pauvre, purement agricole. C'est en Suisse que le Savoisien du Nord vend ses produits, qu'il achète tout ce dont il peut avoir besoin.»[402]

Am 21. März 1860 begab sich eine Delegation savoyischer Notabler nach Paris, um beim Kaiser vorzusprechen. Entgegen dem Wortlaut des Manifests verfolgte sie die Absicht, die vom Kaiser in Aussicht gestellte Gebietsabtretung und somit die Zerstückelung Savoyens zu verhindern. Man liess den Kaiser im Glauben, dass die Bevölkerung geschlossen gegen eine Teilung des Gebiets sei. Würde der Kaiser eine Abstimmung nach Provinzen durchführen, müsste diese den vollumfänglichen Anschluss an Frankreich gefährden.

Die Abtretung von Savoyen wurde von Frankreich und Sardinien am 24. März 1860 besiegelt. Die einzigen Konzessionen, die Napoleon gegenüber der Schweiz machte, waren die Garantie der Neutralität

Kaiser Napoleon III. (1808–1873). Gemalt von Franz Xaver Winterhalter (1805–1873).

Nordsavoyens sowie die Einrichtung einer zollfreien Zone an der Grenze zur Schweiz. Dieses Ende des Savoyer Handels glättete allerdings die Wogen in der Schweiz noch nicht.

Die Hasardeurpolitik der radikalen Hitzköpfe um Stämpfli, die von der Schweiz als europäischer Grossmacht träumten, findet symbolischen Ausdruck in der ‹Expeditionsfahrt› vom 30. März 1860 und im ‹Eroberungsfeldzug› des Uhrmachers John Perrier auf dem Genfersee. Die Lächerlichkeit des Unternehmens – Perrier hatte mit einer berauschten Schar in Thonon und Evian die Schweizer Fahne gehisst – war offensichtlich. In bezug auf die proschweizerische Stimmung in Nordsavoyen meinte Furrer im Brief vom 12. April 1860 an Escher: «Nach allen Nachrichten hat der Genferzug der Schweizerischen Stimmung im Chablais ungeheuer geschadet.»[403]

Die Diskussionen in der Bundesversammlung machen deutlich, dass man sich die Möglichkeit offenlassen wollte, Nordsavoyen militärisch zu besetzen, falls keine Einigung über die «neutralisirten Theile» zustande käme. Dufours Ermahnung zu vorsichtigem Handeln, da jede Provokation fatale Folgen haben könne, wurde in den Wind geschlagen. Furrer berichtete weiter: «In Genf hat man aber den Kopf verloren u will von einem Tag auf den andern in St. Julien rothe Hosen erwarten, obwohl es wiederholt v. Paris aus dementirt wurde. Die Vereine heizen ein u treiben darauf los, daß man sofort Nord Savoÿen besetzt.» Nicht zuletzt auf Druck von Stämpfli veranlasste die Bundesversammlung, «6 Bat. nebst Zubehörde zu Wiederholungskursen (!) sofort einberufen zu laßen», um jederzeit eine Besetzung Savoyens veranlassen zu können.[404]

Hauptsächlich war es Eschers Einfluss zu verdanken, dass die ungeschickte und voreilige Politik des Bundesrates die Schweiz nicht in eine militärische Auseinandersetzung führte, diesmal gar in einen Zweifrontenkrieg gegen Frankreich und Sardinien zugleich. Was Escher von der bundesrätlichen Abenteuerpolitik hielt, zeigt sein Schreiben an Furrer: «Wenn man die Sache gründlich verderben will, so muss man nur recht lärmen, schimpfen und drohen.»[405] Das schwierige Umfeld, in dem die Kommission und insbesondere Escher agieren mussten, sei durch ein paar Stichworte illustriert: Der Kriegspartei von Stämpfli, die im Bundesrat die Oberhand gewonnen hatte, schlossen sich – über das radikale Lager hinaus – bedeutende protestantische und katholische Exponenten des konservativen Lagers an, was zu einer ‹unheiligen Allianz› führte. Die ‹Männerhelvetia› und der ‹Grütliverein› machten gefährliche Kriegsstimmung im Volk und sandten dem Bundesrat Ergebenheitsadressen. Allerdings ohne Erfolg, wie einem Brief Eschers an Furrer zu entnehmen ist:

«Wir freuen uns alle drei [Rüttimann, Dubs und Escher] darüber, daß der Bundesrath den unsinnigen Stürmereien der Helvetia oder vielmehr ihres Meisters [Stämpfli] widersteht. [...] Es ist möglich, daß Keller [Augustin Keller, Aargauer National- und Regierungsrat] in seiner unbegreiflichen Windfahnenpolitik (& er hat das Unglück, sich immer nach trügerischen Winden zu richten!) sich zum Harlequin der Helvetia hergibt …»[406]

In einem Brief von Blumer an Escher wiederum kolportierte der Glarner Stämpflis Aussagen: Die Schweiz werde «150 000 Mann aufbieten zur Aufrechthaltung ihrer Neutralität u. zur Besetzung von Chablais u. Faucigny; diese Provinzen werde sie, damit dieselben nicht alle an Frankreich abgetreten werden, auch nach Beendigung des Krieges während der Dauer der Friedensunterhandlungen besetzt halten».[407] Bereits waren einzelne westschweizerische Truppenteile vorzeitig zu ihren Wiederholungskursen aufgeboten worden. Der Bundesrat wiederum hatte verlauten lassen, dass er vor keiner Massregel zurückschrecken werde, und verlangte von den eidgenössischen Räten die Ermächtigung zum Einsatz aller Mittel. Im Gegensatz zur Kommissions- und Parlamentsmehrheit war der Bundesrat nun der Ansicht, dass eine friedliche Beilegung des Konflikts nicht mehr möglich sei.

Auch die «Berner Zeitung» gefiel sich in einer eigentlichen Kriegseuphorie:

«[Der Bundesrat] lasse unsere Truppen nicht bloß Wiederholungskurse machen, er lasse sie marschiren aus dem fernsten Osten nach dem vom gierigen Wolf zu verschlingenden Westen! Die Truppen werden ihm zujauchzen! Das Volk wird ihm zujauchzen und die Unterhandlungsfreunde, die er dann nachträglich einberufen mag, werden verstummen. Nicht auf fremde Fürsten, auf unsere eigene Kraft vertrauen, heißt es jetzt, oder niemals wieder!»[408]

Bevor die Bundesversammlung zur beantragten Bevollmächtigung Stellung nahm, traten die Kommission und der Gesamtbundesrat in einer Sitzung zusammen. Aufgrund der offensichtlichen Differenzen und getreu dem Grundsatz, dass der Bundesrat die Beschlüsse der Bundesversammlung nach bestem Wissen und Gewissen umzusetzen habe, wichen die einzelnen Bundesräte (mit Ausnahme von Bundesrat Stämpfli, der das Votum verweigerte) schlussendlich von ihrer Forderung ab, den Konflikt nötigenfalls militärisch zu regeln.

Escher hatte wohl als Kommissionsberichterstatter des Nationalrates massgeblichen Einfluss auf die Bundesräte und wirkte in dieser Sache deeskalierend. Die nationalrätliche Kommission war der Überzeugung, «daß die Verhandlungen, welche die Schweiz, betreffend die Beziehungen unseres Landes zu der Savoyerangelegenheit bis anhin gepflogen und theilweise erst in neuerer Zeit angeknüpft hat, durchaus nicht als erschöpft anzusehen sind». In der Unterredung mit der Kommission versprach der Bundesrat, die Vollmacht nicht gegen die Parlamentsmehrheit durchzusetzen und vor weiteren Truppenaufgeboten unverzüglich die Bundesversammlung einzuberufen. So erteilte ihm schliesslich die Bundesversammlung am 4. April 1860 die allgemeine Ermächtigung und damit faktisch freie Hand. Die nationalrätliche

Kommission war der Ansicht, «daß der Bundesrath von diesen Vollmachten einen Gebrauch machen wird, der, indem er Besonnenheit
und Festigkeit vereinigt, eben so sehr der Würde der Eidgenossenschaft
wie ihrer geschichtlichen Stellung im Europäischen Staatenverbande
und der Anschauungsweise unserer Bevölkerung entspricht».[409]

Vergeblich hatte sich die Schweiz um die Einberufung einer inter-
nationalen Konferenz zur Savoyer Frage bemüht, an der sie selber hätte
teilnehmen können. Furrer äusserte im Brief an Escher vom 8. April 1860
Enttäuschung über England und Frankreich: «Keiner will recht an-
packen u für d. Conferenzen die Initiative ergreifen u so wird diese
Verhandlung sich verschleppen, bis ein fait accompli vorhanden ist.»[410]
Auch England bezog weder für die eine noch die andere Seite klare
Position, da es kurz vor dem Abschluss eines Handelsvertrages mit
Frankreich stand. «Der ‹Observer› äußert sich in seinem offiziösen oder
halbamtlichen Theile über die Savoyerfrage ganz wie die ‹Times›; die
Annexion wäre ein Fehler und ein Unrecht vom Kaiser Napoleon, aber
sonst kein gar wichtiges Ereigniß, berühre Englands Interessen und
Ehre nicht, und Niemand, der bei Sinnen ist, werde um Savoyens Willen
mit Louis Napoleon brechen u. s. w. In seiner nicht offiziösen Abtheilung, ‹Events of the Weeks› überschrieben, sagt der ‹Observer› das
schnurgerade Gegentheil.»[411]

Die letzte Möglichkeit wäre eine militärische Intervention gewesen.
Furrer schrieb dazu in seinem Brief vom 8. April 1860 an Escher: «So
tritt die große Frage ganz nahe heran, ob man der Besitznahme Frankreichs mit Waffen entgegentreten solle oder nicht od. mit andern Worten die Frage über Krieg od. Frieden. ... So wird es sich leider doch
öffentlich u officiell herausstellen, daß die Schweiz in dieser Frage ganz
getheilt sein wird, eine Thatsache, welche schon für sich allein die ver-
nünftige Möglichkeit einer Kriegführung ausssschließt! [...] Die ‹ernste
Lage› ist diese: Frankreich wird zwar die Sav: Nordprovinzen nicht
militärisch besetzen, wenn nicht besondere Ereigniße es veranlaßen;
allein die Civil Verwaltung einzuführen läßt es sich nicht hindern u
wenn die Schweiz sich dieser Besitznahme thätlich widersetzen will, so
wird auch Frankreich bewaffnet vorgehen; es wird keine Conferenzen
annehmen vor der Vollendung der Besitznahme.»[412]

Escher ging gemäss Brief vom 11. April 1860 mit Furrer einig: «Ich
kann mich nur seiner [Dubs] Anschauungsweise anschließen, daß die
Anhandnahme von Unterhandlungen im Willen der Mehrheiten der
Commissionen & der Räthe lag, daß Unterhandlungen directe mit
Frankreich (dem Kaiser) am ehesten zum Ziele führen dürften, nach-
dem es sich nun herausgestellt hat, daß die übrigen Großmächte uns
nicht einmal zu einer Conferenz verhelfen wollen ...» Und: «Was die
Stimmung des Volkes in dem Canton Zürich anbetrifft, so geht die-
selbe ... dahin, es dürfe die Schweiz um dieser Neutralisirung eines
Theiles von Savoyen willen nicht ihre Existenz aufs Spiel setzen ...
Noch einen Punct muß ich erwähnen. Man hört oft, man müsse zum

Bundesrathe stehen, er wisse am besten, wie weit man gehen müsse. Es ist dieß ein ganz begreifliches, ja, es ist ein erfreuliches Raisonnement. Es ist aber augenscheinlich, daß es die Verantwortlichkeit des Bundesrathes nur um so größer macht & daß darum die Mahnung an die Mehrheit des Bundesrathes in um so ernsterer Weise ergeht, nach Überzeugung & nur nach Überzeugung zu handeln & Pressionen, wie sie offenbar in ungebührlicher Weise versucht werden wollen, zu widerstehen!»[413] Zusehends verworrener wurde die Situation nicht zuletzt aufgrund der inkonsequenten Haltung des Bundesrates. Anfänglich hatte er seine Argumentation für den Anschluss Savoyens an die Schweiz auf ein Vertragswerk gestützt. Danach, als er merkte, dass sich ganz Europa wenig um die Savoyer Frage kümmerte, schwenkte er auf strategisch-militärische Argumente um, die den Wunsch, wenigstens Nordsavoyen zu erhalten, unterstützten. Manöver dieser Art werfen ein schlechtes Licht auf die damalige aussenpolitische Konzeption der Landesregierung und lassen insbesondere eine kohärente Strategie vermissen. Im April erreichte die allgemeine Nervosität ihren Höhepunkt. Die «Berner Zeitung» geisselte die Unentschlossenheit der Landesregierung und rief dazu auf, in den Krieg zu ziehen:

«Der Bundesrath ist von Außen und Innen gelähmt. Warten wir daher nicht, bis er anordnet und befiehlt. Drum gehe unsere Regierung voran, komme den Bundesbehörden entgegen, bereite möglichst viel vor in Allem, was sie ohne Verstoß gegen die Bundesvorschriften zur Rüstung anordnen kann, und dessen ist viel, sehr viel, wie wir bald sehen werden. Aber auch das Volk und das Land rüste, rüste zum entschlossenen Kampf – eingedenk dessen, was seiner Freiheit, seiner Unabhängigkeit, seiner männlichen und weiblichen Bevölkerung, seinem Wohlstand droht, – deßhalb fest entschlossen, Allem aufzubieten, um anders als 1798 zu bestehen. [...] Jeder wehrhafte Mann verschaffe sich vor Allem eine Waffe, zu welcher er Zutrauen hat, sei's zum Schießen oder zum Hauen, Schlagen oder Stechen.»[414]

Napoleon III. schuf am 22. April 1860 durch ein Plebiszit klare Verhältnisse. Dabei liess er der Bevölkerung geschickterweise nicht die Wahl zwischen dem Anschluss an Frankreich oder die Schweiz. Die Bevölkerung wurde nur zur Vereinigung mit Frankreich befragt, wobei den Nordsavoyern dieser Zusammenschluss mit dem Versprechen einer Freihandelszone schmackhaft gemacht wurde. Zehn Tage vor der Durchführung des Plebiszits schrieb Furrer an Escher: «… das Volk [in Nordsavoyen] soll sehr muthlos u furchtsam seyn; französ. Versprechungen u Drohungen wirken gewaltig; von einer Freyheit der Abstimmung ist keine Rede, denn das geheime Scrutinium verliert seinen Charakter, weil die wenigsten Leute schreiben können; …»[415] Eine überwältigende Mehrheit der Savoyer sprach sich für einen Wechsel von Sardinien zu Frankreich aus, so dass nun eine Abtretung an die Schweiz gar nicht mehr in Frage kam.

Nachdem der formelle Abtretungsvertrag von Sardinien ratifiziert worden war, übernahm Kaiser Napoleon III. am 14. Juni 1860 die zivile und militärische Kontrolle über das Gebiet. Die Schweiz wurde somit vor vollendete Tatsachen gestellt. Bundesrat und Parlament schienen allerdings immer noch davon überzeugt, dass eine Konferenz der Eidgenossenschaft zu ihrem Recht verhelfen werde, wie dies ein Ausschnitt aus dem Bericht der nationalrätlichen Kommission vom 9. Juli 1860 zeigt. Darin wurde festgehalten, dass «[...] mittlerweile die Cession Savoyens an Frankreich in's Werk gesetzt wurde und eine vollständige Besitzergreifung auch des neutralisirten Savoyens von Seiten Frankreichs erfolge. Wie sehr auch die Commission mit dem Bundesrathe diesen Vorgang bedauert, so glaubt sie hinwieder erwarten zu dürfen, es werde von der Conferenz dem faktischen Vorgehen Frankreichs keine allzu große Bedeutung beigemessen werden.»[416] Obwohl zu Beginn verschiedene Mächte Interesse an einer internationalen Konferenz bekundet hatten, kam diese nie zustande. Der Bundesrat hatte dadurch eine politische Niederlage erlitten. Eine Geste des Kaisers brachte Genf wenigstens die Freihandelszonen, wodurch sich die wirtschaftliche Lage der Stadt etwas verbesserte.

Die Savoyer Frage hielt die Schweiz monatelang in Atem. In ihrer Ausgabe vom 27. Mai 1860 stellte die «Berner Zeitung» einen interessanten Zusammenhang her zwischen der politischen Zurückhaltung gegenüber Frankreich und den finanziellen Interessen der Eisenbahngesellschaften. Das Berner Blatt äusserte die Vermutung, dass die Bundesversammlung in der Savoyer Frage sich vor allem deshalb «ducken und diplomäteln und, natürlich mit allem Anstande, nachgeben» werde, weil zahlreiche ihrer Mitglieder zugleich als Direktoren oder Verwaltungsräte bei einer der schweizerischen Eisenbahngesellschaften tätig seien, deren Kapital zu einem guten aus Teil aus Paris stammte. Durch solche Ämterüberschneidungen würde es den Eisenbahnbaronen ermöglicht, in den Behörden neben den Interessen des Volkes auch ihre eigenen zu verfolgen.[417] Auch Gottfried Keller engagierte sich in der Savoyer Frage. Dabei schloss er sich den Radikalen unter Stämpfli an und trat für eine militärische Machtdemonstration ein. Escher hielt von den militärischen und aussenpolitischen Konzeptionen seines ehemaligen «Waffengefährten» in der Staatskanzlei nicht viel. Im «Zürcher Intelligenzblatt» vom 16. März 1861 schrieb Gottfried Keller in bezug auf die schweizerische Neutralität:

«[...] Einstweilen genügt es, daß wir und Andere wissen, wir seien am liebsten für uns und unter uns allein. Wesen und Umfang unserer Neutralität aber werden erst vollständig reguliert werden, wenn der erste Bauernhof auf unsern Grenzen brennt, aber dann auch klar und rasch. Es wird dann unter Anderm auch Sache der Schweizer sein, sich nicht mystifizieren und zu einer Zersplitterung ihrer Kräfte verlocken zu lassen, oder gar zu einem passiven Übersichergehenlassen, in ungeschickter Anwendung eines mißverstandenen Neutralitätsbegriffes. Diejenige der kriegführenden Mächte, welche auf Seite

Gottfried Keller (1819–1890) konnte 1847 dank dem damaligen Ersten Staatsschreiber Alfred Escher ein Volontariat in der Zürcher Staatskanzlei antreten. In seiner Funktion als Regierungs- und Erziehungsrat des Kantons Zürich setzte sich Alfred Escher dafür ein, dass dem jungen Dichter Stipendien gewährt wurden. Auch seine Wahl zum Ersten Staatsschreiber im Jahr 1861 hatte Keller nicht zuletzt Alfred Escher zu verdanken. Fotografie um 1870.

des strengen Rechtes steht und den rechtlicheren Charakter hat, wird auch geneigt sein, unsere Neutralität aufrichtig zu respektieren. Denn die Aufrichtigkeit von unserer Seite bedarf als Gegenhalt die Aufrichtigkeit von wenigstens Einer der Mächte; ohne diesen Gegenhalt wird sie ein totgebornes Kindlein sein.»[418]

Die Dappentalfrage

Das jurassische Dappental liegt am Oberlauf der Valserine zwischen Bellegarde und Les Rousses und gehört heute zu Frankreich (Département Ain). Seit 1536 war das Tal eidgenössisch gewesen; im Jahre 1802 wurde es an Frankreich abgetreten, da dieses eine Heerstrasse über dieses Gebiet bauen wollte. Der Wiener Kongress sprach das Tal wieder der Eidgenossenschaft zu, doch weigerten sich die Franzosen aus strategischen Gründen, die Übergabe zu vollziehen. In der Folge versuchten die Grossmächte, die Schweiz zu einem Verzicht zu bewegen. Die Eidgenossenschaft liess sich aber nicht darauf ein, da das Tal den Zutritt zu zwei Jurapässen beherrschte und somit ein militärstrategisch wichtiges Element der Schweizer Westgrenze bildete. So konnte das Dappental als «staatsrechtliches Niemandsland» bezeichnet werden, da die Schweiz zwar die Gebietshoheit beanspruchte, die Bewohner aber weder politische Rechte noch Pflichten hatten.[419] Die Dappentalfrage blieb in der Folge jahrzehntelang ungelöst. Verschiedene Bemühungen zur Lösung des Problems scheiterten, wie zum Beispiel der schweizerische Vorschlag von Februar 1857, die Rechte für eine Summe von 500 000 Franken an Frankreich abzutreten. In der Folge wurde dann die Dappentalfrage in den Strudel der Ereignisse um Savoyen hineingezogen.

Am 20. und 21. Januar 1860 veröffentlichte die NZZ in zwei Teilen den von Escher gezeichneten Bericht der nationalrätlichen Kommission zur Dappentalfrage. «Die Waadtländischen Behörden haben bis zu dem gegenwärtigen Augenblicke nie vermocht, die der Landeshoheit inwohnenden Befugnisse im Dappenthale, wie in andern Theilen des Kantons Waadt, ihrem ganzen Umfange nach auszuüben.» Dazu gab das Blatt eine Reihe von Beispielen:

- Seit 1815 wurde die Strasse von Les Rousses nach Gex (welche das Dappental durchquert) durchwegs von Frankreich unterhalten.
- Die Bewohner des Dappentals leisteten weder Militärdienst, noch zahlten sie Militärpflichtersatzsteuer.
- Die Waadtländer Behörden konnten nur einen sehr kleinen Teil der Grundsteuer eintreiben. Die waadtländischen Gerichte konnten ihre Gerichtsbarkeit nicht ungestört ausüben.

«Die aus einer solchen thatsächlichen Gestaltung der Dinge mit Nothwendigkeit hervorgehende Unsicherheit in der Ausübung der Hoheitsrechte und in der Handhabung der staatlichen Ordnung bringt

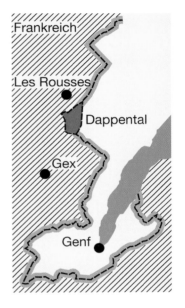

Das Dappental, Zankapfel zwischen Frankreich und der Schweiz.

nicht blos für die Bewohner des Dappenthales und für ihre Nachbaren mannigfache nachtheilige Folgen mit sich; sie droht auch tagtäglich Konflikte zwischen der Schweiz und Frankreich hervorzurufen ...» Das Ziel sei immer gewesen, «Frankreich dazu zu vermögen, der Schweiz das ihr durch die Verträge zugesicherte Recht auf das Dappenthal auch in der Wirklichkeit zuzugestehen. Alle Versuche, welche zu diesem Ende hin im Laufe der Zeit gemacht wurden, haben aber zu keinem Ergebnisse geführt und sind schon während der Restaurationsperiode und auch seither aus der Mitte der Waadtländischen und der Bundesbehörden Vorschläge zur Erledigung der Dappenthalangelegenheit auf der Grundlage gegenseitigen Entgegenkommens der beiden betheiligten Staaten laut geworden.» Ein solches gegenseitiges Entgegenkommen sei «dem nichts weniger als befriedigenden Status quo in jeder Beziehung vorzuziehen ...». Es sei hervorzuheben, «daß sich in Italien Entwicklungen vorbereiten, welche auch für die Schweiz von der größten Bedeutung werden können, und daß unser Nachbarstaat Frankreich sich in der Stellung befindet, einen entscheidenden Einfluss auf den Gang dieser Entwicklungen auszuüben. Die Kommission hält dafür, daß es auch im Hinblicke auf diese zur Zeit obwaltenden politischen Konjunkturen nicht am Platz wäre, wenn die Bundesversammlung im gegenwärtigen Augenblicke maßgebende Beschlüsse in Betreff der weitern Behandlung der Dappenthalfrage fassen würde.» Die Kommission kam zum Schluss, «daß die Bundesversammlung beim Bundesrathe nicht durch maßgebende Beschlüsse in der Dappenthalangelegenheit die Hände binden, sondern ihm im Gegentheile die volle Freiheit lassen soll, bei den Umgestaltungen, die sich vorbereiten zu wollen scheinen, die Interessen der Schweiz unbeengt und ungehemmt nach bestem Wissen und Gewissen zu wahren und zu fördern. Die Kommission glaubt, es dürfe dieß um so unbedenklicher geschehen, als der Bundesrath von jeher und gerade auch in neuerer Zeit zu wiederholten Malen bewiesen hat, daß er in Wahrnehmung der Beziehungen der Schweiz zum Auslande die Interessen und die Würde unsers Vaterlandes gehörig zur Geltung zu bringen weiß.»[420]

Über die Diskussionen im Bundesrat, die Position Frankreichs und die schweizerischerseits einzuleitenden Schritte informierte Jakob Dubs am 31. Oktober 1861 Escher. Dabei erfuhr dieser auch von betrüblichen Vorkommnissen, die sich im Dappental abspielten, etwa der Misshandlung einer Frau, oder von französischen Soldaten, die sich «einige Exzesse» erlaubten. Damit wurde ein weiteres Mal evident, dass die leidige Dappentalfrage endlich gelöst werden musste, um die herrschenden Rechtsunsicherheiten zu beheben. Dubs beschrieb die Lage im Dappental folgendermassen:

«In neuerer Zeit vernahm nun der Bundesrath zuerst, es haben die Gensdarmen des benachbarten franz. Postens erklärt, sie haben Auftrag bekommen, die Waadtländer an fernerer Ausübung der Justizhohheit gewaltsam zu hindern...»

Aus dieser Situation ergaben sich zahlreiche Unannehmlichkeiten:

«In den letzten Monaten hatten die Waadtländer Gensdarmen im Dappenthal einige Jagdfrevler verfolgt u. es entstanden dabei Thätlichkeiten mit den Jägern. Auch war ein Mann, der im Dappenthal eine Frau mißhandelt hatte, in Nyon bestraft u. der Polizei zur Fahndung aufgegeben worden. […] Heute kam nun durch ein Schreiben des Staatsraths von Waadt die Mittheilung, daß wirklich ein Detaschement Truppen des Forts les Rousses mit Gensdarmerie den Weiler Cressonières besetzt habe, um die Waadtländ. Gensdarmerie zu verhindern, dortseits eine Arrestation vorzunehmen. Dabei erlaubten sich die Soldaten einige Exzesse, sie nahmen einige Cigarren u. dgl. Dieß geschah am 28. Oct. Das Nähere werden die Zeitungen bringen. Der BPräs. rief sofort den Rath zusammen u. man beschloß 1. Absendung 2er Commissäre zur nähern Constatirung des Factums 2. Reklamation bei der Franz. Regierung mit dem Begehren um Rücknahme u. Satisfaction. Als spätere Schritte wurden vorläufig angekündigt vom H. Präsidenten: eine Protestation bei den Wienerkongreßmächten, von H. Stämpfli: gewaltsames Zurücktreiben, von H. Fornerod: eine allgemeine Beschwerde an die Kongreßmächte über die neuen Vexationen Frankreichs. Wahrscheinlich wird es beim Erstern sein Bewenden haben.»[421]

In seinem Brief an Blumer vom 4. November 1861 analysierte Escher die Stimmung in Frankreich in bezug auf den Dappentalkonflikt. Der Kaiser und die grosse Mehrheit der Nation, so schrieb er, sei der Schweiz im Gegensatz zur Regierung günstig gesinnt. Die französische Bevölkerung längs der Schweizer Grenze wiederum sei «nicht am besten auf uns zu sprechen». Zur gesamteuropäischen Situation schrieb Escher, England liege zu weit von der Schweiz entfernt, um Hilfe leisten zu können. Russland und Österreich seien beide durch innere Angelegenheiten absorbiert. Und schliesslich: «Von Preußen mit seinem Wilhelm I. von Gottes Gnaden, der sein Neuenburg noch nicht vergessen haben soll, haben wir wohl nicht viel gutes zu erwarten.» So kam Escher zum Schluss: «Wir wären also in der That im Falle eines Conflictes mit Frankreich ganz isolirt.»[422]

Kern stellte in seinem Brief an Escher vom 19. Januar 1862 die entscheidende Frage: «Will man einfach betreffend d Dappenthal- u. die Savoyerfrage *auch fernerhin* zuwarten, u. Alles dem Schicksal u. der Zukunft überlassen» oder «zu direkter gütlicher *u. gleichzeitiger* Erledig[un]g *beider hängender Fragen*» sich entschliessen?[423]

Im Sommer 1862 lenkte der Bundesrat ein, indem er eine Kompromisslösung vorschlug:

1. Abtretung jener Gebiete des Dappentals an Frankreich, die westlich der Strasse Les Rousses – Col de la Faucille liegen (einschliesslich der Strasse);
2. Abtretung eines ebenso grossen Waldstücks am französischen Noirmont an die Schweiz;

3. Verpflichtung beider Staaten, in diesen Gebieten keine militärischen Anlagen einzurichten.

Ende Juli 1862 meldete Johann Conrad Kern, dass Frankreich zu einer Lösung des Konflikts bereit sei. So wurde der Staatsvertrag zum Dappental am 20. Februar 1863 ratifiziert.

ZÜRICHS AUFSTIEG ZUR SCHWEIZER WIRTSCHAFTSMETROPOLE

Noch Anfang der 1830er Jahre verbarg sich Zürich hinter seiner Wehrmauer aus dem 17. Jahrhundert. Am 30. Januar 1833, nach zehnstündiger Beratung, beschloss der Grosse Rat die Schleifung der stadtzürcherischen Schanzen, und dies war mehr als eine städtebauliche Massnahme. Es war ein unmissverständliches Zeichen des gesellschafts- und wirtschaftspolitischen Aufbruchs. Mitte des 19. Jahrhunderts war die Stadt Zürich wohl ein bedeutendes Zentrum und als Vorort auch eine wichtige eidgenössische Macht, doch rangierte sie damals nach Bevölkerungsgrösse und wirtschaftlichem Gewicht nicht an der Spitze der Schweizer Städte. Ende des 19. Jahrhunderts hingegen war Zürich unangefochten die bevölkerungsmässig grösste und wirtschaftlich stärkste Stadt des Landes. Dieser Aufstieg fällt genau in die Ära Escher. Und mit dem Infrastrukturpolitiker und liberalen Wirtschaftsführer Alfred Escher stand Zürichs Bedeutungszuwachs denn auch in direktem Zusammenhang. Durch sein Engagement in der Eisenbahnpolitik, im Ringen um das Eidgenössische Polytechnikum, die Gründung der Schweizerischen Kreditanstalt, den Aufbau von Versicherungsgesellschaften und anderer Wirtschaftsunternehmen förderte Escher den Wirtschaftsstandort gezielt. Dank seinen Initiativen und Projekten prosperierten in der Limmatstadt Industrie, Handel und Verkehr. Zürich wurde zum zentralen Knotenpunkt des schweizerischen Eisenbahnnetzes, besass mit der Nordostbahn einen starken regionalen Heimmarkt und war durch weiterführende Anschlüsse Richtung Süden und Westen mit anderen Wirtschaftsräumen verbunden. Zürich wurde zum wichtigsten Finanzplatz der Schweiz, nachdem es bis zur Escherschen Bankgründung von Basel und insbesondere von Genf deutlich distanziert worden war. Und nun avancierte Zürich überdies zum führenden Wissenschaftsstandort des Landes.

Im alten Staatenbund mit seinen aufgesplitterten Wirtschaftsräumen und Rechtsverhältnissen waren die an der Peripherie der Schweiz liegenden Städte besser positioniert als Zürich, verfügten sie doch dank ihrer Grenzlage über internationale Anbindung. Im Bundesstaat von 1848 mit seinen neuen Möglichkeiten kantonsübergreifender und gar gesamtschweizerischer Lösungen wurden die wirtschaftspolitischen Karten neu verteilt. Und damit setzte ein Kampf um Machtpositionen ein. Tatkraft und Schnelligkeit wurden entscheidende Erfolgsfaktoren. In dieser neuen Konstellation lag die Stadt Zürich geographisch günstiger als die Grenzorte, jedoch ungünstiger als Bern, das mit seiner Brückenfunktion an der Sprachgrenze spezifische kulturpolitische Trümpfe ausspielen konnte. Eisenbahnprojekte wurden die treibenden Motoren der demographischen, gesellschaftspolitischen und wirtschaftlichen Entwicklung. In Basel, St. Gallen, Zürich, Bern, Lausanne und Genf entstanden Eisenbahngesellschaften. Und jedes dieser Machtzentren versuchte seinen Markt über die Kantonsgrenzen hinaus auszuweiten, um sein wirtschaftliches Potential zu vergrössern. Dank der politischen Machtposition Eschers und dank seinen grenzenübergreifenden Kon-

Zürich um 1850. Im Bild die zwei einzigen befahrbaren Brücken dieser Zeit über die Limmat. Ausschnitt aus einem Stadtplan des Zürcher Kunstverlags von Felix Leuthold (1799–1856).

zeptionen überrundete der Kanton Zürich die konkurrierenden Orte. Dazu kam, dass Escher seine Eisenbahnpläne mit ungeheurer Schnelligkeit umzusetzen vermochte. Dies führte dazu, dass der Kanton Zürich vor anderen Kantonen durch die Bahn erschlossen war. Dank der schon früh etablierten Zusammenarbeit mit dem Kanton Thurgau konnte die Nordostbahn nach Romanshorn, etwas später auch nach Schaffhausen vorstossen. So erschloss sie Zürich einen hochindustrialisierten Wirtschaftsraum, der weit über die Kantonsgrenzen hinausgriff. Mit der Schiffahrt über den Bodensee fand die Eschersche Eisenbahngesellschaft den Anschluss an süddeutsche Bahnen und Märkte. Nachdem in den 1830er und 1840er Jahren zahlreiche Eisenbahnprojekte schubladisiert worden waren, weil man sich über die Linienführungen nicht hatte einigen können, fegte nun Eschers eisenbahnpolitischer Furor alle Widerstände vom Tisch. Wohl wurde weiterhin über Streckenführung und Anschlüsse gestritten, noch wurden lokalpolitische Fahnen geschwungen, doch diese Debatten wurden auf verhältnismässig praxisferner Ebene und mit anderen Waffen ausgetragen. In Tat und Wahrheit waren es Escher und sein System, die entschieden.

Der Zeitpunkt der Streckeneröffnung und die Linienführung entschieden darüber, wer in die neue wirtschaftspolitische Elite der Schweiz aufstieg. Dabei war die zürcherisch-thurgauische Nordostbahn den anderen Gesellschaften insgesamt weit voraus. Alfred Eschers Kampf gegen den staatlichen Bau der Eisenbahn beruhte zum einen auf der Erkenntnis, dass nur die den Marktkräften ausgesetzten privaten Eisenbahngesellschaften in der Lage sein würden, den Rückstand des schweizerischen Eisenbahnprojekts gegenüber dem Ausland aufzuholen. Doch Escher dachte nicht nur in gesamtschweizerischen Dimensionen, sondern immer auch als Zürcher. Und so erkannte er, dass es nur im Kräftespiel, nach den Regeln des Marktes und unter Einsatz seines wirtschaftspolitischen Systems möglich sein würde, den Kampf gegen die Konkurrenz erfolgreich zu bestehen. Beim Staatsbau hingegen ortete Escher Defizite, die den Kanton Zürich gegenüber anderen Kantonen, namentlich Basel und Bern, benachteiligt hätten: «Wir, die östlichen Kantone, liegen eben etwas abseits und können uns nicht in den patriotischen weiß-roten Mantel hüllen, wie jene in der Mitte.»[424]

Die Statistik der schweizerischen Eisenbahnstrecken bestätigt, dass die von Escher geleitete Nordostbahn anfangs in Führung lag und dass die Nordostschweiz schneller erschlossen wurde als andere Teile der Schweiz. Die grösste Konkurrentin der Nordostbahn im Kampf um die Vorherrschaft auf dem Eisenbahnmarkt Schweiz, die in Basel beheimatete Centralbahn, musste, um das Mittelland zu erreichen, erst den Hauensteintunnel bauen. Diese Linie konnte 1858 in Betrieb genommen werden – im gleichen Jahr, in dem die Stadt Bern ihren Bahnhof einweihte. Doch im selben Jahr hatte die Nordostbahn bereits 162 Streckenkilometer in Betrieb, welche Zürich, Winterthur, Romanshorn, Schaffhausen und Baden miteinander verbanden, und der als Provisorium konzipierte Zürcher Bahnhof stand schon seit mehr als zehn Jahren. Die in der Nordostschweiz bis 1860 gebauten Eisenbahnkilometer (695 km) machten knapp 68% der in der Schweiz verlegten Schienen aus. Bereits im Jahr 1870 konnte man von Zürich aus den Grossteil der Schweizer Städte in einem Tag erreichen. Von den meisten Destinationen aus war es sogar möglich, gleichentags wieder zurückzureisen. Nach Bern beispielsweise, das bis 1850 mehr als eine Tagesreise entfernt gewesen war, gab es 1870 täglich sechs Züge.

Statistische Zahlen belegen auch die demographische und wirtschaftliche Entwicklung, die Zürich innert rund fünfzig Jahren durchmachte. Gemäss der ersten eidgenössischen Volkszählung von 1850 war Genf mit 31 000 Einwohnern die grösste Schweizer Stadt. Es folgten Bern und Basel mit je 27 000 Einwohnern. Erst an vierter Stelle findet man Zürich mit 17 000 Einwohnern. Zu beachten ist dabei, dass die Stadt Zürich damals lediglich den heutigen Stadtkreis 1 umfasste und mit 180 Hektaren auch flächenmässig klein war. Im Vergleich dazu war die Stadt Bern mit 3120 Hektaren rund siebzehnmal grösser. Bundesrat Stefano Franscini, der die Statistik ins Pflichtenheft seines Eidgenössischen Departements des Innern aufnahm, ging jedoch bereits 1850 dazu über, in seine demographischen Erhebungen als Grundlage der Statistik auch das Hinterland einer Stadt «bis auf eine Stunde» einzubeziehen. Auf dieser Basis überholte Zürich 1850 mit 35 000 Einwohnern bevölkerungsmässig die Stadt Bern, während Genf (41 000) und Basel (37 000) weiterhin die beiden Spitzenränge belegten.

Nur unter Vorbehalten lassen die Bevölkerungszahlen den Rückschluss auf die wirtschaftliche Stärke der einzelnen Orte zu. Immerhin

Der erste, 1846/47 errichtete Zürcher Bahnhof lag ausserhalb der Stadt auf der damaligen Schützenwiese zwischen Sihl und Limmat. Er war nur über Brücken erreichbar. Pferdeomnibusse transportierten die Reisenden zum Bahnhof beziehungsweise von dort ins Stadtzentrum. Lithografie um 1850.

bieten die Zahlen und Statistiken von Franscini die Möglichkeit, das entsprechende Gewicht indirekt in etwa zu ermitteln. Zieht man nämlich die Abgaben herbei, welche die Kantone der eidgenössischen Kriegskasse abliefern mussten, so zeigt sich, dass Zürich 1850 mit 40 Rappen pro Kopf der Bevölkerung auch hier an dritter Stelle rangierte, deutlich hinter Basel-Stadt (60 Rappen) und Genf (50 Rappen).

Als 1847 der Bahnhof der ‹Spanischbrötlibahn› in Zürich eingeweiht wurde, war man sich seines provisorischen Charakters bewusst. Schon damals wirkte sich hemmend aus, dass er abseits des gesellschaftlichen und wirtschaftlichen Lebens lag und verkehrstechnisch nicht erschlossen war. So wurden Projekte und Ideen entwickelt, den definitiven Standort endlich festzulegen. Die Nordostbahn entwarf beispielsweise Pläne für einen Bahnhof auf dem heutigen Paradeplatz mit einem Seebahnhof als Alternativprojekt, während man nach anderen Varianten mit einer Schlaufe über Aussersihl bis ans Seebecken und einer Station an der Stelle des heutigen Opernhauses den Anschluss der Bahn an den Hafen sicherzustellen suchte.

Diese Bahnhofpläne konnten nicht realisiert werden; das Provisorium wurde am alten Ort durch einen Neubau ersetzt, und der bislang abgelegene Winkel der Stadt am Zusammenfluss von Sihl und Limmat wurde in der Folge zu einem pulsierenden Verkehrsknotenpunkt, der die Verkehrsachsen der Stadt neu definierte und das Stadtzentrum Richtung Platzspitz verlegte. Da der Bahnhof nicht in die Stadt kam, musste die Stadt zum Bahnhof hin wachsen. Anhand dieses Beispiels kann man sich vorstellen, welch nachhaltige und weitausgreifende Konsequenzen die Linienführung von Eisenbahnen und die Standortwahl von Bahnhöfen und Werkbetrieben für die Siedlungsentwicklung haben konnten. An Baupolitik und Stadtplanung waren hohe Anforderungen gestellt. So etwa in Zürich, als es um die 1855–1858 realisierte bauliche Fortsetzung des Limmatquais ging, der ursprünglich nur wenig über die Gemüsebrücke hinaus reichte. Die Gemüsebrücke und die bereits 1838 erstellte Münsterbrücke waren die einzigen befahrbaren Brücken über die Limmat. Um eine «weitsichtige Auffassung» bezüglich der nötig gewordenen städtebaulichen Veränderungen zu garantieren, verankerte man in der neuen Gemeindeordnung, welche am 5. September 1859 angenommen wurde, als neues Gremium das Baukollegium, in das auch externe Baufachleute aufgenommen werden sollten.

Am 21. Mai des folgenden Jahres wählte der Grosse Stadtrat in geheimer Abstimmung die Mitglieder der neuen beratenden Behörde. Alfred Escher präsidierte die erste Sitzung vom 31. August 1860 wie auch die folgenden, sah sich aber bereits im Januar 1861 aus gesundheitlichen Gründen gezwungen, dieses Amt niederzulegen. In dieser kurzen Zeit erreichte Escher als Vorsitzender der Unterkommission für «Strassen-, Brücken- und Quaiwesen», dass die Ideen für die dringend benötigte Bahnhofbrücke konkretere Gestalt annahmen. Ein diesbezüglicher Antrag an den Stadtrat bezeichnete auch die geeignete Stelle, die mit dem

Der neue Zürcher Kopfbahnhof wurde 1871 nach sechsjähriger Bauzeit in Betrieb genommen. Fotografie um 1867.

heutigen Standort der Brücke übereinstimmt. Auch ein anderes Geschäft dieser Unterkommission war für die Erschliessung des Bahnhofes von zentraler Bedeutung: die Gestaltung des Limmatquais, der trotz der inzwischen realisierten Verlängerung ein hinderliches Nadelöhr auf der Höhe der Gemüsebrücke aufwies. Dem Entscheid zur Korrektion der Strassenlinie fielen die Gebäude der sogenannten ‹Metzg› zum Opfer: das an die Rathauswache angebaute Schlachthaus (der Vorgängerbau der 1962 abgerissenen ‹Fleischhalle›) und die auf der gegenüberliegenden Seite des Strasse gelegene Fleischverkaufshalle. Folgt man dem Bericht von Conrad Escher, der dem Baukollegium als Sekretär diente, war Alfred Escher im Baukollegium «nicht ganz am richtigen Platz. Der Kreis, in dem er sich hier zu bewegen hatte, war ihm ganz neu, ebenso auch die städtische Geschäftsbehandlung. Er war an eine etwas andere Art, die Geschäfte zu erledigen, gewöhnt, als dies hier geboten war.»[425]

Die schwerfällige Organisation mit fünf Unterkommissionen wurde 1865 gestrafft, 1866 das Baukollegium ganz aufgelöst. Auch nach seinem Rücktritt aus der Behörde wirkte Escher aus dem Hintergrund mit und regte zur prachtvollen Bebauung und Gestaltung von Strassen, Plätzen und Quartieren an.

1861 wurden die Pläne für den Neubau des Bahnhofs wieder aufgegriffen und ein Wettbewerb ausgeschrieben, an dem auch Gottfried Semper teilnahm. Der Entscheid zog sich hin, da Ideen aufkamen, den Bahnhof Richtung See zu verlegen. Verschiedene Standorte am Seeufer wurden evaluiert, nicht zuletzt um die Verbindung zum Umschlagplatz am Hafen herzustellen. Der alte Bahnhof lag nämlich insofern ungünstig, als er durch Fröschengraben, Sihlkanal, Schützenhaus und Limmat von der Stadt abgetrennt war. Gegen den alten Standort sprach zudem, dass die seit Jahren von Wirtschaftskreisen geforderte Bahnhofbrücke noch immer nicht gebaut war. Doch weder der Stadtrat noch die Nordostbahn konnten – aus Kostengründen – das Vorhaben realisieren. Als nun zu Beginn der 1860er Jahre Neubau- und Standortfrage des Bahnhofs wieder aktuell wurden, nahm sich Alfred Escher in seiner Eigenschaft als Direktionspräsident der Bahn und Mitglied des Zürcher Gemeinderates der Sache an. Nun argumentierte er, dass die Nordostbahn in Zürich einen Bahnhof bauen werde, wie es in Europa keinen zweiten gebe, doch verlange die Gesellschaft von der öffentlichen Hand als Gegenleistung, dass diese eine angemessene Zufahrt erstelle und selbst finanziere. Am 30. Mai 1861 bewilligte der Grosse Stadtrat einen Kredit von 1,55 Millionen Franken. Und der erst kurz im Amt als Stadtingenieur stehende Arnold Bürkli war es, der den Bau der Bahnhofbrücke zu überwachen hatte. Nach der verbesserten verkehrsmässigen Erschliessung des Zürcher Bahnhofs durch die umfassende Neukonzeption um die Bahnhofstrasse und die Bahnhofbrücke begann die Nordostbahn 1865 mit dem Bau des Hauptbahnhofs. Zum Entscheid, den neuen Bahnhof am alten Standort zu bauen, kam es, weil die demokratische Bewegung gegen den Seebahnhof opponiert hätte und weil auch verschiedene Bestrebungen zur Errichtung einer Seepromenade gegen diesen Standort sprachen. Jakob Friedrich Wanner, seit 1861 Chefarchitekt der Nordostbahn, wurde mit der Planung beauftragt. Von den Plänen Sempers übernahm er das von den Thermen und Basiliken der römischen Antike inspirierte Hallenkonzept; als Aufnahmegebäude gegen die geplante neue Bahnhofstrasse hin entwarf er Triumphbogen und Seitenflügel.

Arnold Bürkli-Ziegler (1834–1894). Zürcher Stadtingenieur.

Die Jahre 1860 bis 1890, die mit dem Namen von Stadtingenieur Arnold Bürkli verbunden sind, gingen unter der Bezeichnung «grosse Bauperiode» in die Geschichte ein. Das Bahnhofquartier, die Bahnhofstrasse, das Fraumünster- und das Stadelhoferquartier erhielten ein neues Gepräge. Mit der Überdeckung des Fröschengrabens (1864) allein war die Bahnhofstrasse in ihrer heutigen Form freilich noch nicht gebaut. Dazu musste beispielsweise 1866 bei der Einmündung des Rennwegs das Rennwegtor abgebrochen werden, während am inneren Rennweg mehrere Häuser niedergerissen wurden. Noch waren andere Hindernisse zu beseitigen, um die gradlinige Strassenführung zwischen der Augustinergasse und dem Seeufer zu erreichen: Der Baugartenhügel mit dem Kratzturm wurde 1877 abgetragen.

Obwohl die ehrgeizigen Pläne der Gründerzeit auf schweizerische Verhältnisse zurückgestutzt worden waren, gelang es nicht durchwegs, die geplanten Anschlüsse an die Bahnhofstrasse zu realisieren. So wurde beispielsweise die St.-Peter-Strasse, die gemäss dem Projekt von 1881 die Bahnhofstrasse mit der Rathausbrücke hätte verbinden sollen, lediglich als 80 m lange Sackgasse realisiert. Die dritte grosse innerstädtische Verbindung, die Uraniastrasse, wurde mit der Öffnung der Mühlegasse

(1905) und ihrer Fortsetzung bis an die Sihlporte durch Aufhebung des Sihlkanals (1932) erst im 20. Jahrhundert Wirklichkeit.

Insgesamt gelang es dem Baukollegium nicht, die ursprünglichen Absichten und Vorhaben in die Realität umzusetzen. Diese hatten nämlich darauf hingezielt, die Stadtplanung auf internationales Niveau zu heben und den neu- oder umgebauten Plätzen und Häusern einen großstädtischen Anstrich zu geben. Dann aber geriet zum Beispiel die Bahnhofstrasse, die in ihren wesentlichen Teilen in den Jahren 1864 und 1865 über dem Fröschengraben erbaut worden war, lediglich zum schwachen Abglanz der Pariser Boulevards, die ihr als Vorbild gedient hatten. Die erste und einzige Zürcher Prachtstrasse ist zweimal geknickt, weil sie dem Verlauf des mittelalterlichen Stadtgrabens folgt. Gottfried Semper soll den «krummen» Zürcher Boulevard mit dem Argument verteidigt haben: «Es gibt nichts Langweiligeres und Ermüdenderes als eine so schnurgerade Strasse, da man das Ziel immer vor Augen hat und doch eine halbe Stunde oder mehr braucht bis man es erreicht.»[426] Immerhin: Die Bahnhofstrasse wurde zur Verkehrsader zwischen Bahnhof und See und setzte schweizweit neue Maßstäbe. Und als 1887 die neuen Quaianlagen eingeweiht werden konnten, gewann die Bahnhofstrasse mit dem Blick auf die Glarner Alpen endlich jenen majestätischen Glanz, den man ihr einst gemäss Bauprogramm hatte geben wollen.

Vorbild war die Stadt Paris, welche bereits ab den 1850er Jahren nach den Plänen von Georges Eugène Haussmann, dem Präfekten Napoleons III., dem Geschmack der Zeit entsprechend städtebaulich umgestaltet wurde: Breite Alleen und Boulevards wurden durch das Häusergewirr der Innenstadt gebrochen. Während Baron Haussmann solcherart der alten Stadt «den Bauch aufschlitzte» und «wie mit dem Messer seine Boulevards durch Paris zog», ging man auch andernorts dazu über, alte Verteidigungswälle zu schleifen und historische Bausubstanz wegzufegen.[427] Wie in Wien und Berlin galt es überall, der weiteren wirtschaftlichen und gesellschaftlichen Entwicklung durch städtebauliche Eingriffe den Weg zu bahnen, den Verkehrsfluss zu verbessern oder durch Prachtstrassen und Prachtbauten imperiale Ansprüche zum Ausdruck zu bringen. In Zürich wurde 1867 ein Bebauungsplan-Wettbewerb ausgeschrieben. Renommierte Architekten wie Gottfried Semper und Johann Jakob Breitinger reichten Projekte ein, die nach Pariser Vorbild ein Netz von prächtigen Alleen und Boulevards durch Zürich und seine Vororte vorsahen. Doch diese hochfahrenden Pläne wurden verworfen. Stadtingenieur Bürkli und Escher erkannten, dass das republikanische und zwinglianische Zürich solche imperiale Pracht nicht ‹goutieren› würde. Hinzu kam, dass der Stadt das Geld für die Realisierung solcher Vorhaben fehlte.

Trotzdem bekam die Zürcher Innenstadt in der grossen Bauperiode ein neues Gesicht. Die wichtigsten Neubauten waren der Zürcher Hauptbahnhof (1865–1871), die Bahnhofstrasse (1864–1865/1877–

1880) und das Bankgebäude der Schweizerischen Kreditanstalt am Paradeplatz (1873–1876), die erste Börse (1877–1880; noch bestehend als Geschäftshaus an der Bahnhofstrasse 3) und das Obergericht (als Umbau des ehemaligen Casinos ab 1874). Ausserhalb des Zentrums entstanden das Hauptgebäude des Polytechnikums (1859–1864) sowie die sozialmedizinischen Einrichtungen Psychiatrische Klinik Burghölzli (1864–1870), Kinderspital (1871–1874), Bürgerasyl (1875–1877) und Frauenklinik (1875).

Zugleich entstand in dieser Bauperiode ein ganzes Netz neuer Verkehrswege: 1859 wurden die beiden Ufer der Limmat durch zwei Brücken – beim Rathaus und beim Münster – verbunden, während über Fröschengraben, Schanzengraben und Sihl insgesamt 24 Brücken und Stege führten. Die gedeckte Sihlbrücke nach Aussersihl passierten Mitte der 1860er Jahre täglich mehr als 1000 Fuhrwerke und 10 000 Personen. Für den Verkehr vom Bahnhof ins Stadtzentrum standen bereits 1847 vier Pferdeomnibusse zur Verfügung. Dagegen wurde der Droschkenbetrieb erst 1855 beschlossen und am 15. Juni 1856 eingeführt. Als die «Minerva», das erste Dampfschiff auf dem Zürichsee, am 19. Juli 1835 vom Stapel lief, verfügten die Seegemeinden noch über keine Landungsstege. Kahnführer besorgten den Verbindungsdienst vom Schiff zum Ufer, wobei die Passagiere mancherorts weit draussen auf dem See vom einen ins andere Gefährt umsteigen mussten. Die Bedeutung des Schiffsverkehrs auf dem Zürichsee wird durch Zahlen dokumentiert: Beförderte die Dampfschiffgesellschaft 1840 mit 13 Dampfbooten insgesamt rund 80 000 Passagiere, war es 1870 bereits rund 1 Million. Die Verkehrsinfrastruktur der Stadt wurde in ihren Grundzügen im Verlauf der zweiten Hälfte des 19. Jahrhunderts erstellt. In dieser Zeit entstanden zahlreiche Tramlinien sowie Eisenbahnverbindungen an beiden Seeufern und nach Oerlikon. Auch das Zürcher Strassennetz ist bis heute weitgehend dasjenige des 19. Jahrhunderts geblieben.

Der städtische Raum wurde immer mehr vom Verkehr geprägt. Der Umbruch machte sich auch im Alltagsleben bemerkbar. Trottoirs, in Zürich erstmals auf der Münsterbrücke gebaut, sollten die Fussgänger von den Fuhrwerken trennen und sie daran gewöhnen, zielgerichtet entlang der Strasse statt kreuz und quer zu gehen. Sitzbänke vor der Haustüre und «Läden», auf denen die Krämer ihre Waren auslegten und die nicht selten in die Strassen hinausragten, wurden verboten.

1865 richtete Lohnkutscher Furrer in Riesbach einen Omnibusbetrieb mit Pferdetram ein, der jedoch angesichts unbefriedigender Umsatzzahlen nach wenigen Jahren eingestellt wurde. Auch andere ähnliche Versuche zeitigten nicht den gewünschten Erfolg. Nachdem verschiedene Bestrebungen gescheitert waren, den Bau einer Strassenbahn durch die öffentliche Hand herbeizuführen, wurde die ‹Zürcher Strassenbahn AG› ins Leben gerufen. Die Aufnahme des Betriebs mit 20 Wagen und 81 Pferden erfolgte im September 1882. Das sogenannte ‹Zürcher Rösslitram› verfügte über leichte Wagen, die als ‹Einspänner›

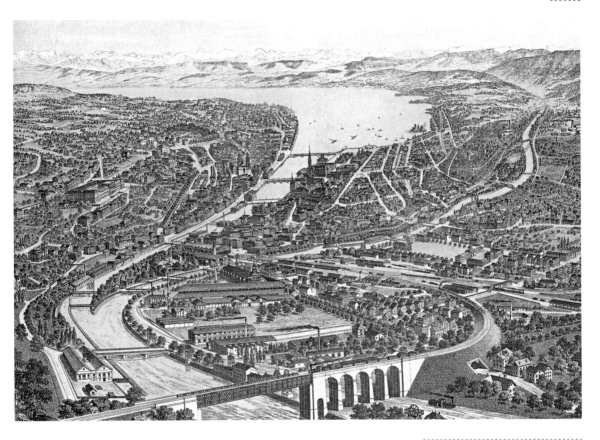

Die Stadt Zürich in der Belle Epoque um 1900. Am unteren Bildrand der Wipkinger Viadukt der Nordostbahn über die Limmat.

betrieben werden konnten. Auf den Längsbänken im Innenraum fanden 12 Personen Platz; Stehplätze gab es auch auf den Plattformen an den Enden der Wagen. Unter anderem erschloss die Zürcher Tramway das in raschem Aufschwung begriffene Seefeld sowie die Quaianlagen, welche dadurch erst recht zum beliebten Ziel sonntäglicher Ausflüge wurden. Auch die verkehrstechnische Erschliessung des Üetlibergs fiel in diese Zeitspanne. Der erste Geschäftsbericht der Üetlibergbahn-Gesellschaft aus dem Jahr 1874 beginnt mit der Frage, «ob es nicht am Platze sei, den in nächster Nähe Zürich's liegenden und ein prachtvolles Panorama bietenden Üetliberg durch eine Bahn sowohl für Einheimische als auch Fremde zugänglicher zu machen».[428] Im Mai 1875 konnte der fahrplanmässige Betrieb auf den Zürcher Hausberg mit täglich vier Berg- und Talfahrten aufgenommen werden. Es war von Anfang an möglich, direkte Retourbillette ab London und Paris nach dem Üetliberg zu buchen und vorauszuzahlen.

Den symbolischen Kulminationspunkt der grossen Bauperiode bildete 1883 – ein halbes Jahr nach Eschers Tod – die erste Schweizerische Landesausstellung. Sie illustrierte den Aufstieg Zürichs zur schweizerischen Wirtschaftsmetropole in anderer Weise. Am Platzspitz und im Industriequartier, somit in unmittelbarer Nähe des Zürcher Bahnhofs, zeigte sie mit Produkten und Objekten technische und künstlerische

Leistungen. Sie liess aber auch den wirtschaftlichen und gesellschaftlichen Wandel, den die Schweiz ab Mitte des 19. Jahrhunderts durchlaufen hatte, Revue passieren. Und ebenso blickte sie in eine nahe Zukunft, welche Zürich das grösste Bevölkerungswachstum seiner Geschichte bringen sollte. Durch die 1893 durchgeführte Eingemeindung von elf sogenannten Ausgemeinden wuchs die Bevölkerung der Stadt innert weniger Jahre von 27 000 (1888) um mehr als das Fünffache auf 150 000 (1900) Einwohner. Aus der alten Stadt Zürich war eine Großstadt geworden, wirtschaftlich geprägt durch den Dienstleistungssektor. Doch auch die Elektro- und Maschinenindustrie bildeten nun an der Limmat ein schweizweit wichtiges Zentrum. Mit der Urbanisierung ging – wie in anderen Städten – die Entstehung schichtenspezifischer Wohnquartiere einher. Dieses kultur- und sozialgeschichtliche Phänomen zeigte sich in Zürich etwa darin, dass vermögende Familien aus dem alten Stadtzentrum auszogen und an den Zürichberg oder ans Seeufer übersiedelten, dass das linke Limmatufer zur bevorzugten Wohn- und Geschäftslage avancierte, während das rechte mit dem Niederdorf zu einem Quartier für soziale Unterschichten wurde. Die demographischen Verhältnisse verschoben sich innert kurzer Zeit. 1893 zählte die Ausgemeinde Aussersihl mit ihren Arbeiterwohnungen mehr Einwohner als das ‹zöpfische› Zürich. Die Stadt wuchs nicht zuletzt dank der Zuwanderung meist junger Menschen aus agrarischen Regionen wie der Innerschweiz, Süddeutschland und Tirol. Damit setzte auch die konfessionelle Durchmischung der einst fast durchwegs evangelisch-reformierten Bevölkerung ein. Diese Entwicklung der Stadt war 1844, als Alfred Escher die politische Bühne betrat, alles andere als voraussehbar. Im Gegenteil: Nichts deutete darauf hin, dass Zürich die an der Peripherie der Schweiz liegenden Städte Basel und Genf je an wirtschaftspolitischer Bedeutung würde übertreffen können. Auch hätte anstelle der Stadt Zürich ebensogut Winterthur die Führungsrolle innerhalb des Kantons Zürich übernehmen können.

Die Wechselfälle der 1870er Jahre

Die schriftlich festgehaltenen Eindrücke von Landammann Eduard Blumer, der Escher in den 1870er Jahren kennenlernte, zeigen Eschers ambivalente Position in jener Zeit deutlich auf:

«Escher war damals noch der anerkannte Chef des sog. Bundes & Eisenbahnbarronentums, während er in politischer Beziehung nicht mehr über die Mehrheit der Bundesversammlung verfügte.»

Blumer fuhr in seiner Beschreibung fort:

«Gesellschaftlich traf ich Alfred Escher öfters im Café du Nord in Bern, wo er sich im engern Kreise seiner Parteifreunde sehr frei bewegte und stets die Seele der Unterhaltung bildete [...] Wenn über Politik gesprochen wurde, so fühlte er sich immer noch als der Leiter des schweiz. Gemeinwesens und es musste ihn tief schmerzen, wie dann infolge des Nordostbahn & Gotthardkraches seine einstige dominierende Stellung nicht nur in den Hintergrund gedrängt wurde, sondern dass er tatsächlich die Leitung verlor.»[429]

Obwohl noch immer in wirtschaftlichen als auch politischen Spitzenpositionen tätig, begann die Machtfülle Eschers langsam zu zerbröckeln.

Das Ende der Ära Escher in Zürich (1869): Die Schicksalsjahre

Im Herbst 1855 trat Alfred Escher aus der Zürcher Regierung aus. Doch damit gab er die politische Führung von Kanton und Stadt nicht aus der Hand. Weiterhin gehörte er dem Grossen Rat an, den er bis zu seinem Tod 1882 noch viermal präsidierte; er nahm Einsitz in wichtige grossrätliche Kommissionen und war in der Stadt Zürich Mitglied des Grossen Stadtrats, des Baukollegiums und der Eisenbahnkommission. Er konnte sich weiterhin auf einen Verwaltungs- und Gerichtsapparat verlassen, dessen auf Lebenszeit gewählte Beamten auf ihn eingeschworen waren. Und überall waren auch weiterhin seine politischen Freunde, Zudiener und Informanten in Zirkeln, Gesellschaften und Klubs tätig. Wer gegen ihn opponierte, der spürte auch über das Jahr 1855 hinaus scharfen Gegenwind. Über seine Freunde liefen die politischen Fäden in seiner Hand zusammen. Entscheide über Sachfragen und Personelles, Gesetzestexte und Konzessionen wurden zwar auf den entsprechenden formalen und verfassungsmässigen Wegen gefällt. Eingefädelt und vorgegeben wurden sie jedoch von Escher und seinen Leuten. Sein politisches Netzwerk war breit angelegt und engmaschig geknüpft; es schien alles und jedes zu erfassen: Ämter und Würden, Kritik und Strafe. Escher kontrollierte den Grossen Rat, und dieser wählte die Regierung. Das Volk hatte dazu nichts zu sagen. Alles lief wie am Schnürchen: Missliebige Vorstösse wurden auch bei mehrmaliger Vorlage abgeschmettert, so etwa die Errichtung einer Kantonalbank oder die Ermässigung des Salzpreises. An direktdemokratischer Mitwirkung des Volkes war man nicht interessiert. So blieb die Scheindemokratie bestehen.

Escher äusserte sich in seinen autobiographischen Aufzeichnungen folgendermassen:

«In der Politik war ich stets für den entschiedenen, wenn auch maßvollen Fortschritt. In Kantonal- und vollends in eidgenössischen Verhältnissen gab ich dem Representativsystem, wenn auch mit weitgehendem Abberufungsrechte der Wähler, den Vorzug vor der sogen. unmittelbaren Demokratie (Volksgesetzgebung).»[430]

Mit der Gründung und Leitung von Nordostbahn (1852/53) und Kreditanstalt (1856) hatte Escher zwei wirtschaftspolitische Plattformen geschaffen, die seine Macht und seinen Einfluss multiplizierten. Seine eigene wirtschaftliche Lage, die vollständige Unabhängigkeit gegenüber allen Launen des Schicksals garantierte, und sein prächtiger Wohnsitz an erhöhter Lage an den Gestaden des Zürichsees setzten weitere unmissverständliche Zeichen: Alfred Escher regierte Zürich, und er herrschte mit fast unumschränkter Macht.

Lange ging es so. Wirtschaftlicher Aufschwung, Gründung neuer Unternehmen, Schaffung zusätzlicher Arbeitsplätze, steigende Börsenkurse, Lust am Spekulieren – auch beim kleinen Mann – taten das Ihre. Dann zeigten sich in den Mauern des Systems Risse; erst kleine, unscheinbare. Sie taten der Illumination vorerst keinen Abbruch. Man nahm sie kaum zur Kenntnis, ging achtlos über sie hinweg. Aber ausserhalb des Bollwerks wurden die Zeichen erkannt. Der Druck von aussen wuchs mit der Unzufriedenheit der Bevölkerung, die unter Arbeitslosigkeit (1863/64), Teuerung (1867) und Choleraepidemie (1867) litt. Und dann geschah das Unvermeidliche: Die Dämme, die das System geschützt hatten, brachen ein, und die einbrechenden Fluten schwemmten das System weg. Im Januar 1868 sprach sich das Zürchervolk mit dem überwältigenden Mehr von 50 784 Ja-Stimmen gegen 7314 Nein-Stimmen für eine Verfassungsänderung aus. Die neue, bis 2005 gültige Verfassung des Kantons Zürich wurde am 18. April 1869 mit 35 458 gegen 22 366 Stimmen angenommen. In der kantonalen Legislative und Exekutive hatten von da an neue, ‹demokratische› Herren das Sagen. Im Kantonsrat, dem früheren Grossrat – die politische Umwälzung wurde auch sprachlich zum Ausdruck gebracht –, besetzten 1869 die Demokraten 85 Sitze, 56 verblieben den Liberalen. Aus dem Regierungsrat wurden im selben Jahr alle Liberalen weggespült.

Auch Escher befürchtete 1868 angesichts des drohenden politischen Umsturzes in Zürich, dass die Wähler in ihm einen nicht mehr ihrer Anschauungsweise entsprechenden Vertreter erblicken könnten. Damit einher ging auch die Angst, nicht mehr gewählt zu werden. Diese war nicht unbegründet, verloren doch 1868 verschiedene Stützen des ‹Systems› ihre bis dahin eingenommenen politischen Ämter. Vor diesem Hintergrund erklärte Escher am 27. Februar 1868 seinen Rücktritt aus dem Nationalrat. Kaum wurde dieser publik, bezeichneten es Stimmen von links bis rechts «geradezu als Unmöglichkeit, dass der Kanton Zürich, dass zunächst Zürich und seine Umgebung eine Persönlichkeit von solcher Einsicht, von solcher Erfahrung, von so ganz ausserordentlicher Arbeitskraft, welcher überdies kein sittlicher Makel anhaftet, aus einer Wirksamkeit, in welcher er dem Kanton zweifelsohne reichen Segen gestiftet hat, entlasse». In bezug auf Eschers Gegner meinte die NZZ weiter, «dass ihrer Hundert, die heute über den Rücktritt Eschers jubiliren, morgen den Wanderstab ergreifen oder gar zu ihren Vätern heimkehren könnten, ohne dass ein Hahn darnach krähen würde». Man sei «vollkommen überzeugt, dass nicht die Erinnerung an erlittene Unbill, nicht persönlicher Groll, sondern Erwägungen höherer Art die Rücktrittserklärung des Hrn. Escher diktirt haben. [...] An den Wählern wird es nun sein, zu erklären, ob Herr Escher in den eidgenössischen Dingen noch immer ihr Vertrauen besitze, oder ob sie ihr Mandat einem Andern übertragen wollen.» Das Resultat der Wahlen sprach Bände: Alfred Escher wurde mit 10 263 Stimmen deutlich wiedergewählt. Auf seinen Gegenkandidaten, den Pamphletisten Friedrich Locher, entfielen magere 4238 Stimmen. Von 1848 bis 1882 wurde Alfred Escher im ersten Wahlkreis des Kantons Zürich auf Spitzenplätzen in den Nationalrat gewählt, und auch das Jahr 1868 machte in dieser Erfolgsgeschichte keine Ausnahme.[431]

«Wir werden immer weniger ...»

Auf den ersten Blick schien das System Eschers erledigt. Bei näherem Hinsehen jedoch kommt man zu einem differenzierteren Schluss. Wohl sassen im Kanton Zürich fortan nicht mehr die Liberalen in den politischen Ämtern, und es schien, als sei die politische Schaltzentrale von der Limmat an die Eulach verlegt worden. Alfred Escher jedoch wurde trotz der grossen Niederlage seiner liberalen Partei im historischen Jahr 1869 wie in allen folgenden Amtszeiten bis an sein Lebensende sowohl in den Nationalrat als auch in den Kantonsrat glanzvoll wiedergewählt. Allerdings scheint er sich 1869 vor der Wahl seiner Sache nicht ganz sicher gewesen zu sein, erklärte er doch seinen Rücktritt aus dem eidgenössischen Parlament. Die Befürchtung war unbegründet. Gestärkt durch den Vertrauensbeweis des Zürcher Stimmvolks, verschmerzte er, was ihm in Zürich politisch entglitten und entrissen worden war. Sein Wirkungskreis als einer der einflussreichsten eidgenössischen Parlamentarier blieb ihm auch nach 1869 unbenommen. Die Niederlage seines politischen Systems in Zürich eröffnete ihm neue Möglichkeiten, und er verstärkte seine wirtschaftspolitische Tätigkeit. Und schliesslich kompensierte Alfred Escher diese Niederlage mit einem Jahrhundertprojekt, das seinem ohnehin schon imposanten Lebenswerk unvergleichlichen Glanz verlieh: dem Bau der Gotthardbahn. Bald nahmen auch seine liberalen Parteifreunde auf vorübergehend verlorenen Regierungssesseln und Parlamentsbänken wieder ihre Plätze ein. Bereits bei den kantonal-zürcherischen Wahlen von 1872 wurde wieder ein liberaler Regierungsrat gewählt. Auch im Kantonsrat holte die liberale Partei mächtig auf und war bereits wieder etwa gleich stark vertreten wie das demokratische Lager. Dieses Kräfteverhältnis blieb über 1875 hinaus bestehen. Nach den Wahlen von 1878 verfügten die Liberalen im Kantonsrat wieder über eine satte Mehrheit (111 von 185 Stimmen). Im Regierungsrat überflügelten die Liberalen ihre demokratischen Gegner im Jahr 1879.

Trotz dieser Erfolge der Liberalen in den 1870er Jahren markierte die Niederlage des Systems Eschers 1869 in Zürich schweizweit eine politische Zäsur: Demokratische Umwälzungen fanden auch in anderen Kantonen statt. Bis 1870 hatten die Kantone Thurgau, Aargau, Solothurn, Baselland und Bern, in den folgenden Jahren sukzessive auch die übrigen Kantone die Kernelemente der demokratischen Forderungen übernommen: die direkte Volkswahl der Regierung und die Einführung von Initiative und Referendum. Diese Entwicklung auf kantonaler Ebene stärkte jene Kräfte, die auch die Bundesverfassung von 1848 den veränderten Verhältnissen anpassen wollten. Über Zwischenschritte und Umwege kam es schliesslich 1874 zur Revision der Verfassung. Neu eingeführt wurde das fakultative Referendum für Bundesgesetze. Das Volksrecht der Verfassungsinitiative folgte mit der Revision von 1891.

Die politische Kultur in der Schweiz hatte sich grundlegend gewandelt. Die Zeit des jungen Bundesstaates war zu Ende. Gereift durch verschiedene innen- und aussenpolitische Stürme, trat die junge Schweiz mit ihren zwanzig Jahren in eine neue Lebensphase ein. Jetzt erwarteten sie Herausforderungen veränderten Zuschnitts.

Andere Zeiten, andere Sitten: Politiker, die den 1848er Geist nicht geatmet hatten, traten auf den Plan. Aus dem Kleinbürgertum stiegen Politiker auf; Juristen drängten nach oben und wollten Karriere machen. Entsprechend schwand der Einfluss grossbürgerlicher Unternehmerpolitiker. Der Pioniergeist wurde schwächer, die neuen Forderungen der Demokratie machten grosse Würfe zusehends schwieriger. Auch die Formationen der ‹freisinnigen› Parteigruppe diffundierten, neue politische Kräfte strukturierten sich.

In diesen gesamtschweizerischen Kontext sind die Ereignisse in Zürich von 1869 und deren Folgen zu stellen: Die politische Grundstruktur der Schweiz veränderte sich. Die vom Grossunternehmertum geprägte junge Schweiz von 1848 erhielt in den 1870er Jahren ein neues Gesicht, und die Interessen breiterer Volksschichten fanden in neuen demokratischen politischen Gruppierungen ihre Auffangbecken. Die direkte Herrschaft des Volkes in der Politik nahm ihren Anfang und wurde zum Wesenselement der neuen schweizerischen Demokratie. Mit der Verfassung von 1874 wurde das Referendum, 1891 zusätzlich das Initiativrecht eingeführt. Kompetenzen wie die Konzessionierung von Eisenbahnen und die Regelung von Arbeitsverhältnissen in Fabriken verlagerten sich von den Kantonen zum Bund. So wurde nicht nur die Macht des Bundesstaates gestärkt, sondern ebenso die Macht des Volkes gegenüber politischen Gruppierungen und einflussreichen Unternehmerpersönlichkeiten. Allerdings blieben entscheidende Elemente, die den jungen Bundesstaat als Erfolgsfaktoren geprägt hatten, bestehen: Dies dokumentieren die Bereiche Finanzwesen, Handel und Industrie. Doch auch hier begann der Staat sukzessive, Kompetenzen an sich zu ziehen, was sich zunächst etwa in den Bereichen der Sozialpolitik (Fabrikgesetz) und des Finanzwesens (Nationalbank) zeigte. Und somit verschwanden weitere Elemente jenes grosskapitalistisch und grossbürgerlich geprägten Modells, das dem schwächlichen und durch vielfältige Gegensätze zerrissenen Gebilde des Bundesstaats von 1848 durch Aufbau von lebenswichtigen Infrastrukturen tragfähige Grundlagen gegeben hatte.

Präzise positionierte Landammann Blumer Alfred Escher gegenüber diesem epochalen Trend:

«Escher war … auf die Zürcher Demokraten die Bleuler-Hausheer, Sieber, Zangger, Carl Walder u.s.f. … nicht gut zu sprechen, aber es erscheint dies verzeihlich, wenn man berücksichtigt, wie masslos & ungerecht er von dieser Seite befehdet wurde. Mein intimer Freund, der spätere Bundesrat Walter Hauser hat mir dies oft bestätigt, obwohl auch er nicht frei war von einer intensiven Gegenerschaft gegen Alfred Escher. Die Ursache schreibe ich dem Umstande zu, dass Alfred Escher ein allzu persönliches Regiment führte und dass dann alle Fehler od. Schwächen der gesammten Regierung, der Gotthardbahn, der N.O.B. & der Kreditanstalt ihm persönlich in die Schuhe geschüttet wurden.»[432]

Trotz Eschers politischen Ämtern in Bund und Kanton und seinen wirtschaftspolitischen Spitzenpositionen, wie sie damals kein anderer Schweizer innehatte, waren die 1870er Jahre nicht mehr sein grosses Jahrzehnt. Am Gotthardprojekt zeigte sich dies mit aller Deutlichkeit. Wohl kein anderer als Alfred Escher wäre damals in der Lage gewesen, die politischen und wirtschaftlichen Voraussetzungen dafür zu schaffen, dass ein derart gigantisches Werk erfolgreich durchgeführt werden konnte. Andererseits vermag man sich in der Grossblüte des schweizerischen Wirtschaftsliberalismus während den 1850er und frühen 1860er Jahren nicht vorzustellen, wie es möglich werden sollte, dass Bundesrat, Parlament und freisinnige Parteistrategen Escher ins politische Abseits manövrieren und mit Schimpf und Schande zu einem so schmählichen

Abgang von der Spitze der Gotthardbahn-Gesellschaft zwingen würden, wie dies 1878 der Fall sein sollte.

In den Gründerjahren des Bundesstaates waren es vornehmlich Risikokapitalisten und Unternehmerpioniere, die Dynamik und Möglichkeiten der Zeitumstände ausnützten. Sie waren in jüngsten Lebensjahren und über Nacht an politische Spitzenpositionen katapultiert worden und bestimmten Strukturen und Qualitäten des neuen Bundesstaates. Ab den 1870er Jahren traten allmählich Politiker in den Vordergrund, die andere Sozialprofile und politische Muster aufwiesen. Glücklicherweise für die Schweiz, für die Infrastrukturen des Landes und für die Volkswirtschaft überhaupt stand mit Alfred Escher einer der letzten Pioniere der Gründergeneration auf der wirtschaftspolitischen Bühne, als die Frage der grossen Alpentransversale gelöst werden musste. Trotz verlorener Ehre holte er das Gotthardprojekt grossmütig aus der finanziellen Krise und verhalf somit dem Werk zur Vollendung.

Landammann Blumers rückblickende Beurteilung Eschers:

«Geradezu phänomenal war seine Arbeitskraft und seine Arbeitslust, er beherrschte das Kleine wie das Grosse. Er war überhaupt eine Erscheinung wie seine Zeitgenossen keine grössere gekannt haben. Vieles was man Alfred Escher zum persönlichen Vorwurf gemacht hat, lag in den Aufgaben seiner Stellung. So wurden die Verträge der N.O.B. mit Bauunternehmern und dergl. als harte bezeichnet, während dem er eben die Interessen der Gesellschaft zu vertreten hatte und dies als gewiegter Jurist auch vorzüglich zu erfüllen vermochte.»

Escher blieb seinen Prinzipien allen Anfeindungen zum Trotz treu:

«Als an seinem Lebensabend ... alles sich gegen ihn aufzulehnen schien und die meisten seiner Freunde angesichts der Misserfolge schwankend wurden, da hat er meines Wissens den Glauben an seine Unternehmungen doch nie verloren. Auch in der Politik war er überzeugt, nicht nur dass seine politischen Grundanschauungen für das engere & weitere Vaterland das richtige seien, sondern er glaubte auch an eine Wiederkehr des Systems der liberalen Richtung.»[433]

Die Tragik, die Escher in der zweiten Hälfte der 1870er Jahre widerfuhr, war aufgrund ihrer Verflechtung mit den Krisen bei Nordostbahn und Gotthardbahn wirtschaftspolitisch geprägt. Sie gewann zusätzliches Gewicht durch mehrere Todesfälle in Eschers persönlichem Umfeld, die ihm nahegingen. Der Reihe nach starben mit Johann Jakob Blumer (12. November 1875) und Johann Jakob Rüttimann (10. Januar 1876) zwei seiner langjährigen und engsten Freunde, kurz darauf auch Heinrich Hüni-Stettler (27. April 1876). Diese herben Verluste fasste Alfred Escher gegenüber Johann Heinrich Fierz im Satz zusammen: «Wir werden immer weniger.»[434]

Von der Opposition zur Demagogie: Friedrich Lochers «Freiherren von Regensberg» und das Ende der liberalen Herrschaft in Zürich

«Ueber den Sturz des Escher'schen Systems und die Anfänge der zürcherischen Demokratie habe ich seiner Zeit ein dickes Buch, betitelt ‹Die Freiherren von Regensberg, Pamphlet eines schweizerischen Juristen›, Bern, bei B. F. Haller erscheinen lassen. Es besteht aus sieben Teilen, die einzeln, als Broschüren, erschienen sind. Diese Freiherren wurden in 30 000 Exemplaren gedruckt und sind vergriffen. Es wird behauptet, daß dieses Buch das Escher'sche Regierungssystem, das zwanzig Jahre am Ruder war, zu Falle gebracht und der Demokratie die Pfade geebnet habe, welche sonst nicht zur Macht gelangt wäre. Ich fühle mich nicht veranlaßt, mich dessen zu rühmen, und wer diese Erlebnisse liest, wird es begreifen.»[435]

Mit dieser Einschätzung blickte 1901 Friedrich Locher (1820–1911), der Doktor der Rechte und ehemalige Prokurator, in seinen «Republikanischen Wandelbildern und Portraits» auf Vorfälle, Ereignisse und Entwicklungen in Zürich zurück, die mehr als dreissig Jahre zuvor die liberale Herrschaft beendet und zur Machtübernahme durch die Demokraten geführt hatten. Locher, dessen Einfluss auf den politischen Machtwechsel durchaus beachtlich war, verkrachte sich bald darauf mit den demokratischern Herrschern, wurde von diesen politisch ‹kaltgestellt› und schlug mit einer Serie kämpferischer Pamphlete zurück («Die neuen Freiherren»). Wegen Verleumdung des Obergerichts zu einer Haftstrafe verurteilt, floh Locher 1899 nach Paris, wo er den Rest des Lebens verbrachte.

Friedrich Locher (1820–1911).
Verfasser der Pamphlete
«Die Freiherren von Regensberg».

Wegen eines verlorenen Prozesses von Rachsucht erfüllt, veröffentlichte Locher 1866 die ersten zwei seiner ‹Regensberger Schriften›: «Die Freiherren der älteren Linie» und «Die Freiherren der Gegenwart». Die erste, 60 Seiten umfassende Publikation erwies sich als harmlos. Erzählt wurde die Geschichte des im 14. Jahrhundert ausgestorbenen Freiherrengeschlechts, ergänzt durch einen Stammbaum und zwei eingeschobene Erzählungen Martin Usteris über jene vergangene Zeit. Bereits die zweite Publikation gestaltete sich dagegen als veritable Schmähschrift. In ihr kam Locher auf die Gegenwart zu sprechen und auf die neuen Freiherren, namentlich auf Johann Jakob Ryffel (Statthalter des Bezirks Regensberg 1838–1866, Grossrat 1843–1866, Nationalrat 1849–1857), Alfred Eschers Studienfreund Johann Jakob Bucher (Gerichtsschreiber des Bezirks Regensberg 1851–1869, Grossrat 1853–1866, Nationalrat 1857–1866) und Jakob Bader (Bezirksrichter 1844–1866, Grossrat 1843–1866). Diese drei Politiker und Amtspersonen genossen in der liberalen Partei Ansehen und spielten eine wichtige Rolle in der Mittwochsgesellschaft. Ihr gesellschaftspolitisches Engagement erwies sich als respektabel und zeigte sich etwa in der Förderung wichtiger Infrastrukturleistungen oder im kirchlich-sozialpolitischen Bereich. Unter ausführlicher Wiedergabe von Prozessakten geisselte Locher seiner Meinung nach bestehende Mißstände in der lokalen Verwaltung und insbesondere im Gerichtswesen. Ryffel, Bucher, Bader und andere «Matadoren» seien Teil eines «Systems», an dessen Spitze der «Prinzeps» stehe: Alfred Escher. Dieser beherrsche den Staat, indem er politisch nicht in seinem Sinn agierende Personen aus Amt und Würden dränge und die Stellen mit «Getreuen» besetze. Nicht Recht herrsche, sondern Opportunität. Einen Rechtsstreit bestehen heisse «in die Lotterie setzen», den Prozess gewinnen «einen günstigen Richter» oder «gute Briefe haben».

«Warum in die Ferne schweifen, liegt das Gute doch so nah? – Wo das offizielle Staatsjournal für die Sklaverei Parthei nehmen darf, wo mit den für ‹Handel und Ackerbau› bestimmten Kapitalien in spanischen und türkischen Papiercherns gemacht wird [sic!], wo die heilige Justizia anstatt der Binde eine Brille trägt, durch welche sie aus den Gesetzestafeln die sakramentalen Worte: ‹Gibst du mir ’ne Wurst, so lösch ich dir den Durst!› herausdistelt, – da liegt schon etwas Weniges ‹Sehnsucht nach Schmach› in der Luft und die Entfernung vom Meridian der Cäsaren ist keine fabelhafte mehr. Wird nicht schon Jeder, der sich dem Despotismus und Servilismus widersetzt, als Feind des Vaterlandes betrachtet? Die Verschuldung unserer Cotterie und deren Presse an der politischen Moral ist groß. Prinzipien werden niedergetreten, Todfeinde umarmen sich, wenn es gilt einen Handel zu schließen. Nichts ist unerwartet, Alles erklärlich, nil mirari!»[436]

Kritik am ‹System Escher›. Friedrich Locher, der Wortführer der demokratischen Bewegung im Kanton Zürich, reisst Alfred Escher am Zopf.

Lochers Methode, an den «Freiherren der Gegenwart» erprobt und in den folgenden Pamphleten weiterentwickelt, bestand darin, dass er den Lesern ein Gemisch aus Wahrheit und Erfindung präsentierte. Von den Mächtigen des Staates, die ihre Herrschaft skrupellos zum eigenen Vorteil ausnützten, zeichnete er ein grauenerregendes Bild. Mit Häme und Spott machte Locher einen Gegner nach dem anderen aus, wühlte in dessen beruflichem oder politischem Umfeld und entblösste dessen Privatleben, um ihn – so des Pamphletisten eigene Worte – «wie eine Artischoke Blatt um Blatt» zu verspeisen. Die Pamphlete zeigten Wirkung, wurden doch Ryffel, Bucher und Bader bei den Nationalrats- beziehungsweise Grossratswahlen 1866 nicht mehr gewählt.

1867 veröffentlichte Locher drei weitere Pamphlete: «Die Freiherren vor Schwurgericht – Die Grossen der Krone Zürich», «Der Prinzeps und sein Hof» und «Othello, der Justizmohr von Venedig». Mit diesen Schriften lancierte Locher seinen Hauptangriff. Offen steckte er sein Ziel ab: Er wollte das «System ... sprengen». Ins Visier genommen wurde zunächst Eduard Ullmer, der Präsident des Obergerichts. Locher breitete unglaubliche Skandalgeschichten aus, die beweisen sollten, dass sich Ullmer im Pfuhl der Laster wälzte, von unersättlicher Habsucht beseelt sei und unter dem Scheinmantel des Rechts an seinen Gegnern Rache übe. Genüsslich erwähnt er einige «Justizmorde», an denen Ullmer mitgewirkt habe. Dabei richtete er den Fokus auch auf Prozesse, in welche die Escher-Schöpfungen Kreditanstalt und Nordostbahn verwickelt waren und bei denen die Fehlurteile mit Händen zu greifen seien: «Es ist aber unbestreitbare Thatsache, daß so zu sagen kein wichtiger Prozeß entschieden wird, in welchem Herr Ullmer nicht privatim mit der einen oder andern Parthei conferirt hätte. Bei den Prozessen der Kreditanstalt und der Nordostbahn ist die Sache mit Händen zu greifen und es ist gerade, wie wenn diese hohen Herrschaften selbst zu Gericht sässen.»[437]

Lochers Schmähschriften, die sich wie Fortsetzungsromane gestalteten, fanden reissenden Absatz und wurden zum beherrschenden Gesprächsthema. Mit zur Verbreitung des Locherschen Gedankenguts trugen – so paradox dies tönt – auch jene bei, die in Zeitungen oder auf dem Rechtsweg gegen den in der breiten Öffentlichkeit bereits zum Symbol stilisierten Pamphletisten ankämpften: Locher in der vereinten Rolle von Winkelried und Tell im Kampf gegen den Tyrannen. In diese Fall tappte auch Alfred Escher, als sein Freund Johann Jakob Rüttimann, ehemaliger Regierungsrat und nun unter anderem Vizepräsident des Verwaltungsrates der Kreditanstalt, im Herbst 1867 auf die «Freiherren vor Schwurgericht» in der NZZ eine Artikelserie veröffentlichte und sich dabei in nüchterner Sprache mit den Vorwürfen Lochers auseinandersetzte. Rechtsprofessor Rüttimann warf Locher etwa vor, dieser korrumpiere das im besten Rufe stehende zürcherische Obergericht, und stellte zugleich klar, dass die Amtsführung der Bezirksrichter in «ächt demokratischer Organisation» wurzle. Rüttimann nahm die Vorwürfe an die Adresse Ullmers auf und replizierte, dass dieser «die äußerst schwierige und mühsame Stelle eines Präsidenten des Bezirksgerichts Zürich musterhaft bekleidet und in derselben durch großes Talent und eine ganz ungewöhnliche Arbeitslust und Arbeitskraft sich ausgezeichnet hat». Dass Ullmer gewählt worden sei, gerade weil er ein Schurke sei – so der Vorwurf Lochers –, grenze an Irrsinn. Ein blindes Werkzeug von Kreditanstalt und Nordostbahn könne Ullmer auch nicht sein, da dieser vom Grossen Rat in seine richterlichen Funktionen gewählt worden sei, als es die genannten Unternehmen noch nicht gegeben habe. Rüttimann fand zum Schluss, dass das Volk des Kantons Zürich «in geordneten und glücklichen Verhältnissen» lebe. Diese Ausführungen, die auch als Separatum herausgegeben wurden, verfehlten ihre Wirkung; sie stiessen auf keine grössere Beachtung, und Locher holte zum nächsten Schlag aus.

In seiner 56seitigen Schrift «Der Prinzeps und sein Hof» nahm sich Locher zunächst der Ausführungen Rüttimanns an. Rüttimanns Aussage, Locher selbst habe bei Alfred Escher vorgesprochen und um dessen Unterstützung zur Wahl ans Obergericht ersucht, stellte er ins Gegenteil um: Escher habe ihn zu einem Besuch im Belvoir recht eigentlich genötigt und ihm vor Ort eine Stelle als Bezirksrichter angeboten. Das Belvoir beschrieb Locher mit glanzvoll-fürstlichen Szenerien, um den Lesern damit symbolhaft Macht, Einfluss und Reichtum Eschers vorzuführen. Locher begründete ebenso einen zweiten Besuch, den er an diesem Ort gemacht habe, auf seine Weise: Er sei aus existentiellen Gründen zu Escher gegangen. Besässe er allerdings die Gelder, welche die Familie Escher seiner Familie schuldig sei, hätte er diesen Bittgang nicht gemacht. Und mit diesen Wendungen rückte er Alfred Eschers unselige Familiengeschichte erneut ins Licht der Öffentlichkeit. In bekannter Manier wurden Vorkommnisse neu aufgemischt, die Jahrzehnte und Generationen zurücklagen:

«Rasch eilte ich dem Portal des Belvoir's zu. Gärtner schritten bedächtig hin und her, rechten die wohlgepflegten Wege und säuberten die Beeten von rauschenden Blättern. Der Kutscher putzte das Beschläge der Karosse. Aus den entlaubten Gebüschen aber tauchten die weißen Mauern des Schlosses empor. Der Kettenhund legte die Schnauze auf die Pforte und maß mich mit dem Stillschweigen der Verachtung. Es ist eine schöne Besitzung, das Belvoir! – Sonderbar aber geht es zu in der Welt. Gibt es wirklich eine Vorsehung, eine Gerechtigkeit? Auf dieser Welt wohl nicht, denn die Negersklaven, aus deren Schweiß und Blut dieser Palast gebaut ist, sie modern schon längst auf fremder Erde, während ihre Herren sich besten Wohlseins erfreuen. Gibt es aber nicht auch weiße Sklaven? – ‹Wenn Herr Escher die Schulden seines Vaters bezahlen wollte, so würden wir auch noch 37 000 Gulden bekommen, allein er hat es durch ein höfliches Billet abgelehnt›, – hat mein Großoheim einst geäußert. Niemals hatte ich mich bis anhin darum bekümmert und weiß auch jetzt nichts Näheres; in diesem Augenblick aber fiel mir diese Aeußerung wieder ein. ‹Hätte ich diese 37 000 Gulden, ohne die Zinsen, jetzt in der Tasche, keine vier Pferde würden mich weiter bringen!›»[438]

Gnadenlos sezierte Locher das ‹System›, das bislang als unerschütterliche und geschlossene Phalanx gegolten hatte. Escher, heisst es etwa, halte Ministerialsitzungen im «Café littéraire» ab. Escher kontrolliere durch sein System die Presse, indem er und seine Gefolgschaft ihre wirtschaftliche Macht ausspielten:

«Da ich mich in der Mittwochgesellschaft nicht sehen ließ, so wurde Karl Walder beauftragt, mich einzuliefern. Im obern Saale des Café littéraire, dessen Bestimmung mehr mit dem französischen Litre, als mit Litteratur sympathisirt, fand sich die Gesellschaft zusammen. Da saßen sie Alle um einen langen Tisch herum, die Großen der Krone Zürich, die Herren Bollier, Hagenbuch, Ullmer, Dubs, Brändlin, Fries, Suter, Bucher, Wegmann etc., Alles Ritter ohne Furcht, wenn auch nicht ohne Tadel. Da Herr Escher noch im Nebenzimmer einer Wahlversammlung präsidierte, so war der Ton ein ziemlich nonchalanter. Es wurde gejaßt und die Herren Regierungsräthe in re und in spe begrüßten sich gegenseitig, verbis: Kameel, Kuh, Rindvieh, wobei sie zuweilen irrten, meistens aber das Richtige trafen. Auf einmal Todtenstille. Alles war aufgestanden. Herr Escher war eingetreten. Er begrüßte mich freundlich, ließ mich an seiner Seite sitzen und unterhielt sich geflissentlich mit mir. Hätte er gewußt, welche Schlange er an seinem Busen hegte, so wäre dieß wohl nicht geschehen. Jetzt wurde die Stille unterbrochen. ‹Was geht bei der Polizei?› – Herr Bollier hatte das Wort und rapportirte aus seinem Dikasterium. – ‹Was geht im Kirchenwesen?› Herr Seminardirektor Fries referirte. – ‹Und was macht unser liebes Bezirksgericht?› Herr Ullmer zog von Leder. – So ging es fort. Herr Escher ertheilte seine Direktionen. Ich hatte einer Ministerialsitzung beigewohnt, mich aber dabei mäßig amüsirt.»[439]

Ullmer strebte gegen Locher einen Verleumdungsprozess an, worauf Locher mit seiner Schrift «Othello, der Justizmohr von Venedig» reagierte, die als offener Brief konzipiert war. Darin verstärkte er die Vorwürfe an den im «Venedigli» in der Enge wohnenden Ullmer: Dieser sei korrupt und parteiisch. Wie in anderen Fällen wühlte Locher auch in Ullmers Familiengeschichte und schlachtete diese schamlos-genüsslich aus. Die Prozessangelegenheit war auch Gegenstand der folgenden Schmähschrift, die Locher 1868 unter dem Titel «Die Prozesshexe» veröffentlichte. In der Zwischenzeit hatte sich das politische Blatt gewendet, und die Liberalen Eschers waren aus ihren politischen Ämtern gefegt worden. Lochers 1869 herausgegebene Schrift «Die neuesten Freiherren» war gegen die demokratische Bewegung und namentlich gegen Zangger gerichtet. Nebst den Zürcher Demokraten Walder und Bürkli griff er die Winterthurer Sulzer und Bleuler an. Nun waren es die Demokraten, die sich nach Locher machthungrig gebärdeten. Und es hagelte Vorwürfe auf die neuen Herren, ohne dass ihre Vorgänger rehabilitiert worden wären. Immerhin: Locher schien gegenüber den Liberalen Eschers milder gestimmt zu sein als zuvor. Das siebte und letzte Pamphlet erschien 1872: «Die kommunen Freiherren». Darin beschrieb Locher den Deutsch-Französischen Krieg, fuhr wiederum schwere Geschütze gegen die Demokraten auf und nahm erneut auch Alfred Escher ins Visier. Locher warf Escher schliesslich vor, weder Nordostbahn und Kreditanstalt noch das Polytechnikum gegründet zu haben. Escher sei lediglich ein «Kind der Verhältnisse», ingeniöse Gedanken und die Rolle des Bahnbrechers würden ihm fälschlicherweise zugeschrieben. Mit seiner Argumentation exemplifizierte der Pamphletist ein weiteres Mal seine Methode, indem er Einzelteile der historischen Wahrheit losgelöst vom entsprechenden Kontext als Bruchstücke versetzte und als abstruse Beweisführung manipulierte.

Im Vordergrund die Rathausbrücke in Zürich, in der rechten Bildhälfte das «Café littéraire» im Roten Turm, wo ‹Ministerialsitzungen› Alfred Eschers und seiner politischen Gefolgsleute stattfanden. Der Komplex am Weinplatz wurde 1938 durch den Neubau des Hotels «Storchen» ersetzt. Noch heute heisst ein Saal des Hotels ‹littéraire›.

«Mit Unrecht betrachtet man ihn als Bahnbrecher, als leitenden Kopf. Trotz seines organisatorischen Talentes, ist er das Kind der Verhältnisse, und der Nachweis wäre nicht schwierig, daß er zu allem *gezwungen* werden mußte. Anstatt der *Stärke* wird man bei genauer Untersuchung Schwäche finden. Von Eisenbahnen wollte er Anfangs nichts wissen. Die öffentliche Stimmung hat ihn gezwungen, sich an die Spitze zu stellen. Der St. Gallerlinie zugeneigt, wurde er durch Privateinfluß für *Romanshorn* gewonnen. Banken und Creditwesen abgeneigt, wurde er, durch hinter ihm stehende Schlauköpfe, veranlaßt, die Creditanstalt zu gründen, wobei Jene sich die Taschen füllten. [...]

Jahrelang bekämpfte er die Luzernerlinie, baute sie aber schließlich nicht nur selbst, sondern zwang auch Staat, Stadt und Gemeinden, sie zu subventioniren. Ganz gleich mit Bülach–Regensberg. Es dürfte ein Irrthum sein und keiner von den kleinen, wenn man sich vorstellt, der Gedanke einer mangelnden Verbindung von Norden nach Süden habe Herrn Escher, dem großen Fuhrmann, den Schlaf geraubt. Man weiß, wie und warum diese Bahnen erzwungen wurden. Sie waren nöthig, um den sinkenden Einfluß Escher›s wieder aufzufrischen. [...] Man gebe doch dem Kinde den richtigen Namen, man spreche nicht immer von ‹großer Idee›, ‹dem Werk des Jahrhunderts›, sondern von der *Furcht* des Herrn Escher, seine Nationalrathsstelle im Säuliamt zu verlieren, womit ihm gedroht wurde.»[440]

Nordostbahn und Nationalbahn: Konkurrenzkampf bis zum Fiasko

Im Oktober 1863 machte in Winterthur die Mitteilung die Runde, dass Stadtpräsident «Dr. Sulzer und Consorten» eine umwälzende Absicht hegten: Sie wollten nichts weniger als eine «Weltbahn» errichten, die nordwestwärts und südostwärts den internationalen Anschluss finden sollte. Über diese aufsehenerregenden Pläne wurde Alfred Escher von seinem ehemaligen Regierungsratskollegen Johann Jakob Müller mit Schreiben vom 31. Oktober 1863 in Kenntnis gesetzt. Müller, der dieses Winterthurer Eisenbahnprojekt primär als politisches und wahltaktisches Manöver von Stadtpräsident Sulzer betrachtete, sah darin zugleich ein Zeichen von dessen Feindschaft gegenüber der «Nordostbahn-Administration», womit kein anderer als Alfred Escher gemeint war. Dieser persönlich-politische Grundton der Winterthurer Eisenbahnpläne nährte sich aus der Absicht, mit der Winterthurer «Weltbahn» die Escher-Stadt Zürich zu benachteiligen und wenn möglich durch entsprechende Streckenführung überhaupt zu umfahren. Müller meinte:

«Verständige Leute lachen zwar darüber und betrachten dieses Projekt als einen Unsinn, Sulzer u. sein Anhang aber geben vor, daß es ihnen mit demselben ernst und die nöthige finanzielle Unterstützung gar nicht zweifelhaft sei.»[441]

Johann Jakob Sulzer (1821–1897). Zürcher National- und Ständerat. Der Winterthurer war ein politischer und persönlicher Gegenspieler Alfred Eschers und agierte als treibende Kraft bei der Nationalbahn, die als Konkurrenzbahn der Nordostbahn und als Brückenkopf gegen Alfred Eschers ‹Imperium› konzipiert war.

Nach diesen eisenbahnpolitischen Präludien verschwand das Winterthurer Eisenbahnprogramm für ein paar Jahre von der Bildfläche. Immerhin ist für die Beurteilung der späteren Entwicklung bedeutsam, dass bereits 1863 das Grundmuster der 1875 gegründeten Nationalbahn vorlag, wie nicht zuletzt die Protokolle des Winterthurer Stadtrates belegen. Sulzer, der als Kopf des geplanten Unternehmens auftrat, war ein Gesinnungsgenosse des Berner Politikers Stämpfli und unterstützte dessen unermüdlichen Kampf gegen die privaten Eisenbahngesellschaften. Die beiden Politiker Sulzer und Stämpfli, die auf dem aussenpolitischen Parkett schon 1860 in der Savoyer Frage gemeinsam – jedoch letztlich erfolglos – gegen Escher gekämpft hatten, fanden in der Folge auch zu gemeinsamen eisenbahnpolitischen Manövern gegen Escher und andere Eisenbahnbarone zusammen.

Am 12. Juli 1872 wurde nach den Plänen von Johann Jakob Sulzer und Stadtschreiber Theodor Ziegler das Bahnunternehmen Winterthur–Singen–Kreuzlingen gegründet. Es versteht sich von selbst, dass die Gesellschaft in Winterthur domiziliert wurde. Mit Ziegler als Direktionspräsident und Stadtpräsident Sulzer als Verwaltungsratspräsident traten die eigentlichen Chefideologen der Grosswinterthurer Eisenbahnvisionen an die Spitze des Unternehmens.

Der Nordostbahn schien von der Eulach her ernsthafte Konkurrenz zu drohen. Zur offenen Konfrontation kam es 1871/72 im Zusammenhang mit der Projektierung der Linie Winterthur–Koblenz. Die Nordostbahn setzte alle Mittel ein, um die Marktposition der neuen Konkurrentin zu schwächen, deren Pläne zunichte zu machen oder sie wenigstens zu zwingen, ihr Streckennetz auf unrentable Linien zu verlegen.

Nachdem der Stadtrat von Winterthur die Initiative ergriffen hatte, dieses Projekt zu verwirklichen, trat an der Generalversammlung der Nordostbahn vom 29. April 1871 Alfred Escher in dieser Sache vor die Aktionäre und kam nach einem kurzen Rückblick auf das eigentliche Problem zu sprechen: dass nämlich die Winterthurer Eisenbahnpläne die Einmündung ihrer Linie unmittelbar an der Rheinbrücke in das Streckennetz der Nordostbahn vorsahen.

Obwohl die Direktion der Nordostbahn das wenig verheissungsvolle betriebswirtschaftliche Ergebnis der Bahnlinie von Winterthur nach Koblenz berücksichtigte und ebenso in Rechnung stellte, dass mit der 1859 eröffneten Strecke Turgi–Waldshut bereits eine NOB-Linie in der Nordwestschweiz bestand, war sie entschlossen, auf ihrem Prioritätsrecht zu beharren und das geplante Vorhaben einer Strecke von Winterthur an den Rhein selbst auszuführen: «Wenn die Bahn [Winterthur-Waldshuter Bahn] zu Stande kommt, so erwächst der Nordostbahn geringerer Schaden, wenn sie baut, als wenn Drittpersonen bauen. Es kann eine einzelne Linie an und für sich durchaus nicht rentabel sein, ihr Besitz aber der Rentabilität anderer Bahnen Vorschub leisten, und dieser Gesichtspunkt verdient alle Achtung.»[442] Damit brachte sie unmissverständlich zum Ausdruck, dass sie dieses Projekt ausschliesslich aus strategisch-politischen Gründen realisieren wollte, nämlich um zu verhindern, dass sich die missliebige Konkurrenz aus Winterthur im Marktgebiet der Nordostbahn breitmachte. Gestützt auf diese kompromisslose Position der Direktion und mit der einstimmigen Zustimmung des Verwaltungsrates gab die Aktionärsversammlung dem Vorhaben ihren Segen. Als jedoch die Strecke Winterthur–Koblenz am 1. August 1876 offiziell dem Verkehr übergeben werden konnte, waren auch am Finanzhimmel der Nordostbahn bereits dunkle Wolken aufgezogen.

Indem sie die Gesellschaft Winterthur–Singen–Kreuzlingen in ihr Eisenbahnprojekt einband, gab die Stadt Winterthur ihren Eisenbahnvisionen strukturellen Halt. Doch wie bereits das eisenbahnpolitische Programm von 1863 dokumentiert hatte, gingen die Winterthurer Ambitionen wesentlich weiter, betrachteten doch Sulzer und seine Parteigänger ihr nördliches Streckennetz lediglich als östliche Sektion einer vom Bodensee zum Genfersee durchgehend verlaufenden Linie. Von Winterthur aus sollte daher eine zweite Stammlinie nach Zofingen führen. Diese national ausgreifenden Pläne wurden im Verlaufe des Jahres 1872 publik gemacht. Damit demonstrierten die Promotoren der ‹Schweizerischen Nationalbahn Leman–Bodan› ihre Absicht, die bestehenden Eisenbahngesellschaften das Fürchten zu lehren und schliesslich in die Knie zu zwingen.

Ursprünglich hatten die Winterthurer Eisenbahnstrategen eine Eisenbahnlinie konzipiert, die von Winterthur über Bülach unter Umfahrung der Stadt Zürich nach Baden und von dort über Lenzburg nach Zofingen führen sollte. Der weitere Weg Richtung Westschweiz wäre mit Berner Hilfe zu bewerkstelligen gewesen, indem die Berner Staatsbahnen eine Stammlinie bis zum Genfersee gebaut hätten. Schon bald änderten die Initianten jedoch ihre Absicht und versuchten nun auch die Stadt Zürich einzubeziehen. So stellten sie 1872 ein Konzessionsgesuch für die Erstellung einer Abzweigung von der Stammlinie Winterthur–Zofingen, die von Kloten nach Zürich führen sollte. Obwohl der Bundesrat diese Konzession am 21. Dezember 1872 genehmigte, kam die Anschlußstrecke nach Zürich nicht zustande. Am 5. April 1875 fusionierten die Bahngesellschaften Winterthur–Singen–Kreuzlingen und Winterthur–Zofingen zur Schweizerischen Nationalbahn.

Die von Winterthur ausgehenden Eisenbahninitiativen liessen unmissverständlich erkennen, wes Geistes Kind sie waren und welche politische Haltung die Streckenführung bestimmte. Mit Stadtschreiber Theodor Ziegler, Stadtpräsident Johann Jakob Sulzer und der Demokratischen Partei, die Ende der 1860er Jahre auf einer Erfolgswelle ritt, war der politische Hintergrund klar umrissen. Insgesamt ging es darum, die führenden Stellungen der Nordost- und der Centralbahn zu brechen und Winterthur zu einer Drehscheibe im schweizerischen Eisenbahnnetz zu machen.

Ganz zentral zielten die Winterthurer Demokraten aber auch darauf hin, die wirtschaftspolitische Machtbasis von Alfred Eschers System zu unterspülen. Dies gelang den Demokraten im Kanton Zürich insofern, als sie 1868 die Abstimmung über die Revision der Verfassung gewannen und dadurch im Verfassungsrat die Mehrheit erlangten. Geradezu überwältigend war zudem auch ihr Erfolg bei den Regierungsratswahlen, wurden doch 1869 sämtliche liberalen Köpfe aus dem Amt gefegt. Der Ruf aus Winterthur, die Eisenbahnbarone zu stürzen, ging einher mit der Forderung zur Errichtung von ‹Volksbahnen›, wovon der Name ‹Schweizerische Nationalbahn› beredtes Zeugnis ablegt.

Das Winterthurer Projekt und die Auseinandersetzungen, die es auslöste, dokumentieren die politischen Abgründe und die wirtschaft-

Das fiktive Monument zeigt den Winterthurer Stadtpräsidenten Johann Jakob Sulzer auf der übergrossen Büste Alfred Eschers.

liche Konkurrenz zwischen Winterthur und Zürich, repräsentiert durch die Demokraten um Sulzer und die Liberalen um Escher. Die Kämpfe zwischen den «Léman–Bodan»-Illusionisten und der Nordostbahn werfen aber auch ein grelles Licht auf die eisenbahnpolitische Kultur jener Jahre, führten sie doch die Idee des freien Wettbewerbs und das privatwirtschaftliche Modell zum Bau und Betrieb von Eisenbahnen ad absurdum.

Die Nordostbahn fand in der Centralbahn einen mächtigen Verbündeten. Gemeinsam entwickelten sie Massnahmen, um der Nationalbahn Passagiere und Güter abzujagen. Die Nordostbahn schrieb der Nationalbahn vor, dass der Abstand zwischen den beiden Trassees auf der Linie Effretikon–Winterthur mindestens 6 m betragen müsse. Güter aus der Westschweiz, die für den Bodenseeraum bestimmt waren und via Centralbahn in Zürich eintrafen, verschiffte die Nordostbahn, um sie über den Zürichsee und weiter über die Linie Sargans–Rorschach an ihre Destination zu bringen. So kam sie darum herum, die Waren in Zürich oder Winterthur der Nationalbahn übergeben zu müssen. Die Nordostbahn weigerte sich, im Bahnhof Winterthur den Rangierdienst für die Nationalbahn zu besorgen, und erklärte, dass sie auf ihren Linien keine Wagen der Nationalbahn annehmen könne, die mit «Schalengussrädern» versehen seien. Die Nationalbahn führte jedoch hauptsächlich solche Wagen. Dies hatte zur Folge, dass die Spediteure gezwungen waren, ihre Waren von der Nationalbahn auf die Nordostbahn umzuladen.

Trotz ihren überwältigenden politischen Erfolgen gelang es den Demokraten nicht, die ‹Herrenbahn› Eschers in die Knie zu zwingen. Die Nordostbahn überlebte den Angriff aus Winterthur und konnte sich – nicht zuletzt dank dem wiederholten entschlossenen Eingreifen ihres Verwaltungsratspräsidenten – durch alle Stürme und Untiefen der 1870er Jahre retten. Nicht so die großspurig auftretende Nationalbahn, deren trauriges Schicksal nachgerade zum Melodrama geriet, als sie 1878 in Konkurs ging und von der Nordostbahn auf einer Zwangsversteigerung übernommen wurde.

Somit war die Winterthurer Offensive kläglich gescheitert. Der überwältigende politische Erfolg der Demokraten Ende der 1860er Jahre hatte deren politischen Sinn getrübt, was dazu führte, dass sie den Sturz der liberalen Ära in Zürich als Vorstufe des politischen Niedergangs von Alfred Escher feierten. Doch Alfred Escher verblieb auch nach 1869 in allen politischen und wirtschaftlichen Stellungen und setzte seinen Namen im eidgenössischen Parlament wie im Zürcher Kantonsrat weiterhin unter wichtige und folgenschwere Dokumente. Und selbst im Kanton Zürich blieb der demokratische Siegeszug nichts als ein Intermezzo, denn bereits zu Beginn der 1870er Jahre nahmen die liberalen Parteigänger von Alfred Escher ihre Sitze in der Kantonsregierung wieder ein, wobei sie freilich an ‹demokratischen› Errungenschaften wie der neuen Kantonsverfassung oder der Regierungsreform nicht mehr rütteln konnten.

Um die wirtschaftlichen Erfolgschancen der Nationalbahn war es von Anfang an schlecht bestellt. Dies kann nicht überraschen, wenn man bedenkt, dass die Nationalbahn mit rund 20 Jahren Rückstand auf die etablierten Bahngesellschaften ins harte Rennen um Marktanteile stieg, was zur Folge hatte, dass die geographisch und wirtschaftlich vorteilhaften Linien bereits im Besitz konkurrierender Gesellschaften waren. Entsprechend erwies sich für die Nationalbahn schon die Beschaffung des Betriebskapitals als schwierig. Finanziell stand die Nationalbahn von Anfang an auf wackligen Füssen. Die veranschlagten Baukosten für die Errichtung der Ost- (Winterthur–Singen–Kreuzlingen) und der Westsektion (Winterthur–Zofingen) wurden weit überschritten. Aufgrund der hohen Baukosten und der Passagier- und Güterfrequenzen, die weit hinter den Erwartungen zurückblieben, konnte von einer Rentabilität der Gesellschaft schon bald nicht mehr die Rede sein. So erzielte die Nationalbahn beispielsweise 1877 mit rund 7300 Passagieren pro Bahnkilometer lediglich die Hälfte der Frequenz der Nordostbahn. Im Güterverkehr fällt der Vergleich noch deutlicher zuungunsten der Nationalbahn aus, da diese mit rund 1200 t pro Kilometer lediglich einen Drittel des Nordostbahn-Volumens erreichte. Noch 1875 erwirtschaftete die Nationalbahn einen Reinertrag von 316 Franken pro Bahnkilometer. Doch schon ein Jahr später fuhr sie auf jeden Kilometer Schiene ein Defizit von 576 Franken ein. 1877 betrug das Defizit pro Bahnkilometer 3435 Franken, während die Nordostbahn einen Reinertrag von rund 15 000 Franken pro Kilometer auswies. Die schwache Passagier- und Frachtfrequenz der Nationalbahn war durch deren ungünstige Streckenführung begründet. Die Linien folgten nicht den Flussläufen, sondern sollten möglichst viele Talschaften durchqueren, um weiterum den Verkehr aufzunehmen. Die mit diesem Konzept verbundenen Ertragserwartungen verdankten sich reinem Wunschdenken und blieben entsprechend unerfüllt.

Gerade hier zeigte sich, auf welch unterschiedliche wirtschaftspolitische Fundamente die Nordostbahn und die Nationalbahn gestellt waren. Während Alfred Escher es verstand, kompetente Fachleute unabhängig von ihrer politischen Herkunft für seine Gründungen zu gewinnen, wobei er nicht davor zurückschreckte, selbst politische Gegner in sein System zu integrieren, waren die Führungsgremien der Nationalbahn nicht durchwegs aufgrund fachlicher Qualifikationen bestellt worden. So wurden hier hauptsächlich Vertreter aus Winterthur und Umgebung beziehungsweise aus den an der Nationalbahnstrecke liegenden Gemeinden berücksichtigt. Zur lokalpolitischen Zusammensetzung kam eine wenig ausgebildete wirtschaftliche Vernetzung von Kompetenzen. In ihrem fast traditionellen Anti-Zürich-Reflex liessen sich die Winterthurer Protagonisten auf ein wirtschaftliches Abenteuer gegen Alfred Escher ein.

An eine amüsante Anekdote erinnert sich Landammann Eduard Blumer:

«Bekanntlich war Alfred Escher sehr kurzsichtig und noch mehr war dies der Fall bei seinem politischen Antipoden Dr. Sulzer, Stadtpräsident von Winterthur. Eines Tages stand Alfred Escher nahe bei seinem Sitzplatz im Nationalrath in einem der schmalen Seitengänge. Da kam Sulzer durch diesen Gang in raschem Schritt herauf und stiess der kleine Mann an die grosse Gestalt von Escher. Beide hatten erst Mühe wegen ihrer Kurzsichtigkeit sich zu erkennen; wie dies aber geschehen war, sagte Alfred Escher ganz freundlich zu Sulzer: ‹Weischt mir sind schu mängmal zsämmäpütscht, es het nüt gnüzt› & hatte ich als zufälliger Zeuge dieser lustigen Scene erwartet, Sulzer würde in ähnlicher freundlicher Weise antworten. Das war aber nicht der Fall, Sulzer surrte & summte weiter. Man hat bekanntlich immer gesagt, hassen wie Sulzer hassen kann.»[443]

Als die Nationalbahn 1878 ihre Obligationenverzinsung nicht leisten konnte und die Rechnungen ihrer Lieferanten unbezahlt blieben, verfügte das Bundesgericht im Februar 1878 die Zwangsliquidation der Gesellschaft. Die Stadt Winterthur ging nicht nur ihrer millionenschweren Kapitalbeteiligung verlustig, sondern musste darüber hinaus auch für die von ihr geleistete Bürgschaft von ebenfalls mehreren Millionen Franken einstehen und geriet dadurch an den Rand des wirtschaftlichen Zusammenbruchs. Die aargauischen Gemeinden, die ebenfalls Bürgschaften geleistet hatten, nun aber nicht dafür einstehen mochten, wurden schliesslich von Winterthur betrieben. Um diese unrühmlichen Auseinandersetzungen zu schlichten und die Stadt Winterthur zu retten, mussten schliesslich der Bund und der Kanton Zürich mit einem niedrigverzinslichen Überbrückungskredit einspringen.

Die konkursite Nationalbahn mit ihrem 156 km langen Netz wurde anschliessend zwangsversteigert. Die Nationalbahn, deren Aufbau rund 32 Millionen Franken verschlungen hatte, ging schlussendlich für weniger als 4 Millionen Franken in den Besitz ihrer grössten Konkurrentin über. Die Ostsektion wurde von der Nordostbahn integral weiterbetrieben, während von der Westsektion die Strecke Winterthur–Effretikon abgebrochen und der Betrieb der Strecke Aarau–Zofingen der Centralbahn übergeben wurde. Die Prophezeiung von Friedrich Erhard Scheuchzer aus dem Jahr 1870 hatte sich erfüllt: «Die Eisenbahnpolitik Winterthurs ist unser Unglück und der Ruin der demokratischen Partei.»[444]

Die von allem Anfang an schwächliche Finanzlage der Nationalbahn, gepaart mit dem Nachteil des späten Markteintritts, zog weitere Schwierigkeiten nach sich. Herausgefordert durch den neuen Konkurrenten aus Winterthur, kauften die finanzkräftigeren etablierten Gesellschaften ohne Rücksicht auf die Kosten attraktive Bahnkonzessionen auf, um eigene strategische Positionen zu arrondieren und die Nationalbahn zu benachteiligen. So konnte diese beispielsweise ihre Westschweizer Pläne nicht realisieren, weil die von ihr begehrte Konzession für die Jurasüdfusslinie von Olten nach Lyss (Gäubahn) durch die Centralbahn übernommen wurde. So gelang es auch der Nordostbahn, der Konkurrenz aus Winterthur den Markteintritt zu erschweren, indem sie Anspruch auf die Waldshuter Strecke erhob. Doch auch die Nordostbahn geriet aufgrund solcher Manöver bald in finanzielle Schwierigkeiten.

Auf dem Weg zur finanziellen Krise der Nordostbahn

Die aggressive Expansionsstrategie der Nordostbahn stand und fiel mit der Frage, ob Bau und Betrieb neuer Streckenabschnitte finanziert werden konnten. Dabei sah sich Alfred Escher hauptsächlich mit zwei Problemkreisen konfrontiert. Einerseits galt es, den riesigen Kapitalbedarf zu decken, andererseits die fortlaufende Beschaffung von Investitionsmitteln zu sichern. Da letzteres von der Liquidität des Kapitalmarktes abhängig war, waren die Konditionen zwangsläufig Schwankungen unterworfen. Das Umfeld, in dem sich das Ringen um Lösungen dieser finanziellen Probleme abspielte, war geprägt durch den äusserst harten Konkurrenzkampf, den sich die privaten Bahngesellschaften um Baukonzessionen und möglichst günstige Investitionsmittel lieferten. Der Konkurrenzdruck zwang diese vielfach – trotz fehlender Erfahrungswerte oder kritischer Analysen bezüglich Streckenführung, Bauweise und Rentabilität –, jede sich bietende Opportunität schnellstmöglich zu ergreifen. Die für den Bau neuer Eisenbahnlinien anfallenden Kapitalbedürfnisse waren für damalige Verhältnisse enorm: Es mussten gewaltige Summen beschafft werden für Landkäufe, Kunstbauten, Bahnhöfe, Rollmaterial und vieles mehr. Und nicht zuletzt: Die Investitionsmittel mussten zu Konditionen beschafft werden, die den Bahngesellschaften einen rentablen Betrieb ermöglichten.

NOB-Güterzug, gezogen von einer D 3/3, auf der neuen Rheinbrücke bei Eglisau.

Als Direktionspräsident der Nordostbahn stand Alfred Escher somit vor der doppelten Herausforderung, einerseits die Wachstumschancen optimal zu nutzen, andererseits dieses Wachstum auch zu finanzieren. Gerade in der Anfangsphase des privaten Eisenbahnbaus war es für die Nordostbahn von eminenter Bedeutung, sich strategisch vorteilhaft zu positionieren. Dies spricht beispielhaft aus einem Brief von Caspar Hirzel-Lampe an Alfred Escher. Gestützt auf seine breiten und langjährigen Erfahrungen im deutschen Eisenbahnbau liess er Escher 1853 die Empfehlung zukommen, den Ausbau der Nordostbahn möglichst rasch voranzutreiben, «damit der Waaren & Personen Zug auf Ihre Bahn gebracht werde», ehe andere den Bahnbetrieb aufnehmen können: «Wer sich so den Vorsprunge sichert, der bekommt gegen seinen Concurrenten einen ungeheuren Vortheil. Der Verkehr einmahl an eine Linie gewöhnt, ist so leicht nicht wieder davon abzubringen.»[445]

In Schieflage
Beim binnenschweizerischen Kampf um Trassees und Bahnhöfe zeigte sich, dass das NOB-Streckennetz anfänglich – verglichen mit denjenigen der Konkurrenten – überdurchschnittlich schnell wuchs. Doch lasteten auf diesem Erfolg Versprechen und Auflagen, mit denen Zuschläge

für Streckenkonzessionen hatten erkauft werden müssen. Dies führte schliesslich dazu, dass die Nordostbahn in der zweiten Hälfte der 1870er Jahre zu kollabieren drohte. 1877 war ihre finanzielle Lage derart dramatisch, dass die Geschäftsleitung der Öffentlichkeit bekanntgeben musste, es sei ihr unter den herrschenden Bedingungen auf dem Kapitalmarkt nicht mehr möglich, die Mittel zu beschaffen, um sämtliche von ihr eingegangenen Bauverpflichtungen erfüllen zu können.

Die Gründe für die Verschlechterung der finanzielle Lage der Nordostbahn waren vielfältig, hingen jedoch alle mit der aggressiven Wachstumsstrategie der Gesellschaft zusammen. Diese hatte angesichts eines sehr kompetitiven Marktumfelds für ihre rasche Streckenexpansion einen zu hohen Preis bezahlt. Solange die Einnahmen pro Streckenkilometer auf hohem Niveau gehalten werden konnten, liess sich diese Geschäftspolitik schlecht und recht finanzieren. Als sich aber Anfang der 1870er Jahre die Rentabilität sämtlicher Schweizer Bahngesellschaften zu verschlechtern begann, während betriebswirtschaftlichen Überlegungen trotz verdüstertem Markthorizont weiterhin nicht die nötige Priorität eingeräumt wurde, fiel es der Nordostbahn immer schwerer, Geldgeber für neue Streckenbauten zu finden. Zusätzlich wirkte sich belastend aus, dass sie ihr Wachstum zunehmend durch die Aufnahme von Fremdkapital finanzierte und so in immer höherem Masse von den Launen des Kapitalmarktes abhängig wurde. Die Rentabilität der Nordostbahn brach unter anderem deshalb ein, weil sich deren Kostenvoranschläge für Streckenneubauten in manchen Fällen als viel zu optimistisch erwiesen und dementsprechend die Renditen neuer Bahnstrecken oftmals weit hinter den ursprünglichen Erwartungen zurückblieben. Hinzu kam, dass in den Jahren des ungebremsten Wachstums auch die Kontrolle der Betriebskosten nicht die nötige Beachtung gefunden hatte.

1871 trat Alfred Escher als Direktionspräsident der Nordostbahn zurück und wurde an der ausserordentlichen Generalversammlung vom 29. Januar 1872 in den Verwaltungsrat gewählt. Am 22. März 1872 folgte seine Wahl zum Verwaltungsratspräsidenten; er löste dabei Johann Heinrich Fierz ab. Seine Nachfolge als Direktionspräsident trat Johann Friedrich Peyer im Hof an. Die harsche zeitgenössische Kritik, mit der in der zweiten Hälfte der 1870er Jahre diejenigen bedacht wurden, die für das finanzielle Debakel der Nordostbahn verantwortlich waren, verschonte auch Alfred Escher nicht. Weiterum stellt man sich die Frage, wer die Hauptverantwortung für die Misere auf sich nehmen müsse: der bis 1871 amtierende Direktionspräsident Escher, unter dessen Management die bedeutendsten Verpflichtungen übernommen worden waren, oder die Direktion unter Peyer im Hof, die, geblendet von den Erfolgen der frühen 1870er Jahre, die drohenden Gefahren zu spät erkannt und zu wenig entschieden gekontert hatte? Es bestand kein Zweifel daran, dass vom weiteren Verlauf der Nordostbahn-Krise auch Alfred Eschers eisenbahnpolitisches Schicksal abhängen würde.

Anlässlich seiner Wahl zum Präsidenten der Direktion der Gotthardbahn-Gesellschaft trat Alfred Escher 1872 als Präsident der Direktion der Nordostbahn-Gesellschaft zurück. Deren Generalversammlung würdigte die Verdienste Eschers mit einer Dankesurkunde.

33] **Schweizerische Nordostbahn.**

Bülach-Regensberger Bahn.

Den Inhabern von Obligationen auf die Eisenbahnunternehmung Bülach-Regensberg wird hiemit angezeigt, daß das Ergebniß der Rechnung über den Betrieb dieser Unternehmung während des Jahres 1870 die Auszahlung einer Zinsdividende nicht gestattet und daß in Folge dessen der Zinscoupon Nr. 7 dahinfällt.

Zürich, den 30. Dezember 1870.

Die Direktion der schweizerischen Nordostbahn.

Angesichts der dramatischen finanziellen Lage lag es auf der Hand, dass nicht alle Repräsentanten der Nordostbahn-Führung ihren Kopf retten konnten. Überblickt man die vielfältigen Aspekte der damaligen Situation, so kommt man heute zum Schluss, dass die gravierendsten Fehler der ab 1872 amtierenden Direktion anzulasten sind.

Peyer im Hof erkannte die existenzbedrohenden Gefahren der ungebremsten Expansionsstrategie nicht, und so öffnete sich bei der Nordostbahn die Schere zwischen wachsender Verschuldung und ungenügenden Erträgen immer weiter, bis die Gesellschaft im Februar 1877 schliesslich eingestehen musste, dass sie nicht mehr imstande war, den eingegangenen Bauverpflichtungen nachzukommen. Die Nordostbahn stand vor dem finanziellen Abgrund. Angesichts des drohenden Kollapses stellte sich notwendigerweise die Schuldfrage. Um das Vertrauen der Öffentlichkeit in die Gesellschaft wiederherzustellen, waren die Verantwortlichkeiten zu klären. Peyer im Hof blieb nichts anderes übrig, als im Juni 1877 seinen Rücktritt als Direktionspräsident einzureichen.

Wie paradox es auch anmuten mag – Escher, der damals als Verwaltungsratspräsident arg in Bedrängnis gekommen war, konnte nicht nur seinen Kopf aus der Schlinge ziehen, sondern landete mit der Errichtung der Schweizerischen Eisenbahnbank auch einen eigentlichen Befreiungsschlag, der beispielhaft war für sein Problemlösungsvermögen und insbesondere auch für sein Verständnis der Rollenverteilung zwischen Privatwirtschaft und Staat. Zwar war es Escher kraft seines weitreichenden politischen Einflusses gelungen, auch die öffentliche Hand zur Erteilung von Moratorien zu bewegen und so in seine Rettungsaktion einzubinden, aber es war nichts als logisch und naheliegend, dass nur ein privatwirtschaftliches Lösungsmodell die Nordostbahn aus der Krise führen konnte. Escher schöpfte die Möglichkeiten seines Systems konsequent aus und arbeitete zielstrebig auf die Sanierung hin. Johann Friedrich Peyer im Hof hingegen stand als der eigentliche Verlierer da.

Auf Kapitalsuche

Da neben dem für die Errichtung des Stammnetzes benötigten Kapital noch weitere Mittel – beispielsweise für den Bau des Bahnhofs und der Reparaturwerkstätte in Zürich – benötigt wurden, stellte sich schon bald nach der Gründung der Nordostbahn das Bedürfnis nach einer Kapitalerhöhung ein. Der Zwang, mit ausländischen Instituten zusammenzuarbeiten, wurde immer stärker und brachte Alfred Escher in eine schwierige Lage. Zwar brauchte er die Mittel dringend, doch wollte er sich gleichzeitig nicht unnötig in ausländische Abhängigkeit begeben. Vor diesem Hintergrund wurde die Finanzierung seiner Expansionsstrategie zu einer eigentlichen Gratwanderung, wobei stets der Verlust der Unabhängigkeit drohte. Im September 1855 kam es zu Verhandlungen mit der Société Générale de Crédit Mobilier in Paris. Diese wurden jedoch frühzeitig abgebrochen, wohl weil das Management der Bahn nicht bereit war, dem Crédit Mobilier über die Finanzierungsfragen hinaus die Möglichkeit einzuräumen, auf ihre Geschäftätigkeit Einfluss zu nehmen. Insbesondere verwehrten die Unterhändler aus Zürich dem französischen Institut das Recht, Vertreter in den Verwaltungsrat der Nordostbahn zu entsenden. Nach dem Abbruch der Verhandlungen mit dem Crédit Mobilier legte die Direktion der Nordostbahn in Zürich selbst eine Anleihe auf. Weil die Bahn neben der Obligationenanleihe noch zusätzliches Kapital benötigte, kam es dann aber doch noch zu einem Vertragsschluss mit einem ausländischen Bankhaus. Im November 1855 erklärte sich die Nordostbahn grundsätzlich bereit, die Bank Rothschild mit der Emission von insgesamt 20 090 Aktien zu betrauen.

Doch schon nach kurzer Zeit bahnte sich ein Konflikt zwischen den Vertragspartnern an. Im Streit, der sich zwischen den beiden Parteien entzündete, ging es formal um den im Vertrag stipulierten Mindestverkaufspreis von 475 Franken je Aktie. Es ist verständlich, dass die Nordostbahn an einer weiteren Lieferung von Aktien zu diesem Preis nicht interessiert war, da diese zu jener Zeit in Zürich zu einem rund 20 Franken höheren Stückpreis hätten abgesetzt werden können. Weil das Bankhaus Rothschild jedoch auf der Erfüllung der ursprünglichen Vereinbarungen beharrte, erklärte sich die Nordostbahn bereit, 5000 Aktien zum Stückpreis von 475 Franken nachzuliefern.

Da Rothschild auf der Lieferung auch der verbleibenden 14 090 Aktien beharrte, kam es schliesslich in Zürich zu einem Gerichtsverfahren. Analysiert man die Auseinandersetzung zwischen der Nordostbahn und Rothschild, wird ersichtlich, dass der Preis der Aktien nicht das Kernproblem war. Vielmehr hatte Rothschild in den Verhandlungen eine Position aufgebaut, welche es ihm erlaubt hätte, die Bahn faktisch für rund eineinhalb Jahre unter seine Kontrolle zu bringen. Denn obwohl das Bankhaus Rothschild keine Garantie für die Placierung des gesamten Aktienpakets übernommen hatte, wäre die Nordostbahn durch diesen Vertrag gehalten gewesen, bis zu dessen Ablauf am 31. März 1857 empfindliche Einschränkungen ihrer geschäftlichen Handlungsfreiheit hinzunehmen. In der Tat konnte die Nordostbahn von Glück reden, dass das Obergericht im Appellationsverfahren vom 26. November 1859 die Entschädigungsforderung für entgangenen Gewinn, auf welche das Bankhaus Rothschild die Bahn eingeklagt hatte, von rund 250 000 Franken auf 72 000 Franken herabsetzte.

Auf den ersten Blick mutet es unverständlich an, dass die Nordostbahn und namentlich ihr auf Unabhängigkeit bedachter Direktionspräsident sich in die Vertragsklauseln des Bankhauses Rothschild verstrickten, hätte doch die Umsetzung des Vertrages der Bahn nicht weniger als den Verlust ihrer Unabhängigkeit eingebracht. Bei näherem Hinsehen zeigt sich, in welch ungemütliche Zwangslage sich Escher mit seiner Expansionsstrategie manövriert hatte. Der Druck zur Beschaffung von neuem Investitionskapital war so gross, dass er keine Wahl hatte. Er sah zu jenem Zeitpunkt keine andere Möglichkeit, als das Angebot der Bank Rothschild anzunehmen.

Vom Bankhaus Rothschild zur Schweizerischen Kreditanstalt
Diese Geschehnisse verdeutlichen, in welchem Ausmass die jungen und kapitalhungrigen Bahngesellschaften damals den ausländischen Finanzkonsortien ausgeliefert waren und wie stark ihre Handlungsfreiheit dadurch eingeschränkt war. Vor diesem Hintergrund wird auch verständlich, dass Alfred Escher über Mittel und Wege nachzudenken begann, wie er die Nordostbahn als unabhängige schweizerische Gesellschaft weiterentwickeln könnte. Die Lösung konnte einzig in der Errichtung einer eigenen Bank liegen, welche die Bahn vor ausländischen Diktaten und Übernahmeversuchen schützen würde.

Welch eminente Bedeutung der Gründung eines schweizerischen Finanzinstituts zukam, das in der Lage sein würde, schweizerische Kapitalien für den Eisenbahnbau zu mobilisieren, lässt sich allein schon daran ablesen, dass französische Bankiers unter Nutzung ihrer marktbeherrschenden Stellung nichts unversucht liessen, die schweizerische Eisenbahnentwicklung nach eigenem Gutdünken zu prägen. So beabsichtigte beispielsweise die Réunion Financière im März 1856, Nordostbahn, Südostbahn und die St. Gallisch-Appenzellische Eisenbahn zu fusionieren.

Alfred Escher sah sich in einem Dilemma. Einerseits erkannte er mit aller Deutlichkeit die negativen Folgen der Abhängigkeit von französischen Finanzinstituten. Andererseits wusste er natürlich auch, dass Fusionen ein probates Mittel sind, um schnell zu wachsen. Escher musste daher den Vorschlag der Réunion Financière zunächst aufnehmen und analysieren. Dabei hatte sich seit den ersten Verhandlungen zwischen der Nordostbahn und dem Bankhaus Rothschild über die umstrittenen Aktienkäufe und den im Frühjahr 1856 neu aufgenommenen Fusionsdiskussionen etwas Entscheidendes verändert. Zu dieser Zeit nämlich lag die Idee, in Zürich eine Kreditanstalt zu gründen, nicht nur in der Luft, sondern war bereits mit Händen zu greifen. Alfred Eschers Hauptmotiv, ein unter Zürcher Einfluss stehendes Kreditinstitut zu errichten, bestand ja gerade darin, das zürcherische Eisenbahnwesen aus seiner Abhängigkeit von ausländischem Kapital zu befreien. Die geplante Gründung zielte darauf hin, den immer dominanteren Einfluss des Bankhauses Rothschild und dessen Réunion Financière auf die schweizerischen Eisenbahnunternehmen und namentlich auf die Nordostbahn in die Schranken zu weisen.

Das wesentliche Verdienst der Schweizerischen Kreditanstalt lag dann auch in der Mobilisierung des schweizerischen Kapitalmarktes und der Erweiterung des Handlungsspielraumes der Nordostbahn. Begünstigt durch die engen personellen Verflechtungen zwischen der Nordostbahn und der Kreditanstalt, förderte die Bank die Entwicklung der Bahn auch durch namhafte Wertschriftenkäufe und leistete damit einen entscheidenden Beitrag zur Kurspflege dieser Titel.

Schon einer der ersten Geschäftsentscheide der Schweizerischen Kreditanstalt betraf den Ankauf von Nordostbahn-Aktien. An der Verwaltungsratssitzung vom 28. Juli 1856 wurde folgender Beschluss gefasst: «Endlich wird Herrn Abegg in Verbindung mit Herrn Ris die Vollmacht ertheilt, für Rechnung der Creditanstalt schweizerische Nordostbahn Actien einzukaufen.»[446] Kaum hatte die Bank ihre Schalter geöffnet, hielt sie bereits 1176 Nordostbahn-Aktien im Eigenbestand. In den folgenden Jahren wurden laufend neue Zukäufe getätigt. Der Buchwert der NOB-Aktien und -Obligationen im Besitz der Kreditanstalt stieg bis 1865 auf rund 8 Millionen. Gemäss Geschäftsbericht 1865 machten die Nordostbahn-Aktien und -Obligationen zu diesem Zeitpunkt zusammen 52% des gesamten Eigenbestandes an schweizerischen Wertpapieren oder 14,2% der Bilanzsumme aus.

Von den 1856 bis Mitte der 1860er Jahre ausgegebenen Nordostbahn-Obligationen wurden 99% von der Kreditanstalt selbst oder unter ihrer Leitung begeben. Dies zeigt deutlich, dass die Kreditanstalt, die recht eigentlich als Finanzierungsvehikel für die Nordostbahn gegründet worden war, unbestritten die Hausbank der Bahn war.

Gründe der Krise
Die Entwicklungsgeschichte der Nordostbahn war gekennzeichnet durch ein sehr kompetitives Marktumfeld. Es herrschte ein rücksichtsloser Kampf um Zuschläge für neue Baukonzessionen, um die Streckennetze möglichst schnell ausbauen zu können. Rückblickend lässt sich feststellen, dass sich die Geschäftsleitung der Nordostbahn bei vielen Konzessionsübernahmen vorwiegend durch strategisch-taktische Überlegungen leiten liess und dabei Fragen der Wirtschaftlichkeit häufig einen geringeren Stellenwert beimass. Im Kampf um die Verstärkung ihrer Marktposition schreckte die Geschäftsleitung in ihrer Wachstumseuphorie nicht davor zurück, hohe Eintrittspreise zu bezahlen und – nicht minder folgenschwer – darüber hinaus gewaltige Bauverpflichtungen einzugehen.

Wie dramatisch sich vor allem in den 1870er Jahren die Konkurrenz zwischen den Eisenbahngesellschaften verschärfte, geht aus folgender Bemerkung im Bericht des Verwaltungsrates der Nordostbahn vom 21. Juni 1877 hervor:

«Entweder sah sie [die Nordostbahn] die gefährlichsten Konkurrenzlinien neben sich entstehen und ihr das Lebensmark entziehen, oder sie baute die Linien selbst, um momentane Schäden auf sich zu nehmen, die Unternehmung aber für die Zukunft zu retten.»[447]

Der Nordostbahn stellte sich bei der Erfüllung ihrer Bauverpflichtungen insofern ein Riesenproblem, als sie – gemessen an ihrem damaligen Gesamtkapital – einen astronomisch hohen Finanzierungsbedarf angehäuft hatte. Da just zu jener Zeit auch andere Eisenbahngesellschaften grosse Kapitalbedürfnisse anmeldeten, während der Aufnahmefähigkeit des schweizerischen Kapitalmarktes noch recht enge Grenzen gesetzt waren, gestaltete sich die Aufnahme neuer Anleihen zusehends schwieriger. Das wiederum hatte zur Folge, dass das Vertrauen der Anleger in die Nordostbahn schwand und die Aktienkurse schliesslich gewaltig unter Druck gerieten. Als die Nordostbahn zwecks Deckung ihrer Beteiligungen am Gotthardbahnprojekt, an der Bözbergbahn, der Aargauischen Südbahn, den Linien Koblenz–Stein und Wohlen–Bremgarten nach neuen Wegen zur Kapitalbeschaffung Ausschau halten musste, gelangte sie 1875 an den deutschen Kapitalmarkt. Die geplante Mittelbeschaffung erwies sich jedoch als unmöglich, da zwischenzeitlich die österreichische Finanzkrise auch auf Deutschland übergegriffen hatte. Somit wurde klar, dass die Realisierung der bereits eingegangenen Bauverpflichtungen gefährdet war.

Bahnhof Pfungen-Neftenbach mit NOB-Personal um 1875.

Vor diesem Hintergrund kam es schliesslich zum dramatischen Kurseinbruch der NOB-Aktien von 658 Franken im Jahr 1868 auf 70 Franken im Jahr 1877. Als wichtiger Grund für die Finanzkrise der Nordostbahn erwies sich die ungünstige Entwicklung der Relation zwischen eigenen und fremden Mitteln. Die Anleihen nahmen im Vergleich zum Aktienkapital überproportional zu, und die Nordostbahn wurde mit zunehmendem Fremdkapitalanteil immer stärker von konjunkturellen Faktoren und von den Launen des Kapitalmarktes abhängig. Ein wichtiger Faktor, der dazu beitrug, dass sich die Nordostbahn immer stärker verschuldete, war die gravierende Ungenauigkeit der Kostenvoranschläge für den Bau neuer Eisenbahnlinien. Die Kostenüberschreitungen machten gegenüber den Voranschlägen sagenhafte 94,4% aus.

Während die Kosten zu tief veranschlagt wurden, lagen die Ertragserwartungen wesentlich zu hoch. Konnten die Einnahmen der Nordostbahn von 1871 bis 1876 um 47,2% gesteigert werden, so erhöhten sich die Ausgaben im gleichen Zeitraum um 117,5%. Ausgedrückt in der Rentabilitätskennzahl ‹Bruttoertrag pro Zugskilometer› bedeutet dies, dass sich der durchschnittliche Kilometerertrag von Fr. 5.98 im Jahr 1860 um rund 9,3% auf Fr. 5.42 im Jahr 1877 reduzierte. Der Rückgang dieser Bruttoerträge war weniger durch die Entwicklung der Einnahmen als vielmehr durch den starken Anstieg der Kosten bedingt. Die ungenügende Betriebskostenkontrolle ergab sich daraus, dass die Nordostbahn bis ins Jahr 1877 gar kein Budget erstellte. Im Bericht der verwaltungsrätlichen Kommission über die Betriebsverhältnisse der Bahn vom 19. Februar 1877 wurde denn auch mit Nachdruck gefordert, diesen gravierenden Mangel baldmöglichst zu beheben.

Aus der Sicht des Krisenjahres 1877 erwies sich auch die bis dahin von der Nordostbahn verfolgte Dividendenpolitik als problematisch. Die überdurchschnittlich hohen Dividendenausschüttungen der Nordostbahn waren im wesentlichen darauf zurückzuführen, dass die Geschäftsleitung der Auffassung war, dadurch gegenüber dem Anlegerpublikum den Beweis für Solidität und Prosperität der Gesellschaft antreten zu können. Da die vergleichsweise hohen Dividenden ihre Wirkung auf die Kursentwicklung der NOB-Titel in der Regel nicht verfehlten, galten sie auch als probates Mittel zur Imagepflege auf dem Markt. Probleme bei der Ausrichtung der Dividende stellten sich jedoch ein, als sich die wirtschaftliche Lage der Nordostbahn ab 1875 massiv verschlechterte. Schon 1876 war eine Gewinnausschüttung in Vorjahreshöhe nicht mehr möglich.

Obwohl 1867 nach Jahren steigender Profitabilität im schweizerischen Eisenbahnwesen eine kritische Wende eintrat, revidierte die Nordostbahn ihre Expansionspolitik nicht. Auch als in den nun folgenden wirtschaftlich schwierigeren Jahren der Konkurrenzkampf zwischen den Bahngesellschaften zusehends härter wurde, schreckte die Gesellschaft nicht davor zurück, neue Bahnlinien zu übernehmen, welche die Rentabilitätsschwelle nie nehmen sollten.

Personelle Konsequenzen

Mitte der 1870er Jahre steckten alle schweizerischen Eisenbahngesellschaften in der Krise. Einige – wie beispielsweise die Nationalbahn – kollabierten, während andere, darunter die Nordostbahn, immerhin nahe an den wirtschaftlichen Abgrund getrieben wurden. Die jahrelange Eisenbahneuphorie der privaten Betreiber, deren Papiere lange als nahezu mündelsicher gegolten hatten, kam zu einem abrupten Ende. Für die meisten Aktionäre kam die Krise unerwartet. Sie hatten sich an steigende Kurse, hohe Dividenden und euphorische Erfolgsmeldungen betreffend immer weitere Eröffnungen neuer Streckenabschnitte gewöhnt. Die umworbenen Aktionäre hatten sich lange in trügerischer Sicherheit gewiegt. Kaum einer hatte sich je Gedanken darüber gemacht, ob das Wachstum ihrer Gesellschaften nachhaltig sei und ob die Dinge auch unter betriebswirtschaftlicher Perspektive im Lot seien. Kritiker meldeten sich erst dann lautstark zu Wort, als die Krise schon vollends über die Eisenbahnunternehmen hereingebrochen war.

Unvermittelt gerieten damit die Eisenbahnbarone ins Schussfeld der Kritik. Und naheliegenderweise erhielt auch die während Jahren unter dem Eindruck des rasanten Siegeszuges der privaten Bahnen in den Hintergrund gedrängte Verstaatlichungsdiskussion neue Nahrung.

Anfang 1877 spitzte sich die Lage auch bei der Nordostbahn dramatisch zu. Diese musste öffentlich eingestehen, dass ihr die Mittel fehlten, um ihre Bauverpflichtungen zu erfüllen, und dass es ihr auch nicht möglich sei, auf dem Markt zusätzliches Kapital zu beschaffen. Die Rentabilitätsprobleme, unter denen alle Schweizer Bahnen zu leiden hatten, wogen um so schwerer, als sich gleichzeitig auch auf der gigantischen Baustelle der Gotthardbahn gravierende Kostenüberschreitungen abzeichneten.

Im Zusammenhang mit diesen Hiobsbotschaften wurde nicht nur Kritik am Privatbahnsystem insgesamt, sondern auch an der Nordostbahn im besonderen laut. In diesem emotional aufgewühlten Umfeld fiel den Verantwortlichen der Bahn die dornenvolle Aufgabe zu, Wege zu finden, um das Vertrauen der Aktionäre zurückzugewinnen. Dies gestaltete sich um so schwieriger, als sich die Nordostbahn aufgrund ihrer prekären finanziellen Lage genötigt sah, die Dividende, die 1875 noch stolze 8% betragen hatte, für das Geschäftsjahr 1876 auf 3% zu reduzieren. Dieser überraschende Schritt löste bei vielen Kleinanlegern eine eigentliche Panik aus. Die Kurse der NOB-Aktien sanken in kurzer Zeit von 482 auf 255 Franken, stürzten 1877 weiter auf rund 70 Franken ab und erreichten 1878 in Zürich mit rund 53 Franken ihren deplorablen Tiefstwert.

Da sich die Nordostbahn ausserstande sah, ihre früher eingegangenen Bauverpflichtungen zu erfüllen, drohte ihr die Zwangsliquidation. In dieser Krisensituation gelang es Alfred Escher im Verlauf komplexer Verhandlungen, eine teilweise Befreiung und insgesamt eine gestaffelte Konsolidierung der Bauverpflichtungen zu erwirken.

Ein Ereignis, das die Bewältigung der NOB-Krise zumindest auf politischer Ebene erleichterte, war die am 18. Februar 1878 verfügte Liquidation der Nationalbahn. Der wirtschaftliche Zusammenbruch dieser Konkurrentin hatte auch politische Folgen. Die Demokraten, die im Kanton Zürich seit 1869 dominiert hatten, büssten rapide an Einfluss ein. In Winterthur wurde der demokratische Stadtrat gestürzt, und 1879 errangen die Liberalen im Regierungsrat wieder die Mehrheit.

Teil der Krisenbewältigung war auch die Vertrauensbildung bei den verunsicherten Aktionären. Die Lösung dieser schwierigen Aufgabe wurde dadurch erleichtert, dass es in der Direktion der Nordostbahn zu personellen Wechseln kam. Direktor Eduard Häberlin musste seine Kündigung einreichen, nachdem bekannt geworden war, dass er in der Zeit zwischen dem Beschluss, die Dividenden für das Geschäftsjahr 1876 zu senken, und der Bekanntmachung dieses Entscheids mit Nordostbahn-Titeln à la baisse spekuliert hatte.

Der Hauptverantwortliche an der finanziellen Schieflage, in welche sich die Nordostbahn nach 1872 manövriert hatte, war jedoch Johann Friedrich Peyer im Hof. Über den Schaffhauser Wirtschaftsführer und ehemaligen Nationalrat war inzwischen neben der beruflichen Misere auch privates Unheil hereingebrochen. Aufgrund eines

Johann Friedrich Peyer im Hof (1817–1900) wurde 1872 als Nachfolger von Alfred Escher zum Direktionspräsidenten der Nordostbahn gewählt. 1877 trat der Schaffhauser – aufgrund der finanziellen Krise der Nordostbahn unter Druck geraten – von diesem Amt zurück.

unglücklichen Engagements bei einer Ungarisch-Schweizerischen Soda- und Chemikalienfabrik hatte er sein gesamtes Privatvermögen verloren. In der «Schweizerischen Handels-Zeitung» vom 12. Mai 1877 wurde der Niedergang dieser Gesellschaft in blumigen Worten kommentiert: «Die Ungarisch-Schweizerische Soda-Fabrik-Gesellschaft ist endlich fallit erklärt worden, und obgleich die Fabrik selbst in einem der fernsten Winkel von Ungarn liegt, ist sie doch beinahe ausschliesslich mit Schaffhauser Geld errichtet und bisher flott erhalten worden. Die Gesellschaft war von Anfang an ein ‹urchiges› Gründer-Unternehmen der verwegendsten Art und wurde seit ihrem Entstehen (1868) nur durch fortgesetzten Schwindel aufrecht erhalten.»[448] Peyer im Hofs Verbleiben auf dem Präsidentenstuhl des Nordostbahn-Direktoriums war auch vor diesem Hintergrund unmöglich geworden. Sein Rücktrittsgesuch wurde vom Verwaltungsrat mit lebhaftem Bedauern angenommen.

Die Sanierung

Die Sanierung der Nordostbahn wurde in mehreren Etappen durchgeführt. Im Juli 1876 wurde zwecks Finanzierung kurzfristig fällig werdender Schulden unter Leitung der Kreditanstalt eine Emission von 22 000 Prioritätsaktien mit einer Vorzugsdividende von 6% ausgegeben. Escher schrieb im Februar 1877 an Maximilian Heinrich von Roeder:

«Sie können sich denken, mein hochverehrter Freund! was Angesichts der gegenwärtigen Lage der Nordostbahn, die ich seiner Zeit mit unsäglichen Mühen & Anstrengungen, von denen man jetzt keinen Begriff mehr hat, in's Leben gerufen habe, in mir vorgeht! Ich habe heute ein Reorganisationsproject vollendet, welches dazu geeignet sein dürfte, die Nordostbahn wieder auf einen gesunden Boden zu bringen. Die Durchführung dieses Projectes erheischt aber die Ueberwindung einer Legion von Schwierigkeiten. Ich werde vor denselben im Hinblicke auf die großen Interessen, welche sich an die Erreichung des vorgesteckten Zieles knüpfen, nicht zurückschrecken.»[449]

Im Herbst 1877 übernahm ein Konsortium, bestehend aus der Schweizerischen Kreditanstalt, der Bank in Winterthur und der Aargauischen Bank, die Konsolidierung schwebender Schulden der Nordostbahn im Betrag von rund 13 Millionen Franken. Gleichzeitig wurden zwecks Deckung weiterer Ausstände Gespräche mit Banken in Basel, Genf und Paris eingeleitet. Ziel dieser Verhandlungen war die finanzielle Rekonstruktion der Bahn über eine eigens zu diesem Zweck zu gründende Finanzgesellschaft. Diesem Institut sollte die Aufgabe zufallen, Nordostbahn-Obligationen zu erwerben, um zwischen der Bahn und dem Kapitalmarkt zu vermitteln. Unter massgeblicher Mitwirkung der Schweizerischen Kreditanstalt wurde 1878 von einem Syndikat bestehend aus französischen und schweizerischen Banken die Schweizerische Eisenbahnbank gegründet. Um die unabhängige Stellung des

Instituts hervorzuheben, wurde Basel als Geschäftsdomizil gewählt. Das statutarische Aktienkapital der Eisenbahnbank belief sich auf 20 Millionen Franken. Davon wurden 37% von französischer und 63% von schweizerischer Seite gezeichnet.

Der aus 18 Mitgliedern bestehende Verwaltungsrat der Eisenbahnbank setzte sich mehrheitlich aus Schweizern zusammen. Der Leiter des Comptoir d'Escompte, Edouard Hentsch, amtete als Verwaltungsratspräsident. Der Direktor der Schweizerischen Kreditanstalt, Georg Stoll, und J.-J. Schuster-Burckhardt vom ‹Basler Bankverein› waren die Vizepräsidenten. Nebst Stoll entsandte die Kreditanstalt mit Julius Stapfer und Johannes Syz-Landis noch zwei weitere Vertreter in den Verwaltungsrat. Gegen Übernahme von hypothekarisch gesicherten NOB-Obligationen im Nominalwert von 68 Millionen Franken stellte die Schweizerische Eisenbahnbank der Nordostbahn 54 Millionen Franken zur Verfügung. Diese neuen Mittel ermöglichten es der Bahngesellschaft, ihren finanziellen Verpflichtungen nachzukommen und darüber hinaus auch neue Eingagements einzugehen. Da es der Nordostbahn ab 1884/85 wieder gelang, grössere Anleihen auf dem Kapitalmarkt zu beschaffen, erholten sich auch die Kurse ihrer Stammaktien. Vom Tiefstkurs von 53 Franken im Jahre 1878 legten sie in den folgenden Jahren kontinuierlich zu und bewegten sich beispielsweise 1882 bereits wieder zwischen 247 und 380 Franken. Über pari notierten die Nordostbahn-Titel allerdings erst wieder 1888. Nachdem die Sanierung der Nordostbahn gelungen war, konnte die Schweizerische Eisenbahnbank Mitte der 1880er Jahre in Liquidation treten.

Kritische Stimmen

1877 erschien der Artikel «Die Krisis der Nordostbahn, Rückschau und Ausblick auf die schweizerische Eisenbahnpolitik», verfasst von ETH-Professor Carl Friedrich Geiser. Der Autor analysierte verschiedene Fehlentwicklungen in der Geschäftsführung der Bahngesellschaft und stellte abschliessend die Fachkompetenz bisheriger Verwaltungsräte in Frage.

Im selben Jahr 1877 erschien die betriebswirtschaftliche Studie über die Nordostbahn von Jules Coutin, Generalbetriebsinspektor der französischen Westbahn, der zur Durchführung einer Betriebsreorganisation beigezogen worden war. Basierend auf umfangreichem statistischem Material analysierte Coutin sowohl betriebliche als auch finanzielle Aspekte der Entwicklung der Nordostbahn und schloss unter anderem mit verschiedenen Empfehlungen für Innovationen in der Geschäftsführung, um der Gesellschaft einen Weg aus der Finanzkrise aufzuzeigen. Eindringlich wies er insbesondere darauf hin, dass die stark gestiegenen Betriebskosten der Bahn unter Kontrolle zu bringen seien. Die Kritik Coutins richtete sich unter anderem auch gegen den von der Nordostbahn gewählten hohen Ausbaustandard der Bahnhöfe.

Wohl hatte Alfred Escher nicht verhindern können, dass die in der Gründereuphorie bis zum Exzess verfolgte Expansionspolitik in einer existenzbedrohenden Krise der Gesellschaft endete, aber es war auch massgeblich seiner Problemlösungsfähigkeit und seinem persönlichen Einsatz zu verdanken, dass die Nordostbahn die Krise überstand und 1882 – nachdem sie 1880 überdies die konkursite Nationalbahn übernommen hatte – über das ausgedehnteste Streckennetz aller schweizerischen Bahngesellschaften verfügte. Escher leitete das Pionierunternehmen nicht mit der auf einzelne Ereignisse fokussierenden Sichtweise eines Buchhalters, sondern als Visionär mit langfristigem Planungshorizont. Er schreckte nicht davor zurück, bisweilen geradezu mörderische Geschäftsrisiken einzugehen, wenn dadurch die Erfolgsaussichten eines Vorhabens verbessert werden konnten. Eben als die Nordostbahn 1876 in die Krise stürzte, kamen auch die fatalen Kostenüberschreitungen bei der Gotthardbahn ans Licht. Im schlimmsten Fall wären beide Gesellschaften beinahe zeitgleich zusammengebrochen. Die erfolgreiche Bewältigung der Krisen beider Unternehmen ist ein Beweis für die überragende Problemlösungskapazität Alfred Eschers und seiner engsten Mitarbeiter. Eschers hohe Risikobereitschaft ist vor dem Hintergrund der damals herrschenden Gründereuphorie zu verstehen. Im höchst kompetitiven Wirtschaftsumfeld des privaten Schweizer Eisenbahnwesens waren die Bahngesellschaften gezwungen, strategisch-taktischen Überlegungen einen hohen Stellenwert beizumessen, wenn sie ihre Konkurrenten im Wettlauf um neue Streckenkonzessionen schlagen wollten. Es ist verständlich, dass die buchhalterische Vorsicht im Kontext eines derart entfesselten Verdrängungswettbewerbs mitunter zu kurz kam.

Das schweizerische Eisenbahnnetz

Analysiert man die Entwicklung des schweizerischen Eisenbahnnetzes in der Zeit von 1847 bis zu Eschers Tod im Jahre 1882, so lassen sich vier Phasen unterscheiden: Eine erste Phase dauerte von 1847 bis 1852. Das Netz wies eine Länge von 23,3 km auf, was der Linie Zürich–Baden entsprach.

Die zweite Phase setzte 1852 mit dem Entscheid der eidgenössischen Räte für den Privatbau ein und dauerte bis 1859. Sie war anfänglich durch intensive Planungsarbeiten und Bauvorbereitungen gekennzeichnet, brachte dann aber auch die konkrete Umsetzung zügig voran. Unterstützend sorgte Escher dafür, dass den Eisenbahngesellschaften ein Sonderstatus zuerkannt wurde:

«Gestern habe ich das Gutachten des Bundesrathes betreffend die Befreiung der Eisenbahnangestellten vom Militärdienste in den Grund gebohrt. Der diessfällige Entscheid des Nationalrathes hat mich um so mehr gefreut, da ich ihn als sehr wichtig für das Gedeihen unserer Eisenbahnen ansehe.»[450]

Den Höhepunkt der Bautätigkeit markierte das Jahre 1855, in dem schweizweit insgesamt 170 km Schienen verlegt wurden. 1855 präsentierte sich das schweizerische Streckennetz wie folgt: Die Schweizerische Centralbahn strebte nach Olten, um von dort aus ihre weitere Streckenexpansion in Angriff zu nehmen. Sie plante Anschlusslinien nach Aarau, Bern, Luzern und Herzogenbuchsee–Solothurn–Biel. Ihre Hauptkonkurrentin, die Nordostbahn, hatte ihre Stammlinie von Zürich über Winterthur nach Romanshorn konzipiert und suchte so über den Bodensee den Anschluss nach Deutschland. Gleichzeitig streckte sie mit der Linie Baden–Brugg–Aarau den Arm in Richtung Mittelland aus. Die Rheinfallbahn, deren Streckennetz mit der Linie von Schaffhausen nach Winterthur im Vergleich mit denjenigen anderer Gesellschaften klein war, eröffnete Perspektiven auf einen Anschluss ans Grossherzogtum Baden, aber auch an die nördliche Ost-West-Verbindung vom Bodensee nach Basel. Die gegenüber der übrigen Schweiz eisenbahnmässig vorauseilende Ostschweiz verfügte mit der St. Gallisch-Appenzellischen Eisenbahn (Stammlinie Rorschach–St. Gallen–Winterthur) und mit der Glattalbahn (Wallisellen–Uster) bereits über ein respektables Streckennetz. Dazu gehörte auch die Schweizerische Südostbahn, die mit ihren Stammlinien St. Gallen–Rorschach–Chur und Sargans–Weesen–Rapperswil das Ostschweizer Liniennetz Richtung Bündner Alpenpässe ausweitete. In der Westschweiz schliesslich eröffnete die Westbahngesellschaft (Ouest-Suisse) im Juli 1855 eine Linie von Morges nach Yverdon und suchte nach Kräften Möglichkeiten zur Weiterführung Richtung Bern.

Im Stammnetz der verschiedenen Eisenbahngesellschaften, wie es 1855 bereits gebaut oder projektiert war, zeichnen sich drei grosse Schwerpunkte ab: die Linie Bodensee–Genfersee und die beiden Nord-Süd-Verbindungen – die eine vom Bodensee nach Chur und damit zu den Bündner Pässen, die andere von Basel nach Luzern mit Anschlussmöglichkeit Richtung Gotthard und Tessin. 1857 überholte die Centralbahn nach gebauten Streckenkilometern die bis dahin führende Nordostbahn. In dieser zweiten Phase bildeten sich mit der Nordostbahn, der Centralbahn, den Vereinigten Schweizerbahnen und der Westbahn auch jene vier Eisenbahngruppierungen heraus, die den Markt Schweiz fortan beherrschen sollten. In wechselnder Rangfolge nahmen sie nach der Länge ihrer Streckennetze die Podestplätze ein. Dank eigenem Bauprogramm und als Folge von Fusionen verdrängten 1859 die Vereinigten Schweizerbahnen die Centralbahn von der Spitze der Rangliste. Sie hielten diese Position bis 1875, als die Nordostbahn wiederum die Führung übernahm, um diese bis 1882 zu verteidigen. Am Ende der zweiten Phase betrug die Länge der insgesamt von diesen vier Gesellschaften gebauten Strecken rund 800 km.

In dieser zweiten Phase war die Frage der Alpentransversale noch nicht entschieden. Den beiden Lösungen am Lukmanier und am Gotthard traten verschiedene weitere Varianten wie Splügen, Grimsel und

Simplon an die Seite. Bereits in dieser zweiten Phase brachen jedoch in der Ostschweiz Konflikte aus. Die Problematik bestand darin, dass zwei konkurrierende Eisenbahngesellschaften an der Linie vom Bodensee nach Winterthur und Zürich arbeiteten. Die verbissenen Konkurrenzkämpfe zwischen der Romanshorn anzielenden Nordostbahn und der nach Rorschach ausgerichteten St. Gallisch-Appenzellischen Eisenbahn gründeten im Bestreben, die Nordostschweiz bestmöglich mit dem süddeutschen Raum zu verbinden, um dadurch deren wirtschaftliches Einzugsgebiet zu erweitern. Immerhin verband die beiden Gesellschaften das gemeinsame Interesse an der Nord-Süd-Verbindung über den Lukmanier. Für beide Unternehmen jedoch galt es, die weitere entscheidende Frage zu klären, wie ihre Stammnetze Anschluss Richtung Westschweiz finden könnten. Doch auch dort brach in dieser zweiten Phase der schweizerischen Eisenbahngeschichte ein unerbittlicher Kampf zwischen verschiedenen Gesellschaften mit konkurrierenden Stammlinien aus. Diese Auseinandersetzung ging als ‹Westbahnkonflikt› in die Geschichte ein. In diese zweite Phase fallen schliesslich die unerbittlichen Kämpfe der beiden französischen Finanzmächte Crédit Mobilier und Réunion Financière beziehungsweise Rothschild um den Eisenbahnmarkt Schweiz, was sich in fortgesetzten Fusionsbestrebungen niederschlug. Sie zeigen die Abhängigkeit der damaligen schweizerischen Eisenbahngesellschaften von ausländischem Kapital auf. Mit der Gründung der Schweizerischen Kreditanstalt trat in dieser zweiten Phase eine neue Finanzkraft auf den Plan, welche der Nordostbahn Rückendeckung gab und es ihr ermöglichte, gegenüber der Eisenbahnkonkurrenz, aber auch gegenüber dem ausländischen Kapital mit neuem Selbstbewusstsein aufzutreten.

Wie der Lukmanier der Centralbahn ein Bein absägt.

Auch der «Postheiri» Nr. 25 von 1853 karikiert den Kampf zwischen dem Gotthard- und dem Lukmanier-Bahnprojekt. Drastisch wird darauf hingewiesen, dass bei der Variante Lukmanier die Centralbahn von Olten nach Luzern bloss noch eine unbedeutende Rolle spielt.

Die dritte Phase umfasste die Jahre 1859 bis 1874. Es handelte sich um eine Zeit der Konsolidierung. Allerdings zeigte sich, dass insbesondere die Nordostbahn, die nach neugebauten Streckenkilometern vorübergehend auf die vierte Position zurückgefallen war, in den Jahren 1863 bis 1865 gegenüber der überlegenen Konkurrenz deutlich aufholte und am Ende dieser Phase mit rund 292 km den führenden Vereinigten Schweizerbahnen (295 km) fast den Rang abgelaufen hatte. Am Ende dieser dritten Phase betrug die Länge der insgesamt von diesen vier Gesellschaften gebauten Strecken rund 1100 km. Das zentrale Ereignis dieser Zeitspanne war nicht die Ausdehnung der Streckennetze um rund 300 km gegenüber der zweiten Phase, sondern der Baubeginn der Nord-Süd-Transversale durch den Gotthard.

Die vierte Phase schliesslich setzte mit dem Jahr 1875 ein. In diesem Jahr wurde das Streckennetz der Nordostbahn durch die Eröffnung der Bözberglinie und der Linie entlang dem linken Zürichsee- und Oberseeufer durch die Linthebene bis nach Näfels um rund 107 Streckenkilometern erweitert, von 292 km auf knapp 400 km. In dieser Periode legte auch die Nationalbahn ihre Schienen und suchte dabei die direkte Konfrontation mit Eschers Nordostbahn. Die Pläne dieser ‹demokratischen› Eisenbahngesellschaft aus Winterthur waren aus dem politischen Umfeld heraus ins wirtschaftlich Phantastische abgeglitten. Das Ergebnis war der schnelle Niedergang und ein finanzielles Debakel. Das Schicksal wollte es ironischerweise, dass die Liquidation der Nationalbahn ausgerechnet der Nordostbahn zusätzliche Streckenkilometer zuführte. 1882, im Todesjahr Alfred Eschers, wies das Schienennetz, das die vier grossen Gesellschaften erstellt hatten, eine Länge von insgesamt rund 1625 km auf. Bis Ende 1856 hatte die Nordostbahn jeden dritten schweizerischen Eisenbahnkilometer erstellt. 1880 war dieser Anteil trotz Übernahme der Nationalbahn auf rund 22% gesunken und betrug Ende 1901 rund 24%. Als die Nordostbahn am 1. Januar 1902 an die SBB überging, mass das gesamte Normalbahnnetz der Schweiz 3215 km. Heute sind es lediglich 3000 km. Davon waren 1856 rund 10%, 1880 bereits rund 75% erstellt. Das Streckennetz der Nordostbahn entwickelte sich von 1853 bis 1901 zu rund 39% durch äusseres Wachstum.

Die Verstaatlichung der schweizerischen Hauptbahnen

Die Frage des Rückkaufs der Eisenbahnen durch den Bund wurde 1883 aktuell, da in diesem Jahr erstmals die Möglichkeit bestand, die Konzessionen der meisten Eisenbahngesellschaften zu kündigen. Der Bund musste sich daher ganz offiziell mit der Rückkaufsfrage beschäftigen. Hinter den Kulissen und im Bundesrat freilich war die Verstaatlichungsfrage schon lange ein Thema gewesen.

Nicht zufällig begannen die breit ausgetragenen Rückkaufsdiskussionen um die Zeit von Alfred Eschers Tod. Und es vermag auch nicht zu überraschen, dass es Bundesrat Welti war, der das Zentrum der Verstaatlichungsanhänger bildete. Für Escher war Welti in dieser Sache immer als unsicherer Kantonist aufgetreten. Allerdings schien es Bundesrat Welti dann doch nicht geheuer zu sein, seine wahre Gesinnung zu Lebzeiten Eschers allzu deutlich zu zeigen. Das gleiche gilt für Johann Friedrich Peyer im Hof. Hält man sich Peyer im Hofs wirtschaftspolitisches Engagement vor Augen, das er ab Mitte der 1850er Jahre während rund zwanzig Jahren im Dunstkreis Alfred Eschers zeigte, so kann man nur verwundert den Kopf schütteln, wenn man bei den Rückkaufsdiskussionen auch den ehemaligen Schaffhauser Nationalrat im Lager der ‹Staatsbähnler› entdeckt. Geradezu unverständlich mutet dieser Positionsbezug bei jemandem an, der während Jahren Führungsfunktionen bei der Rheinfallbahn und der Nordostbahn bekleidete und im ‹Escher-Chor› das hohe Lied der privaten Eisenbahngesellschaften gesungen hatte.

So wie Welti und Peyer im Hof verhielten sich auch andere. Es macht den Anschein, als ob sie alle den Tod des mächtigen Zürcher Wirtschaftspolitikers abwarten mussten, um zu erklären, dass man immer für Staatsbahnen gewesen sei.

Der Bundesrat kam zum Schluss, dass ein konzessionsmässiger Rückkauf nicht in Frage kam. 1883 erliess das Parlament das Gesetz über das Rechnungswesen der Eisenbahngesellschaften, das die Landesregierung auf dem eingeschlagenen Kurs unterstützte. Indem man die Finanzverwaltung der Bahngesellschaften der Aufsicht des Bundes unterstellte, schuf man bereits eine wichtige Voraussetzung für den bevorstehenden Verstaatlichungsprozess. Allerdings sollte sich der Weg dahin noch als recht steinig erweisen. 1888 scheiterte der Versuch von Bundesrat Welti, die Nordostbahn statt über Konzessionsbestimmungen auf der Grundlage eines Vertrags mit den Aktionären zu übernehmen.

Doch die Stimmen, welche die Eisenbahngesellschaften in staatliche Hände überführen wollten, verstummten nicht. Der Bundesrat setzte vorerst sein Aktienkaufprogramm fort, um auf diese Weise die erforderlichen Mehrheiten zu erlangen. Diese Politik scheiterte jedoch im Falle der am 1. Januar 1890 erfolgten Fusion westschweizerischer Bahngesellschaften zur Jura-Simplon-Bahn. Ein weiterer Versuch Weltis, die Centralbahn vertragsmässig zu erwerben, folgte 1891. Wohl fand er diesmal die Zustimmung der eidgenössischen Räte, doch scheiterte er am 6. Dezember 1891 in einer Volksabstimmung. Noch am selben Tag gab er seinen Rücktritt aus der Landesregierung per Ende Jahr bekannt. Dieser Entscheid stand ohne Zweifel im direkten Zusammenhang mit der an diesem Tag erlittenen bitteren Abstimmungsniederlage. Das Schweizervolk hatte den Rückkauf der Centralbahn gegen den ausdrücklichen Willen des Bundesrates abgelehnt. Dies war für Welti, der in den 1880er Jahren nach und nach zur eigentlichen Leitfigur des Rückkaufprojekts geworden war, politisch wie persönlich ein schwerer Rückschlag.

Welti, der im Eisenbahnprojekt des 19. Jahrhunderts immer im Schatten Alfred Eschers gestanden hatte und der auch beim Gotthardprojekt dem Zürcher Wirtschaftspolitiker postum den Vortritt gewähren musste, war es nach der gescheiterten Verstaatlichung endgültig versagt, ein Lebenswerk zu schaffen. Die NZZ meinte, er habe ein Leben lang am falschen Platz gestanden:

Bundesrat Emil Welti (1825–1899) als Eisenbahnschaffner. Eine dem deutschen Reichskanzler Otto von Bismarck nachempfundene Karikatur aus dem «Nebelspalter» vom 13. Juni 1891.

«Herr Welti hat als Bundesrath große Erfolge errungen. Wir erinnern nur an die Militärorganisation und an die Gotthardbahn, aber auch eine gewisse Tragik macht sich in seiner staatsmännischen Laufbahn, namentlich in der zweiten Hälfte, bemerkbar. Warum musste er, der hochsinnige, feingebildete Mann, der seine Sprache in Wort und Schrift mit einer Formvollendung beherrscht, wie wenige Männer des deutschen Sprachgebietes, der Mann, der seinen reichen Schatz klassischer Bildung sich so treu bewahrt hat, daß er im Stande ist, auf diesem Gebiete jede Lehrtätigkeit zu ergreifen, wir fragen: warum musste ein solcher Mann dazu verurteilt sein, mit Börsenmännern um den Preis von Eisenbahnaktien zu feilschen, mit Eisenbahnverwaltungen sich abzuquälen, welche duch die bureaukratischen und doktrinären Taktlosigkeiten seiner Untergebenen widerspenstig gemacht worden waren, an einer Masse von Verwaltungs-Kleinkram die Kräfte nutzlos aufzureiben, während der nämliche Mann an anderer Stelle mit seinen Kenntnissen und Talenten dem Vaterlande weit größere Dienste hätte leisten können und ihm auch noch lange erhalten geblieben wäre? [...]»[451]

Das Ergebnis vom 6. Dezember 1891 war eine Niederlage der freisinnigen Parteistrategen, ein Sieg der reformierten Konservativen der Westschweiz und der katholischen Konservativen der Zentralschweiz, insgesamt ein Sieg der Föderalisten über die Zentralisten. Trotz Ablehnung der Vorlage hatte der 6. Dezember 1891 weitreichende und einschneidende Folgen für die schweizerische Innenpolitik. Er markierte recht eigentlich eine Zäsur in der Geschichte der politischen Schweiz und lieferte dem katholisch-konservativen Lager das Ticket in den Bundesrat.

In der gegenüber 1891 neuen politischen Zusammensetzung und vor dem Hintergrund des veränderten politischen Klimas, das seit dem Einzug der katholisch-konservativen Vertreter in die Landesregierung herrschte, legte der Bundesrat am 25. März 1897 eine neue Rückkaufsbotschaft vor, die vorsah, die fünf schweizerischen Hauptbahnen Schweizerische Centralbahn, Schweizerische Nordostbahn, Jura-Simplon-Bahn, Vereinigte Schweizerbahnen und Gotthardbahn zu verstaatlichen. Neben verschiedenen kleineren Gesellschaften sollte auch die Gotthardbahn vorerst von der Verstaatlichung ausgeschlossen bleiben, da deren Rückkauf vertragsgemäss frühestens 1909 erfolgen konnte. Diese neue Verstaatlichungsvorlage nahm das Schweizervolk nach einem heftigen und emotionsgeladenen Abstimmungskampf am 20. Februar 1898 mit 386 634 Ja-Stimmen gegen 182 718 Nein-Stimmen deutlich an. Damit waren die Grundlagen dafür geschaffen, dass die Schweizerischen Bundesbahnen (SBB) am 1. Januar 1902 mit einem Stab von 61 Beamten ihren Betrieb aufnehmen konnten.

Das Gotthardprojekt

Bis der Jahrhundertbau der Gotthardbahn 1882 in Luzern mit grossen Feierlichkeiten und Feuerwerken eröffnet werden konnte, musste eine langjährige Planungs- und Realisierungsphase voller Hindernisse und Umwege durchlaufen werden. Die Gotthardbahn war zunächst keineswegs der Kronfavorit unter den vorgeschlagenen Alpenbahnprojekten, und diese waren zahlreich. Fast um jeden Schweizer Alpenpass bildete sich ein Interessenkomitee, welches mit der Vision einer eigenen Bahn liebäugelte. Besonders das von den Ostschweizer Kantonen und vom Königreich Sardinien-Piemont portierte Lukmanierprojekt hatte durchaus intakte Aussichten auf eine Realisierung. Streitigkeiten innerhalb des Lagers der Befürworter der Gotthardvariante, die teilweise in ruinöse Kämpfe um Transporthoheiten ausarteten, trugen auch nicht dazu bei, die Gotthardbahn in einem möglichst günstigen Licht erscheinen zu lassen. Erst nachdem sich die Vertreter Zürichs und der Nordostbahn in Anbetracht der immer realer werdenden Gefahr, dass die Schweiz umfahren werden könnte, für die Gotthardbahn ausgesprochen hatten, fiel die definitive Entscheidung. Nun ging es um die praktische Ausführung dieses Vorhabens der Superlative, dessen Ziel es war, eine direkte Verbindung von Mitteleuropa über Genua und den Suezkanal bis nach Indien zu schaffen. Das Kernstück dieser hochfliegenden Pläne sollte die Durchbohrung des Gotthards bilden – der Bau des längsten Tunnels der Welt. Der Genfer Bauunternehmer Louis Favre erhielt trotz geringer Erfahrung, aber dank seinen Kontakten zu einflussreichen Leuten und renommierten Tunnelspezialisten, die sich für ihn einsetzten, den prestigeträchtigen Auftrag. Das gigantische Vorhaben hatte unmittelbare Auswirkungen auf die Umgebung der Baustellen. Die verschlafenen Dörfer Göschenen und Airolo verwandelten sich sozusagen über Nacht in florierende Gewerbezentren mit goldgräberähnlicher Atmosphäre. Die Urner Bevölkerung wuchs innert kürzester Zeit um einen Drittel auf 24 000 Personen an. Aufgrund immenser soziokultureller Veränderungen, der Verschiedenartigkeit der beteiligten Gruppen, der spärlichen Erfahrungswerte bezüglich Geländebeschaffenheit, Bautechnik und Budgetierung stellte das Gotthardprojekt die Verantwortlichen vor grosse Herausforderungen. Soziale Mißstände, politische Interventionen und finanzielle Krisen behinderten das Vorankommen der Bauarbeiten. Ein Streik mit tödlichem Ausgang, mehrere Unfalltote sowie der Medienwirbel um die prekären Arbeits- und Wohnverhältnisse der Tunnelarbeiter sind nur einige der Negativschlagzeilen, welche das kühne Unternehmen begleiteten. Aufgrund gravierender Unstimmigkeiten zwischen der Gotthardbahn-Gesellschaft und dem Bauunternehmer Louis Favre musste der Vertrag nachträglich mehrmals geändert werden. Der Zwist zog noch 1885 eine Gerichtsverhandlung nach sich. Auch die unselige Beziehung zwischen Oberingenieur Konrad Wilhelm Hellwag und Alfred Escher, dem Präsidenten der Gotthardbahn-Gesellschaft, behinderte das Vorhaben massgeblich. Schliesslich führten die sich kumulierenden Kostenüberschreitungen zur Finanzkrise, die mit Alfred Escher ein prominentes Opfer forderte. Der liberale Wirtschaftspolitiker war gezwungen, sein Amt als Präsident der Gotthardbahn-Gesellschaft niederzulegen, da die entstandene Polemik um seine Person die Nachfinanzierung des Bauprojekts andernfalls gefährdet, wenn nicht

Schöllenenschlucht. Kolorierter Umrißstich, nach einer Zeichnung von Caspar Wolf (1735–1783), zweite Hälfte 18. Jahrhundert.

verunmöglicht hätte. Zusätzlich wurde das Unternehmen dadurch belastet, dass Favre 1879 – unmittelbar vor dem Durchstich – während einer Tunnelinspektion infolge eines Herzversagens unerwartet aus dem Leben gerissen wurde. Trotz all dieser Mißstände, Skandale und Probleme wurde der Bau des Gotthardtunnels unbeirrt vorangetrieben. Alles galt es dem grossen Ziel unterzuordnen – der Vollendung der für die verkehrs- und wirtschaftspolitische Entwicklung der Schweiz unabdingbaren Nord-Süd-Verbindung. Alfred Escher, dem Promotor der modernen Schweiz, welcher schon früh die Wichtigkeit dieses internationalen Transportwegs erkannt und dem Gotthardprojekt mit unerschöpflicher Energie und unter Einsatz seines einzigartigen Beziehungsnetzes zum Durchbruch verholfen hatte, war es jedoch nicht mehr vergönnt, das technische Wunderwerk je selbst zu befahren. Der Erfolg der neueröffneten Alpenbahn war spektakulär. Der Strom der Transitgüter schwoll schneller an als erwartet. Schon 1883, im ersten vollen Betriebsjahr, wurde die sagenhafte Zahl von über einer Million Passagiere und knapp einer halben Million Tonnen an Gütern durch den Gotthard befördert. Auch die Art der transportierten Güter ist durchaus erwähnenswert. Die «Zürcherische Freitagszeitung» schrieb am 17. November 1882: «Der Bierkonsum steigert sich gewaltig im Lande, wo die Citronen wachsen», und auch die Güter, welche den Gotthard in Gegenrichtung passierten, waren mitunter nicht weniger exotisch, wie wenige Tage später demselben Blatt zu entnehmen war: «Durch den Gotthard wurden letzte Woche drei für Hamburg bestimmte indische Elephanten spedirt.»[452]

Alpentransversale: Ideen, Varianten und Pläne von 1838 bis zur Eröffnung des Gotthardtunnels 1882

Bezeichnenderweise waren die Schweizer Alpen bereits Gegenstand ausländischer Eisenbahnprojekte, als in der Eidgenossenschaft das neue Transportmittel noch kaum zum Thema geworden war: 1833 entwarf man im Grossherzogtum Baden Pläne für eine Linie von Mainz nach Frankfurt und Basel mit Anschluss nach Chur und Norditalien. Ab Mitte der 1830er Jahre kam dann auch in der Schweiz die Diskussion über die Alpentransversale auf, und der internationale Transit wurde in der Folge zum Dauerthema in der schweizerischen Eisenbahndiskussion. An möglichen Routen für die Alpenüberquerung fehlte es nicht. Erste Überlegungen im vierten und fünften Jahrzehnt des 19. Jahrhunderts zielten aus der Ostschweiz Richtung Splügen und Lukmanier, aus der Nordwest- und Zentralschweiz Richtung Gotthard und aus der Westschweiz Richtung Simplon. Der Italiener Zanino Volta aus Como gelangte 1838 mit Plänen für eine Durchbohrung des Splügens an die Regierungen der Kantone St. Gallen und Graubünden, während der Bündner Ingenieur Richard La Nicca in den frühen 1840er Jahren die Varianten über den Splügen oder den San Bernardino verwarf und sich für eine Alpenüberquerung am Lukmanier stark machte. Die Kantone

St. Gallen, Graubünden und Tessin schlossen sich in einem Konkordat zur Förderung der Lukmanierbahn zusammen. Ein paar Jahre später brachte Sardinien zusätzlich die Grimselvariante als mögliche Option ins Gespräch, um die Alpenverbindung möglichst weit entfernt vom österreichischen Norditalien anzulegen.

Was die technischen Aspekte anbelangte, wurde neben der Durchbohrung der Alpen auch deren Überquerung in Betracht gezogen. Vor allem La Nicca befasste sich mit einer möglichen Alpenüberquerung, deren Realisierung ihm am niedrigen Lukmanierpass aufgrund seines relativ geringen Gefälles am einfachsten schien. Der Bundesrat erteilte den beiden englischen Eisenbahningenieuren Robert Stephenson und Henry Swinburne 1850 den Auftrag zu prüfen, ob ein «Übergang über die Alpen mittelst eines Schienenweges» ausführbar sei. Die Engländer hielten ein solches Projekt grundsätzlich für möglich, konstatierten jedoch ein Missverhältnis zwischen den zu erwartenden Transportvolumina und den veranschlagten Baukosten.[453]

Schlussendlich hatten alle Vorschläge eines gemeinsam: Sie kamen aufgrund von Unstimmigkeiten, Auseinandersetzungen und Meinungsverschiedenheiten nicht zur Ausführung. Doch die Diskussionen um eine Alpenbahn sollten nicht verstummen.

▷
Alfred Escher auf einer Radierung von E. Jeanmaire (1847–1916).

Als es im Zuge der eisenbahnpolitischen Aufbruchstimmung, die sich nach dem Entscheid der eidgenössischen Räte für den Privatbau im Sommer 1852 breitmachte, zur Gründung verschiedener Eisenbahngesellschaften kam, gewann die Thematik der Alpentransversale zusätzlich an Intensität. Da die neu entstandenen Eisenbahnunternehmen bei der Konzeption ihrer Stammlinien ihr Augenmerk notwendigerweise auch auf die international vernetzte Nord-Süd-Verbindung richteten, rückte die Frage der Alpenbahn nun definitiv in den Brennpunkt des Interesses. Auch Escher erachtete die Erstellung einer Alpentransversalen als essentiell für die Schweiz:

«Das Zustandekommen einer schweizerischen Alpenbahn erschien mir von Tag zu Tag wichtiger und dringlicher. Es wurde mir immer klarer, daß die Schweiz ohne eine den Wall ihrer Alpen durchbrechende Eisenbahn zu einem von dem großen Weltverkehr umgangenen und verlassenen Eilande herabsinken müßte.»[454]

Eine Einigung war indes noch immer nicht in Sicht. Die Kantone Tessin und Zürich machten sich für die Lukmaniervariante stark, während Luzern, Uri und Basel mit allen Mitteln versuchten, ein solches Projekt zu verhindern. Daraufhin warteten die Befürworter des Lukmanierprojekts mit neuen Ideen auf. Die in Gründung befindliche St. Gallisch-Appenzellische Eisenbahn-Gesellschaft, deren strategische Linienführung auf die Lukmaniervariante ausgerichtet war, sprach nach erfolglosen Bemühungen, in Frankreich, Holland und Deutschland Investoren zu akquirieren, in London vor. Dort stiess die geplante Eisenbahnstrecke

auf positives Echo. Ende 1852 wurden von England aus Initiativen ergriffen, um dem Bau der Lukmanierbahn zum Durchbruch zu verhelfen. Das englische Kapital blieb schlussendlich aus, doch zuvor rief die erfolgverheissende Entwicklung des Lukmanierprojekts wiederum die Anhänger des Gotthardunternehmens auf den Plan. Zur Besprechung von Kampfmassnahmen und zur Koordination der Interessen trafen sich die Kantone Bern, Luzern, Uri, Schwyz, Nid- und Obwalden, Solothurn, Basel-Stadt und Baselland 1853 in Luzern zu einer Gotthardkonferenz. Es wurde beschlossen, beim Bundesrat um die Unterstützung der Gotthardvariante anzufragen. Die Anfrage blieb jedoch ohne Erfolg, da sich die Landesregierung auf ihre gesetzlich definierte passive Rolle im Eisenbahnbau berief. Die Gotthardbefürworter erhielten dafür von anderer Seite Unterstützung, indem sich die Kantone Zug, Freiburg und Aargau 1860 auf ihre Seite schlugen. Der Kanton Zürich zögerte eine definitive Stellungnahme hinaus und stand somit weiterhin abseits.Der Positionierung Zürichs wurde grosse Bedeutung beigemessen. Dementsprechend liess das Gotthardkomitee sondieren, welche Meinungen bezüglich Alpentransversale an der Limmat vorherrschten und ob von dieser Seite Unterstützung für das Gotthardprojekt erwartet werden könne. Weiter beauftragte das Gotthardkomitee verschiedene Ingenieure mit der Ausarbeitung von Plänen zur Streckenführung und versuchte auch den sardischen Minister Camillo Benso Conte di Cavour von den Vorzügen der Gotthardvariante zu überzeugen. Cavour liess verlauten, die Wahl des Passes sei ihm gleichgültig. Italien befürworte dasjenige Projekt, welches zuerst eine tragfähige finanzielle und technische Grundlage aufweise und in der Schweiz auf die grösste materielle Unterstützung zählen könne. Damit liess er alle Möglichkeiten offen, was natürlich den Wettbewerb zusätzlich verschärfte. Weiterhin wurden Ende der 1850er und Anfang der 1860er Jahre von allen Seiten Terrains geprüft, Konzessionen beantragt, Expertenberichte eingeholt und Finanzierungsmöglichkeiten gesucht. Von den Befürwortern einer Bündner Lösung wurde eine neue Lukmaniervariante in Auftrag gegeben, welche durch eine veränderte Linienführung kürzer und billiger werden sollte als die ursprünglich vorgesehene. Daraufhin übernahm das Lukmanierkomitee von der Deutsch-Schweizerischen Kredit-Bank die Tessiner und die Bündner Konzession und trat mit der sardischen Regierung in Verhandlungen, die zur Gründung einer Lukmanier-Eisenbahngesellschaft führten. Die zögerliche Unterstützung der sardischen Partner hatte jedoch zur Folge, dass die gesetzlich vorgeschriebene Kaution verspätet einbezahlt wurde, wodurch das Lukmanierkomitee die Konzession für die Alpenbahn verlor. Nun kam wieder das Gotthardlager zum Zug.

Die Gefahr einer Umfahrung der Schweiz auf einer Nord-Süd-Achse war im Laufe der zweiten Hälfte der 1850er Jahre immer grösser geworden. Während im Ausland der Bau von Alpentransversalen mit der 1854 fertiggestellten Semmeringbahn, einer geplanten Eisenbahnstrecke über den Brenner sowie einem Durchstich durch den Mont-Cenis

Gioni Defuns (*1967). In salid dil silenzi – Gruss aus der Stille. Val Cristallina – Lucomagno. 2005. Acryl auf Leinwand.

vorangetrieben wurde, stritt man sich in der Schweiz um die Wahl der Linien. Neben dem Gotthard und dem Lukmanier waren auch der Simplon, der Grosse St. Bernhard, der Splügen, der San Bernardino, der Septimer und der Grimsel im Gespräch. Die Variantenvielfalt war riesig; fast jeder Pass wurde zumindest zeitweise als mögliche Alpentransversale gehandelt. Eine endgültige Entscheidung zugunsten der Gotthardvariante zeichnete sich erst ab, als Escher all seine Kräfte für diese zu mobilisieren begann.

Auch die Nordostbahn, der Escher als Direktionspräsident vorstand, musste sich für die Unterstützung des einen oder des anderen Projekts entscheiden. Dabei stellte sich die Frage, ob die Nordostbahn unabhängig von Stadt und Kanton Zürich Stellung beziehen könne. Man entschied sich schliesslich, «die Art u de[n] Umfang der Betheiligung der Nordostbahngesellschaft bei einem solchen Unternehmen nicht von derjenigen des Cantons u der Stadt Zürich abhängig zu machen».[455] Die Entscheidung, auf welche Seite man sich schlagen sollte, fiel schwer. Die hochkomplexe Problematik wurde unter Berücksichtigung finanzieller, politischer und strategischer Aspekte beleuchtet, und die verschiedenen Projekte mussten kritischen Vergleichen standhalten. Nachdem die Splügenvariante ausgeschlossen werden konnte, da der Tessin, dessen Anbindung an die nördliche Schweiz essentiell war, diese ablehnte, blieben der Lukmanier und der Gotthard als mögliche Optionen zu diskutieren.

Während die Nordostbahn unter ihrem Direktionspräsidenten Alfred Escher noch 1860/61 den Lukmanier gegenüber dem Gotthard favorisiert hatte, gelangte sie in den folgenden Jahren zu einer Neubeurteilung der Alpentransitfrage. Dies hing damit zusammen, dass sich die Voraussetzungen grundlegend geändert hatten. 1852, als sich die Nordostbahn in der Take-off-Phase befand, war noch offen, wohin sie ihre Bahnlinien bauen würde. Zunächst ging es darum, Marktanteile zu kaufen. In den 1860er Jahren hingegen zeichnete sich ab, dass sich der Schwerpunkt des NOB-Schienennetzes durch die Übernahme der Linie Zürich–Zug–Luzern in Richtung Zentralschweiz verlagerte. Escher äusserte diesbezüglich: «Unser ganzes Netz convergirt gegen den Gotthardt & wird v. Lucmanier umgangen.»[456] Konkret war die Nordostbahn im Süden bereits bis nach Luzern vorgestossen, während sie im Bündnerland noch keine Schienen verlegt hatte. Dementsprechend verstärkten sich die Zweifel, ob eine weitere Unterstützung des Lukmanierprojekts sinnvoll sei. Escher regte in der Folge die Einberufung einer Konferenz mit allen am Gotthardprojekt beteiligten oder interessierten Kantonen und Bahngesellschaften an, um die weiteren Schritte zu planen. Auf seine Initiative schlossen sich im August 1863 16 Kantone und Halbkantone sowie die beiden Gesellschaften Centralbahn und Nordostbahn zu einer ‹Vereinigung zur Anstrebung der Gotthardbahn› zusammen. Die Vereinigung wandte sich mit der Bitte an den schweizerischen Bundesrat, ausländische Regierungen über die Bildung des Konsortiums zu

Der Hofenlupf des Gotthards und Lukmaniers.

Zwei Möglichkeiten einer Alpentransversale standen in den 1850/60er Jahren zur Diskussion: die Gotthard- und die Lukmaniervariante. Alfred Escher setzte sich seit den frühen 1860er Jahren für die Route durch den Gotthard ein und verhalf dieser zur Realisierung. Karikatur aus dem «Postheiri» Nr. 16, 1853.

informieren und sich dabei für den Gotthard auszusprechen. Diesbezügliche Erkundigungen von Escher bei den Bundesräten Jakob Dubs und Karl Schenk ergaben, dass die schweizerische Landesregierung zwar bereit war, eine Vermittlerrolle zwischen der Vereinigung und den ausländischen Regierungen zu übernehmen, eine eigene Stellungnahme aber kategorisch verweigerte. Es lag nach dieser bundesrätlichen Entscheidung somit weiterhin an privaten und kantonalen Interessengruppen, im In- und Ausland um Unterstützung für ihr jeweiliges Projekt zu werben. Diesem Zweck sollten verschiedene Gutachten, Denkschriften und Studien dienen, welche sich mit dem kommerziellen Potential, der technischen Machbarkeit, den militärischen Aspekten, den Kosten sowie den klimatischen und geologischen Voraussetzungen der verschiedenen Alpentransversalen auseinandersetzten.

Escher schlug sich in der Folge klar zu den Befürwortern der Gotthard-Initiative: «Und hinwieder erwog ich, welch reichen Gewinn die Gotthardbahn, die, zum Unterschiede von den konkurrirenden Alpenbahnprojecten, inmitten der Eidgenossenschaft liegend und sie auf langer Strecke durchbrechend, zu einer der wichtigsten Handelsstrassen für einen bedeutenden Theil der zivilisierten Welt werden muss, und die im fernern dazu angethan ist, die Schweiz auf kürzestem Wege mit Italien und dem Oriente zu verbinden, der geistigen und materiellen Entwicklung unsers Landes bringen würde. Also Anstrebung der Gotthardbahn mit Aufbietung aller Kräfte!»[457] Der Gesinnungswandel vom Lukmanier- zum Gotthardbefürworter fiel Escher indes nicht ganz leicht. Während sich seine Freunde aus dem Bündnerland, der Glarner Jakob Blumer, der St. Galler Otto Aepli und weitere fast durchs Band für die Lukmaniervariante einsetzten, standen ihm die katholisch-konservativen Innerschweizer im Gotthardlager, welche er vorwiegend als «Sonderbündler» betrachtete, mentalitätsmässig fern. Escher äusserte sich folgendermassen zu seiner zwiespältigen Situation: «Meine Sympathieen hätten mich wünschen lassen, dass das Gewicht der Gründe mir meinen Platz auf Seiten eines Bündtnerischen Alpenpasses angewiesen hätte!» Doch weil «eine Eisenbahn über den Gotthard den Interessen Zürich's & der Nordostbahn viel förderlicher wäre als eine Eisenbahn über einen Bündtnerischen Alpenpass», betrachtete es Escher als seine «verfluchte Schuldigkeit, nunmehr offen für den Gotthard Partei zu nehmen».[458] Die Komplexität von Eschers Situation wird deutlich, wenn man sich vergegenwärtigt, dass er als Direktor der Nordostbahn, Mitglied der Zürcher Regierung und Nationalrat zugleich die Interessen seiner Eisenbahngesellschaft, der Stadt und des Kantons Zürich sowie der Schweiz zu repräsentieren hatte.

Sobald sich Alfred Escher für den Gotthard verpflichtet hatte, setzte er sein ganzes wirtschaftspolitisches Gewicht für diese Variante und deren Sieg über die anderen Alpenbahnprojekte ein. Mit schier unerschöpflicher Energie, unerschütterlichem Willen und unter Einsatz seines einzigartigen Beziehungsnetzes in Politik und Wirtschaft ging er ans Werk. Er verstand es, nicht nur die Grabenkämpfe zwischen seiner Nordostbahn und der Centralbahn zugunsten des gemeinsamen Vorhabens zu beenden und die besten Kräfte aus beiden Gesellschaften für das grosse Projekt zu gewinnen. Er begann auch auf politischer Ebene für den Gotthard zu lobbyieren, indem er sich an den Verhandlungen mit eidgenössischen und kantonalen Behörden, den Nachbarstaaten Deutschland und Italien sowie mit potentiellen Geldgebern beteiligte. Er liess seine Kontakte spielen und zog Fachleute aus Finanz- und Eisenbahnkreisen zu Rate. Mit August Beckh, dem ehemaligen Oberingenieur der Nordostbahn, und dem deutschen Oberbaurat Robert Gerwig war es ihm gelungen, zwei kompetente und angesehene ausländische Spezialisten für das grosse Vorhaben in der Schweiz zu gewinnen. Auf Eschers Anregung wurde weiter die Eidgenössische Sternwarte als Zentralstation für meteorologische Beobachtungen beauftragt, die Wettereinflüsse zu erheben und Grundlagenmaterial zusammenzustellen.

Die Zeit arbeitete sowohl in technischer als auch in politischer Hinsicht zugunsten des Gotthardprojekts. Nachdem das wilde Reusstal und die Schöllenenschlucht lange Zeit technische Hindernisse dargestellt hatten, wurde der Gotthard mit fortschreitender Entwicklung der Technik zu einer realisierbaren Option, zumal er mit seiner zentralen Lage auf der Nord-Süd-Achse und mit der kurzen, direkten Anfahrtsstrecke im Norden grosse Vorzüge bot. Auch die politisch-territorialen Veränderungen nördlich und südlich der Alpen (Vereinigung von Sardinien-Piemont mit der Lombardei und dem Veneto 1861/1866 sowie Gründung des Norddeutschen Bundes beziehungsweise des deutschen Kaiserreiches 1866/1871) wirkten sich zum Vorteil des Gotthards aus. Die vergrösserten Territorien mit ihren veränderten wirtschaftlichen Interessen, neuen Verkehrsachsen und damit auch verlagerten verkehrspolitischen Zielen favorisierten einen zentralen Alpenübergang.

Aber die Befürworter der anderen Transversalen dachten trotz des guten Vorankommens des Gotthardprojekts nicht daran, sich geschlagen zu geben. Im September 1864 kam es zur Gründung eines Grimselkomitees, welches erst 1866 auf sein Projekt verzichtete, da das Gotthardkomitee inzwischen seine Vorarbeiten zielstrebig und erfolgreich vorangetrieben hatte. Ausserdem sprachen Befürworter der Linienführung über die Bündner Pässe in Berlin vor. Auch Escher unternahm zahlreiche Reisen, zum Beispiel nach Italien und ins Grossherzogtum Baden, um die dortigen Behörden und Wirtschaftskreise über den Stand des Gotthardprojekts zu informieren. Da die Subventionen des Auslands ausschlaggebend dafür waren, welcher Alpenübergang schlussendlich realisiert werden konnte, war Escher vor allem damit beschäftigt, die verschiedenen ausländischen Interessengruppen über die Fortschritte des Gotthardprojekts in Kenntnis zu setzen, die Reisen der verschiedenen Mitglieder des Gotthardkomitees zu koordinieren, auf neue Erkenntnisse zum Vorgehen der Konkurrenz zu reagieren und mögliche

Verschiebungen für oder gegen das Gotthardprojekt rechtzeitig zu erkennen. Eschers Verbindungen reichten von Bundesrat Emil Welti über
den preussischen Gesandten Heinrich von Roeder, die italienischen
Gesandten Graf Terenzio Mamiani beziehungsweise Luigi Amedeo
Melegari und den badischen Aussenminister Franz von Roggenbach bis
zum preussischen Ministerpräsidenten Otto von Bismarck. Dass dieser
sich für den Gotthard aussprach, trug wesentlich dazu bei, dass schliesslich diese Linienführung realisiert wurde. In Italien konnte sich das
Gotthardunternehmen insbesondere in der Provinz Genua auf einen
breiten Rückhalt stützen, da man sich dort von der Gotthardtransversa-
len eine Aufwertung des Hafens versprach.

Am 15. September 1869 erreichte Escher das wichtigste Etappenziel.
Dank seinem Kontaktnetz sowie seinen offiziellen und inoffiziellen,
mündlichen und schriftlichen Interventionen gelang es ihm, eine Internationale Gotthardkonferenz mit Vertretern Italiens, des Norddeutschen
Bundes, Badens, Württembergs und der Eidgenossenschaft einzuberufen. Nachdem man sich über die wichtigsten Punkte geeinigt hatte, unterzeichneten am 13. Oktober 1869 sämtliche Konferenzteilnehmer das
Schlussprotokoll.

Doch selbst nach diesem wichtigen Schritt Richtung Gotthard
wirkten weiterhin diverse Einflüsse einer erfolgreichen Realisierung
des Gotthardprojekts entgegen. Einerseits richtete sich die erstarkte demokratische Bewegung ganz gezielt gegen ‹Eisenbahnbarone› wie Escher,
hemmte die liberale Gotthardvereinigung in ihren Aktivitäten und
erschwerte die zur Finanzierung der Gotthardbahn notwendige Unterstützung durch verschiedene Kantone. Andererseits verzögerten nach
wie vor die konkurrierenden Interessen verschiedener Komitees und
Kantone, die gegeneinander ausgespielt wurden, eine definitive Entscheidung in der Wahl des Alpenübergangs. Escher bemerkte dazu:

Otto von Bismarck (1815–1898).

«Im Innern der Schweiz war schwere Arbeit zu verrichten, vielleicht die
schwerste. Hier kamen zu den Schwierigkeiten, die in der Natur der Sache
lagen, noch die vielen Kantone, mit denen man zu thun hatte. In jedem wieder
eine andere Anschauung, und doch mußte alles unter einen Hut gebracht
werden.»[459]

Insbesondere das Splügenkomitee, welches an die Stelle des Luk-
manierkomitees getreten war und von denselben Personen getragen
wurde, brachte verschiedene Initiativen ein, um seinem Projekt gegenüber dem Gotthard zum Durchbruch zu verhelfen. Noch im September
1871 erhielt Escher Depeschen aus Italien, nach denen «die Splügen-
intrigen wieder grössere Dimensionen» angenommen hätten.[460] Doch
diese konnten dem Gotthardprojekt nichts mehr anhaben. Hartnäckige
Verfechter der Splügenvariante reisten nach Italien und Deutschland,
um dort die nötigen finanziellen Mittel aufzutreiben, und warben auch
dann noch unbeirrt weiter für den Splügen, als angesichts der Fort-

schritte, welche das Gotthardprojekt mittlerweile gemacht hatte, für andere Linienführungen kaum mehr Hoffnung auf finanzielle Unterstützung von staatlicher Seite bestand. Mit seinem unglaublichen Einsatz an allen Fronten trug Escher entscheidend dazu bei, dass sich schlussendlich die Gotthardvariante gegenüber den anderen Alpentransversalen durchsetzte. Unermüdlich führte er politische Verhandlungen, machte sich auf die Suche nach Geldgebern und veranlasste sogar eine Untersuchung über die Nutzung an der Linie gelegener Wasserkräfte.

Das Aufbringen der erforderlichen finanziellen Beiträge und der Deutsch-Französische Krieg wirkten sich verzögernd aus, und es sollte noch bis zum Oktober 1871 dauern, bis auf Basis des Konferenzprotokolls von Herbst 1869 die entsprechenden Staatsverträge «betreffend den Bau und Betrieb einer Gotthard-Eisenbahn» sowohl mit Italien als auch mit dem Deutschen Reich abgeschlossen und ratifiziert werden konnten. Die Vertragsstaaten verpflichteten sich, namhafte finanzielle Beiträge an das Gotthardprojekt zu leisten. Neben dem Engagement von Kantonen und Bahngesellschaften sollte auch Escher persönlich einen Verpflichtungsschein über 100 000 Franken zeichnen.

Am 6. Dezember 1871 wurde die Gotthardbahn-Gesellschaft gegründet, deren Direktionspräsidium Alfred Escher übernahm. Johann Jakob Rüttimann schrieb Escher diesbezüglich: «Es ist mir vorgekommen & ich kann es wohl begreifen dass Du mit gemischten Gefühlen Dich entschloßen hast, in diese Stellung ein zu treten. Weit überwiegend muß aber doch die gerechte Befriedigung sein, ein so schwieriges & wichtiges Unternehmen ins Leben gerufen & sichergestellt zu haben. Niemand weiß beßer als ich, mit welcher Aufopferung & Energie Du Dich der Aufgabe gewidmet & die zahllosen Hinderniße überwunden hast…»[461]

Vittorio Emanuele II. (1820–1878).

Die Wahl des Verwaltungsratspräsidenten fiel auf Carl Feer-Herzog, diejenige des Vizepräsidenten auf Johann Jakob Stehlin. Noch am selben Tag fand die erste Sitzung des Direktoriums statt. Über die Beziehung zwischen den drei Direktionsmitgliedern notierte Bundesrat Heer 1876 in sein Tagebuch: «Es scheint mir überhaupt in dieser dreiköpfigen Regierung ungefähr nach der Melodie jenes Schnadahüpfel zu gehen: ‹A Bissele Liab u. a bissele Treu, u. a bissele Falschheit ist allweg dabei.› Die beiden ‹Mindern› krümmen sich unter der ehernen Faust Eschers; sie raisonnieren innerlich, schäumen ins Gebiss – aber gehorchen.»[462]

Am 24. Januar 1872 ernannte die Direktion Martin Wanner, Staatsschreiber von Schaffhausen, zum Archivar mit dem zusätzlichen Auftrag, die Geschichte des Gotthardprojekts festzuhalten und die Interessen der Gesellschaft den Medien gegenüber zu vertreten. Anfang Februar 1872 leitete Escher Verhandlungen mit dem Basler Achilles Thommen ein, um ihn für die Stelle des Oberingenieurs zu gewinnen. Aber selbst Interventionen des schweizerischen Bundesrates und des Schweizer Gesandten in Wien vermochten den Wiener Bankverein nicht dazu zu bewegen, den bei ihm angestellten Thommen gehen zu lassen. Um keine Zeit zu verlieren, beschloss das Direktorium, parallel

Verhandlungen mit Ministerialdirektor Theodor Weishaupt und Robert Gerwig zu führen. Während Rudolf Friedrich Schweizers Verhandlungen mit Weishaupt in Berlin scheiterten, brachte Escher – vom Direktorium ermächtigt, bei den Lohnverhandlungen über ein Jahressalär von 50 000 Franken hinaus zu gehen – die Verhandlungen mit Gerwig zum Erfolg. Gerwig wurde als Oberingenieur angestellt. Sein Jahressalär betrug 40 000 Franken, seine Gratifikation nach Vollendung des Baus 100 000 Franken.

Anfang 1872 liess der Munizipalrat von Locarno durch Escher mitteilen, er habe zum Dank für die Bahn und den Bahnhof einstimmig die Errichtung eines Monuments mit den Namen aller Mitglieder des Gotthardbahnausschusses beschlossen. Das Komitee bat jedoch, von dessen Realisierung abzusehen, da eine solche noch Lebenden dargebrachte Ovation in der Schweiz nicht Sitte sei und leicht missverstanden würde, zumal auch noch andere Personen sich verdient gemacht hätten.

Im April 1872 wurden die Bauarbeiten für den Gotthardtunnel in den wichtigsten Zeitungen der Schweiz, Deutschlands, Italiens, Österreichs, Englands und Amerikas ausgeschrieben. Insgesamt reichten sieben Gesellschaften Offerten ein. Je zwei dieser Unternehmen waren in England und der Schweiz, je eines in Deutschland, Italien und Amerika (mit Agentur in Paris) domiziliert. Gegen Ende des Evaluationsverfahrens blieben die Società Italiana di Lavori pubblici aus Turin sowie der Genfer Bauunternehmer Louis Favre im Rennen. Den Zuschlag für den Bau des Haupttunnels Airolo–Göschenen erhielt schliesslich Louis Favre, da der von ihm offerierte Preis rund 15 Millionen Franken unter demjenigen der italienischen Konkurrentin lag und er sich zudem verpflichtete, den Bau nicht wie diese innert neun, sondern schon nach acht Jahren zu vollenden. Der offizielle Baubeginn der Gotthardbahn wurde durch den Bundesrat auf den 1. Oktober 1872 festgelegt.

1875 stellte sich heraus, dass der Kostenvoranschlag für den Bau der Gotthardbahn wesentlich zu tief angesetzt gewesen war. Die Ursache dafür lag hauptsächlich darin, dass die Budgets teilweise auf Berechnungen aus dem Jahr 1864 beruht hatten. Inzwischen waren jedoch Löhne und Materialkosten um mindestens 30% angestiegen. Auch stellte sich im Verlauf der Bautätigkeit immer deutlicher heraus, dass die Planungen und Aufwandkalkulationen vielfach auf Schätzungen beruht hatten, da zur damaligen Zeit noch keine verlässlichen Erfahrungswerte verfügbar gewesen waren. Selbst Ergebnisse der Geländerekognoszierungen, die in der Planungsphase durchgeführt worden waren, erwiesen sich im nachhinein als unpräzis, da einzelne Geländeabschnitte nur schwer oder gar nicht zugänglich gewesen und lediglich aus der Ferne begutachtet worden waren. Gerade in stark kupierten Terrains kam es denn auch zu bedeutenden Kostenüberschreitungen. Nebst technischen und administrativen Problemen schlugen insbesondere Wassereinbrüche im Stollen und auf der Tessiner Zufahrtsstrecke zu Buch. Finanzielle Probleme und Bauverzögerungen schufen ein Klima, das zwischen den involvierten Führungsverantwortlichen Konflikte aufbrechen liess. Zu harten Auseinandersetzungen kam es insbesondere zwischen Direktionspräsident Escher, Generalunternehmer Favre und den verantwortlichen Ingenieuren. Diese Zwiste und weitere Meinungsverschiedenheiten zwischen der Direktion und Oberingenieur Gerwig über die Organisation des technischen Dienstes führten dazu, dass Gerwig seine Kündigung einreichte und – nach Verhandlungen mit Alfred Escher – mit 100 000 Franken entschädigt wurde. Nachdem Anstellungsverhandlungen mit verschiedenen in Aussicht genommenen Personen gescheitert waren, wurde Escher ersucht, mit Konrad Wilhelm Hellwag den Abschluss zu finden, was schliesslich auch gelang.

Hellwag legte Anfang 1876 eine neue Gesamtkostenrechnung vor, die einen zusätzlichen Mittelbedarf von rund 100 Millionen Franken auswies. Einer vom 4. bis 13. Juni 1877 in Luzern tagenden Internationalen Gotthardkonferenz gelang es, die Mehrkosten durch verschiedene Redimensionierungen auf rund 40 Millionen Franken zu senken. Gestützt auf die von Alfred Escher konzipierte neue Finanzarchitektur des Gotthardprojekts und nach zähen Verhandlungen einigten sich die Vertragsstaaten schliesslich auf folgenden Finanzierungsmodus: Von den zusätzlich erforderlichen 40 Millionen Franken sollten 28 Millionen durch Nachsubventionen finanziert werden, von denen die Schweiz 8 Millionen, Deutschland und Italien je 10 Millionen Franken übernahmen. Der verbleibende Differenzbetrag von 12 Millionen Franken war durch private Geldgeber aufzubringen.

Per 27. Juli 1878 trat Alfred Escher als Direktionspräsident der Gotthardbahn-Gesellschaft zurück. Auf Ende Dezember 1878 entliess die Gesellschaft Oberingenieur Hellwag. Da dieser die Kündigung rechtlich anfocht, musste der Streit vor einem Schiedsgericht ausgetragen werden, das Hellwag als Entschädigung für seine vorzeitige Entlassung insgesamt 174 100 Franken zusprach. In dieser Summe waren 40 000 Franken für die Ausarbeitung eines Detailprojekts der 200 km Bahnlinien eingeschlossen. Das Gericht argumentierte, dass diese Summe Hellwag als Verdienst für bereits geleistete Arbeit gutzuschreiben sei. Als Nachfolger Hellwags ernannte der Verwaltungsrat am 30. Juli 1879 Gustave Bridel, den damaligen Oberingenieur der Jura-Bern-Luzern-Bahn. Am 28. Februar 1880 folgte der Durchstich des Gotthardtunnels. Am 22. und 24. Mai 1882 fanden in Luzern und Mailand die Feiern zur Eröffnung der Gotthardbahn statt. Und in der Nacht vom 31. Mai auf den 1. Juni 1882 fuhren erstmals fahrplanmässige Schnellzüge aus beiden Richtungen durch den Gotthard:

Gustave Bridel (1827–1884). Eisenbahnpionier aus dem Waadtland und Nachfolger Konrad Wilhelm Hellwags als Oberingenieur der Gotthardbahn-Gesellschaft.

«Heute Mittwoch den 31. Mai, Abends 5 Uhr 40, nimmt das Dampfschiff in Luzern zum letzten Mal die Post über den Gotthard für seine Fahrt nach Flüelen auf. Das Ereigniß soll auf dem Schiffe entsprechend gefeiert werden. Der erste zur Ausführung gelangende öffentliche Nord-Süd-Zug der Gotthardbahn wird der Mittwoch Abends 7 Uhr 45 in Basel abgehende Nachtschnellzug sein. Derselbe wird ausnahmsweise 11 Uhr 45 in Flüelen anhalten, um die mit dem Schiff gekommene eidgenössische Post aufzunehmen. Der erste zur Ausführung gelangende Süd-Nord-Zug wird der Mittwoch Abends 7 Uhr 50 in Mailand abgehende Nachtschnellzug sein, welcher in der Frühe des 1. Juni um 5 Uhr 50 Minuten in Luzern anlangen soll.»[463]

Die Gotthardbahn-Gesellschaft und Louis Favre

Die Statuten der am 6. Dezember 1871 konstituierten Gotthardbahn-Gesellschaft bezeichneten als deren Organe die Generalversammlung, den Verwaltungsrat und die Direktion. Der Verwaltungsrat bestand während der Bauphase aus 24 Mitgliedern. Von diesen bildeten drei die Direktion, zwei weitere wurden als Ersatzmänner bezeichnet. Der Verwaltungsrat wurde wie folgt bestellt: Sechs Mitglieder wurden von der Vereinigung der schweizerischen Kantone und Eisenbahngesellschaften gewählt, sechs vom schweizerischen Bundesrat und je vier von der schweizerischen, der deutschen und der italienischen Gruppe des Konsortiums, das für die Beschaffung des Baukapitals verantwortlich war. Der Präsident des Verwaltungsrates musste gemäss Statuten aus dem Kreis der vom Bundesrat beziehungsweise von der Gotthardvereinigung bezeichneten Mitglieder gewählt werden. Zum Vizepräsidenten konnte jeder Verwaltungsrat ernannt werden. Die Direktion blieb gemäss Statuten für die ganze Bauperiode im Amt. Die Mitglieder der Direktion durften während der Bauzeit und der nachfolgenden Betriebsperiode nicht gleichzeitig Direktionsmitglieder einer anderen Bahngesellschaft sein, wie sie auch danach, während des Bahnbetriebs, gehalten waren, keinen Sitz im Verwaltungsrat einer anderen Eisenbahngesellschaft anzunehmen.

Organisatorisch gliederte sich die Gesellschaft in drei Departemente: Der Geschäftskreis des ersten Departements umfasste alle eisenbahnpolitischen Angelegenheiten und das Bauwesen mit Ausnahme des Hochbaus und der Beschaffung des Rollmaterials. Zum Tätigkeitsfeld des zweiten Departements zählten das Finanzwesen, die Beschaffung des Baukapitals, das Rechnungs-, Kautions- und Taxwesen, die Tarifierung sowie der Hochbau. Der Aufgabenbereich des dritten Departements umfasste das Expropriationswesen, Verpachtung und Wiederverkauf von Grundstücken, Rechts- und Steuerangelegenheiten, Beschaffung des Rollmaterials, Organisation und Leitung der Werkstätten, Betriebsdienst, Unterstützungs- und Krankenkassen des Bau- und Betriebspersonals sowie die Verwaltung der Geschäftsliegenschaften.

Der Oberingenieur der Gotthardbahn wurde als oberster technischer Beamter formal der Direktion, faktisch jedoch dem Direktor des ersten Departements unterstellt. An diesen hatte er mit Ausnahme von Hochbauprojekten und Beschaffungsbegehren für Rollmaterial sämtliche Anträge zu richten – gleichgültig, ob sie in die Kompetenz der Direktion oder des Verwaltungsrates fielen. Namentlich hatte er die Aufgabe, die einzelnen

Trassees und Bauprojekte zu planen, den Bau zu leiten sowie Projektabrechnungen und Rechnungsabschlüsse vorzulegen. Der Oberingenieur war befugt, das mit einem Taggeld von bis zu 8 Franken bezahlte technische Personal einzustellen und zu entlassen. Das übrige Personal wurde durch die Direktion eingestellt, befördert oder entlassen. Die technischen Verfügungen über das Personal, insbesondere Dienstzuteilungen und Versetzungen, lagen in der Kompetenz des Oberingenieurs.

Am 6. Dezember 1871 fand die konstituierende Sitzung des Verwaltungsrates statt. Dieser wählte zu seinem Präsidenten Nationalrat Carl Feer-Herzog (AG), zum Vizepräsidenten Nationalrat Johann Jakob Stehlin (BS). Als Sekretär des Verwaltungsrates wurde Rudolf Friedrich Schweizer gewählt. Ebenso bestimmte der Verwaltungsrat anlässlich dieser Sitzung als Mitglieder der Direktion: Alfred Escher, Regierungsrat Josef Zingg (LU) und Ständerat Johann Weber (BE). Zu Ersatzmännern der Direktion ernannte er Ständerat Alphons Koechlin (BS) und den Luzerner Oberst Abraham Stocker. Zum Präsidenten der Direktion wurde Escher gewählt, zum Vizepräsidenten Zingg. Die Direktion nahm umgehend die Geschäftsaufteilung vor und übertrug das erste Departement Escher, das zweite Zingg und das dritte Weber. Am 2. April 1872 ernannte der Verwaltungsrat auf Antrag der Direktion Baudirektor Robert Gerwig aus Karlsruhe zum Oberingenieur, Giuseppe Ehrenfreund, Ingenieur der königlichen italienischen Regierung aus Genua, zum Adjunkten und Stellvertreter des Oberingenieurs. Als Sekretär des Direktionspräsidenten und erster Sekretär der Direktion wurde Schweizer gewählt, David Kaltbrunner als französischsprachiger Sekretär des Direktionspräsidenten und Übersetzer.

Gemäss Artikel 60 der Statuten vom 1. November 1871 wurde Luzern als Sitz der Gotthardbahn-Gesellschaft bestimmt. Das hiess auch, dass die drei Departemente in Luzern anzusiedeln waren. Bereits im Vorfeld der Gründung der Gotthardbahn-Gesellschaft hatte Alfred Escher jedoch die Bedingungen formuliert, unter denen er bereit wäre, das Direktionspräsidium zu übernehmen. Dazu zählte, dass er seinen Wohnsitz im Kanton Zürich beibehalten wollte und dass jenes Personal, mit welchem er zur Lösung der ihm übertragenen Aufgabe zusammenarbeiten musste, Wohnsitz und Arbeitsort in seiner unmittelbaren Nähe zu beziehen habe. Vor diesem Hintergrund beschloss die Direktion unter dem Vorbehalt der Genehmigung durch den Verwaltungsrat, dass – solange Alfred Escher die ihm vom Verwaltungsrat übertragene Stelle bekleide – das Sekretariat des Präsidenten, das ihm zugeteilte erste Departement sowie auch der Oberingenieur und die Mitarbeiter des technischen Zentralbüros in unmittelbarer Nähe Eschers wohnen und arbeiten sollten.

Als Hauptsitz der Gesellschaft und Domizil der Zentralverwaltung erwarb die Gotthardbahn-Gesellschaft für 400 000 Franken die Pension «Bellevue» in Luzern. Am 28. Dezember 1871 informierte Direktionspräsident Escher das Direktorium, dass er noch nicht in der Lage sei, in Zürich geeignete Lokalitäten für das erste Departement vorzuschla-

Josef Zingg (1828–1891). Luzerner Regierungrat, ab 1871 Vizepräsident und 1879–1890 als Nachfolger Alfred Eschers Präsident der Gotthardbahn-Direktion. Zingg blieb Alfred Escher als einer der wenigen auch während der Finanzkrise der Gotthardbahn-Gesellschaft treu.

gen. Weiter fragte er an, ob die Direktion einverstanden sei, dass das erste Departement vorübergehend Lokalitäten im ersten Stock des neuen Aufnahmegebäudes der Nordostbahn im Bahnhof Zürich miete. Diesem Vorschlag stimmte die Direktion zu.

Aufgrund des im «Tagblatt der Stadt Zürich» publizierten Inserats wurden dem ersten Departement insgesamt vierzehn Immobilien zum Kauf und zwei zur Miete angeboten. Nach eingehender Prüfung wurde Escher ermächtigt, mit dem Besitzer des vierstöckigen Hauses an der Bahnhofstrasse 46 Verhandlungen aufzunehmen und die Liegenschaft im Namen der Gesellschaft zu einem Preis von maximal 300 000 Franken zu erwerben.

Nicht nur die räumliche Situation in Zürich war für Escher wichtig, sondern ebenso die Auswahl der engsten Mitarbeiter. Es überrascht nicht, dass er als seinen Sekretär eine Persönlichkeit bestimmte, mit der er schon während Jahren zusammengearbeitet hatte: Rudolf Friedrich Schweizer, den vormaligen Sekretär der Direktion der Nordostbahn. Als Jahresbesoldung für diese Sekretariatsstelle wurden 5000 Franken festgesetzt. Zusätzlich wurde Schweizer eine Personalzulage von jährlich 2000 Franken zugesprochen. Zum Kanzleigehilfen ernannte Escher Johann Muggler aus Riesbach, der für seine Tätigkeit monatlich 60 Franken erhielt.

Aufgrund statutarischer Bestimmungen war Alfred Escher gezwungen, mit der Übernahme des Direktionspräsidiums der Gotthardbahn-Gesellschaft per Ende 1871 von seinem Amt als Direktionspräsident der Nordostbahn zurückzutreten. Allerdings war es den Direktionsmitgliedern des Gotthardbahnprojekts erlaubt, während der Bauphase in den Verwaltungsrat einer anderen Bahngesellschaft einzutreten. Vor diesem Hintergrund konnte Alfred Escher 1872 die Nachfolge von Johann Heinrich Fierz als Verwaltungsratspräsident der Nordostbahn antreten.

Es war Escher daran gelegen, nach dem Rücktritt als Direktionspräsident bei ‹seiner› Eisenbahngesellschaft wiederum eine entscheidende Funktion übernehmen zu können. Dies drängte sich auch deshalb auf, weil die Nordostbahn bei der Gotthardbahn-Gesellschaft substantiell engagiert war. Auf diese Weise konnte Escher via Nordostbahn zusätzlichen Einfluss auf das Gotthardprojekt nehmen. Berücksichtigt man zudem seine Rolle als Verwaltungsratspräsident der Schweizerischen Kreditanstalt und seine vielen und einflussreichen politischen Funktionen, so erkennt man das machtgeladene Netzwerk, das Escher mit der Nordostbahn und der Kreditanstalt um die Gotthardbahn gewoben hatte. Angesichts dieser veränderten Situation und unter Berücksichtigung des engen persönlichen Verhältnisses zwischen Fierz und Escher lag es für Fierz nahe, seinen Sitz im Verwaltungsrat der Nordostbahn für Escher freizumachen.

Der Beschluss des Bundesrates betreffend Genehmigung der Statuten der Gotthardbahn-Gesellschaft enthielt die Bestimmung, dass diese der Landesregierung am Ende jedes Geschäftsjahrs einen Bericht über den Stand der ausgeführten Arbeiten an sämtlichen Linien sowie eine

Die «Gotthardpost» wurde vom Verwaltungsrat der Nordostbahn bei Rudolf Koller (1828–1905) in Auftrag gegeben – als Geschenk für den am 29. Januar 1872 zurückgetretenen Direktionspräsidenten Alfred Escher. Im Dezember 1871 war dieser zum Mitglied und Präsidenten der Gotthardbahn-Direktion gewählt worden. Nach dem Tod Lydia Welti-Eschers eignete sich ihr geschiedener Ehegatte Friedrich Emil Welti das Werk unrechtmässig an und vermachte es später dem Kunsthaus Zürich. Öl auf Leinwand, 1873.

Zusammenstellung der effektiv angefallenen Baukosten vorzulegen habe. Doch bereits am 26. September 1872 ging das Eidgenössische Departement des Innern über diese Forderung hinaus und verlangte von da an monatliche Mitteilungen über den Fortschritt der Arbeiten an den beiden Portalen in Airolo und Göschenen, über den Status auf allen Baustellen sowie über die angefallenen Kosten. Ebenso liess es sich vierteljährliche Berichte über die Geschäftsführung vorlegen.

Die Ausschreibung der Bauarbeiten und der Vertrag mit Louis Favre

Mit der Ausschreibung der Bauarbeiten am 5. April 1872 wurden die Baugesellschaften eingeladen, unter Angabe der auszuführenden Arbeiten, der verfügbaren Wasserkräfte und der geologischen Formationen, durch welche der Tunnel gemäss vorliegenden Untersuchungen voraussichtlich gebohrt werden musste, bis zum 18. Mai vom Prospekt Kenntnis zu nehmen und mitzuteilen, «unter welchen Bedingungen, nach welchem Verfahren, innerhalb welcher Frist und mit welchen Garantien sie anbieten, den Gotthardtunnel oder eine Hälfte desselben fertig herzustellen. Dabei wurde der Wunsch ausgesprochen, daß in den Angeboten die gesamte Vergütung für fertige Herstellung des Tunnels mit Einschluß der Hülfsmaschinen, Gerüste, Materialien u.s.w. in den drei Einheitspreisen für Tunnelausbruch, Gewölbemauerung und Rauhmauerung ausgedrückt werde.»[464] Alfred Escher schrieb diesbezüglich an Robert Gerwig:

«Bis jetzt sind etwa 1100 Anmeldungen auf die ausgeschriebenen Stellen von Ingenieuren & Geometern eingelangt. Ich lasse sie sichten & in ein übersichtliches Register bringen, um Ihnen die Orientirung thunlichst zu erleichtern.»[465]

Insgesamt sieben Gesellschaften beziehungsweise Bauunternehmer reichten Offerten ein: Louis Favre, Bauunternehmer in Genf; die Società Italiana di Lavori pubblici in Turin; Jules Grandjean, Bauunternehmer in La Chaux-de-Fonds; die Machine Tunneling Company in London; die Patent Tunneling and Mining Machine Company in London; die Maschinenbau-Aktiengesellschaft Humboldt in Kalk bei Deutz; A. D. Munsen in Paris, Agent der American Diamond Drill Company. Die Ausschreibung löste allerdings im Bundesrat Irritationen aus. So schrieb Emil Welti an Alfred Escher, dass darin wesentliche Punkte, wie etwa Höhenlage oder Länge des Tunnels, ohne vorherige Rücksprache mit dem Bundesrat festgelegt worden seien.

Nach eingehender Prüfung der Offerten gelangte die Direktion zum Schluss, dass einige unter ihnen zu unbestimmt gefasst seien, während andere Bohrtechniken vorschlügen, welche in der Praxis noch nie erprobt worden seien. So verblieben drei ernsthafte Offerten zur weiteren Behandlung, nämlich diejenigen von Louis Favre, der Società Italiana di Lavori pubblici und Jules Grandjean. Diese drei Bewerber wurden eingeladen, ein letztes Angebot zu unterbreiten. Die durch Jules Grandjean vertretene Gesellschaft schied aus, nachdem sich herausgestellt hatte, dass diese in wesentlichem Ausmass französisch beherrscht war. Die Direktion begründete ihren Entscheid auch damit, dass Grandjean ein finanziell nur wenig günstigeres Angebot unterbreitet habe als die Società Italiana di Lavori pubblici. Wenn das von Grandjean repräsentierte französisch-schweizerische Konsortium überhaupt in Betracht gekommen wäre – so die Direktion in ihrer Begründung weiter –, hätte man jedenfalls der Società Italiana di Lavori pubblici den Vorrang gegeben, da Italien das Projekt mittrage. Somit blieben die Offerten Louis Favres und der Società Italiana di Lavori pubblici im Rennen.

Aufgrund des Vergleichs beider Angebote zögerten Direktion und Verwaltungsrat nicht lange, sich für Louis Favre zu entscheiden. In ihrer Begründung wiesen sie darauf hin, dass Favre den Gotthardtunnel innert acht Jahren fertigstellen wolle, während die Società Italiana di Lavori pubblici eine Bauzeit von neun Jahren veranschlagt habe. Ebenso zeigten sich zwischen den beiden Offerten Unterschiede, was den Verfall der Kaution von 8 Millionen Franken betraf, welche die Gotthardbahn-Gesellschaft vom Bauunternehmer als Sicherheit für die vertraglichen Verbindlichkeiten verlangte. Die Società Italiana di Lavori pubblici war nur

Das Gotthardmassiv und Göschenen, die letzte Ortschaft vor dem Nordportal des Gotthardtunnels, auf einer Xylografie aus dem Jahr 1880.

dann bereit, die Kaution zu bezahlen, wenn der Tunnel innert elf Jahren nicht vollendet sein sollte, während Louis Favre die Kautionszahlung schon nach Ablauf der von ihm offerierten Bauzeit leisten wollte. Weiter fiel ins Gewicht, dass das italienische Angebot gesamthaft 12,5 Millionen Franken beziehungsweise unter Berücksichtigung von Zinseszinsen und entgangenen Konventionalstrafen sogar um 15,5 Millionen Franken teurer war als die Offerte von Favre. Schliesslich enthielt das Angebot der italienischen Baugesellschaft auch verschiedene Bedingungen, die bei Favre entfielen. Hinzu kam, dass sich im Umfeld von Louis Favre «hervorragende technische Notabilitäten» befanden und sich Favre für die Ausführung des Gotthardtunnels namentlich «die wissenschaftliche Mitwirkung des von dem Baue des Mont-Cenis-Tunnels her vortheilhaft bekannten Herrn Professor Colladon in Genf gesichert hat. Wir glauben dabei noch einer Tatsache gedenken zu sollen, welche dazu angetan ist, ein äußerst günstiges Zeugnis für die persönlichen Eigenschaften des Herrn Favre abzulegen, der Thatsache nämlich, daß er sich eines seltenen Zutrauens bei seinen Mitbürgern, welche das richtige Urtheil über ihn zu fällen in der Lage sein dürften, zu erfreuen hat. Dieses Zutrauen hat sich in der untrüglichsten Weise dadurch kund gegeben, daß Herr Favre wesentlich auch von Genf aus in den Stand gesetzt worden ist, die von uns geforderte Kaution von 8 Millionen Franken zu leisten.»[466]

In Italien machte sich indessen Enttäuschung breit, und die Wahl von Louis Favre wurde heftig kritisiert. Der italienische Gesandte Melegari deutete diesbezüglich an, «der üble Eindruck in Italien würde sich am besten dadurch abschwächen lassen, dass hervorragende Leute, wie zum Beispiel Borelli, in angemessener Weise von der Direction verwendet würden».[467]

Daraufhin beklagte sich Bundesrat Welti in einem Brief an Alfred Escher vom 24. August 1872 über den umtriebigen italienischen Gesandten:

«Herr Melegari fängt an sich ganz unleidlich zu geberden. [...] In erster Linie behauptet er, es biete Hr. Favre keinerlei Garantie, dass er seiner Aufgabe gewachsen sei, er sei ein ouvrier, ein conducteur de travaux, ein kleiner entrepreneur etc.»[468]

Der Vertrag mit Louis Favre wurde am 7. August 1872 abgeschlossen und von Alfred Escher als Direktionspräsident der Gotthardbahn-Gesellschaft, Rudolf Friedrich Schweizer als erstem Sekretär sowie von Louis Favre unterzeichnet.

Gegenstand des Vertrags war die Herstellung eines «14 900 Meter langen zweispurigen Tunnels durch den St. Gotthard zwischen dem Portal bei Göschenen und demjenigen bei Airolo». Unter anderem wurde auch vertraglich festgehalten, dass «der Gotthardtunnel innerhalb von acht Jahren, vom Tage der Genehmigung des Vertrags durch den Schweizerischen Bundesrat an gerechnet, in allen Theilen vollendet sein» musste. Die Gotthardbahn-Gesellschaft war verpflichtet, Louis Favre eine Prämie von 5000 Franken für jeden Tag früherer Fertigstellung zu zahlen, wogegen dieser einen Abzug von 5000 Franken für jeden Tag längerer Bauzeit innerhalb der ersten sechs Monate und von 10 000 Franken für jeden Tag weiterer Verspätung während der folgenden sechs Monate zu gewärtigen hatte. Sollte das Projekt erst mit einem ganzen Jahr Verspätung abgeschlossen sein, sollte Louis Favre «außer Akkord gesetzt» werden und seine Kaution an die Gotthardbahn-Gesellschaft fallen. Falls Louis Favre «vor Vollendung des Tunnels mit Tod abgehen sollte», würde der Vertrag in Kraft bleiben. In diesem Fall hatten die Erben von Louis Favre in die Rechte und Pflichten des Vertrages zu treten.[469]

Wie die einzelnen Artikel und Bestimmungen des Vertragswerkes ausfielen, scheint Favre durch das Angebot besonders günstiger Konditionen alles daran gesetzt zu haben, den Auftrag zu erhalten. Dies zeigte sich namentlich darin, dass Favre bereit war, sämtliche Risiken zu übernehmen. Dies wog insofern schwer, als der damalige Kenntnisstand der Wissenschaft die detaillierten geologischen Bedingungen im Gotthard nicht mit hinreichender Sicherheit im voraus zu ermitteln erlaubte. Über die Imponderabilien des Gotthardgesteins hinaus fehlte es an bautechnischer Erfahrung, da bis dahin noch nirgendwo auf der Welt ein 15 km langer Tunnel gebaut worden war, dessen Scheitelpunkt überdies auf 1152 m über Meer lag.

Diese Schwierigkeiten und Herausforderungen hielten Favre nicht davon ab, «aus eigenem Antriebe» eine überaus restriktive Baufrist von lediglich acht Jahren vorzuschlagen und darüber hinaus «mit Bestimmtheit eine ganz erhebliche Reduktion dieser Frist in Aussicht» zu stellen.[470] Damit unterbot Louis Favre die Bauzeiten anderer grosser Eisenbahntunnels massiv: am 13,2 km langen Mont-Cenis-Tunnel wurde rund 13 Jahre gebaut, was bei gleicher Baugeschwindigkeit beim Gotthard rund 15½ Jahren entsprochen hätte. Im Verhältnis zum Haupttunnel am Semmering hätte das Gotthardprojekt 50 Jahre in Anspruch nehmen müssen, im Verhältnis zum Hauenstein 30 Jahre. Stellt man diese Beziehungen her, so kann man nicht umhin, das von Favre eingegangene Risiko als Vabanquespiel zu bezeichnen, zumal die finanzielle Seite bei Misserfolg massiv zu Buche schlagen sollte.

An der Verpflichtung, den Bau des Gotthardtunnels innert acht Jahren zu vollenden, wurde auch in den Nachtragsverträgen nie etwas geändert. Gestützt auf den Hauptvertrag vom 7. August 1872 und auf Artikel 5 des ersten Nachvertrages vom 21./25. September 1875 bestand somit kein Zweifel, dass das Bauwerk am 30. September 1880 vollendet sein musste. Noch 1879 war das Unternehmen Favre überzeugt, den vertraglichen Endtermin einhalten zu können.

Das erstaunt insofern, als sich dem Bauvorhaben bis dahin bereits Hindernisse aller Art in den Weg gestellt hatten. Immer wieder waren die Arbeiten durch die Unberechenbarkeiten des Gotthardgesteins zurückgeworfen worden. Doch auch organisatorische und technische

Vertrag vom 7. August 1872 betreffend die Ausführung des grossen Gotthardtunnels (letzte Seite des zweiten Annexes).

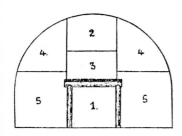

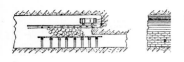

Bau eines Sohlstollens, wie sie bereits im Tunnelbetrieb in Grossbritannien angelegt wurden: Der Sohlstollen (1) wurde in zwei in kurzer Distanz aufeinanderfolgenden Etagen (2) und (3) bis zum Tunnelfirst aufgeschlitzt. Anschliessend wurden die seitliche Erweiterung (4) und die Strosse (5) beseitigt.

Probleme führten zu «Zufälligkeiten und unvorherzusehenden Schwierigkeiten».[471] Hierzu zählten Häufigkeit und Dauer von Arbeitsniederlegungen und Streiks, Schwankungen in der Qualität der Ingenieurarbeiten und anderer technischer Leistungen. Aber auch die Effizienz von Baumaschinen und Bohrtechniken sowie die Wirksamkeit der Sprengmittel beeinflussten das Arbeitstempo. Im übrigen schufen auch die ständigen Auseinandersetzungen zwischen dem Oberingenieur und der Gotthardbahn-Direktion beziehungsweise Favre denkbar schlechte Voraussetzungen für ein optimales Vorankommen auf den Baustellen. Statt mit vereinten Kräften am gleichen Strick zu ziehen, zerstritten sich namentlich Hellwag und Escher immer heftiger. Auch Favre konnte sich aus dem Konflikt nicht heraushalten. Wie sehr sich die «Verhältniße» zwischen der Gotthardbahn-Direktion und Louis Favre zunehmend «verwikelten», zeigt ein Brief Josef Zinggs an Alfred Escher, der die Meinungsverschiedenheiten über die Entlöhnung Favres offenlegte.[472] Weiter erfährt man, dass beide Parteien drohten, Klage zu erheben. Auch Hellwag und Favre standen auf Kriegsfuss. Hellwag griff Favre an, indem er Zingg im Februar 1877 eine Eingabe zustellte, in welcher er sich entschieden gegen jegliche auf Vertragsmodifikationen oder finanzielle Unterstützungen abzielenden Verhandlungen mit Favre aussprach. Favre hielt mit seiner Meinung ebensowenig zurück und schimpfte, dass Hellwag ihn «vexire». Er betrachte den Oberingenieur als seinen «persönlichen Feind». Und Favre wörtlich: «Mit diesem Menschen noch ein Jahr zusammen arbeiten zu müssen, halte er nicht aus.»[473] Die Streitigkeiten hielten an. Im Herbst 1878 verfasste Hellwag einen tendenziösen Bericht, in welchem er die Unternehmung Favre aufgrund mangelnder Ordnung und Disziplin auf der Baustelle in Göschenen verunglimpfte, worauf Favre Hellwag vorwarf, seit zwei Jahren gar nicht mehr vor Ort gewesen zu sein. Alle diese Animositäten, Streitigkeiten und Grabenkämpfe banden Kräfte und hemmten den Baufortschritt.

Der Bau des Tunnels

Nachdem im Frühjahr 1872 erste Probebohrungen und Arbeiten am Trassee durchgeführt worden waren, begann der Bau des Gotthardtunnels offiziell am 1. Oktober 1872. Die Bauperiode fand ihren Abschluss mit den Eröffnungsfeierlichkeiten vom 22. und 24. Mai 1882 und lässt sich in drei Phasen einteilen:

Die erste Phase (1872–1875) begann mit aufwendigen Aufbau- und Organisationsarbeiten. Namentlich galt es, in Göschenen und Airolo Grossbaustellen einzurichten. Nach Überwindung zahlreicher Anfangsschwierigkeiten, die zu wesentlichen Verbesserungen bei der Bau- und Bohrtechnik führten, kamen die Bauarbeiten allmählich in Gang. 1875 zeichnete sich ab, dass diese dem Zeitplan teils voraus waren, teils hintennach hinkten. Wie schnell sich Zubringer, Stollen und Portale des Gotthardtunnels zu gigantischen Baustellen entwickelten, dokumentieren die Zahlen. Waren im Januar 1873 an der Nordseite des Gotthardtunnels im Schnitt 135 Arbeiter beschäftigt, so waren es im Dezember 1873 bereits 625. Erstmals wurden im August 1874 am Nordportal mehr als 1000 Arbeiter gezählt, und im Juni 1880 stieg deren Zahl auf den Höchststand von 1886. Gravierend und für die weitere Entwicklung entscheidend waren jedoch die nun zutage tretenden Kostenüberschreitungen, die namentlich bei den Tessiner Zufahrtslinien angefallen waren. Auch vertrat die Direktion der Gotthardbahn-Gesellschaft betreffend Organisation und technische Ausführung der Tessiner Anschlusslinien eine dezidiert andere Meinung als Oberingenieur Gerwig. Im Frühjahr 1875 trat Gerwig zurück und wurde durch Hellwag abgelöst.

Die zweite Phase (1876–1879) war geprägt durch die akute Finanzkrise der Gotthardbahn-Gesellschaft, durch ein redimensioniertes Bauprogramm, Mißstimmungen und Fehden zwischen der Direktion und Oberingenieur Hellwag, insbesondere aber durch den Rücktritt Alfred Eschers vom Direktionspräsidium der Gotthardbahn-Gesellschaft per Ende Juli 1878 und den Tod Louis Favres am 19. Juli 1879.

In die dritte Phase (1880–1882) fielen der Durchstich des Tunnels am 28. Februar 1880 und die glanzvollen Eröffnungsfeierlichkeiten in Luzern und Mailand. In dieser Zeit wurde auch die wichtige Untersuchung vorgelegt, die Jakob Laurenz Sonderegger im Auftrag des Bundesrates zur Lage der Arbeiter in Göschenen und Airolo durchgeführt hatte. Der erste öffentliche Nord-Süd-Zug, der durch den Gotthardtunnel fuhr, verliess Basel am 31. Mai 1882 um 19.45 Uhr.

Aufbau- und Organisationsarbeiten

Das monumentale Tunnelbauprojekt setzte dem beschaulichen Dorfleben an beiden Portalen ein jähes Ende. Bezeichnenderweise sprach das «Vaterland» vom 13. Juni 1872 von Göschenen als «Uri's ZukunftsStadt», wo sich reges Leben breitmache, wo «gebickelt und geschaufelt, geschaufelt und gemauert» werde, dass es eine Freude sei. Ein «großes Magazin zur Aufbewahrung von Mund- und Magen-Vorräthen» erhebe sich hier, «dort eine stattliche Bierbrauerei zur kühlen Labung der Arbeiter und Arbeitgeber». Ein Post- und Telegraphenbüro werde eingerichtet und das Urnerland dadurch mit der ganzen Welt verbunden, während der «spekulative Privatmann sein wohnlich Haus» vergrössere, «um den sich mehrenden Wohnungsnachfragen freundlich entgegen kommen zu können».[474] Die neue Dynamik schlug sich auch in der Geburtsstatistik von Airolo nieder. Fanden sich 1875 unter den insgesamt 116 Neugeborenen 49 «Airolesi» und 67 Kinder von Zugezogenen, so stieg der Anteil der «forestieri» in den drei folgenden Jahren laufend an. 1876 wurden von insgesamt 150 Geburten 94 den «forestieri» zugerechnet, 1877 von insgesamt 177 Geburten 122 und 1878 von 175 Geburten 120. Dem «Vaterland» wurde zugetragen, dass es in Göschenen mit dem Beginn der Arbeiten am Gotthard zugehe wie im Preussisch-Französischen Krieg. «An Sonn- und Werktagen vom

Bauarbeiten beim Eingang des Tunnels in Göschenen.

frühen Morgen bis zum späten Abend furchtbare Kanonade. Täglich neue Ankömmlinge. Den Göschenern werden ihre alten Häuser in neue Gestalt umgeändert auf Kosten der Angesiedelten. Geringster Taglohn 3 Fr. Für jede alte Kammer fabelhafter Preis. Die Wirthe jubeln. Die Göschener sind frohen Muthes.»[475]

Diese Zeitungsberichte illustrieren den soziokulturellen Wandel, der durch das Projekt in den betroffenen Dörfern angestossen wurde. Gleichsam über Nacht wurden die Einwohner von Göschenen und Airolo, die bis dahin buchstäblich am Ende der Welt gelebt hatten, mit der modernen Zeit konfrontiert. Doch Bierfreude und Feststimmung blieben nicht lange ungetrübt. Denn auch für die Bevölkerung an den beiden Portalen wurde ersichtlich, dass die Mineure vielfach unter katastrophalen Bedingungen arbeiten und leben mussten. Trotz beeindruckender Leistungen der Lüftungsmaschinen stieg die Hitze im Gotthardstollen auf über 30 Grad Celsius. Die feuchte Tunnelatmosphäre trieb den Arbeitern derart den Schweiss aus den Poren, dass deren Kleider alsbald «brühwarm durchnässt» wurden, «so dass die Mineurs ganz nackt, die Ingenieure in sehr leichten Tunnelanzügen» arbeiteten. Die Arbeiter beklagten sich, «ihre Glieder seien wie gebrochen».[476]

Bleiche, von Krankheit und Seuchen ausgezehrte Tunnelarbeiter prägten das Strassenbild von Göschenen und Airolo. Die hygienischen Zustände in den Arbeiterwohnungen spotteten jeder Beschreibung. Aufgrund von Unfällen und Krankheiten häuften sich die Todesfälle. Überdies kam es immer wieder zu gewalttätigen Ausschreitungen, so dass Soldaten und Bürgerwehren mit geladenen Gewehren die Arbeiter in Schach halten mussten.

Die Arbeiten wurden rund um die Uhr vorangetrieben. Der Tagesplan sah drei Schichten zu je acht Stunden vor. Der Baufortschritt wurde anfänglich dadurch gehemmt, dass sich die Mineure erst in der Handhabung verschiedener Baumaschinen üben mussten. Diese wurden teilweise bereits in der ersten Phase modifiziert oder durch neuere Modelle ersetzt. Aufgrund dieser arbeitstechnischen Herausforderungen, aber auch deshalb, weil man auf der Baustelle nicht durchwegs die Verhältnisse vorfand, die in den geologischen Gutachten prognostiziert worden waren, gerieten die Arbeiten da und dort schon in den ersten Monaten in Rückstand. Obwohl beispielsweise der Richtstollen bis Ende 1873 sowohl auf der Nord- wie auf der Südseite je rund 600 m vorangetrieben werden konnte, zeigte sich bald die Notwendigkeit, die jeweiligen Baufortschritte an einem umfassenden und verbindlichen Bauprogramm zu messen, um Abweichungen frühzeitig erkennen zu können. Dies brachte allerdings Schwierigkeiten mit sich, da der Baufortschritt aufgrund der lücken- und fehlerhaften geologischen Unterlagen nicht immer auf Monate und Jahre hinaus geplant werden konnte. Immer wieder stiessen die Mineure im Berg auf geologische Formationen, die auf dem Papier anders vorausgesagt worden waren. Die Abweichungen

An einer Spannsäule befestigte Pressluftbohrmaschine im Schnitt.

vom vereinbarten Zeitplan führten in der Direktion zu Nervosität. Ihre Beziehung zu Favre war gespannt. Es kam zu wiederholten Verhandlungen, welche am 21./25. September 1875 zum Abschluss eines Vertrages führten, der als Nachtrag zum Hauptvertrag vom 7. August 1872 galt. Ziel dieser ergänzenden Vereinbarung war es, die rechtzeitige Vollendung des Tunnels sicherzustellen. Auf dieser Grundlage wurde es möglich, den Durchstich des Gotthardtunnels im voraus auf den 31. März 1880 festzusetzen.

Zwischen Wunderwerk und Misere: Die Arbeitsbedingungen
der Tunnelarbeiter und der Bericht Sonderegger
Mit dem Fortschreiten der Bauarbeiten im Tunnel strömten immer mehr Arbeiter an den Gotthard. Die meisten von ihnen stammten aus Italien. Der Aufbau von Infrastrukturen hielt nicht Schritt. Bald schon wurden Stimmen laut, welche die Lebensbedingungen und namentlich die sanitären Anlagen in den Unterkünften beidseits des Gotthards bemängelten. Die Kritik wurde lange Zeit weder vom Bundesrat noch von der Gotthardbahn-Gesellschaft ernst genommen. Vielmehr legte sich die soziale Misere als dunkler Schatten über das epochale Bauwerk.

Tatsächlich kommt man nach kritischer Lektüre des Vertrags zum Schluss, die Gotthardbahn-Gesellschaft habe zwar die finanziellen und bautechnischen Risiken, nicht aber die soziale Verantwortung abwälzen können. Zweifellos mussten diesbezüglich sowohl die Gotthardbahn-Gesellschaft als auch der Bundesrat in die Pflicht genommen werden. Offensichtlich war dieser sozialpolitische Aspekt bei der Ausarbeitung des Vertrags von 1872 zu wenig beachtet worden.

Im «Bedingnisheft» zum «Vertrag betreffend die Ausführung des großen Gotthardtunnels» vom 7. August 1872 hiess es aber immerhin:

«Der Unternehmer ist verpflichtet, für die Pflege kranker und verunglückter Arbeiter in Göschenen und Airolo gut eingerichtete Krankenhäuser mit eigenen Aerzten herzustellen, auch stets Ambulancen bereit zu haben. Er hat ferner für Unterstützung der Arbeiter, welche in seinem Dienste Schaden genommen und der Hinterlassenen von solchen, welche dabei das Leben verloren haben, Sorge zu tragen. Der Unternehmer wird daher eine Kranken- und eine Unterstützungskasse gründen und deren Statuten der Direktion der Gotthardbahn zur Genehmigung vorlegen.»[477]

Vergeblich sucht man im Vertrag nach gesundheitspolizeilichen Bestimmungen, die über die Verpflichtung zum Bau von Arbeiterwohnungen und Spitälern hinausgehen. Nicht geregelt war etwa, wie viele Arbeiter gleichzeitig in einem Zimmer wohnen und schlafen durften, wie Schlaf- und Wohnzimmer ausgestaltet sein mussten, wie der Reinlichkeit in Wohnquartieren Rechnung zu tragen sei, wo Aborte und Waschgelegenheiten vorzusehen seien, wohin Abfälle abgeführt werden sollten, wer die Lebensmittelkontrolle durchzuführen habe und so fort.

Die Arbeiter der Gotthardbahn lebten in armseligen, schmutzigen und stinkenden Quartieren. Abgebildet sind die Unterkünfte bei Göschenen. Aquarellierte Bleistiftzeichnung von Joseph Nieriker (1828–1903).

Immer lauter meldeten sich im Verlauf der Bauzeit die Stimmen, welche die Behörden zur Verantwortung ziehen wollten. Rückblickend betrachtet erweist es sich als folgenschwerer Fehler, dass das Unternehmen Favre vertraglich nicht für die Bereitstellung sämtlicher Arbeiterwohnungen verantwortlich gemacht worden war. Aufgrund der vagen Vertragsbestimmungen musste Favre lediglich Unterkünfte zur Verfügung stellen. Dies führte dazu, dass er nur für «den dritten bis vierten Theil aller Tunnelarbeiter zweckmässige Wohnungen erstellt und zu annehmbaren Preisen vermiethet» hatte. Der grösste Teil der Arbeiter sah sich gezwungen, auf dem freien Wohnungsmarkt und namentlich bei Spekulanten einen Wohnungs- oder Zimmeranteil zu mieten. Während nun die von Favre bereitgestellten Unterkünfte durchaus ordentlich und akzeptabel waren, erwiesen sich die übrigen vielfach als desaströs.

Aus heutiger Sicht erscheint unverständlich, dass im Kanton Uri erst am 7. Juli 1879 eine entsprechende «Polizeiverordnung für sämtliche an der Gotthardbahnlinie liegenden Gemeinden» erlassen wurde. Doch die Bestimmungen wurden weder von den Spekulanten ernst genommen noch von den Behörden kontrolliert, wie die beiden Untersuchungen von Sonderegger deutlich zeigen. Diese Berichte legen Zeugnis ab von teilweise erbärmlichen Zuständen:

Tunnelarbeiter mit Grubenlampe. 1881. Bleistiftzeichnung von Joseph Nieriker.

«Ich fand [1880] in Göschenen die Verhältnisse wenig verändert [gegenüber 1876]; die Favre'schen Wohnungen befriedigend, aber in äusserst unzureichendem Umfange, die Privatwohnungen bei Bürgern teils gut, teils erträglich, teils schlecht; die Arbeitercasernen, auf Spekulation gebaut und vermiethet, so skandalös wie früher, besonders bei dem grossen, von 240 Personen bewohnten Hause neben der Post; da liefen Excremente an den Aussenwänden herab und lagen sie in Haufen auf Gängen und in Winkeln; die Zimmer und ihre Mobilien starren von Schmutz, die Fenster sind fest verschlossen, die Luft ist abscheulich, thatsächlich schlechter als in den meisten Schweineställen, weil diese doch Gatterthüren und Luftlöcher haben. Eine Wasserleitung hat man gehorsamst erstellt, aber so, dass sie einfror und zerrissen wurde, den ganzen Winter nichts lieferte und auch jetzt noch ausser Function steht, obwohl es seit Wochen nicht mehr ernsthaft friert.

Nebenbei leiden die Arbeiter, wie mir Beamtete amtlich erklärten, sehr unter der Zufuhr von krankem und gefallenem Schlachtfleische, welches die in abstracto als heilsam erklärte, in concreto gewissenlose Concurrenz sehr billig anbietet. Den Spital und wenige Arbeiterquartiere ausgenommen, fand ich Alles so unverantwortlich schlecht wie vor 4 Jahren. [...] In Airolo fand ich nicht einmal die schönen und neuen Polizeiverordnungen von Göschenen, sondern ungeheuren Schmutz überall. Der Wassergraben gegen den neuen Bahnhofplatz ist stagnierende Jauche; in den Nebengässchen watet man bis an die Knöchel im Dünger, an der Haupt- und Poststrasse läuft beim Hause Nr. 72 der Inhalt eines großen Abtrittes, bei Nr. 80 der eines Stallmisthofes über die Freitreppe herab auf die Gasse; die Privatquartiere sind so stinkend und so überfüllt wie in Göschenen und ebenfalls fast doppelt so theuer als die Favre'schen. [...] Ganz ungeheurlich kam mir die Versicherung des Herrn Dr. Giaccone vor, dass ihm der Gemeindeammann von Airolo die Erlaubniss, Leichenöffnungen zu machen, nicht ertheilt hätte und dass daher, ausser dem von dem Turiner Professor secirten Giuliano Antonio gar kein Todter weiter untersucht worden sei.»

Am 18. März 1880 erhielt der St. Galler Arzt und Politiker Jakob Laurenz Sonderegger vom Eidgenössischen Departement des Innern den Auftrag:

«1) zu untersuchen, ob und in welchem Grade die sogenannte Minenkrankheit oder eine andere epidemisch auftretende Krankheit unter den Tunnelarbeitern von Airolo und Göschenen vorkomme; 2) zu untersuchen, was von Seite der Tunnelunternehmung, der Gottharddirektion und der Gemeindebehörden für die Gesundheitspflege der Gotthardtunnel-Arbeiter geschehen sei.»

«Feierabend am St. Gotthard-Tunnel». Holzschnitt nach einem Gemälde von Theodor Fleischer. Die pittoresk vor dem Nordportal ausgebreitete Arbeiteridylle wirkt angesichts der tatsächlich herrschenden miserablen Zustände beinahe zynisch.

Sonderegger, der zusammen mit dem Bauunternehmer Hektor Egger bereits 1876 – damals im Auftrag des Eidgenössischen Justiz- und Polizeidepartements – eine Untersuchung über die Gesundheitsverhältnisse der Tunnelarbeiter erstellt hatte, kam am 23. März 1880 abends in Airolo an und konferierte am 24. März mit Doktor Giaccone, dem dortigen Vertrauensarzt der Favreschen Unternehmung. Gemeinsam besuchten beide im Spital und in den Arbeiterwohnungen die Kranken. Am 25. März brach Sonderegger nach Göschenen auf, wo er von morgens 10 Uhr bis abends 6 Uhr mit dem dortigen Vertrauensarzt Doktor Fodéré ähnliche Programmpunkte abwickelte. An beiden Orten befragte Sonderegger zudem die Ingenieure. Der Untersuchungsbericht von 1880 gewinnt über die Zustandsanalyse hinaus zusätzliche Bedeutung, da der Autor darin – wo möglich und sinnvoll – kritische Vergleiche zum Status des Jahres 1876 zog. Zu den Todesursachen in Airolo stützte sich Sonderegger unter anderem auf Tagebucheintragungen von Doktor Giaccone. Dem neunseitigen gedruckten Bericht schliesst sich eine nach Jahr und Monat gegliederte Zusammenstellung der an beiden Portalen beschäftigten Arbeiter, der Anzahl Verwundeter und Toter an, jeweils gesondert gelistet für Göschenen und Airolo. Sondereggers Bericht ist ein erschütterndes Dokument über Leid und Elend unter den Arbeitern auf den Baustellen des Gotthardtunnels. Der Autor schreckte nicht davor zurück, die 1880 angetroffene Misere beim Namen zu nennen, nach Gründen und Urachen zu suchen und Verantwortliche zu bezeichnen. Sonderegger differenzierte im Fazit zwischen «unausweichlichen Schwierigkeiten ..., unter welchen die Tunnelarbeiter in der Tiefe des Berges täglich 8 Stunden zubringen», und den «vermeidbaren Schädlichkeiten». Zu letzteren zählte er unhaltbare und erbärmliche Zustände in den Arbeiterwohnungen, mangelhafte Nahrung und haarsträubende Gesundheitspflege. Es überraschte ihn vor diesem Hintergrund nicht, dass von den damals rund 1700 Arbeitern, welche zwischen 1873 und Anfang 1880 in Göschenen tätig waren, kaum 60 die ganze Zeitspanne durchgehalten hatten. «Das Anchylostomum kommt erwiesenermaassen vor, aber in weit gefährlicherem Grade wirkt die menschliche Fahrlässigkeit.» Sonderegger räumte in seinem Fazit ein offenbar bestehendes Vorurteil aus, indem er festhielt, dass der italienische Arbeiter nicht schmutziger sei als die Arbeit, die er verrichte. «In den abscheulichen Miethshäusern, von Spekulanten ausgebeutet, ohne alle Hülfe für Ordnung und Reinlichkeit, von der bürgerlichen Gesellschaft verlassen», komme der italienische Arbeiter «allerdings oft tief herunter». Sonderegger gab sich keinen Illusionen hin, wies er doch darauf hin, dass eine spürbare Verbesserung der Arbeitsbedingungen und Lebensumstände in der Schlussphase des Gotthardprojekts wohl nicht mehr möglich sei. Im Hinblick auf den eben erst begonnenen Bau von Zufahrtslinien und namentlich den Bau des Monte-Ceneri-Tunnels erschien es ihm aber «als unabweisbare Pflicht der Schweizerischen Eidgenossenschaft, in die Arbeiterverhältnisse Ordnung zu bringen und deren wirkliche Handhabung durch besondere Organe zu sichern».

Zu den Verhältnisse im Tunnel meinte Sonderegger:

«Sicher ist anzunehmen, daß im letzten Winter, als in der Airolo-Abtheilung wegen Wassermangel nur die Hälfte der Compressoren arbeiten und anstatt 240 000 bloss 120 000 Cub.-Meter Luft per Tag eingepumpt werden konnten, die Luft erheblich schlechter und in weit höherem Masse durch Kohlensäure und durch Kohlenoxydgas verunreinigt gewesen sei. [...] Der Airolotunnel war also durchschnittlich und bei voller Leistung seiner Compressoren schlimmer bestellt als der von Göschenen. Dazu kommt, dass der kanalisierte Wasserabfluss in Göschenen circa 40–50 Liter pro Sekunde, in Airolo dagegen 206–240 Liter per Sekunde betrug und auch die Stagnationen, Pfützen und Lachen des warmen schmutzigen Wassers in diesem Abschnitte viel erheblicher waren.»

Weiter legte Sonderegger dar, wie der Alltag der Arbeiter aussah:

«Die Leute haben alle 4 Wochen Zahltag (können aber auch in der Zwischenzeit Geld auf Rechnung beziehen), dann trinken und lärmen viele eine kurze Zeit, meistens aber sind die Arbeiter sehr haushälterisch und mässig, trachten nach Ersparnissen und leben so billig wie nur immer möglich. [...] Es wurde mir namentlich ein Fall angeführt, in welchem ein Arbeiter monatlich Fr. 100 nach Hause schickte, mit den ferneren Fr. 25 lebte und schliesslich an Erschöpfung starb. Umgekehrt sah ich in Göschenen eine Gesellschaft von Schuttabräumern, welche das aufreibendste Geschäft, oft mit mehr als 8 Stunden Arbeitszeit haben und welche dennoch nicht nur nicht schwach, sondern trotz ihrer blassen Gesichter sehr robust waren; diese aber haben die Gewohnheit, sich reichlich und gut zu nähren. Wo die

Bahnbau bei Wattingen (Wassen). 1881. Bleistiftzeichnung von Joseph Nieriker. Die Bauarbeiten an der Gotthardbahn mussten oft unter prekären und gefährlichen Bedingungen ausgeführt werden: Auf einem offenbar wegen Steinschlags teilweise eingestürzten Gerüst hantiert ein Arbeiter mit einem Flaschenzug.

feuchtwarme Arbeitsstätte den Appetit schwächt, Sparsamkeit, Unkenntnisse und Bezugsschwierigkeiten die Güte und Auswahl der Lebensmittel so erheblich beeinträchtigt, da ist es auffallend, wenn die Leute nicht blutleer werden, auffallend, dass sie noch so lange aushalten und so viel leisten als wirklich der Fall ist. Zu allen diesen Schädlichkeiten kommt noch die Zusammenpferchung in enge, meistentheils äusserst schmutzige, sorgfältigst verschlossene und niemals gelüftete Wohnungen. Die Familienwohnungen zeigen noch am öftersten eine Spur von Ordnung und auch Speisen, welche nicht ekelhaft aussehen; sehr viel schlimmer sind die von Konkubinen geführten Wohnungen und am allerelendesten die Quartiere der Junggesellen.»

Eindrücklich schilderte Sonderegger die auftretenden Krankeiten:

«So standen und gingen die Verhältnisse am Gotthard in demselben, als, gleich nachdem die Siegesbotschaft vom technisch vollendeten Durchbruche verklungen war, in der Gazetta Piemontese die Nachricht von einer Epidemie auftrat, welche die armen Tunnelarbeiter dahinraffe. Zuerst haben die Professoren Concato und Perroncito von Turin berichtet, dass sie in ihren Spitälern bei abgezehrten und blutleeren ehmaligen Gotthardtunnelarbeitern einen kleinen Eingeweidewurm, Anchylostomum duodenale, gefunden hätten, der sonst nur in heissen Ländern, besonders in Egypten einheimisch, dennoch auch in Italien, ja von Dubini in Mailand schon vor 30 Jahren unter 100 Leichen bei vollen 20 beobachtet, jetzt in massenhafter Verbreitung unter den Tunnelarbeitern die schwere und fast allgemeine Blutschwäche verursache. Um sich vor Irrungen möglichst zu schützen, begaben sich die Professoren Camillo Pozzolo, Lehrer der propädeutischen Klinik, Luigi Pagliani, Lehrer der Hygiene, nach Airolo, wo sie die Kranken sahen und die Section des einzigen hier an Blutschwäche Verstorbenen vornahmen. Ihr Bericht sagt: Eine eigenthümliche Krankheit ist es nicht, sondern die alt bekannte Blutschwäche der Bergleute. Ebenso fanden sie den Vorwurf, dass irgend eine Verheimlichung versucht worden wäre, als unstatthaft und erklärten gegenüber ihren Collegen Concato und Perroncito, dass sie den Eingeweidewurm (Anchylostomum duodenale) durchaus nicht als Grund und Ursache, sondern nur als Complication der in Frage stehenden Krankheit betrachten können. Vorhanden aber ist die Krankheit allerdings und zwar in sehr vielen Fällen. Die gewohnten bleichen Gesichter werden noch viel blasser und bekommen einen Stich in's Gelbliche, zumal die Ohren sind leichenblass. Der Puls ist klein und schnell; man hört sehr starke Arterien- und Venengeräusche. Die Kranken haben Neigung zu Ohnmachten mit Pulslosigkeit (Asphyxie), sind schläfrig, ohne gut zu schlafen, sie sind mager, selten gedunsen und haben sehr selten geschwollene Füsse. Die Athmung ist beschleunigt und oberflächlich, bei leichtem Steigen kommt Athemnoth und Herzklopfen. Milz meistens vergrössert. Appetit gering, Neigung zu Durchfall, und häufige dunkle, aber fast niemals schwarze Dejectionen, in welchen bisher nie Anchylostomen gefunden wurden. Wichtiger ist, dass die

Leiche des einzigen an Anaemie Verstorbenen nur eine geringe Anzahl von Anchylostomen zeige. Wir wissen, dass dieser 4–8 Millimeter lange Eingeweidewurm hoch oben im Dünndarm sitzt, wo er sich wie ein Blutegel einbeisst, dass er durch seinen täglichen Blutconsum, durch seine oft in die Tausende gehende Menge und durch die Nachblutungen angebissener Schleimhautstellen den Menschen im höchsten Grade blutleer macht und herunterbringt und so die anatomisch nachweisbare Ursache der verhängnisvollen ägyptischen Chlorose ist. Wir wissen ebenso, dass die hochgradig blutleeren und wachsgelben Tunnelarbeiter sich nicht immer wieder erholen, sondern unter zunehmender Schwäche wegsterben; dagegen habe auch ich, bei der bisherigen Nutzlosigkeit der Fäcaluntersuchungen, der Seltenheit der Leichenöffnungen und bei dem fast ausnahmslosen Vorhandensein einer mässigen Milzanschwellung noch keine zwingenden Gründe, die Eingeweidewürmer für mehr als eine Complication oder für mehr als eine ausnahmsweise Todesursache zu betrachten. Gegen die Annahme der Wurmkrankheit spricht die Thatsache, dass sich die Mehrzahl der blassen und elenden Arbeiter bei stärkender Behandlung und Pflege und nach mehrwöchentlichem Aufenthalte im Freien wieder gut erholen, ferner dass diese verhängnissvolle Blutschwäche sich ganz besonders in Airolo entwickelte, wo die Wohnungs- und Nahrungsverhältnisse sogar etwas weniger schlecht sind als in Göschenen, wo aber im Tunnel anhaltend schlechtere Lebensbedingungen vorhanden waren und ganz besonders die Luftzufuhr in den abgeflossenen Monaten December, Januar, Februar von 240 000 auf 120 000 Cub.-Meter per Tag herabgesunken war, weil die versiegende Wasserkraft kaum noch die Hälfte der Compressoren in Bewegung zu setzen vermochte. Göschenen hat viele, mit falschen Papieren von Airolo herübergekommene, dort mit Reisegeld entlassene Arbeiter und zeigt ebenfalls hochgradige und schwere Fälle von Blutschwäche, aber weniger zahlreich, und hat vor Airolo nur den Vortheil grösseren Wasserreichtums, beziehungsweise doppelt so starker Luftzufuhr voraus. Da die übrigen Factoren gleich sind, dieser eine bedeutende Factor aber ungleich für die fragliche Krankheit sehr erheblich ist, haben wir eine Berechtigung, ihn zu verwerthen. Dagegen kommt das von Fremden angeklagte faule Wasser der Tunnelpfützen als Träger von Anchylostomumkeimen gar nicht in Betracht, weil es nicht nur niemals getrunken wird, sondern auch mit Nahrungsmittel nie in Berührung kommt. Im Tunnel consumiren die Arbeiter nichts, als relativ gutes Trinkwasser. Dass sie bei den grossen und schweren Schädlichkeiten, welchen sie ausgesetzt sind, überhaupt noch so ausdauernd und leistungsfähig bleiben, schreibe ich wesentlich dem Umstande zu, dass sie keinen Branntwein trinken. Ausser den Kranken, welche an Blutschwäche leiden und ausser den bei der Arbeit Verunglückten finden wir unter den Tunnelarbeitern noch drei Gruppen von Kranken, welche wir nicht übersehen dürfen; sie leiden an: Entzündungen der Athmungswerkzeuge, Lungen- und Luftröhrenentzündungen, oder an: Magen und Darmcatarrhen mit erschöpfenden Diarrhoeen, oder an: Typhus. Dieser ist bisher selten bösartig gewesen, aber auch niemals ganz ausgegangen. Airolo und Umgebung, besonders das Dörfchen Madrano, werden häufig vom Typhus heimgesucht

Vincenzo Vela (1820–1891). Le vittime del lavoro. 1882. Original-gipsmodell des im Jahr 1932 in Airolo enthüllten Bronzereliefs zu Ehren der Opfer des Tunnelbaus. Museo Vela, Ligornetto (Eigentum der Schweizerischen Eidgenossenschaft).

und an letzerem Orte sollen sehr oft 3–4 Typhuskranke in demselben Hause gelegen und halbe Familien weggestorben sein. Madrano, wo viele Tunnelarbeiter einquartirt sind, sei aber auch noch weit schmutziger als Airolo, was freilich viel sagen will.»

Aufgrund der Zahlen stellt man fest, dass das Portal in Göschenen mit 92 Unfalltoten und 84 Todesfällen infolge Krankheit eine höhere Mortalitätsrate aufwies als dasjenige in Airolo mit 86 Unfalltoten und 57 durch Krankheit bedingten Todesfällen. Dieser Befund ist aber insofern zu relativieren, als die Statistiken nur diejenigen Opfer verzeichneten, die in Airolo oder Göschenen vor Ort verstarben. Nicht als Todesfälle erfasst wurden diejenigen Arbeiter, die an den Portalen tödlich verletzt oder unheilbar krank wurden, jedoch erst nach ihrer Rückkehr in die Heimat starben. Dieses Korrektiv gewinnt dadurch an Gewicht, dass gerade in Airolo Kranke und Verwundete «massenhaft nach Hause geschickt wurden».[478]

Rückstände im Bauprogramm und termingerechter Tunneldurchstich am 28. Februar 1880

Der Bundesrat hatte die Direktion der Gotthardbahn-Gesellschaft verpflichtet, ihn regelmässig über den Baufortschritt zu informieren. Ausführlich kam die Gesellschaft dieser Verpflichtung im Rahmen ihrer Jahresberichte nach. Aufgeteilt nach Nord- und Südportal fanden sich hier – aufgeschlüsselt nach Monaten – Rapporte über die jeweiligen Arbeitsleistungen, die Zahl der beschäftigten Arbeiter und die Witterungsverhältnisse. Im Detail gaben die Jahresberichte Auskunft über den jeweiligen Stand der Arbeiten an den verschiedenen Teilprojekten:

Richtstollen, seitliche Erweiterung, Sohlenschlitz, Vollausbruch, Mauerung des Gewölbes, Mauerung der östlichen und westlichen Widerlager sowie Mauerung des Tunnelkanals. Ausgewiesen wurden aber beispielsweise auch die tägliche Arbeiterzahl im Mittel und die Anzahl Sonnen- und Regentage.

Gestützt auf das Mitte 1874 festgelegte Bauprogramm konnten die Arbeitsleistungen und Baufortschritte exakt mit dem Plansoll verglichen werden. Erstmals wurden die Fortschritte an den Tunnelarbeiten am 31. Dezember 1875 in dieser Weise differenziert ausgewiesen. Dabei stellte man fest, dass die einen Teilprojekte schneller, andere langsamer als geplant vorankamen. Beim Richtstollen beispielsweise war es Favre gelungen, das Programm um 505 m zu übertreffen, während er beim Gewölbe 249 m in Rückstand geraten war.

Nachdem Louis Favre 1874 den Durchstich des Tunnels auf Ende März 1880 vorausberechnet hatte und der Fortschritt der Arbeiten dieses Ziel noch Ende 1879 realistisch erscheinen liess, stieg die Spannung auf dieses epochale Ereignis hin ab dem Jahreswechsel von Tag zu Tag. Da die Sonde täglich 6 bis 7 m Fels durchstiess, ging man Anfang Februar 1880 davon aus, dass der Durchbruch sogar schon zwischen dem 3. und 4. März erfolgen würde. Doch schliesslich trat der langersehnte Augenblick bereits am 28. Februar ein. Es war Samstagabend, als die Stahlsonde die Scheidewand zwischen Nord- und Südschweiz durchbrach. Die Sprengung des Riegels folgte tags darauf, am Sonntag, dem 29. Februar 1880, um 11.10 Uhr.

Zu den ersten Zeitungen, die von diesem Ereignis berichteten, gehörte die «Schweizer Grenzpost». Unter dem unmittelbaren Eindruck der Neuigkeit berichtete das Blatt:

«Airolo, 29., 10 Uhr: Ungeheurer Jubel! Der Gotthard ist besiegt. Gestern Abend 9 Uhr hat ein Bohrer von Stahl den Raum, welcher die Arbeiter auf beiden Seiten noch trennte, vollständig durchstochen, so daß beide Teile sich sprechen und deutlich verständigen konnten; die Arbeit wurde eingestellt und heute Morgen wieder fortgesetzt, und heute gegen Mittag wird der Durchpaß offen sein. Es lebe der Kanton Tessin! Es lebe die Schweiz! Es leben die unerschrockenen Arbeiter am Gotthard!»[479]

Dabei hatten die Mineure der Weltöffentlichkeit und namentlich den an beiden Portalen wartenden Honoratioren und Medienvertretern, die in Erwartung des Ereignisses angereist waren, ein Schnippchen geschlagen, indem sie die letzten Meter mit der Sonde schneller vorankamen, als man berechnet und nach aussen kommuniziert hatte. Die Folge war, dass die auserwählten Gäste, die den Durchstich der Sonde miterleben wollten, zu spät im Tunnel eintrafen. Darauf nahm ein Berichterstatter der «NZZ-Depeschen» Bezug, der am Sonntagmorgen bei der Sprengung der Scheidewand als Augenzeuge dabei war.

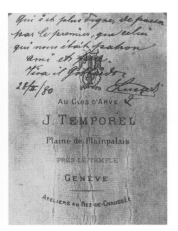

Am Samstag, dem 28. Februar 1880, brach das Sondiereisen der Südseite durch die nördliche Stollenbrust. Jubel herrschte: Der Gotthard war durchbohrt! Als erstes wurde von der Tessiner Seite her eine Blechkapsel durch das Loch gereicht. Sie enthielt die Fotografie des am 19. Juli 1879 verstorbenen Louis Favre: Der «Capo» sollte den Tunnel als erster passieren!

«Um 7 Uhr morgens fuhren die Autoritäten und Gäste in den Tunnel auf eigens konstruirten niedern Wagen ein; wir waren in Allem etwa 50 und lachten noch viel über die gestrige Ueberraschung, wo Alles zu spät gekommen war: Guirlanden, Böllerschüsse, Triumphbogen, Techniker, die sonst Tunnellängen meist zu kurz annehmen, hatten diesmal länger berechnet, doch paßten die Niveaux und die Axen beider Tunnelpartien wunderbar genau zusammen. Nach viel Hitze erreichen wir die Endwand des Tunnels, das Felsenloch, den sogenannten ‹Ort› im Richtstollen. Schwitzbad. Alles stürzt sich auf die Sonde, um hindurch zu sehen, zu sprechen. Man sieht drüben bewegte Gestalten. Endlich um 11 Uhr 12 Minuten kracht es. Alles rennt zur Stelle: ein großes Loch in der Wand. Man steigt herüber, hinüber, Jubel, Rührung, Wein, Bier, eine Rede, Umarmungen. Alle Welt zufrieden.»[480]

Die Kunde vom «Durchstich des Alpenriesen» ging am Sonntagvormittag, dem 29. Februar 1880, per Telegraph in die ganze Welt hinaus und wurde zum Medienereignis. Für kleinste Lokalanzeiger wurde der Durchstich des Gotthard ebenso zum Thema wie für die grossen Blätter der Welt.

«Man kann heute sagen, daß die ganze Presse des Kontinents dem Gotthardwerk ihre Huldigung darbringt und den Tribut aufrichtiger Anerkennung zollt.»[481]

Kurzen Telegrammitteilungen wie etwa derjenigen im «Figaro» vom 1. März: «Le percement du tunnel du Saint-Gothard a été achevé aujourd'hui à midi» folgten andere Artikel, etwa in der «Frankfurter Zeitung», die dem «ehemaligen Zimmergesellen» Louis Favre den Lorbeerkranz wand und namentlich dessen Mut, Talent und Fleiss lobte, oder in der «Times» vom 1. März, in der insbesondere auch die aussergewöhnliche technische Leistung hervorgestrichen wurde:

«The piercing of the longest tunnel in the world has thus been achieved in seven years and five months – a rapidity of execution quite unprecedented. [...] This great advance in the art of Tunnel driving is due to the more extended application of machinery, and above all to the efficiency of the air compressors invented by Professor Colladon, of Geneva.»[482]

Der Triumph von Technik und Wissenschaft wurde in vielen schweizerischen und ausländischen Zeitungen breit thematisiert. Die «Wiener Presse» sprach mit Bewunderung von der exakten Planung, Messung und Ausführung:

«Ja, es ist eine fabelhafte Leistung von Genauigkeit, wenn man bedenkt, daß die von zwei entgegengesetzten Seiten arbeitenden Partien sich in der Mitte des Berges, nachdem jede Partie zirka 8 Kilometer jahrelang gegraben und gesprengt und in den Eingeweiden der Erde gewühlt hat – daß diese Partien sich an einem Punkt treffen und der Fehler in der Abweichung von der mathema-

Louis Favre (1826–1879). Eisenbahnpionier und Erbauer des Gotthardtunnels.

tisch genauen, geraden Linie nicht mehr als zehn Centimeter und die Abweichung in der vertikalen Richtung nicht mehr als zwei Millimeter beträgt.»[483]

Viele Berichterstatter wiesen auf die historische Bedeutung des Gotthardtunnels hin. Sie wurde den Lesern vor Augen geführt, indem man das gewaltige Bauwerk in der Schweiz mit dem eben erst eröffneten Suezkanal verglich. Andere zögerten nicht, den Gotthardtunnel sogar zum grössten Werk des Jahrhunderts zu erklären, und stellten ihn mit den altägyptischen Pyramiden in eine Reihe. So etwa der «Landbote»:

«Welch' ein gewaltiger Unterschied zwischen den berühmtesten Bauwerken des Alterthums und demjenigen der Gegenwart! Dort gewaltige Pyramidalbauten ..., Verewigung des Andenkens eines Despoten, ein monumentales Zeugnis wundervoller Architektonik, aber ohne die geringste Rücksicht oder Einfluß auf Hebung der Volkswirthschaft; heute ein Werk, an welches sich die vitalsten Interessen des Volkes knüpfen, welches dem Verkehre ganzer Völkerschaften einen neuen, großartigen Impuls und Aufschwung zu geben berufen ist und so von ganz unberechenbaren sozialen Folgen sein muß. Dort eine Baute, wo ein Einzelner aus Egoismus hunderttausende von Menschen wie Sklaven an eine 40jährige Arbeit ruft, um wie eine Maschine im Dienste eines despotischen Gewalthabers sich verwenden zu lassen; hier ein Werk, das von wenigen Tausenden in wenigen Jahren vollendet wird und an dessen Segnungen Millionen in hohem Maße sich erfreuen dürfen; dort ein stolzer, aber unfruchtbarer Riesenbau, hier ein Werk, das dem kalten Norden die Wunder des Südens erschliesst und das Tausenden und Tausenden mit leichten Opfern ermöglicht, unter dem tiefen Blau des italienischen Himmels und den wohlthätigen Einflüssen eines milden Klimas das von der Last der täglichen Sorgen und Mühsale und den Einwirkungen einer kalten und nebligen Atmosphäre bedrückte Gemüth wieder frisch und lebendig aufthauen zu lassen.»

Das Gotthard-Ereignis führte nicht nur in Göschenen und Airolo zu Feststimmung und Feierlichkeiten. Auch in vielen anderen Ortschaften der Schweiz wurde das weltgeschichtliche Ereignis mit lauten Artilleriesalven gefeiert. Die Regierung des Kantons Bern hatte für den Fall des glücklichen Durchbruchs Kanonen mit Munition für 101 Schüsse zur Verfügung gestellt. Nachdem am 29. Februar 1880 die Kunde vom Durchstich in Bern eingetroffen war, ging man, wie der Korrespondent des Winterthurer «Landboten» berichtete, um 15 Uhr daran, die dafür reservierten Kanonen in Stellung zu bringen. Doch kaum hatte man etwa zwanzig Schüsse abgefeuert, traf der Befehl des Stadtpräsidenten ein, «des bekannten frommen Sonderlings, Herrn Oberst Otto von Büren, welcher das Schießen sofort untersagt, angeblich wegen Störung der Sonntagsruhe. Die Kanoniere fügten sich diesem Befehle. Wir geben Ihnen diese Mitteilung ohne weiteren Kommentar; aber schämen muß man sich, heute nicht Bürger einer der festlich beflaggten Städte Zürich, Luzern, Burgdorf u.s.w. zu sein.»[484]

Geschmückter Bauzug in Airolo. Zeitgenössische Xylografie der Feier anlässlich des Tunneldurchstichs 1880. Während die geladenen Gäste in der festlich geschmückten Maschinenhalle am Bankett teilnahmen, marschierten die Arbeiter mit ihren Familien durch den Tunnel. Im Tunnel gebar eine Frau einen Knaben, der auf den Namen «Gottardo» getauft wurde.

Das Festbankett fand am 4. März 1880 in Airolo in Anwesenheit von 180 Gästen statt. Viele Eingeladene fehlten. Alfred Escher wiederum war nicht einmal eingeladen worden. Der Glarner Landammann Eduard Blumer äusserte sich dazu mit bemerkenswerter Sachlichkeit:

«Welti, Heer, Hammer waren ihm [Escher] persönlich wohl treu geblieben, aber die Macht der Verhältnisse war stärker als die Menschen. Dass Alfred Escher zur Feier der Durchbohrung des Gotthardtunnels nicht eingeladen wurde, ist Ihnen wohl von anderer Seite bekannt, obschon die ganze Schweiz es wusste, dass sie den Gotthard Alfred Escher zu verdanken hatte.»[485]

Als Vertreter des Bundesrates waren der eidgenössische Inspektor Dapples und sein Vorgänger Koller anwesend, von seiten Italiens Generalinspektor Biglia und Generaldirektor Massa. Vertreten waren ebenso die Direktion der Gotthardbahn-Gesellschaft und das Unternehmen Favre, schliesslich die Beamten von beiden Portalen, sämtliche Unternehmer der Bahn, die Lieferanten und das ganze Personal der Unternehmung. Bossi, Direktor der Unternehmung Favre, brachte den ersten Toast zum Andenken Favres aus. Darauf hielt der Rechtskonsulent der Unternehmung Favre, Louis Rambert, eine «vortreffliche, oft von Beifall unterbrochene Rede». Dabei schilderte er Favres Lebenslauf und Charakter in so eindringlicher Weise, «daß einige Freunde des Verstorbenen in Tränen ausbrachen».[486]

Der deutsche Kaiser schrieb an den Bundesrat:

Die Tenderlokomotive E 2/2 wurde ursprünglich für die Tösstalbahn geliefert. Die Gotthardbahn übernahm die Lokomotive und beförderte damit – noch vor der offiziellen Eröffnung 1882 – Reisende und Postsachen durch den provisorischen Gotthardtunnel.

«Dem schweiz. Bundesrat zu Handen des Herrn Welti in Bern. Indem ich dem Bundesrat für die erfreuliche Mitteilung der Handreichung der sich vollkommen richtig begegnet habenden Endpunkte der Tunnels meinen aufrichtigen Dank ausspreche, füge ich meinen wahrhaften Glückwunsch zu diesem welthistorischen Ereignis hinzu. Diese bedeutende Nachricht erreichte mich, als die Kaiserin Königin und ich in einer kleinen Gesellschaft die Frage erörterten, ob auch gewiss am 1. März, wie man hoffte, jene Begegnung erfolgen würde? Der Jubel war um so grösser, als ich das bereits erreichte Ziel verlesen konnte. Ausdauer und Beharrlichkeit sind gekrönt worden. Wilhelm, Imp. Rex.»[487]

Auch der italienische König Umberto entbot der schweizerischen Landesregierung seine Glückwünsche:

«Au Président de la Confédération Suisse, Berne. J'apprends avec la plus vive satisfaction jonction des deux galeries du tunnel du Gotthard. Je félicite tous ceux qui ont concouru à l'accomplissement d'une œuvre qui honore notre siècle. A travers de cette nouvelle voie que la science et le travail ont ouvert à la civilisation et au commerce, je salue la noble nation suisse unie par un nouveau lien à l'Italie.»[488]

Insgesamt war die Berichterstattung zum Durchstich des Gotthardtunnels von Freude, Anerkennung und Lob getragen, doch gab es auch

Stimmen, die auf diejenigen hinwiesen, die beim Tunnelbau ihr Leben gelassen hatten oder im Stollen lebensgefährlich verletzt worden waren. So etwa die «Times»:

«The great engineering triumph of which the St. Gothard tunnel is at once the monument and the consummation, though a peaceful, has not been a bloodless one. Between 60 and 70 men have been killed by the premature explosion of mines and other mishaps, many more have been seriously injured, and those who have borne the heat and burden of the day are well worthy of the medals that are about to be bestowed upon them and the fête with which they are to be honored on Wednesday at Airolo.»[489]

Doch nicht alle sahen im Durchstich einen Grund zu ausgelassenen Feiern. Die NZZ druckte einen gegenteiligen Bericht aus dem Urserental:

«Dieser Tunnel mit der Eisenbahn durch dasselbe ist für den größern Theil unserer Thalbevölkerung das Grab ihres Wohlstandes. [...] Daß aber das Ursernervolk bei dem Jubelrausch drunten auch freudig einstimme, wär so wenig gedenkbar gewesen, als daß Einer seinem vollends ausgeschaufelten Grabe herzlich zujauchze.» Weiter ist die Rede von «trauriger Isolirtheit» und «massenhafter Auswanderung», da die bisherige Verdienstquelle im Transportgewerbe zu versiegen und die Paßstrasse zu veröden drohe.[490]

1. März 1880, nach dem Durchschlag des Gotthardtunnels. Der Sonderzug verlässt mit geladenen Gästen und den Ingenieuren das festlich geschmückte Göschenen und fährt zur Durchbruchstelle.

Die späte Würdigung von Louis Favre

Aus heutiger Sicht ist beeindruckend, wie präzise Favre seine Arbeiten geplant hatte. Bedenkt man, dass es ihm beziehungsweise seinem Rechtsnachfolger gelang, nach knapp siebeneinhalbjähriger Bauzeit den Durchstich zu schaffen, verliert der Umstand an Gewicht, dass der Tunnel erst am 1. Januar 1882 – 15 Monate nach Ablauf der achtjährigen Baufrist – dem Betrieb übergeben werden konnte. Berücksichtigt man zudem das technische Neuland, das Favre 1872 betrat, die unvorhersehbaren geologischen Schwierigkeiten, mit denen er zu kämpfen hatte, sowie die Baustopps aufgrund von Arbeitsniederlegungen, Streiks und Unfällen, so ist seiner Termintreue allergrösster Respekt zu zollen. Dasselbe gilt für die finanzielle Seite. Was Kostenüberschreitungen betrifft, braucht Favre den Vergleich mit späteren Tunnel-, Bahn- und Strassenprojekten, die zudem mit unvergleichlich besseren technisch-wissenschaftlichen Instrumenten geplant und durchgeführt wurden, bis in unsere Tage nicht zu scheuen. Wohl wurde der ursprüngliche Finanzplan von 187 Millionen Franken um rund 21 Millionen überschritten; doch auch hier gilt, was bereits im Zusammenhang mit der Zeitplanung festgestellt wurde: Vor dem Hintergrund des bei Baubeginn gegebenen technischen Wissensstandes betreffend die geologische Beschaffenheit des Berges und die damit zusammenhängenden bautechnischen Imponderabilien erscheint die Kostenüberschreitung von rund 11% im Vergleich zu späteren vergleichbaren Bauprojekten im Berg moderat. In Anbetracht der

staatspolitischen und volkswirtschaftlichen Bedeutung des Gotthardtunnels sind die 21 Millionen ohnehin zu vernachlässigen.

Favres Schwächen zeigten sich nicht auf der Baustelle, sondern am
Verhandlungstisch. Da seine Offerte markant günstiger war als diejenige
der Società Italiana di Lavori pubblici, hätte er den Auftrag wohl auch
erhalten, wenn er wie die italienische Konkurrentin eine Bauzeit von
neun Jahren veranschlagt hätte. Da unterliefen ihm zweifellos verhandlungstaktische Fehler. Escher verstand es eben, die beiden zuletzt noch
im Rennen um den Auftrag befindlichen Konkurrenten gegeneinander
auszuspielen, um die für die Gotthardbahn-Gesellschaft günstigsten
Konditionen auszuhandeln. Ohne dazu gezwungen zu sein, tappte Favre
in die Zeitfalle, aus der er sich nicht mehr befreien konnte.

Gemäss Artikel 7 Absatz 1 des Vertrages «betreffend die Ausführung
des großen Gotthardtunnels» vom 7. August 1872 verpflichtete sich der
Genfer Bauunternehmer Louis Favre gegenüber der Gotthardbahn-
Gesellschaft, das Bauwerk «innerhalb acht Jahren, vom Tage der Genehmigung dieses Vertrages durch den Schweizerischen Bundesrath an
gerechnet, in allen Theilen» zu vollenden. Eine kritische Überprüfung der
Arbeitsabläufe hinsichtlich Termingerechtigkeit ergibt, dass Favre zu keinem Zeitpunkt – weder anlässlich der Berner Konferenz von 1874 noch
im Nachvertrag von 1875 – zu erkennen gab, dass er die Frist von acht
Jahren für das Gesamtwerk nicht würde einhalten können. Wie präzis
Favre seine Bauplanung berechnet hatte, zeigt sich namentlich im Blick
auf den Durchstich. Obwohl der Zeitplan sechs Jahre im voraus berechnet worden war, gelang es dem Unternehmen Favre, diesen um einen Monat zu unterbieten. Angesichts dieser glänzenden Leistung hätte man
Favre zugetraut, auch die verbleibenden Ausbauschritte vom Durchstich
bis zur vollständigen Vertragserfüllung im Rahmen des Zeitbudgets von
sechs Monaten zu realisieren. Vor diesem Hintergrund ist aus heutiger
Sicht schwer verständlich, warum das Unternehmen Favre die vertragsmässig abgesteckten zeitlichen Ziele dennoch nicht erreichte. Die Frage
nach den Gründen drängt sich um so mehr auf, wenn man berücksichtigt, mit welchen technischen und finanziellen Schwierigkeiten die Bau-
unternehmung wie die Gotthardbahn-Gesellschaft zu kämpfen hatten.
Namentlich waren es die zeitraubenden Auseinandersetzungen um die
Nachsubventionierung, welche in der zweiten Hälfte der 1870er Jahre
erhebliche Managementkapazitäten absorbierten. Zu diesen Problemstellungen kamen einschneidende personelle Veränderungen in der Füh-
rungsstruktur des Unternehmens Favre und der Gotthardbahn-Direktion: der Rücktritt Alfred Eschers als Direktionspräsident 1878 und der
Tod Louis Favres 1879. Doch wurde 1880 der Durchstich des Jahrhun-
dertwerks trotz aller Hindernisse fristgerecht geschafft. Überblickt man
diese Zusammenhänge, kommt man zum Schluss, dass es – nebst tech-
nisch-geologischen Schwierigkeiten – gerade die personellen Wechsel
waren, welche auf der letzten Bauetappe zu den zu Buche schlagenden
Verzögerungen führten. Aus dieser Sicht liegt der Schluss nahe, dass es

mit dem Führungsdruck und den vielschichtigen Kompetenzen, die Favre und Escher bis Ende der 1870er Jahre erfolgreich für das Jahrhundertprojekt eingesetzt hatten, hätte gelingen müssen, das Projekt in allen Teilen fristgerecht und vertragskonform per 1. Oktober 1880 zu vollenden.

Nachdem Louis Favre am 19. Juli 1879 anlässlich einer Inspektion im Tunnel durch einen Herzschlag aus dem Leben gerissen worden war, kam Artikel 12 des Vertrags von 1872 zur Anwendung. Nach diesem blieb der Vertrag in Kraft, und die Erben Favres hatten in die Rechte und Pflichten des Verstorbenen zu treten. Die Arbeiten im Tunnel wurden zunächst durch die Repräsentanten der Unternehmung weitergeführt, bis schliesslich die Erben Favres dem Chef des Favreschen Zentralbüros, Ingenieur Bossi, die Leitung übertrugen.

Zu einem Kernproblem der weiteren Zusammenarbeit zwischen der Gotthardbahn-Gesellschaft und dem Unternehmen Favre wurde der Terminplan. An der 1872 festgesetzten Verpflichtung, das Bauwerk bis zum 30. September 1880 zu vollenden, war in der Folge nie etwas geändert worden. Ebenso galt nach wie vor die Vereinbarung über die Abschlagszahlungen, die bei verspäteter Fertigstellung fällig würden. Im April 1880 wandte sich das Unternehmen Favre an die Gotthardbahn-Gesellschaft, um Unterhandlungen über eine Fristverlängerung einzuleiten. Die Gesellschaft sah zunächst keine Veranlassung, die entsprechenden Bestimmungen zu modifizieren. Daraufhin reichte das Unternehmen Favre im August 1880 beim Bundesgericht Klage gegen die Gotthardbahn-Gesellschaft ein.

«Die Klage sucht ihr Begehren zu begründen mit der Behauptung eines fehlerhaften Vorgehens der Gesellschaft beziehungsweise der Bauleitung nach verschiedenen Richtungen, mit Verhältnissen höherer Gewalt und mit Umständen gemischter Qualifikation, z. B. der Finanzkrisis der Gesellschaft.»[491] Die Gotthardbahn-Gesellschaft bestritt diese Klagen, indem sie unter anderem eine Haftpflicht für sogenannte Fälle höherer Gewalt ablehnte. Allerdings gilt es zu beachten, dass die Gesellschaft alle weiteren Monatszahlungen an das Unternehmen Favre ohne den gemäss Artikel 7 des Hauptvertrages vorgesehenen Abzug leistete. Auch wies die Gotthardbahn-Gesellschaft regelmässig darauf hin, dass damit die Rechtsstellung unberührt bleibe.

Im Lauf der folgenden Monate fanden wiederholt Besprechungen über einen Vergleich statt. Obwohl man sich in der Hauptsache genähert hatte, scheiterten schliesslich die Vergleichsverhandlungen. Am 12. März 1881 trat das Bundesgericht zusammen und wies die Fristerstreckungsklage ab.

In der Folge wurden die Vergleichsverhandlungen wieder aufgenommen. Mit Schreiben vom 7. Oktober 1881 erklärte die Gotthardbahn-Gesellschaft aus «Gründen der Billigkeit und in Anlehnung an frühere Gesuche» der Unternehmung Favre, dass sie vorbehältlich der Genehmigung durch die zuständigen Behörden die vertraglich stipulierte Vollendungsfrist um drei Monate, das heisst bis zum 1. Januar 1881, erstrecken würde.[492]

Nach weiteren Vergleichsverhandlungen und Klagen beziehungsweise Gegenklagen beim Bundesgericht kam es schliesslich am 11. April 1885 in Lausanne zur Urteilseröffnung. Im entscheidenden Punkt wies das Bundesgericht die Forderung der Gotthardbahn-Gesellschaft nach Leistung der Konventionalstrafe durch das Unternehmen Favre gemäss Artikel 7 des Hauptvertrages ab.

Die Eröffnungsfeierlichkeiten in Luzern und Mailand Ende Mai 1882
Im Mai 1882 schrieben die «Innsbrucker Nachrichten»:

«Die neue Bahnstrecke enthält 62 Tunnels, 34 Brücken, 10 Viaducte und 24 Übergänge. [...] Die Gesammtlänge aller Tunnels beträgt 41 423 Meter. [...] Eine Million Kilogramm Dynamit und 1 700 000 Kilogramm Oel wurden verbraucht. [...] Die Generalversammlung der Gotthardbahn am 20. Mai beschloss den Fahrpreis von Luzern nach Mailand auf 26 Francs zu fixieren; bisher kosteten Schiff, Post und Bahn 54 Francs.»[493]

Die Bedeutung des Gotthardtunnels als technische Meisterleistung und als neue Dimension in der wirtschaftspolitischen Beziehung zwischen der Schweiz, Deutschland und Italien fand ihren Niederschlag in entsprechenden Feierlichkeiten, die sich zu einer eigentlichen ‹Gotthard-Festwoche› ausgestalteten. Offizielle Höhepunkte waren zwei internationale Feiern: in Luzern, der schweizerischen Feststadt, am 22. Mai 1882 und in Mailand, der italienischen Feststadt, am 24. Mai.

Feierlichkeiten zur Eröffnung der Gotthardbahn, welche in Luzern am 22. Mai 1882 und in Mailand am 24. Mai 1882 veranstaltet wurden.

Die Gäste reisten am 21. Mai an. Der Bundesrat hatte Sonderbevollmächtigte nach Basel und Chiasso geschickt, welche – begleitet von lokalen politischen Vertretern – die rund 360 italienischen und 100 deutschen Gäste an den Grenzorten in Empfang nahmen. Hinzu kamen rund 300 Gäste aus der Schweiz, von denen viele den Extrazügen aus Chiasso und Basel zustiegen.

So fand auf Schweizer Boden eine illustre internationale Festgesellschaft zusammen. In Luzern begegneten sich Nobilitäten und Honoratioren. Fünf Bundesräte waren angereist, dazu zahlreiche deutsche und italienische Minister, Botschafter und Generäle. Ein ganzes Heer von Berichterstattern schweizerischer und ausländischer Zeitungen dokumentierte das offizielle Festprogramm, die Reden, die Toasts und das Freizeitprogramm, das man für Italiener und Deutsche zusammengestellt hatte. Der Volksandrang zu den Festorten war gewaltig. Überall erschallten Jubelrufe der Bevölkerung, Musik und Freudenschüsse. Die ganze Stadt Luzern war im Festtaumel, die Häuser geschmückt mit Kränzen, Girlanden und Fahnen. Alle Schiffe der Vierwaldstätterseeflotte waren bunt geschmückt ausgelaufen und paradierten vor der mächtigen Szenerie der Berge. Vor dem beflaggten Bahnhof und den grossen Hotels entlang der Seepromenade drängten sich Kutschen und Equipagen. Und schliesslich machte die elektrische Beleuchtung von Brücke und Quai, die selbst den Reporter des «Figaro» in Erstaunen versetzte, zusammen mit Fackeln, Ehren- und Freudenfeuern die Nacht zum Tag. Es war ein Spektakel, wie es die Schweiz noch nie gesehen hatte.

Dreht man das Rad der Zeit nur etwas mehr als drei Jahrzehnte zurück, finden wir uns in einer Schweiz wieder, die unmöglich zu einem solchen Fest hätte laden können – eine exotische Republik, umgeben von Monarchien und Fürstentümern. Noch 1848 war die Schweiz vor allem als Zufluchtsort für Revolutionäre, Insurgenten und Deserteure bekannt – aus der Sicht des Auslandes ein Herd der Agitation und der revolutionären Umtriebe. Die republikanische Schweiz war eine Quelle bedrohlicher Unruhe mitten im monarchistischen Europa. Es fehlte an Eisenbahnen, Strassen und Hotellerie. Hierhin kam man weiss Gott nicht, um Ferien zu machen! 35 Jahre später bot sich ein radikal verändertes Bild: Raddampfer kreuzten auf dem See, zwei Bahnen führten auf den Rigi, und die ersten Züge donnerten durch den Gotthard. Überdies war die Schweiz inzwischen mit dabei, wenn es um die eleganteste Hotellerie der Welt ging. Alle lobten die Schweiz. Staatsminister Heinrich von Bötticher, der auf der Reise von Luzern nach Mailand in Lugano Station machte, hob in einer Rede hervor, dass die Schweiz mit der Genfer Konvention, dem Weltpostverein und nicht zuletzt mit dem Gotthardtunnel grosse Verdienste erworben habe. Er gab dem Wunsch Ausdruck, die Schweiz möge ihre besondere Stellung für immer behaupten, denn «die Unabhängigkeit ihres freien gastlichen Bodens sei unentbehrlich für Nord und Süd».

Dabei wäre es bereits am Anreisetag beinahe zu einem Zwischenfall gekommen. Alles hatte seinen wunderbaren und planmässigen Anfang genommen. Die 360 italienischen Gäste, die morgens um 8.30 Uhr Mailand verliessen, kamen in 20 Waggons – 18 Personenwagen, einem Güterwagen und einem Schlafwaggon – in Lugano an. Nach dem kurzen Festakt in der Festhalle beim Bahnhof fuhr der Extrazug weiter nach Bellinzona, wo das Gros der Tessiner Gäste und die Vertreter des eidgenössischen Parlaments zustiegen. Oberhalb von Faido musste der Extrazug für die Durchfahrt durch den Gotthardtunnel auf zwei Lokomotiven aufgeteilt werden. Namentlich die prächtigen Kunstbauten zwischen Wassen und Amsteg erregten, wie der Korrespondent des «Vaterlands» festhielt, allgemeine Bewunderung. Doch dann ereignete sich vor Brunnen ein Zwischenfall, «indem gleich nach Abgang des Zuges die eine Hälfte der Wagen abgelöst und von der andern im Stiche gelassen wurde». Die Folge war, dass der Festzug aus Italien erst um 19.30 Uhr – das heisst mit einer Verspätung von ungefähr 35 Minuten – im Bahnhof Luzern einfuhr. Dies tat freilich der italienisch-schweizerischen Festfreude keinen Abbruch. Unter Artilleriefeuer und mit Fanfarenspiel wurden die Gäste von den wartenden Delegierten in Empfang genommen und in die Quartiere geleitet. Die Stadtmusik Luzern spielte den «Garibaldi-Marsch». Rund eine Stunde später traf der Extrazug aus Basel mit den deutschen Gästen in Luzern ein, worauf die Luzerner Stadtmusikanten «Die Wacht am Rhein» intonierten. Alle Gäste wurden in Hotels einquartiert – der grösste Teil der Vertreter Italiens und sämtliche Bundesräte im «National», die Vertreter Deutschlands im «Schweizerhof». Die «Gotthard-Festwoche» hatte ihren fulminanten Anfang genommen.[494]

Der Gotthardexpress am Urnersee.
Postkarte um 1895.

«Der hereinbrechende Abend gewährte bereits einen Vorgeschmack von den am Montag zu erwartenden Genüssen. Taghell war das Quai erleuchtet. Von den Zinnen des ‹Schweizerhof› strahlten vier elektrische Flammen ihr sonniges Licht weithin über die Ufer und die Spiegelfläche des See's aus. Gleichzeitig wurde von der Bahnseite her der Hotelkranz besonders beleuchtet. Dem See entlang wogte die staunende Menge auf und nieder, rasselten Equipages, Omnibus ... ein zweites Corso di Toledo.»[495]

Am folgenden Tag, dem 22. Mai, wurde für die Gäste zunächst ein Ausflugsprogramm organisiert. Hierfür standen die Dampfer «Italia» und «Germania» bereit, die im Sommer 1872 vom Stapel gelaufen waren und deren Namen den Bezug zu den beiden grossen Finanzgebern herstellten. Die beiden Schiffe nahmen je rund 300 Gäste auf, führten auf dem Vierwaldstättersee Festfahrten durch und brachten die Gäste nach Brunnen. Dort gingen rund 250 Gäste an Land und fuhren nach Goldau, um von dort bei schönstem Wetter mit der Arth-Rigi-Bahn auf den Rigi zu fahren. Auf dem Rückweg benützten sie die Vitznaubahn. In Vitznau wurde die Gruppe von Extraschiffen aufgenommen und wieder nach Luzern zurückgebracht. Der grössere Teil der Gäste fuhr von Brunnen mit den Dampfern zum Rütli und weiter nach Flüelen, wobei der Besuch der Tellskapelle bei der Tellsplatte in Sisikon mit Besichtigung der vier bereits fertiggestellten Fresken von Ernst Stückelberg auf dem Programm stand. Gegen 17 Uhr liefen die reichgeschmückten Salondampfer unter Böllerschüssen wieder im Hafen von Luzern ein. Die Gäste warfen sich in Gala, um dem Abendprogramm, dem angekündigten Höhepunkt der Festivitäten, beizuwohnen.

«In ungeheuren Schaaren wälzten und drängten sich die Zuschauer über die Straßen und den Quai vor dem genannten Hotel [Hotel ‹National›] und dem ‹Schweizerhof›. Ganz Luzern war auf den Füßen, dazu eine Unmasse Besucher aus der Urschweiz, vom Lande und eine große Zahl von Fremden. Gegen 5 Uhr begannen die Equipagen und Droschken zu rollen, andere Gäste gingen zu Fuß – eine Musterkarte von Physiognomien, vom jugendlich schönen Lockenkopf bis zum ehrwürdigen bartumwallten Greisenhaupte; hier der Vertreter des ächten italienischen Typus, dort der ruhigere, bedächtige Deutsche, und bald darauf der unverfälschte Orientale; die Einen im einfachen schwarzen Rock mit Cylinder, Andere mit Claquehut, Frack und tadellos weißer Cravatte; die Dritten mit Ordensbändern geschmückt und die Brust mit Sternen und Kreuzen besäet. Die Räume im ‹National› waren gefüllt und der offizielle Akt konnte beginnen; er glänzte durch republikanische Einfachheit. Die verschiedenen Delegationen defilirten vor dem Bundespräsidenten durch und bezeugten durch Verbeugungen oder allfälligen Händedruck ihre Freude über das gelungene Werk.»[496]

Die Menukarte (Titelblatt) für den Festakt in Lugano – ein kleines grafisches Kunstwerk.

Es begann im Hotel «National» mit der Begrüssung und Vorstellung der offiziellen Persönlichkeiten. Darauf ging's ins Hotel «Schweizerhof», wo um 18.30 Uhr und mit einer Verspätung von 30 Minuten das Bankett begann. Der Berichterstatter des «Landboten» erlaubte sich anzumerken, dass die eigentlichen Helden des Projekts fehlten:

«Von den Herren, welche über diese Tage der Vollendung der Gotthardbahn im Gratisfestzug und beim Champagner sich freuten, haben die Wenigsten ein nennenwerthes Verdienst an der Erstellung des Werkes selbst; diejenigen aber, welche ihre Kraft und theilweise ihr Leben im Dienste des Unternehmens geopfert, waren ausgeschlossen.»[497]

Es oblag Bundespräsident Simeon Bavier, die erste Rede zu halten. Er dankte den beiden Staaten für die Unterstützung des Gotthardunternehmens und feierte die neue Alpentransversale als Triumph von Kunst und Wissenschaft, als Denkmal der Arbeit und des Fleisses, worauf Bravo-Rufe ertönten. Der Bundespräsident verwies auf die «kampfgerüsteten Heeressäulen», die seit Jahrtausenden ihre erhobenen Standarten über den Gotthardpass getragen hätten, «um bald hüben, bald drüben Verderben und Zerstörung zu verbreiten». Diesen stellte er die reichbeladenen Karawanen gegenüber, die von nun an mit der Eisenbahn durch den Tunnel dahinziehen würden, um «statt Vernichtung Segen und statt Krieg den Frieden [zu] bringen».⁴⁹⁸ Dieser Vergleich wurde mit stürmischem Beifall quittiert. Schliesslich erhob der Bundespräsident sein Glas auf das Wohl Ihrer Majestäten, des deutschen Kaisers und des Königs von Italien, auf die hohen Regierungen in Berlin und Rom und auf die mit der Schweiz in alter Freundschaft verbundenen Völker der beiden Nachbarstaaten. Damit schloss er seinen Toast, und die Festteilnehmer spendeten ihm donnernden Applaus. Bereits bei dieser Rede des Bundespräsidenten, die aus organisatorisch-logistischen Gründen – es ergaben sich unerwartete Schwierigkeiten bei der Placierung der Gäste – verspätet angefangen hatte, zeigte sich, dass es der Bankettdirektor, Nationalrat Karl Karrer aus Sumiswald, schwer haben würde, die Aufmerksamkeit der Gäste für die weiteren Reden zu gewinnen. Die Geladenen nämlich hatten Hunger und Durst. Es eilte, auch weil das Bankett vor 21 Uhr beendet sein musste, wollte man das grosse Feuerwerk nicht verpassen. Je mehr die Reden sich häuften und in die Länge zogen, desto grösser wurde die Unruhe im Saal. Da nun das Servierpersonal Essen und Getränke auftrug, mischte sich das Klappern von Tellern und Bestecken ins Stimmengewirr. Schon Gotthardbahn-Direktor Zingg, dessen Ansprache auf jene des Bundespräsidenten folgte, hatte Mühe, sich Gehör zu verschaffen. Mit seinem etwas langfädigen historischen Rückblick auf Gründung und Entwicklung des Gotthardbahnunternehmens gelang es ihm nicht mehr, die tafelnde Runde emotional abzuholen. Immerhin setzte er sich akustisch noch einigermassen durch. Bei den auf Zingg folgenden Rednern – dem deutschen Gesandten General von Roeder, dem italienischen Minister Baccarini und dem deutschen Reichstagspräsidenten von Levetzow – war dies nicht mehr der Fall. Diese verstand man höchstens noch, wenn man in ihrer nächsten Umgebung sass. Insbesondere Baccarinis rund halbstündiger Vortrag ging über die Köpfe der vom Champagner der Marke Louis Roederer animierten Gäste hinweg und wurde vom Lärm im Saal verschluckt. Es nützte dem Reichstagspräsidenten nicht viel, dass er zum Schluss seiner Rede der Direktion der Gotthardbahn ein dreifaches Hoch zudonnerte. Der Lärmpegel war weiter angestiegen, so dass es zum Eklat kam, als Nationalrat Karrer den Beginn des Feuerwerks ankündigte. Ein Teil der Gäste brach sogleich auf an den See. Der achtzigjährige italienische Senatspräsident Sebastiano Tecchio liess sich dadurch nicht irritieren, aber nur wenige verstanden von seiner Rede auch nur ein Wort. Im ausgebrochenen Getümmel sprachen der Vizepräsident der italienischen Kammer und der Syndikus von Mailand, Belinzaghi, letzterer wenigstens in kurzen und kräftigen Worten. Vergeblich bemühte sich der Bankettdirektor, Ruhe und Ordnung wiederherzustellen. Zwölf Redner verzichteten wegen des Lärms auf das Wort. Das Bankett fand seinen abrupten Abschluss, und alle strömten an die frische Luft und zum Feuerwerk.

Das Festbankett vom 22. Mai 1882 im Hotel «Schweizerhof» in Luzern

Potage
Potage tortue
Madère

Hors-d'œuvre
Bouchée à la parisienne

Poisson
Turbot sauce crevettes
Yvorne

Relevée
Filet de bœuf à la Godard
Bissegger

Entrées
Suprême de volailles
à la Chevalière
Rüdesheimer

Rôti
Perdreaux rôtis aux croûtons
Salade de laitue garni
Ls. Roederer

Pièce froide
Galantine de Dinde truffée
en Bellevue

Entremets
Pièce montée historiée
Bombe glacée vénitienne et
Ananas

Dessert
Gâteaux Napolitains
Fruits
Café noir – Liqueurs

«Zwischen 9 und 11 Uhr spielte sich vor den Augen einer gewaltigen Menschenmenge die angekündigte prachtvolle Illumination mit Feuerwerk ab. Die Häusergruppen am Quai: National, Schweizerhof, Englischer Hof, Hungaria, Schwanen, Gotthard, Hotel du Lac u.s.f. strahlten in herrlichem Lichtglanze; Hotel du Lac und Hungaria zeichneten sich besonders aus. Wir zählten im Ganzen 7 elektrische Sonnen. Eine ganze Reihe von hübschbekränzten und mit Lampions erhellten Schiffen und schmucken Gondeln belebten die glanzschimmernden Fluthen des See's; in das bunte Geräusch des prachtvollen Feuerwerks (wir erwähnen bloß das wundervolle Gotthardtunnel-Thor und das eidg. Kreuz) und in das Gemurmel und Gewimmel der Menschenmassen mischten sich die frischen Melodien der Luzerner Stadtmusik. Nur schade, daß die schönen Weisen nur von einem geringen Theil der ungeheuren Menschenmenge gehört wurden. Es hätten wohl drei Musiken spielen sollen, eine unbedingt vor oder doch in der Nähe der Statue der Helvetia. In der weiten Runde leuchteten nicht weniger als 53 Bergfeuer (9 röthliche) in die Nacht hinaus, so 11 an und auf der Rigi- und 13 auf der Pilatuskette. [...] Es war ein feenhaft prächtiges Bild, das sich dem entzückten Auge bot: würdig des großartigen Charakters der Gesamtfeier.»[499]

Die Gästeschar, die sich am 23. Mai auf der Fahrt von Luzern in den Süden an den Naturschönheiten, Brücken und Tunneln entzückte, legte in Lugano einen Halt ein, um in der Festhütte des ‹Sängervereins am Zürichsee› das Mittagessen einzunehmen. Ein wolkenbruchartiger Regen zwang das Personal, mit aufgespannten Schirmen zu servieren. Dies tat der Stimmung allerdings keinen Abbruch, wie Zeitungsberichte dokumentieren. Die Fahrt nach Mailand gestaltete sich zum wahren Triumphzug. Unter «ungeheurem Jubel, gewaltigem Volksandrang und den Klängen des ‹Rufst du, mein Vaterland›» fuhr der Extrazug im Bahnhof der lombardischen Metropole ein, wo die Gäste durch Minister Mancini offiziell begrüsst und zum Empfang in den Palast des Munizipalrates geladen wurden.[500] Am 24. Mai wurde 350 Gästen in der Scala von der Schweizerkolonie ein Déjeuner geboten, während gleichzeitig Prinz Amadeo im Schloss zu Mailand weitere 150 Gäste zum Déjeuner lud. Nach diesen beiden Veranstaltungen folgte am Abend in den öffentlichen Gärten das grosse Bankett, das von der Stadt Mailand veranstaltet wurde. Pracht und Glanz des abendlichen Festmahls fanden in der Berichterstattung des folgenden Tages beredten Ausdruck:

«Das Bankett übersteigt an äußerem Glanz alles was mein Auge bis jetzt gesehen. Der an sich schon einzig schöne Saal ist prachtvoll dekorirt. In der Mitte der Stirnfront ist das Bildniß des Königs, diesem vis-à-vis dasjenige Viktor Emmanuels, in den Ecken die Wappen der Schweiz, Deutschlands, Mailands und Italiens angebracht. Auf den 12 langen Tafeln, an welchen zirka 800 Gäste Platz finden, liegen in der Mitte prachtvolle Blumenkränze, welche einen herrlichen Duft ausströmen. Neben fünf Sternleuchtern verbreiten fünfarmige Kerzenleuchter blendenden Glanz. Unter dem Bilde des Königs saßen

Angenehmes Reisen für begüterte Passagiere offerierte die Gotthardbahn (GB) ihren Fahrgästen im zweiachsigen Salonwagen AS Nr. 51 von 1883. Frei verstellbare Fauteuils und Hocker liessen sich je nach Wunsch gruppieren; Toilette und Oberlicht gehörten ebenso zur Ausstattung wie Gasbeleuchtung und Warmluftheizung.

Prinz Amadeo, Bavier, Keudell, gegenüber Bötticher zwischen Mancini und Berti. Amadeo trinkt auf das Wohl des deutschen Kaisers und des Präsidenten der helvetischen Republik, und auf die Freundschaft mit beiden Nationen; Bavier antwortet italienisch. Er beginnt mit dem Preise des herrlichen Landes, zu dessen Schmucke Himmel und Erde sich verschwistert haben. Er dankt der Bevölkerung für die enthusiastische Begrüßung, für den Festglanz, den Jubel und die Blumen allerwegen. ‹Wir sind beschämt von solchem Empfang. Im Namen der Schweiz Dank dem König Galantuomo, dem Sohne des Königs Galantuomo, sowie dem intelligenten, warm empfindenden Volke Mailands. Ein Band der Freundschaft, noch fester als zuvor und verstärkt durch die gemeinschaftlichen Interessen, verbindet jetzt Italien, Deutschland und die Schweiz.›»[501]

Am 25. Mai wurden die Gäste aus der Schweiz und aus Deutschland mit der Eisenbahn «unter enthusiastischen Abschiedsgrüssen» wieder nach Norden geführt, und damit fand die «Gotthard-Festwoche» ihren Abschluss.[502] Gleichzeitig stellten schweizerische Zeitungen Überlegungen und Vermutungen darüber an, auf welchen Betrag sich die Kosten der Feierlichkeiten – namentlich soweit sie auf Rechnung der Gotthardbahn-Gesellschaft gingen – wohl belaufen würden. Die einen errechneten ein Total von 150 000 Franken, während andere vermuteten, die Gesellschaft habe für den Anlass sogar 300 000 Franken ausgegeben.

Der Eröffnungszug der Gotthardbahn bei Göschenen. Radierung 1882.

Die Finanzierung der Gotthardbahn-Gesellschaft

Im Anschluss an die Internationale Gotthardkonferenz vom 15. September 1869 in Bern verhandelten die Vertreter der Schweiz, des Norddeutschen Bundes, des Grossherzogtums Baden sowie der Königreiche Württemberg und Italien im Rahmen weiterer Konferenzen in insgesamt 15 Sitzungen über die Linienführung, das bautechnische Vorgehen und die Finanzierung des Tunnels. Am 13. Oktober 1869 wurde das Schlussprotokoll von allen teilnehmenden Parteien unterzeichnet:

«Die Staaten, welche an den Konferenzen Theil genommen haben, vereinigen sich, um die Verbindung zwischen den deutschen und den italienischen Eisenbahnen vermittelst einer schweizerischen Eisenbahn über den St. Gotthard zu sichern. Das zu diesem Zwecke herzustellende Eisenbahnnetz des St. Gotthard umfasst folgende Linien: Luzern–Küssnacht–Immensee–Goldau, Zug–St. Adrian–Goldau, Goldau–Flüelen–Biasca–Bellinzona, Bellinzona–Lugano–Chiasso, Bellinzona–Magadino - italienische Grenze gegen Como mit Zweigbahn nach Locarno. Dieses Netz wird eine Länge von ungefähr 263 Kilometern haben. Um die Herstellung dieser Linien zu erleichtern, werden die Staaten, welche an der Konferenz Theil genommen haben, derjenigen Gesellschaft, welche sich zum Bau und Betrieb der St. Gotthard-Bahn bilden wird, gemeinschaftlich eine Subvention gewähren.»[503]

Die Kosten für die Errichtung des gesamten Gotthardstreckennetzes wurden auf 187 Millionen Franken veranschlagt. Die Teilnehmerstaaten der Gotthardkonferenz verpflichteten sich, insgesamt 85 Millionen Franken in Form von Subventionen zur Verfügung zu stellen. An diesen Betrag hatten Italien 45 Millionen Franken, die Schweiz und Deutschland je 20 Millionen beizusteuern. Der Differenzbetrag von 102 Millionen Franken sollte in Form von Aktien und Obligationen auf den Kapitalmärkten Deutschlands, Italiens und der Schweiz beschafft werden.

Diese vertragliche Festsetzung der Subventionsbeiträge markierte einen Meilenstein für das Gotthardprojekt, waren der Kapitalbeschaffung doch aufwendige Verhandlungen verausgegangen, wie man Eschers autobiographischen Aufzeichnungen entnehmen kann:

«In dieser Richtung waren endlose Unterhandlungen zu pflegen. Die Anschauungen der inländischen und ausländischen Finanzmächte gingen weit auseinander und waren überdieß beständigem Wechsel unterworfen. Ein Meer von Schwierigkeiten war zu überwinden.»[504]

Die schweizerischen Subventionsleistungen und die Zusammensetzung des Finanzkonsortiums von 1871

Die seitens der Schweiz zugesicherten Subventionsleistungen in der Höhe von 20 Millionen Franken sollten durch verschiedene Schweizer Kantone, Städte und Eisenbahngesellschaften aufgebracht werden. Die Schweiz konnte ihrer Zahlungsverpflichtung nur deshalb in vollem Umfang nachkommen, weil die Nordostbahn und die Centralbahn je einen Beitrag von 3,51 Millionen Franken – das heisst zusammen rund einen Drittel der gesamten schweizerischen Beitragszahlung – zugesichert hatten.

Das weitere Investitionskapital von 102 Millionen Franken sollte durch ein internationales Syndikat beschafft werden. Man plante, rund 60% als Aktien und den Rest als fünfprozentige Obligationen zu begeben. Obwohl die Schweizerische Kreditanstalt bei der Nordostbahn bereits substantiell engagiert war und obwohl Escher beide Unternehmen präsidierte, betraute dieser nicht ‹seine› Bank mit der Leitung des internationalen Konsortiums. Escher ahnte in weiser Voraussicht, dass ihm die Machtballung in seinen Händen in der zusehends demokratischeren Schweiz eines Tages Schwierigkeiten bereiten könnte. Die öffentliche Zurschaustellung der engen personellen Verflechtungen zwischen Nordostbahn und Kreditanstalt hätte transparent gemacht, dass Escher sowohl auf der kapitalsuchenden als auch auf der kapitalvermittelnden Seite erfolgreich tätig war. So schien es aus psychologischen wie politischen Gründen geraten, in diesem international ausstrahlenden Grossprojekt, dessen staatlichen und privaten Beteiligten in ein komplexes und diffiziles Vertragswerk eingebunden waren, die Kreditanstalt als grössten Investor der Schweiz zwar zuzulassen, ihr aber nicht die Leadfunktion zu übertragen. Unter der Federführung der Kreditanstalt im internationalen Syndikat hätte Eschers Doppelrolle auch die Bank auf eine Gratwanderung geführt. Schon durch ihren Präsidenten hätte sich die Kreditanstalt fast notwendigerweise – ganz im Stil des alten Crédit-Mobilier-Modells – in die betrieblichen Abläufe und Strukturen des Gotthardprojekts eingemischt. Doch auch so waren Eschers Machtfülle und seine Einflussmöglichkeiten auf das Gotthardunternehmen umfassend. Escher war Präsident derjenigen schweizerischen Bank, die sich in den Emissionssyndikaten am stärksten engagierte. Er war Präsident der Nordostbahn, deren Hausbank die Kreditanstalt war. Die Nordostbahn wiederum hatte ein vitales Interesse an der Nord-Süd-Verbindung und hatte sich dementsprechend auch substantiell am Gotthardunternehmen beteiligt. Dazu kam nun noch, dass Escher zum Direktionspräsidenten der Gotthardbahn-Gesellschaft gewählt wurde. Beachtet man, dass es vor allem Eschers Beziehungen auf dem internationalen Finanzparkett zu verdanken war, dass das Finanzkonstrukt des Gotthardprojekts Akzeptanz fand, wird deutlich, dass Escher sowohl auf die Geldgeber als auch auf die Gotthardbahn-Gesellschaft entscheidenden Einfluss ausübte. Er hatte sich eine gewaltige Machtfülle aufgebaut, wie sie heute unvorstellbar wäre. Schon damals schuf diese zwangsläufig ein beträchtliches Konfliktpotential. Dass Eschers Gegner schon ihre Messer wetzten, vermag vor diesem Hintergrund nicht zu überraschen. Mit Argusaugen verfolgten sie seine verschiedenen Aktivitäten und lauerten auf die erste Gelegenheit, um zuzustechen.

Die Leitung des zur Beschaffung des Investitionskapitals gegründeten Finanzkonsortiums wurde von deutschen Banken übernommen, namentlich von der Berliner Disconto-Gesellschaft und den beiden Kölner Instituten A. Schaafhausen'scher Bankverein und S. Oppenheim jun. & Comp. Das Konsortium setzte sich zusammen aus je einer deutschen, italienischen und schweizerischen Gruppe, von denen jede 34 Millionen Franken – einen Drittel des privat zu beschaffenden Investitionskapitals – übernehmen und auf ihre Mitglieder beziehungsweise auf befreundete Banken verteilen sollte.

Die mit Abstand grössten Einzelbeteiligungen wurden von zwei florentinischen Instituten übernommen. Doch bereits an zweiter Stelle folgen die beiden privaten Gesellschaften Nordostbahn und Centralbahn. Unter den Schweizer Finanzinstituten jedoch figuriert die Kreditanstalt mit beträchtlichem Vorsprung an erster Stelle. Die öffentliche Subskription der Aktien war ein enormer Erfolg. Es ergab sich eine Überzeichnung, und aufgrund des grossen Ansturms musste die Subskription vorzeitig beendet werden. Waren mit der Streckenführung und der Finanzarchitektur bereits fundamentale Elemente des Gotthardunternehmens gegeben, so folgten nun im Zuge der weiteren internationalen Gotthardkonferenzen die nächsten Schritte Schlag auf Schlag. Die Kantone Tessin, Luzern, Zug, Uri und Schwyz erteilten dem Konsortium die Konzessionen für den Bau der Gotthardbahn, welche am

Werkplatzeinrichtungen vor dem Südportal des Gotthardtunnels in Airolo. Grosse, ins Tunnelinnere führende Blechrohre dienten der Ventilation. Sie beruhten auf einer Idee des erfinderischen Westschweizer Ingenieurs Jean-Daniel Colladon (1802–1893).

22. Oktober 1869 auch vom Bund genehmigt wurden. Die Ausführung des Projekts wurde der privaten Gotthardbahn-Gesellschaft übertragen, deren Statuten am 2. November 1871 von der Gotthardvereinigung vorgelegt und am 3. November 1871 vom Bundesrat genehmigt wurden. Der Verwaltungsrat wurde an der Sitzung vom 6. Dezember 1871 im Hotel «Schweizerhof» in Luzern konstituiert.

Kostenüberschreitungen, Redimensionierungen und Nachsubventionen

Infolge der Spannungen zwischen Escher, Favre und Oberingenieur Gerwig, die aufgrund von Bauverzögerungen, Kostenüberschreitungen und Meinungsverschiedenheiten betreffend die Organisation des technischen Dienstes aufgebrochen waren, trat Gerwig zurück, legte aber zuvor noch eine aufdatierte Gesamtkostenrechnung vor, welche einen zusätzlichen Mittelbedarf von rund 34 Millionen Franken auswies. Gerwigs Nachfolger, Oberingenieur Hellwag aus Eutin (Ostholstein), der zuvor als Baudirektor der Österreichischen Nordwestbahn tätig gewesen war, wurde beauftragt, Gerwigs Kostenschätzung zu überprüfen. Zum Entsetzen der Direktion der Gotthardbahn-Gesellschaft wies die von Hellwag am 3. Februar 1876 vorgelegte neue Kostenrechnung mit rund 102 Millionen Franken einen noch wesentlich höheren zusätzlichen Mittelbedarf aus. Hellwag begründete die enorme Kostenüberschreitung insbesondere damit, dass bei früheren Berechnungen zu wenig Rücksicht auf unerwartete Zwischenfälle und Zufälligkeiten genommen worden sei. Kritisch stellte er fest, dass die bereits angefallenen Bauverteuerungen bisher nicht zur Erstellung einer neuen Baurechnung geführt hätten.

Im Vergleich zur ursprünglichen Gesamtkostenschätzung von 187 Millionen Franken erschien die von Hellwag veranschlagte Kostenüberschreitung von 102 Millionen ebenso kolossal wie niederschmetternd. Zudem kam diese Hiobsbotschaft eben zu dem Zeitpunkt, da Alfred Escher auf der politischen Bühne wie in der Öffentlichkeit unter enormen Druck geriet, so dass er wegen des der Planung nachhinkenden Baufortschritts ohnehin laufend zu Erklärungen gedrängt wurde. Spannungen zwischen der Gotthardbahn-Gesellschaft und Favre und entsprechend kritische Pressemeldungen hatten schon vor Veröffentlichung der neuen Kostenrechnung dazu geführt, dass Einzahlungen auf Aktien und Obligationen nurmehr zögerlich erfolgten. Politische Gegner Eschers, von denen es nicht wenige gab, nahmen diese Krise zum Anlass, ihre Attacken gegen den Zürcher Eisenbahnbaron gezielt zu verstärken. Es lag im Eigeninteresse des neuen Oberingenieurs Hellwag, angeblichen oder tatsächlichen Baumängeln aus der Zeit seines Vorgängers Gerwig zu grösster Publizität zu verhelfen, um vor diesem Hintergrund einen möglichst hohen zusätzlichen Mittelbedarf veranschlagen zu können. Auf diese Weise versuchte Hellwag, sich im Blick auf finanzielle Imponderabilien Polster zuzulegen. Dabei liess es ihn anscheinend kalt, dass die finanzielle Lage des Unternehmens 1875 dramatisch war, was insbesondere die Schweizerische Kreditanstalt in Mitleidenschaft zog.

Aufgrund ihrer namhaften Beteiligung an verschiedenen Emissionssyndikaten führte diese zeitweise hohe Bestände an Gotthardpapieren in den Büchern. 1875 beispielsweise, zu Beginn der Krise des Gotthardbahnunternehmens, besass sie Gotthardobligationen mit einem Nominalwert von rund 820 000 Franken und Aktien im Nominalwert von 17 500 Franken. Gemessen am Inventarwert sämtlicher schweizerischer Wertpapiere, die per 31. Dezember 1875 im Besitz der Kreditanstalt waren, machten die Gotthardtitel damals rund 29% aus.

Wie sehr sich die Situation inzwischen zugespitzt hatte, kam namentlich in der Reaktion des Aktienmarktes zum Ausdruck. So fiel der Kurs der Gotthardbahnaktien von 480 Franken im April 1875 auf 284 Franken im November 1875. Trotzdem: Für Alfred Escher stellte sich die Frage des Rücktritts nicht. Er war auch weiterhin bereit und willens, sich für das Gotthardprojekt zu engagieren und sich den neuen, zusehends gewaltigeren Herausforderungen zu stellen. Umgekehrt zogen es verschiedene Mitglieder des Verwaltungsrates angesichts des drohenden Debakels vor, ihre Mandate niederzulegen. Um allfällige Interessenkollisionen zwischen der Gotthardbahn-Gesellschaft und dem Finanzkonsortium zu vermeiden und um Angriffsflächen zu vermindern, trat Escher schliesslich am 26. September 1877 als Präsident und Verwaltungsrat der Schweizerischen Kreditanstalt zurück.

Am 4. Dezember 1875 war Alfred Escher mit dem Anliegen an den Bundesrat gelangt, eine neue Internationale Gotthardkonferenz einzuberufen. Als wichtigstes Traktandum dieser Sitzung sollten die Kostenfrage und der Fortgang der Bauarbeiten erörtert werden. Nach langwierigen – teils gerichtlich ausgetragenen – Streitigkeiten zwischen Favre und der Gotthardbahn-Gesellschaft sowie schnell eskalierenden Spannungen zwischen Escher und Oberingenieur Hellwag, der nichts unversucht liess, auch die Position Favres zusätzlich zu schwächen, trat schliesslich am 4. Juni 1877 in Luzern die Internationale Gotthardkonferenz zusammen.

Vor dem Hintergrund der dramatischen finanziellen Entwicklung am Gotthard und der Behinderung der Arbeiten durch die Streitigkeiten unter den Verantwortlichen überrascht es, dass es eineinhalb Jahre dauerte, bis es schliesslich zu der von Escher vorgeschlagenen Konferenz kam. In diese Zwischenzeit fielen politische Ränkespiele und diplomatische Schachzüge, die dazu dienten, Positionen zu beziehen. Es zeigte sich auch, dass das Machtgefüge, das Escher als Direktionspräsident aufgebaut hatte, mehr und mehr unterminiert wurde. Je länger die drei Signatarstaaten das Finanzierungsproblem auf politischer Ebene diskutierten, desto deutlicher wurde, dass sich Escher nicht mehr durchsetzen konnte.

Das Macht- und Beziehungsnetz, das seine wirtschaftlichen und innenpolitischen Positionen zuvor so wirkungsvoll abgesichert hatte,

Belastungsprobe für die Brücke über den Kerstelenbach an der Nordrampe. Fotografie, aufgenommen während der Bauarbeiten an der Gotthardeisenbahnlinie von Adolphe Braun (1812–1877).

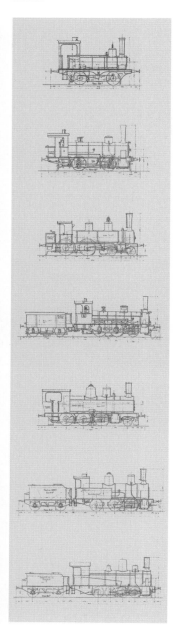

△ ▷

Rollmaterial der Gotthardbahn. 1881 bewilligte der Verwaltungsrat einen Gesamtkredit von rund 2,2 Millionen Franken für die Beschaffung von Lokomotiven, einschliesslich Zoll und Ersatzteile.

versagte von dem Tag an, da drei Staaten die Verantwortung für das Gotthardprojekt übernahmen. Auf Entscheide, die in Berlin oder Rom fielen, konnte Escher kaum Einfluss nehmen. Umgekehrt wurde er nun sogar in der schweizerischen Innenpolitik zum Problem aufgebaut, und man sagte, er behindere die Lösung der Finanzierungsfrage, die auf internationaler politischer Ebene gefunden werden müsse. Kein Zweifel: Das Blatt hatte sich gewendet.

Der Briefwechsel zwischen Bundesrat Welti und Alfred Escher aus den Jahren 1875 bis 1877 dokumentiert ein langwieriges Hin und Her. Es ging dabei hauptsächlich um das Zustandekommen der Internationalen Gotthardkonferenz, welcher insbesondere Deutschland fernzubleiben drohte. Neben Escher und Welti waren auch andere wichtige Politiker wie Bernhard Hammer, Giovanni Battista Pioda und der deutsche Gesandte von Roeder involviert, welche allesamt versuchten, Bismarck zur Beschickung der Konferenz zu bewegen. Doch das deutsche Interesse an einer Eisenbahnverbindung nach Italien war nicht mehr so brennend. Die gedrückte Wirtschaftslage mag dazu beigetragen haben. Auch die Unstimmigkeiten in der Schweiz trugen das Ihrige zum Zögern und Zaudern des nördlichen Nachbars bei. Die deutsche Regierung setzte auf eine Hinhaltetaktik und verlangte von der schweizerischen Seite «mehr Klarheit und Umgränzung», um einen Entscheid treffen zu können, worauf wiederum Bundesrat Welti eher ungehalten reagierte.[505] Die Lage wurde zusehends gespannter. Im April 1877 musste man in Bern überdies zur Kenntnis nehmen, dass neben Deutschland auch Italien kein Geld zur Sanierung des Gotthardprojekts zur Verfügung hatte. Während herumgeboten wurde, dass Deutschland das begonnene Werk doch nicht fallenlassen werde, war Welti «völlig niedergedrückt», was die Haltung Italiens anbelangte: «Diese Italiener speculiren offenbar auf den Ruin der Gesellschaft, von dem sie für das Unternehmen Erleichterung und Nutzen erhoffen.» Dies alles sei «doppelt traurig», weil Deutschland unterdessen seine Teilnahme an der Konferenz zugesagt hätte, wobei «die neue günstige Wendung der deutschen Regierung auf Rechnung von Bismarck zu schreiben sei, der seinen Willen Kund gegeben habe, dass dem Gotthard geholfen werden soll».[506] Das Ganze nahm dann doch noch eine Wendung zum Guten, indem schliesslich auch Italien versicherte, sich zur Konferenz einfinden zu wollen.

Nachdem der zusätzliche Kapitalbedarf durch verschiedene Redimensionierungen schliesslich auf rund 40 Millionen Franken gesenkt werden konnte, verpflichteten sich die drei Vertragsstaaten mit der Ratifikation des Staatsvertrages vom 12. März 1878, für die Realisierung dieses reduzierten Ausbauprogramms Nachsubventionen in der Höhe von 28 Millionen Franken beizusteuern. Deutschland und Italien übernahmen je 10 Millionen Franken, die Schweiz 8 Millionen. Der verbleibende Differenzbetrag von 12 Millionen Franken schliesslich sollte von privaten Geldgebern aufgebracht werden. Offen liess der Vertrag, wie die Summe von 8 Millionen auf Bund, Kantone, Gemeinden und

Eisenbahngesellschaften verteilt werden sollte. Eine Repartitionskommission sah vor, dass sich der Bund mit 3 Millionen Franken und der Kanton Zürich mit 800 000 Franken beteiligen würden.

Die blosse Idee einer Bundessubvention rief die Gegner der Gotthardbahn auf den Plan, die eine Subvention durch Bundesgelder per se als verfassungswidrig betrachteten und das Prinzip des privaten Eisenbahnbaus gefährdet sahen. Escher musste in zahlreichen, hitzig geführten Debatten des Zürcher Kantonsrates grosse Überzeugungsarbeit leisten, um die Parlamentarier für diesen finanziellen Rettungsplan zu gewinnen. Schliesslich wurde die Subvention in der Sitzung vom 15. März 1878 mit dem überwältigenden Mehr von 159 gegen 42 Stimmen angenommen. In der Volksabstimmung im Kanton Zürich über die Nachtragssubvention vom 19. Mai 1878 mussten Alfred Escher und das Gotthardunternehmen allerdings einen herben Rückschlag einstecken: Mit 25 600 gegen 21 951 Stimmen lehnte das Zürchervolk die Vorlage ab.

Da auch andere Kantone gegen die ihnen auferlegten Subventionsanteile opponierten, ging der Bundesrat daran, die Sache grundlegend zu überdenken. In der Botschaft an die Bundesversammlung vom 25. Juni 1878 beantragte er eine Bundessubvention von 6,5 Millionen Franken unter dem Vorbehalt, dass der Rest durch die Nordostbahn und die Centralbahn übernommen würde. Der Bundesrat war der Ansicht, «daß ein Schienenweg durch die Gebirgsmauer, die uns von Italien scheidet, ein Interesse ersten Ranges eben so gut für die Schweiz als für Italien sei, und wir können uns nicht recht vorstellen, wie man dazu kommen wollte, im jetzigen Zeitalter, wo je länger je mehr nur noch die Eisenbahn als eine rechte Straße erster Ordnung erscheint, diese Wahrheit anzuzweifeln».[507] Die Subvention, so der Bundesrat, könne aufgrund von Artikel 23 der Bundesverfassung gesprochen werden, welcher dem Bund erlaube, öffentliche Werke zu unterstützen, welche «im Interesse der Eidgenossenschaft oder eines grossen Theiles derselben» errichtet würden.[508] Die Nationalratskommission, welche die Vorlage der Landesregierung zu prüfen hatte, reichte am 16. Juli 1878 einen Mehrheitsbericht ein, in welchem sie der vom Bundesrat vorgeschlagenen Subvention von 6,5 Millionen zustimmte.

Die Debatte im Nationalrat dauerte bis zum 8. August 1878, als endlich über die Nachsubvention abgestimmt werden konnte. Bundesrat Welti brachte das Problem während der Debatte auf den Punkt: «Durch den Hochwald und das Gestrüpp der bisherigen Diskussion hindurch suche ich einen möglichst kurzen Weg zu der vorliegenden Hauptsache. Es handelt sich um die Frage: liegt es im schweizerischen Interesse, daß der Bundesrath die Nachtragskonvention zum Gotthardvertrag abgeschlossen hat, oder liegt diese nicht im schweizerischen Interesse? [...] Herr Stämpfli hat gestern gesagt: Wir sind zuerst Schweizer und dann Berner. Aus diesem schlichten Satz erledigt sich die ganze Gotthardfrage.»

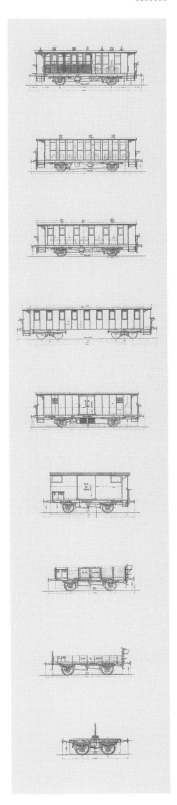

In der Abstimmung wurde mit 87 gegen 41 Stimmen beschlossen, auf die Vorlage einzutreten. Am 9. August 1878 schlug der Freiburger Nationalrat Louis de Weck einen Kompromiss vor, welcher im wesentlichen darauf abzielte, dass der Bund sich nur mit einem einmaligen Betrag von 4,5 Millionen Franken anstatt mit 6,5 Millionen Franken an der Nachsubventionierung zu beteiligen habe, während die fehlenden 2 Millionen Franken von den bereits mit Subventionen am Gotthard beteiligten Kantone zu übernehmen seien. Um die verschiedenen Landesteile und Interessengruppen gleichermassen zu berücksichtigen, stellte der Freiburger Nationalrat Louis de Weck darüber hinaus folgenden Antrag: «Eine Subvention von ein- für allemal je 4,5 Millionen Franken wird auch denjenigen Kantonen zugesichert, welche sich finanziell an den Alpenpässen des Ostens oder Westens der Schweiz betheiligen werden.» Dieser Antrag wurde mit 79 gegen 10 Stimmen angenommen. Dem Bundesbeschluss betreffend Nachsubvention an das Gotthardunternehmen wurde mit 93 gegen 16 Stimmen ebenfalls zugestimmt. Dieser sah nun einen Bundesbeitrag von 4,5 Millionen Franken vor, während die beteiligten Kantone 2 Millionen, die beiden Eisenbahngesellschaften Nordostbahn und Centralbahn zusammen 1,5 Millionen aufzubringen hatten. Nachdem der Ständerat den Bundesbeschluss ohne grosse Änderungen in ein Bundesgesetz umgearbeitet hatte, nahm der Nationalrat den nunmehr bereinigten Erlass am 22. August 1878 mit 81 gegen 13 Stimmen an.

Die NZZ kommentierte diesen Kompromiss folgendermassen: «Wir halten die Beschlüsse der eidgenössischen Räthe in der Frage der Bundessubvention für den Gotthard, welche recht eigentlich zu einem Zankapfel zu werden drohte, aus verschiedenen Gründen für ein wahres Glück, für ein Glück namentlich auch deshalb, weil durch dieselben auch der Kanton Tessin wieder enger mit dem Mutterlande verbunden wird.»[509]

Ein weiterer Streitpunkt betraf die Frage, ob ein Referendum über dieses Gesetz notwendig sei. Da hauptsächlich in der Westschweiz, namentlich im Kanton Waadt, gegen die Bundessubvention Stellung bezogen wurde, musste die Schweiz einer weiteren Zerreissprobe standhalten. Über 30 000 Bürger – mehrheitlich Waadtländer – unterzeichneten das Referendum, das gegen das Bundesgesetz ergriffen wurde. So musste die Frage der Bundessubvention nun vor das Volk. Das Resultat der Volksabstimmung vom 19. Januar 1879 war indes eindeutig: Mit 273 798 Ja- gegen 112 558 Nein-Stimmen nahm das Schweizervolk das Bundesgesetz vom 22. August 1878 an, wobei die ablehnenden Stimmen zu mehr als einem Drittel auf die Kantone Waadt und Graubünden entfielen.

Die Unterstützung der Vertragsstaaten war an die Auflage geknüpft, dass das bisher erst zu 60% einbezahlte Aktienkapital vollumfänglich liberiert werden müsse. Diese Bedingung drohte zunächst an der ablehnenden Haltung der Aktionärsmehrheit zu scheitern, da deren Vertrauen in die Gotthardbahn-Gesellschaft erschüttert war, so dass viele

Aktionäre es vorzogen, ihr bereits einbezahltes Kapital abzuschreiben statt weitere Zahlungen zu leisten. Dass schliesslich dennoch eine Lösung gefunden werden konnte, war der Disconto-Gesellschaft, der Bank für Handel und Industrie sowie dem Bankhaus S. Bleichröder zu verdanken, hatten diese sich doch im Vertrag vom 4. März 1879 bereit erklärt, die Einzahlung der vierten Rate des Aktienkapitals zu garantieren.

Diese neue Finanzarchitektur stellte sicher, dass der Gotthardbahn-Gesellschaft in den Jahren 1879 bis 1882 die dringend benötigten Mittel zuflossen. Zur Entspannung der finanziellen Lage trug ebenfalls bei, dass sich das Gotthardkonsortium im Nachtragsvertrag vom 12. Februar 1878 dazu verpflichtete, die Einzahlungen für eine noch ausstehende Obligationenserie wieder aufzunehmen. Ferner erklärten sich verschiedene Grosslieferanten des Bahnunternehmens bereit, eine im zweiten Rang hypothekarisch gesicherte Obligationenanleihe über 6 Millionen Franken gegen Verrechnung von Forderungen zu übernehmen. Aufgrund der kontinuierlichen Verbesserung der wirtschaftlichen Lage der Gotthardbahn-Gesellschaft und insbesondere nach Aufnahme des Betriebs auf der ganzen Linie am 1. Juni 1882 fassten die Anleger neues Vertrauen. So war es der Gesellschaft ab 1884 – auch dank den damals günstigeren Bedingungen auf dem Kapitalmarkt – möglich, ihre teuren 5%-Obligationen durch 4%-Obligationen zu ersetzen.

Für Escher gestaltete sich die Situation doppelt schwierig, denn zeitgleich mit den fatalen Kostenüberschreitungen und den äusserst anspruchsvollen Verhandlungen über die Nachsubventionierung der Gotthardbahn stürzte auch die Nordostbahn in die Krise.

Offene und heimliche Demontage: Alfred Eschers erzwungener Rücktritt

Nachdem Escher sich zu Beginn der 1860er Jahre vom Lukmanier-projekt abgewandt und für die Gotthardvariante entschieden hatte, wurde er bald zum führenden Kopf bei der Planung dieser Alpenbahn-transversale. Schliesslich stieg er aufgrund seiner verschiedenen Führungs-positionen bei der Gotthardbahn, der Nordostbahn und der Kreditanstalt zum eigentlichen Dominator des Gotthardprojekts auf. Bei der politischen Durchsetzung des Projekts spielte Bundesrat Emil Welti die Schlüsselrolle. Die Achse Escher / Welti wurde damit erfolgsentscheidend.

Die Führungsposition Alfred Eschers
Escher war 1872 zum ungekrönten König des Gotthardprojekts aufgestiegen, der seine wirtschaftspolitische Macht zur Förderung des Vorhabens entsprechend breit einsetzen konnte. Doch auch Bundesrat Welti stand in der Pflicht. Dem politischen Bern wie der breiten Öffentlichkeit war klar, dass der Schulterschluss zwischen Escher und Welti der Gotthardidee zum Sieg über die anderen Varianten verholfen hatte. Aufgrund seines akzentuierten Engagements zugunsten der Gotthard-

variante musste daher Welti innerhalb des Bundesrates und gegenüber
dem Parlament die politische Verantwortung übernehmen. Diese wog
schwer, hatte sich der Bund doch in Millionenhöhe an der privaten
Gotthardbahn-Gesellschaft beteiligt. Das bundesrätliche Engagement
für das Gotthardprojekt ging jedoch über finanzielle Verpflichtungen
hinaus, führte doch der Bund auch die Verhandlungen mit Deutschland
und Italien. Dass der Bundesrat sechs von ihm bezeichnete Vertreter
in den 24köpfigen Verwaltungsrat der Gotthardbahn-Gesellschaft
delegiert hatte, weist deutlich darauf hin, dass er sich der Verantwortung bewusst war, die er und namentlich Bundesrat Welti übernommen
hatten. Welti war mit dem Gotthardprojekt ein grosses Risiko eingegangen. Entsprechend legte die Landesregierung Wert darauf, von der Gotthardbahn-Gesellschaft regelmässig und in schriftlicher Form informiert
zu werden. Erfolg oder Misserfolg dieses Jahrhundertprojekts mussten
zwangsläufig nicht nur auf Escher, sondern auch auf sie zurückfallen.
Wie sehr Organisation und personelle Zusammensetzung der Gotthardbahn-Gesellschaft auch Sache der Landesregierung waren, zeigte
sich angesichts der Frage, wer das Amt des Direktionspräsidenten übernehmen sollte. Bereits vor der Konstituierung der Gotthardbahn-Gesellschaft am 6. Dezember 1871 hatte sich der Bundesrat über personelle
Fragen dieser Art unterhalten, wie der Brief Weltis an Escher vom
27. Oktober 1871 zeigt:

«Ich habe Ihnen schon mitgetheilt, dass die bundesräthliche Commission beschlossen habe sich persönlich bei Ihnen dafür zu verwenden, dass
Sie sich entschliessen möchten an die Spitze der Direction der Gotthardbahn zu treten; dieselbe hat mich nun beauftragt dieses Gesuch bei Ihnen zu
stellen.»[510]

Obwohl die Nomination Eschers innerhalb der Landesregierung
unbestritten war, mögen sich einige Bundesräte an der engen Beziehung
ihres Kollegen Welti zum mächtigen Wirtschaftspolitiker gestossen
haben. Dies würde erklären, warum die Landesregierung nicht bereit
war, alle Wünsche des Zürcher Eisenbahnbarons zu erfüllen. Charakte-
ristisch war etwa der bundesrätliche Entscheid zur Frage nach dem
Domizil der Gotthardbahn-Gesellschaft: Da bekannt war, dass Escher
die vorgesehene Führungsposition nur übernehmen wollte, wenn er
die Geschäfte von Zürich aus leiten konnte, hatte der bundesrätliche
Entscheid, als Sitz der Gesellschaft Luzern zu wählen, mehr als nur psy-
chologische Bedeutung. Weltis Vorschlag, Zürich wenigstens während
der Bauzeit zum Sitz der Gesellschaft zu machen, fand keinen Anklang.
Die Landesregierung war mehrheitlich nicht bereit, sich vollständig
Eschers Vorstellungen anzupassen. Noch in einer anderen Frage fand
Welti, der wiederum Eschers Wünsche und Bedingungen erfüllen wollte,
im Bundesrat keine Mehrheit. Im Vorfeld der Statutendiskussionen war
nämlich die Frage aufgekommen, ob es dem künftigen Direktionspräsi-

denten der Gotthardbahn-Gesellschaft erlaubt sein sollte, gleichzeitig eine andere Eisenbahngesellschaft operativ zu führen. Wie sehr Welti vom Positionsbezug seiner Kollegen befremdet war, spricht aus seinem Brief an Escher vom 21. Oktober 1871, worin er sich über «kleinliche Mäkelei, Intrigue und Leidenschaft» beklagt, die sich an allen Ecken geltend machten und den, «welchem es um die Sache zu thun ist», mit «Eckel und Widerwillen» erfüllten.[511]

Die Lösung fand sich schliesslich im Kompromiss. Escher durfte als Direktionspräsident das ihm unterstellte erste Departement der Gotthardbahn-Gesellschaft nach Zürich verlegen. Als Direktionspräsident der Nordostbahn jedoch musste er zurücktreten. Dabei war es ihm freigestellt, das Amt des Verwaltungsratspräsidenten zu übernehmen. Dass die Statuten der Gotthardbahn-Gesellschaft die gleichzeitige Tätigkeit als Direktionspräsident der Gotthardunternehmung und als Verwaltungsratspräsident einer anderen Bahngesellschaft während der Bauphase des Tunnels zuliessen, zeigt, dass sich die Gotthardbahn-Gesellschaft in ihrer Organisationsstruktur letztlich doch Eschers Wünschen angepasst hatte.

Die geradezu unterwürfige Gefolgschaft, die Welti Alfred Escher von der politischen Durchsetzung der Gotthardvariante bis zur Phase des Tunnelbaus leistete, erklärt sich aus den Machtverhältnissen zwischen den beiden. Auf der einen Seite Alfred Escher, einer der letzten Vertreter des finanzstarken Zürcher Grossbürgertums und Repräsentant des Wirtschaftskapitals, beseelt von unternehmerischem Geist und geübt im mutigen Abwägen von Investitionen gegen zukünftige Erträge. Seit vielen Jahren agierte er zugleich als führender Parlamentarier auf eidgenössischer und kantonaler Ebene und konnte so in einer für die Schweiz einzigartigen Weise politische und wirtschaftliche Macht verknüpfen. Auf der anderen Seite Emil Welti, der schon im 42. Lebensjahr Bundesrat wurde und dessen Denkmal bis heute vor dem Bahnhof seiner Heimatgemeinde Zurzach steht: Sohn eines Beamten und Idealtyp des aufstrebenden Kleinbürgers: einerseits dem zentralistischen Anspruch des Staates verpflichtet, andererseits zunächst noch vom Idealbild eines grossbürgerlich-grosszügigen Lebensstils fasziniert. So war Escher unbestrittenermassen die Leitfigur, Welti sein Sekundant. Welti hatte als Beamter und Politiker eine Blitzkarriere gemacht und träumte wohl davon, in die Gesellschaft Eschers aufzusteigen. Entsprechend ging es ihm darum, den Input des grossen Zürchers zu integrieren und für die eigene Karriere fruchtbar zu machen. Doch als das Gotthardunternehmen in finanzielle Schieflage geriet, besann er sich schnell auf seine staatspolitische Vernunft: Der Unternehmer aus Zürich hatte seinen grossen kreativen Beitrag geleistet; die von ihm eingegangenen Risiken persönlich mitzutragen jedoch war nicht Sache des Aargauer Bundesrates. Jetzt ging es um die Konsolidierung des angelaufenen Projekts, letztlich um dessen Übernahme durch den Bund. Nur so konnte Welti seinen Kopf aus der Schlinge ziehen. Der Herr von

Emil Welti (1825–1899). Aargauer Bundesrat, Verbündeter Alfred Eschers beim Bau der Gotthardbahn. Im Zusammenhang mit den Kostenüberschreitungen des Gotthardprojekts kam es zum Bruch zwischen Welti und Escher. Porträt von Karl Stauffer (1857–1891). 1887.

einst entpuppte sich als Knecht, auf dessen Dienst Welti nicht weiter angewiesen war.

Die Finanzkrise und der Konflikt mit Oberingenieur Hellwag

Die Beziehung zwischen Welti und Escher wurde auf eine andere Ebene gehoben, als 1875 die Kostenüberschreitungen des Gotthardprojekts nicht mehr zu übersehen waren. Wie der Verlauf der Geschichte zeigen sollte, war dieses Finanzierungsproblem nicht auf das Jahr 1875 beschränkt. Es wurde zu einem Dauerthema bis zum Abschluss des Gotthardprojekts im Jahr 1882. Doch nicht nur das: Es wurde zur eigentlichen Schicksalsfrage zwischen Welti und Escher. Aus der Rückschau betrachtet kann man sagen, dass mit der Erkenntnis der Kostenüberschreitung 1875 auf der Beziehungsebene zwischen Bundesrat Welti und dem Wirtschaftspolitiker Escher Risse und Brüche aufbrachen, was letztlich für den einen wie den andern zur Überlebensfrage wurde.

Aus der Sicht der Direktion der Gotthardbahn-Gesellschaft hatte Oberingenieur Gerwig die Planung der Tessiner Zweiglinien nicht mit der nötigen Priorität an die Hand genommen. Während sich die Direktion in materiellen Fragen mittels Schuldzuweisungen zu entlasten suchte, musste sich auch der Bundesrat zunehmend kritischere Fragen nach seiner politischen Verantwortung stellen lassen. Schliesslich schien das Problem durch die Entlassung Gerwigs und die Anstellung Hellwags gelöst. Bald sollte sich jedoch zeigen, dass der neue Oberingenieur dramatische Spannungen und Auseinandersetzungen auslöste. Namentlich für Escher gestaltete sich die Zusammenarbeit mit Hellwag zusehends schwieriger. Escher, als Kopf der Gotthardbahn-Gesellschaft ohnehin unter Beschuss, musste sich nun zusätzlich gegen den neuen Oberingenieur verteidigen. Der Druck von seiten der Politik, der Medien und der Öffentlichkeit liess auch nicht nach, nachdem die von Hellwag budgetierte Kostenüberschreitung von rund 100 Millionen Franken auf 40 Millionen gesenkt werden konnte. Verfolgt man die Entwicklung des Konflikts zwischen Escher und Hellwag, der bald eskalierte, so zeigt sich, dass der Kern des Problems auf der menschlichen Beziehungsebene lag. Bis 1878 war das Klima so vergiftet, dass Hellwag und Escher nurmehr schriftlich miteinander verkehrten, obwohl sie im Verwaltungsgebäude des Ersten Departements an der Bahnhofstrasse 46 in Zürich bloss durch ein Stockwerk voneinander getrennt arbeiteten.

Der Direktionspräsident und der neue Oberingenieur scheinen von Anfang an den Draht zueinander nicht gefunden zu haben. Hellwag schilderte die Situation folgendermassen:

«Schon bald nach meinem Übertritt in die neue Stellung, in die ich von Herrn Escher scheinbar mit so viel Vertrauen berufen war und die ich meinerseits mit unbedingtem Vertrauen übernommen hatte, erfuhr ich aus Wien, dass Herr Escher neuerdings Erkundigungen über meine Vergangenheit einziehe, die für mich um so kränkender sein mussten, als sie Zweifel in meine Redlich-

Verwaltungsgebäude des Ersten Departements der Gotthardbahn-Gesellschaft an der Bahnhofstrasse 46 in Zürich.

keit verriethen, und als ich doch berechtigt war, anzunehmen, dass Herr Escher Zeit genug gehabt haben sollte, sich vor meinem Engagement zu vergewissern, mit wem er es zu thun habe, dass er aber nachher sein Vertrauen durch ehrrührige Einflüsterungen beunruhigen lassen konnte, liess mich schon damals errathen, dass er nie rechtes Vertrauen in mich gehegt hat; die spätern Vorgänge haben mir dann klar bewiesen, dass schon von Anfang die Hauptbedingung zu harmonischem Zusammenwirken – das Vertrauen – nicht vorhanden gewesen sein kann.»

Weiter beschwerte er sich über Eschers dominante Persönlichkeit:

«Die Existenz eines, wenn auch durch seine Aufgaben noch so berechtigten Organismus neben ihm, der seinem Urtheil und seiner Macht mehr oder weniger entrückt sein muss, erfüllt ihn mit Unbehagen und von Anfang konnte er sich deshalb einer gewissen eifersüchtigen und argwöhnischen Einmischung in meine Wirkungssphäre und einer Art Bevormundung meiner Person nicht enthalten.»[512]

Konrad Wilhelm Hellwag (1827–1882). Nachfolger Robert Gerwigs als Oberingenieur der Gotthardbahn-Gesellschaft. Kurz nach Hellwags Eintritt kam es zu unüberbrückbaren Differenzen zwischen ihm und der Direktion der Gotthardbahn, die zu Hellwags Entlassung per Ende 1878 führten. Hellwag zerstritt sich insbesondere mit Alfred Escher, dem Präsidenten der Gotthardbahn-Direktion.

Die Gotthardbahn-Gesellschaft ihrerseits beklagte sich, dass Hellwag die Behauptung verbreite, dass es bei Antritt seiner Funktion an Instrumenten, Messgeräten und Mobilien gefehlt habe, was «theils gänzlich unwahr, theils unglaublich übertrieben» sei. Statt dessen hätte er sich für die Einrichtung der «Sektions- und Baubüreaux» «Waschtische mit Marmorplatten und kostspielige Schränke aus Stuttgart, Lampen aus Mähren etc.» kommen lassen, «weil alles Hiesige nicht gut genug war».[513]

Die Quellen belegen, dass Hellwag beim Stellenantritt nichts daran lag, die Kostenüberschreitung möglichst niedrig zu veranschlagen. Vielmehr bauschte er die bestehenden finanziellen Probleme auf und dramatisierte die Lage, um seine Tätigkeit als verantwortlicher Leiter des Bauvorhabens auf möglichst komfortabler Basis aufnehmen zu können. Damit handelte er nicht im Interesse der Direktion. Hinzu kamen bald Divergenzen in anderen Bereichen. Namentlich brachten nun die «Hellwag'schen Intriguen» das Klima zum Kippen.[514] Die Direktion warf Hellwag vor, interne Diskussionen und Meinungsverschiedenheiten über Sachfragen persönlich oder mittels Vertrauensmännern an die Öffentlichkeit zu tragen und seine Insiderinformationen selbst ausländischen Regierungsstellen zukommen zu lassen. So kam innerhalb der Gotthardbahn-Gesellschaft die Vermutung auf, Hellwag sei ein Spielball ausländischer Mächte. Tatsächlich kursierten Informationen zu Problemen der Gotthardbahn-Gesellschaft «in den Bureaux der offiziellen Kreise Berlin's».[515] In Wien sprach man über den «Dilettantismus» der Gotthardbahn-Direktion, in Zürich verdächtigte man Hellwag als verräterischen Informanten.[516] Solche Mutmassungen kamen bereits im Frühjahr 1876 auf, als Hellwag erst wenige Monate im Amt war. Der Bundesrat ordnete daraufhin eine Untersuchung an.

Ein Jahr später war die Situation sowohl für die Gotthardbahn-Direktion als auch für Bundesrat Welti derart unhaltbar geworden, dass die Zeit reif war, «dieses verräterische Treiben einmal aufzudecken». Es schien nicht mehr verantwortbar, «aus dem Gelde der Aktionäre noch fernerhin Leute zu besolden, welche auf den Ruin der Gesellschaft hinarbeiten». Zingg schlug seinem Direktionskollegen Escher vor, in Schweizer Zeitungen gegen Hellwag einen «Feldzug» zu eröffnen.[517]

Dass dieser «Feldzug» seinerseits darauf abzielte, Hellwag zu diskreditieren und ihn letztlich zu entlassen, liegt nahe. Aus heutiger Sicht mutet es unverständlich an, dass Escher und die Gotthardbahn-Gesellschaft es zuliessen, dass Hellwag während langer Monate ungehindert seine Attacken gegen das Unternehmen ritt. Es ist nicht einsichtig, warum man zuschaute, wie die «Pestbeule» der «Hellwagiade» dem Gotthardbahnunternehmen über eine so lange Zeit Schaden zufügte. Immerhin sprach Zingg dem Oberingenieur 1878 die Urteilsfähigkeit über die Situation am Gotthard gänzlich ab, «da derselbe seines Wißens seit 2 Jahren den Tunnel in Göschenen nicht mehr besucht habe!».[518] Hellwags Machenschaften kulminierten, als man in Zürich erfuhr, dass sich der Oberingenieur «als künftiger maßgebender Mann des ganzen Gotthardunternehmens» präsentierte und verlauten liess, Escher sei ihm ausgeliefert. Er schreckte nicht davor zurück zu orakeln, es werde dem Direktionspräsidenten schliesslich keine andere Wahl bleiben, als sich zu erschiessen.[519]

Bundesrat Welti gerät unter Druck

Das Problem Hellwag betraf längst nicht mehr Alfred Escher und die Direktion der Gotthardbahn-Gesellschaft allein, sondern drohte Emil Welti und mit ihm den ganzen Bundesrat in seinen Strudel zu reissen. Die fortgesetzten Beschuldigungen und Anwürfe Hellwags hatten nämlich dazu geführt, dass die deutschen Aktionäre und Regierungskreise über die Situation des Gotthardbahnbaus zunehmend beunruhigt waren. Entsprechend verstärkte sich der Druck Berlins auf den schweizerischen Bundesrat. Die deutsche Regierung, so schien es, konnte und wollte nicht länger zusehen, wie Hellwags Kritik an den Mißständen im Gotthardprojekt bei der Schweizer Landesregierung keinerlei Wirkung zeitigte. Dass sich massgebliche Kreise in Deutschland in ihrer Einschätzung der Lage mehr und mehr hinter den Oberingenieur stellten und das Problem in der Direktion der Gotthardbahn-Gesellschaft orteten, machte die Sache für den Bundesrat nicht einfacher. Vor diesem Hintergrund ist zu verstehen, warum es Escher und seinen Direktionskollegen nicht möglich war, Hellwag einfach zu kündigen. Auch der Bundesrat und namentlich Bundesrat Welti scheuten sich lange, der Entlassung Hellwags zuzustimmen. Welti erkannte die wachsende Brisanz seiner Lage. Der Bundesrat und er selbst nämlich konnten sich nicht aus der Verantwortung reden, die sie als Aufsichtsbehörde über die Gotthardbahn-Gesellschaft trugen, waren sie doch während der ganzen Bauzeit über den Stand der Arbeiten und die Ausgaben des Unternehmens informiert worden. Je schärfer Hellwag Alfred Escher angriff, desto grösser wurde für Bundesrat Welti das Risiko, selbst in die Schusslinie zu geraten.

Angesichts dieser Entwicklung war klar, dass der Oberingenieur seinen Sessel früher oder später würde räumen müssen. Doch damit waren die Anschuldigungen gegenüber Escher nicht vom Tisch. So wurde immer deutlicher, dass es nicht genügen würde, Hellwag zu entlassen. Auch auf höherer Ebene würde ein Kopf rollen müssen. Die Frage war lediglich, ob es Bundesrat Welti oder Alfred Escher treffen würde. Die Quellen belegen, dass die Dynamik der Konfliktentwicklung zwangsläufig in einem Showdown zwischen den beiden kulminieren musste. 1876 war jedoch die Beziehung zwischen Welti und Escher noch eng genug, dass Welti Eschers Unterstützung in einer privaten, ja familiären Angelegenheit suchte. Er hatte es nämlich an die Hand genommen, für seinen Sohn eine Ausbildungsstelle im Versicherungs- oder Bankbereich zu finden, und bat daher Escher, ihm mitzuteilen, ob es in Zürich entsprechende Möglichkeiten gäbe. Escher nahm sich des bundesrätlichen Wunsches gerne an und erkundigte sich bei Georg Stoll, dem Direktor der Kreditanstalt, der seinerseits Direktor Conrad Widmer von der Rentenanstalt konsultierte. Sie kamen, wie Escher Welti mitteilte, zum Schluss,

«daß sich Ihrem Herrn Sohne schöne Aussichten für die Zukunft eröffnen würden, wenn er sich dieser Branche widmen sollte. Natürlich setzen wir voraus, daß er Lust dazu hätte, was ja die Grundbedingung jeder ersprießlichen Thätigkeit ist. Was Hrn. Director Widmer anbetrifft, so hat mir Hr. Stoll, der ihn besser kennt als ich, gesagt, er glaube, daß er sich junger Leute, die auf seinem Bureau arbeiten, & vollends, wenn es sich um Ihren Sohn handelte, sehr annehme. Vielleicht könnte Ihr Herr Sohn einen Versuch auf der Rentenanstalt machen & wenn seine Erwartungen nicht befriedigt würden, so bliebe ihm ja der Übertritt zu der Creditanstalt fortwährend gesichert.»[520]

Karikatur aus dem «Nebelspalter» auf Eschers Schwierigkeiten mit der Nachfinanzierung der Gotthardbahn nach dem negativen Zürcher Volksentscheid vom 19. Mai 1878. Obere Bildhälfte: Bundesrat Emil Welti, der Alfred Escher zum Rücktritt als Direktionspräsident der Gotthardbahn drängte. Untere Bildhälfte: das bodenlose «Gotthardloch».

Dieser Wechsel vom politisch-sachlichen Austausch zur privat-familiären Ebene war folgenschwer. Mit seiner Anfrage hatte Welti seinen Sohn im Belvoir eingeführt. Der junge Friedrich Emil Welti lernte Lydia Escher kennen, die Tochter Alfred Eschers. Ihre schicksalhafte Beziehung sollte in einer Katastrophe enden.

In der Vernetzung familiärer, privater und politischer Dimensionen zeigt sich ein Grundzug der politischen Machtsysteme, welche Escher und Welti aufgebaut hatten. Beide Politiker hatten engmaschige Beziehungsnetze gesponnen, welche sie für ihre Zwecke nutzten. Aus der Sicht von Bundesrat Welti machte es Sinn, den Wirtschaftsführer und einflussreichen Parlamentarier auch privat-familiär an sich zu binden. Dasselbe Motiv mag anfänglich auch für Escher gegolten haben, der sich vielleicht durch Integration des Bundesratssohnes in sein System Weltis zusätzliche Loyalität und Unterstützung sichern wollte. Jakob Dubs hatte das Konfliktpotential in der Beziehung zwischen Welti und Escher bereits im Jahre 1869 vorausgesehen. Er schrieb in sein Tagebuch: «Er [Welti] benutzt ihn [Escher] jetzt, allein er wird sich ihm ebenso gut auch in einem gegebenen Augenblick entgegenstellen. Escher glaubt, dass er in ihm einen treuen Freund und Gehülfen besitze; allein er wird grausam enttäuscht werden.»[521]

Die finale Auseinandersetzung zwischen Welti und Escher fand im Sommer 1878 statt. Und das Resultat war, dass Alfred Escher als Direktionspräsident der Gotthardbahn-Gesellschaft zum Rücktritt gezwungen wurde, noch bevor Hellwag Ende des Jahres 1878 gehen musste. Bundesrat Welti und mit ihm die Landesregierung befanden sich in einer schwierigen Situation. In dem Masse, wie der Konflikt zwischen Hellwag und Escher beziehungsweise Favre eskalierte, verstärkte Deutschland den Druck auf den schweizerischen Bundesrat. Auf diplomatischen Wegen liess die deutsche Regierung durchsickern, sie könne die von Escher vorgeschlagenen Massnahmen zur finanziellen Sanierung des Gotthardbahnunternehmens durchaus ins Leere laufen lassen, indem dafür keine weiteren deutschen Mittel zur Verfügung gestellt würden. Geschickt wies Bismarck darauf hin, dass es für Deutschland ein realistisches Szenario sei, das Gotthardunternehmen gänzlich fallenzulassen. So spielte man mit dem Gedanken an ein Moratorium, ja ging sogar so weit zu prüfen, ob auf den Gotthard besser zu verzichten und statt dessen eine andere Alpentransversale zu realisieren sei.

Die Demontage

Welti – inzwischen zur dominierenden Figur der Landesregierung geworden – musste dringend darangehen, sich von Escher zu distanzieren. Am 15. April 1876 berichtete er in einem Brief an Escher vom Missbehagen in Berlin, das «wesentlich gegen die Personen und zwar sowol gegen die Direction als gegen den Bundesrath und dessen Inspector» gerichtet sei.[522] Schon im Sommer des gleichen Jahres ging er dazu über, die Schwierigkeiten gezielt mit der Person Eschers in Beziehung zu setzen. Er war nicht mehr der Bundesrat Welti, der 1871/72 die Ideen und Wünsche aus Zürich mit Ehrfurcht aufgenommen und im Bundesratskollegium vertreten hatte. Nach Mitte der 1870er Jahre begannen sich die Kräfteverhältnisse schnell zu verlagern. Ein Schlüsseldokument dazu ist Weltis Brief an Escher vom 26. Juli 1876, in dem er den Zürcher Eisenbahnbaron mit fadenscheinigen Argumenten dazu zu bewegen sucht, auf eine Teilnahme an der geplanten Gotthardkonferenz zu verzichten:

«Ich habe reiflich über Ihre Frage nachgedacht und komme zu dem Schluss, dass Sie an den Conferenzen der Commission nicht theilnehmen sollten. Abgesehen davon, dass die Rolle eines ‹stummen Zuhörers› für Sie nicht passt, würden unangenehme Folgen für Sie und vielleicht auch für die Sache nicht ausbleiben. Man würde über Bevormundung, Einmischung und Überwachung sich beschweren und zwar nicht bloss ausser sondern auch innerhalb der

Commission selbst. Das würde Alles Glauben finden und damit wäre die unbefangene Stellung der Commission gefährdet. Was mich aber ganz wesentlich in dieser Auffassung bestärkt, das ist der Umstand, dass wir das Programm der Arbeiten der Commission, welches die Namen der Theilnehmer enthält der italienischen und der deutschen Regierung mitgetheilt haben. Da Sie unter den Theilnehmern nicht genannt sind, so könnte man entweder glauben wir hätten Sie verheimlichen wollen oder man würde für Ihre Theilnahme statt der richtigen irgend welche andere Gründe erfinden. Das ist meine Meinung; ich glaube nicht, dass sie unrichtig sei.»[523]

Die Lage des Bundesrats spitzte sich zu, als die politische Diskussion über die Nachsubventionierung auch in der Schweiz einsetzte. Zweifellos brauchte es viel Aufklärungsarbeit und gezieltes politisches Lobbying, um die Zustimmung des Parlaments zu neuerlichen Subventionen zu erlangen. Und eben hier ortete Bundesrat Welti für sich die grösste Gefahr, musste doch gerade er, der sich im Bundesrat wie kein anderer mit dem Gottharddossier identifizierte, die Vorlage vertreten. In dieser gespannten Situation braute sich ein Gemisch von Gerüchten und Halbwahrheiten zusammen, das Welti zur Überzeugung kommen liess, die Stunde der Entscheidung sei gekommen: Wollte er seinen Kopf retten, musste er Alfred Escher zum Rücktritt bewegen. Geschickt taktierend gelang es Welti, Escher zu suggerieren, die Vorlage werde im Parlament erst mehrheitsfähig sein, wenn er als Direktionspräsident

Die Kräfteverhältnisse hatten sich in den 1870er Jahren so grundlegend verändert, dass Alfred Escher seine vormals dominante Rolle auf der politischen Bühne nicht mehr spielen konnte. Escher wurde verantwortlich gemacht für die finanziellen Krisen der Nordostbahn und der Gotthardbahn. Eine Sechseläutenzeitung von 1880 karikierte Eschers bröckelnde Macht. Zur Feier, die 1880 anlässlich des Durchstichs des Gotthardtunnels veranstaltet wurde, lud man Escher nicht ein.

des Gotthardprojekts zurücktrete. Da Escher 1877 dazu nicht bereit war, suchten seine Gegner andere Wege, seine Machtposition zu unterminieren. So geriet insbesondere seine Position als Verwaltungsratspräsident der Kreditanstalt unter Beschuss. Welti drängte Escher, von diesem Amt zurückzutreten, und verwies auf die auch im freisinnigen Lager immer lauter werdende Kritik an der Kumulation seiner Spitzenpositionen in Politik, Eisenbahn- und Finanzunternehmen.

Escher, der 1877 überzeugt war, es werde ihm gelingen, den Finanzierungsbedarf des Gotthardbahnunternehmens zu decken, war schliesslich bei der Kreditanstalt zu diesem Schritt bereit, zumal er davon ausging, nach der Sanierung der Gesellschaft die letzte Etappe des Tunnelbaus als Direktionspräsident erfolgreich abschliessen zu können.

An der Verwaltungsratssitzung der Kreditanstalt vom 28. September 1877 verlas das «Präsidium» das Schreiben Alfred Eschers, mit welchem dieser nach 21 Jahren im Amt des Verwaltungsratspräsidenten «mit einem schmerzlichen Gefühle» um Entlassung als Präsident und Verwaltungsrat bat.[524]

Im Verwaltungsrat stiess Eschers Rücktrittsgesuch auf grösstes Bedauern, und an der Sitzung vom 28. September 1877 wurde beschlossen, «einstweilen auf dieses Entlassungsbegehren nicht einzutreten». Es wurden Überlegungen darüber angestellt, ob es möglich wäre, Escher von seinem Entschluss abzubringen. Diese Erörterungen führten zum Entscheid, Escher «einen Besuch in corpore abzustatten, um ihm das tiefste Bedauern über den von ihm kundgegebenen Entschluß auszusprechen».[525] Aus dem Protokoll der Verwaltungsratssitzung vom 4. Oktober 1877 geht jedoch hervor, dass Alfred Escher anlässlich einer Einzelbesprechung mit seinem Verwaltungsratskollegen Heinrich Fierz-Etzweiler den Wunsch äusserte, der Verwaltungsrat möge von seinem Vorhaben, ihm einen Besuch abzustatten, Abstand nehmen. Der Verwaltungsrat fasste schliesslich den Beschluss, «das Entlaßungsgesuch des Herrn Dr. Escher anzunehmen und ihm hievon unter Hinweisung auf seine großen Verdienste um die Kreditanstalt & seine aufopfernde Thätigkeit für dieselbe Mittheilung zu machen».[526] Der Verwaltungsrat stimmte darauf dem von Direktor Georg Stoll vorgelegten Briefentwurf zu:

«Herr Präsident! Die Schweizerische Kreditanstalt, welche sich bereits eines mehr als zwanzigjährigen Bestehens erfreut, ist hauptsächlich Ihre Schöpfung. Von ihrer Gründung an bis jetzt haben Sie unausgesetzt an deren Spitze gestanden und es ist in erster Linie Ihr Verdienst, wenn die Anstalt für die materielle Entwicklung unseres Landes so bedeutendes geleistet und sich zu einer Höhe entfaltet hat, daß sie zu den ersten Finanzinstituten der Schweiz gehört und im In- und Auslande ein ganz hervorragendes Ansehen und Vertrauen genießt. Während jener langen Periode hat auch bei Lösung der schwersten Aufgaben und in den ernstesten Augenblicken stets ein einträchtiges Zusammenwirken der sämmtlichen Mitglieder des Verwaltungsrathes zur Förderung der Zwecke der Anstalt stattgefunden, Allen aber leuchtete der Präsident als Muster unermüdlicher Hingebung und Pflichttreue jederzeit voran. Wir brauchen Ihnen daher, Hochgeachteter Herr!, nicht erst zu sagen, wie schmerzlich jedem einzelnen Mitgliede des Verwaltungsrathes der Gedanke ist, daß Sie aus unserer Mitte geschieden sind und die oberste Leitung unserer Anstalt nicht mehr in Ihrer festen, sichern Hand liegt, daß wir fortan auch Ihres stets bewährten Rathes bei unseren Verhandlungen entbehren müssen.»[527]

Zu Eschers Entscheid, bei der Kreditanstalt zurückzutreten, kam es nicht zuletzt, weil Bundesrat Welti im eigenen freisinnigen Lager erfolgreich lobbyiert hatte. Weltis formelhafte Äusserungen im Brief an Escher vom 28. September 1877 kontrastieren scharf zum hochachtungsvollen Ton, den die Verwaltungsratskollegen von der Kreditanstalt anschlugen. Unverhohlen gab Welti seiner Freude über den Rücktritt

Dankesurkunde der Generalversammlung der Schweizerischen Kreditanstalt vom 29. März 1878, welche Alfred Escher anlässlich seines Rücktritts vom Präsidium und aus dem Verwaltungsrat überreicht wurde. Escher hatte dem Gremium seit 1856 angehört. Der Rücktritt erfolgte im Zusammenhang mit Turbulenzen um die Finanzierung des Gotthardtunnels. Zwischen Sommer 1880 und Ende 1882 präsidierte Escher den Verwaltungsrat der Schweizerischen Kreditanstalt erneut.

Eschers Ausdruck und scheute sich nicht, im selben Brief – ungeachtet der für Escher schmerzlichen Situation – auch noch in gewundener Weise auf eine Einladung für seinen Sohn hinzuweisen:

«Verehrter Herr und Freund.

Ich danke Ihnen für den Entschluss den Sie gefasst haben und freue mich desselben, weil ich überzeugt bin, dass er ebensosehr in Ihrem persönlichen Interesse als in demjenigen der grossen Aufgabe lag, der Sie Ihr Leben gewidmet haben. Ohne Zweifel wird diese Ansicht von Allen geteilt an deren Meinung Ihnen gelegen ist. Gestern hat die Berner-Regierung dem Bundesrath Ihre ‹Bedingungen› Kund gethan und heute sind bereits die Einladungen zur Conferenz auf nächsten Mittwoch an die NOst, Central und Gotthardbahn sowie an die Regierungen von Bern und Luzern abgegangen; ich wollte nicht einen Augenblick verlieren. Wünschenswerth wäre es, wenn die Bahnen sich vorher untereinander besprechen würden, da sonst ein Resultat für die erste Sitzung nicht zu hoffen ist. Herr Koller ist beauftragt Ihnen heute noch persönlich ein Exemplar des Schreibens der Regierung von Bern mitzutheilen. Diesen Augenblick ist auch Ihre Zuschrift betr. die Genehmigung der Gotthardpläne eingegangen und ich habe die nötigen Verfügungen bereits getroffen. Schliesslich kann ich nicht umhin Ihnen noch zu sagen, dass ich mir nachträglich Vorwürfe darüber machte Emil erlaubt zu haben Ihre Einladung anzunehmen; ich begreife gar nicht warum ich es nicht einsah, wie unrecht es ist Ihnen in diesem Moment beschwerlich zu fallen. Eben vernehme ich, dass Roth morgen nach Berlin verreist; er wird heute hier seine Instructionen in Empfang nehmen.

Ihr ganz Ergebenster Welti

Bern 28. Sept. 1877.»[528]

Der Rücktritt

Hätte Escher 1877 gewusst, dass er bereits einige Monate später das Amt des Direktionspräsidenten des Gotthardbahnunternehmens würde niederlegen müssen, wäre er bei der Kreditanstalt gewiss nicht zu demissionieren bereit gewesen. Im Gegenteil: Escher legte sein Amt bei der Bank eben deshalb nieder, weil er das Gotthardprojekt zum Abschluss bringen wollte. Offensichtlich schätzte er die politische Lage falsch ein und durchschaute das taktische Spiel des Welti-Lagers nicht. Er war in die Falle gegangen. Die spannungsgeladene und teils gehässig geführte politische Debatte um die Nachsubventionierung in der Schweiz, die ständigen Angriffe in den Medien und die Interessenlage des Bundesrates machten den letzten Schritt unabwendbar: Alfred Escher musste seine Stellung als Direktor des Gotthardbahnunternehmens aufgeben. Im Frühsommer 1878 wurden die Modalitäten festgelegt. Escher sollte die Sanierung über die Bühne bringen und danach gehen. So ist es einem Schreiben von Bundesrat Welti von Ende Mai zu entnehmen. Welti hielt es, wie er schrieb, «nicht für richtig, wenn Ihr Rücktritt vor beendigter Reconstruction erfolgen sollte».[529]

Das Schlüsseldokument zu dieser Auseinandersetzung ist das Schreiben von Welti an Escher vom 28. Juni 1878. Dieser Brief, in dem das Fallbeil fiel, zeigt zum einen, wie sehr die Frage der Nachsubventionierung mit der Person Alfred Eschers verknüpft wurde. Er macht zum anderen aber auch deutlich, wie markant sich das politische System seit Eschers Einstieg in die Politik verändert hatte. Die Positionen und Machtzentren hatten sich verschoben und teils in demokratische Vielstimmigkeit aufgelöst, so dass der dominanten Rolle, die Escher über Jahrzehnte gespielt hatte, der Boden entzogen wurde. Escher war ein gebrochener Mann, der in dieser für ihn schicksalhaften Situation nicht mehr in der Lage war, das Geschehen mit der Macht seiner einstigen politischen Persönlichkeit in seinem Sinne zu beeinflussen. Wie anders wäre sonst zu erklären, dass er das Heft bei der Sondierung unter den Parlamentariern Bundesrat Welti überliess? Das Schreiben Weltis vom 28. Juni 1878 zeigt aber auch, dass der bevorstehende Sturz Alfred Eschers nicht zuletzt auf das Konto seiner langjährigen politischen Freunde ging. Gerade das eigene freisinnige Lager hatte ihn fallengelassen. Bundesrat Welti sah in Eschers Rücktritt den einzig gangbaren Weg. Es war nichts anderes als eine wohlerzogene *façon de parler,* dass Welti den Entscheid formal Escher überliess. Ausdrücklich und ausschliesslich argumentierte Welti mit der Rücktrittsvariante. Über Möglichkeiten des Verbleibs verlor er kein Wort. Im Gegenteil drängte er Escher zum schnellen Entscheid:

«Hochgeehrter Herr und Freund

Ich hätte Ihnen die folgenden Mittheilungen lieber mündlich gemacht. Da ich Sie aber voraussichtlich in den nächsten Tagen nicht sehen werde, so muss ich mich mit dem Briefe begnügen.

Während der letzten und dieser Woche habe ich mich mit vielen Mitgliedern der Bundesversammlung über unsere grosse Frage unterhalten und die Überzeugung gewonnen, dass die Frage Ihres Verbleibens in der Direction auch unter den Freunden des Gotthard lebhaft besprochen wird. Die Eröffnungen welche mir direct und indirect gemacht wurden, sind derart, dass ich es in meiner Pflicht erachte, Sie darüber nicht im Unklaren zu lassen, um so mehr als ich nicht annehmen kann, dass Sie seit Ihrem Weggang von Bern darüber in Kenntniss gesetzt worden seien. Ich muss es Ihnen ohne Umschweif sagen, so leid es mir auch thut, dass eine Reihe der besten Freunde unserer Sache das Opfer Ihres Rücktrittes für das Gelingen des Werkes erforderlich hält. Würde es sich bloss um das Geschrei der Feinde handeln, so gäbe ich nicht viel darum, aber wie die Sachen liegen halte ich die Frage für äusserst wichtig. Meine eigene Meinung kennen Sie. Ich muss nur eines wiederholen und besonders betonen, nämlich das, dass ich selbstverständlich keineswegs die Überzeugung habe, es werde Ihre Demission den Erfolg der bevorstehenden politischen Action garantiren, ich constatire nur die Thatsache, dass im eigenen Lager die Meinung besteht und die Oberhand hat es könnte dadurch das Gelingen erleichtert werden. – Ich will mich auf Einzelheiten, die ich später nachholen kann, nicht einlassen und überhaupt alle Reflexionen vermeiden. Ich habe ein Recht vorauszusetzen, dass Sie so wenig über den Zweck meines Schrittes als über die Gefühle mit denen ich ihn thue, irgendwie im Zweifel sein können. Unser Verhältniss hat sich auf gegenseitigem Vertrauen aufgebaut und dadurch erhalten und ich hielte es weder Ihrer noch meiner würdig, wenn ich einen Augenblick Ihnen gegenüber anders als offen und wahr sein wollte.

Wie auch Ihre Entschliessung ausfallen möge, bitte ich Sie um das Eine, dieselbe zu beschleunigen und bekannt zu geben. Entschliessen Sie sich zum Rücktritt, so wird dieser Schritt allein von Erfolg sein wenn er bald gethan wird; das Schlimmste wäre für Freund und Feind die fortdauernde Unsicherheit.

Alles andere verspare ich bis zu unserer nächsten persönlichen Begegnung und verbleibe in steter wahrer Freundschaft

Ihr Welti

Bern 28. Juni 1878.»[530]

Der von Welti geforderte schnelle Entscheid folgte am 2. Juli 1878. Alfred Escher erklärte seinen Rücktritt als Direktionspräsident der Gotthardbahn-Gesellschaft, der auf Ende Juli wirksam wurde:

KAISERLICH DEUTSCHE GESANDTSCHAFT

«Interlaken den 6 July 1878

Verehrter lieber Freund!

Die N.Z.Z. brachte mir den Inhalt Ihres Abschiedbriefes, der mich nicht überrascht hat. Mag zwischen den Zeilen auch manch bittere Empfindung zu lesen sein – die kann nur vorübergehend sein im Vergleich zu der Erinnerung an das Grosze was Sie gedacht, was Sie in's Leben gerufen und was nur Ihre Energie, Thatkraft und Umsicht so zu bewältigen wuszte, dasz Sie jetzt der weiteren materiellen Vollendung getrost den Rücken kehren können, um an Sich an Ihre Erhaltung für die geliebte Tochter und für Ihre zahllosen Freunde zu denken. Wenn ich unsere gemeinsame Gotthardarbeit an mir vorübergehen lase im Geiste, so erscheine ich mir neben *Ihnen* allerdings comme la mouche du coche, habe aber auch von dieser bescheidenen Rolle aus den mit Ihnen, mein Herzensfreund, verlebten Stunden und Augenblicken nur das wohlthuende Gefühl der inneren Befriedigung mitgenommen, Sie so *wahrhaft* hochstellen und so von Herzen *verehren* zu können. Das ist der goldene Faden der durch unser Verhältnisz sich zieht von dem Augenblick an als Sie zum ersten Mal mit Herrn Stählin bei mir in's Zimmer traten, und diesen Faden vermag Menschenhand weder zu zerschneiden noch seinen Glanz zu nehmen. Ihr Namen bleibt auf ewige Zeiten dem groszen Werke aufgedrückt. […]

Viel Herzliches der holden Lydia und Ihnen einen warmen Händedruck von Ihrem unwandelbar getreuen alten Freunde General von Roeder»[531]

Überblickt man die Entwicklung der Konflikte, die schliesslich zu Alfred Eschers Rücktritt führten, scheint die Abwendung der freisinnigen Parteifreunde vom grossen Zürcher Politiker als der entscheidende Schlag. Insbesondere Weltis Vorgehen stiess selbst bei Eschers politischen Gegnern auf Kritik. So schrieb Jakob Dubs an Philipp Anton Segesser: «Nun habe ich zwar kein Mitleiden für Escher, aber muss ich sagen, dass diese Intrigue mich eigentlich doch empört … Will man die Subsidie geben, so lasse man Ehre und Verantwortlichkeit dem Urheber des Ganzen.»[532] Segesser pflichtete ihm bei und charakterisierte Welti in scharfen Worten: «Welti würde glaube ich, seinen Bruder opfern und den Teufel acceptieren, um sein Stekenpferd zu retten.»[533]

Wohl besteht kein Zweifel daran, dass die Sachlage komplex und die innenpolitischen Hürden hoch waren. Doch ist ebenso unbestritten, dass Bundesrat Welti und die mit ihm verbundenen freisinnigen Parteistrategen Escher fallenliessen, weil es ihnen unumgänglich schien, einen der grossen Verantwortlichen des Gotthardunternehmens zu opfern, und dieses Opfer konnte aus der Sicht des Welti-Lagers nur Alfred Escher sein. Am 8. Juli 1878 schrieb dieser an einen Freund:

«Von Herzen danke ich Dir für deinen freundlichen Brief. Der Inhalt desselben macht es mir zur Pflicht, Dir über die Sachlage ganz rückhaltlosen Aufschluß zu geben. Trotz meiner Gesundheitsverhältnisse und namentlich auch des Zustandes meiner Augen war ich entschlossen, bis nach gänzlicher Durchführung der Rekonstruktion der Gotthardbahnunternehmung mein Kreuz fortzutragen. Ein passenderer Ausdruck als dieser steht mir nicht zu Gebote. Es wurde mir nun aber gesagt, daß eine Fraktion der Bundesversammlung, derer man bedürfe, um eine Mehrheit in den Räthen für die Gotthardbahn zu erhalten, als Preis für ihre Stimmgabe zu Gunsten dieser Bahn meinen Austritt aus der Direktion verlange. Man hat mir ferner mitgetheilt, daß *so viel als alle Berner,* die Großzahl der Zürcher Demokraten u.s.f. diesen Standpunkt einnehmen. Angesichts einer so gearteten Situation glaubte ich es der *Sache,* welche ich in dieser großen vaterländischen Angelegenheit von jeher *allein* im Auge hatte, geradezu schuldig zu sein, den Verwaltungsrath zu bitten, mein Gesuch um gänzliche Entlassung aus der Direktion schon *vor* der bevorstehenden, für die Entscheidung der Gotthardfrage bestimmten Session der Bundesversammlung, also sofort, im entsprechenden Sinne erledigen zu wollen. Die von Dir berührte Frage, ob ich die Überzeugung habe, daß sich das Werk der Gotthardbahn auf Grundlage des von der internationalen Konferenz und von unsern Gesellschaftsorganen aufgestellten Programmes zu Ende führen lasse, beantworte ich unbedenklich dahin, daß ich diese Überzeugung in der That dann hege, wenn die Schweiz sich bereit erklärt, an ein Werk, das ausschließlich auf Schweizerischem Boden errichtet wird und an welches das Ausland Subventionen im Belaufe von 85 Millionen Franken leistet, wenige 6½ Millionen beizutragen. Und nun drängt es mich, Dir zum Schlusse noch zu sagen, daß auch ich der zuversichtlichen Hoffnung lebe, es werde unser Freundschaftsverhältniß, das schon so lange in ungetrübter Weise bestanden hat, in gleicher Herzlichkeit fortdauern bis an das Ende unserer Tage.

Dein Dr. A. Escher.»[534]

Ganz anders präsentierten sich die offiziellen Gründe für Eschers Rücktritt im Geschäftsbericht 1878 der Gotthardbahn-Gesellschaft. Dabei mutet es im Licht der übergeordneten Interessen und Strategien geradezu zynisch an, dass der Stadtrat von Luzern seine allfällige Beteiligung an der Nachsubventionierung von der Bedingung abhängig machte, dass der Sitz des ersten Departements der Gotthardbahnverwaltung von Zürich nach Luzern verlegt werde. Und der Geschäftsbericht wörtlich:

«Wir standen somit vor der Alternative, entweder auf die Mitwirkung des Hrn. Dr. Escher zu verzichten oder eine Organisation fortbestehen zu lassen, welche ihm die Erfüllung seiner Aufgabe mit Beibehaltung seines Wohnsitzes in Zürich ermöglichte. Da wir den größten Werth darauf setzten, die reiche Erfahrung und die eminente Arbeitskraft des Hrn. Escher der Ausführung des großen Unternehmens, besonders in einer Zeit, wo dasselbe ohnehin mit ganz außerordentlichen Schwierigkeiten zu kämpfen hatte, zu erhalten, so baten wir den Bundesrath, diese Angelegenheit in einer Weise zu erledigen, welche den uns drohenden Verlust abzuwenden geeignet sei, und ersuchten gleichzeitig Hrn. Präsident Escher, seiner Austrittserklärung einstweilen keine Folge zu geben. Hr. Escher entsprach zwar unserm Wunsche, glaubte aber eine definitive Entschließung erst nach erfolgtem Entscheide des Bundesrathes über das Begehren des Stadtrathes von Luzern fassen zu können.

Nachdem sodann der Bundesrath dieses Begehren in ablehnendem Sinne beantwortet hatte, sprachen wir Hrn. Dr. Escher gegenüber die Erwartung aus, daß er nunmehr sein Demissionsgesuch als dahingefallen betrachten werde. Hr. Escher bedauerte, dieser Erwartung nicht entsprechen zu können, weil der Stadtrath von Luzern sein Begehren durch die bundesräthliche Antwort nicht als erledigt zu betrachten scheine, erklärte sich indessen bereit, seine Verrichtungen in der Direktion einstweilen noch fortzusetzen.

Nachdem sodann der Stadtrath von Luzern beschlossen hatte, der Gemeindeversammlung eine Nachsubvention an die Gotthardbahn nur unter der Bedingung vorzuschlagen, daß die Gotthardbahnverwaltung in ihrem ganzen Umfange nach Luzern verlegt werde, verlangte Hr. Escher, daß nunmehr seinem Entlassungsgesuche entsprochen werde, damit nicht die Meinung entstehe, als trüge er die Schuld daran, wenn die Stadt Luzern ihre Nachsubvention verweigere, wenn dadurch vielleicht auch andere Betheiligte zu einer ähnlichen Haltung veranlaßt würden, und wenn es in Folge dessen unmöglich werden sollte, die von der Schweiz zu beschaffende Nachsubvention zusammen zu bringen. Dabei bemerkte Hr. Escher, es haben sich seine Gesundheitsverhältnisse in Folge der Anstrengungen, die er sich im Laufe der Zeit und besonders in den letzten Jahren zugemuthet, so gestaltet, daß eine wesentliche Verminderung der Geschäftslast für ihn zur dringenden Nothwendigkeit geworden sei.»

Der Bundesrat hätte die Möglichkeit gehabt, Alfred Escher zu retten, doch es lag nicht in seinem Interesse. Um so mehr freute sich

Escher über die wenigen Getreuen, die weiterhin zu ihm hielten. Land-ammann Blumer erinnerte sich:

«Bei der Sanierung des Gotthardunternehmens war im Ständerat von Morel-Neuenburg der Antrag gestellt worden, es sei an die Aktion des Bundes die Bedingung zu knüpfen, dass die Verwaltung geändert werde. Der Antrag war direkt gegen Escher gerichtet. Trotzdem Escher auch im Ständerat noch eine Anzahl persönlicher Freunde hatte, wie z. Bsp. Kappeler & Sahli so siegte der Antrag in der Abstimmung doch mit allen gegen 3 Stimmen (die beiden Glarner & Clausen, der spätere Bundesrichter). Einige Zeit hierauf erhielt ich zu Hause ein äusserst liebenswürdiges Dankschreiben von Escher, wobei er es mir hoch anrechnete, dass ich mich nicht dazu hergegeben habe, einem gefallenen politischen Gegner den Eselstritt zu versetzen. Er freute sich auch in der Glarner Presse stetsfort Stimmen zu vernehmen, welche seine Verdienste um das Land anerkannten. Bei einer Stacherlbergkur mit seiner Tochter im Jahr 1879 äusserte er mir darüber noch persönlich seine Freude. Er schien sich namentlich darüber zu freuen, dass ich Verständniss zeigte für die Schwierigkeiten der Gotthardunternehmung und ihrer Leitung und dass ich den Standpunkt verfocht, der Bund dürfe das Unternehmen in keinem Falle steken lassen.»[535]

Alfred Escher kannte die politisch Verantwortlichen, die ihn zum Rücktritt gezwungen hatten. Verletzend musste es für ihn sein, dass die Landesregierung seine Arbeit, die er über mehr als zehn Jahre unter Einsatz aller Kräfte geleistet hatte, bei diesem Anlass nicht würdigte. Es ist kein offizielles Dankesschreiben des Bundesrates über-liefert. Anders tönte es von seiten seiner Direktionskollegen. Hier kamen die Wertschätzung und das aufrichtige Bedauern über Eschers Rücktritt zum Ausdruck, etwa im Schreiben von Josef Zingg an Escher vom 4. Juli 1878:

«Hochverehrter Herr Präsident!
    Hr. Nat. Rath Feer-Herzog hat mir mit einigen Zeilen von den Verhand-lungen Kenntniß gegeben, welche letzten Montag zwischen Ihnen u. Hrn. Feer u. Welti in Olten stattgefunden haben. Ich kann Ihnen nicht sagen, wie schwer die Nachricht, daß Sie definitiv aus der Direktion der GB. auszutreten sich entschloßen haben, auf mich drükt. Wenn ich mit Rüksicht auf Ihre Gesund-heitsverhältniße u. andere Umstände den Entschluß auch begreife, so kann ich mich doch fast nicht in den Gedanken finden, daß Sie nicht mehr der engern Verwaltung des Unternehmens angehören sollen, für das Sie seit 15 Jahren mit einer unendlichen Summe v. Arbeit u. einer Hingabe ohne Glei-chen sich gewidmet haben. Ich komme mir wie verwaist vor u. es ergreift mich eine tiefe Traurigkeit, wenn ich nur an die Sache denke. Wollen Sie diesen Ausdruk meiner Gefühle gütigst entschuldigen u. überzeugt sein, daß, wenn der Schritt unabwendbar ist, ich nie die vielen Beweise v. Freund-schaft u. Wohlwollen vergeßen werde, welche Sie mir während der langen

Illustration zur Gründerkrise der 1870er Jahre. «Das Jüngste Gericht oder des Schwindels Ende». Der Narren-Heiri, Sechseläuten 1877.

Periode unsers Zusammenwirkens für das Zustandekommen des großen Werkes haben zu Theil werden laßen. Mit der Bitte, den Ausdruk meiner steten Hochachtung u. freundschaftlichen Gesinnung genehm halten zu wollen, verbleibe ich

Ihr stets ergebener

J. Zingg. Luzern d. 4. Juli 78.»[536]

Escher litt sehr unter der unverdienten Strafe für die Kostenüberschreitungen und der erlittenen Demütigung durch den erzwungenen Rücktritt. Dies wird deutlich in einer überlieferten Episode, die sich kurz nach dem Rücktritt ereignete: Während eines Spaziergangs mit Geschichtsprofessor Johannes Scherr in der Gartenanlage des Belvoir sei Escher beim Betrachten des Alpenpanoramas in Tränen ausgebrochen: «Wie kann nur das Schweizervolk, dem diese herrlichen Berge gehören, so Unrecht tun? Meine Schuld ist doch die Katastrophe nicht. Ich musste mich doch auf die Berechnungen und Mitteilungen meiner Oberingenieure stützen!»[537]

Undank

Über der Beziehung zwischen Escher und Welti war eine dunkle Wolke aufgezogen. Der Himmel verfinsterte sich weiter, als Escher feststellen musste, dass er nicht einmal als Verwaltungsrat der Gotthardbahn-Gesellschaft nominiert wurde. Er war nämlich davon ausgegangen, dass Bundesrat Welti ihn für dieses Gremium portieren würde, und fühlte sich gekränkt. Welti hintertrieb die Wahl Eschers zum Verwaltungsrat, indem er sie als unmögliche «Comödie» bezeichnete. Überdies beteuerte er, nicht im Traum daran gedacht zu haben, dass Escher eine solche Wahl wünschen könnte:

«Hochverehrter Herr und Freund

Es ist mir im hohem Masse leid, dass ich abwesend war als Sie mich besuchen wollten und dass auch ich zu wiederholten Malen Sie nicht treffen konnte; ich hatte noch nie so sehr das Bedürfniss Sie zu sprechen wie jetzt und kann mich daher nicht enthalten Ihnen wenigstens zu schreiben. Ich weiss von Herrn Feer, dass Sie sich gekränkt fühlen und muss aus seinen Mittheilungen schliessen, der Grund liege wesentlich darin, dass Sie bei den Wahlen in den Verwaltungsrath der Gotthardbahn nicht berücksichtigt wurden. Wenn das so ist, so muss ich erklären, dass auch ich zu denen gehöre über welche Sie sich zu beklagen haben, selbstverständlich nicht in der Weise, dass ich irgend wie gegen Ihre Wahl gewesen wäre, sondern weil ich nie daran gedacht habe, dass Sie eine solche Wahl wünschen könnten. Die Frage ist nun freilich die, ob ich mit diesem Geständniss nicht mich selbst schuldig erkläre. Vor meinem Gewissen nicht. Hätte ich eine Ahnung davon gehabt, dass Sie aus irgend einem Grunde eine Wahl erwarten, so hätte ich allerdings nicht dazu geschwiegen, aber ich würde Ihnen mit aller Entschiedenheit von einer solchen Idee abgerathen haben. Sie konnten diese Wahl nur als Ausdruck der

Anerkennung und der Satisfaction wünschen. Aber weder der Bundesrath noch die Gesellschaft konnte Ihnen das Eine oder das Andere geben. Die Satisfaction, die Sie zu fordern haben und die allein einen Werth für Sie hat, kann Ihnen Niemand ertheilen als die öffentliche Meinung oder die unpartheiische Geschichte oder wie Sie das immer nennen mögen. Diese Gerechtigkeit wird auch nicht ausbleiben, dafür sind heute schon Zeichen genug vorhanden; aber wenn es auch länger dauert als wir wünschen, so sind Sie der Mann dazu es abzuwarten. Das ist ja bei aller Unbill der Zeit der einzige Trost für uns alle, dass das gerechte Urtheil kommen wird, wenn wir auch weit und breit keinen Richter sehen, der es spricht. Diesem Urtheil gegenüber wäre eine Wahl durch den Bundesrath oder die Gesellschaft als eine Comödie bezeichnet worden, die Ihnen sicher nicht genützt wohl aber wie allen daran Betheiligten empfindlich geschadet hätte. Nach Ihrem Entlassungsschreiben, das bei Freund und Feind einen vortrefflichen Eindruck gemacht hat, war eine Neuwahl gleichviel, ob Sie dieselbe angenommen hätten oder nicht, unmöglich geworden. Sie haben eine andere viel grössere Genugtuung dadurch erhalten, dass die Reconstruction bis auf wenige Puncte genau nach Ihrem Plan durchgeführt worden ist. Das weiss Jedermann und es wird auch nicht lange dauern bis es Jedermann sagt. Die Freude an dem Gelingen wird mir persönlich allerdings stark verbittert, so lange ich weiss, dass Sie nicht daran Theil nehmen können. Wie ich stets ein unzerstörliches Vertrauen in mir trug, es werde das grosse Werk nicht untergehen, so kann ich mir auch nicht vorstellen, dass zwei Männer die zwölf lange Jahre einträchtig daran gearbeitet haben in dem Moment, wo die Hoffnung auf glückliche Vollendung gesichert erscheint einander entfremdet werden sollen. Ich spreche dieses Wort gleich aus, weil ich nicht verbergen will, wie schwer ich die Sache nehme. Ich habe Ihnen vor Jahresfrist gerathen aus der Direction zu treten, indem ich eine Freundespflicht zu erfüllen glaubte. Sie kam mir schwer an und ich war lange unschlüssig, ob mein Rath der richtige sei: In Bezug auf die heutige Frage war ich es keinen Augenblick. Freilich muss ich es nun darauf ankommen lassen, wie Sie diesen Brief aufnehmen; hätte ich mit Ihnen sprechen können, so würde ich vielleicht mehr aber nichts anderes gesagt haben. Haben Sie die Güte und befreien Sie mich von der Unsicherheit in welche mich die Mittheilungen unserer Freunde gebracht haben und die mir Ihnen gegenüber unerträglich ist. Es würde mich von ganzem Herzen freuen, zu erfahren, dass ich zu schwarz sehe; unter allen Umständen bleibt mir das Bewusstsein, dass ich den Gesinnungen u dem Verhalten, das unsere gegenseitige Achtung begründet hat, nicht einen Augenblick untreu geworden bin.

Ihr Ergebenster Welti»[538]

Man mag es als Zeichen der Eitelkeit lesen, dass Escher die Einladung des Bundesrates zur Einsitznahme in den Verwaltungsrat erwartet hatte, obwohl er die Wahl, wie er selber schrieb, gar nicht angenommen hätte. Jedenfalls wäre es in seinen Augen «ein selbstverständlicher Act der Gerechtigkeit» gewesen. Wenn Escher in seiner Antwort auf Weltis Brief zum Schluss wieder versöhnlichere Töne anschlägt, so spricht daraus die

Haltung des Zürcher Politikers, der dem Bundesrat selbst zum Zeitpunkt seiner grössten Niederlage Achtung und Respekt entgegenbrachte:

«Belvoir 27 Juni 79

Herrn Bdsr. Welti, Bern.

Hochverehrter Herr & Freund!

Die Offenheit, m[it] welcher Sie sich in Ihrer Zuschrift v. 23 abhin gegen mich [au]ssprechen, macht es mir zur Pflicht, in gleicher Weise Ihnen gegenüber zu verfahren.

Vorab bitte ich Sie, davon überzeugt s[ein] zu wollen, daß ich mich der nunmehr als gesichert zu betrachtenden Reconstruction der Gotthardbahnunternehm[un]g ohne Vorbehalt & ohne Rückgedanken v. Herzen freue. Ich könnte keine Achtung vor mir selbst haben, wenn ich d[ie]se Freude durch die schmerzlichen Gefühle verdunkeln oder gar überwuchern lassen würde, welche in Folge der persönlichen Kränkungen, m[it] denen meine Anstrengungen für die Verwirklichung der G. B. belohnt wurden, in mir hervorgerufen werden mußten.

Dieser Gesinnung geschieht, wie mir scheinen will, keinerlei Eintrag, wenn ich hinwieder Vorgänge, welche mein persönliches Verhältniß zur G. B. betreffen, n[icht] unbeachtet lasse, sondern in d. Bereich m[eine]r Würdig[un]g ziehe. Dieß habe ich denn auch m[it] Bezieh[un]g [au]f die letzthin erfolgte Neubestell[un]g d[e]s Verw.rths gethan & ich bin dabei zu der Überzeug[un]g gelangt, daß die Gesellschaft mir die Genugthuung schuldig gewesen wäre, mich in den Verwalt[un]gsrath zu wählen, & daß sie, indem sie davon Umgang nahm, ja es n[icht] einmal der Mühe werth hielt, sachbezügliche Rücksprache mit mir zu nehmen, e[in] Unrecht an mir begangen hat. Ich anerkenne, daß, was die Gesellschaft unterlassen hat, v. d. Bdsr. n[icht] wohl nachgeholt werden konnte. Deswegen halte ich aber n[icht] etwa dafür, daß Sie, hochverehrter Herr!, b[ei] d. Vorgange, über den ich mich beschweren zu müssen glaube, n[icht] betheiligt seien. Sie übernehmen ja auch in Ihrer geschätzten Zuschrift offen & unumwunden die Verantwortlichk[ei]t für denselben & zudem weiß wohl niemand besser als ich, daß Sie nach Lage der Dinge vor Allen dazu berufen waren, das Maßgebende Wort hinsichtlich der v. d. Ges. & v. dem Bdsrthe zu treffenden Wahlen in den Verw. rath zu sprechen.

Zur Rechtfertigung meiner Übergeh[un]g bei diesen Wahlen machen Sie zwei Gründe geltend. Der erste besteht darin, daß es nach meinem Entlassungsgesuche Sache der Unmöglichkeit gewesen sei, mich bei der Neubestell[un]g des Verw.rath[e]s wieder in denselben zu wählen. Fürs zweite sind Sie der Ansicht, daß die Satisfaction, die ich zu fordern habe, mir nur durch die öff. Mein[un]g, die unpartheiische Gesch. oder wie man das nennen möge, zu Theil werden könne, während eine Wahl in den neuen Verwalt[un]gsrath, welche die Ges. od. der Bdsrth [au]f mich hätte fallen lassen, als eine Comödie angesehen worden wäre.

Ich bedaure, Ihnen erklären zu müssen, daß ich [au]f dem diametral entgegengesetzten Standpuncte stehe.

Die Motive, welche mich vor einem Jahre bewogen, mein Entlassungsgesuch einzureichen, sind niemandem besser bekannt als Ihnen. Trotz meiner Gesundheitsverhältnisse & namentlich auch des Zustandes meiner Augen, war ich entschlossen, bis nach gänzlicher Durchführ[un]g der Reconstruction der Gotth.bahnunternehm[un]g mein Kreuz fortzutragen. Ein passenderer Ausdruck als dieser steht mir nicht zu Gebote. Sie sagten mir dann aber, daß eine Fraction der Bdsversamml[un]g, deren man bedürfe, um eine Mehrheit in den Räthen für die Gotthardbahn zu erhalten, als Preis ihrer Stimmgabe zu Gunsten der Bahn meinen Rücktritt [au]s d. Dir. verlange. Die Motive, welche jene Fraction zu d[ie]s[e]r Forder[un]g veranlaßten, beruhten, wie Sie am besten wissen, [au]f politischem Hasse, persönlicher Eifersucht & gekränktem Ehrgeize. Angesichts einer so gearteten Situation glaubte ich es dem großen Werke, um dessen Sicher[un]g es sich handelte, geradezu schuldig zu s[ein], den Verw.rath zu bitten, mir noch vor der damals bevorstehenden, für die Entscheid[un]g der Gotthardfrage bestimmten Session der Bundesversamml[un]g die Entlass[un]g [au]s d Dir. zu ertheilen.

Mittlerweile ist die Situation eine total veränderte geworden. Die Reconstruction der Gotthardbahnunternehm[un]g ist zu Stande gebracht & zwar, wie Sie so gerecht sind, anzuerkennen, bis [au]f wenige Puncte nach dem Projecte, das ich vor meinem Rücktritte für dieselbe ausgearbeitet habe. Sie steht fest & kann n[icht] mehr der Spielball persönlicher Gehässigk[ei]t & Leidensch[a]ft werden. Bei so gewordener Sachlage handelte es s[ich] nun um d. Bestell[un]g der Verwalt[un]g für d. reconstruirte Unternehm[un]g. In diese wurden alle bekanntern Mitglieder der frühern Verwalt[un]g wieder gewählt, mit einziger Ausnahme von mir. Man wird meine Übergeh[un]g vielleicht damit rechtfertigen wollen, daß ich ja aus der Direction zurückgetreten sei. Nachdem aber der Verw.rth damals in einer an mich gerichteten Zuschrift besonders hervorheben zu sollen geglaubt hat, daß ich durch mein Entlass[un]gsgesuch, um der *Sache* zu dienen, meine *Person* zum Opfer gebracht habe, wäre es da nicht eine Ehrenpflicht der gegenwärtigen Leiter der Unternehm[un]g gewesen, mir, da es, wie jetzt jedermann zugeben wird, der *Sache* gänzlich unbeschadet hätte geschehen können, die *persönliche* Genugthuung einer Wahl in den neuen Verwalt[un]gsrath zu Theil werden zu lassen? Hätten sie nicht bedenken sollen, daß, wenn ich allein übergangen werde, dadurch der Schein vor der ‹öff. Mein[un]g› & der ‹unpartheiischen Geschichte›, [au]f welche ich immer vertröstet werde, hervorgerufen werden müsse, als fiele ausnahmsweise mir irgend ein Verschulden zur Last? Hätten sie n[icht] erwägen sollen, daß es um so unverantwortlicher wäre, wenn *gerade sie* einer solchen Auffass[un]g Vorschub leisten würden, da sie ja als meine langjährigen Mitarbeiter, wie gar niemand sonst, in der Lage waren, meine Thätigkeit für d. Verwirklich[un]g der G. B. kennen zu lernen & zu beurtheilen? Ich kann diese Fragen nur bejahen & ich komme daher zu dem Schlusse, daß meine Wahl in den neuen Verwalt[un]gsrath der G. B., weit entfernt, als ‹Unmöglichk[ei]t› oder als ‹Comödie› taxirt werden zu müssen, von allen denjenigen, an deren Urtheil einem gelegen s[ein] kann, als ein selbstverständlicher Act der Gerechtigkeit betrachtet worden wäre. Zum Schlusse habe ich wohl nicht nöthig, Ihnen noch zu sagen, daß ich eine [au]f mich gefallene Wahl als eine mir zu Theil gewordene persönliche Genugthuung angesehen haben würde, daß ich sie aber nicht angenommen hätte.

Es ist mir sehr peinlich gewesen, diese lediglich meine Person betreffende Angelegenheit zum Gegenstande einer Erörter[un]g & vollends einer so eingehenden zu machen. Ich würde es natürlich nicht gethan haben, wenn Sie mir n[icht] Veranlass[un]g dazu gegeben hätten. Es dürfte mir übrigens um so weniger zum Vorwurfe gereichen, weil es s[ich] ja n[icht] um e[ine]

Fotografie Alfred Eschers Ende der 1870er Jahre.

Frage kleinlicher persönlicher Eitelkeit, sondern darum handelt, ob ich n[icht] Gefahr laufe, nach Allem, was ich mir zugemuthet & was ich geopfert habe, schließlich von der Welt als ein Mann angesehen zu werden, der sich die Verwirklich[un]g eines großen, seinem Vaterlande nützlichen Werkes zur Lebensaufgabe gemacht hat, dann aber als unfähig erfunden wurde, diese Lebensaufgabe zu lösen.

Wenn wir, wie Sie sagen & ich meinerseits gerne bestätige, während zwölf langen Jahren einträchtig zusammen wirkten, um die G. B. zu Stande zu bringen, & wenn jetzt zum ersten Male in einer übrigens n[icht] das große Werk selbst, sond[ern] bloß meine Person betreffenden Frage unsere Anschauungen [au]seinandergehen, so ist hinwieder selbst in dieser Differenz neuerdings eine Übereinstimmung unserer Handlungsweise insofern zu constatiren, als wir uns beidseitig unsere von einander abweichenden Standpuncte ohne Rückhalt & ohne Schminke dargelegt haben, wie es dem ächten Manne ziemt.

Ihr ergebenster [ohne Unterschrift]»[539]

Escher, zum Sündenbock des Gotthardprojekts gestempelt, erntete noch weiteren Undank. Zur Feier, die 1880 anlässlich des Durchstichs des Gotthardtunnels veranstaltet wurde, lud man ihn nicht ein. Auch in den Reden wurde er mit keinem Wort erwähnt. Dokumentiert ist lediglich die am 29. Februar 1880 um 5.50 Uhr in Bern aufgegebene dürre telegraphische Mitteilung Weltis an Escher:

«Nach eben eingegangenem Bericht wurde Tunell heute 11 Uhr durchbrochen. Bundespräsident Welti»[540]

Ebenso knapp antwortete Escher am 2. März 1880 aus Paris:

«Mes remerciments pour Votre telegramme qui me parvient ce moment. Escher»[541]

Immerhin hatte Escher die Genugtuung zu sehen,

«daß die sogenannte Rekonstruktion der Gotthardbahn genau nach dem Plane bewerkstelligt worden ist, welchen ich vor meinem Austritte aus der Direktion bis in alle Details ausgearbeitet hatte».[542]

Zwei Jahre später, bei den Einweihungsfeierlichkeiten zur Eröffnung des Gotthardtunnels, konnte sich die Landesregierung schliesslich doch dazu durchringen, Escher einzuladen und auf den «hervorragenden Antheil» hinzuweisen, den er am Gelingen des grossen Werks gehabt hatte. Das offizielle Einladungsschreiben von Bundespräsident Simeon Bavier erreichte Escher aber erst am 2. Mai, zwei Wochen nachdem er bereits eine Einladung erhalten hatte, wie sie an jeden gewöhnlichen National-rat verschickt worden war:

«Bern, den 2 Mai 1882.
Der Bundespräsident der Schweizerischen Eidgenossenschaft
Hochgeehrter Herr!

Anmit habe ich die Ehre Sie, im Namen des Bundesraths, zur Eröffnungsfeier der Gotthardbahn einzuladen.

Der hervorragende Antheil den Sie am Zustandekommen des grossen
Werkes genommen, wird zu allen Zeiten unvergessen bleiben & es muß Ihnen
zur Genugthuung gereichen das was Sie mit so vieler Hingebung und Thatkraft ins Werk gesezt haben in seiner Vollendung zu erblicken.

Aus diesem Grunde sind Sie vorab dazu berufen an dem Feste Theil zu
nehmen und wir geben uns der Hoffnung hin, daß Sie unserer Einladung Folge
leisten werden.

Mit dem Ausdruck meiner Hochachtung
Ihr ergebenster Bavier
d. Z. Bundespräsident
Herrn Nationalrath Dr. A. Escher Zürich.»[543]

Die Tatsache, dass die persönliche bundesrätliche Einladung erst
kurz vor der nationalrätlichen Anmeldefrist eintraf, dürfte die Bedeutung
dieser Ehrung merklich geschmälert haben. Escher war zu diesem Zeitpunkt, obwohl er sich einer lebensgefährlichen Krankheit entronnen
wähnte, bereits todkrank und nicht in der Lage, an den Feierlichkeiten
teilzunehmen. Am 6. Mai 1882 schrieb Escher Bundespräsident Bavier,
dass er der Eröffnungsfeier nicht werde beiwohnen können:

Simeon Bavier (1825–1896).
Bündner Bundesrat und Schweizer
Gesandter in Rom.

«Herrn Bundespräsident Bavier in *Bern*
Hochgeachteter Herr Bundespräsident!

Mit verehrl Zuschrift vom 2 dses Monates laden Sie mich im Namen des
hohen Bundesrathes zur Eröffnungsfeier der Gotthardbahn ein.

Indem ich Ihnen und der hohen Behörde, an deren Spitze Sie stehen,
diese Auszeichnung aufs wärmste verdanke, bin ich zu meinem tiefen Bedauern zu der Erklärung genöthigt, daß ich mich außer Stand gesetzt sehe, der
ehrenvollen Einladung Folge zu leisten. Eben erst einer lebensgefährlichen
Krankheit entronnen, bin ich noch so angegriffen, daß ich mich den Wechselfällen eines mehrtägigen, bewegten Festes ohne Gefahr für meine Gesundheit nicht aussetzen dürfte.

Wenn ich in Folge dieses unabwendbaren Hindernisses der Feier der
Eröffnung der Gotthardbahn leider nicht werde beiwohnen können, so ist mir
hinwider bereits ein Ersatz dafür zu Theil geworden, dem ich einen hohen
Werth beilege. Diesen Ersatz erblike ich in dem Urtheile welches Sie, Hochgeachteter Herr Bundespräsident! Namens des hohen Bundesrathes, über
mein Wirken für das Zustandekommen der Gotthardbahn in Ihr verehrl Schreiben vom 2 dß niedergelegt haben. Es sei mir gestattet, Ihnen & Ihren hoch-
verehrten Herren Collegen auch für diese, die Einladung zu der Eröffnungsfeier begleitende Kundgebung & für dieselbe ganz besonders meinen herzlichen Dank darzubringen.

Mit dem aufrichtigen Wunsche, daß die Eröffnungsfeier der Gotthardbahn ebenso gut gelingen möge, wie das große Werk selbst, um dessen Einweihung es sich handelt, verbleibe ich in ausgezeichneter Hochachtung

Ihr ergebener [ohne Unterschrift]

Enge-Zürich den 6 Mai 1882.»[544]

Auch bei seinen früheren Kollegen der Gotthardbahn-Direktion
entschuldigte sich Escher in seinem Schreiben vom 7. Mai 1882 dafür,
den Feierlichkeiten fernbleiben zu müssen. Wiederum lässt Escher keine
Spur von Ressentiment durchscheinen:

Hochgeachteter Herr Präsident,

Hochgeachtete Herren!

Mit verehrl Zuschrift vom 5 dß haben Sie die Freundlichkeit, im An-
schlusse an die von dem hohen Bundesrathe an mich gerichtete Einladung

Antwortschreiben (Seite 1) von
Alfred Escher vom 6. Mai 1882 an
Bundespräsident Simeon Bavier,
in dem Escher mitteilte, dass
er dem Festakt zur Eröffnung der
Gotthardbahn «leider nicht werde
beiwohnen können».

zu dem Feste der Eröffnung der Gotthardbahn den Wunsch auszusprechen, daß es mir möglich sein werde, der Einladung Folge zu leisten.

Wie ich dem hohen Bundesrathe zu meinem tiefen Bedauern bereits mittheilen mußte, sind, nachdem ich eben erst einer lebensgefährlichen Krankheit entronnen bin, meine Gesundheitsverhältniße noch nicht so beschaffen, daß ich es wagen dürfte, mich den vielartigen Wechselfällen, welche das für eine Reihe von Tagen sich erstrekende Fest nothwendig mit sich bringen wird, auszusetzen. Ich muß daher auch an Sie, Hochgeachtete Herren! die Bitte richten, mein Wegbleiben von dem Feste gütig entschuldigen u. meinen warmen Dank für die Aufmerksamkeit genehmigen zu wollen, welche Sie mir durch Ihre geehrte Zuschrift erwiesen.

Empfangen Sie meinen herzlichen Glückwunsch zu dem glänzenden Erfolge, den Sie durch Vollendung der Gotthardbahn errungen haben u. seien Sie überzeugt, daß ich mich stets freuen werde, Ihr Mitarbeiter bei der Ausführung des großen Werkes gewesen zu sein.

In ausgezeichneter Hochachtung [ohne Unterschrift]
Enge-Zürich den 7 Mai 1882.»[545]

Gotthardbahn-Fahrplan vom 16. Juni 1902.

Zwei Wochen später, am 22. Mai, traf ein Schreiben von Emil Welti bei Alfred Escher ein:

«Hochgeehrter Herr

Der heutige Tag ist vor Allem Ihr Fest- und Ehrentag, der Ihnen die Anerkennung und die Glückwünsche von Tausenden entgegenbringt und an dem es mir unmöglich ist Ihnen ferne zu bleiben.

Mit der freudigen Mithülfe die mir an dem grossen Werk beschieden war ist das Beste meiner Lebensarbeit gethan und die Erinnerung an die zehn Jahre unserer gemeinsamen Mühen und Sorgen ist mir heute ein überreicher Lohn.

Dieses Gefühl Ihnen dankend auszusprechen ist meine stille u schönste Festfreude.

Empfangen Sie die Versicherung meiner unter allen Verhältnissen unwandelbaren Hochachtung.

Welti
Luzern den 22. Mai 1882.»[546]

Standhaft blieb Escher in seinem Antwortschreiben, das im Entwurf vom 26. Mai 1882 vorliegt, beim versöhnlichen Ton. Er bestätigte darin Weltis Anspruch, die Gotthardbahn als sein Werk zu sehen:

«Belvoir 26 Mai 1882
Hochgee. Hr & Freund!

darf ich Sie vorerst bitt[en], die Verspät[un]g dsr Z[ei]l[e]n m[it] e. neu[en], hefti[gen] Anfalle m[eine]s Augenleidens, der mich in d[en] letzt[en] Tag[en] betroff[en] & bis heute in d. Unmöglichk[ei]t versetzt hat, auch nur e. Z[ei]le zu schreib[en] gütig entschuldig[en] zu woll[en]. Die düstere Wolke, welche

s. s[ei]t einiger Z[ei]t trennend zwischen uns gelagert hatte, ist durch d. Zuschrift, welche der Hr. Bdspräs. N.s d[e]s Bdsr am 2. dss Mon. & durch d. Schr[ei]ben, welches Sie am 22. an mich gerichtet hab[en] zerstreut word[en].

War d. Trüb[un]g unsers gegenseitigen Verhältnisses das schmerzlichste Erlebniß, welches mir d. öffentliche Leben gebracht, so ist es mir jetzt e. wahre Seelenfreude, daß ich die alt[en] innigen Beziehung[en] zwischen uns als wieder voll & ganz hergestellt betrachten kann. Erlauben Sie mir noch zwei Stellen Ihres verehrl. Schr[ei]b[e]ns zu berühr[en] Sie sprech[en] v. Ihrer ‹Mithilfe› b[ei] dem Zustandebring[en] der G. B. & beurkund[en] dadurch neuerdings ihre allbekannte Bescheidenheit. Niemand weiß besser als ich, daß Sie der Grundpfeiler war[en], auf welchem die große Unternehm[un]g beruhte, waren ja Sie es in erster Linie, welcher an Maaßgebender Stelle den Compaß, der das riesige Werk durch ein Meer v. Schwierigk[ei]ten & Hinderniss[en] hindurch dem angestrebten Zielen zu führ[en] sollte, in sicherer & starker Hand hielt.

Sie sagen dann noch in Ihrem Schreiben, daß m[it] Ihr[em] Wirken für die Ausführ[un]g der G. B. ‹das Beste Ihrer Lebensarbeit gethan sei›. Wie hoch ich auch Ihre Leist[un]g[en] für d. Zustandekomm[en] d. Gotth. anschlage, so darf ich doch n[icht] unterlass[en] daran zu erinnern, daß Tausende & Tausende in Ihrer politischen Thätigk[ei]t im Bunde die beste Garantie für die erfolgreiche Wahr[un]g der höchsten Interess[en] unsres Landes erblick[en] & darum den warm[en] Wunsch heg[en], Sie noch recht lange im Schooße der Bdsreg.[un]g zu wiss[en]. Möge Ihr vielfach bewährter Patriotismus Sie dazu beweg[en], diesem Wunsche zu entsprech[en]! Ihre so zahlreich[en] Freunde & Verehrer werd[en] treu & unentwegt zu Ihnen steh[en] & unter denselb[en] n[icht] als der letzte

Ihr Dr. A. E.»[547]

Escher war der Intrigen und Doppelzüngigkeiten müde und gestand seinen Gegenspielern zu, was sie wollten. Dabei begleiteten ihn Zuschriften weniger mächtiger, dafür um so freundschaftlicherer Lebensgefährten:

«Telegramm No. 148 Enge von Gelterkinden 181 Worte Aufgegeben den 21. Mai 1882 um 8 Uhr 55 Min V mitt. Erhalten [den] 22 Mai um 7 Uhr 35 Min V mitt. Dr. Alfred Escher

Enge Zürich

Im Frühlingsglanze begrüßt der heutige Tag die Vollendung der Völkerstraße, welche als eines der größten Werke unsers zu Ende gehenden Jahrhunderts einer neuen Zeit des Ruhmes friedlicher Geistes- und Thatkraft überliefert. Von Nord und Süd eilten die Vertreter großer Nationen zur Festfeier herbei, und unser Vaterland als Hüter des unter Sorgen und Mühen errichteten Baues, empfängt in guter Hoffnung seine Gäste.

Der Männerchor der Gemeinde Enge aber auf einer frohen Sängerfahrt erinnert sich mit freudigen Gefühlen daran, daß inmitten seiner Heimat der

Mann wohnt, in dessen Haupt und Händen ein so bedeutender Theil des großen Werkes Ursprung und Förderung gefunden hat, unter dessen Dache viele Tage und Jahre eiserner Arbeit demselben geopfert wurden. Und die Sänger können es sich nicht versagen, dem heute von aller Mund gepriesenen Mitbürger ihren lauten Glückwunsch und Dankesruf über die vaterländischen Gauen hinweg zuzusenden, überzeugt indessen, hochverehrter Mann, daß in Ihrem eigenen Bewußtsein der schönste Lohn für alle gebrachten Opfer blühen muß.

Seinem hochverdienten Ehrenmitgliede des Männerchors Enge am Basellandschaftlichen Kantonal-Gesangfest

Bühler-Landolt Präsident Kollbrunner Actuar

heute zweiter Preis Lorbeer!»[548]

Eschers Antwort verrät Rührung:

«An den Tit. Männerchor Enge. Verehrte Mitbürger u: Vereinsgenossen.

Am Sonntage auf einer heitern Sängerfahrt nach Gelterkinden begriffen, haben Sie die eben beginnende Eröffnungsfeier der Gotthardbahn nicht vergessen. Sie haben sich vielmehr an der Thatsache, daß das Werk, dessen Verwirklichung mit Aufbietung aller Kräfte angestrebt worden ist, endlich zur Vollendung gelangte, erwärmt u: begeistert u: Sie waren so freundlich, mir, Ihrem Mitbürger u: Vereinsgenossen, durch ein Telegramm Ihre Anerkennung für die Anstrengungen, die ich mir für das Zustandekommen der Gotthardbahn zumuthete, auszusprechen.

Empfangen Sie für Ihre augenscheinlich von Herzen kommende u: darum auch zum Herzen dringende Kundgebung meinen warmen Dank. Gewiß soll der ächte Mann den Lohn für sein Thun vor Allem in dem Bewußtsein treu erfüllter Pflicht finden. Wenn ihm aber dazu noch seine Mitbürger ihre Billigung für sein Wirken zu erkennen geben, warum sollte er darin nicht ebenfalls eine freudig zu begrüßende Ermunterung erblicken. Sie haben mir schon wiederholt solche Ermunterungen zu Theil werden lassen u: ich hoffe mir noch weitere zu verdienen.

Empfangen Sie, verehrte Mitbürger u: Vereinsgenossen, mit m. wiederholten Danke, vaterländischen Gruß u: Handschlag von

Ihrem ergebenen Alfred Escher Belvoir, 24. V. 82.»[549]

Tatsächlich fand Escher «den Lohn für sein Thun» im «Bewußtsein treu erfüllter Pflicht». An seinem Lebensabend konnte er mit Stolz feststellen:

«Ich war Mitglied des engern leitenden Ausschußes der Gotthardvereinigung, und es gibt Leute, die behaupten, ich sei die Seele desselben gewesen.»[550]

Die letzten Jahre: Kränklichkeit, Überarbeitung und Tod

Eschers Leben war geprägt von unausgesetztem Engagement für Staat und Gesellschaft, unbändigem Arbeitswillen und grenzenloser Bereitschaft, eine Fülle von Aufgaben zu übernehmen. Alfred Escher zog Projekte förmlich an – kleine, anspruchsvolle und riesengrosse Jahrhundertprojekte. Er identifizierte sich mit ihnen und machte sie sich zu eigen. Zur kaum fassbaren Breite seiner Tätigkeiten auf mehreren Ebenen und in unterschiedlichen Bereichen kam die jahre- und jahrzehntelange Gleichzeitigkeit der vielen Herausforderungen: seine Exekutiv- und Legislativverantwortung als Politiker; seine Einsitznahme in unüberschaubar vielen zürcherischen und eidgenössischen Kommissionen; seine Bereitschaft, der Wohngemeinde Enge ebenso zur Verfügung zu stehen wie der Stadt und dem Kanton Zürich oder der Eidgenossenschaft; sein Wille, sich bei lokalen Schulfragen ebenso zu engagieren wie bei der eidgenössischen Hochschulpolitik, bei eisenbahnpolitischen Standortfragen und grossen aussenpolitischen Herausforderungen, die Existenz und Entwicklung der Schweiz betrafen. Im 19. Jahrhundert gab es keine andere wirtschaftspolitische Führungspersönlichkeit, die sich ein solches Pensum zugemutet hätte.

Alfred Escher besass die Fähigkeit, grosse Linien zu erkennen und strategische Weichen zu stellen. Er war ein ‹Chrampfer›, der in der Kutsche, die ihn vom Belvoir ins Regierungsgebäude oder an seine Arbeitsstätten bei Nordostbahn oder Kreditanstalt brachte, Akten prüfte und Entwürfe bearbeitete. Im Bahnhof Zürich musste der Eisenbahnzug auf ihn warten, wenn er seine Abfahrt gemeldet hatte, um an die Sessionen nach Bern zu fahren. Dort stand ein für ihn reservierter Waggon der Nordostbahn-Gesellschaft, in dem der «Herr Präsident» die Reisezeit zur Vorbereitung der parlamentarischen Geschäfte nutzte. Escher liess sich in seinem Direktionsbüro bei der Nordostbahn ein Bett aufstellen, um sich während der Nachtarbeit wenigstens für kurze Zeit hinlegen zu können. Auf seinem nationalrätlichen Stuhl in Bern blieb er sitzen, wenn der Parlamentsbetrieb des Tages beendet war, und bereitete die Geschäfte der folgenden Tage vor, schrieb an einer Rede, bearbeitete eine Stellungnahme oder las sich in Dossiers ein. Und dann kam es vor, dass er einnickte, spätabends.[551]

Escher war vorbereitet, wenn ein Geschäft behandelt wurde. Er kannte es bis in die kleinsten Feinheiten. Dies verlieh ihm die Kompetenz, die er in Debatten ausspielte. Dann degradierte er politische Gegner zu Statisten, wenn diese vor lauter Ideologie an Tiefen und Details von Sachgeschäften vorbei im Oberflächlichen diskutierten. Escher ergriff das Wort, wenn er etwas zu sagen hatte. Gewöhnlich sprach er nicht am Anfang einer Debatte, sondern – die Meinungsbildung der Anwesenden taktisch abwägend – eher gegen den Schluss.

Wie ist das alles zu erkären? Diese riesige Fülle von Arbeit und Verpflichtung? Dieses Hineinstürzen in immer neue Aufgaben? 1847, Escher war damals Staatsschreiber, versuchte Gottfried Keller eine Antwort zu geben:

«Der Sohn eines Millionär's, unterzieht er sich den strengsten Arbeiten vom Morgen bis zum Abend, übernimmt schwere weitläufige Aemter, in einem Alter wo andere junge Männer von fünf- bis acht u zwanzig Jahren, wenn sie seinen Reichtum besitzen, vor allem aus das Leben genießen. Man sagt zwar, er sei ehrgeizig; mag sein, es zeichnet nur eine bestimmtere Gestalt. Ich meinerseits würde schwerlich, auch wenn ich seine Erziehung genossen hätte, den ganzen Tag auf der Schreibstube sitzen, wenn ich dabei sein Geld besäße.»[552]

Wie Gottfried Keller erging es andern, die die Arbeitsbesessenheit Eschers vernunftmässig letztlich nicht fassen konnten. War es Eschers familiäre Vergangenheit, die ihn rief? Wollte er der alten Zürcher Gesellschaft etwas demonstrieren? War es Flucht? Was die Geschichte seines Lebens unmissverständlich zeigt: Eschers Tätigkeitsdrang als Politiker und Wirtschaftsführer war schon im Verhalten des Obergymnasiasten und Studenten vorgezeichnet. Wurde der Jugendliche damals von seinen Eltern unter Druck gesetzt? Wohl kaum. Blättert man in seiner Familiengeschichte zwei oder drei Generationen zurück, so kommt man zum Schluss, dass dieses Arbeitsethos kein prägendes Merkmal der Vorfahren war. Ebenso bot Vater Heinrich Escher mit seinen Insekten und Käfern und mit seinem Lebensziel der absoluten Ruhe und naturgeschichtlichen Beschaulichkeit ein Bild, das demjenigen seines Sohnes Alfred diametral gegenüberstand. In der Familiengeschichte erkennt man allerdings Aspekte, die sich in Alfred Eschers Persönlichkeit spiegelten: die weiten kulturellen Horizonte vom Zarenhof in Russland bis zum Amerika Jeffersons und Washingtons, von den napoleonischen Kriegen bis nach Kuba.

Ein charakteristisches Merkmal in Alfred Eschers Leben waren die immer wiederkehrenden Krankheiten, denen er mit eisernem Willen die Stirn bot.

Aus dem Kind, das häufig an Husten, Heiserkeit und Fieber litt, war durch sportliche Betätigung und «vielleicht auch durch das Baden, das ich stets häufig vornehme», eine kraftvolle Erscheinung von stattlicher Figur geworden.[553] Allerdings erkrankte Alfred Escher zeitlebens immer wieder, zweimal – 1838/39 und 1855 – lebensgefährlich. Wiederholt sah er sich gezwungen, länger dauernde Kuren zu machen. Doch Escher liess sich auch dann nicht davon abhalten, Dossiers zu prüfen, Entwürfe zu bearbeiten und Mitarbeiter zu empfangen, um den Geschäften den richtigen Lauf zu geben. Wo immer seine persönliche Anwesenheit erforderlich schien, reiste er selbst schwerkrank mit der Kutsche oder mit der Eisenbahn an.

Im April 1838, 19jährig, erkrankte Alfred Escher an den Röteln. Detailliert beschrieb er in einem Brief an Jakob Escher den Krankheitsverlauf:

«Der Arzt schickte mich [...] sogleich zu Bette, setzte mir 10 Blutigel an den Kopf und nun zeigte sich ein Ausschlag, der nach sieben Tagen den höchsten Grad und eine solche Stärke erreichte, daß der Arzt sagte, man würde von jemandem, der auch nur den sechsten Theil von dem Maaße meiner Krankheit hätte, sagen, er hätte sie in hohem Grade gehabt. Dieser Ausschlag waren die Rötheln, eine Hautkrankheit, die zwischen der Rothsucht und dem Scharlachfieber inne steht. Entsetzliches Schwitzen folgte jetzt, das mehrmals 12 Stunden lang in Einem Tage mich quälte und Drücken und Reißen auf der Brust und ein trockenes Husten als Folge davon kamen hinzu und bilden ein Hauptsymptom dieser Krankheit. 9 Tage lang aß ich – so zu sagen – nichts.»[554]

Die Krankheit hatte Escher gehindert, gemeinsam mit seinem Freund Johann Jakob Blumer zum Auslandsemester nach Bonn aufzubrechen. Blumer ging allein; Escher folgte Mitte Mai 1838 nach, mit Bewilligung des Hausarztes. Sollte damit bereits der weiter ausgreifende Kontext abgesteckt sein, in den einzelne Krankheiten Eschers einzubetten sind? Die Bindung an seine Eltern und das Zuhause im Belvoir?

«Sicher scheint es zu sein, dass ihn die Berliner überhaupt nicht angesprochen haben – es werden ihn aber keine Großstädter auch Wiener, Pariser, Napolitaner nicht einmal Londoner ansprechen, so wie sein Gemüth ist» – berichtete Vater Escher Oswald Heer am 28. Januar 1839, nachdem Sohn Alfred – fern der Heimat – in Berlin erkrankt war.[555] Johann Jakob Blumer wies in die gleiche Richtung, als er den Zusammenhang zwischen Eschers Krankheiten und seinen Auslandaufenthalten herstellte und am 22. Juli 1841 diagnostizierte: «... wie denn überhaupt ein eigenes Missgeschick über Deinen Reisen zu schweben scheint, da Du schon mehrmals, wenn Du eine Reise zu unternehmen Dich anschicktest, krank geworden bist.»[556] In eine gesundheitlich geradezu dramatische Situation geriet Escher Ende 1838. Damals war er – wiederum zusammen mit Blumer und mehreren andern Schweizer Studenten – auf Auslandsemester in Berlin. Kaum hatte das Wintersemester richtig begonnen, wurde er krank. Wie bedenklich sein Zustand war, zeigt sich daran, dass Escher von Dezember 1838 bis Ende März 1839 sein Zimmer nicht verlassen konnte. In Kenntnis der späteren medizinischen Diagnosen kommt man zum Schluss, dass Escher bereits in Berlin die Symptome zeigte, die 1882 als Todesursache bezeichnet wurden: Diabetes, als Folge davon Furunkel und – potentiell tödliche – Karbunkel. Das Übel wurde zunächst als eine Folge von Vollblütigkeit angesehen: «Heftige Fieber und Kopfschmerzen verbunden mit einer

Affection des einen Auges, in desen Umgebung sich eine eiternde Geschwulst gebildet hatte, machten ihm längere Zeit alles Lesen unmöglich ...» Diese Einschätzung Jakob Eschers teilte Friedrich von Wyss: «Alfred E. ... erträgt die hiesige Lebensart auch nicht recht. Sein corpus ist viel zu stark dafür. Er ist entsetzlich vollblütig und hat daher seit einiger Zeit sehr an Kopfweh gelitten. [...] Er hat jetzt ziemlich Fieber ... Jedenfalls wird er sich aber in Acht nehmen müssen und nicht viel arbeiten können. Er hat darin mehr gethan, als ihm gut ist.»[557]

In Berlin kämpfte Escher um sein Leben. Dankbar war er für die Hilfe und Unterstützung, die er von seinem Zimmernachbarn Blumer, von Jakob Escher und von anderen Schweizer Kommilitonen erhielt. Zu den regelmässigen Besuchern, denen es Ehrensache und Freundschaftsdienst war, wenn immer möglich täglich bei Escher vorbeizuschauen, gehörten der spätere Pfarrer von Obstalden und Pate von Eschers erstgeborenem Mädchen, Kaspar Lebrecht Zwicky, sowie der spätere Arzt in Baden, Alois Schneebeli. Auch die Brüder von Wyss, die nicht zum Freundeskreis zählten, nahmen sich Alfred Eschers an. Friedrich von Wyss hielt die Krankheit seines ehemaligen Schulkameraden vom Zürcher Obergymnasium in seiner Autobiographie fest: «Er war durch starken Blutandrang nach dem Kopf & Geschwüre, die sich bildeten, sehr krank geworden, und da er ganz in unserer Nähe wohnte, waren wir sehr häufig bei ihm, wachten auch, als dieß einmal nöthig wurde, des Nachts bei ihm. Den ganzen Winter mußte er im Zimmer zubringen und konnte keine Collegien besuchen.»[558] Über Details der medizinischen Behandlung liegen keine Quellen vor. Dokumentiert ist, dass Escher mindestens zweimal operiert wurde, wohl um das eiternde Geschwulst zu entfernen. Damit sollte der Gefahr vorgebeugt werden, dass die Infektion auf die Hirnhaut übergreifen konnte. Die Nachrichten über den Gesundheitszustand Eschers fanden besorgte Aufnahme im Freundeskreis in der Schweiz. Beispielhaft spricht dies aus den herzzerreissenden Worten, mit denen sich Daniel Ecklin am 5. Februar 1839 an Escher wandte:

Friedrich von Wyss (1818–1907). Ehemaliger Schulkamerad und politischer Gegenspieler Alfred Eschers.

«Theuerster Alfred! Ich weiß nicht Worte zu finden, den herben Schlag zu schildern, der mich vor wenigen Augenblicken getroffen hat. – Du bist krank! u. ich wußte es nicht, ich war nicht bei dir – du lebst aber ich zittere, denn der Blitz fuhr hart neben mir in Boden – Ich bebe an Leib u. Seele, denn schon 8 Wochen seist du krank – u. die Schreckensnachricht konnte auch die Todesnachricht sein – Bis vor wenigen Augenblicken war ich so glücklich, so zufrieden, so harmlos – durch die Hoffnung, ich fühlte mich stark u. mächtig durch die Liebe u. glaubte der Welt entsagen zu können; aber die Hoffnung ist weg, u. der Gegenstand meiner heißesten Liebe steht in Gefahr – Wie zernichtet steh' ich da – All mein Muth ist gelähmt – Angst erfüllt mein Herz – Nacht senkt sich in mein Inneres – O göttlicher Glaube, warum hast du mich verlassen – In sorglose Träume hat mich das Schicksal gewiegt, u. jetzt kehrt es seine Tücke mir zu – du schwebtest an Abgrunds Rand – u. ich konnte

zu spät kommen – nur den Ort noch sehen, wo du gewandelt, nur die Grabstätte mir zeigen lassen – die dich geborgen u. mich ausgeschlossen hätte –
Schreckensgedanke.»

Der «tief betrübte» Ecklin bat Escher inständig, ihn über seinen
Gesundheitszustand auf dem laufenden zu halten:

«O, verhehle mir nichts – Nicht wahr, du gewährst mir diese Bitte – mich peinigt die Ungewißheit – der Zweifel – u. läßt mich nicht ruhen weder Tags noch
Nachts – bis ich weiß – daß es dir besser geht. – Wenn du genesen bist, dann
will ich wieder froh sein, dann werde ich freier athmen.»[559]

Die medizinischen ‹Bulletins› aus Berlin liessen nichts Gutes
ahnen. Die Eltern waren tief besorgt. Vater Escher unternahm alle
erdenklichen Anstrengungen, seinem Sohn im fernen Norden zu
helfen, und holte Ratschläge von Ärzten ein. Endlich, nach Monaten –
die «vier grauen Wände» seines Krankenlagers waren ihm «fast zum
Kerker geworden…» –, durfte Alfred Escher seine Studentenbude be-
hutsam verlassen und wieder an die frische Luft gehen. Nachdem die
medizinische Diagnose bestätigt hatte, dass er in die Schweiz zurückkehren dürfe, beorderte sein Vater den jungen Schweizer Arzt Streiff
nach Berlin, der seinen Sohn auf der Reise begleiten sollte. Allerdings
war das Risiko einer Verschlechterung des Gesundheitszustandes aufgrund der Reiseanstrengungen nicht unerheblich. Diese Befürchtung
traf nicht zu. Das Leiden schien in der Tat auskuriert zu sein; jedenfalls trat keine Verschlechterung ein. Im Gegenteil: Je mehr sich Escher
der Heimat näherte, desto besser fühlte er sich. Zu Hause wartete eine
Molkenkur auf ihn, die ihm «Wurst» war, und eine Kur in Bad Schinznach, vor der ihn die Götter jedoch bewahren sollten. Diese erfreulichen
Perspektiven der Gesundung wurden Jakob Escher Ende April 1839
nach Bonn übermittelt:

«Ich hatte mich auch von dir trennen müssen! Streiff und ich waren im An-
fange der Reise ziemlich still; wir waren uns des mehr als unangenehmen, des
drückenden und gefährlichen, das in einem Rückfalle, der mich auf der Reise
hätte betreffen können, gelegen hätte, wohl bewußt und diese Gefahr lief ich
ja jeden Augenblick. Aber mein Auge verschlimmerte sich nicht und mein
Zustand im ganzen genommen besserte sich: Keine Beschleunigung des Pul-
ses, keine Kopfschm[er]zen und an dem allem hatte ich in Berlin noch gelitten; keine Ermüdung von dem anhaltenden Fahren her. Unsere Stimmung
erheiterte sich zusehends; denn die Überzeugung lag sehr nahe, daß die Reise
einen eher heilsamen Einfluß auf mich ausübe. Und je näher wir dem Süden
rückten, besonders aber jenseits des Thüringerwaldes, hatte die Natur ihr
Frühlingsgewand immer vollständiger angezogen und sie übte jetzt ganz besonders ihren verjüngenden Einfluß auf mich aus. Je näher ich der Heimath
rückte, desto freudiger schlug mein Herz. Das Vaterland war erreicht. […]

Seit ich zu Hause bin, hat sich mein Auge wesentlich gebessert; mein Zustand im ganzen genommen aber ist ganz befriedigend. Die herrliche reine Luft hat wohl wesentlich zu meiner Wiedergenesung beigetragen. […] Es ist von mehrern Kuren die Rede, die ich diesen Sommer machen soll und zwar von einer Molkenkur zu Hause – das ist mir Wurst, da es bloß die Morgenstunde von 5–6 Uhr erfordert! – und von einer Kur in – – Schinznach. Die Götter mögen mich davor bewahren! Thuen sie es nicht, so werde ich diese Wochen des Exils jedenfalls auf eine Zeit richten, die meine Studien allenfalls entbehren können.»[560]

In Bonn wurden die Nachrichten aus Zürich mit Freude aufgenommen und die drohende Kur in Schinznach mit einem witzigen Vergleich beschrieben:

«Eine Schinznacherkur mag sich wohl zu einer in Stachelberg, Seewen oder St. Moritz verhalten, wie das Laufen in einer Tretmühle zum Ersteigen des Rigi; aber lieber wollte ich doch ein Paar Wochen solche Mixtur einnehmen, als wieder zu monatlanger Unthätigkeit, Nichtlesen, Nichtdenken u. s. f. verurtheilt werden.»[561]

Und in der Schweizer Heimat, bei Vater und Mutter und im Belvoir, am Zürichsee, die Glarner Alpen vor Augen, verbesserte sich Alfred Eschers Gesundheitszustand rapid. Davon berichtete Alfred Escher seinem Vetter Jakob Escher im Sommer 1839: «Mein Auge schreitet in seiner Besserung so mächtig vorwärts, daß, die es in Berlin gesehen haben, es beinahe nicht begreifen können.»[562] Auch die ursprünglich verpönte Kur in Bad Schinznach hatte wohl zur Genesung beigetragen.

Belastet durch seine häufigen Krankheiten und namentlich durch asthmatische Beschwerden, entwickelte sich Alfred Escher zu einem strikten Nichtraucher. Der übermässige Alkoholkonsum schien ihm verpönt zu sein. Diese Einstellung hinderte ihn nicht daran, regelmässig Rotwein zu trinken.

Im Februar 1855 wies Bundespräsident Jonas Furrer darauf hin, dass sein Freund Alfred Escher «seit langen Jahren keine ernstliche od. hartnäckige Krankheit zu bestehen» hatte.[563] Doch dann erkrankte Escher ein zweites Mal in einer Weise, dass die Ärzte wiederum das Schlimmste befürchteten. Vorausgegangen war eine über mehrere Jahre dauernde Lebensphase, die mit seiner Tätigkeit als Zürcher Regierungsrat und Nationalrat Ende 1848 begann. Dazu gehörten die sich über mehrere und lange Sessionen erstreckenden parlamentarischen Auseinandersetzungen namentlich über das Eisenbahnprojekt und die Hochschulfrage. In beiden Geschäften hatte sich Escher an die vorderste Front geworfen, was ihm neben unzähligen Kommissionssitzungen im Parlamentsgebäude wie in den Medien auch Angriffe auf seine Person bescherte. Kaum hatte Escher mit dem Eisenbahnentscheid vom Sommer 1852 die eine Sachfrage vom Tisch gebracht, warf er sich in die

Johann Jakob Stehlin (1803–1879). Basler Nationalrat und Bundesrat sowie politischer Weggefährte und Freund Alfred Eschers.

operative Leitung der Nordostbahn (1852/53) und war im Kampf der Eisenbahngesellschaften um Linienführung und Marktanteile zusätzlich gefordert.

Mit dem Entscheid in der Hochschulfrage im Sommer 1854, den er als seinen Erfolg buchen durfte, selbst wenn die Lösung weit von seinen ursprünglichen Plänen entfernt lag, wurde Escher von einer Riesenbürde von Sitzungen entlastet. Die Folgen des Raubbaus waren unübersehbar. Escher war gesundheitlich angeschlagen, nervlich gereizt. Ende 1854 wurde sein Zustand kritisch, und er durfte auf Geheiss des Arztes das Belvoir nicht mehr verlassen. Noch Mitte März 1855 befand er sich in dieser Quarantäne. Immerhin bestand bereits Aussicht auf Beendigung dieses Zustandes. Geplant war ein mehrwöchiger Kuraufenthalt in Baden. Dies entnimmt man einem Schreiben Eschers vom 11. März 1855 an seinen Basler Politikerfreund Johann Jakob Stehlin, der seinerseits von «Gicht & Rheumatismen geplagt» war:

«Mit großem Bedauern habe ich Ihrem Briefe entnommen, daß auch Sie von Gicht & Rheumatismen geplagt waren. Trösten wir uns beide mit dem Gedanken, daß, wie auf Sonnenschein Regen folgte, so umgekehrt der Regen auch wieder durch Sonnenschein abgelöst werden wird! – Noch immer hat der Arzt meine Haft nicht aufgehoben: ich bin nun seit 11 Wochen nicht mehr in Zürich gewesen! Vielleicht daß ich in der mit heute beginnenden Woche ein Paar Ausfahrten machen kann. Im Mai werde ich jedenfalls eine mindestens 3 Wochen andauernde Badecur in Baden machen müssen. Käme es auf meine persönliche Neigung an, so würde ich mich nach einem entfernteren Bade begeben. Ich muß mich aber so einrichten, daß ich die Fäden der wichtigen Materien, mit denen ich gegenwärtig beschäftigt bin, in Händen behalte. Wenn Ihnen der Arzt nur auch eine Cur verordnen würde & wir sie zusammen machen könnten!»[564]

Die Besserung, die sich im Frühjahr 1855 abzeichnete, war trügerisch und nur von kurzer Dauer. Denn bereits im Mai erlitt Escher einen Rückfall und wurde von Gicht und starkem Ohrenleiden geplagt. Johann Jakob Rüttimann erkannte den Ernst der Lage und beschwor seinen hartköpfigen Freund mit dringenden Worten, für einmal der eidgenössischen Session fernzubleiben:

«Daß Du die Bäder in Baden gebrauchen willst, ist wohl ganz recht; aber ich kann mir nicht denken, daß es genüge. Ich möchte Dich beschwören, doch wenigstens Ein Mahl den Nationalrath sich selbst zu überlassen u. den Monath July zur Erhohlung zu verwenden. Wenn auch das eine oder ander Tractandum schief gewickelt werden sollte, so kann ich mir doch nicht denken, daß ein unwiderbringlicher Schaden entstehen würde. Was in der nächsten Sitzung schlecht gemacht wird, kann man wohl größtentheils in der folgenden wieder zurecht stellen. Wenn Du aber einmahl Deine Gesundheit von Grund aus zerstört hast, wirst Du sie nicht so leicht wieder herstellen können.»[565]

Wie ernst es im Sommer 1855 um seinen Gesundheitszustand stand, zeigt die Tatsache, dass Escher die Worte seines Freundes Rüttimann beherzigte und der Session in Bern für einmal fernblieb. Gleichzeitig wurde ihm von seinen Zürcher Regierungsratskollegen Urlaub erteilt, damit er ordnungsgemäss den verordneten Kuraufenthalt in Angriff nehmen konnte: «Herrn Regierungspräsident Dr. Escher wird der nachgesuchte Urlaub zur Wiederherstellung seiner angegriffenen Gesundheit erteilt.»[566]

Mit der Kur wurde das regierungsrätliche Entscheidungszentrum örtlich verlegt. Zwischen Arzttermin und heissen Bädern wurde Escher von seinen Freunden über politische Entwicklungen in Zürich und der Eidgenossenschaft informiert. Sekretäre der zürcherischen Erziehungsdirektion und der Nordostbahn reisten nach Baden, um dort Dossiers auszubreiten und Entscheide abzuholen.

Furrer warf Escher denn auch vor, er schone sich zu wenig:

Broschüre zur Schwefeltherme in Baden, Ende 19. Jahrhundert.

«Von Hrn Dr Kern vernehme ich heute, daß deine Kur einen ziemlich guten Fortgang nehme. Möge es weiter so gehen! Ich besorge zwar immer noch, daß du nicht nur zu viel in Baden arbeitest, sondern auch zuviel nach Zürich gehest.»[567]

Escher fiel es schwer, die verschriebene Erholungszeit einzuhalten; schnell fühlte er sich als «Faulenzer» und «Invalider». So schrieb er Dubs:

«Du formalisirst dich darüber, daß ich so oft von Baden nach Zürich gehe. Es ist fast nicht auszuweichen & wenn ich nicht *unangenehme* Geschäfte zu erledigen habe, so schadet es mir auch nichts. Man macht ja aus allen Bädern Ausflüge. Warum soll ich nicht per Eisenbahn nach Zürich & in meinem Wagen nach dem Eisenbahnbureau, Rathhause oder nach Belvoir fahren? Du wendest ein, es sei nicht die Reise, die mir schade, sondern das, womit ich mich auf diesen Bureaux usf. beschäftige. Dagegen replizire ich aber, was ich schon oben gesagt: Nur die Beschäftigung mit unangenehmen Tractanden ist mir nachtheilig.»[568]

Alfred Escher hatte dieses Mal auf die Bitten von Familie und Freunden, sich zu schonen, gehört. Dies scheint auch dringend nötig gewesen zu sein. Denn kaum ging es ihm im Spätsommer 1855 besser, als er im September einen neuerlichen Rückfall erlitt. Johann Jakob Blumer schrieb von einem lebensgefährlichen Nervenfieber, das seinen Freund befallen hatte. In dieser Situation sprang Escher ein zweites Mal über seinen Schatten und gab den Rücktritt aus dem Zürcher Regierungsrat bekannt.

Der Gesundheitszustand Eschers war ein Thema, das auch die Öffentlichkeit beschäftigte. So schrieb beispielsweise Gottfried Keller am 17. Oktober an seine Mutter:

«Ich habe mit Betrübniß gelesen, wie der Bürgermeister Escher schon fertig ist mit seiner Gesundheit. Was hilft ihm nun sein großer Eifer, denn er hat sich offenbar durch seine Regiererei und Arbeit ruinirt. Es ist am Ende doch dauerhafter, wenn man sich nicht zu sehr anstrengt. Indessen habe ich Mitleid mit ihm, da es traurig ist in solcher Stellung, in solcher Jugend und bei solchem Reichthum abziehen zu müssen.»[569]

Gottfried Keller hatte sich geirrt. Alfred Eschers Gesundheitszustand besserte sich. Bereits ein halbes Jahr später lud sich Escher mit der Gründung und Führung der Schweizerischen Kreditanstalt neue und zusätzliche Arbeitsbürden auf.

Eine weitere Phase längerer und schwerer Krankheit folgte Ende 1860. Sie begann mit einem «gastrischen Fieberzustand», was Escher bewog, seine stadtzürcherischen politischen Ämter abzugeben. Am 10. Januar 1861 schrieb Escher dem Grossen Stadtrat von Zürich, «daß er durch ärztlichen Rath zur schleunigen Erleichterung der auf ihm beruhenden Geschäftslast behufs Wiederherstellung seiner ernstlich gestörten Gesundheit» die Entlassung aus seinen Ämtern beantragen müsse. Dem Ansuchen wurde am 30. Januar 1861 unter «bester Verdankung» der «geleisteten ausgezeichneten Dienste» entsprochen.[570]

Vergebens freute sich Bundesrat Jonas Furrer, als er im Januar 1861 meinte, dass es Escher besser gehe. Eschers Gesundheit blieb während Monaten weiter angegriffen. Im Sommer 1861 starb Jonas Furrer. Der Tod eines seiner engsten Freunde bedrückte Escher zusätzlich. Er fühlte sich nicht in der Lage, «an seinem Grabe eine politische Grabrede zu halten».[571] Nun schien er eingesehen zu haben, dass er auf seine Gesundheit Rücksicht nehmen musste: «Ich werde nun jedenfalls alljährlich einen längern Erholungsaufenthalt fern von meinen Bureaux machen», versprach er Blumer Ende 1861.[572]

In den 1860er Jahren wurde das Projekt der Nord-Süd-Transversale entscheidungsreif gemacht. Als Direktionspräsident der Nordostbahn und als eidgenössischer Politiker mass Escher dieser Herausforderung für seine Unternehmen wie für die Schweiz existentielle Bedeutung bei. Wegweisend war sein Schritt vom Lukmanier- ins Gotthardlager. 1862 nahm er die Zügel in die Hand und warf für dieses Projekt sein ganzes wirtschaftspolitisches Gewicht in die Waagschale. Mit der ihm eigenen Art durchdrang er die Kommissionstätigkeiten der Gotthardbahn-Gesellschaft. Nach jahrelangen Vorbereitungsarbeiten und teils heftigen Auseinandersetzungen zwischen Befürwortern und Gegnern einzelner Varianten konnte 1872 dank Eschers Antriebskraft mit dem Bau des Gotthardtunnels begonnen werden, mit Escher als Direktionspräsident der Gotthardbahn-Gesellschaft. In dieser Situation machte zuerst ein Fussübel ärztliche Hilfe unabdingbar; später waren es wiederholt auftretende «nervose Magenschmerzen», die Escher ins Bett zwangen. Die folgenden Krankheitsberichte stammen von Alfred Escher und sind adressiert an Bundesrat Emil Welti:

«Ich schreibe Ihnen im Bette, von dem ich mich jedoch bald erheben darf, um heute noch abzureisen. Ich bin seit meiner Rückkehr von Bern bis zur Stunde an's Bett gefesselt gewesen, da mein Arzt mir gleich bei meiner Ankunft in Zürich, um meinem Fußübel ein rasches Ende zu bereiten, die Hälfte des Nagels der kranken Zehe sammt Wurzel herausgeschnitten hat.

Obgleich ich, an's Bett gebunden, natürlich sehr gehemmt war, sind doch die Übersetzungen der 3 bewußten Actenstücke unter meiner persönlichen Mitwirkung & sodann der Druck dieser 3 Actenstücke in beiden Sprachen bereits zu Ende geführt.»[573]

Und an Robert Gerwig:

«Vor allem habe ich mein lebhaftes Bedauern darüber auszusprechen, daß, als Ihre verehrte Frau Gemalinn letzthin in Zürich war, ich mich in der Unmöglichkeit befand, ihr irgendwie nützlich sein zu können. Ein neuer Anfall der nervosen Magenschmerzen, von denen ich die Zeit her oft heimgesucht werde, hat mich daran gehindert. […] Und nun gedenke ich, für 4 Wochen – zu verschwinden. Mein Gesundheitszustand erheischt es gebieterisch.»[574]

Im Sommer 1872 schien Alfred Escher gemäss Ausführungen Johann Jakob Blumers «wieder vollkommen gesund».[575] Die finanziellen und technischen Probleme beim Gotthardprojekt, die ab 1874/75 akzentuiert auftraten, zwangen Alfred Escher, sein bereits immenses Engagement noch zu verstärken. Infolge der während Wochen und Monaten überstrapazierten Kräfte und namentlich der regelmässigen Nachtarbeit wegen litten Eschers Augen mehr und mehr. Dies führte zu einer heiklen Situation. Eine Starerblindung wurde befürchtet, eine Operation unumgänglich. Bundesrat Emil Welti brachte die Sache auf den Punkt, als er den Rat erteilte, mit der masslosen Arbeit endlich aufzuhören, und vor allem: Escher solle sich nicht für andere zugrunde richten:

«Vor allem spreche ich meine Freude darüber aus, dass es mit Ihren Augen wieder besser geht. Obschon ich von Anfang an auf meine Nachfragen stets gute Zusicherungen erhielt, ist meine Sorge doch erst auf die neuesten Berichte von Herrn Ehrhardt ganz geschwunden; ich hoffe nur es möchte die Krankheit zu der Einsicht beigetragen haben, dass Sie doch eigentlich nicht dazu auf der Welt [sind] um sich durch masslose Arbeit für Andere zu Grunde zu richten.»[576]

Zur Krise bei der Gotthardbahn kam nach Mitte der 1870er Jahre gleichzeitig die Krise bei der Nordostbahn. Escher war gezwungen, alle seine Kräfte zu mobilisieren, um die beiden Unternehmen zu retten. Es ging auch um seine Ehre: In einem Fall (Gotthard) war er Direktionspräsident, im andern (Nordostbahn) Verwaltungsratspräsident. Tages- und Nachtstunden waren keine Kriterien mehr; Escher arbeitete in extremis, bis er jeweils der Müdigkeit erlag, um nach kurzem Schlaf die Arbeit wieder aufzunehmen. Sitzungen folgten auf Sitzungen, Besprechungen in Bern mit dem Bundesrat, in Zürich mit Direktion und Verwaltungsrat der Bahn. Im Juni 1877 musste Escher das Direktorium der Nordostbahn neu besetzen, nachdem auf seinen Entscheid hin die bisherigen Mitglieder entlassen wurden oder ihren Rücktritt eingereicht hatten. Er gruppierte die besten Kräfte um sich, setzte Krisenstäbe ein, aktivierte Beziehungen, suchte nach Lösungen – und fand sie schliesslich in beiden Fällen. Die Belastungen, mit denen sich Alfred Escher damals konfrontiert sah, werden im Brief an General von Roeder vom 21. Februar 1877 anschaulich. Sie erhalten ihre zusätzliche Bedeutung, wenn man sich vor Augen führt, dass Escher zur Zeit der Gotthard- und Nordostbahn-Kalamitäten weiterhin Verwaltungsratspräsident der Kreditanstalt war und auf eidgenössischer und kantonalzürcherischer Ebene wie ehedem parlamentarische Ämter bekleidete:

«Sie können sich denken, mein hochverehrter Freund! was Angesichts der gegenwärtigen Lage der Nordostbahn, die ich seiner Zeit mit unsäglichen Mühen & Anstrengungen, von denen man jetzt keinen Begriff mehr hat, in's Leben gerufen habe, in mir vorgeht! Ich habe heute ein Reorganisationsproject vollendet, welches dazu geeignet sein dürfte, die Nordostbahn wieder auf einen gesunden Boden zu bringen. Die Durchführung dieses Projectes erheischt aber die Überwindung einer Legion von Schwierigkeiten. Ich werde vor denselben im Hinblicke auf die großen Interessen, welche sich an die Erreichung des vorgesteckten Zieles knüpfen, nicht zurückschrecken. Neben dieser Nordostbahncalamität läuft der Gotthard her.»[577]

Der Zürcher Kantonsrat Karl Bürkli (1823–1901), Vorkämpfer des Sozialismus und Gründer des ehemaligen Konsumvereins Zürich (heute Coop).

Zu den riesigen Herausforderungen kamen bald auch teils ungerechte und bisweilen böswillige Angriffe auf Eschers Person. Auf der politischen Bühne wie in Medien wurde er verunglimpft und karikiert. In seiner Motion vom 18. Juni 1877 verlangte Kantonsrat und Frühsozialist Karl Bürkli eine Untersuchung über die finanzielle Lage der Nordostbahn. Er warf den Führungsgremien der Bahn vor, dass sie Bilanzen und Rechnungen gefälscht hätten, um dadurch höhere Dividenden ausrichten zu können und so neue Investoren anzulocken. Die Direktoren und Verwaltungsräte müssten für «verursachten Schaden zivilrechtlich haftbar» gemacht werden. Ausserdem solle eine strafrechtliche Untersuchung auf Unterschlagung, Betrug oder andere unerlaubte Bereicherung eingeleitet werden. In seiner Begründung schreckte Bürkli vor persönlichen Angriffen gegen Escher nicht zurück. Im Zürcher Grossen Rat wetterte er:

«So wurde ein Zustand geschaffen, wie er zur Zeit der Reisläuferei und der fremdherrlichen Pensionen bestund. Warum das? Wahrscheinlich nur, damit gewisse Persönlichkeiten den Eisenbahnkönig spielen konnten.» […] Nicht unerwähnt bleibt schließlich noch das berühmte 29. Bulletin Napoleons aus dem großen russischen Feldzuge: «‹Der Kaiser befindet sich wohl, die Armee ist vernichtet.› So befinde sich Hr. Dr. Escher wohlbehalten in seinem Belvoir, während die Aktionäre ausgebeutet seien.»[578]

Bürkli musste bereits nach wenigen Ausführungen von Kantonsratspräsident Zangger ermahnt werden, «sich derartiger Angriffe auf die Ehre von Mitgliedern dieser Behörde zu enthalten».

Alfred Escher, der erklärte, dass er weder Antrag stellen noch sich an der Abstimmung über die Motion beteiligen werde, replizierte: «Es ist eine ganz eigenthümliche Erscheinung, daß der Große Rath von Zürich es sein soll, welcher in erster Linie eine Untersuchung beschließen soll. Ich glaube, die Generalversammlung der Nordostbahn ist in erster Linie im Fall, eine solche Untersuchung eintreten zu lassen. Die Verwaltung stellt sich denn auch auf diesen Boden. Ich wenigstens wünsche nichts anderes, als daß die Untersuchung in alle Winkel hineinleuchte, denn ich für meine Person habe nichts zu verbergen.» Escher beschuldigte Bürkli, die Nordostbahn-Gesellschaft zerstören zu wollen, und hegte «die Zuversicht, daß dem Kantonsrath die Wahl zwischen diesen beiden Alternativen nicht schwer fallen kann». Tatsächlich wurde die Motion dann auch mit 184 gegen 3 Stimmen abgewiesen. In ihrem Kommentar hob die NZZ hervor, «wie Herr Karl Bürkli von vornherein der Sache die Wendung gab, die Nordostbahn sei bankrott und worum es sich handle sei nur noch, sie möglichst bald zur Liquidation zu zwingen, damit weiteres Unglück vermieden werde. Hiezu gesellte sich der Ausdruck der bittersten persönlichen Feindseligkeit gegen die Unternehmung, ferner eine Reihe persönlicher Invektiven, die den Motionssteller mit Behagen von ‹Verlumpen› und andern wahlverwandten Dingen sprechen ließen, so daß in der That aus der Behandlung dieser Motion nichts anderes mehr als eine der faulsten Früchte werden konnte, welche unsere unselige Eisenbahnpolitik je einem Rathe in der Schweiz zu verspeisen gegeben hat.»[579]

Als Karl Bürkli 1877 seine Motion einreichte und im Kantonsrat seine Attacke gegen Alfred Escher ritt, nahm er eine Broschüre zur Hand, die unter dem Titel «Die Nordostbahn im Lichte der Ziffern» im gleichen Jahr erschienen war. Ihr Verfasser war Anton Memminger, der deutschstämmige ehemalige Bürochef der Nordostbahn, der die schweizerische Eisenbahnpolitik sowie die privaten Eisenbahngesellschaften scharf kritisierte und namentlich Alfred Escher verunglimpfte. Escher widerfuhr 1877 die zweifelhafte Ehre, seinen Namen auf der Titelseite einer Memmingerschen Publikation zu finden: «De Züri-Herrgott oder die Kunst, ein reicher, hochangesehener und mächtiger Mann zu werden. Colloquia über Leben und Thaten des berühmten Schwarzkünstlers und Doktors der höhern Magie, Alfredi Magni Turicensis.» Eröffnet wurde die Schrift mit einem Gedicht aus der Feder des Autors, in welchem sich dieser als Ratten- und Raubtierfänger wähnte, der es sich zur Aufgabe gemacht hatte, «jeglich Ungeziefer» – gemeint Alfred Escher – zu vernichten.

Eine Welle von Entstellungen und Verdächtigungen brach über Escher herein, als im Frühjahr 1878 auf den verschiedenen politischen Bühnen die Frage der Nachsubvention für die Gotthardbahn behandelt wurde. Im Zürcher Kantonsrat war dies Mitte März der Fall. Die Gegner der nochmaligen Beteiligung der öffentlichen Hand sparten nicht mit harscher Kritik. Wiederholt musste Alfred Escher zum Hauptvorwurf der mangelnden Kostensorgfalt Stellung beziehen. Es nützte ihm nichts, dass er Quervergleiche anstellte, um zu beweisen, dass die Kostenüberschreitungen beim Gotthard angesichts dessen geologischer und technischer Schwierigkeitsgrade nichts Aussergewöhnliches seien: Mont-Cenis-Tunnel (budgetiert 41 Millionen französische Franken, effektive Kosten 75), Suezkanal (200 / 437), Vereinigte Schweizerbahnen (44 Millionen Schweizer Franken / 83,4), Bern-Luzern-Bahn (10 / 23,3).

Die unermessliche Fülle der Belastungen und die Überanstrengungen führten dazu, dass Alfred Escher nach dem Auftritt im Zürcher Kantonsrat vom März 1878 so schwer erkrankte, dass er während rund zwei Monaten kaum mehr in der Lage war, das Belvoir zu verlassen. Überreizte Nerven und Fieberschübe fesselten ihn ans Bett. «Ein solches Kreuz für den Rest meiner Tage auf mich zu nehmen, kann wohl nicht von mir verlangt werden», schrieb er dem Verwaltungsrat der Gotthardbahn-Gesellschaft im April 1878. Sein Entschluss, von der Stelle des Direktionspräsidenten zurückzutreten, war gefasst, zumal die Manöver seiner freisinnigen Parteifreunde, ihn aus dem Amt zu drängen, nicht nachliessen. Escher war Politiker genug, um zu wissen, dass ohne diese Rückendeckung und namentlich ohne bundesrätlichen Sukkurs ein Ausharren im Gotthardunternehmen weder politisch möglich wäre noch der Sache dienen würde. Er gab sich um so weniger Täuschungen hin, «als feststehend anzunehmen sein wird, daß Manche für das große Werk der Gotthardbahn entschiedener einstehen, Manche sich aus Gegnern in Freunde desselben verwandeln werden, wenn ich nicht mehr an der Spitze der Direktion stehe». Dass Escher in dieser Einschätzung recht hatte, zeigen die nachfolgenden Ereignisse.[580]

Nach der Debatte im Zürcher Kantonsrat war Alfred Escher zuversichtlich gewesen, wurde doch der Subvention mit 159 gegen 42 Stimmen zugestimmt. Dann brachte die Volksabstimmung das Debakel: Am 19. Mai 1878 wurde die Nachsubvention mit 25 600 gegen 21 951 Stimmen verworfen. Escher war im Mark getroffen. Aus kleinkrämerischen Gründen und aufgewiegelt durch perfide Agitation des Winterthurer «Landboten» hatte sein Kanton Zürich dem Jahrhundertwerk die Unterstützung versagt. Nun gab es für ihn nicht mehr den geringsten Zweifel: Er musste dem Gotthardprojekt seine eigene Person zum Opfer bringen. Pamphlete wurden herumgeboten, Eschers familiäre Vergangenheit wieder aus der untersten Schublade an die Öffentlichkeit geholt, anonyme Drohbriefe ins Belvoir geschickt. Es wurden ihm mehrere Male seidene Schnüre zugestellt, um ihm zu zeigen, wohin er gehen sollte und wo man ihn wünschte. Niedertracht und Ungerechtigkeit zogen ihre weitere Bahn, je kritischer die finanzielle Situation von Gotthardbahn und Nordostbahn wurde, je verzweifelter die Leute, die – im euphorischen Überschwang und vielleicht verführt durch die betörend in die Höhe schnellenden Kurse früherer Jahre – teilweise ihr ganzes Vermögen in Eisenbahntitel gesteckt hatten. Und schon begann männiglich, Escher zum Sündenbock zu stempeln für alles und jedes. Namentlich wurde er dafür verantwortlich gemacht, dass die Aktienkurse der beiden Bahngesellschaften in den Keller getaucht und Obligationen auf Tiefstwerte gesunken waren.

Von allen Seiten hereinbrechende Beschuldigungen und nicht enden wollende Verunglimpfungen prallten an Alfred Escher nicht einfach ab. Finanziell Geschädigte klagten und drohten. Betroffen machte ihn das Schicksal jener Leute, die ihrer bescheidenen Vermögen verlustig gegangen waren. Escher bemühte sich, auch die Schreiben von Kleinanlegern zu beantworten – sofern sie nicht anonym waren. Diese und andere, selbst Spitzenvertreter aus Politik, Wirtschaft und Diplomatie, alle kamen sie nun auf Alfred Escher zu und erbaten sich Ratschläge, was in dieser finanziellen Krise zu machen sei. So schrieb etwa ein gewisser Herr Rümeli:

«Vor geraumer Zeit, als es schon begonnen hatte mit der Gotthardbahn bedenklich auszusehen, bat ich Sie um eine Audienz & erhielt sie bewilligt. Ich hatte gehofft, von Ihnen einen Wink, den allerleisesten nur, zu erhalten, wie mich mit m[einen] Actien zu verhalten; denn dieser Wink hätte mich vor dem Ruin gerettet! – Sie thaten es nicht, & doch wurde ich nur durch Sie, verarmt! – Seit ich Sie gekannt habe, & dieses datirt seit m[einer] frühesten Jugend, war ich erfüllt von Achtung & Bewunderung für Sie, – für Ihren Character & Genie! – Und diese Achtung, dieses vollste Vertrauen in Alles & Jedes worin ‹Alfred Escher› arbeitete, verursachte meinen Ruin! – Ich kann jetzt wieder mit m[einer] Familie nach Mexico zurückkehren, alt & kränklich, – & sehen wie ich unsern Lebensunterhalt verdiene! – Hier, als eigentlich Fremder, wenn schon Bürger von Zürich, kann ich es nicht; denn meine Landsleute würden mich noch um den *allerletzten* Rappen beschwindeln!»[581]

Konsequent vermied es Escher, in solchen Fällen Ratschläge zu erteilen. Eine Ausnahme machte er in seinem Antwortschreiben auf folgenden Brief von Maximilian Heinrich von Roeder:

«Als die Sache mit unserer N.O.B. leider so schief ging wollte ich … mein Vertrauen und meine Theilnahme nach meinen *geringen* Mitteln durch den Kauf von 50 St. Obl. bethätigen. – Es konnte sich hierbei nicht um eine Spekulation sondern um ein Bremsen handeln welches im groszen Maszstabe vielleicht hätte einen gewiszen Halt auf der abschüssigen Ebene bewirken können. – Bei dem steten Fallen der gedachten Actien frage ich mich ob es nicht Pflicht ist nach Verlust von 20–30% zu verkaufen, da ich nicht in der Lage bin, auch diesen geringfügigen Posten – der für mich bedeutend ist ganz opfern zu können. Bitte daher mit Freund Stoll diese kleine Frage, diesen Tropfen im Meer ventiliren und denselben zu ersuchen sans autre demgemäsz verfahren zu wollen. Für den Gotthard habe ich energisch gearbeitet und komme vielleicht auf die Spur von ‹faux frères› die wie Holzwürmer innerlich am Stamm nagen und diesen zu Fall bringen möchten. Hoffentlich begegnen wir uns bald einmal wieder in Bern. Inzwischen behalten wir frischen Muth. Durch musz man!»[582]

Escher antwortete:

«Ich habe Ihrem Wunsche gemäß mit Hrn. Director Stoll über die Frage Rücksprache genommen, ob der Verkauf Ihrer 50 Nordostbahnactien als angezeigt erscheine. Wir beide sind der übereinstimmenden Ansicht, daß der gegenwärtige Augenblick der ungünstigste für den Curs dieser Actien sein dürfte & daß es daher nicht räthlich sei, jetzt dieselben loszuschlagen. Ich brauche wohl nicht hinzuzufügen, daß, da wir nicht in die Zukunft zu blicken vermögen, wir auch keine Verantwortlichkeit übernehmen können. Wenn Sie uns aber angehen, Ihnen unser Gutachten nach bestem Wissen & Gewissen abzugeben, so können wir dieß nicht anders thun, als wie es geschehen ist.»[583]

Alfred Eschers ungeheures Schaffen war nie auf persönliche finanzielle Vorteile ausgerichtet. Immer ging es ihm um das Gemeinwohl. Dies zeigte sich Mitte der 1870er Jahre, als er der geplanten Streckenführung der Nordostbahn am linken Zürichseeufer bereitwillig zustimmte, obwohl oder gerade weil das Trassee auch über sein Landgut Belvoir führte. In der Eisenbahnkrise der späten 1870er Jahre wiederum verzichtete Escher auf finanzielle Entschädigungen seiner Arbeit durch die Bahngesellschaften: bei der Gotthardbahn sowohl auf die Präsidialzulage als auch auf sein Gehalt. Bereits zuvor hatte er von allen Bezügen Abstand genommen, die ihm für seine Tätigkeit als Vorsitzender oder Delegierter bei den Rekonstruktionsarbeiten der Nordostbahn zugestanden hätten. Die auf diese Weise bei der Nordostbahn geäufneten Summen wurden in die Unterstützungskasse der Angestellten der Gesellschaft gelegt.

Der erwähnte Ratschlag Bundesrat Weltis vom Januar 1875, Escher solle vermehrt auf seine Gesundheit Rücksicht nehmen, vertrug sich schlecht mit der Situation, in der sich das Gotthardunternehmen befand. Für Escher, der mit dem Gotthardtunnel ein Jahrhundertprojekt angestossen hatte, war es keine Frage: Persönlichkeit und Arbeitsethos verlangten, dem Vorhaben gerade in der kritischen Situation, in der es sich nun befand, treu zur Seite zu stehen und zumindest so lange im Amt zu bleiben, bis die Finanzierungsfrage und somit der Abschluss des Projekts überhaupt gesichert sein würden. Hätte er jedoch auf den Bundesrat und die Politiker aus nah und fern gehört, so hätte er seinen Rücktritt viel früher eingereicht. Emil Welti selbst, der sich bald nach seinem Schreiben von 1875 nach allen Richtungen wand, bis er Escher fallenliess, war auf dem Höhepunkt der Auseinandersetzungen um die Nachfinanzierung froh, dass der Nationalrat und Wirtschaftsführer aus Zürich nochmals seinen ganzen Einfluss ausspielte, um den Gotthardtunnel finanziell zu sichern. Und so harrte denn Escher aus – gewiss motiviert durch Ehrgeiz, aber auch durch politisches Pflichtgefühl. Ende April 1878 sah sich Bundesrat Welti gedrängt, Escher nochmals darauf hinzuweisen, dass er mit Rücksicht auf seine Gesundheit die «erlaubten Grenzen» nicht länger überschreiten dürfe. Bezeichnenderweise stellte Welti jedoch fest, dass Mahnen und Bitten am Verhalten Eschers wohl wenig ändern würden. Als Bundesrat Welti dies am 30. April 1878 schrieb, hatte Escher das Finanzierungskonzept bereits erarbeitet und seinen Rücktritt aus der Gotthardbahn-Gesellschaft in Aussicht gestellt:

«Es ist mir sehr leid Herrn Schweizer gestern nicht gesehen zu haben, aber vor Allem bedaure ich, dass er uns keine besseren Nachrichten über Ihre Gesundheit brachte. Ich weiss es wohl, dass es wenig ändern wird, wenn ich Sie wiederholt bitte, Sie möchten sich selbst auch Ihrer Sorge werth halten; aber gleichwol halte ich es für meine Pflicht Sie darauf aufmerksam zu machen, dass Sie, ganz abgesehen von andern Gründen, unserer gemeinsamen Aufgabe nicht dienen, wenn Sie in den Anforderungen an sich selbst alle erlaubten Grenzen überschreiten.»[584]

▷
Alfred Escher im Jahr 1878.
Fotografie des Ateliers J. Ganz & Co.

Nach der niederschmetternden Enttäuschung im Gotthardprojekt brachte der Herbst 1878 für Escher wenigstens eine gewisse politische Genugtuung. Gespannt wurden im Oktober die Nationalratswahlen beobachtet, da unsicher blieb, ob und in welchem Ausmass das Zürchervolk Escher einen weiteren Denkzettel verpassen würde, zumal er von der Liste der ‹Unabhängigen Freisinnigen› gestrichen worden war. Doch Escher wurde in seinem Wahlkreis mit 9049 Stimmen an 3. Stelle wiedergewählt. Auch bei der letzten Wahl vor seinem Tod, im Oktober 1881, wurde er problemlos bestätigt.

Die Zeit nach dem Rücktritt als Direktionspräsident der Gotthardbahn-Gesellschaft, die mit der erneuten Übernahme des Verwaltungsratspräsidiums der Kreditanstalt einen für Escher typischen Auftakt nahm, war von 1878 bis zu seinem Tod eine andauernde Krankheitsgeschichte: asthmatische Beängstigung, Fieber, Nervenüberreizung, Augenleiden, Beschwerden an den Kniegelenken, Unwohlsein, Diabetes, Furunkel und schliesslich Karbunkel (Sepsis). Anfang 1879 herrschte, wie man von Josef Zingg, dem ehemaligen Direktionskollegen Eschers in der Gotthardbahn-Direktion und dessen Nachfolger in der Direktionsspitze erfährt, im Belvoir eine betrübliche Stimmung: Eschers Augenleiden hatte sich verschlimmert, und auch Tochter Lydia war an einem schweren Rückenleiden erkrankt.

Die Bilder änderten sich, doch die Krankheiten blieben dieselben: Ende 1879 musste Escher – kaum zur parlamentarischen Arbeit in Bern eingetroffen – nach Zürich zurückreisen, wie er Arnold Otto Aepli mitteilte:

«Herzlichen Dank für deinen orientirenden Brief von gestern. Ich glaube doch den richtigen Weg eingeschlagen zu haben, als ich, erst am Mittwoch Abend in Bern angelangt, schon am Donnerstag früh wieder die Heimreise antrat. Die Schmerzen in dem Kniegelenke, von welchen ich in der Nacht vom Mittwoch auf den Donnerstag heimgesucht war, hatten einen solchen Grad erreicht, daß es schien, als würde mir ein Tage um Tage in Anspruch nehmendes Krankenlager bevorstehen, und ein solches in Bern durchzumachen und dazu noch der Leitung meines gewöhnlichen Arztes, der meine ganze sanitarische Vergangenheit kennt und zu dem ich ein unbedingtes Zutrauen habe, entrathen zu müssen, schien mir ganz unthunlich zu sein. Ich brach daher am Donnerstag früh wieder nach Zürich auf, reiste unter Beobachtung aller Vorsichtsmaßregeln, begab mich in Zürich angekommen sofort zu Bett und stellte mich unter die Obsorge meines Arztes. Ich glaube, daß auf diese Weise das Uebel am gründlichsten und am schnellsten geheilt und daß es mir so am raschesten möglich gemacht werden wird, wieder im Nationalrathe zu erscheinen. Mein Arzt und meine hiesigen Umgebungen theilen meine Anschauungsweise vollständig.»[585]

Im Frühjahr 1880 wurde Escher in Paris Bettruhe verordnet. Und selbst wenn Escher es ironisch meinte: Aus der Bemerkung gegenüber Georg Stoll, er – Alfred Escher – sei ein Tagedieb, spricht die Tragik, die sein gigantisches Arbeitsleben durchzieht:

«Wir haben hier sehr viel Interessantes & Schönes gesehen & gehört. In diesem Augenblicke bin ich aber zur Abwechslung wieder unwohl. Heftiger Husten, Asthmaanfälle in der Nacht, intermittirender Puls. Es ist mir seit Dienstag Zimmerarrest auferlegt. Da ich das Pariserleben nicht *außer* dem Hause studiren kann, so studire ich es jetzt in dem Hause, indem ich die neusten Sensationsromane von Zola, welche in wenigen Wochen 70 Auflagen erlebt haben, nämlich das Assommoir & die Nana, lese. In welchen Abgrund sieht man da herein! Wenn ich nicht wüßte, daß Sie nicht einmal für das Gesangbuch die erforderliche Zeit erübrigen können, so würde ich Ihnen die Lectüre dieser beiden Romane empfehlen! [...]

Und nun darf ich nicht vergessen, daß Sie ein Mann sind, der etwas zu thun hat, & *ich* ein Tagedieb!»[586]

Pflichtbewusstsein und unerschütterlicher Wille trieben Escher auch in seinen beiden letzten Lebensjahren dazu, seinen Funktionen in Politik und Wirtschaft nachzukommen, auch wenn dies sein Gesundheitszustand kaum mehr zuliess. Er beteiligte sich in Zürich wie in Bern an parlamentarischen Geschäften und nahm an Kommissionssitzungen teil. Selbst während Kuraufenthalten las und schrieb Escher weiterhin wie ehedem. Allerdings häuften sich die krankheitsbedingten Absenzen in der Bundesstadt. Immer öfter kam es vor, dass er unvermittelt eine Sitzung oder den Ratsbetrieb verlassen musste. Doch selbst als sein politischer Einfluss auf Bundesrat und Parlament gebrochen war und sich das Mitleid regte, gab Escher nicht auf. Und immer wieder, selbst in seinen letzten Wochen und Monaten, stösst man auf Spuren, die zeigen, welchen Lebensweg Alfred Escher gegangen war. So im Frühsommer 1881, als der Glarner Landammann und Nationalrat Esajas Zweifel die Absicht hegte, sein Parlamentsmandat in Bern aufzugeben. Eschers Reaktion darauf gemahnte an alte Zeiten, als der Zürcher Wirtschaftspolitiker entschied, wer auf welche Listen gesetzt und in welche Ämter gewählt wurde. Eschers Brief vom 1. Mai 1881 reflektiert jedoch mehr als den Glanz vergangener Macht: Er dokumentiert Eschers Credo der gesellschaftspolitischen Tätigkeit, des Engagements für Öffentlichkeit und Vaterland:

«Ich begreife ganz gut, daß manche Erfahrungen, die Sie auf cantonalem & Eidgenössischem Boden zu machen im Falle waren, einen niederschlagenden Eindruck auf Sie machen mußten. Wem, der im öffentlichen Leben thätig ist, wären aber solche Erfahrungen erspart? Bin ich etwa damit verschont geblieben? Gerade dann hat der Mensch seine moralische Kraft & seine Gesinnungstreue zu bewähren, wenn Widerwärtigkeiten & Ungmach von allen Seiten her auf ihn eindringen. Wenn etwas auf der Welt feststeht, so ist es die Thatsache, daß alle menschlichen Dinge einem beständigen Wechsel unterworfen sind. Auf die düstern Tage werden auch wieder freundliche folgen & wie innig freut man sich der wieder zum Durchbruche kommenden Sonne, wenn man das beglückende Bewußtsein hat, Sturm & Gewitter muthvoll & unverzagt ausgehalten zu haben! Die Eidgenossenschaft bedarf Ihrer Dienste.»[587]

Am 9. Dezember 1881 wurde Escher letztmals in eine nationalrätliche Kommission gewählt (Kommission über die Vertretung der Eidgenossenschaft in Washington), und gleichentags referierte er im Zürcher Kantonsrat über den Rechenschaftsbericht des Regierungsrates. Ende 1881 war Tochter Lydia noch immer nicht von ihrem Rückenleiden genesen und litt an schmerzhaften Neuralgien. Vater und Tochter beschlossen, den Winter gemeinsam in Nizza zu verbringen. Bereits auf der Reise in den Süden erkrankte jedoch Alfred Escher lebensgefährlich an einem Karbunkel. Eine Operation «auf Leben oder Tod» war unumgänglich. Vorübergehende Besserungen seines Gesundheitszustandes weckten falsche Hoffnungen. Die Rückschläge folgten um so härter. Sah sich Escher im Mai 1882 ausserstande, der bundespräsidialen Einladung zur Feier der Eröffnung der Gotthardbahn Folge zu leisten, so war er einen Monat später wieder in der Lage, in seiner Funktion als Verwaltungsratspräsident die Generalversammlung der Nordostbahn-Gesellschaft zu leiten. Ein Jahr zuvor war es Escher vom Arzt «in ganz kategorischer Weise» verboten worden, die Versammlung zu präsidieren. Umgekehrt verhielt es sich mit der Generalversammlung der Kreditanstalt. Letztmals stand Escher am 29. März 1881 vor den Aktionären. Ein Jahr später war er «leider durch Erkrankung und Abwesenheit verhindert», wie das Protokoll festhielt. Die Statistik der An- und Abwesenheiten an den Verwaltungsratssitzungen der Kreditanstalt für 1881/82 ergibt folgendes Bild: 1881 war Escher an 21 von 29 Sitzungen anwesend, 1882 an 15 von 30 Sitzungen, wobei er von Februar bis Mai 1882 durchgehend krankheitshalber entschuldigt war, während er allen 10 Sitzungen von August bis November 1882 wieder beiwohnte.

In dieser schweren, von Krankheit geprägten Zeit entwickelte Escher ein enges Verhältnis zu seiner Tochter. Während er Lydia in ihrer frühen Kindheit nur selten gesehen hatte, intensivierte sich der Kontakt zwischen den beiden in Eschers letzten Lebensjahren. Die Tochter lebte mit ihm zusammen im Belvoir, kümmerte sich um den Haushalt, pflegte den kranken Vater, unterstützte ihn bei seiner Arbeit und leistete ihm vor allem Gesellschaft.

Lydia, die Tochter

Nach dem Tod seiner Ehefrau sah sich Alfred Escher 1864 gezwungen, Lebensumfeld und Erziehung seiner sechsjährigen Tochter Lydia neu zu organisieren. Das Mädchen zog für die nächsten drei Jahre zu ihrer Grossmutter mütterlicherseits, welche ihr sehr lieb war. Lydia beschrieb sie als «eine sehr vornehme Dame, die sich um mich kümmerte. […] Sie leitete in diesen Jahren meine Erziehung und starb ungefähr fünfzigjährig. Sie war eine überaus intelligente Frau […]. Sie starb in meinen Armen…» Das Verhältnis zu Alfred Eschers Mutter dagegen scheint etwas angespannt gewesen zu sein. Lydia erzählte über jene Zeit: «Mein Vater wohnte damals mit seiner Mutter in einem anderen Haus, weil sie mich nicht ertragen konnte, da ich zu lebhaft war. Sie hatte mich trotzdem gern.» Nach dem Tod der geliebten Grossmutter mütterlicherseits war ein Umzug ins Belvoir jedoch unumgänglich. Escher überliess das Kind der Obhut der Grossmutter, der nervlich kranken und körperlich leidenden 71 Jahre alten Dame Lydia Escher-Zollikofer. Zusätzlich organisierte man eine Erzieherin, über die Lydia sagte, sie sei «eine sehr intelligente und gebildete Frau», aber «zu intrigant, so dass sie Unordnung ins Haus brachte».[588] Als 1868 auch die zweite Grossmutter starb, stellte sich für Escher das Problem der Erziehung seiner Tochter erneut, und diesmal in akzentuierter Weise. Damals war er – zusätzlich zu seinen vielfältigen wirtschaftspolitischen Tätigkeiten – in der Frage der Alpentransversale gefordert. Die Ausmarchung zwischen den Vertretern der Gotthard- und der Lukmaniervariante stand zum Entscheid an und verlangte von ihm ein grosses zeitliches Engagement. Seine Reisen nach Deutschland und Italien und seine anderweitigen politischen und geschäftlichen Terminverpflichtungen brachten es mit sich, dass er seine Tochter tagsüber kaum je sah – ein Zustand, der sich auch in den folgenden Jahren, erst recht nach der Übernahme des Direktionspräsidiums der Gotthardbahn-Gesellschaft, nicht änderte.

Trotz seinen Verpflichtungen war Alfred Escher bemüht, seine väterliche Obsorge wahrzunehmen. Die Beziehung zwischen Vater und

Tochter war herzlich; umständehalber geprägt durch seltene, aber intensive Zeiten des Zusammenseins. Wann immer möglich, liess der Vater das Kind zu sich ins Büro kommen oder nahm es auf Geschäftsreisen mit. Immer häufiger war die jugendliche Lydia an gesellschaftlichen Anlässen im Belvoir dabei und wuchs so in die Rolle der Gastgeberin hinein. Alfred Escher nahm seine Vaterpflichten ernst. Dies zeigt sich etwa in seiner Stellungnahme zur Frage nach seinem Arbeitsort als Direktionspräsident der Gotthardbahn-Gesellschaft.

Alfred Escher mit seiner Tochter Lydia auf einer Fotografie um 1867.

Die Statuten bestimmten Luzern als Sitz der Gesellschaft. Das hiess, dass die einzelnen Departemente ebenfalls am Vierwaldstättersee anzusiedeln waren. Doch bereits im Vorfeld der Gründung der Gotthardbahn-Gesellschaft, als der Bundesrat Escher ersuchte, den obersten Managementposten zu übernehmen, hatte dieser die Bedingungen formuliert, unter denen er dazu bereit wäre. Dazu zählte, dass er in Zürich sowohl seinen Wohnsitz als auch seinen Arbeitsort behalten könnte. So war es ihm nun möglich, in kurzer Gehdistanz von einem seiner Unternehmen zum anderen zu gelangen. Abgesehen davon, dass es Escher aus rein ablauftechnischen Gründen unmöglich gewesen wäre, einen Teil seiner Direktionstätigkeit nach Luzern zu verlegen, war es die Verantwortung für seine Tochter Lydia, die den Standort Zürich zur unverhandelbaren Bedingung machte.

Die junge Lydia Escher
(1858–1891).

Das zeitgenössische Lydia-Bild

Nach dem Tod seiner Mutter richtete Alfred Escher für seine damals 10jährige Lydia in den «Tiefenhöfen» – in der ersten Etage über der 1859 eröffneten Confiserie Sprüngli, gegenüber dem späteren Hauptsitz der Schweizerischen Kreditanstalt und in unmittelbarer Nähe zu seinem damaligen Bankbüro im Postgebäude – einen eigenen Haushalt mit einer Erzieherin ein. Auf diese Weise war es dem vielbeschäftigten Mann möglich, hin und wieder über die Strasse zu gehen und seine Tochter zu besuchen, was er wenn immer möglich jeweils abends von 4 bis 6 Uhr tat. Anfang der 1870er Jahre, nachdem die Erzieherin Tobler in Ungnade gefallen war, wurde der Haushalt in den «Tiefenhöfen» aufgelöst, und Lydia zog wieder im Belvoir ein. Als sie vierzehnjährig wurde, schickte ihr Vater sie in ein renommiertes Internat nach Karlsruhe. Ihren Aufenthalt in Deutschland schilderte Lydia nicht eben vorteilhaft: «Ich wohnte zwar nicht in diesem Internat, besuchte aber die Schule und wohnte in Pension bei der Frau Gerwig, der Witwe eines hohen Beamten, aber eine äusserst langweilige und unsympathische Frau ohne jedwelchen Geist, welche mir das Leben vermieste. Ich blieb ein Jahr bei ihr und musste viel erleiden, da sie mir unter anderem nicht einmal genug zu essen gab.» Bereits nach einem Jahr kehrte Lydia zurück ins väterliche Haus. Die Ausbildung war damit jedoch noch nicht zu Ende. Lydia bemerkte diesbezüglich: «… da mein Vater sehr streng war, drängte er mich zu weiteren Studien und holte private Professoren ins Haus.»[589] Der Unterricht umfasste ein Spektrum, das von Sprachen und deutscher Konversation über Literatur und Musik bis zum Klavierspiel reichte. In Gesang wurde Lydia von Albertine Hegar-Volkart unterrichtet: «Frau Hegar ist zu meiner Freude zufrieden mit mir. Sie sagt, dass ich Verständnis für Musik und eine biegsame, hübsche Stimme habe; aber das Gehör, das bejammern wir beide…» Die Romanistin Sophie Heim unterrichtete Lydia in der italienischen Sprache und weckte in ihr dieselbe Verbundenheit zum «Land, wo die Zitronen blühn», die ihre Mutter Augusta auch empfunden hatte.[590]

Escher legte viel Wert auf Lydias Ausbildung, die bereits im zarten Alter von vier Jahren begonnen hatte: «Sie schickten mich … zur Schule, zu einer alten Jungfer, bei der man nichts lernte.» Lydia war ein sehr aufgewecktes Kind, dessen Talent Alfred Escher zu Recht förderte. So sagte Lydia selber, dass sie in der Zürcher Schule Klassenbeste gewesen sei, und was die Zeit im Internat in Karlsruhe betraf, meinte sie: «Obwohl ich damals fünfzehn Jahre alt war, kam ich in eine Klasse von achtzehnjährigen Fräuleins, da ich immer die Beste war in der Schule.»[591]

So wuchs Lydia Escher auf: Mit einem Vater, der sich seinen beruflichen Aufgaben opferte, früh der Mutter beraubt und umgeben von Gouvernanten, Erzieherinnen und Dienstpersonal. Das ‹Fräulein› war es gewohnt, bedient zu werden, was auf goldenem Geschirr, sehr zeremoniell und aristokratisch erfolgte, wie sich Alwine Stockar-Heer

«Indem wir nun aufgrund aller unserer Betrachtungen … zu einer streng logischen und wissenschaftlichen Schlussfolgerung kommen, urteilen wir einhellig und übereinstimmend: dass Frau Lydia Welti-Escher, obwohl sie einen gewissen Grad an Exzentrizität in ihrem Verhalten und eine gewisse Sonderbarkeit in einigen ihrer Gedanken und in einigen ihrer Meinungen aufweist, nichtsdestoweniger im Besitze ihrer völligen geistigen Integrität ist …; dass besagte Frau Lydia Welti-Escher, als sie im November 1889 in Florenz fleischlichen Kontakt mit Stauffer hatte, sich in einem normalen geistigen und körperlichen Zustand befand und, da sie demnach nicht der Willenskraft und des Bewusstseins beraubt war, in der Lage gewesen wäre, wenn sie dies gewollt hätte, sich den Begehrlichkeiten anderer zu widersetzen.» Dies war das Fazit, welches die beiden Gerichtsmediziner Nicola De Pedys und Rinaldo Roseo 1890 bei der psychiatrischen Begutachtung Lydia Welti-Eschers in Rom zogen. Zum Kontext und zum vollständigen Wortlaut des Gutachtens vgl. Joseph Jung (Hrsg.), Lydia Welti-Escher (1858–1891). Biographie. Quellen, Materialien und Beiträge, Zürich 2009. Zur Neuauflage von 2013 vgl. nachstehend abgebildete Publikation (Umschlagseite 1).

erinnerte. Das Bild, das Zeitgenossen – häufig im Rückblick – von der jungen Lydia zeichneten, wurde meist mit negativen Konnotationen versehen. Wie aber erklärt sich dieses negative Bild, das sich die Zürcher Öffentlichkeit von Lydia machte? Zunächst fällt auf, wie ähnlich dieses Bild demjenigen ist, das man sich von Lydias Grossmutter väterlicherseits gemacht hatte. Tatsächlich litt die alte Dame an einem schwachen Nervenkostüm. Lydia teilte dieses Los, wie ihr im psychiatrischen Gutachten diagnostiziert wurde. Nun gehörte damals eine gewisse Nervosität mit gelegentlicher Ohnmacht unter Damen der gehobenen Schichten durchaus zum guten Ton. Doch auch Stolz und Überheblichkeit sollen den beiden Lydias gemeinsam gewesen sein. Und in diesem Stereotyp verrät das Gerücht, dass es auf einer schwachen Informationsbasis gediehen ist. Man wusste in Zürich nur sehr ungenau Bescheid über die Eschers, das Leben im Belvoir, Lydias Kindheit und Jugend. Zusätzlich war der Blick der konservativen Stadtzürcher durch Argwohn und Vorurteile getrübt. Auch über Lydias letzte Lebensjahre und insbesondere über ihre Affäre mit Karl Stauffer war die Öffentlichkeit schlecht informiert. Mit Kopfschütteln reagierte man auf den Lebenswandel der jungen Ehefrau und erfand dazu erst hinterher die passenden Vorstellungen von ihrer Kindheit und Jugend. «Sie hatte eben keine Erziehung», wurde etwa als Begründung für ihren späteren Wandel vorgebracht, wobei man vergass, dass Lydia nicht nur durch Grossmütter, Gouvernanten und Erzieherinnen, sondern auch durch ihren Vater reichlich ‹Erziehung› erhalten hatte. Sie alle sorgten dafür, dass Lydia schon in jungen Jahren jene Umgangsformen an den Tag legte, die unter den Gästen im Belvoir gepflegt wurden. Alfred Escher, der gegenüber seinen politischen Gegnern mit grösster Härte auftreten konnte und im Geschäftsumgang auch barsche Töne nicht scheute, war gegenüber Dienstboten, Küchengehilfen, Knechten und Kutschern sichtlich bemüht, stets freundlich und höflich zu sein. Diesen Respekt im Umgang mit allen Menschen lehrte er auch Lydia. So herrschte er sie eines Sonntags beim Nachhausegehen an, als sie einem Angestellten einfach ‹Adieu› sagte: «Weisst du nicht, wer das ist? Gleich sagst du adieu Herr Furrer! Merks dir ein für alle mal!»[592] Auch Lydias Gutachter lobten Jahre später nicht nur ihre Intelligenz und Bildung, sondern waren namentlich auch angetan von ihrer Art und ihrem Benehmen, in denen «sich stets die auserlesene Erziehung und die höchste Vornehmheit einer Dame der höheren Gesellschaft» reflektierten.[593] Aussergewöhnlich an Lydias Erziehung war nur, dass sie statt von Vater und Mutter allein von einer ganzen Vielzahl pädagogischer Autoritäten erzogen wurde. Früh schon müssen einem intelligenten Mädchen wie ihr Differenzen zwischen den Erziehungsstilen aufgefallen sein, so dass sich die Prioritäten der einen Erzieher an denjenigen der anderen relativierten. Auch wenn für solche Varianten kein grosser Spielraum war, durften die solchermassen vielstimmige Sozialisation und das Fehlen einer klar definierten Bezugsperson Lydia den grossen Sprung erleichtert haben, den sie später in Karl Stauffers Künstlerwelt wagte. Lydia orientierte sich in einem Kräftefeld, das alles – je näher es kam, desto dringender – in Bezug setzte zu einem Gegenstück. Autoritäten, Werte, Prinzipien, aber auch Beziehungen gewannen für sie nie letzte Gültigkeit. Alles musste sie an Alternativen relativieren, damit es dem zentralen Orientierungspunkt, dem unvergleichlichen Vater, nicht zu nahe rückte.

Aus Lydias Kindheit und früher Jugendzeit sind nur wenige kameradschaftlichen Kontakte mit Gleichaltrigen dokumentiert, dafür vielfältige Einflüsse aus der Erwachsenenwelt, von Politikern und Wirtschaftsleuten, die von Alfred Escher ins Belvoir geladen wurden. Hin und wieder besuchte Lydia ihren Vater in seinem Nordostbahn-Direktionsbüro am Bleicherweg oder auch im Zimmer des Verwaltungsratspräsidenten bei der Kreditanstalt. Als Lydia Anfang der 1870er Jahre ins Belvoir zurückkehrte, begannen die grossen Bauarbeiten am Gotthard. Lydia beschrieb diese Zeit als Beginn einer liebevollen Beziehung zu ihrem Vater: «In dieser Zeit begann ich, meinem Vater eine Freundin zu sein und ihm in seinen Geschäften zu helfen.» Schon als Mädchen hatte Lydia hin und wieder in ihrer kindlichen Schrift für ihren Vater Briefe an ausgewählte Freunde geschrieben. Nun aber wuchs die Fünfzehnjährige in die Rolle einer Assistentin hinein: Sie half ihrem Vater bei seinen Arbeiten, wo immer sie konnte und musste. Sie wurde seine Sekretärin, die zunehmend selbständig die Erledigung der privaten Korrespondenz übernahm. Alfred Escher legte Wert auf eine saubere und schöne Schrift, ja er war geradezu versessen auf formvollendete Handschriften. Dies führte dazu, dass er bis ins Detail regelte, mit welcher Handschrift welche seiner Briefe geschrieben werden mussten. So durften etwa Briefe an höhere Chargen nur von den Kanzlisten abgefasst werden. Lydia entwickelte sich zur Schreibkraft ihres Vaters. Ihre Schrift war regelmässig und wirkte wie gedruckt.

Doch Lydia war nicht bloss Schönschreiberin und ausführende Bürohilfe ihres Vaters. Vielmehr brachte sie ihre Meinung und ihre Reflexionen mit ein, wo immer es ihr nötig schien. Sie wuchs in ihre neue Aufgabe hinein und begleitete das Tun ihres Vaters mit kritischem Blick: «Ich war mit ihm nicht immer in allem einig, weil wir beide autoritär waren.» Dabei zögerte Lydia nicht, Alfred Escher zu korrigieren und bisweilen recht streng zu ermahnen.

Lydia wurde zu Alfred Eschers Vertrauensperson. Dieser schätzte die intellektuellen Fähigkeiten der Tochter und bat um deren Ratschläge auch in geschäftlichen und politischen Angelegenheiten, weil er der Überzeugung war, «dass häufig auch in den schwierigsten Dingen der Rat einer Frau erwünscht ist». Zugleich übernahm die 15jährige Lydia auch die Haushaltführung, was keine leichte Aufgabe war. Seit dem Tod ihrer Grossmutter im Jahr 1868 fehlte die straffe Hand. Wenn die Katz aus dem Haus ist, tanzen die Mäuse. Häufig sich selbst überlassen, hatten sich Kutscher und Knechte, Mägde und Köchinnen Freiräume geschaffen. Friedrich Gustav Ehrhardt, der schon die Grossmutter in Haus

Robert Gerwig (1820–1885). Der Freund Alfred Eschers war von 1872 bis 1875 Oberingenieur der Gotthardbahn-Gesellschaft. Die Gerwigs wohnten im Landhaus «Schwalbenrain» in unmittelbarer Nachbarschaft des Belvoir und waren des öftern als Gäste zu Vater und Tochter Escher geladen. Zwischen ihnen und der jugendlichen Lydia entwickelte sich ein freundschaftliches Verhältnis. Mit der Zeit ging Lydia auch bei den Gerwigs ein und aus. War der Vater aus dem Haus, was häufig der Fall war, hielt sich Lydia – wie Zeitzeugen festhielten – meistens beim deutschen Oberingenieur auf. Die Gerwigs wurden für Lydia so etwas wie Ersatzeltern, und namentlich Lina Gerwig hatte viel Zeit und Verständnis für die pubertierende Lydia.

und Garten nach Kräften unterstützt hatte, war der Sache nicht mehr gewachsen. Lydia bereitete es zunächst Freude, die Räume mit Blumen zu schmücken oder die Tischkultur zu pflegen. Doch bald schon sah sie sich mit den endlosen Zwisten und Ränken unter den Angestellten konfrontiert. Aus ihrer Sicht war ihr Vater mit den Bediensteten lange Zeit viel zu nachsichtig gewesen. «Ich hatte aber Sinn für das richtige Mass, während mein Vater es zuliess, dass die Dienerschaft sich mit vollen Händen bereicherte, was mir nicht gefiel.»[594] Die Bediensteten freilich hatten nicht darauf gewartet, von der 15jährigen Tochter des Hauses in die Pflicht genommen zu werden. Sie widersetzten sich ihr, wo sie konnten, und machten sich lustig über sie. Lydia litt unter den Intrigen, die

‹Die weisse Lydia›. Porträt von Lydia Welti-Escher, gemalt von Karl Stauffer (1857–1891) im Jahr 1886. Öl auf Leinwand. Kunsthaus Zürich (Depositum Gottfried Keller-Stiftung).

hinter ihrem Rücken gesponnen wurden. Und die Bediensteten waren es auch, die in der Umgebung wie in der Stadt das negative Bild Lydias verbreiteten.

Lydia Escher lebte nicht das Leben gleichaltriger Zürcherinnen der grossbürgerlichen Gesellschaft. Früh schon lernte sie Fremdsprachen – zuerst Französisch und Englisch, dann Italienisch – und war sehr belesen. Insbesondere interessierte sie sich für Ibsen und Byron. Dadurch, dass sie sich für die Emanzipation der Frau einsetzte, wurde sie zusätzlich als Aussenseiterin stigmatisiert. Man schrieb ihr Herrschsucht und den Hang zur Extravaganz zu. Dieses Charakterbild setzte sich in den Köpfen der konservativen Zürcher Gesellschaft fest. So schrieb auch Conrad Ferdinand Meyer über die erwachsene Lydia: «... eine Puppe, sage ich Ihnen.»[595]

Alfred Escher dürfte sich vorgeworfen haben, dass er mit seiner Tochter in deren Kindheit und Jugendzeit nur wenig Zeit hatte verbringen können. Gelegentlich war es ihm möglich, sie auf Reisen mitzunehmen. Ende der 1870er Jahre freute sich Lydia über einen vergnügten Aufenthalt in Paris, «wo mich mein Vater an die Bälle der hocharistokratischen Gesellschaft begleitete, eher jedoch in bonapartistischen Kreisen als in denjenigen des Boulevard Saint-Germain. Ich half ihm danach bei seinen Arbeiten, als Entschädigung für das Opfer, welches er gebracht hatte, indem er mich zu diesen Festen begleitet hatte. Dies hatte ihm nämlich in keiner Weise Vergnügen bereitet.»

Vater und Tochter waren sich eng verbunden. Allerdings gab es eine Sache, die Konfliktstoff barg: das Thema Geld. Escher pflegte zu sagen, «dass ein vornehmes Fräulein sich nicht um Geldfragen zu kümmern habe»; mehr noch: er verbot es, in Lydias Anwesenheit über Geld zu sprechen.[596] Alfred Escher war sparsam, was seine eigenen Auslagen betraf: Er blieb nicht verschont vom sprichwörtlichen ‹Zürigiiz›. Man durfte, wie ein Zeitzeuge berichtete, seinen Ausgangsanzug nur an bestimmten Stellen berühren, um ihn ja nicht abzunutzen. Eschers Büro bei der Nordostbahn war eine Ruine, die Wände abgeblättert und das Mauerwerk da und dort gerissen. «Es ist noch gut genug», soll er gesagt haben.[597] Diese Strenge, mit der sich Escher zu Sparsamkeit und Genügsamkeit anhielt, missfiel der jungen Tocher bisweilen – und dies mit gutem Grund: Wiewohl Escher keine Kosten scheute, wenn es um Lydias Erziehung und Ausbildung ging, musste sie mit wenig Geld auskommen. Escher hielt seine Tochter kurz, während er sich gegenüber dem Dienstpersonal immer gerne grosszügig zeigte. Im übrigen tat Alfred Escher seiner Tochter zuliebe, was er konnte. Lydia gab eine etwas andere Gewichtung: «... mein lieber guter Papa [tut] alles was ich will.»[598] Dies wiederum führte bald zur Überlieferung, Lydia habe ihren Vater herumkommandiert. Im Überschwang der negativen Rückprojektion wurde das Bild des «eigensinnigen», «capriziösen» «verschrobenen» und «überspannten Frauenzimmers», wie es von Lydia als Frau gezeichnet wurde, auf die jugendliche Lydia übertragen, die – vom Schicksal verwöhnt – das Leben einer Prinzessin geführt haben soll. In diesen Kontext gehört auch die Episode, dass Alfred Escher zur Zeit der dramatischen Finanzkrisen bei der Nordostbahn und bei der Gotthardbahn seiner Tochter im Hotel «Bellevue» einen Ball gab. Damals wurde herumgeboten, dass in örtlicher Nähe der Festlichkeiten ein Dampfer abfahrbereit gewartet habe, um im Fall von Demonstrationen die flüchtenden Gäste aufzunehmen.[599]

Dieser negativen Beurteilung von Alfred Eschers Tochter, die sich in der mündlichen Überlieferung hartnäckig hielt und auch bald Eingang in die Literatur fand, steht ein ganz anderes Bild von Lydia Escher gegenüber. Auf dieses stösst man, wenn man die wenigen Quellen konsultiert, die zur Jugend und zur frühen Erwachsenenzeit der Escher-Tochter heute noch greifbar sind.

Einen wichtigen Bestand bilden in diesem Zusammenhang die Briefe, welche die damals knapp 20jährige Lydia Escher Ende der 1870er Jahre ihrer einzigen Freundin Louise (Lulu) Breslau schrieb. Hier treten neue Konturen hervor und füllen sich mit ganz anderem Inhalt: Anstelle der kolportierten Überlieferung von einer verwöhnten, eigensinnigen, schnöden, hochnäsigen, eingebildeten jungen Dame mit «Capricen» und einem «Hang zum Bizarren», die «fast etwas Krankhaftes» an sich hatte, erscheint eine selbstbewusste junge Frau, die viel Lektüre betrieb, Gesangsstunden nahm, Musik- und Theateraufführungen besuchte, am Karneval teilnahm – eine Persönlichkeit, die ihre Umgebung und das gesellschaftliche Treiben in Zürich aber auch kritisch beobachtete und in gewandter Sprache trefflich beschrieb. Lydia war eine junge Frau, die an der Haushaltsführung im Belvoir, an der Pflege des kranken Vaters und am scharfen Wind, der vom Gotthard her über das Belvoir fegte, nicht nur gereift, sondern auch etwas vertrocknet war, so dass man ihr ihre romantischen Züge gern verzeiht. Doch diese Lydia Escher vereinsamte zusehends. Zwar konnte sie Ende 1878 noch berichten, dass sie mit vielen Freunden ihres Vaters oft vergnügte Stunden erlebe, doch gleichzeitig hielt sie fest, dass sie mit fast niemandem in Berührung komme, der sie interessiere. Sie fühlte sich eingesperrt in ihre vier Wände, «draußen im winterlichen Belvoir, einsam und eingeschneit». Gottfried Keller war häufig zu Gast im Belvoir. Mit ihm verstand sich Lydia «gut», wie sie selbst sagte; sie waren «fidel zusammen».[600]

Noch kurz vor Eschers Tod wurde der Dichter zur «Suppe» geladen, worauf er dem «Verehrten Fräulein» antwortete:

Gottfried Keller (1819–1890). Gerngesehener Gast im Belvoir. Porträtiert von Karl Stauffer (1857–1891), Öl auf Leinwand, 1886. Kunsthaus Zürich (Depositum Gottfried Keller-Stiftung).

«Durch meinen Livreediener, den eidg. Briefträger, bin ich so frei, Ihnen die Empfangsanzeige über Ihre gütige Einladung und meine Zusage auf Donnerstag zukommen zu lassen. Ich werde mich freuen, den Herrn Vater nach bestandener grausamer Prüfung wiederzusehen, und auch seinem Hausengel gegenüber mit priesterlich diplomatischer Würde aufzutreten trachten. Die zwei letzteren Worte bilden zu Ihren Ehren einen Richard Wagnerischen Stabreim aus Tristan und Isolde oder à la Nibelungenring.»[601]

Der «originelle Freundschaftsbund», den Lydia mit Gottfried Keller pflegte, schloss mit Gustav Friedrich Ehrhardt und Friedrich Bürkli zwei weitere Personen ein. Dieses ‹Kleeblatt› war lange Lydias engster Freundeskreis – lauter angegraute ältere Herren und allesamt ledig. Doch diese Herren waren kein Ersatz für fehlende enge Beziehungen zu Freundinnen, wie sie im grossbürgerlichen Leben üblich waren. Lydia vermisste Louise Breslau. Bereits Ende 1878 hoffte die Escher-Tochter auf den nächsten Sommer und auf den Besuch ihrer Freundin im Belvoir. Dann wollten sie gemeinsam mit dem Boot, das ihr Vater gekauft hatte (wohl im Sommer 1878), auf den Zürichsee hinausfahren; sie wollten auch rauchen und wie früher romantisch-lyrische Spaziergänge unternehmen. Im August 1879 schrieb sie aus Bad Stachelberg an Louise:

Bad Stachelberg im Kanton Glarus auf einem Stich. Die einst berühmte Schwefelquelle zwischen Linthal und Braunwald zog im 19. Jahrhundert viele Kurgäste an. Der Erste Weltkrieg setzte dem internationalen Treiben ein Ende. Auch Alfred Escher war mehrere Male in Stachelberg, zuerst mit seiner Frau, später in Begleitung seiner Tochter Lydia.

«Ich habe lange geschwiegen, obgleich wir uns nahestehen oder besser gesagt, weil wir uns nahestehen. Es ist in den letzten Wochen vieles über mich hereingebrochen; ich hätte es nicht in Worte fassen können. Und doch wollte ich Dir, Du Liebe, nichts Unwahres sagen. Dies ist ein Beweis, wie sehr ich, die ich mich so selten und so schwer anschliesse, an Dir hänge. Dein Talent, Dein Charakter fesseln mich. Ich verfolge alles, was Dich betrifft, mit dem wärmsten Interesse. Unendlich freue ich mich auf das Wiedersehen und auf unser poetisches Zusammenleben. […] Daneben habe ich den Plan, viele Leute mit Dir zu sehen, dahin und dorthin mit Dir auszufliegen. Mit einem Worte, ich hoffe Dir den Aufenthalt in Deiner alten Heimat angenehm zu gestalten. Meine Lulu, wie kommen wir uns wohl gegenseitig vor? Fühlen wir uns noch so wahlverwandt wie in alter Zeit? Von mir glaube ich, dass ich in meinem Denken und Fühlen so ziemlich die alte geblieben bin; etwas ernster, reifer und bestimmter vielleicht. Bittere Erfahrungen, wie sie mir das letzte Jahr gebracht, gehen nicht spurlos an einem vorüber.»[602]

«Bittere Erfahrungen» waren beispielsweise die Verunglimpfungen ihres Vaters auf der politischen Bühne und in der Presse. All dies ging auch an Lydia nicht spurlos vorüber. Sie suchte ihren Vater zu stützen und litt wohl stärker mit, als sie ihm zeigte. Einmal schrieb sie an ihre Freundin Lulu: «Da kommt Papa immer abgearbeitet und verstimmt nach Hause, um fast die ganze Nacht hindurch zu arbeiten. Ich habe dann selbstverständlich die Aufgabe, ihn zu erheitern, aber so auf Kommando lustig sein, ist auch schwer.»[603]

Mit dem erzwungenen Rücktritt von der operativen Führungsspitze der Gotthardbahn wurde Alfred Escher ein kranker Mann. Der Arzt verordnete Kur- und Erholungsaufenthalte. Lydia begleitete ihren Vater ins glarnerische Bad Stachelberg oder nach Nizza, betreute und umsorgte ihn. Während andere vornehme Damen ihre Jugend genossen, übernahm Lydia eine weitere Aufgabe: die Pflege und Betreuung ihres kranken Vaters. Die immer akuter werdenden und sich häufenden Krankheiten, die sich gegen Ende seines Lebens bemerkbar machten, zwangen

Alfred Escher immer wieder zu wochenlanger Bettruhe. Und während dieser krankheitsbedingten Aufenthalte im Belvoir wurde er von seiner Tochter gepflegt. Je mehr sich die Fieber- und Asthmaanfälle des Vaters häuften, desto intensiver war die Tochter als Pflegerin gefordert. Lydia Escher vergass ihre persönlichen Wünsche – ihr eigenes Kreuz, wie sie sagte – und gab sich alle Mühe, ihrem todkranken Vater eine tapfere Freundin zu sein. Ihr Pflichtbewusstsein hielt sie davon ab, in Verbitterung zu verfallen. Sie respektierte, dass sie als Tochter eines solchen Vaters manches Opfer bringen musste. Doch dies war es nicht allein. Lydia Escher liebte ihren Vater. Und sie war stolz auf ihren «Papa», wie sie ihrer Freundin schrieb:

«Meine liebe Lulu!

Ich habe Dir nicht viel, am wenigstens Heiteres zu berichten. Aber einer Freundin ist ja am Ende alles von Interesse. Seit acht Wochen bin ich gar nicht aus dem Hause gekommen. Ich habe sie am Bette und im Zimmer-Gefängnis meines Vaters zugebracht, dessen Rekonvaleszenz aus seinen Asthma- und Fieberanfällen nur langsame Fortschritte macht. Sein Zustand und als Zugabe politische Unannehmlichkeiten stimmten ihn furchtbar herunter. Ich wäre einer ähnlichen Gemütsverfassung erlegen, wenn mich nicht das Bewußtsein meiner Pflicht aufrecht erhalten hätte. Ich vergaß mein eigenes Kreuz und gab mir Mühe, meinem Vater eine tapfere Freundin zu sein. Persönliche Wünsche vergessend, suchte ich mit sanfter Gewalt auf seine Entschlüsse einzuwirken, ihn von vorschnellem Handeln, das ihm Zorn und Verbitterung eingegeben und das ihn später gereut, abzubringen. Die Tochter eines solchen Mannes zu sein, verlangt manches Opfer, das still im Verborgenen gebracht werden muß. Welch' seltsames, einsames Leben, eigentlich im Widerspruch mit unsern Verhältnissen stehend, muß ich führen, weil mein Vater all seine Kräfte, all sein Tun und Denken an ein Riesenwerk setzt. Aber meine Lage hat wieder unendlich viel Versöhnendes. Sie hebt mich geistig auf eine höhere Stufe, sie ist reich an Pflichten. Wieviel Trübes, Schweres, wieviel Undank hat mein Vater da, wo ihm Genugtuung und Dankbarkeit werden sollten. Welch leichtes, sorgloses Leben könnte er führen, und zu was für einem schweren, mühevollen hat ihn sein hoher Sinn geführt. Und Anklagen, Beschuldigungen und Verleumdungen aller Art als Belohnung für die selbstloseste Aufopferung! Das muß verbittern! Wie glücklich machte es mich da, daß ich so recht sein Sonnenschein sein konnte. Ich suchte ihn wieder aufzurichten, erinnerte ihn an die lichte Seite seines schweren Berufes und bat ihn, am Steuer auszuharren, weil es meine Ueberzeugung ist, daß er bei der Niederlegung seines Amtes keine Befriedigung mehr finden würde. Für mein persönliches Behagen wäre es natürlich weit besser, er sagte dem ganzen Kram Valet. Ich müßte dann nicht immer an der Scholle kleben, Geist und Herz in einen kleinen Kreis ohne Anregung bannen, mit Menschen Umgang pflegen, die mir innerlich fremd bleiben. Ach Freiheit, Freiheit, wie sehne ich mich danach, wie viel wollte ich aus mir machen! Aber ich weiß, man ist nicht auf der Welt, um es sich möglichst bequem auf derselben einzurichten! Man soll seinen Weg gehen, der einem als der wahre und gute erscheint und die Achtung vor sich selbst bewahren, le respect de soi-même!»[604]

Alfred Escher war stolz auf sein «liebes Kind», das dem Vater in einer «charactervollen Haltung» über die Jahre treu zur Seite stand und sein «einsames & monotones Leben» nicht einmal für ein paar Tage gegen einen Ferienaufenthalt bei der Familie Fierz in Italien vertauschte, weil der Vater abends bei seiner Rückkehr von den belastenden Herausforderungen des Gotthardprojekts im Belvoir nicht «leere & öde Räume vorfinden dürfe». Stolz und Freude des Vaters sprechen aus dem folgenden Brief Alfred Eschers an seinen alten Freund Johann Heinrich Fierz vom 19. März 1876:

Lydia Welti-Escher. Radierung von Karl Stauffer-Bern (1857–1891) aus dem Jahr 1887. Kunstmuseum Bern (Depositum der Gottfried Keller-Stiftung). Die Radierung stiess bei der Porträtierten selber nicht auf Begeisterung: sie gleiche darauf einer «alten Holländerin», meinte sie.

«Endlich gelange ich zu dem Thema, das ich am liebsten in diesem Briefe besspreche, ich meine die Einladung, welche Ihre hochverehrte Frau Gemalinn neuerdings an Lydie gerichtet hat, die Reise nach Italien mitzumachen. Sie dürfen mir glauben, daß ich das gute Kind, das ja ein so einsames & monotones Leben führen muß, dazu zu bestimmen suchte, der in so herzlicher Weise an sie gelangten Einladung Folge zu leisten. Sie erklärte mir aber, daß ich in der schweren Zeit, die ich durchzumachen habe, nicht auch noch leere & öde Räume vorfinden dürfe, wenn ich nach Hause komme, & daß sie es unter diesen Umständen als ihre Pflicht betrachte, im Belvoir zu bleiben. Ich antwortete ihr, daß ich sie von dieser Pflicht entbinde. Sie entgegnete mir aber, daß sie sich nicht von derselben entbinden lasse & daß ihr Entschluß ein unabänderlicher sei. Wie gerne ich auch Lydie bei Ihnen in Italien gewußt hätte, so hat mich auf der andern Seite diese charactervolle Haltung des lieben Kindes doch wieder sehr gefreut.»[605]

Heiratspläne

In ihren Briefen an die Freundin Louise Breslau kam Lydia Escher Ende der 1870er Jahre auch auf ihre Beziehungen zum männlichen Geschlecht zu sprechen. Man erkennt eine Lydia, die «von englischer Reserve» war, von Koketterien und Spielereien nichts wissen wollte. Da tritt ein Persönlichkeitsprofil hervor, das keineswegs jene Attribute verdient, die Lydia im Zusammenhang mit der späteren ‹escapade bohémienne› an der Seite des Künstlers Karl Stauffer angedichtet wurden. Sie spiele nicht mit den Gefühlen, äusserte sie unmissverständlich, und gebe zu verstehen, wenn sie von einer Bekanntschaft nichts wissen wolle. Dies wiederum trug ihr den Vorwurf ein, sie zeige «abweisende Kälte». Es lag nahe, dass Vater Escher und die nächsten Verwandten Stockar-Escher angesichts der gut 20jährigen Lydia, die «auf jedem Balle die meisten Bouquets und Engagements» erhielt, das Thema Heirat ansprachen. Dies geschah offenbar häufig, und jeder hatte sein eigenes Heiratsprojekt.[606]

Der Vater schlug «Individuen aus vornehmen Kreisen und ziemlich reichen Familien vor», wozu Lydia lediglich bemerkte: «Keiner aber gefiel mir.» Aufgrund der väterlichen Zukunftsplanung kam es zu familiären Turbulenzen, aufgrund derer Lydia für kurze Zeit nicht einmal mehr mit ihrem Vater sprach. Mehr noch, Lydia war sogar der Meinung, dass sie aus dem Vorfall derart «schmerzliche Erfahrungen» gezogen hätte, dass ihre Entzündung des Rückgrats mit den folgenden Lähmungserscheinungen darauf zurückzuführen seien.[607]

Bemerkenswert ist die Direktive der Tante Clementine, dass die Heirat Lydia nicht von Zürich und vom kranken Vater wegführen dürfe. Aus erster Hand erfahren wir da und dort etwas Näheres zu den zur Diskussion stehenden Partnern: von einer «sog. glänzenden Partie mit Adelsprädikat», doch Lydia hatte «vorsichtigen Respekt vor vornehmen ‹Lumps›», zumal der Betreffende das Gefühl vermittelte, als sei Lydia nicht «die erste Rose, die er umflattert»; von einem Bündner aus vornehmer Familie, der wegen jedem Ball – und eigentlich wegen Lydia –

nach Zürich kam, nur mit ihr tanzte und sie jedesmal zum Tischwalzer bat. Die Frage des fast 60jährigen Gottfried Keller an Lydia, wie es denn wohl wäre, wenn sie sich in ihn verliebte, wurde wohl von Vater Escher und Tante Clementine ebensowenig ernst genommen wie von Lydia selbst. Zu berücksichtigen ist, dass der Dichter diese Frage erst stellte, nachdem er und Lydia sich gegenseitig fleissig das Likörgläschen gefüllt hatten. «Mais je ne le veux pas» war nicht die Antwort Lydias auf die geschickten Avancen des Dichters und Verehrers, sondern auf einen anderen Versuch der Familie, sie mit einer «durchaus achtenswerten Persönlichkeit» zu verkuppeln. Doch lassen wir Lydia selbst sprechen:

Lydia Escher (1858–1891), Mitte der 1870er Jahre.

«Die Verwandten haben alle ein Heiratsprojekt für mich, und auch Papa hat nichts dagegen einzuwenden: ich wäre dann so bequem versorgt und machte ihm keine weiteren Plagen. Der Auserwählte sagt A, aber Lydia will vorderhand noch kein B sagen. Er ist zwar eine durchaus achtenswerte Persönlichkeit, und in der engern Umgebung durchaus der Annehmbarste. Mais parmi les Aveugles le borgne est roi! Tante sagt mit wirklich uneigennütziger Liebe: ‹Man ist 24, ehe man sich's versieht. Mache nicht, daß Du bei Deinem wählerischen Wesen sitzen bleibst! Er kann unter den besten Partien wählen: es ist schmeichelhaft für Dich, daß er Dir den Vorzug gibt. Fort von Zürich, von Deinem alten Vater entfernt wohnen, das ist nicht denkbar!› Im Theater, im Konzert, haben sie überall neben uns Platz genommen. Ich bin dabei von englischer Reserve, ich will nicht, daß es mit lieben Freunden zu einem unangenehmen Eklat komme. Du weißt ja, ich bin keine Kokette, die spielt; wenn ich von etwas nichts wissen will, gebe ich es sofort zu verstehen. Zwar plädieren die Verwandten täglich für ihn und es scheint dem Betreffenden wirklich näher zu gehen als dies gewöhnlich in unserm prosaischen Säkulum und in unserem nüchternen Handelsnest der Fall ist. Mais je ne le veux pas.»[608]

Dies war kein Einzelfall. Lydia schmetterte über die Jahre sämtliche Vorschläge ab. Mit allen Mitteln beharrte sie auf jener Unabhängigkeit, die Vater und Grossvater ihr vorgelebt hatten. Was aus heutiger Sicht selbstverständlich ist, musste damals erstritten werden: Lydia war entschlossen, in Sachen Heirat selber zu entscheiden. Davon konnten sie weder die öffentliche Meinung noch die strategisch-politischen Heiratsprojekte der Verwandten abbringen. Die Öffentlichkeit interessierte sich zunehmend für die Heiratspläne im Belvoir. Man kritisierte die Flausen der Escher-Tochter und legte diese als Arroganz aus. Die eigenständige Position, die Lydia einnahm, kontrastierte mit der Geschlechterrolle und der Heiratskultur der Zürcher Gesellschaft jener Zeit. Lydia forderte die Kritik dieser Gesellschaft heraus, denn sie hatte sich «in den Kopf gesetzt, einen Gatten eigener Wahl zu beglücken».[609] Nachdem Alfred Escher mit seiner strategischen Heiratsplanung bei der 18jährigen Lydia gescheitert war, sah er davon ab, Lydia die von ihm weiter avisierten Partien explizit als mögliche Ehepartner vorzustellen. Doch auch aus eigenem Antrieb wurde sie nicht fündig. Die Jahre kamen und gingen. Verzweifelt suchte Lydia den Mann ihrer Träume; in Zürich, in der ganzen Schweiz und auf Reisen durch die halbe Welt:

«Seit dem Alter von achtzehn Jahren suchte ich mein Ideal, das heisst einen Mann, der meine Sehnsucht befriedigen und meinen Gefühlen entsprechen könnte, und ich kann sagen, dass ich ihn während der vielen Reisen, die ich gemacht habe, auf der halben Welt gesucht habe. Aber nach wenigen Jahren kam ich zu der Überzeugung, dass dieses mein Ideal eine Illusion war, eine fixe Idee, die unrealisierbar war angesichts meiner eher nachdenklichen Wesensart, die mich in allen Dingen Mängel sehen lässt.»

Friedrich Emil Welti (1857–1940). Bundesratssohn und Ehemann von Alfred Eschers Tochter Lydia. Ausschnitt aus einem Aquarellporträt von Ernst Kreidolf (1863–1956). 1915.

Zu Lydias Bekanntenkreis zählte Mitte der 1870er Jahre auch Friedrich Emil Welti. Im Zusammenhang mit dem Bau der Alpentransversale durch den Gotthard kam Bundesrat Emil Welti wiederholt zu Gesprächen mit Alfred Escher nach Zürich. Dabei war er gelegentlich in Begleitung seines Sohnes Friedrich Emil, der in Bern Jurisprudenz studierte. Die Bekanntschaft zwischen Lydia und dem Bundesratssohn entwickelte sich allmählich zu einer Brieffreundschaft. Nachdem Lydia im Sommer 1876 ihren 18. Geburtstag gefeiert hatte, kam der um ein Jahr ältere Welti recht häufig zu ihr ins Belvoir, wie sie rückblickend festhielt. Aufrichtig versicherte sie, dass sie «eher eine grosse Achtung und schwesterliche Zuneigung für ihn empfand als echte Leidenschaft». Anders scheint der junge Welti gefühlt zu haben: Seine Briefe seien voller Liebesbezeugungen gewesen, «allerdings eher platonischer Art».[610] Tatsächlich schien in jenem Sommer 1876 alles im schönsten Flor zu stehen. Gegen die freundschaftliche Beziehung seiner Tochter mit dem Bundesratssohn hatte auch Alfred Escher nichts einzuwenden. Bis in die Gegenwart kann man hören, er habe die Heirat seiner Tochter mit Friedrich Emil Welti angestrebt, um das damals mächtigste Mitglied der Schweizer Landesregierung als staatlichen Garanten für seine Eisenbahnprojekte in sein System einzubinden. Nach dieser Interpretation erscheint Lydia als verkaufte Braut, als Pfand für Gotthard- und Nordostbahn, die in der zweiten Hälfte der 1870er Jahre beide in finanziellen Schwierigkeiten steckten. Dies ist zwar eine Übertreibung, die den Tatsachen nicht gerecht wird, doch besteht kein Zweifel daran, dass Alfred Escher die Freundschaft zwischen seiner Tochter und dem Sohn des Bundesrats durchaus angenehm war. Lydia leistete ihren Beitrag zur Beziehungspflege mit Emil Welti: Dieser war die starke Figur in der Landesregierung, und nur mit ihm als Verbündetem konnte Escher das grosse Gotthardprojekt erfolgreich realisieren. So begrüsste er es, dass Lydia und Friedrich Emil miteinander verkehrten. Eine Heirat zwischen den beiden fasste er jedoch nie ins Auge.

Aus Bundesrat Weltis Sicht lagen die Dinge etwas anders. Wohl ging es auch für ihn um politische Kontakte, die er mit dem eidgenössischen Politiker und Direktionspräsidenten der Gotthardbahn-Gesellschaft Alfred Escher von Amtes wegen pflegen musste. Doch Bundesrat Welti suchte über die geschäftlich-politische Beziehung hinaus auch familiäre Nähe zum Belvoir; so etwa, als er sich bei Escher nach beruflichen Perspektiven für seinen Sohn erkundigte. Auch Emil Welti wurde als Heiratsvermittler bezeichnet. Die Verkupplung seines Sohnes mit der Tochter des Wirtschaftsführers, sagte man, hätte seiner politischen Karriere, die den kleinbürgerlichen Juristen aus Zurzach erst zum respektablen Mitglied des Ständerats und dann zur dominierenden Kraft in der Landesregierung gemacht hatte, den goldenen Lorbeerkranz aufgesetzt. Und tatsächlich: Im Gegensatz zu Escher zielte Welti von Anfang an auf eine Heirat hin. Aus politischen und nicht zuletzt auch aus finanziellen Gründen sah er in Lydia eine glänzende Partie für seinen Sohn.

Doch dann kam es zum Bruch. Im Sommer 1878 wurde Escher von Welti und seinen Getreuen gezwungen, als Direktionspräsident der Gotthardbahn-Gesellschaft zurückzutreten. Escher war tief gekränkt und brach den Kontakt mit Welti ab. Er und der Bundesrat waren derart zerstritten, dass sie sich, wie Lydia festhielt, nicht einmal mehr grüssten. Und dies hatte Auswirkungen auf die Beziehung zwischen Friedrich Emil und Lydia. Der junge Welti durfte auf Eschers Anordnung das Belvoir nicht mehr betreten. Gleichwohl fuhr er fort, Lydia gelegentlich Blumen oder Fotografien zu schicken und heimlich Briefe zu schreiben. Manchmal, wenn Vater und Tochter Escher gemeinsam bei befreundeten Zürcher Familien zum Nachtessen eingeladen waren, soll Lydia unter dem Vorwand zu Bett gegangen sein, sie fühle sich nicht wohl. Kaum war jedoch der Vater allein mit der Kutsche weggefahren, sei die Tochter wieder aufgestanden und zu Friedrich Emil Welti an den Rennweg geeilt, wo dieser ein Zimmer hatte. Der jahrelang bei den Eschers im Belvoir tätige Kutscher, der diese Ausflüge Lydias beobachtet hatte, erzählte davon und meinte: «Es sei denn doch nicht recht, wie die Junge den Herrn Präsidenten hintergehe.» Schwieriger wurde es, solche geheimen Treffen zu arrangieren, als der junge Welti 1880 seinen Arbeitsplatz nach Winterthur verlegte, wo er als Direktionssekretär bei der dortigen Unfallversicherungs-Gesellschaft eintrat. Gemäss Aussagen eines zuverlässigen Zeugen vermittelte «Fräulein Maler», eine Nachbarin des Belvoir, hinter dem Rücken Eschers während mehrerer Jahre «den Verkehr» zwischen den beiden.[611]

Inzwischen stand Lydia im 24. Altersjahr, und weit und breit war kein anderer Freiersmann in Sicht, der ihre Gunst hätte gewinnen können. Lydia schien an der Situation zu verzweifeln. Ihre unablässige Beschwörung des Vaters, den Bannstrahl gegen Friedrich Emil Welti aufzuheben, fruchtete nichts. Die Wunden, die Escher von Bundesrat Welti in der Gotthardsache zugefügt worden waren, waren zu tief, als dass sie bereits hätten heilen können.

Da stossen wir auf Lydias Brief an Gottfried Keller vom 24. Juni 1882. Darin unterschreibt sie mit «Frau Dr. Emil Welti» und vermerkt diagonal über die Unterschrift: «Silence».[612] Was sollen diese beiden merkwürdigen Aussagen? Dass Lydia mit dem Namen Welti unterschrieb, bedeutete nichts anderes, als dass sie sich im Frühsommer 1882

Emil Welti (1825–1899). Bundesrat, Schwiegervater von Lydia Welti-Escher. Porträt von Karl Stauffer (1857–1891), Öl auf Leinwand, um 1887. Aargauer Kunsthaus, Aarau (Ausschnitt).

heimlich verlobt hatte. Lydia schien nicht länger zu warten gewillt. Sie war bereit, ein Fait accompli zu schaffen. Und dies wollte sie Gottfried Keller als ihrem Vertrauten mitteilen. Allerdings machte Lydia mit der Aufforderung «silence» deutlich, dass die Sache öffentlich noch nicht kommuniziert werden konnte. Noch fehlte dazu das Einverständnis ihres Vaters. Das heimliche Versprechen zwischen Lydia Escher und Friedrich Emil Welti brachte Bewegung in die bislang ausweglose Situation. Alfred Escher muss gespürt haben, dass seine Tage gezählt waren. Deshalb war er nun bereit, das Gespräch über das Heiratsvorhaben seiner

‹Die rote Lydia›. Porträt von Lydia Welti-Escher, gemalt von Karl Stauffer (1857–1891) im Jahr 1886. Öl auf Leinwand. Kunsthaus Zürich (Depositum Gottfried Keller-Stiftung).

Tochter nicht einfach abzublocken, wenn der Name Welti fiel. Noch waren indes Schwierigkeiten aus dem Weg zu räumen. Bundesrat Welti schlüpfte in die Rolle des Unterhändlers und sprach im Belvoir vor.

Am 9. September 1882 berichtete Bundesrat Welti seinem Sohn Friedrich Emil:

«Ich hatte eben eine dreistündige Unterredung mit Herrn E. Das Resultat über das ich ganz kurz berichte ist folgendes: 1) Herr E. hat alle Opposition aufgegeben und sich sehr freundlich über dich ausgesprochen. Obschon er ein förmliches Einverständniss nicht ausgesprochen hat, zweifle ich daran nicht im allermindesten. 2) Seine Bedenken die ihn sehr beschäftigen sind deine Stellung in Winterthur und die künftigen häuslichen Verhältnisse. In Bezug auf W. glaubt Herr Escher dass es durchaus nicht angehe, dass du diese Stellung beibehaltest. Nicht der Stelle u. ihres Characters, sondern des Umstandes wegen, dass es nicht angehe, dass du am Morgen abreisest um den ganzen Tag weg zu sein u. Abends heim zu kommen. Ich sagte ihm auf die Dauer halte ich diess auch nicht für zulässig aber bis du eine andere Stelle gefunden haben werdest, scheine es mir nicht tunlich die jetzige zu verlassen. Was die künftige Wohnung im Belvoir betrifft, so sagte mir Herr E. dass L. wünsche es soll diess so gehalten werden. Auf diese Erklärung konnte ich natürlich keine Einwendung machen und erklärte, über dieses Verhältniss kein Urteil zu haben. Hr. Escher wird dich nun einladen (er fragte mich nicht wo du seiest) zu ihm zu kommen. Ich wiederhole dass er sehr günstige und freundliche Gesinnung gegen dich an den Tag legte. Um nicht mehr schreiben zu müssen, proponire ich dir ein Rendez-vous in Olten am nächsten Montag. Ich fahre hier um 6.30 Uhr Morgens fort u. muss nach Basel, wohin du mich begleiten kannst. Erwarte morgen telegr. Antwort, ob du kommst. Sei sehr vorsichtig mit deinen Briefen. Lebe wohl.»[613]

Die Unterredung zwischen Escher und Welti schien gefruchtet zu haben: Die Verlobungsanzeige folgte auf dem Fuss. Gemäss Briefstempel wurde die Anzeige Mitte Oktober 1882 verschickt: «Herr Dr. Alfred Escher beehrt sich Ihnen die Verlobung seiner Tochter Lydie mit Herrn Dr. [Friedrich] Emil Welti ergebenst anzuzeigen. Zürich im October 1882.»[614] Versandt wurde die Karte an einen kleinen Kreis ausgewählter Personen.

Lydia erzählte später ihren Gutachtern: «Schlussendlich willigte mein Vater in die Eheschliessung ein, weil er zur Überzeugung gekommen war, dass der Mann, welchen ich heiraten wollte, derjenige war, den ich wünschte, weil ich ihn am meisten schätzte. Darüber hinaus hatte ich das Alter von dreiundzwanzig Jahren erreicht und war noch nicht verheiratet. Es bereitete ihm Sorgen, mich ohne jemanden zu sehen, an den ich mich anlehnen konnte.»

Doch damit, dass Escher – den Tod vor Augen und in Sorge um Lydias Zukunft – dem Drängen der Tochter schliesslich nachgab, waren die Hindernisse nicht ausgeräumt. Anfang Dezember 1882 erschütterte ein schreckliches Ereignis die scheinbar heile Welt. Ein Monat vor dem Hochzeitstermin und nur wenige Tage vor dem Tod ihres Vaters stürzte sich Lydia im Belvoir aus dem Fenster. Der Grund dieses Suizidversuchs war die Tatsache, dass die traditionelle Heiratsregel sie gezwungen hatte, ihren individualistischen Lebensentwurf aufzugeben – obwohl kein wirklich passender Bräutigam zur Wahl stand. Sicherlich litt Lydia auch unter den Spannungen, die ihr Verhältnis zum sterbenden Vater belasteten. Der Kern ihrer Tragik aber liegt darin, dass ihr Entwurf einer selbständigen Frauenrolle am gesellschaftlichen Zwang zur Heirat zerbrach.

Meinungsverschiedenheiten und Auseinandersetzungen zwischen Alfred Escher und seiner Tochter dürfen aber nicht darüber hinwegtäuschen, dass Lydia ihren Vater idealisierte. «Nach dem Tod meines Vaters fühlte ich eine grosse Leere, weil er mir ein Freund gewesen war. Deshalb war es nicht mein Ideal, einen Mann mit Millionen zu heiraten, sondern einen, der wie mein Vater über herausragende Geisteskraft verfügte.» Schon zu Eschers Lebzeiten entwickelte sich Lydias Vaterbild zum Männerideal, das unerreichbar sein musste: «Von einem psychisch wie physisch vollkommenen Mann bin ich selbstverständlich angezogen, aber es ist schwierig, ihn zu finden. Jedenfalls bin ich ihm für meinen Teil nie begegnet …» Deshalb konnte Lydia sogar voraussagen, dass ihr der wahrhaft passende Bräutigam auch in Zukunft nie begegnen würde: «Ich gestehe aufrichtig, dass ich eine tiefe, innige Liebe, wie man sie für eine Ehe als notwendig ansieht, nie empfunden habe, weder für meinen Gatten noch für sonst irgendwen, und werde diese auch nie empfinden.»

Indes: Die Differenz zwischen Männerideal und Männern aus Fleisch und Blut musste um jeden Preis – und koste es das Leben – erhalten bleiben. Gerade die Kandidaten aber, die Alfred Escher vorschlug, die also vor ihm bestanden, stellten diese Differenz dadurch in Frage. Das psychiatrische Gutachten resümiert: «Sie war in der Tat im Begriffe zu heiraten; aber der Mann, den sie ausgesucht hatte, entsprach sicherlich nicht dem Ideal, welches sie sich in ihren Träumen als junges Mädchen gebildet hatte und welches sie mit der ganzen Lebhaftigkeit ihrer Phantasie und der ganzen Glut einer glanzvollen Jugend ersehnte. Sie heiratete Herrn Welti nur, um sich unmöglichen Ehemännern zu entziehen, die ihr Vater ihr vorschlug; Männern, die sie aufgrund ihrer Charaktere verachtete, während sie für Welti Wertschätzung, wenn auch nicht mehr aufbrachte.» Dazu Lydia selbst:

«In meinem Gatten habe ich immer einen vornehmen Mann der guten Gesellschaft gesehen, edel im Charakter und aufrichtig, aber nicht von höherem Geist. Ich will damit nicht sagen, er sei dumm, da er im Gegenteil intelligent ist, aber er besitzt nicht den höheren Genius, welchen ich immer ersehnt habe, kurz, wie ihn mein Vater und Stauffer besassen. Auf jeden Fall zog ich ihn aufgrund seiner Eigenschaften den reichen Bankiers vor, die mir vorgestellt wurden – alles engherzige und kleinliche Männer.»[615]

Lydias Vaterbild hatte sich zu einem lebensfremden Männerideal ausgewachsen, das ihr insbesondere auch den Blick auf Friedrich Emil Weltis materielle Interessen verstellte. Alfred Escher hatte wohl recht, wenn er die charakterlichen Qualitäten nicht beim keineswegs arglosen Welti, sondern bei seinen eigenen Kandidaten ortete. Einerseits war Lydia durch ihren Idealismus genötigt, einen Bräutigam zu wählen, der Alfred Eschers Anerkennung nicht genoss. Andrerseits zwang sie die gesellschaftliche Heiratsregel, um die Zustimmung ihres Vaters zu ringen. In diesem ‹Double-Bind› wurzelt die Verzweiflung, die sie 1882 zum Suizidversuch trieb. Gerade weil Friedrich Emil Welti in Alfred Eschers Augen der Falsche war, war er für Lydia der Richtige. Das aber war keine Entscheidung gegen Alfred Escher, sondern für den idealisierten Vater.

Die folgenschwere Begegnung zwischen Karl Stauffer
und Lydia Welti-Escher
Der Zufall wollte es, dass sich die Wege des Bundesratssohns Friedrich Emil Welti und des Künstlers Karl Stauffer, die sich von ihrer gemeinsamen Schulzeit am Berner Gymnasium her kannten, nach Jahren wieder kreuzten. An einem Tag im September des Jahres 1885 trafen sie sich im Bahnhof Enge. Aus dem unverhofften Wiedersehen resultierte eine spontane Einladung von Friedrich Emil Welti in dessen nahegelegenes Zuhause, das Belvoir. In diesem herrschaftlichen Anwesen der Familie Escher, einst Treffpunkt des wirtschaftspolitischen Machtapparates Alfred Eschers und Ideenschmiede für eine künftige moderne Schweiz, fand die folgenschwere Begegnung des Berner Künstlers mit Lydia Welti-Escher statt, welche beiden zum Verhängnis werden sollte.

Karl Stauffer (1857–1891). Maler, Radierer und Bildhauer. Fotografie um 1877.

Lydia hatte nur einen Monat nach dem Tod ihres Vaters den Sohn des bundesrätlichen Doyens Emil Welti geheiratet und ihm damit die Tore des Belvoir geöffnet, welche ihm auf Alfred Eschers höchstpersönlichen Befehl verschlossen gewesen waren. Viele schüttelten den Kopf über die überhastete Heirat, die fehlenden Respekt gegenüber Alfred Escher verriet. Kaum war Friedrich Emil Welti im Belvoir eingezogen, wurde rigoros ausgemistet. Was an alte Zeiten erinnerte, verschwand aus dem Blickfeld. Mit Welti war im Belvoir eine neue Kultur eingezogen. Die «schäbigste Liquidation» fand bereits kurz nach Eschers Tod statt: Selbst Eschers Nachtröcke und Brillen wurden verkauft. In der Enge war man über den Bundesratssohn empört. Auch verstand man nicht, wie Eschers Tochter all dies zulassen konnte.

Schon kurz nach der Hochzeit wurde Lydia Welti-Escher in ihrer Rolle als Ehefrau von Untätigkeit und Langeweile geplagt, was sich dadurch akzentuierte, dass die Beziehung zu ihrem Gatten keine sehr glückliche war. Friedrich Emil Welti sollte in der Zürcher Gesellschaft keinen Zugang finden. Es war nicht bloss die konservative Schicht des alten Zürich, welche den Bundesratssohn ablehnte, auch Bevölkerung und Behörden der Enge distanzierten sich zunehmend von ihm. «Welti konnte sich nicht acclimatisieren», hielt ein Zeitzeuge fest. Und dann konkretisierte er den Unterschied zwischen Alfred Escher und Friedrich Emil Welti: «Escher hielt viel auf guten Haushalt, hatte viel Gesellschaften. Er besass eine Equipage mit 2 Pferden, eigene Kühe und einen Kuhknecht, um eigene Milch zu haben; feinste Spezereien. Dem Schwiegersohn Welti war dies alles zu kostspielig. Man sah ihn nie ausfahren. Er schaffte als erstes die Equipage und den Kutscher ab, ebenso die Kühe und den Knecht. Er bezog den Kaffee aus dem Konsum, 2. Qualität.» Und dann kam der zeitgenössische Berichterstatter zu folgendem Schluss: «Welti, der aus engen Verhältnissen stammte, passte weder in die Familie noch in die Gemeinde. Man hätte von einem gebildeten Juristen Anderes erwarten können.»[616]

Versehen mit dem Namen seines verstorbenen Schwiegervaters, stieg Friedrich Emil Welti in die Führungsspitzen schweizerischer Unternehmen auf. Trotzdem war ihm auch beruflich kein Erfolg beschieden. Die Fußstapfen Alfred Eschers waren zu gross für Friedrich Emil Welti. Ohne fachliche Qualifikationen, lediglich durch den Namen Escher ausgezeichnet, war er bei der Schweizerischen Kreditanstalt als Nachfolger des Bankgründers 1883 in den Verwaltungsrat gewählt worden, wo es ihm jedoch nicht gelang, den Anschluss an die Wirtschaftselite zu finden. Sein früher Rückzug aus dem Verwaltungsrat im Jahre 1887 ist ein Beleg dafür. Welti junior stand zeitlebens im Schatten seines übermächtigen Vaters, und seine Figur erscheint im historischen Rückblick eher profillos. Da Lydias Ehemann kaum interessante Gäste ins Belvoir brachte und ihre einzige Freundin, die Malerin Louise Breslau, in Paris lebte, fehlte es Alfred Eschers Tochter an Gesellschaft und anregender Unterhaltung. Lydia und Friedrich Emil Welti-Escher hatten sich bereits nach kurzer Zeit des Zusammenlebens nicht mehr viel zu sagen. Zurück blieb lediglich eine grosse Leere – und die Haushaltsführung. Bittere Untertöne schwingen mit, wenn Lydia in einem Brief schreibt: «Da spiele, arbeite, rechne, schreibe ich nun den ganzen Tag, oder zerbreche mir den Kopf zum Wohle meiner ‹Musterhaushaltung›.»[617]

In dieses Umfeld trat Karl Stauffer im besagten Sommer des Jahres 1885. Die Anwesenheit des Künstlers war Lydia Welti-Escher sehr willkommen, um so mehr als eine «gegenseitige Sympathie» zwischen den beiden schon beim ersten Zusammentreffen aufkam. Und es sollte nicht bei diesem einen Besuch bleiben. Stauffer liess es sich nicht nehmen, zwischen seinen Porträtstudien des Dichters Conrad Ferdinand Meyer von Kilchberg aus wann immer möglich einen Abstecher nach Zürich-Enge zu machen, um in der angenehmen Atmosphäre des Belvoir zu verweilen. Hier war er höchst willkommen, brachten seine Besuche doch Abwechslung in das unausgefüllte Leben der Dame des Hauses.

Mit Karl Stauffer ging für Lydia über dem Belvoir die Sonne auf. Wohl wusste sie um die ästhetisch und landschaftsarchitektonisch hochfahrenden Entwürfe des Grossvaters, der Haus und Park gestaltet hatte. Doch inzwischen war alles zur Last, zur Pflicht des Bewahrens geworden. Stauffer öffnete Lydia die Augen für das kreative Potential der Liegenschaft: Gemeinsam entwickelten sie Bepflanzungs- und Einrichtungsideen, was Lydia auch als Pflege des väterlichen Erbes empfunden haben mag. So wuchs schnell eine enge Freundschaft zwischen den beiden. Lydia liess sich nun auch in der Auswahl von Schmucksachen von Karl Stauffer beraten und pflegte mit ihm standesgemässen Austausch über die hohen Themen der Religion und der Kunst. Sie bemerkte, dass Stauffer «dieselben Interessen pflegte, dieselben Gefühle teilte und sogar dieselben Dinge studiert hatte» wie sie. «Wie genoss ich es, wenn ich ein Gedicht begann und er es zu Ende führte!»[618]

Bildaufträge seitens des Ehepaars Welti-Escher gaben Anlass zu weiteren Visiten Stauffers im Belvoir: Im Gewächshaus malte Stauffer im Sommer darauf nicht nur die zwei bekannten Porträts von Lydia; auch Gottfried Keller wurde hier von seiner Hand meisterhaft auf Leinwand gebannt. Lydia Welti-Escher und Karl Stauffer genossen die gemeinsamen Stunden, vertieften sich gerne in lange Gespräche und stellten bald eine starke Verbundenheit, ja eine Geistesverwandtschaft fest. Auch monetär lohnte sich für Stauffer der Aufenthalt im Belvoir, zahlten ihm doch die Weltis für sein Porträt von Lydia Welti-Escher mit 10 000 Franken mehr als das Dreifache von dem, was er üblicherweise für vergleichbare Arbeiten in Berlin erhielt.

Karl Stauffer (1857–1891). Die Affäre mit Lydia Welti-Escher wurde ihm zum Verhängnis. Selbstbildnis. Rotstiftzeichnung, 1885. Kunstmuseum Bern (Depositum Gottfried Keller-Stiftung).

Dank der finanziellen Unterstützung des Ehepaars Welti-Escher wurde es Stauffer im Jahr 1888 möglich, nach Rom zu reisen, um sich dort künstlerisch weiterzuentwickeln. Nach dem Radieren, dem Anfertigen von Stichen und dem Porträtmalen wollte er sich vor allem der Bildhauerei zuwenden. Friedrich Emil Welti, der damals als Ehemann auch über das Kapital seiner Frau verfügte, bezahlte Stauffer den Rom-Aufenthalt unter der Bedingung, dass alles, was er in Rom schaffen würde, in seinen Besitz überginge. Die fortlaufenden Zahlungen aus dem Hause Welti-Escher für bereits vollendete und noch zu schaffende Werke enthoben Stauffer zwar seiner Geldsorgen, doch begab er sich mit diesem Schritt in finanzielle Abhängigkeit.

Während Stauffers Abwesenheit pflegte Lydia mit dem Künstler regelmässigen Briefkontakt. Manchmal schrieben sie sich sogar mehrmals pro Woche, und es konnte durchaus vorkommen, dass ein Schreiben bis zu dreissig Seiten lang war. Die Umgangsform zwischen den beiden wurde immer vertraulicher.

Im Oktober 1889 beschlossen Lydia und Friedrich Emil Welti-Escher kurzerhand, das Belvoir zu verlassen und nach Florenz auszuwandern. Lydia hatte Zürich satt. Seit dem Tod ihres Vaters hielt sie dort nichts mehr. Sie wollte weg – aber wohin? Sie hätte sich vorstellen können, jedes Jahr längere Zeit in Paris zu verbringen. Was sie anzog, war das pulsierende Leben der französischen Kapitale – Mode, Musik, Kultur und Weltstadtatmosphäre. Friedrich Emil Welti tendierte jedoch zu Florenz: «Wenn ich meinen Aufenthalt frei wälen könnte, würde ich heute noch dorthin übersiedeln…», schrieb er im Mai 1889 an Stauffer.[619] Die beständigen Probleme im Haushalt wurden als weiterer Grund für die Auswanderung genannt: «… die Direction des grossen Hauswesens übersteigt die Kraefte von Welti's Frau, deren Nervositaet meinen Freund endlich bestimmte, dem aerztlichen Gutachten, welches auf ‹Beschraenkung & Vereinfachung des Hauswesens und Klima Italien's› lautete, nachzugeben», schrieb Karl Stauffer einem Freund.[620] Tatsächlich: kaum war der Entschluss, nach Italien auszuwandern, gefasst, gesundete Lydia Welti-Escher. Und ab diesem Augenblick konnte sie wieder ohne Medikamente schlafen, was zuvor während fast zwei Jahren nicht mehr der Fall gewesen war.

Ende Oktober 1889 reisten Lydia und Friedrich Emil Welti-Escher aus Zürich ab und machten sich auf den Weg nach Süden. Stauffer war vom Ehepaar Welti-Escher gebeten worden, sich bereits ein paar Tage zuvor in die Stadt am Arno zu begeben, um die Ankunft seiner Mäzene vorzubereiten und insbesondere nach einem geeigneten Wohnobjekt Ausschau zu halten. Doch kaum in Italien eingetroffen, bat Welti – geschäftliche Verpflichtungen anführend – Stauffer, sich um seine Frau zu kümmern, und reiste nach Zürich zurück. Da sich Stauffer durchaus bewusst war, dass wenn er mit der «geliebten Frau» alleine zurück bliebe, alles ausbrechen würde, was sie «seit vier Jahren nicht einmal zu denken gewagt haben», bat er Welti junior per Telegramm, nach Rom gehen zu dürfen, um auf diese Weise einen Eklat zu verhindern. Dieser jedoch antwortete: «In Florenz bleiben und meiner Frau zur Seite stehen.»[621]

Und so kam es, wie es kommen musste: Lydia Welti-Escher und Karl Stauffer konnten nicht länger gegen ihre Gefühle ankämpfen und erlagen ihrer Leidenschaft. Lydia Welti-Escher scheute sich indes nicht, die Konsequenzen aus ihrer Tat zu ziehen, und äusserte mit Nachdruck, dass sie es vorzöge, mit Stauffer abzureisen, «statt zu tun, was viele machen, die ihren Mann hintergehen und keine Skrupel haben, einen Liebhaber ins Ehebett steigen zu lassen».[622] So brannten die beiden zusammen durch nach Rom. Doch die gemeinsame Zeit, welche ihnen vergönnt war, sollte von kurzer Dauer sein. Im Rückblick bestätigte Karl Stauffer, dass er und die Tochter Alfred Eschers zu einem Ehepaar geworden seien – wenngleich ohne Kirche und ohne Rathaus. «Trotz aller menschlichen Vernunft» sei «die natürliche Sache zwischen Liebenden» geschehen.[623] Auch Lydia Welti-Escher ihrerseits schien es schwierig, «in der Bewunderung, die wir für einen Mann haben können …, das Genie vom fleischlichen Mann zu trennen». Sie zog deshalb eine Heirat mit Stauffer in Betracht, zumal eine Scheidung gesetzlich zulässig gewesen wäre.[624]

Durch die Vorgänge in Italien alarmiert, kontaktierte Friedrich Emil Welti seinen Vater. Dieser brachte seinen Freund und ehemaligen bundesrätlichen Kollegen Simeon Bavier ins Spiel, der inzwischen schweizerischer Gesandter in Rom geworden war. Und Bavier sorgte kraft seiner Stellung dafür, dass Stauffer durch die italienische Polizei verhaftet wurde. Unter der Anklage der Vergewaltigung, des Betrugs und des ver-

Lydia Welti-Escher (1858–1891) als selbstbewusste junge Dame.

suchten Betrugs wurde Stauffer zuerst zweieinhalb Wochen ins Römer Gefängnis ‹Carceri Nuove› gesperrt, dann zusammen «mit einer Rotte von Galeerensträflingen … in einem Viehwagen» wie ein Schwerverbrecher in Handschellen nach Florenz ins Gefängnis ‹Carceri Murate› überführt.[625] Die provisorische Haftentlassung am 6. Januar 1890 – die Kaution hinterlegte der deutsche Bildhauer Adolf von Hildebrand – war nur von kurzer Dauer. Nach einem Tobsuchtsanfall in der Pension ‹Casa Nardini› am 11. Januar wurde Stauffer ins Irrenhaus ‹San Bonifazio› eingeliefert. Als er am 20. März 1890 entlassen wurde, war er physisch und psychisch ein gebrochener Mann. Vollends zerstört wurde er durch die Tatsache, dass sich Lydia nach seiner Entlassung auch noch von ihm distanzierte. Daran änderte auch der vollständige Freispruch durch die Anklagekammer des Zivil- und Strafgerichts Florenz nichts. Seine Schlaflosigkeit versuchte Stauffer auf ärztlichen Rat hin mit Chloral zu bekämpfen, doch sein geschundener Körper ertrug die grossen Mengen des Schlafmittels nicht mehr. Am 24. Januar 1891 starb er in Florenz.

Nach Stauffers Verhaftung war Lydia Welti-Escher auf Anordnung ihres Gatten zuerst in ein Römer Privatspital und dann in das städtische Irrenhaus ‹Manicomio di Santa Maria della Pietà› eingeliefert worden. Knapp viereinhalb Monate später von Friedrich Emil Welti in die Schweiz zurückgebracht, stimmte sie dessen Scheidungsbegehren und einer finanziellen Vereinbarung zu. Die vom Bezirksgericht Aarau vollzogene Scheidung sprach Lydia Welti-Escher in allen Punkten schuldig und verpflichtete sie, neben der Übernahme der Gerichtskosten Friedrich Emil Welti 600 000 Franken als Entschädigung und rund 800 000 Franken als Rückerstattung für Zinserträge zu bezahlen. In der Zürcher Gesellschaft nicht integriert und nun gar als Ehebrecherin geächtet, bezog sie ein Haus in Champel bei Genf. In völliger Vereinsamung und zusätzlich belastet durch Stauffers Tod hatte sie nur noch ein Lebensziel – die Errichtung jener Stiftung, der sie bereits im Testament vom 20. Mai 1890 ihr Vermögen vermacht hatte. Als sie dieses Vorhaben mit der Errichtung der Gottfried Keller-Stiftung erreicht sah, setzte sie ihrem Leben am 12. Dezember 1891 ein Ende.

Der öffentliche Skandal

Die Ereignisse um Lydia Escher, Friedrich Emil Welti und Karl Stauffer bewegten die Öffentlichkeit. Erneut war ein Kapitel in Alfred Eschers Familiengeschichte zum gesellschaftlichen Thema geworden, fand Eingang in schweizerische wie ausländische Blätter und wurde zum politischen Skandal. Was die Wellen der Entrüstung kräftig anschwellen liess, waren die Manöver und Massnahmen, mit denen sich Emil Welti in seiner Eigenschaft als Bundesrat in die Eheaffäre seines Sohnes eingeschaltet und den politischen Machtapparat mobilisiert hatte, um sich geschickt aus der Schusslinie zu bringen.

Unverfroren gingen Bundesrat Welti und sein Interessenvertreter in Rom, Simeon Bavier, weit über die Grenzen dessen hinaus, was mit ihrer

Amtsstellung vereinbar gewesen wäre. Planmässig wurde unter Nutzung behördlicher Logistik ein vielversprechender Künstler zerstört. Mit «subtiler Brutalität» diskreditierten die Weltis und ihre Getreuen Stauffer in der Öffentlichkeit und brachten ihn schliesslich zu Fall.[626] Von der Welti-Partei wurde Stauffer als Krimineller dargestellt, der andere aus der moralischen Bahn warf. Man zimmerte flugs das Klischee einer glücklichen Ehe, die Stauffer zerstört hatte. Der Künstler wurde zum Sündenbock gemacht, Lydia Welti-Escher zum verführten Opfer, Friedrich Emil Welti zum hintergangenen und bemitleidenswerten Ehemann. Auch die tendenziöse Berichterstattung der Schweizer Medien über die Ereignisse in Italien ging auf den Einfluss Emil Weltis zurück. Dies zeigte sich etwa darin, dass der Grossteil der schweizerischen Presse die Rehabilitierung Stauffers durch die italienischen Gerichte unterschlug. Das hauptsächliche Anliegen der Welti-Partei war die persönliche Verunglimpfung von Karl Stauffer. Geschickt wurden Aspekte, die in den persönlichen Privatbereich des Künstlers gehörten, aufgebauscht und Ereignisse, die Jahre zurücklagen, zum eigentlichen Kernproblem des Falls hochstilisiert; kurz: eine geradezu groteske Umkehrung der Rollenverteilung zwischen Täter und Opfer.

Obwohl die Anklage das Bild von Karl Stauffer als Frauenheld zementierte und Lydia Welti-Escher lediglich als die letzte in einer ganzen Reihe von Eroberungen darstellte, kam gerade in Stauffers Beziehung zur Frau des ehemaligen Schulkameraden eine völlig neue Facette seines Charakters zum Ausdruck. Der wegen seines ausschweifenden Lebensstils berühmt-berüchtigte Schürzenjäger wurde dem Klischee in diesem Fall nicht gerecht. Karl Stauffer fühlte sich von Lydia Welti-Escher durch die Besonderheit ihres Wesens und durch ihre Intelligenz angezogen. Stauffer konnte sich dem Bann von Lydia Welti-Escher nicht widersetzen, obwohl er von deren Äusserem offensichtlich wenig angetan war. Schrieb er doch einmal, es sei schwierig, sie gut zu malen, da sie nicht hübsch sei. Nichtsdestotrotz war sie in Stauffers Augen einzigartig. So sagte dieser einmal zu ihr, sie sei «eine wirklich bewundernswerte Frau», ja sogar «die einzige unter den vielen, die ich kennengelernt habe, welche mir bis zum Ende widerstanden hat», «die einzige, die zu respektieren ich gezwungen bin». Auch von Aussenstehenden wurde betont, dass Stauffer gegenüber Lydia Welti-Escher «stets korrekt geblieben und nie ausfällig geworden» sei. Ihr Verhältnis bewegte sich lange in einem sehr förmlichen und distanzierten Rahmen. Erst nachdem sich die beiden schon mehr als vier Jahre kannten, kam es in Italien zum Eklat, und es brach aus Stauffer heraus: «Meine Lydia, die Dinge können so nicht weitergehen. Du musst meine Geliebte sein...»[627]

Auch Lydia Welti-Escher wurde bei dieser Inszenierung von der Welti-Partei eine Rolle zugewiesen. Indem man sie für geistig unzurechnungsfähig erklärte, wurden ihre wirklichen Intentionen immer mehr und mehr verdreht. Dr. Paolo Fiordispini, Direktor der psychiatrischen Klinik in Rom und untersuchender Arzt Lydia Welti-Eschers, unterstellte dieser, den Bezug zur Realität verloren zu haben und Stauffer sowie seine Kunst blindlings zu vergöttern. Die Diagnose sollte einerseits zwar ihre Tat mildern, andrerseits aber vor allem Friedrich Emil Welti in besserem Licht erscheinen lassen, da ihn seine Ehefrau bei dieser Sicht der Dinge nicht willentlich betrogen hatte. Das Verhalten des Bundesratssohnes wurde indes nicht problematisiert, obwohl dieser durchaus seinen Anteil an der dramatischen Entwicklung hatte. Die folgenschwere Übersiedlung nach Italien, welche in der Öffentlichkeit auf Unverständnis stiess, ist angesichts von Friedrich Emil Weltis beruflich wie auch sozial isolierter Stellung als nachvollziehbare Absatzbewegung von Zürich zu sehen. Und ebenso kommt man nicht darum herum, auch den nächstfolgenden Zug Weltis auf dem Schachbrett der Emotionen und Gefühle zu beurteilen: als eine berechnete Verschiebung der Figuren im Hinblick auf das absehbare Schachmatt. Mit der Übersiedlung nach Italien und seiner kurz darauf erfolgten alleinigen Rückkehr in die Schweiz verkettete er seine Frau Lydia und Karl Stauffer höchstpersönlich und arbeitete so dem Schicksal in die Hand. Aus der Ferne betrachtete er die Entwicklung der Beziehung zwischen seiner Frau und dem Künstler. Im Wissen, den mächtigen Vater als Schützenhilfe an seiner Seite zu haben, warf Friedrich Emil Welti Stauffer zunächst vor, «seine nervenkranke Frau zur Flucht verleitet zu haben», redete sich dann ins Feuer und beschuldigte den Künstler schliesslich des «gewaltsamen Raubes einer Ehefrau». Doch damit nicht genug. Zusätzlich unterstellte der Bundesratssohn dem Künstler, es nicht nur auf Lydia Welti-Escher selbst, sondern auch auf deren Geld abgesehen zu haben. Welti junior legte dar, wie Stauffer, welcher «Monate vom Geld gelebt habe, das er ihm laufend gab», die finanzielle Unterstützung aus dem Hause Welti-Escher geringschätzte und die Skrupellosigkeit besass, sich «unrechtmässig in den Besitz von 1000 Lire» zu bringen. Angesichts dieser Tatsachen verlangte Friedrich Emil Welti «tief erbittert», dass die Justiz die infame Handlung seines ehemaligen Freundes hart bestrafen müsse.[628]

Diese Beschuldigungen sollten die Tatsache vernebeln, dass Friedrich Emil Weltis eigener Plan nur auf eines abgezielt hatte: Lydias Geld. Der Bundesratssohn aus Zurzach hatte mit Lydia nie viel anfangen können. Gezielt unterstützte er die Entwicklung zarter Bande zwischen ihr und Karl Stauffer, indem er die beiden recht eigentlich zusammenführte und früh schon über Stunden, später über Tage und Wochen miteinander allein liess. Nach dem inszenierten Eklat leitete er unverzüglich die Scheidung ein. Er begründete die Klage auf gänzliche Trennung seiner Ehe mit Lydia Welti-Escher damit, «dass die Beklagte sich des Ehebruchs schuldig gemacht habe, indem sie sich von dem Maler Karl Stauffer habe entführen lassen».[629] Und dies obwohl er wusste, dass Lydia sich aus freien Stücken Stauffer hingegeben hatte. Von einer Entführung konnte beim besten Willen keine Rede sein. Friedrich Emil Weltis hinterhältiges und grausames Spiel zeigt sich auch darin, dass er der italienischen Justiz und namentlich der Gerichtsmedizin wichtige Quellen vorenthielt, die er in Florenz in der Pension Bonciani vorfand. Lydia selbst hatte diese Materialien für ihren Mann zurückgelassen. Diese hätten, wie Lydia bei der Befragung durch die Gutachter ausführte, ihre geistige Gesundheit und Stauffers Unschuld hinlänglich bewiesen. Die Unterschlagung der entlastenden Beweismittel zeigt, wie schamlos Welti mit der Wahrheit umging. Rücksichtslos verfolgte er seine Ziele: Es galt Stauffer zu zerstören und Lydia auszuschalten.

Versunken und vergessen: Escher-Vermögen und Gottfried Keller-Stiftung

Giovanni Giacometti (1868–1933), Il ponte al sole, 1907, Öl. Bündner Kunstmuseum, Chur (Depositum der Gottfried Keller-Stiftung).

Alfred Escher gehörte wie sein Vater Heinrich zu den reichsten Zürchern. Da aber lediglich fallweise schlüssige Quellen vorliegen, ist keine systematische Analyse der Finanzkraft von Familien im 19. Jahrhundert möglich. Wichtige Hinweise zur finanziellen Situation von Heinrich Escher finden sich im Zusammenhang mit seinem Vermögen, das er in Amerika erwirtschaftete. Im weiteren Kontext stehen die nicht enden wollenden finanziellen Unterstützungsmassnahmen für seine Brüder Fritz und Ferdinand. Wenn Heinrich Escher 1823 feststellte, dass er für seine Brüder einen Drittel seines Vermögens ausgegeben habe, gibt er damit den Blick auf die Eschersche Finanzstruktur frei. Es erscheint aus heutiger Sicht als glücklicher Zufall, dass Heinrich Escher 1848 Rekurs gegen die ihm zugestellte Steuerrechnung der Gemeinde Enge einlegte. Auf diese Weise fand die Auseinandersetzung Eingang in amtliche Dokumente. Heinrich Escher, dessen Vermögen wie in den vorangangenen Jahren auf 800 000 Franken beziffert wurde, wollte diesen Wert um 200 000 Franken reduzieren. Auch störte ihn offenbar, dass der Weibel ihm die Steuerrechnung für 1848 erst Ende des Jahres zugestellt hatte. Dazu äusserte sich das Gemeinderatsprotokoll wie folgt:

«Herr Escher-Zollikofer hat bisher immer frkn 800 000 Vermögen versteuert & für seine Erniederung auf frkn 600 000 keinerlei Gründe angeführt, was er nach unserer Ansicht hätte thun sollen. Verluste hat er innert der letzten 4 Jahre unseres Wißens keine erlitten & so hat sein Vermögen [sich] eher vermehrt als vermindert, da die Ausgaben, zu den Einnahmen in keinen Verhältnißen stehen, da ja die Haushaltung nur aus 2. Personen besteht. Es konnte uns nicht zugemuthet werden, den Herrn Escher anzufragen? warum er sich niedriger taxire? Wenn gefehlt worden ist, so haben nicht wir, sondern es hat Herr Escher gefehlt. Wir bestätigen neuerdings unsere Taxation. Daß die Erhöhung erst am 10ten November dem Herrn Escher insinuirt worden, ist nicht unsere Schuld, sondern ein Fehler des Waibels, wofür er ernstlich getadelt worden ist, sich übrigens wegen dieses Fehlers begründet hat.»[630]

Diese konkreten Angaben für das Jahr 1848 stützen die in der Literatur zirkulierende, jedoch nie belegte Aussage, wonach Alfred Escher 1853 von seinem Vater ein Vermögen von rund 1 Million Franken erbte.

Was aber den Vermögenszuwachs betrifft, den Alfred Escher von 1853 bis 1882 erwirtschaftete, fehlen schlüssige Angaben. Zu bedauern ist namentlich, dass Alfred Escher bei seinem Tod kein Testament hinterliess, das Transparenz hätte herstellen können. Immerhin ist es möglich, den Vermögensstand seiner Tochter für 1890 genau zu berechnen. Von daher kann das Vermögen, das Alfred Escher acht Jahre zuvor hinterlassen hatte, in etwa geschätzt werden.

Wir dürfen davon ausgehen, dass Alfred Escher das geerbte Vermögen von 1 Million Franken im Verlaufe seines Lebens versechsfachte. Gestützt auf die zuverlässigen, von der Kreditanstalt erstellten Angaben zum Portefeuille Lydia Welti-Eschers, welche auch durch das Eidgenössische Finanzdepartement geprüft wurden, besass Lydia Welti-Escher Wertschriften im Betrag von insgesamt 1,912 345 Millionen Franken. Dazu kam der Zürcher Immobilienbesitz, namentlich das Belvoir und ein Areal am Bleicherweg, welche gemäss amtlicher Schätzung vom September 1890 einen Vermögenswert von rund 1,55 Millionen Franken hatten. Allerdings gilt es zu beachten, dass beispielsweise allein für das Areal am Bleicherweg kurz vor der Schatzung ein Angebot von 1 Million Franken dokumentiert ist. Konsolidiert man die Vermögenspositionen per Ende 1890, so ergibt sich ein Gesamtbetrag von rund 3,5 Millionen Franken. Zu diesem Betrag sind die 600 000 Franken hinzuzuzählen, welche Lydia Welti-Escher zuvor gemäss Scheidungsurteil ihrem früheren Ehemann Friedrich Emil Welti ausrichten musste. Berücksichtigt man zudem die ebenfalls durch Lydia Welti-Escher bezahlten Gerichtskosten, weitere scheidungsbedingte Ausgaben sowie nicht zuletzt die exzessiven Lebenshaltungskosten, die in den Wochen in Italien mit Karl Stauffer anfielen, Pensions- und Behandlungskosten für die Aufenthalte in Irrenanstalten und Krankenhäusern, so berechnet sich das theoretische Gesamtvermögen Lydia Welti-Eschers für das Jahr 1889/90 auf mindestens rund 5 Millionen Franken. Inflationsbereinigt entspricht dies einem heutigen Wert von rund 68 Millionen Franken. Beachtet man weiter, dass allein der vom Vater geerbte Immobilienbesitz an bester Zürcher Seelage – im Vermögensausweis von Lydia Welti-Escher lediglich mit rund 1,5 Millionen Franken ausgewiesen – heute den x-fachen Wert hätte, so ersieht man, wie begütert Lydia Welti-Escher war. Gestützt auf die für 1889/90 ausgewiesenen 5 Millionen Franken der Tochter kann man davon ausgehen, dass das Vermögen des sieben Jahre zuvor verstorbenen Vaters zumindest nicht kleiner war. Diese Aussage basiert zum einen darauf, dass das Vermögen Alfred Eschers nach dessen Tod nicht mehr aus Überweisungen aufgrund wirtschaftlicher Führungspositionen gespeist wurde und dass Haushalt und Unterhalt des Belvoir zwischen 1883 und 1890 aus Lydias Mitteln bestritten wurden. Und schliesslich gilt es zu berücksichtigen, dass Lydia Welti-Escher im Andenken an ihren Vater 1883 insgesamt 80 000 Franken für wohltätige Zwecke spendete. So ist es nicht abwegig, Alfred Eschers Vermögen für 1882 auf rund 6 Millionen zu beziffern.

Charles Gleyre (1806–1874), Sappho, 1867/68, Öl auf Leinwand. Musée cantonal des Beaux-Arts, Lausanne (Depositum der Gottfried Keller-Stiftung).

Bereits 1886 äusserten Lydia Welti-Escher und ihr Gatte die Absicht, eine moderne Kunstsammlung anzulegen. Die weiteren Ereignisse um das Ehepaar Welti-Escher vereitelten jedoch diesen Plan. Nach ihrer Scheidung von Friedrich Emil Welti tauchte bei Lydia Welti-Escher erneut der Gedanke auf, mit dem beträchtlichen Vermögen, das ihr verblieb, eine Stiftung zu gründen. Lydia wörtlich: «Da ich keine Erben habe, welchen ich mein Vermögen hinterlassen könnte, oder – um mich genauer auszudrücken – da ich nur entfernte Verwandte habe, welche alle reich sind, wünschte ich das Geld noch zu Lebzeiten auf eine Weise zu verwenden, die meinen Idealen entspricht, das heisst zum Wohl der Kunst.»[631] 1890 vermachte sie ihr Vermögen, das als Stiftung unter dem Namen des Zürcher Schriftstellers Gottfried Keller verwaltet werden sollte, der Schweizerischen Eidgenossenschaft. Mit der Annahme der Schenkung und ihrer Bestimmungen durch die Landesregierung trat die von Lydia Welti-Escher mit Datum vom 6. September 1890 gezeichnete Stiftungsurkunde in Kraft. Die Donatorin verband mit der Schenkung den Auftrag, aus den Erträgen des Vermögens bedeutende Werke der bildenden Kunst des In- und Auslandes zu erwerben und sie als Leihgaben Schweizer Museen anzuvertrauen. Die Sammlung der Gottfried-Keller-Stiftung bildet einen wichtigen Bestand der Schweizer Kunst und umfasst heute einige tausend Werke, welche in Schweizer Museen als Dauerleihgaben deponiert sind. Doch das Stiftungsvermögen wurde bereits in den ersten Jahren der Stiftungstätigkeit durch haarsträubende Fehlentscheide in der Vermögensverwaltung und eine übereilte Veräusserung des Escherschen Grundbesitzes zugrunde gerichtet, so dass die Stiftung heute ihren Zweck ohne Bundesmittel nicht mehr erfüllen kann.[632]

Die letzten Tage

Nicht nur Lydia war eine wertvolle Stütze in Eschers letzten Jahren. Auch die Bevölkerung der Gemeinde Enge nahm Anteil am Leiden ihres Mitbürgers. Escher genoss hohes Ansehen. Gelegentlich suchte der alte und kranke Mann die Gemeindekanzlei auf und wünschte nichts anderes, als mit dem Gemeindeschreiber einen Schwatz zu halten. Allmählich schloss sich für Escher Kreis um Kreis: im August 1882 derjenige mit Arnold Otto Aepli. Wie schon rund vierzig Jahren zuvor wurde der politische Weggefährte aus St. Gallen von Escher ins Belvoir geladen. War es seinerzeit die Einladung des Studienfreundes zu sich nach Hause, um «von der schönen Vergangenheit» zu reden, die Aufforderung zur Teilnahme an der Donnerstagsgesellschaft und zur Diskussion über die politische Zukunft einer neu zu schaffenden Schweiz, so galt der nunmehrige Besuch dem Abschiednehmen. Escher, der Aepli persönlich im Bahnhof Enge abholen wollte, wünschte, sein Freund hätte früher kommen können. Die Freude, die Aepli mit seinem Besuch bei Vater und Tochter Escher auslöste, dokumentiert ihr gemeinsames Schreiben vom 15. September 1882. Dieser Brief macht ebenso nochmals deutlich, wie

Am Abend vor seinem Tod
unterzeichnete Alfred Escher
diesen Check über 1500 Franken.
Hierbei handelt es sich um das
letzte schriftliche Zeugnis Alfred
Eschers. Der Empfänger war
vermutlich Georg Stoll, Generaldirektor der Schweizerischen
Kreditanstalt.

sehr Alfred Escher bis in seine letzten Lebenstage bemüht war, dem politischen Geschehen den rechten Lauf zu geben:

«Mein Vater u. ich sprechen noch oft von Ihrem liebenswürdigen Besuche u. freuen uns der Erinnerung an die angenehmen Stunden, welche uns in Ihrer u. des verehrten Herrn Kanzler Gesellschaft zu verleben vergönnt war. Indem ich mich der Hoffnung hingebe, daß wir Sie, hochgeehrter Herr, bald wieder einmal bei uns zu begrüßen das Vergnügen haben werden, bitte ich Sie, mit meinem wiederholten, besten Danke für Ihre freundliche Aufmerksamkeit, den Ausdruck meiner vorzüglichen Hochachtung genehmigen zu wollen.
       Ihre ergebene Lydia Escher.

       Den Zeilen Lydie's füge ich meinerseits einige bei, welche dir sagen sollen, in welch' freundlicher Erinnerung dein Besuch auf Belvoir auch bei mir geblieben ist. Sehr gerne werden wir dir bald einmal in St. Gallen die Hand drücken. In der ersten Hälfte dieser Woche habe ich mit Ryf in dem Sinn Rücksprache genommen, daß unsere Fraction demnächst einberufen werden sollte, um zu berathen, was ihrerseits gegenüber der gegenwärtigen politischen Situation & im besondern mit Beziehung auf die bevorstehende Abstimmung p° Bundesbeschluß betreffend den Schularartikel geschehen soll. Ryf war mit dieser Anregung einverstanden & wird unserm Comité vorschlagen, die sämmtlichen Glieder der Fraction auf Sontag den 24. dß. nach Zürich einzuladen. Ich denke, das Comité werde den Vorschlag annehmen & ich werde also bald Gelegenheit erhalten, wieder mündlich mit dir zu verkehren, worauf ich mich sehr freue. Mir scheint, es bereite sich in der Schweiz eine politische Situation vor, in welcher unsere Fraction eine wichtige & nichts weniger als undankbare Rolle zu spielen berufen sein wird.
       Auf Wiedersehen. Von Herzen dein DrAEscher.»[633]

Wenige Tage vor seinem Tod erfuhr Alfred Escher höchste und seltene Ehre: Vom Verein für Eisenbahnkunde in Berlin, dem «gediegenste Fachmänner», Persönlichkeiten aus Wissenschaft, Politik und Praxis angehörten, wurde Escher aufgrund seiner Verdienste um die Gotthardbahn zum Ehrenmitglied ernannt. Die Bedeutung dieser Auszeichnung liess sich daran ermessen, dass zuvor während 25 Jahren kein Ehrenmitglied mehr ernannt worden war:

«An Herrn Dr. Alfred Escher Hochwohlgeboren in *Zürich*.

Berlin, den 14. November 1882.

Hochgeehrter Herr!

Die Eröffnung der Gotthardbahn für den Verkehr am 1. Juni d. J. war ein hervorragendes Ereigniß dieses an Erfindungen und bedeutenden Ausführungen reichen Jahrhunderts; seit dieser Zeit gedenken tagtäglich Tausende, welche den neuen, sicheren und verkehrswichtigen Weg zwischen Deutschland und Italien zurückgelegt haben oder denselben im Austausch der Produkte und Güter aller Art im großen Weltverkehr benutzen, in dankbarer Anerkennung der Männer, welche dieses Riesenwerk erdacht und die Hindernisse zu beseitigen wußten, welche der Verwirklichung und Vollendung desselben entgegenstanden.

Der Verein für Eisenbahnkunde in Berlin, welcher durch zwei seiner Vorstandsmitglieder Theilnehmer an der großartigen Eröffnungsfahrt auf dieser den Norden und Süden Europas verbindenden Bahn sein durfte, theilt nicht nur die vorgedachten Empfindungen, sondern sieht auch in der Herstellung dieser Weltbahn Bestrebungen erfüllt, deren Anbahnung und Verwirklichung er zu seinen Aufgaben zählt. In dem vollendeten Baue, welcher durch seine großartigen Anlagen alle Werke gleicher Art in Schatten stellt und in den hierzu erforderlichen Leistungen menschlichen Wollens und menschlichen Könnens erblicken wir einen neuen Triumph der Wissenschaft und die Verkörperung des Sophokleischen Wortes:

‹Vieles Gewaltige lebt, und Nichts

Ist gewaltiger als der Mensch.›

Bei dieser Empfindung kann und will der Verein nicht verbleiben, er sucht auch nach einem sichtbaren Zeichen seiner Freude über das Entstehen des großartigen Entwurfes, seines Dankes für die geniale Vollendung des gewaltigen Werkes und seiner Werthschätzung des dadurch für das allgemeine Wohl und für die Wissenschaft erreichten Zieles.

An wen sollte unser Verein den Ausdruck dieser Empfindungen anders richten, als an den Mann, dessen schöpferischer Thatkraft, dessen aufopfernder voller Hingabe und dessen rastloser Energie das Werk die Großartigkeit seiner Anlage, die schnelle Förderung und glückliche Vollendung seiner Ausführung weitaus in erster Reihe verdankt! an wen anders, als an Sie, hochgeehrter Herr, dessen klangvoller Name auf ewige Zeiten mit der Gotthardbahn verknüpft ist.

Darum gestattet sich der Verein für Eisenbahnkunde die höchste ihm zur Verfügung stehende Ehrenbezeigung, die Verleihung der Ehren-Mitglied-

Todesanzeige für Alfred Escher, wie sie in verschiedenen Zeitungen erschienen ist.

schaft des Vereins, Ihnen, hochgeehrter Herr, als ein schwaches Zeichen seiner Hochschätzung entgegenzubringen und an Sie die Bitte zu richten, Sie möchten durch freundliche Annahme desselben dem Verein die Ehre und die Freude bereiten, Sie fortan zu den Seinigen zählen zu dürfen. Indem wir Ihnen beikommendes Ehrendiplom übersenden, geben wir uns der frohen Zuversicht hin, daß Sie unserer ergebensten Bitte die Gewährung nicht versagen werden.»[634]

Die NZZ nahm diese Auszeichnung zum Anlass, kritisch über die schmerzliche Tatsache zu schreiben, dass die Reverenz gegenüber Alfred Escher vom Ausland erfolgt sei, während der so Ausgezeichnete im eigenen Land statt dankbarer Anerkennung viel Anfeindung und Undank erfahren habe. Damit gab die NZZ jenen Stimmen Auftrieb, welche die

Alfred Escher, gemalt von Martin Fivian (*1968) im Jahr 2007. Das Porträt befindet sich im Wagen Nr. 3 des ICN, welcher am 22. Mai 2007 anlässlich des Jubiläums ‹125 Jahre Gotthardbahn› im Zürcher Hauptbahnhof auf den Namen «Alfred Escher» getauft worden war.

Meinung vertraten, der Zürcher Wirtschaftspolitiker und Eisenbahn-promotor verdiene – wie Hans Conrad Escher von der Linth – den ehrenden Namenszusatz «Alfred Escher vom Gotthard».[635]

War es Escher nicht möglich gewesen, 1882 an den November-Sitzungen des Zürcher Grossen Rates teilzunehmen, so schien er Anfang Dezember wieder soweit hergestellt, dass er meinte, zur Session nach Bern fahren zu können. Dank dem Aufenthalt in Nizza war er angeblich vom Asthma geheilt. Allerdings plagten ihn weiterhin ständiger Husten-reiz und Heiserkeit. Überdies fiel auf, dass Escher die Augen schmerzten und er zusehends an Sehkraft verlor. Allzu dramatisch schienen diese körperlichen Zeichen jedoch nicht zu sein. Indes: der Schein trügte. Alfred Escher sollte sein Belvoir nicht mehr lebend verlassen.

Am Donnerstag, dem 30. November, zeigten sich an seinen Lippen Anschwellungen, die ihn aber nicht davon abhielten, im Belvoir Besu-cher zu empfangen. Am Samstag verschlechterte sich sein Gesundheits-zustand; seine Oberlippe war stark angeschwollen, «aber noch immer war er in heiterer Stimmung». In der Nacht von Samstag auf Sonntag befiel ihn hohes Fieber, sein Organismus schien bald wie verbrannt. Der ganze Rücken war voller Karbunkel, er war eine Wunde. Sein Zustand wurde nun von den Ärzten als hoffnungslos beurteilt, so dass man von einer Operation Abstand nahm. Escher wehrte sich gegen die Krankheit und machte im Sterben «Furchtbares» mit. Neben den körperlichen Schmerzen befiel ihn die Sorge um seine Tochter. Am Montagmorgen stieg das Fieber «aufs Höchste». Escher erkannte Lydia nicht mehr; er befand sich im Fieberdelirium und verlor zeitweise das Bewusstsein. Die Nächte auf Dienstag und Mittwoch waren schrecklich für die Angehö-rigen, die um ihn waren – für Betreuer, Pfleger und das Hauspersonal. Escher war erregt, «offenbar hemmte die harte Geschwulst im Gesicht die Blutzirkulation». Vergebens versuchte er sich im Bett aufzurichten. Immer wieder fiel er ins Kissen zurück. Gegen 6 Uhr früh am 6. Dezem-ber 1882 wurde Alfred Escher ruhig und atmete langsamer: «ein Atem-zug, dann eine lange Pause, und er tat den letzten».[636]

▷

Ausländische Ehrung für Alfred Escher: 1882 ernannte der Verein für Eisenbahnkunde in Berlin Alfred Escher für seine Verdienste um die Gotthardbahn zum Ehren-mitglied. Diese Auszeichnung war seit 25 Jahren nicht mehr vergeben worden.

Diplom

des

Vereins für Eisenbahnkunde

für das Mitglied

Herrn Dr. Alfred Escher

[772]

Berlin, den 14. November 1882.

Der Vorstand

Anhang

Die vorliegende Publikation ist eine populäre und gekürzte Fassung der im Jahr 2006 erschienenen vierbändigen, breitangelegten wissenschaftlichen Arbeit über Alfred Escher [Joseph Jung, Alfred Escher 1819–1882. Der Aufbruch zur modernen Schweiz, Zürich 2006, 1116 Seiten; nachfolgend zitiert als Jung, Escher], die an einzelnen Stellen durch weiterführende Materialien ergänzt wurde. Bezüglich Quellen und Literatur stützt sich die Kurzfassung auf dieses umfassende vierbändige Werk. Einzelne Kapitel zu Eschers Tochter Lydia und zu Eschers Frau Augusta basieren auf Lydia Welti-Eschers Biographie [Joseph Jung, Lydia Welti-Escher 1858–1891, Zürich 2013, Neuauflage; nachfolgend zitiert als Jung, Lydia Welti-Escher 2013. Siehe auch die durch zusätzliche Materialien und Drittbeiträge angereicherte umfassende Fassung: Joseph Jung (Hrsg.), Lydia Welti-Escher (1858–1891). Biographie. Quellen, Materialien und Beiträge, Zürich 2009; nachfolgend zitiert als Jung, Lydia Welti-Escher 2009]. In der vorliegenden Publikation werden nur jene Werke (Quellen und Literatur) ausgewiesen, aus denen entsprechend zitiert wurde. Zur weiterführenden Literatur siehe Jung, Escher. Die im nachstehenden Anmerkungsteil erwähnten Publikationen werden bei erstmaliger Nennung vollständig wiedergegeben, in der Folge nur noch unter dem in der ersten Zitation erwähnten Kürzel. Zu sämtlichen weiterführenden Angaben, quellenkritischen Bemerkungen und Literaturhinweisen siehe die entsprechenden Ausführungen bei Jung, Escher.

Anmerkungen

1 Gottfried Keller, Das Fähnlein der sieben Aufrechten, in: Walter Morgenthaler et al. (Hrsg.), Gottfried Keller. Sämtliche Werke. Historisch-kritische Ausgabe, Bd. 6, Basel/Frankfurt am Main/Zürich 1999, S. 316.

2 Vorgehende Zitate aus: Freisinnige, 9. Dezember 1882; Luzerner Tagblatt, 7. Dezember 1882 (2 x); Tagblatt der Stadt St. Gallen, 9. Dezember 1882; NZZ, 7. Dezember 1882; Evangelisches Wochenblatt, 11. Januar 1883; La Tribune de Genève, 8. Dezember 1882; Landbote, 7. Dezember 1882; Allgemeine Schweizer Zeitung, 8. Dezember 1882; 9. Dezember 1882 (2 x); NZZ, 11. Dezember 1882; Eisenbahn, 16. Dezember 1882; NZZ, 7. Dezember 1882; NZZ, 11. Dezember 1882; Eisenbahn, 16. Dezember 1882; NZZ, 15. September 1884; Schweizer Grenzpost, 16. Dezember 1882 (2 x); Luzerner Tagblatt, 7. Dezember 1882; NZZ, 11. Dezember 1882 (2 x); Eidgenosse, 13. Dezember 1882; Freitagszeitung, 8. Dezember 1882; Landbote, 7. Dezember 1882; Basler Nachrichten, 12. Dezember 1882 (2 x); Tagblatt der Stadt St. Gallen, 9. Dezember 1882.

3 NZZ, 12. Dezember 1882.

4 NZZ, 11. Dezember 1882.

5 Adolf Baltensberger, 100 Jahre Männerchor Enge (1839–1939), Zürich 1942, S. 15 f.

6 Limmat, 14. Dezember 1882.

7 Landbote, 7. Dezember 1882.

8 Tagblatt der Stadt St. Gallen, 9.12.1882.

9 Freitagszeitung, 8. Dezember 1882.

10 Centralcommission, Das Alfred Escher-Denkmal. Bericht der Centralcommission nebst Beiträgen zu einer Biographie von Dr. Alfred Escher, Zürich 1890, S. 97 f. *[Centralcommission, Escher-Denkmal];* fliegendes Blatt.

11 NZZ, 2. April 1883.

12 Wilhelm Ludwig Lehmann, Richard Kissling (Neujahrsblatt der Zürcher Kunstgesellschaft, 1920), Zürich 1920, S. 13.

13 Centralcommission, Escher-Denkmal, S. 100–102 [vgl. Anmerkung 10].

14 NZZ, 22. Juni 1889.

15 Brief Karl Stauffer an Lydia Welti-Escher, 8. Juni 1889, zit. Otto Brahm, Karl Stauffer-Bern. Sein Leben. Seine Briefe. Seine Gedichte […]. Nebst einem Selbstporträt des Künstlers und einem Brief von Gustav Freytag, Leipzig 1907, S. 214.

16 Vorgehende Zitate aus: Auszug der handschriftlichen Abschrift der Dossiers «Personalia Hans Caspar Escher-Keller», in: Erste Abteilung des Ministeriums für Staatsangelegenheiten. Erste Senatsabteilung, Geschäfte des Staatswirtschaftsausschusses. Zentrales staatliches historisches Archiv St. Petersburg (RSA).

17 Protokolle des Kleinen Rates 1804, zit. Walter P. Schmid, Der junge Alfred Escher, Sein Herkommen und seine Welt (Mitteilungen der Antiquarischen Gesellschaft in Zürich, Bd. 55), Zürich 1988, S. 25, 207. *[Schmid, Escher]*

18 Oswald Heer, Heinrich Escher-Zollikofer, Eine Lebensskizze von Oswald Heer, in: Zürcher Taschenbuch auf das Jahr 1910, Zürich 1910, S. 194. *[Heer, Escher-Zollikofer].* Zu Heer vgl. Anmerkung 46.

19 Nachlass Ernst Gagliardi (ZBZ)

20 Heer, Escher-Zollikofer, S. 221 [vgl. Anmerkung 18].

21 Brief Heinrich Escher an Johannes von Muralt, 14. April 1823 (StAZH), zit. Schmid, Escher, S. 33 [vgl. Anmerkung 17].

22 Brief Heinrich Escher an Johannes von Muralt, 30. März 1823 (StAZH), zit. Schmid, Escher, S. 38 [vgl. Anmerkung 17].

23 Brief Alfred Escher an Heinrich Schweizer, 8./9. September 1831 (ZBZ).

24 Brief Alfred Escher an Heinrich Schweizer, 16. September 1831 (ZBZ).

25 Heer, Escher-Zollikofer, S. 215 [vgl. Anmerkung 18].

26 NZZ, 16. November 1853.

27 Heer, Escher-Zollikofer, S. 230 f. [vgl. Anmerkung 18].

28 Brief Alfred Escher an Jakob Escher, 21. April 1839 (ZBZ).

29 Brief Oswald Heer an seine Eltern, 7. Februar 1832 (ZBZ) [vgl. Anmerkung 46].

30 Brief Carl Sinz an Alfred Escher, 8. August 1838 (BAR).

31 Nachlass Ernst Gagliardi (ZBZ).

32 Ernst Gagliardi, Alfred Escher. Vier Jahrzehnte neuerer Schweizergeschichte, Frauenfeld 1919, S. 13. *[Gagliardi, Escher]*

33 Heer, Escher-Zollikofer, S. 241 [vgl. Anmerkung 18].

34 Nachlass Ernst Gagliardi (ZBZ).

35 Brief Egbert Friedrich von Mülinen an Alfred Escher, 8. Februar 1835 (BAR).

36 Nachlass Ernst Gagliardi (ZBZ).

37 Landbote, 17. November 1853; NZZ, 16. November 1853.

38 Autobiographie Jakob Escher, S. 217 f. (ZBZ).

39 Briefe Heinrich Schweizer an Alfred Escher, 14./23. August, 4. September 1838 (BAR).

40 Brief Alfred Escher an Jakob Escher, 21. April 1839 (ZBZ).

41 Alexander Schweizer/Paul Schweizer (Hrsg.), Professor Dr. theol. Alexander Schweizer. Biographische Aufzeichnungen […], Zürich 1889, S. 29.

42 Vgl. S. 39/Brief Alfred Escher an Heinrich Schweizer, 9. Juli 1831.

43 Allgemeine Deutsche Biographie XL, S. 140.

44 Brief Alfred Escher an Alexander Schweizer, 27. August 1832 (ZBZ).

45 Brief Alfred Escher an Johann Kaspar Horner, 11. Dezember 1833 (ZBZ).

46 Brief Oswald Heer an seine Eltern, 14. Januar 1832 (ZBZ). Zu Oswald Heer vgl. Conradin A. Burg (Hrsg.), Oswald Heer. 1809–1883. Paläobotaniker, Entomologe, Gründerpersönlichkeit, Zürich 2013.

47 Brief Oswald Heer an seine Eltern, 7. Februar 1832 (ZBZ).

48 Brief Oswald Heer an Alfred Escher, 12. Januar 1882 (ZBZ).

49 Gagliardi, Escher, S. 16 [vgl. Anmerkung 32].

50 Brief Alfred Escher an Oswald Heer, 3. August 1835 (ZBZ).

51 Friedrich von Wyss, Autobiographie, S. 17, 17a (ZBZ).

52 Brief Friedrich von Wyss an Georg von Wyss, 27. November 1835, zit. Gagliardi, Escher, S. 20 [vgl. Anmerkung 32].

53 Brief Friedrich von Wyss an Georg von Wyss, 14. Mai 1836, zit. Gagliardi, Escher, S. 20 [vgl. Anmerkung 32].

54 Brief Friedrich von Wyss an Georg von Wyss, 29. Dezember 1836, 9. April 1840, zit. Gagliardi, Escher, S. 20 [vgl. Anmerkung 32].

55 Briefe Alfred Escher an Jakob Escher, 18./22. Juni 1838, 21. April 1839, 28. Mai/1. Juni 1839, 21. April 1843 (ZBZ).

56 Brief Alfred Escher an Jakob Escher, 28. Mai/1. Juni 1839 (ZBZ).

57 Briefe Jakob Escher an Alfred Escher, 5. Juni 1838, 13. Juni 1838, 5. Mai 1839, 27. April 1843 (BAR).

58 Brief Alfred Escher an Jakob Escher, 18./22. Juni 1838 (ZBZ).

59 Brief Jakob Escher an Alfred Escher, 5. Juni 1838 (BAR).

60 Paul-Emile Schazmann, Johann Jakob Tschudi. Forscher, Arzt, Diplomat, Zürich 1956, S. 16 f.

61 Brief Johann Jakob Tschudi an Alfred Escher, 20. April 1837 (BAR).

62 Brief Johann Jakob Tschudi an Alfred Escher, 16. September 1837 (BAR).

63 Briefe Johann Jakob Tschudi an Alfred Escher, Juli 1839, 24. März 1842 (BAR).

64 Brief Heinrich Schweizer an Alfred Escher, 14./23. August/4. September 1838 (BAR).

65 Briefe Oswald Heer an Alfred Escher, 28. März 1836, 7. April 1836 (ZBZ).

66 Brief Alfred Escher an Oswald Heer, 17. Oktober 1836 (ZBZ).

67 Brief Georg von Wyss an Friedrich von Wyss, 11. Dezember 1840, zit. Gagliardi, Escher, S. 236 [vgl. Anmerkung 32].

68 Brief Alfred Escher an Jakob Escher, 19. August 1838 (ZBZ).

69 Schmid, Escher, S. 101 [vgl. Anmerkung 17].

70 Brief Alfred Escher an Jakob Escher, 28. Mai/1. Juni 1839 (ZBZ).

71 Protokoll Zofingia ZH, 19. Mai 1837.

72 Brief Johann Jakob Tschudi an Alfred Escher, 22. Oktober 1837 (BAR).

73 Gagliardi, Escher, S. 29 [vgl. Anmerkung 32].

74 Hans Schneider, Alfred Escher als Activzofinger, in: Feuille Centrale. Organe officiel de la Société de Zofingue, N° 10, Genève, août 1885, S. 532. *[Schneider, Escher]*

75 Protokolle Zofingia ZH, 15. November 1839, 3. Dezember 1839, 12. Juni 1840; Jahresbericht Zofingia ZH 1839/40.

76 Brief Alfred Eschers an den Centralausschuss Zofingia, 15. August 1840 (StABS).

77 Schneider, Escher, S. 538 [vgl. Anmerkung 74].

78 Rede von Alfred Escher anlässlich der Jahresversammlung der Zofingia, o. D. (Terminus ante quem: 28. Oktober 1841) (StABS).

79 Protokoll allgemeine Versammlung Zofingia, 22./23. September 1841 (StABS).

80 Johann Jakob Blumer, Erinnerungen aus meinem Leben, S. 4 (FA Tschudi).

81 Brief Daniel Ecklin an Alfred Escher, 13. Oktober 1837 (BAR).

82 Brief Alfred Escher an Jakob Escher, 19. August 1838 (ZBZ).

83 J. Spühler, Das Turnen wie es sein sollte, Mittel und Zweck zugleich. Zur Erinnerung an Dr. Alfred Escher, anlässlich seines hundertsten Geburtstages, in: Schweizerische Turnzeitung. Offizielles Organ des Eidgenössischen Turnvereins, Nr. 19, Zürich 1919, S. 179–181.

84 Brief Alfred Escher an Jakob Escher, 28. Mai/1. Juni 1839 (ZBZ).

85 Brief Alfred Escher an Oswald Heer, 3. August 1835 (ZBZ).

86 Brief Alfred Escher an Oswald Heer, o. D. (ZBZ)

87 Brief Jakob Dubs an Alfred Escher, 17. Januar 1853 (BAR).

88 Brief Alfred Escher an Johann Jakob Speiser, 20. April 1853 (StABS).

89 Heer, Escher-Zollikofer, S. 242 [vgl. Anmerkung 18].

90 Brief Alfred Escher an Kaspar Lebrecht Zwicky, 14. November 1853 (ZBZ).

91 Ulrich Wiesendanger, Gedächtnisrede auf Dr. Alfred Escher gehalten bei der Escher-Feier den 23. Dezember 1883, o. O., o. J., S. 16.

92 Brief Friedrich Gustav Ehrhardt an Alfred Escher, 23. Mai 1857 (BAR).

93 Brief Friedrich Gustav Ehrhardt an Alfred Escher, 29. Mai 1857 (BAR).

94 Kriminalakte über die Ermordung des Studenten Ludwig Lessing aus Freienwalde in Preussen, zit. Lukas Gschwend, Der Studentenmord zu Zürich. Eine kriminalhistorische Untersuchung zur Tötung des Studenten Ludwig Lessing am 4. November 1835, Zürich, 2002, S. 90 f.

95 Briefe Friedrich Gustav Ehrhardt an Alfred Escher, 13. März 1857, 19. März 1857 (BAR).

96 Nachlass Ernst Gagliardi (ZBZ).

97 Brief Friedrich Gustav Ehrhardt an Alfred Escher, 13. Januar 1854 (BAR).

98 Briefe Heinrich Zwicky an Alfred Escher, 9./11. März, 6. Mai 1843 (BAR).

99 Brief Theodor Waitz an Alfred Escher, 9. August 1843 (BAR).

100 Briefe Carl Sinz an Alfred Escher, 8. Oktober 1839, 23. Dezember 1843 (BAR).

101 Brief Heinrich Zwicky an Alfred Escher, 6. Mai 1843 (BAR).

102 Brief Alfred Escher an Jakob Escher, 21. April 1843 (ZBZ).

103 Brief Jakob Escher an Alfred Escher, 27. April 1843 (BAR).

104 Brief Alfred Escher an Jakob Escher, 21. Mai 1843 (ZBZ).

105 Brief Heinrich Zwicky an Alfred Escher, 9./11. März 1843 (BAR).

106 Friedrich von Wyss, Autobiographie, S. 18b (ZBZ).

107 Brief Alfred Escher an Jakob Dubs, 3. Juli 1855 (ZBZ).

108 Brief Jakob Dubs an Alfred Escher, 8. Juli 1855 (BAR).

109 Brief Alfred Escher an Jakob Dubs, 7. Juli 1855 (ZBZ).

110 Brief Alfred Escher an Jakob Dubs, 18./19. Juli 1855 (ZBZ).

111 Briefe Jakob Dubs an Alfred Escher, 23. Juli, 26. Juli 1855 (BAR).

112 Zürcher Intelligenzblatt, 22. Dezember 1856.

113 Neuer Nekrolog der Deutschen, 1840, Bd. 2, S. 1072.

114 Schweizerischer Bilderkalender für das Jahr 1842 von Martin Disteli.

115 Der Schweizer Soldat, August 1929.

116 Schweizerischer Bilderkalender für das Jahr 1842 von Martin Disteli.

117 Brief Bruno Uebel, 25. Juni 1840 (StASO).

118 Schreiben des Kantons Solothurn an die französische Gesandtschaft in der Schweiz, o. D. (StASO).

119 Schweizerischer Bilderkalender für das Jahr 1842 von Martin Disteli.

120 Testament Bruno Uebels, 21. August 1840 (StASO).

121 Brief K. Ulrich an Alfred Escher, 21. März 1850 (BAR).

122 Brief Alfred Escher an Kaspar Lebrecht Zwicky, 20. Dezember 1856 (ZBZ).

123 Brief Kaspar Lebrecht Zwicky an Alfred Escher, 26. Dezember 1856 (BAR).

124 Brief Jonas Furrer an Alfred Escher, 23. Dezember 1856 (BAR).

125 Brief Johann Conrad Kern an Alfred Escher, 10. April 1857 (BAR).

126 Brief Alfred Escher an Oswald Heer, 19. April 1857 (ZBZ).

127 Brief Alfred Escher an Oswald Heer, 2. Juni 1857 (ZBZ).

128 Briefe Friedrich Gustav Ehrhardt an Alfred Escher, 26. April, 5. Mai 1857 (BAR).

129 Brief Alfred Escher an Oswald Heer, 20. Dezember 1856 (ZBZ).

130 Briefe Friedrich Gustav Ehrhardt an Alfred Escher, 26. April, 5. Mai, 29. Mai 1857 (BAR).

131 Brief Friedrich Gustav Ehrhardt an Alfred Escher, 11./12. Mai 1857 (BAR).

132 Brief Oswald Heer an Alfred Escher, 24. Mai 1857 (ZBZ).

133 Brief Friedrich Gustav Ehrhardt an Alfred Escher, 5. Mai 1857 (BAR).

134 Vorgehende Zitate aus: Briefe Augusta Escher-Uebel an Susanna Blumer-Heer, 21. Oktober 1862, 5. Dezember 1862, 2. Januar 1863, 28. März 1863, 15. Juni 1863, 23. August 1863, 21. Januar 1864 (FA Tschudi).

135 Brief Alfred Escher an Kaspar Lebrecht Zwicky, 4. August 1858 (ZBZ).

136 Briefe Augusta Escher-Uebel an Susanna Blumer-Heer, 22. Februar 1862, 21. Oktober 1862, 2. Januar 1863 (FA Tschudi).

137 Briefe Alfred Escher an Jakob Dubs, 27. September 1861 (ZBZ); Jakob Dubs an Alfred Escher, 1. Oktober 1861 (BAR); Kaspar Lebrecht Zwicky an Alfred Escher, 7. Juni 1861 (BAR).

138 Briefe Jakob Dubs an Alfred Escher, 3. April, 12. April 1862 (BAR).

139 Briefe Alfred Escher an Kaspar Lebrecht Zwicky, 28. Juli 1862 (ZBZ); Augusta Escher-Uebel an Susanna Blumer-Heer, 27. August 1862 (FA Tschudi).

140 Brief Johann Jakob Blumer an Alfred Escher, 30./31. Oktober 1863 (BAR).

141 Johann Jakob Blumer, Erinnerungen aus meinem Leben, S. 39b (FA Tschudi).

142 Brief Alfred Escher an Kaspar Lebrecht Zwicky, 6. Oktober 1864 (StAZH).

143 Brief Johann Jakob Tschudi an Alfred Escher, 8. November 1866 (BAR).

144 Ernst Gagliardi, zit. Robert Dünki, Regeneration und Züriputsch. Zürichs erste liberale Ära und ihr Ende – Versuch einer historischen Einordnung, in: Zürichsee-Zeitung, 23. Mai 1985.

145 Johannes Dierauer, Geschichte der schweizerischen Eidgenossenschaft (Allgemeine Staatengeschichte. Abt. 1. Geschichte der europäischen Staaten, Werk 26), Bd. 5, Gotha 1922, S. 650. [Dierauer, Geschichte]

146 Dierauer, Geschichte, Bd. 5, S. 655 [vgl. Anmerkung 145].

147 Samuel Zurlinden, Hundert Jahre Bilder aus der Geschichte der Stadt Zürich in der Zeit von 1814–1914, Bd. 1, Zürich 1914, S. 150; Karl Dändliker, Geschichte der Stadt und des Kantons Zürich, 3 Bde., Zürich 1908–1912, S. 312. [Dändliker, Zürich]

148 Leo von Wyss, Jugenderinnerungen aus dem Leben des sel. Prof. Dr. Friedrich von Wyss. Zweiter Teil, in: Zürcher Taschenbuch auf das Jahr 1913, S. 83–174, Zürich 1913, S. 95.

149 Dändliker, Zürich, S. 314 [vgl. Anmerkung 147].

150 Brief Alfred Escher an Jakob Escher, 28. Mai/1. Juni 1839 (ZBZ).

151 Brief Alfred Escher an Jakob Escher, 28. Mai/1. Juni 1839 (ZBZ).

152 Brief Johann Jakob Blumer an Alfred Escher, 17. Juni 1839 (BAR).

153 Brief Alfred Escher an Arnold Otto Aepli, o. D. (KB SG).

154 Brief Johann Jakob Blumer an Alfred Escher, 4. Dezember 1844 (BAR).

155 Brief Johannes Honegger an Alfred Escher, 24. März 1845 (BAR).

156 Brief Johannes Honegger an Alfred Escher, 23. Februar und 9. Juli 1845 (BAR).

157 Landbote, 8. August 1844 (innerer Kampf); Wahlprotokoll Elgg, 21. Juli 1844.

158 Karl Mietlich, Geschichte der Herrschaft, Stadt und Gemeinde Elgg, Elgg 1946.

159 Schweizerischer Republikaner, 3. August 1844.

160 Vorgehende Zitate aus: NZZ, 6. Februar 1845, 7. Februar 1845; Gagliardi, Escher, S. 70f. [vgl. Anmerkung 32].

161 Theodor Mügge, Die Schweiz und ihre Zustände. Reiseerinnerungen von Theodor Mügge, Bd. 2, Hannover 1847, S. 40f.

162 Brief Friedrich Ludwig Keller an Alfred Escher, 8. August 1847 (BAR).

163 Brief Gerold Meyer von Knonau an Alfred Escher, 21. Juli 1848 (BAR).

164 Brief Johann Jakob Blumer an Alfred Escher, 9. Juni 1844 (BAR).

165 Brief Johannes Honegger an Alfred Escher, 21. April 1844 (BAR).

166 Brief Johannes Honegger an Alfred Escher, 9. Juli 1844 (BAR).

167 Der freie Rhätier, 21. Mai und 5. Juli 1844.

168 Brief Johannes Honegger an Alfred Escher, 9. Juli 1844 (BAR).

169 Jakob Escher, Autobiographie, S. 625 (ZBZ).

170 Brief Alfred Escher an Arnold Otto Aepli, 16. August 1843 (KB SG).

171 Brief Alfred Escher an Wilhelm Baumgartner, 7. Juli 1846 (ZBZ).

172 Caspar Kubli, Der Amerikaner-Escher, 1849. In Rahmen und Glas gefasst, o. O., o. J., S. 4. [Kubli, Amerikaner-Escher]

173 Staatszeitung der katholischen Schweiz, 16. Januar 1845.

174 Wochenzeitung, 21. Januar 1845.

175 Wochenzeitung, 14. Oktober 1845.

176 Schweizerischer Republikaner, 17. Oktober 1845.

177 Wochenzeitung, 28. Oktober 1845.

178 Wochenzeitung, 28. Oktober 1845; NZZ, 29. Oktober 1845.

179 Brief Alfred Escher an Arnold Otto Aepli, 29. Oktober 1845 (KB SG).

180 Brief Arnold Otto Aepli an Alfred Escher, 5. November 1845 (BAR).

181 Kaspar Kubli, Mein Unglück und Herrn Dr. Bürgermeister Alfred Escher in Zürich, Mitglied und gewesener Präsident des schweizerischen Nationalrates, Glarus 1855, S. 8.

182 Wochenzeitung, 14. Oktober 1845.

183 Kubli, Amerikaner-Escher, S. 3, 8 [vgl. Anmerkung 172].

184 Brief Friedrich Gustav Ehrhardt an Alfred Escher, 15. November 1849 (BAR).

185 Kubli, Mein Unglück (Einleitung).

186 Brief Johann Jakob Rüttimann an Alfred Escher, 13. Dezember 1854 (BAR).

187 Kubli, Mein Unglück (Einleitung).

188 Kaspar Kubli, Mein Unglück, S. 3.

189 Schweizerische Republikaner, 30. März 1849.

190 Freie Stimmen, 4. April 1849.

191 Freie Stimmen, 24. Januar 1849.

192 Brief Jonas Furrer an Alfred Escher, 17. Januar 1848 (BAR).

193 Brief Jonas Furrer an Alfred Escher, 19. März 1848 (BAR).

194 Briefe Jonas Furrer an Alfred Escher, 25. März, 23. Juni 1848 (BAR).

195 Brief Johann Friedrich Peyer im Hof an Alfred Escher, 2. April 1848 (BAR).

196 Rede Alfred Escher, 21. Juli 1848, zit. NZZ, 23. Juli 1848.

197 Protokoll Regierungsrat Kanton Zürich, 7. Juli 1849 (StAZH).

198 Protokolle Regierungsrat Kanton Zürich, 12. Juli, 13. Juli, 19. Juli 1849 (StAZH).

199 Brief Jonas Furrer an Alfred Escher, 22. Oktober1849 (BAR).

200 Briefe Jonas Furrer an Alfred Escher, 25. Februar 1851, 18. Januar 1852, 25. Januar 1852, 15. Februar 1852 (BAR).

201 Vorgehende Zitate aus: Protokolle Regierungsrat Kanton Zürich, 30. August, 1. September, 2. Juli, 29. September, 22. September, 31. Oktober, 10. Juli und 6. November 1849 (StAZH).

202 Protokoll der Bundesratssitzung vom 26. Mai 1849 (BAR).

203 Carlo Agliati/Lucia Pedrini Stanga, Das Tessin im Jahr 1848. Die Politik und ihre Bilder, in: Philippe Kaenel (Hrsg.), 1848. Drehscheibe Schweiz. Die Macht der Bilder, Zürich 1998, S. 99–122, S. 101.

204 Edgar Bonjour, Geschichte der schweizerischen Neutralität. Vier Jahrhunderte eidgenössische Aussenpolitik, Bd. 1, Basel 1970, S. 310. *[Bonjour, Neutralität]*

205 Brief Jonas Furrer an Alfred Escher, Frühjahr 1854.

206 Karl Marx/Friedrich Engels, Werke…, Berlin 1957, S. 88f.

207 Brief Jonas Furrer an Alfred Escher, 4. Oktober 1848 (BAR).

208 Gagliardi, Escher, S. 116, 118 [vgl. Anmerkung 32].

209 Rede des Herrn Amtsbürgermeisters Dr. Escher, Präsidenten des Nationalrathes, bei der Vertagung der ordentlichen Sitzung am 30. Brachmonat 1849, in: BBl 1849 II, S. 337f.

210 Alfred Kölz (Hrsg.), Quellenbuch zur neueren schweizerischen Verfassungsgeschichte, Bd. 1, Bern 1992, S. 449. *[Kölz, Quellenbuch]*

211 Brief Johann Jakob Rüttimann an Alfred Escher, 9. September 1848 (BAR).

212 Note des schweizerischen Bundesrathes an das königlich-sardinische Ministerium der auswärtigen Angelegenheiten, in: BBl 1848/49 I, S. 285.

213 Angelegenheit der italienischen Flüchtlinge im Kanton Tessin, in: BBl 1848/49 I, S. 160.

214 Protokoll Regierungsrat Kanton Zürich, 24. November 1849 (StAZH).

215 Rede des Herrn Amtsbürgermeisters Dr. Escher, Präsidenten des Nationalrathes, bei der Eröffnung der außerordentlichen Sitzung am 1. August 1849, in: BBl 1849 II, S. 342.

216 Verhandlungen der Bundesversammlung des National- und Ständerathes.

217 Rede des Herrn Amtsbürgermeisters Dr. Escher, Präsidenten des Nationalrathes, bei der Vertagung der außerordentlichen Sitzung am 8. August 1849, in: BBl 1849 II, S. 389f.

218 Brief Johann Jakob Rüttimann an Alfred Escher, 14. Oktober 1848 (BAR).

219 Brief Jonas Furrer an Alfred Escher, 21. Juli 1849 (BAR).

220 Brief Jonas Furrer an Alfred Escher, 15. September 1849 (BAR).

221 Der schweizerische Bundesrath an die schweizerische Bundesversammlung, in: BBl 1848/49 I, S. 421.

222 Beschluss des schweizerischen Nationalrathes vom 7. August 1849, betreffend Unterstützung und Vertheilung der neulich in die Schweiz übergetretenen deutschen Flüchtlinge, in: BBl 1849 II, S. 385.

223 Rede des Herrn Amtsbürgermeisters Dr. Escher, Präsidenten des Nationalrathes, bei der Eröffnung der außerordentlichen Sitzung am 1. August 1849, in: BBl 1849 II, S. 339f.

224 Kölz, Quellenbuch, Bd. 1, S. 453, 455 [vgl. Anmerkung 210].

225 NZZ, 13. Dezember 1849.

226 Rede Alfred Escher, 12. November 1849, in: BBl 1849 III, S. 160f.

227 Rede Alfred Escher, 22. Dezember 1849, in: BBl 1850 I, S. 3–5.

228 Brief Rudolf Friedrich Wäffler-Egli an Alfred Escher, 2. September 1852 (BAR).

229 Vorgehende Zitate aus: Bericht der vom Bundesrathe einberufenen Experten: Herren R. Stephenson, M. P., und H. Swinburne über den Bau von Eisenbahnen in der Schweiz, in: BBl 1850 III, S. 430–431, 478–481.

230 Brief Johann Jakob Rüttimann an Alfred Escher, März 1851 (BAR).

231 Brief Caspar Hirzel-Lampe an Alfred Escher, 10. Februar 1852 (BAR).

232 Autobiographische Aufzeichnungen Alfred Eschers, zit. Joseph Jung, Alfred Escher 1819–1882. Der Aufbruch zur modernen Schweiz, Zürich 2006, S. 1017. *[Jung, Escher]*

233 Brief Alfred Escher an Johann Jakob Rüttimann, 14. April 1852 (ZBZ).

234 Briefe Martin Escher-Hess an Alfred Escher, 5. Juni 1852, 23. Juli 1852 (BAR).

235 Vorgehende Zitate aus: Simon Kaiser, Sammlung der eidgen. Gesetze, Beschlüsse und Verordnungen der Konkordate […], Bd. 3, Bern/Zürich 1861. S. 117–119.

236 Brief Emil Welti an Alfred Escher, 24. Mai 1869 (BAR).

237 Brief Alfred Escher an Emil Welti, 21. Juni 1867 (BAR).

238 Brief Emil Welti an Alfred Escher, 25. Juni 1867 (BAR).

239 Brief Emil Welti an Alfred Escher, 1. Mai 1869 (BAR).

240 Brief Emil Welti an Alfred Escher, 24. Mai 1869 (BAR).

241 Brief Alfred Escher an Jakob Dubs, 14. Dezember 1862, zit. Züricher Post, 15. Februar 1903.

242 Brief Jakob Dubs an Alfred Escher, 14. Dezember 1862 (BAR).

243 Brief Jakob Stämpfli an Alfred Escher, 20. Dezember 1862 (BAR).

244 Brief Alfred Escher an Jakob Stämpfli, 25. Dezember 1862 (BAR).

245 Jakob Stämpfli, Rückkauf der schweizerischen Eisenbahnen, Bern 1862.

246 Protokoll Gründung Eisenbahn, 29. Mai 1852, S. 5 (SBB Historic).

247 Protokoll Gründung Eisenbahn, 18. September 1852, S. 6f. (SBB Historic).

248 Protokoll Gründung Eisenbahn, 18. September 1852, S. 434f. (SBB Historic).

249 Protokoll Gründung Eisenbahn, 24. September 1852, S. 15 (SBB Historic).

250 Rede Alfred Escher, 28. September 1852, zit. Landbote, 30. September 1852.

251 Brief Johann Conrad Kern an Alfred Escher, 29. September 1852 (BAR).

252 Protokolle Gründung Eisenbahn, 18. September 1852, S. 6; 29. Mai 1852, S. 5 (SBB Historic); Gagliardi, Escher, S. 219 [vgl. Anmerkung 32].

253 Brief Johann Jakob Blumer an Alfred Escher, 5. Oktober 1852, zit. Gagliardi, Escher, S. 220 f. [vgl. Anmerkung 32].

254 Protokoll Gründung Eisenbahn, 11. Dezember 1852, S. 109 (SBB Historic).

255 Briefe Bruno Hildebrand an Alfred Escher, 9. Januar 1853, 15. Januar 1853, 19. Januar 1853 (BAR).

256 Brief Rudolf Friedrich Wäffler-Egli an Alfred Escher, 2. September 1852 (BAR).

257 NZZ, 19. März 1852.

258 Autobiographische Aufzeichnungen Alfred Eschers, zit. Jung, Escher, S. 1017 [vgl. Anmerkung 232].

259 Nationalzeitung, 25. Juli 1856.

260 Brief Johann Conrad Kern an Alfred Escher, 13./14. Februar 1857 (BAR).

261 Brief Johann Jakob Rüttimann an Alfred Escher, 28. Februar 1857 (BAR).

262 Protokoll Direktion NOB, 29. August 1856, S. 378 (SBB Historic).

263 Protokoll Direktion NOB, 3. März 1857, S. 261 (SBB Historic).

264 Protokolle Direktion NOB, 4. März 1857, S. 266; 10. April 1857, S. 347 (SBB Historic).

265 Brief Friedrich Gustav Ehrhardt an Alfred Escher, 5. Mai 1857 (BAR).

266 Protokoll Direktion NOB, 23. Mai 1857, S. 4–6 (SBB Historic).

267 Brief Jakob Dubs an Alfred Escher, 20. Dezember 1860 (BAR).

268 Brief Alfred Escher an Jakob Dubs, 15. September 1861 (ZBZ).

269 Brief Jakob Dubs an Alfred Escher, 1. Oktober 1861 (BAR).

270 Brief Alfred Escher an Jakob Dubs, 20. Oktober 1861 (ZBZ).

271 Brief Jakob Dubs an Alfred Escher, 22. Oktober 1861 (BAR).

272 Vertrag zwischen den hohen Ständen Zürich, Luzern und Zug und der schweizerischen Nordostbahn-gesellschaft, betreffend Begründung einer Eisenbahnunternehmung Zürich–Zug–Luzern (vom 14. Dezember 1861), in: BBl 1862 II, S. 596.

273 Leo Weisz, Die zürcherische Export-industrie. Ihre Entstehung und Ent-wicklung, Zürich 1936, S. 209.

274 Protokolle Verwaltungsrat SKA, 8. Juli 1856, S. 2; 14. Juli 1856, S. 3 (ZFA).

275 Martin Esslinger, Geschichte der Schweizerischen Kreditanstalt wäh-rend der ersten 50 Jahre ihres Beste-hens, Zürich 1907, S. 3. *[Esslinger, SKA]*

276 Protokoll Verwaltungsrat SKA, 20. Oktober 1856, S. 15 (ZFA).

277 Protokoll Verwaltungsrat SKA, 7. März 1859, S. 54 (ZFA).

278 Brief Johann Jakob Rüttimann an Alfred Escher, 26. Dezember 1856 (BAR).

279 Protokoll Verwaltungsrat SKA, 8. März 1858, S. 35 (ZFA).

280 Auszug Protokoll Generalversammlung SKA, 22. März 1858, S. 3 (ZFA).

281 Walter Adolf Jöhr, Schweizerische Kre-ditanstalt. 1856–1956. Hundert Jahre im Dienste der schweizerischen Volks-wirtschaft, Zürich 1956, S. 44f. *[Jöhr, SKA]*

282 Brief Johann Jakob Rüttimann an Alfred Escher, 18. Juli 1856 (BAR).

283 NZZ, 19. Juli 1856.

284 Brief Johann Jakob Rüttimann an Alfred Escher, 19. Juli 1856 (BAR).

285 NZZ, 21. Juli 1856.

286 Brief Gottfried Keller an Ludmilla As-sing, 21. April 1856, zit. HKKA online.

287 Freitagszeitung, 25. Juli 1856.

288 Brief Johann Jakob Rüttimann an Alfred Escher, 19. Juli 1856 (BAR).

289 Protokoll Verwaltungsrat SKA, 21. Juli 1856, S. 4 (ZFA).

290 NZZ, 11. Juli 1856.

291 Freitagszeitung, 25. Juli 1856.

292 Brief Johann Jakob Rüttimann an Alfred Escher,15. Juli 1856 (BAR).

293 Briefe Johann Jakob Rüttimann an Alfred Escher, 10. Juli 1856, 18. Juli 1856 (BAR).

294 Freitagszeitung, 25. Juli 1856.

295 Vorgehende Zitate aus: Freitags-zeitung, 18. Juli 1856, 25. Juli 1856.

296 NZZ, 11. Juli 1856.

297 Freitagszeitung, 25. Juli 1856.

298 Vorgehende Zitate aus: Freitags-zeitung, 18. Juli 1856, 25. Juli 1856, 8. August 1856.

299 Statuten SKA 1856, § 15 (ZFA).

300 Brief Johann Jakob Rüttimann an Alfred Escher, 10. Juli 1856 (BAR).

301 Brief Johann Jakob Rüttimann an Alfred Escher, 19. Juli 1856 (BAR).

302 Brief Johann Jakob Rüttimann an Alfred Escher, 15. Juli 1856 (BAR).

303 Auszug Protokoll Generalversammlung SKA, 22. März 1858, S. 4 (ZFA).

304 Brief Johann Jakob Rüttimann an Alfred Escher, o. D. (BAR).

305 Brief Johann Jakob Rüttimann an Alfred Escher, 18. Juli 1856 (BAR).

306 Protokoll Verwaltungsrat SKA, 9. März 1857, S. 25 (ZFA).

307 Auszug Protokoll Generalversammlung SKA, 22. März 1858, S. 4 (ZFA).

308 Jöhr, SKA, S. 127 [vgl. Anmerkung 281].

309 Geschäftsbericht SKA 1863, S. 8.

310 Schweizerische Bank-Zeitung, 24. März 1864.

311 Brief Alfred Escher an August von Gonzenbach, 11. Oktober 1862 (BBB).

312 Vorgehende Zitate aus: Protokolle Verwaltungsrat SKA, 8. Juli 1856, S. 2; 14. Juli 1856, S. 3; 12. Januar 1857, S. 20–21; 10. Februar 1857, S. 21; 22. April 1857, S. 26 (ZFA).

313 Statuten SKA 1856, § 41 (ZFA).

314 Schweizerische Bank-Zeitung, 24. September 1864.

315 Protokolle Verwaltungsrat SKA, 24. April 1858, S. 47; 22. April 1857, S. 26 (ZFA).

316 Schweizerische Bank-Zeitung, 24. März 1864.

317 Protokoll Verwaltungsrat SKA, 10. Februar 1857, S. 22 (ZFA).

318 Protokoll Verwaltungsrat SKA, 29. März 1862, S. 163 (ZFA).

319 Brief Johann Jakob Rüttimann an Alfred Escher, o. D. (BAR).

320 Esslinger, SKA, S. 157 [vgl. Anmerkung 275].

321 Protokoll Verwaltungsrat SKA, 28. De-zember 1872, S. 352f. (ZFA).

322 Esslinger, SKA, S. 157 [vgl. Anmerkung 275].

323 Auszug Protokoll Generalversammlung SKA, 22. März 1858, S. 11 (ZFA); Geschäftsbericht SKA 1862, S. 4.

324 NZZ, zit. Jöhr, SKA, S. 43f. [vgl. Anmer-kung 281].

325 Schweizerische Bank-Zeitung, 24. Sep-tember 1864.

326 Protokoll Verwaltungsrat SKA, 28. Juni 1856, S. 5 (ZFA).

327 Geschäftsbericht SKA 1871, S. 9f.

328 Statuten SKA 1856, § 19 (ZFA).

329 Autobiographische Aufzeichnungen Alfred Escher, zit. Jung, Escher, S. 1019 [vgl. Anmerkung 232].

330 Alexander Roesle, Die Entwicklung der Schweizerischen Kreditanstalt (A.-G.) in Zürich (Zürcher volkswirtschaftliche Studien, Heft Nr. 7), Zürich 1905, S. 151. *[Roesle, SKA]*

331 Roesle, SKA, S. 154 [vgl. Anmerkung 330].

332 Landbote, 8. April 1867.

333 Vorgehende Zitate aus: Roesle, SKA, S. 154, 156 [vgl. Anmerkung 330].

334 Roesle, SKA, S. 158 [vgl. Anmerkung 330].

335 Brief Conrad Widmer an die SKA, 25. März 1885 (Historisches Archiv Swiss Life).

336 Brief Conrad Widmer an SKA, 10. Mai 1872 (Historisches Archiv Swiss Life).

337 Brief SKA an Rentenanstalt, 20. März 1874 (Historisches Archiv Swiss Life).

338 Protokoll Verwaltungsrat SKA, 14. Fe-bruar 1880, S. 84 (ZFA).

339 Brief Alfred Escher an Jakob Escher, 1. August 1839 (ZBZ).

340 Brief Johann Jakob Blumer an Alfred Escher, 9. Oktober 1839 (BAR).

341 Rede des Herrn Amtsbürgermeisters Dr. Escher, Präsidenten des National-rathes, gehalten beim Wiederzusam-mentritte desselben, den 12. Novem-ber 1849, in: BBl 1849 III, S. 162.

342 NZZ, 12. Mai 1848.

343 Brief Johann Jakob Rüttimann an Alfred Escher, 21. September 1848 (BAR).

344 NZZ, 7. Dezember 1848.

345 Brief Joseph Wolfgang von Desch-wanden an Louis von Deschwanden, 22. Juni 1851 (Archiv ETH).

346 Brief Johann Friedrich Peyer im Hof an Alfred Escher, o. D. (BAR).

347 Brief Jonas Furrer an Alfred Escher, 19. Februar 1851 (BAR).

348 Brief Heinrich Schweizer an Alfred Escher, 27. November 1849 (BAR).

349 Wilhelm Oechsli, Festschrift zur Feier des 50-jährigen Bestehens des eidg. Polytechnikums, 2 Bde., Frauenfeld 1905, S. 83. *[Oechsli, Polytechnikum]*

350 Brief Caspar Hirzel-Lampe an Alfred Escher, 10. Februar 1852 (BAR).

351 Brief Alfred Escher an Alexander Schweizer, 23. Juli 1852 (ZBZ).

352 Rede August von Gonzenbach, 16. Ja-nuar 1854, zit. Der Bund, 18. Januar 1854.

353 Rede Alfred Escher, 17. Januar 1854, zit. NZZ, 19. Januar 1854.

354 Rede Johann Jakob Treichler, 17. Januar 1854, zit. Neues Schweizerisches Volksblatt, 27. Januar 1854, 3. Februar 1854.

355 Brief Oswald Heer an Alfred Escher, o. D. (BAR).

356 Freitagszeitung, 20. Januar 1854.

357 Der Landbote, 26. Januar 1854.

358 NZZ, 21. Januar 1854.

359 Journal de Genève, 26. Januar 1854.

360 Franz Hagenbuch an Alfred Escher, 13. Dezember 1854 (BAR).

361 NZZ, 8. Februar 1854.

362 Brief Alfred Escher an Ludwig Snell, o. D., zit. Züricher Post, 30. Dezember 1900.

363 NZZ, 5. Februar 1854.

364 NZZ, 8. Februar 1854.

365 Eidgenössische Zeitung, 8. Februar 1854.

366 Berichte der vom Bundesrathe unterm 7. Mai 1851 niedergesetzten Kommission über eine zu errichtende Eidgenössische Universität und polytechnische Schule, nebst Gesetzentwürfen, diese Anstalten betreffend (Juli 1851), in: BBl 1851 II, Beilage zu S. 557–604.

367 Brief Jonas Furrer an Alfred Escher, 25. Juli 1854 (BAR).

368 Brief Jonas Furrer an Alfred Escher, 5. August 1854 (BAR).

369 Oechsli, Polytechnikum, S. 232 [vgl. Anmerkung 349].

370 Zähringer, Pädagogische Monatsschrift, 1861, S. 317, 372 f., 377.

371 Brief Conrad Widmer an Alfred Escher, 6. Mai 1862 (BAR).

372 Brief Jakob Dubs an Alfred Escher, 2. September 1863 (BAR).

373 Brief Joseph Anton Sebastian Federer an Alfred Escher, 13. Juni 1851 (BAR).

374 Brief Alfred Escher an Joseph Anton Sebastian Federer, 5. August 1851 (KB SG).

375 NZZ, 11. Februar 1862.

376 Bonjour, Neutralität, Bd. 1, S. 217 [vgl. Anmerkung 204].

377 Rede Alfred Escher, 28. März 1848, zit. NZZ, 28. März 1848.

378 Rede des Herrn Dr. Alfred Escher, Präsidenten des Nationalrathes, gehalten bei Eröffnung desselben, am 5. April 1850, in: BBl 1850 I, S. 246–250.

379 Rede Alfred Escher, 13. Februar 1861, zit. NZZ, 15. Februar 1861.

380 Rede Alfred Escher, 26. Juli 1862, zit. NZZ, 28. Juli 1862.

381 NZZ, 18. März 1878.

382 Briefe Jonas Furrer an Alfred Escher, 22. November 1856, 23. Dezember 1856 (BAR).

383 Brief Johann Friedrich Peyer im Hof an Alfred Escher, 26. Dezember 1856 (BAR).

384 NZZ, 2. Januar 1857.

385 Brief Jonas Furrer an Alfred Escher, 9. November 1856 (BAR).

386 Brief Johann Conrad Kern an Alfred Escher, 7. Januar 1857 (BAR).

387 Johann Conrad Kern, Politische Erinnerungen 1833 bis 1883, Frauenfeld 1887, S. 110. *[Kern, Erinnerungen]*

388 Brief Alfred Escher an Johann Conrad Kern, 16. Februar 1857 (StATG).

389 Vortrag des Herrn Dr. Escher, Präsidenten des schweizerischen Nationalrathes, als Berichterstatter der in der Neuenburgerfrage niedergesetzten nationalräthlichen Kommission, in: BBl 1857 I, S. 54 f.

390 Rede Alfred Escher, 16. Januar 1857, in: Aus den Verhandlungen der schweiz. Bundesversammlung (vom 14., 15. und 16. Januar 1857), in: BBl 1857 I, S. 97 f.

391 Brief Jonas Furrer an Alfred Escher, 25. Januar 1857 (BAR).

392 Bericht der in der Neuenburger-Angelegenheit niedergesetzten Kommission des Nationalrathes (vom 10. Juni 1857), in: BBl 1857 I, S. 858 f.

393 Botschaft des schweiz. Bundesrathes an die hohe Bundesversammlung in der Angelegenheit des Kantons Neuenburg, in: BBl 1857 I, S. 648 f.

394 Rede Alfred Escher, 9. Juni 1857, zit. NZZ, 10. Juni 1857.

395 Bericht der in der Neuenburger-Angelegenheit niedergesetzten Kommission des Nationalrathes (vom 10. Juni 1857), in: BBl 1857 I, S. 850.

396 Kern, Erinnerungen, S. 118 [vgl. Anmerkung 387].

397 Botschaft des schweiz. Bundesrathes an die hohe Bundesversammlung in der Angelegenheit des Kantons Neuenburg, in: BBl 1857 I, S. 676.

398 Kern, Erinnerungen, S. 123 [vgl. Anmerkung 387].

399 Rede Alfred Escher, 12. Juni 1857, in: Aus den Verhandlungen des schweiz. Bundesversammlung (vom 9.–12. Juni 1857), in: BBl 1857 I, S. 689.

400 Aus den Verhandlungen des schweizerischen Bundesrathes (vom 5. Mai 1859), in: BBl 1859 I, S. 519, 522.

401 Botschaft des schweizerischen Bundesrathes an die h. gesezgebenden Räthe der Eidgenossenschaft, betreffend die Savoyerfrage (vom 28. März 1860), in: BBl 1860 I, S. 478.

402 Manifest der Nordsavoyer an den König von Sardinien, in: BBl 1860 I, S. 516; A Sa Majesté Napoléon III, Empereur des Français, in: BBl 1860 I, S. 518.

403 Brief Jonas Furrer an Alfred Escher, 12. April 1860 (BAR).

404 Brief Jonas Furrer an Alfred Escher, 26. März 1860 (BAR).

405 Gagliardi, Escher, S. 363 [vgl. Anmerkung 32].

406 Brief Alfred Escher an Jonas Furrer, 17. April 1860 (BAR)

407 Brief Johann Jakob Blumer an Alfred Escher, 24. Juni 1860 (BAR).

408 Berner Zeitung, 11. April 1860.

409 Bericht der Kommission des Nationalrathes in der Savoyerfrage (vom 2. April 1860), in: BBl 1860 I, S. 549, 551.

410 Brief Jonas Furrer an Alfred Escher, 8. April 1860 (BAR).

411 Berner Zeitung, 15. März 1860.

412 Brief Jonas Furrer an Alfred Escher, 8. April 1860 (BAR).

413 Brief Alfred Escher an Jonas Furrer, 11. April 1860 (BAR).

414 Berner Zeitung, 24. April 1860.

415 Brief Jonas Furrer an Alfred Escher, 12. April 1860 (BAR).

416 Bericht der Kommission des Nationalrathes über die Savoyerfrage (vom 9. Juli 1860), in: BBl 1860 II, S. 572.

417 Berner Zeitung, 27. März 1860.

418 Gottfried Keller/Jonas Fränkel (Hrsg.), Gottfried Keller. Sämtliche Werke, Bd. 21, Zürich/München 1947, S. 149–151.

419 Albert Schoop, Johann Konrad Kern, Bd. 2, Frauenfeld 1976, S. 234.

420 NZZ, 20./21. Januar 1860.

421 Brief Jakob Dubs an Alfred Escher, 31. Oktober 1861 (BAR).

422 Brief Alfred Escher an Johann Jakob Blumer, 4. November 1861 (FA Tschudi).

423 Brief Johann Conrad Kern an Alfred Escher, 19. Januar 1862 (BAR).

424 Ferdinand Gubler, Die Anfänge der schweizerischen Eisenbahnpolitik auf Grundlage der wirtschaftlichen Interessen 1833–1852 (Schweizer Studien zur Geschichtswissenschaft, Bd. 8, Heft 1), Zürich 1915, S. 356.

425 Conrad Escher, Die grosse Bauperiode der Stadt Zürich in den 60er Jahren des vorigen Jahrhunderts, Zürich 1914, S. 10–12.

426 Bürkli-Kalender 1870, zit. Fritz Lendenmann et al., Hundert Jahre Gross-Zürich, Zürich 1993, S. 31.

427 Paul Jandl, Vom Fetisch der Harmonie. Eine grosse Ausstellung über den Mythos «Alt-Wien», in: NZZ, 8./9. Januar 2005.

428 Daniel Speich, Wissenschaftlicher und touristischer Blick. Zur Geschichte der «Aussicht» im 19. Jahrhundert, in: Traverse. Zeitschrift für Geschichte, 1999/3, 6. Jg., S. 83, zit.: Erster Geschäftsbericht der Uetlibergbahn-Gesellschaft an die ordentliche General-Versammlung vom 4. September 1874 umfassend den Zeitraum von der Gründung bis zum 31. Dezember 1873.

429 Brief Eduard Blumer an Ernst Gagliardi, 18. Oktober 1918 (Nachlass Ernst Gagliardi, ZBZ).

430 Autobiographische Aufzeichnungen Alfred Eschers, zit. Jung, Escher, S. 1017 [vgl. Anmerkung 232].

431 NZZ, 29. Februar 1868, 5./7. März 1868.

432 Brief Eduard Blumer an Ernst Gagliardi, 18. Oktober 1918 (Nachlass Ernst Gagliardi, ZBZ).

433 Brief Eduard Blumer an Ernst Gagliardi, 18. Oktober 1918 (Nachlass Ernst Gagliardi, ZBZ).

434 Brief Alfred Escher an Johann Heinrich Fierz, 8. Mai 1876. (BAR).

435 Friedrich Locher, Republikanische Wandel-Bilder und Portraits. Herausgegeben und verlegt von seiner Tochter Emma Locher, Zürich/Leipzig o. J., S. 370.

436 Friedrich Locher, Die Freiherren von Regensberg. Pamphlet eines schweizerischen Juristen. I. Einst. Die Freiherren der älteren Linie. II. Jetzt. Die Freiherren der Gegenwart, Bern 1866, S. 178.

437 Friedrich Locher, Die Freiherren von Regensberg. Pamphlet eines schweizerischen Juristen. III. Theil. Die Freiherren vor Schwurgericht. Die Grossen der Krone Zürich, Bern 1867, S. 100–124.

438 Friedrich Locher, [Die Freiherren von Regensberg, IV. Theil]. Der Prinzeps und sein Hof. Bern 1867, S. 15 f. *[Locher, Prinzeps]*

439 Locher, Prinzeps, S. 7 [vgl. Anmerkung 438].

440 Friedrich Locher, Die Freiherren von Regensberg. VII. Theil. Die kommunen Freiherrn, Bern 1872, S. 123 f.

441 Brief Johann Jakob Müller an Alfred Escher, 31. Oktober 1863 (BAR).

442 Aus der Generalversammlung der Nordostbahn vom 29. April 1871, zit. NZZ, 2. Mai 1871.

443 Brief Eduard Blumer an Ernst Gagliardi, 18. Oktober 1918 (Nachlass Ernst Gagliardi, ZBZ).

444 Dändliker, Zürich, S. 434 [vgl. Anmerkung 147].

445 Brief Caspar Hirzel-Lampe an Alfred Escher, 21. Februar 1853 (BAR).

446 Protokoll Verwaltungsrat SKA, 28. Juli 1856, S. 5 (ZFA).

447 Bericht des Verwaltungsrates der Nordostbahn vom 21. Juni 1877, zit. Adolf Kessler, Die Schweizerische Nordostbahn (1853–1901), Zürich 1929, S. 117.

448 Schweizerische Handels-Zeitung, 12. Mai 1877.

449 Brief Alfred Escher an Maximilian Heinrich von Roeder, 21. Februar 1877 (BAR).

450 Brief Alfred Escher an Franz Hagenbuch, 14. Juli 1853 (ZBZ).

451 NZZ, 21. Dezember 1891.

452 Zürcherische Freitagszeitung, 17. November 1882, 24. November 1882.

453 Bericht der vom Bundesrathe einberufenen Experten: Herren R. Stephenson, M. P., und H. Swinburne über den Bau von Eisenbahnen in der Schweiz, in: BBl 1850 III, S. 431, 478, 481.

454 Autobiographische Aufzeichnungen Alfred Eschers, zit. Jung, Escher, S. 1018 [vgl. Anmerkung 232].

455 Protokoll Direktion NOB, 19. Februar 1861, S. 155 (SBB Historic).

456 Alfred Escher, Notizen (BAR).

457 Autobiographische Aufzeichnungen Alfred Eschers, zit. Jung, Escher, S. 1018 [vgl. Anmerkung 232].

458 Brief Alfred Escher an Johann Jakob Blumer, 11./12. Oktober 1863 (FA Tschudi).

459 Autobiographische Aufzeichnungen Alfred Eschers, zit. Jung, Escher, S. 1018 [vgl. Anmerkung 232].

460 Brief Alfred Escher an Emil Welti, 18. September 1871 (BAR).

461 Brief Johann Jakob Rüttimann an Alfred Escher, 1872 (BAR).

462 Joachim Heer, Tagebuch, 1876, S. 38 f. (LAGL).

463 Landbote, 1. Juni 1882.

464 Geschäftsbericht Gotthardbahn 1872, S. 37.

465 Brief Alfred Escher an Robert Gerwig, 16. April 1872 (BAR).

466 Geschäftsbericht Gotthardbahn 1872, S. 39.

467 Brief Emil Welti an Alfred Escher, 14. August 1872 (BAR).

468 Brief Emil Welti an Alfred Escher, 24. August 1872 (BAR).

469 Vertrag betreffend die Ausführung des grossen Gotthardtunnels zwischen der Direction der Gotthardbahn und Louis Favre vom 7. August 1872 (SBB Historic).

470 Geschäftsbericht Gotthardbahn 1881, S. 26.

471 Vertrag betreffend die Ausführung des grossen Gotthardtunnels zwischen der Direction der Gotthardbahn und Louis Favre vom 7. August 1872, Bedingnisheft, § 1 (SBB Historic).

472 Brief Josef Zingg an Alfred Escher, 6. September 1877 (BAR).

473 Brief Joachim Heer an Alfred Escher, 17. Oktober 1877 (BAR).

474 Vaterland, 13. Juni 1872.

475 Landbote, 21. Juni 1872.

476 Jakob Laurenz Sonderegger, Die kranken Gotthardtunnel-Arbeiter. Bericht an das eidg. Departement des Innern (Separatdruck aus dem Correspondenz-Blatt für schweiz. Ärzte, … 1880), S. 2 f.

477 «Bedingnissheft» zum «Vertrag betreffend die Ausführung des großen Gotthardtunnels» vom 7. August 1872.

478 Vorgehende Zitate aus: Sonderegger, Gotthardtunnel-Arbeiter, S. 1–8.

479 Schweizer Grenzpost, zit. Landbote, 2. März 1880.

480 Landbote, 2. März 1880.

481 Landbote, 4. März 1880.

482 Le Figaro, 1. März 1880; Frankfurter Zeitung, zit. Landbote, 4. März 1880; The Times, 1. März 1880.

483 Wiener Presse, zit. Landbote, 4. März 1880.

484 Landbote, 3. März 1880.

485 Brief Eduard Blumer an Ernst Gagliardi, 18. Oktober 1918 (Nachlass Ernst Gagliardi, ZBZ).

486 Vaterland, 5. März 1880.

487 Antwortdepesche Kaiser Wilhelms I., 29. Februar 1880, zit. Hans Weber, Bundesrat Emil Welti. Ein Lebensbild, Aarau 1903, S. 69. *[Weber, Bundesrat Welti]*

488 Antwortdepesche des Königs Umberto, 29. Februar 1880, zit. Weber, Bundesrat Welti, S. 69 [vgl. Anmerkung 487].

489 The Times, 1. März 1880.

490 NZZ, 15. März 1880.

491 Geschäftsbericht Gotthardbahn 1880, S. 45.

492 Geschäftsbericht Gotthardbahn 1881, S. 26.

493 Innsbrucker Nachrichten, 24. Mai 1882.

494 Vorgehende Zitate aus: Landbote, 26. Mai 1882; Vaterland, 23. Mai 1882, 15. Mai 1882; Figaro, 23. Mai 1882.

495 Vaterland, 23. Mai 1882.

496 Vaterland, 24. Mai 1882.

497 Landbote, 28. Mai 1882.

498 Vaterland, 24. Mai 1882.

499 Vaterland, 24. Mai 1882.

500 Landbote, 26. Mai 1882.

501 Landbote, 27. Mai 1882.

502 Vaterland, 27. Mai 1882.

503 Schlussprotokoll Internationale Gotthardkonferenz, 13. Oktober 1869, zit. Martin Wanner, Geschichte der Begründung des Gotthardunternehmens. Nach den Quellen dargestellt von Martin Wanner, Archivar der Gotthardbahn, Bern 1880, S. 322.

504 Autobiographische Aufzeichnungen Alfred Eschers, zit. Jung, Escher, S. 1018 f. [vgl. Anmerkung 232].

505 Brief Emil Welti an Alfred Escher, 29. April 1876 (BAR).

506 Briefe Emil Welti an Alfred Escher, 23. April, 18. Mai 1877 (BAR).

507 Botschaft des Bundesrathes an die hohe Bundesversammlung, betreffend das Gotthardbahnunternehmen (vom 25. Juni 1878), in: BBl 1878 III, S. 95.

508 Alfred Kölz (Hrsg.), Quellenbuch zur neueren schweizerischen Verfassungsgeschichte, Bd. 2, Bern 1996, S. 157.

509 Vorgehende Zitate aus: NZZ, 8. August, 16. August, 5. September 1878.

510 Brief Emil Welti an Alfred Escher, 27. Oktober 1871 (BAR).

511 Brief Emil Welti an Alfred Escher, 21. Oktober 1871 (BAR).

512 Wilhelm Hellwag, Antwort auf den von der Direction der Gotthardbahn an den Verwaltungsrath erstatteten Bericht über die Beziehungen der Gesellschaft zu ihrem Oberingenieur, Luzern 1878, S. 35 f.

513 Direktion Gotthardbahn-Gesellschaft, Beleuchtung der Antwort des Herrn Oberingenieur Hellwag auf den Bericht der Direktion der Gotthardbahn an den Verwaltungsrath über die Beziehungen der Gesellschaft zu ihrem gegenwärtigen Oberingenieur, Luzern 1878, S. 4 f.

514 Brief Josef Zingg an Alfred Escher, 30. Januar 1879 (BAR).

515 Brief Alfred Escher an Unbekannt, 2. Februar 1877 (BAR).

516 Brief Josef Zingg an Alfred Escher, 22. April 1876 (BAR).

517 Brief Josef Zingg an Alfred Escher, 3. März 1877.

518 Briefe Josef Zingg an Alfred Escher, 29. September 1878, 16. September 1878 (BAR).

519 Alfred A. Häsler, Gotthard. Als die Technik Weltgeschichte schrieb, Frauenfeld 1982, S. 225.

520 Brief Alfred Escher an Emil Welti, 7. April 1876 (BAR).

521 Tagebucheintrag von Jakob Dubs, 2. November 1869, zit. Gerold Ermatinger, Jakob Dubs als schweizerischer Bundesrat von 1861–1872, Horgen 1933, S. 140.

522 Brief Emil Welti an Alfred Escher, 15. April 1876 (BAR).

523 Brief Emil Welti an Alfred Escher, 26. Juli 1876 (BAR).

524 Brief Alfred Escher an Verwaltungsrat SKA, zit. Protokoll Verwaltungsrat SKA, 28. September 1877, S. 471–473 (ZFA).

525 Protokoll Verwaltungsrat SKA, 28. September 1877, S. 473 (ZFA).

526 Protokoll Verwaltungsrat SKA, 4. Oktober 1877, S. 475 (ZFA).

527 Briefentwurf Verwaltungsrat SKA an Alfred Escher, datiert auf 12. Oktober 1877, zit. Protokoll Verwaltungsrat SKA, 4. Oktober 1877, S. 277 f. (ZFA).

528 Brief Emil Welti an Alfred Escher, 28. September 1877 (BAR).

529 Brief Emil Welti an Alfred Escher, 31. Mai 1878 (BAR).

530 Brief Emil Welti an Alfred Escher, 28. Juni 1878 (BAR).

531 Brief Maximilian Heinrich von Roeder an Alfred Escher, 6. Juli 1878 (BAR).

532 Brief Jakob Dubs an Philipp Anton Segesser, 1. Juli 1878 (Staatsarchiv Luzern).

533 Brief Philipp Anton Segesser an Jakob Dubs, 5. Juli 1878 (Staatsarchiv Luzern).

534 Brief Alfred Escher an Karl Karrer-Burger [?], 8. Juli 1878 (BAR).

535 Geschäftsbericht Gotthardbahn 1878, S. 8–10; Brief Eduard Blumer an Ernst Gagliardi, 18. Oktober 1918 (Nachlass Ernst Gagliardi, ZBZ).

536 Brief Josef Zingg an Alfred Escher, 4. Juli 1878 (BAR).

537 Nachlass Ernst Gagliardi (ZBZ).

538 Brief Emil Welti an Alfred Escher, 23. Juni 1879 (BAR).

539 Brief (Entwurf) Alfred Escher an Emil Welti, 27. Juni 1879 (BAR).

540 Telegramm Emil Welti an Alfred Escher, 29. Februar 1880 (BAR).

541 Telegramm Alfred Escher an Emil Welti, 2. März 1880 (BAR).

542 Autobiographische Aufzeichnungen Alfred Eschers, zit. Jung, Escher, S. 1019 [vgl. Anmerkung 232].

543 Brief Simeon Bavier an Alfred Escher, 2. Mai 1882 (BAR).

544 Brief (Entwurf) Alfred Escher an Simeon Bavier, 6. Mai 1882 (BAR).

545 Brief (Entwurf) Alfred Escher an die Direktion der Gotthardbahn, 7. Mai 1882 (BAR).

546 Brief Emil Welti an Alfred Escher, 22. Mai 1882 (BAR).

547 Brief (Entwurf) Alfred Escher an Emil Welti, 26. Mai 1882 (BAR).

548 Telegramm Männerchor Enge an Alfred Escher, 21. Mai 1882 (BAR).

549 Brief Alfred Escher an Männerchor Enge, 24. Mai 1882 (BAR).

550 Autobiographische Aufzeichnungen Alfred Eschers, zit. Jung, Escher, S. 1017 f. [vgl. Anmerkung 232].

551 Nachlass Ernst Gagliardi (ZBZ).

552 Gottfried Keller, Traumbuch, in: Morgenthaler et al. (Hrsg.), Sämtliche Werke. Historisch-kritische Ausgabe, Bd. 18, Basel/Frankfurt am Main/Zürich 2003, S. 155.

553 Brief Alfred Escher an Alexander Schweizer, 27. August 1832 (ZBZ).

554 Brief Alfred Escher an Jakob Escher, 7. Mai 1838 (ZBZ).

555 Brief Heinrich Escher an Oswald Heer, 23. Januar 1839, zit. Schmid, Escher, S. 87 [vgl. Anmerkung 17].

556 Brief Johann Jakob Blumer an Alfred Escher, 22. Juli 1841, zit. Schmid, Escher, S. 87 [vgl. Anmerkung 17].

557 Jakob Escher, Autobiographie, S. 315, zit. Schmid, Escher, S. 103 [vgl.

558 Friedrich von Wyss, Autobiographie, S. 26c (ZBZ).

559 Brief Daniel Ecklin an Alfred Escher, 5. Februar 1839 (BAR).

560 Brief Alfred Escher an Jakob Escher, 21. April 1839 (ZBZ).

561 Brief Jakob Escher an Alfred Escher, 5. Mai 1839 (BAR).

562 Brief Alfred Escher an Jakob Escher, 28. Mai/1. Juni 1839 (ZBZ).

563 Brief Jonas Furrer an Alfred Escher, 18. Februar 1855 (BAR).

564 Brief Alfred Escher an Johann Jakob Stehlin, 11. März 1855 (StABS).

565 Brief Johann Jakob Rüttimann an Alfred Escher, 26. Mai 1855 (BAR).

566 Protokoll Regierungsrat Kanton Zürich, 19. Mai 1855 (StAZH).

567 Brief Jonas Furrer an Alfred Escher, 16. Juli 1855 (BAR).

568 Brief Alfred Escher an Jakob Dubs, 18./19. Juli 1855 (ZBZ).

569 Brief Gottfried Keller an seine Mutter, 17. Oktober 1855, zit. Gottfried Keller/Carl Helbling, Gesammelte Briefe, Bd. 1, Bern 1850, S. 131.

570 Brief Jakob Dubs an Alfred Escher, 20. Dezember 1860 (BAR); Protokoll Grosser Stadtrat ZH, 30. Januar 1861 (StAZH).

571 Brief Jakob Dubs an Alfred Escher, 25. Juli 1861 (BAR).

572 Brief Alfred Escher an Johann Jakob Blumer, 4. November 1861 (ZBZ).

573 Brief Alfred Escher an Emil Welti, 14. Oktober 1871 (BAR).

574 Brief Alfred Escher an Robert Gerwig, 16. April 1872 (BAR).

575 Brief Johann Jakob Blumer an Alfred Escher, 11. Juni 1872 (BAR).

576 Brief Emil Welti an Alfred Escher, 21. Januar 1875 (BAR).

577 Brief Alfred Escher an Maximilian Heinrich von Roeder, 21. Februar 1877 (BAR).

578 Karl Bürkli im Zürcher Grossen Rat, NZZ, 19. Juni 1877.

579 Vorgehende Zitate aus: NZZ, 19. Juni, 20. Juni 1877.

580 Brief Alfred Escher an Verwaltungsrat Gotthardbahn-Gesellschaft, 30. April 1878 (BAR).

581 Brief H. Rümeli an Alfred Escher, 29. August 1877 (BAR).

582 Brief Maximilian Heinrich von Roeder an Alfred Escher, 19. Februar 1877 (BAR).

583 Brief Alfred Escher an Maximilian Heinrich von Roeder, 21. Februar 1877 (BAR).

584 Brief Emil Welti an Alfred Escher, 30. April 1878 (BAR).

Anmerkung 17]; Brief Friedrich von Wyss an seinen Vater, Dezember 1838, zit. Gagliardi, Escher, S. 36 f. [vgl. Anmerkung 32].

585 Brief Alfred Escher an Arnold Otto Aepli, 6. Dezember 1879 (KB SG).

586 Brief Alfred Escher an Georg Stoll, 4. April 1880 (ZBZ).

587 Brief Alfred Escher an Esajas Zweifel, 1. Mai 1881 (ZBZ).

588 Lydia Welti-Escher, zit. De Pedys Nicola/Roseo Rinaldo, Das psychiatrische Gutachten über Lydia Welti-Escher vom 27. Mai 1890, in: Jung, Lydia Welti-Escher 2009, S. 290 ff.

589 Lydia Welti-Escher, zit. De Pedys/ Roseo, Psychiatrisches Gutachten, in: Jung, Lydia Welti-Escher 2009, S. 291.

590 Brief Lydia Escher an Louise Breslau, 26. November 1878, zit. NZZ, 6. September 1936; Johann Wolfgang Goethe, Wilhelm Meisters Lehrjahre, in: Johann Wolfgang Goethe, Sämtliche Werke, Bd. 9, hrsg. von Wilhelm Vosskamp und Herbert Jaumann, Frankfurt am Main 1992, S. 503.

591 Lydia Welti-Escher, zit. De Pedys/ Roseo, Psychiatrisches Gutachten, in: Jung, Lydia Welti-Escher 2009, S. 289, 291.

592 Nachlass Ernst Gagliardi (ZBZ).

593 De Pedys/Roseo, Psychiatrisches Gutachten, in: Jung, Lydia Welti-Escher 2009, S. 326.

594 Lydia Welti-Escher, zit. De Pedys/ Roseo, Psychiatrisches Gutachten, in: Jung, Lydia Welti-Escher 2009, S. 291 f., 330 f.

595 August Langmesser, Conrad Ferdinand Meyer. Sein Leben, seine Werke und sein Nachlass, Berlin 1905, S. 166, zit. Joseph Jung, Das imaginäre Museum. Privates Kunstengagement und staatliche Kulturpolitik in der Schweiz. Die Gottfried Keller-Stiftung 1890–1922, Zürich 1998, S. 66. *[Jung, Museum]*

596 Lydia Welti-Escher, zit. De Pedys/ Roseo, Psychiatrisches Gutachten, in: Jung, Lydia Welti-Escher 2009, S. 287 f., 291 f.

597 Nachlass Ernst Gagliardi (ZBZ).

598 Brief Lydia Escher an Louise Breslau, 5. Dezember 1880, zit. NZZ, 29. März 1936.

599 Nachlass Ernst Gagliardi (ZBZ); Gagliardi, Escher, S. 696 [vgl. Anmerkung 32].

600 Brief Lydia Escher an Louise Breslau, 26. November 1878, zit. NZZ, 6. September 1936.

601 Brief Gottfried Keller an Lydia Escher, 29. Mai 1882, zit. Gottfried Keller/Carl Helbling, Gesammelte Briefe, Bd. 4, Bern 1854, S. 224.

602 Brief Lydia Escher an Louise Breslau, August 1879, zit. NZZ, 6. September 1936.

603 Brief Lydia Escher an Louise Breslau, 22. Dezember 1879, zit. NZZ, 29. März 1936.

604 Brief Lydia Escher an Louise Breslau, o. D., zit. NZZ, 6. September 1936.

605 Brief Alfred Escher an Johann Heinrich Fierz, 19. März 1876 (BAR).

606 Brief Lydia Escher an Louise Breslau, o. D., zit. NZZ, 6. September 1936.

607 Lydia Welti-Escher, zit. De Pedys/ Roseo, Psychiatrisches Gutachten, in: Jung, Lydia Welti-Escher 2009, S. 287 f.

608 Brief Lydia Escher an Louise Breslau, o. D., zit. NZZ, 6. September 1936.

609 Gagliardi, Escher, S. 695 [vgl. Anmerkung 32].

610 Lydia Welti-Escher, zit. De Pedys/ Roseo, Psychiatrisches Gutachten, in: Jung, Lydia Welti-Escher 2009, S. 287 f., 311 f.

611 Nachlass Ernst Gagliardi (ZBZ).

612 Brief Lydia Escher an Gottfried Keller, 24. Juni 1882 (BAR).

613 Brief Emil Welti an Friedrich Emil Welti, 9. September 1882 (BBB).

614 Verlobungsanzeige Lydia Escher und Friedrich Emil Welti (SLA).

615 Lydia Welti-Escher, zit. De Pedys/ Roseo, Psychiatrisches Gutachten, in: Jung, Lydia Welti-Escher 2009, S. 287 ff., 311 f.

616 Nachlass Ernst Gagliardi (ZBZ).

617 Brief Lydia Welti-Escher an Karl Stauffer, 29. Dezember 1887 (SLA).

618 Lydia Welti-Escher, zit. De Pedys/ Roseo, Psychiatrisches Gutachten, in: Jung, Lydia Welti-Escher 2009, S. 295 f.

619 Brief Friedrich Emil Welti an Karl Stauffer, 16. Mai 1889 (SLA).

620 Brief Karl Stauffer an Max Mosse, Oktober 1889 (SLA).

621 Brief Karl Stauffer an den Procuratore Generale del Re, 17. November 1889 (Archivio di Stato di Firenze).

622 Lydia Welti-Escher, zit. De Pedys/ Roseo, Psychiatrisches Gutachten, in: Jung, Lydia Welti-Escher 2009, S. 301 f.

623 Brief Karl Stauffer an den Procuratore Generale del Re, 17. November 1889 (Archivio di Stato di Firenze).

624 Lydia Welti-Escher, zit. De Pedys/ Roseo, Psychiatrisches Gutachten, in: Jung, Lydia Welti-Escher 2009, S. 292. Zu den Ereignissen in Florenz und Rom vgl. die detaillierten Ausführungen in: Jung, Lydia Welti-Escher 2013, S. 135–156.

625 Jung, Museum, S. 70 [vgl. Anmerkung 595]; zit. Thomas W. Gaehtgens/Barbara Paul (Hrsg.), Wilhelm von Bode. Mein Leben, Bd. 1, Berlin 1997, S. 240.

626 Fritz Billeter, zit. Tages-Anzeiger, 15. November 1974.

627 Lydia Welti-Escher, zit. De Pedys/ Roseo, Psychiatrisches Gutachten, in:

Jung, Lydia Welti-Escher 2009, S. 313 f., 317 f.; Zeugenaussage Giustino Parri, 31. Dezember 1889 (Archivio di Stato di Firenze).

628 Strafanzeigen Friedrich Emil Welti, 15. und 20. November 1889 (Archivio di Stato di Firenze).

629 Scheidungsurteil vom 7. Juni 1890, Bezirksgericht Aarau (BAR).

630 Protokoll Gemeinderat Enge/Leimbach, 2. Dezember 1848, S. 460.

631 Lydia Welti-Escher, zit. De Pedys/ Roseo, Psychiatrisches Gutachten, in: Jung, Lydia Welti-Escher 2009, S. 309 f.

632 Vgl. die entsprechenden Ausführungen in: Jung, Museum [vgl. Anmerkung 595]; Jung, Lydia Welti-Escher 2013, S. 238 ff.

633 Brief Lydia und Alfred Escher an Arnold Otto Aepli, 15. September 1882 (KB SG).

634 Brief Verein für Eisenbahnkunde in Berlin an Alfred Escher, 14. November 1882 (BAR).

635 NZZ, 28. November 1882.

636 Zürcherische Freitagszeitung, 8. Dezember 1882; Nachlass Ernst Gagliardi (ZBZ).

Personenregister

Das Register erfasst die Personennennungen im Haupttext und in den Bildlegenden. Nicht aufgenommen wurden juristische Personen, die Namen aus den Quellen- und Literaturangaben, Nennungen Alfred Eschers sowie die Personennamen ohne weiterführende Spezifikationen.

Abkürzungsverzeichnis

a. D.	ausser Dienst
AG	Aargau
AG	Aktiengesellschaft
Archiv ETH	ETH-Bibliothek, Nachlässe und Archive, Zürich
Art.	Artikel
BAR	Schweizerisches Bundesarchiv, Bern
BBB	Burgerbibliothek Bern, Bern
BBl	Bundesblatt der Schweizerischen Eidgenossenschaft
Bd.	Band
BE	Bern
BL	Baselland
bzw.	beziehungsweise
CP	Centralpräsident
Dir.	Direktion
ETH	Eidgenössische Technische Hochschule
FA Tschudi	Familienarchiv Tschudi, Glarus
Fr.	Franken
GE	Genf
GL	Glarus
GR	Graubünden
HKKA	Historisch-kritische Gottfried-Keller-Ausgabe
Hr.	Herr
Hrn.	Herrn
Hrsg.	Herausgeber
jun.	junior
KB SG	Kantonsbibliothek St. Gallen (Vadiana), St. Gallen
km	Kilometer
LAGL	Landesarchiv Glarus, Glarus
LU	Luzern
MFO	Maschinenfabrik Oerlikon
NOB	Schweizerische Nordostbahn
Nr.	Nummer
NZZ	Neue Zürcher Zeitung
o. D.	ohne Datum
o. O.	ohne Ort
OW	Obwalden
RSA	Russlandschweizer-Archiv am Lehrstuhl für Osteuropäische Geschichte an der Universität Zürich, Zürich
S.	Seite
SBB	Schweizerische Bundesbahnen
SBB Historic	Archiv und Bibliothek der Schweizerischen Bundesbahnen, Bern
SCB	Schweizerische Centralbahn
SG	St. Gallen
SH	Schaffhausen
SIG	Schweizerische Industrie-Gesellschaft
SKA	Schweizerische Kreditanstalt
SLA	Schweizerisches Literaturarchiv, Bern
SLM	Schweizerische Lokomotiv- und Maschinenfabrik
SO	Solothurn
St.	Sankt
StABS	Staatsarchiv Basel-Stadt, Basel
StASO	Staatsarchiv Solothurn, Solothurn
StATG	Staatsarchiv Thurgau, Frauenfeld
StAZH	Staatsarchiv Zürich, Zürich
StV	Schweizerischer Studentenverein
t	Tonnen
TG	Thurgau
TI	Tessin
VD	Waadt
vgl.	vergleiche
VSB	Vereinigte Schweizerbahnen
www	World Wide Web
z. B.	zum Beispiel
ZBZ	Zentralbibliothek Zürich, Zürich
ZFA	Zentrales Firmenarchiv der Credit Suisse Group, Zürich
ZH	Zürich
Ziff.	Ziffer
zit.	zitiert

Bildnachweis

Institutionen/Privatarchive

Aargauer Kunsthaus, Aarau 479
Archiv Bahnmeister Limmattal 197
Baugeschichtliches Archiv der Stadt Zürich
    16, 35, 45, 48, 84, 131, 247, 321, 323 und
    Rückseite Einband, 325, 326, 420
Bildarchiv ETH-Bibliothek, Zürich 145
    (Comet Photo AG), 277, 285
Bundesamt für Kultur, Bern 478
Bündner Kunstmuseum, Chur 490
ETH-Bibliothek, Nachlässe und Archive,
    Zürich 305
Familienarchiv Tschudi, Glarus 187
Graphische Sammlung und Kartensammlung
    der Zentralbibliothek Zürich 34, 37, 38,
    40, 43, 44, 47, 49, 63, 64, 73 (unten), 101,
    103, 105, 108, 122, 135, 152, 161, 177, 191,
    212, 215, 218, 240, 288, 291, 293, 295, 337,
    341, 342, 375, 397, 400, 451, 465, 473
Historisches Museum Baden 389, 390, 392
Institut für Pflanzenwissenschaften,
    Angewandte Entomologie, Entomo-
    logische Sammlung ETH Zürich 54
Kunsthaus Zürich 381, 470, 472, 480
Kunstmuseum Bern 485
Kunstmuseum St. Gallen 93
Musée cantonal des Beaux-Arts, Lausanne
    491
Museo Vela, Ligornetto 395
Museum für Gestaltung Zürich, Plakat-
    sammlung 442 und Rückseite Einband
Museum für Kommunikation, Bern 383
Museum des Landes Glarus, Freulerpalast,
    Näfels 59
Orell Füssli, Sicherheitsdruck AG, Zürich 229
Schweizerische Bundesbahnen,
    Bern/Luzern 213, 254, 356, 384, 385,
    403, 413, 414, 415
Schweizerische Landesbibliothek, Bern 72,
    95, 150, 270, 271, 275, 440, 483
Schweizerisches Bundesarchiv, Bern 441,
    486
Schweizerisches Sozialarchiv, Zürich 455
Staatsarchiv Basel-Stadt 71, 73 (oben), 75,
    76, 79, 80
Staatsarchiv Thurgau, Frauenfeld 173
Staatsarchiv Uri, Altdorf 366
Stadtarchiv Zürich 11, 13, 338, 369, 425
Universitätsbibliothek Basel 450
Verkehrshaus der Schweiz, Luzern 169, 194,
    205, 329, 391
Zentralbibliothek Zürich 39, 229
Zentral- und Hochschulbibliothek Luzern
    299, 303, 304

Publikationen

Arx Heinz von/Schnyder Peter/Wägli Hans
    G. (Hrsg.), Bahnsaga Schweiz. 150 Jahre
    Schweizer Bahnen, Zürich 1996. 408
Baumgartner Wilhelm, Lieder für eine Sing-
    stimme mit Begleitung des Pianoforte,
    Zürich o. J. 17
Bridel Gustave, Tunnel mit maschineller
    Richtstollenbohrung. Zweckmässigkeit

des Firststollen- oder Sohlstollen-
    betriebes, Luzern 1883. 386
Dejung Emanuel/Stähli Alfred/Ganz Werner,
    Jonas Furrer von Winterthur. 1805–1861.
    Erster Schweizerischer Bundespräsident.
    Ein Lebensbild, Winterthur 1948. 125
Eggermann Anton, Die Bahn durch den
    Gotthard, Zürich 1981. 411
Eidgenössischer Turnverein, 150 Jahre ETV
    1832–1982, Aarau 1981. 83
Fischer Paul/Businger Toni,
    Spanischbrötlibahn. Der Bau der ersten
    schweizerischen Eisenbahn zwischen
    Zürich und Baden. Der Ausbau des
    schweizerischen Eisenbahnnetzes
    zwischen 1847 und 1883. Die Bahnhöfe
    zwischen Zürich und Baden in der
    2. Hälfte des 19. Jahrhunderts, Baden
    1996. 163
Frehner Matthias/Vogler-Zimmerli Brigitta
    (Hrsg.), «Verfluchter Kerl!». Karl Stauffer-
    Bern: Maler, Radierer, Plastiker, Zürich
    2007. 475
Gagliardi Ernst/Nabholz Hans/Strohl Jean,
    Die Universität Zürich 1833–1933 und ihre
    Vorläufer. Festschrift zur Jahrhundertfeier,
    Zürich 1938. 189
Guichonnet Paul, Histoire de l'annexion
    de la Savoie à la France. Les véritables
    dossiers secrets de l'Annexion,
    Montmélian 2003. 98, 297
Heer Joachim, Dr. J.J. Blumer. Sein Leben
    und sein Wirken dargestellt nach seinen
    eigenen Aufzeichnungen, Glarus 1877. 113
Jung Joseph, Lydia Welti-Escher 1858–1891,
    Zürich 2013. 468
Kaufmann Robert, Sechs Schweizer
    Alpenbahningenieure (Schweizer Pioniere
    der Wirtschaft und Technik, Bd. 69),
    Meilen 2001. 377
Keller Escher C., Fünfhundert und sechzig
    Jahre aus der Geschichte der Familie
    Escher vom Glas. 1320–1885. Festgabe
    zur Feier des fünfhundertsten Jahres-
    tages ihrer Einbürgerung zu Zürich,
    Zürich 1885. 21, 22
Kunst- und Kulturverein Uri Sommer 1998,
    Richard Kissling. 1848–1919. Leben und
    Werk. Katalog zur Ausstellung des
    Danioth-Rings, Altdorf 1998. 19, 20
Meier Herbert, Mythenspiel. Ein grosses
    Lanschaftstheater mit Musik, München/
    Zürich 1991. 15
Naturforschende Gesellschaft des Kantons
    Glarus [NGG] (Hrsg.), Oswald Heer.
    Denkschrift zur Hundertjahr-Feier in Matt,
    31. August 1909, Glarus 1910. 282
Nebelspalter 363 (13. Juni 1891), 423 (Mai
    1878), 417 (11. Januar 1879).
NZZ 112 (23. Juli 1864), 350 (30. Dezember
    1870).
Pfister Arnold, Johann Heinrich Fierz, seine
    Gattin Nina und Gottfried Semper
    (Zürcher Taschenbuch auf das Jahr 1960),
    Zürich 1959. 219

Postheiri 371 (1853, Nr. 16), 361 (1853,
    Nr. 25).
Rüttimann Johann Jakob/Schneider A.,
    Kleine vermischte Schriften juristischen
    und biographischen Inhalts. Nebst seiner
    Biographie und Portrait, Zürich 1876. 217
Schoop Albert, Johann Conrad Kern, 2 Bde.,
    Frauenfeld 1968/1976. 290
Schweizerische Bundesbahnen [SBB]
    (Hrsg.), 50 Jahre Gotthard. 1882–1931.
    Jubiläumsschrift zur Feier des fünfzig-
    jährigen Betriebes der Gotthardbahn,
    Bern 1932. 421
Schweizerische Lebensversicherungs- und
    Rentenanstalt (Hrsg.), Fünfundsiebzig
    Jahre Schweizerische Lebensversiche-
    rungs- und Rentenanstalt Zürich. 1857–
    1932, Zürich 1932. 262, 263
Stadtrat Zürich (Hrsg.), Zürich. Geschichte,
    Kultur, Wirtschaft […], Zürich 1933. 65,
    115, 126
Waldis Alfred, Es begann am Gotthard – eine
    Verkehrsgeschichte mit Pionierleistungen,
    Luzern 2002. 209
Wichers von Gogh Otto, Festschrift zur
    Eröffnung des neuen Stadttheaters in
    Zürich Oktober 1891, Zürich 1891. 42
Wyss Leo von, Jugenderinnerungen aus dem
    Leben des sel. Prof. Dr. Friedrich von
    Wyss. Zweiter Teil, in: Zürcher Taschen-
    buch auf das Jahr 1913, S. 83–174, Zürich
    1913. 55, 448
Zehender Ferdinand, Dr. Jakob Dubs. Ein
    schweizerischer Republikaner. Eine
    Volksschrift, Zürich 1880. 96
Zeller Leo, Josef Anton Federer (1794–
    1868). Leben und Wirken bis zur Badener
    Konferenz, Freiburg 1964. 281
Zimmermann Werner G. (Hrsg.), Schweiz –
    Russland. Begleitband zur Ausstellung der
    Präsidialabteilung der Stadt Zürich, 6. Juni
    bis 31. Juli 1989. 33
Zurlinden Samuel, Hundert Jahre Bilder aus
    der Geschichte der Stadt Zürich in der Zeit
    von 1814–1914, 2 Bde., Zürich 1914–1915.
    117, 129
Zwicky Kaspar Lebrecht, Jugenderinnerun-
    gen, Glarus 1906. 86

Übrige

Defuns Gioni, Künstler, Trun 370 (Foto
    Surselva)
Privatbesitz 14, 24, 51, 67, 68, 89, 157 und
    Rückseite Einband, 223, 419, 443, 466

Alle nicht bezeichneten Illustrationen
stammen aus den Archiven und Samm-
lungen der Credit Suisse bzw. der Alfred
Escher-Stiftung.

Stich um 1890, nach einer von J. Ganz
aufgenommenen und zum Verkauf
ausgestellten Fotografie.

Dank zur 5., revidierten Auflage

Das vorliegende Werk ist ohne die Unterstützung von Bibliotheken, Archiven und Museen nicht vorstellbar. Für vorzügliche Dienstleistungen danke ich dem Schweizerischen Bundesarchiv (Andreas Kellerhals, Adelheid Jann Akeret), der Zentralbibliothek Zürich (Prof. Dr. Susanna Bliggenstorfer), SBB Historic (Martin Cordes) und dem Zentralen Firmenarchiv der Credit Suisse Group (Daniel Hochstrasser).

Briefe, Protokolle und weitere Quellen haben folgende Institutionen zur Verfügung gestellt, denen ich dankbar verbunden bin:
Aargauer Kantonsbibliothek, Aarau; Aargauer Kunsthaus, Aarau; Archiv Bahnmeister Limmattal; Avenir Suisse; Baugeschichtliches Archiv der Stadt Zürich; Bildarchiv ETH-Bibliothek, Zürich; Bundesamt für Kultur, Bern; Burgerbibliothek Bern; ETH-Bibliothek, Zürich; ETH-Bibliothek, Nachlässe und Archive, Zürich; Familienarchiv Tschudi, Glarus; Graphische Sammlung und Kartensammlung der Zentralbibliothek Zürich; Historisches Archiv und Bibliothek PTT; Historisches Museum Baden; Historisch-kritische Gottfried Keller-Ausgabe; Institut für Pflanzenwissenschaften, Angewandte Entomologie, Entomologische Sammlung ETH, Zürich; Kantonsbibliothek Graubünden; Kantonsbibliothek St. Gallen; Kunsthaus Zürich; Kunstmuseum Basel; Kunstmuseum Bern; Kunstmuseum St. Gallen; Landesarchiv/Landesbibliothek Glarus; Museo Vela, Ligornetto; Museum für Gestaltung Zürich, Plakatsammlung; Museum für Kommunikation, Bern; Museum des Landes Glarus, Freulerpalast, Näfels; Orell Füssli, Sicherheitsdruck AG, Zürich; Redaktionsarchiv NZZ; Schweizerische Nationalbibliothek, Bern; Schweizerischer Turnverband STV; Schweizerisches Sozialarchiv, Zürich; Schweizerisches Wirtschaftsarchiv, Basel; Staatsarchiv Aargau; Staatsarchiv Basel-Stadt; Staatsarchiv Graubünden; Staatsarchiv Luzern; Staatsarchiv Schaffhausen; Staatsarchiv Solothurn; Staatsarchiv Thurgau, Frauenfeld; Staatsarchiv Uri, Altdorf; Staatsarchiv Zürich; Stadt- und Universitätsbibliothek Bern; Stadtarchiv Luzern; Stadtarchiv Winterthur; Stadtarchiv Zürich; Stadtbibliothek Schaffhausen; Stadtbibliothek Winterthur; Swiss Life; Universitätsbibliothek Basel; Verkehrshaus der Schweiz, Luzern; Zentral- und Hochschulbibliothek Luzern.

Für wertvolle Unterstützung danke ich Dr. Conrad Ulrich, Dr. Walter Morgenthaler und Dr. Jürg Wille (†). Manche Hinweise verdanke ich Dr. Regina Dieterle, Peter Fierz, Hanspeter Gschwend, Dr. Lupold von Lehsten, Dr. Herbert Meier und Verena E. Müller. Der Dank geht an Dr. Thomas Binder (Überprüfung der Transkriptionen), Tanja Neukom Knecht (Projektadministration) und Raffaela Lütolf (Recherchen, Verifizierungen, redaktionelle Unterstützung). Für gute Zusammenarbeit danke ich Edgar Haberthür (Lektorat), John Schoch und ‹Blackpoints› (Bilder, Illustrationen), Hans Ruedi Obrist (Druckerei Karl Schwegler AG) sowie Hans-Peter Thür (Verlagsleiter NZZ Libro), Beate Becker (Herstellung).

Zürich, im Frühjahr 2014   *Joseph Jung*

Zu früh gelebt,
zu jung gestorben

Das Leben von
Lydia Welti-Escher

Joseph Jung
Lydia Welti-Escher (1858–1891)
Biographie
5. Auflage, Geleit von
Hildegard Elisabeth Keller
316 Seiten, 168 Abbildungen
ISBN 978-3-03810-167-3

NZZ Libro
Buchverlag Neue Zürcher Zeitung
www.nzz-libro.ch

«Die fundamentale Neubearbeitung
und Neubeurteilung des Dramas um
Lydia Welti-Escher und Karl Stauffer
ist ein grosser Wurf. Das Buch überzeugt
voll und ganz.»

Lupold von Lehsten, Institut für Personengeschichte

«Die so romantische wie tragische
Geschichte ist der grösste Skandal
der Schweiz.»

Sonntags-Zeitung